あいうえおかきく
けこさしすせそたち
つてとなにぬねの

国語辞典

文学博士
国学院大学教授　阿部正路監修

はひふへほまみむ

集文館刊

めもやゆよらりる
れろわをんアイウエ
オカキクケコサシ

五十音索引

あ	か	さ	た	な	は	ま	や	ら	わ
5	50	183	227	243	294	318		332	347
い	き	し	ち	に	ひ	み	い	り	い
17	73	129	196	233	256	299		334	
う	く	す	つ	ぬ	ふ	む	ゆ	る	う
30	88	160	203	236	268	305	321	340	
え	け	せ	て	ね	へ	め	え	れ	え
37	94	165	208	237	281	309		341	
お	こ	そ	と	の	ほ	も	よ	ろ	を
40	104	176	215	240	285	312	326	344	

記号一覧

〈 〉 常用漢字外（一字の場合）
《 》 常用漢字外（一字以上の場合）
〔 〕 常用漢字音訓表外（一字の場合）
〘 〙 常用漢字音訓表外（一字以上の場合）
▽（ ） あて字
｜ 送りがなの本則と許容の区別
↕ 用例での見出し語の省略
↓ 反対語
× 間違えて書きやすい漢字（誤字）
… …を見よ

はじめに

一般に国語辞典を手にするのは、漢字を思い出せないか、送りがなを確認するためが大半と言ってよいでしょう。そこで本書は、語の意味をできるだけ簡略にし、他の同意の語やまぎらわしい語と区別できる程度にして、その分用例を豊富にし、日常の便を心掛けた辞典です。

現在の国語表記は、昭和四十八年の送りがなの改正で本則と許容という二重の制度となり、五十六年の改正で当用漢字が廃止され、常用漢字となりました。いわば表記の基準が緩やかになり、個性的な表現もかなりできるようになりました。しかし、日本語が表意文字で表現する言語であるかぎり、常に正しい表記がなされなければならないことは言をまちません。「文は人なり」と言われますが、誤字、あて字の多い文では人格までもが疑われてしまいます。手軽な辞典で手まめにひける辞書をと意を用いたのはそのためです。

また本書では常用漢字外の漢字や常用漢字音訓表外の漢字も、記号で表示した上でできるだけ掲載するようにしました。ただ、これらの漢字もすべて使用すればいいというわけではありません。漢字で表現する方が正確に伝わる場合にのみ使用するとよいでしょう。一般に文章を書き慣れない人ほど、むやみに漢字を使う傾向があります。常用漢字外や音訓表外の場合は、可能なかぎりひらがな表記にとどめたいものです。

また送りがなについては、本書のカッコ内も使用した表記が本則になります。子どもの学習には本則でなければならないのは当然ですが、新聞雑誌も原則として本則で書かれており、本則で書く方が無難と言えましょう。ただ引き締まった文を書きたいときは、許容で書く方が表現しやすいかもしれません。その場合はすべて許容で表記し、本則を混ぜないようにしましょう。表記の混乱は見苦しいからです。

本書がみなさまの一助となることを心から願い、筆をおきます。

編者　加藤　哲

この辞書の特色

1　ひきやすく、見やすい

この辞典はひきやすく、見やすいことを第一にしました。そのため派生語もふくめて、すべて見出し語としてあります。最近は外来語が急激にふえていますので、外来語と古語については専門の辞書にまかせるとし、漢字と送りがなが早くひけるように簡潔な編集をと心掛けました。

2　文部省基準に合わせた用字用語辞典です

内閣告示による「常用漢字音訓表」（昭和五十六年十月）、「送り仮名の付け方」（昭和四十八年六月）、国語審議会報告「同音の漢字による書きかえ」（昭和三十一年七月）にもとづいて編さんし、部分的に日本新聞協会の用字集など実際に使用されているものも参考にして、分かりやすい用字・用語集に編集してあります。

3　見出し語と語釈は簡潔に

見出し語と解釈についてはやさしく、分かりやすいことを第一とし、記号は最少限にとどめてあります。常用漢字表記外のものについては（《・〈）、送りがなは一目で分かるように（　）で本則・許容の区別を示してあります。そのほかはあて字に▽の記号を用いた程度です。

4　同音異義語の使い分け

同音異義語は漢字表記のなかでも、とくにまぎらわしいものです。例えば「変える」「替える」「換える」「代える」「返る」「帰る」「孵る」などを正確に使い分けることは、そうとう文章を書き慣れた人でも悩むことがあるものです。そこで本書では同音語の用法にはとくに気をつけ、できるだけ用例を豊富に掲げることで、読者の便をはかりました。

5　反対語、あて字、誤字について

紙面スペースの許すかぎり、必要なところに反対語を↕の記号で示して参考に供してあります。また、あて字は▽の記号で示してありますから、ひらがな表記で分かるものはかな書きにするとよいでしょう。間違えやすい漢字表記で誤記の多いものについては×記号で示してあります。

6　豊富な用例で正確な使用を

用例は短文で日常使用する適切なものをできるだけ多く掲げるようにしました。また決まり文句として、熟語化して使われる組み合わせも用例で示してあります。

この辞書の使い方

1　見出し語のならべ方

見出し語はすべて五十音順にしてあります。同音の見出し語については、字数の少ないものからならべ、同字数のものは常用漢字内のものを先に掲載しました。

2　かなづかいが知りたいとき

現代かなづかいを知りたいときは、見出しのひらがな表記に従ってください。この辞書の表記は現代かなづかいの本則を原則として採用しています。

3　漢字のあて方が知りたいとき

見出しの［　］内を見てください。何の記号もついていなければ常用漢字で、しかもその読みが音訓表で認められているものです。

常用漢字外または常用漢字音訓表外のものについては、《・〈・▽の記号がついています。《は常用漢字外です。〈は常用漢字内ですが、読みが音訓表外のものです。▽はあて字です。常用漢字内か外かを問わず、なるべくひらがな表示をした方が読みやすいでしょう。

また［　］内に二以上の表記が示してあるものがありますが、これは書きかえで現代表記になっているものを先に掲げてあります。例えば［安座・安《坐］の場合は、安坐が常用漢字外なので、書きかえで安座と使用するのが一般的になっているということです。また通常使われているものに二以上の表記がある場合は、そのまま併記してあります。例をあげると［油汗・脂汗］のような場合で、いずれも常用漢字内で一般的に使われている表記であり、好みで選択してよいでしょう。

4　送りがなの本則と許容

送りがなは見出し語の［　］のなかを見ると分かります。（　）があるときはカッコ内も送るのが本則です。また数は少ないのですが多く送ったほうが許容という場合があります。［行う（行なう）］などですが、この場合は許容の「行なう」をカッコのなかに入れてあります。

5　語釈のならべ方

語の解釈はできるだけ簡潔に短くしてありますが、一つの語にいくつもの意味がふくまれている場合は、①……。②……と区別しました。この区分では原則として一般的に使われているものを①とし、以下特別なものへと記してあります。

記号の説明

1　見出し語の記号

［《　］　常用漢字外（一字の場合）
　例　**あぜみち**［《畦道］
［《　》］　常用漢字外（二字以上の場合）
　例　**あつらえむき**［《誂え向き］
　例　**あつれき**［《軋轢》］
　例　**おっとせい**［《膃肭臍》］
［＜　］　常用漢字音訓表外（一字の場合）
　例　**あえもの**［＜和え物］
　例　**あがめる**［＜崇める］
［＜　＞］　常用漢字音訓表外（二字以上の場合）
　例　**ちょうず**［＜手水＞］
［▽　］　あて字
　例　**アメリカ**［▽亜米利加］
　例　**いちょう**［▽公孫樹・▽銀杏］
［・　］　同音同意語
　例　**あらすじ**［粗筋・荒筋］
［・《　］　同音同意語で常用漢字外のもの、または書きかえ
　例　**おくびょう**［憶病・《臆病］
［・＜　］　同意同意語で常用漢字音訓表外がある場合
　例　**えがく**［描く・＜画く］
［（　）］　送りがなの許容。カッコ内も送るのが本則
　例　**あかり**［明（か）り］
［（　）］　送りがなの許容。カッコ内にあるものは許容
　例　**おこなう**［行う（行なう）］

2　語釈の記号

…。……　簡単な語の解釈の区別
　例　**あぶない**［危ない］あやうい。危険だ。
①…。②…　意味づかいによる区別
　例　**あかもん**［赤門］①赤くぬった門。②東京大学のこと。
↓　…を見よ、…を参照せよ
　例　**しっけ**［湿気］↓しっき
↕　反対語
　例　**あくふう**［悪風］悪いならわし。↕良風
×……　間違えて書きやすい漢字（誤字）
　例　**げきやく**［劇薬］……。×激薬
例……　語釈、意味づかいによる用例
　例　**あらそう**［争う］……。例一刻も―
　　　あし［脚］……。例船脚・雲脚

あ

あ[亜]①…に次ぐ。例亜熱帯。②アジアの略。
ああ[《噫・《嗚〈呼]強く感じたとき出す声。喜び・悲しみ驚きなどをあらわす声。
あい[愛]①かわいがること。だいじにすること。②したうこと。男女がお互いに思いあうこと。恋。例愛情・愛国・愛し合う。↕憎
あい[《藍]①タデ科の草。②あいから取った染料。例―染めののれん。③こい青色。あい色。
あいあい[《藹藹》]①草木のしげるさま。②なごやかなさま。例和気―
あいいく[愛育]たいせつにそだてること。
あいおい[相生]いっしょに並んで生えること。例―の松
あいかわらず[相変(わ)らず]いつものとおり。例―お元気で・―の毎日を
あいがん[哀願]なきつくこと。悲しい気持ちやこまるわけを言って願うこと。
あいがん[愛《玩]かわいがってもてあそぶこと。例―物・孫を―する
あいぎ[合着・〈間着]春や秋に着る服。あい服。
あいきょう[愛〈敬・愛《嬌]かわいらしいこと。人づきのよいこと。例―笑い・ほんのご―に
あいくるしい[愛くるしい]ひじょうにかわいらしい。例―子ども
あいご[愛護]だいじにしてまもること。
あいこく[愛国]じぶんの国をたいせつにし、愛すること。例―者・―精神
あいことば[合(い)言葉]お互いの間で前からきめておくあいずのことば。
あいさつ[《挨拶》]①親愛の心持ちをあらわす社交的なことば。例社長の―。②おじぎ。
あいじ[愛児]かわいいわが子。いとし子。
あいしゅう[哀愁]もの悲しい思い。例故郷への―・―に満ちたストーリー
あいしょう[愛称]相手を親しんでいう呼び名。例―で呼びあう仲
あいしょう[愛唱]このんで歌うこと。例―歌
あいしょう[相性]性質がうまくかみあうこと。例―判断・―のよい夫婦
あいじょう[愛情]かわいいと思う気持ち。
あいず[合図]前からきめてある方法でしらせること。信号。例―の鐘が鳴る
あいする[愛する]①かわいがる。②すきこのむ。③たいせつにする。↕憎む
あいせき[哀惜]死などを悲しみおしむこと。
あいそ[愛想]①人づきのよいこと。例―のい顔。②もてなし。ごちそう。例ご―もなく
あいそがつきる[愛想が尽きる]あきれていやになる。いや気がさす。例わが子に―
あいぞう[愛憎]愛とにくしみと。例―の念
あいだ[間]①物と物との中。②すきま。③へだたり。④とき。例しばらくの間
あいだがら[間柄]続きあい。関係。例親子の―
あいちゃく[愛着]愛情にひかされて思い切れないこと。心が強くひかれること。「あいじゃく」ともいう。例―の強い品
あいちょう[哀調]かなしそうな調子。例―をおびたメロディー
あいつ[〈彼奴〉]他人を見下げていうことば。
あいづち[相《槌]相手に調子を合わせること。
あいて[相手]①物事をいっしょにする人。例話し―。②争いなどで相対している片方。例―に不足はない
あいとう[哀悼]人の死を悲しみいたむこと。
あいどく[愛読]このんで読むこと。例少年マンガ雑誌の―者
あいにく[〈生憎]おりわるく。つごうが悪いことに。×合憎。例―の雨だ
あいのこ[合(い)の子]ちがう人種の間に生まれた子。混血児。例ペルシャ猫との―
あいのて[合(い)の手]歌と歌との間にはさむ音曲。例―をいれる
あいびき[《逢引・《媾曳》]男女がひそかにあうこと。密会。例―を重ねる
あいぶ[愛《撫]かわいがること。かわいがってなでさすること。例ペットの犬を―する
あいふく[合服・〈間服]春秋に着る服。
あいべつりく[愛別離苦]愛する人と離別する苦しみ。例親子の―を味わう
あいぼ[愛慕]深くいつくしみしたうこと。例多くの人に―される
あいぼう[相棒]①かごをかつぐ相手。仕事の相手。②親しいなかま。×合棒
あいま[合間]動作の間。例仕事の―に
あいまい[《曖昧》]はっきりしないこと。あやふやなこと。たしかでないこと。例―な話
あいよう[愛用]好んでいつも用いること。たいせつにつかうこと。例―の辞書
あいらく[哀楽]悲しみと楽しみと。例喜怒―
あいらしい[愛らしい]かわいらしい。

あいろ［《隘路》］①せまくてけわしい道。②ものごとがゆきづまって、思うように進まない状態。また、その問題。悪条件。例交通の—
あいわ［哀話］あわれな話。悲話。
あう［合う］二つ、または二つ以上のものが、一つになること。例話が—・つじつまが—
あう［会う］①面会する。②であう。例彼に—
あう［遭う］思いがけない物ごとに出あう。例事故に—・災難に—
あうん［《阿吽》・《阿呍》］息の出入り。阿は開声、吽は合声。例—の呼吸
あえぐ［《喘ぐ》］①苦しそうにハアハア息をする。息をきらす。例あえぎあえぎ、重い荷物をかついで歩く。②苦しむ。例苦難な旅に—
あえて［〈敢えて〉］①しいて。むりに。すすんで。例—反対を主張する。②少しも。いっこうに。例—恐れるにあたらない
あえもの［〈和え物〉］野菜や貝・魚を、すやみそ・ごまなどでまぜた料理。
あえん［亜鉛］青味のある白色のもろい金属。
あおい［《葵》］草の名。例—の紋所の印ろう
あおいきといき［青息吐息］非常に困っているさま。例不況で—の零細企業
あおうなばら［青海原］青々とした海。
あおかび［青《黴》］もちなどにでる青色のかび。
あおぎり［青《桐・▽梧桐］庭に植える落葉樹。葉は大きく、秋早く葉が落ちる。
あおぐ［仰ぐ］①上を向く。あおむく。例天を—②うやまう。たっとぶ。例師と—。③求める。お願いする。例教えを—④飲む。例毒を—
あおぐ［〈扇ぐ〉］うちわや扇などで風をおこす。
あおざめる［青ざめる］①青白くなる。②顔色が青く変わる。例あまりの怒りに—
あおじゃしん［青写真］写真の一種。原図を感光紙に重ねて焼きつけ、設計図などを青地に白、または白地に青であらわしたもの。
あおすじ［青筋］皮膚の上から見える静脈。例—を立てておこる
あおぞら［青空］晴れわたった青い空。晴天。
あおた［青田］青々とした田。例—刈り
あおだいしょう［青大将］へびの一種。
あおな［青菜］青い色の菜。あぶらな・かぶらななど。例—に塩
あおにさい［青二才］年が若く経験が足りない男をけいべつして言うことば。
あおば［青葉］青い葉。若葉。新緑。例—が薫る
あおびょうたん［青《瓢箪》］①まだ熟していない青いひょうたん。②やせて顔色の青い人。
あおむく［仰向く］上をむく。↔うつむく
あおむし［青虫］ちょうや、がの幼虫。いもむし。野菜の害虫。例—の大量発生
あおもの［青物］①野菜類。②いわしやさば。
あおやぎ［青〈柳］①青々としげったやなぎ。②すしに使うばか貝。
あおる［《煽る》］①風をおこして吹き動かす。②おだてる。けしかける。③馬を急がせる。
あおる［《呷る》］ひと息に飲む。例酒を—
あか［赤］①色の名。②あかがねの略。③危険の意。④共産主義者。⑤すっかり。まったく。例赤の他人・赤恥をかく
あか［《垢》］①皮膚にたまるよごれ。②水あか。③けがれ。よごれ。例—にまみれる
あかがね［赤金・〈銅〉］銅をいう。例—の屋根
あがき［〈足《掻き］①もがくこと。苦しむこと。②馬が前足で地面をかく。③手足の動き。
あかぎれ［《皹》］寒さのために、手足のひふにできたさけめ。ひび。例—がきれる
あがく［〈足《掻く］①もがく。手足を動かしてじたばたする。例苦境に—。②馬などが前足で地面をかく。
あかし［〈証］たしかなしるし。証拠。
あかじ［赤字］支出にくらべて収入がたりないこと。例家計の—・—予算
あかしお［赤潮］海水中の微生物のため赤茶色に見える海水。例—よる被害
あかす［明かす］①明らかにする。うちあける。例身分を—・秘密を—。②夜をすごす。例雪の中で夜を—
あかす［飽かす］十分に使う。例暇に飽かして
あかず［飽かず］あきないで。いやにならないで。例—にながめ暮らす
あかつき［暁］①夜明け。あけがた。②そのとき。例わたしが成功の暁には
あがったり［上がったり］商売などが繁盛しないこと。だめになること。例冷夏で—だ
あがなう［〈購う］買い求める。例父があがなってくれた・大枚の金を払って—
あがなう［《贖う］罪のうめあわせをする。例罪を金で—・あがないきれるものではない
あかぬけ［《垢抜け］①顔かたちがきれいなこと。②すっきりしていること。③いなかくさくないこと。洗練されていること。
あかね［《茜］野生のつる草。根は染料になる。

あかねいろ[《茜色]あかねの根でそめたような色。暗赤色。例―の空

あかのたにん[赤の他人]まったく自分に関係のない他人。例―の親切に泣けた

あかはじ[赤恥]多くの人の中で受ける恥。

あかぼう[赤帽]①赤い帽子。②駅で旅客の手荷物をはこぶ人。

あかみ[赤身]魚肉などの赤い部分。↕白味

あがめる[〈崇める]たっとびうやまう。

あかもん[赤門]①赤くぬった門。②東京大学のこと。例―の出身

あからむ[赤らむ]赤くなる。例顔が―

あからめる[赤らめる]赤くする。例顔を―

あかり[明(か)り]①ひかり。②ともしび。

あがり[上がり]①あがること。のぼること。例株の―下がり。②完成。最終点。例すごろくの―・―湯

あかりしょうじ[明(か)り障子]あかりを取るための障子。ふすま障子に対していう。

あがる[上がる]①上の方、高い方へのぼる。↕下がる。例エスカレーターで―・物価が―・成績が―。②完了する。例仕事が―・雨が―・書き―。③有名になる。例名が―。④ぼうっとする例舞台で―。⑤最終点に達する。例トランプで―・麻雀で―

あがる[揚がる]できあがる。高くのぼる。例てんぷらが―・たこが―・国旗が―

あがる[挙がる]しめされる。あらわれる。例犯人が―・証拠が―・業績が―

あかるい[明るい]①光が十分にある。↕暗い。例―部屋。②よく通じている。例物事に―。③ほがらかである。性格が―

あかるみ[明るみ]①明るい所。②おもてだった所。例内緒事が―に出る

あき[秋]夏から冬へうつるすずしい季節。↕春。例読書の秋・収穫の秋

あき[空き]からになった状態。例―家・―地・―巣・役職の席に―ができる

あき[開き]ひらいたようす。例戸の―具合

あきぐち[秋口]秋のはじめ。例―の気候

あきさめ[秋雨]秋にふるつめたい雨。

あきす[空(き)巣]①鳥のいないす。②人のいない家。例―ねらい・―どろぼう

あきたりない[飽き足りない]満足できない。十分でない。例まだ―点が多い

あきなう[商う]商売する。例雑貨を―

あきのそら[秋の空]①変わりやすい秋のころの空。②心や物事の変わりやすいたとえ。

あきのななくさ[秋の七草]秋にさく七種の草花。はぎ・おばな・くず・なでしこ・おみなえし・ふじばかま・ききょう。

あきびより[秋日和]秋らしいよい天気。

あきめく[秋めく]秋らしくなる。

あきめくら[明(き)〈盲]①目があいていながら見えない人。②文字の読めない人。

あきらか[明らか]①明るいさま。②はっきりしているさま。例結果は―だ

あきらめる[《諦める]しかたがないと思い切る。例だめだと―・―のは早いよ

あきる[飽きる]十分にたりる。例食べ―

あきる[《厭きる]いやになる。例勉強に―

アキレスけん[アキレス《腱]①かかとの骨についている大きいすじ。②弱いところ。

あきれる[《呆れる]あっけにとられる。例あきれて物も言えない・あまりのことに―

あきんど[〈商人〉]商人のこと。例―の家系

あく[悪]わるいこと。よくないこと。↕善

あく[開く]しまっていたものがひらく。

あく[▽灰汁]①灰を水にといたうわ水。②植物などに含まれているしぶみ。例―を抜く

あくい[悪意]わるい心。わるぎ。↕善意

あくうん[悪運]①運が悪いこと。②悪いことをしてもさかえる運。例―が強い

あくじ[悪事]よくないおこない。例―千里

あくしゅ[握手]①手をにぎりあうこと。②仲なおりすること。例両国が―をする

あくしゅう[悪臭]いやなにおい。例―を放つ

あくじゅんかん[悪循環]一つ悪いことがあるとそれが他に影響して悪い結果をおこしていつまでもめぐりめぐってやまないこと。

あくじょうけん[悪条件]物事をなすにあたって、じゃまになることがら。例―の克服

あくせい[悪性]たちの悪いこと。例―インフレ・―の流行性感冒・―のいたずら

あくせく[《齷齪》]こせこせすること。小さいことをも気にすること。例―と働く

あくせんくとう[悪戦苦闘]はげしく苦しい戦い。死にものぐるいではげしく戦うこと。

あくた[《芥]ごみ。ちり。例ちり―

あくたい[悪態]悪口。あくたれ口。例―をつく

あくたれ[悪たれ]ひどいいたずら。例―小僧

あくとう[悪党]悪もの。悪人。例―ぶる

あくどう[悪童]いたずらな子ども。例―ども

あくとく［悪徳］してはならないよくないおこない。例―のかぎりをつくす・―商人
あくにん［悪人］わるもの。↕善人
あくば［悪《罵］口ぎたなくののしること。ひどい悪口。例―のかぎりをつくす
あくび［▽欠伸］疲れたときやあきたときに出る大きな息。例―がでるような芝居
あくひょう［悪評］悪い評判。悪い批評。
あくびょうどう［悪平等］一つ一つの条件や事情も考えずにすべて同じように扱うこと。
あくふう［悪風］悪いならわし。↕良風
あくへい［悪弊］悪いならわし。悪習。例旧来の―
あくへき［悪癖］悪いくせ。例―の矯正
あくま［悪魔］人の心をまよわす悪神。
あくまで［飽く《迄］どこまでも。例―やりぬく
あくみょう［悪名］悪い評判。あくめい。
あくむ［悪夢］おそろしいいやな夢。
あぐむ［《倦む］①疲れてあきる。もてあます。例攻め―・考え―
あくめい［悪名］悪いひょうばん。例―高い
あくゆう［悪友］悪い友だち。↕良友
あくよう［悪用］悪いことに使うこと。↕善用
あくらつ［悪《辣］ひどくたちの悪いこと。あくどいこと。例―な方法で・―な商法
あくりょく［握力］握りしめる力。例―が強い
あけ［〈朱］あかい色。例―に染まる
あけ［明け］①夜があけること。夜明け。②期間が終わること。例休会―の議会
あげあしをとる［揚(げ)足を取る］相手の言いそこないを取りあげて、とやかくいう。
あけがた［明け方］夜明けの時分。↕暮れ方

あげく［挙(げ)句］おわり。しまい。例何度も考えた―・―のはてに
あけくれ［明け暮れ］①朝晩。②いつも。明けても暮れても。例―思案にくれる
あげしお［上(げ)潮］みちてくる潮。満潮。
あけすけ［▽明け透け］何事も包みかくさないこと。あけっぱなし。例あけすけに言う
あげつらう［〈論う］よしあしを互いに言いあう。議論する。例先生の意見を―
あげて［挙げて］のこらず。すっかり。例国を―の喜び・総力を―やる
あけのみょうじょう［明けの明星］夜明け前に東の空に見える金星。↕よいの明星
あげはちょう［揚(げ)羽《蝶］大形のちょうの一種。黄色の羽に黒のまだらがある。
あけび［▽木通・▽通草］山などにはえるつるになる木。秋に食べられる実がなる。
あけぼの［《曙］夜の明けるころ。あかつき。
あける［明ける］明るくなる。新しくなる。↕暮れる。例夜が―・年が―・喪が―
あける［開ける］ひらく。例窓を―・箱を―
あける［空ける］空間をつくる。例家を―
あげる［上げる］上へ移す。↕下げる。例家へ―・地位を―・神棚に―・声を―
あげる［揚げる］高くかかげる。油で煮る。例花火を―・てんぷらを―
あげる［挙げる］しめす。おこなう。例犯人を―・例を―・兵を―
あごがひあがる［《顎が干上がる］生活ができなくなる。例失業で―
あごをはずす［《顎を外す］ひどく笑うこと。

あこがれる［《憧れる・《憬れる］心がひかれてむちゅうになる。思いこがれる。例日ごろのあこがれがかなった・歌手に―
あこぎ［《阿漕］どんよく。例―な商売
あさ［麻］クワ科の一年生の草。茎からせんいをとり、糸や布にする。例―の背広
あざ［字］町村内の一区画の名。
あざ［《痣］皮膚の変色した部分。
あさい［浅い］①底までが近い。↕深い。②うすい。例色が―。③すくない。例経験が―
あさぎ［浅《葱］黄色がかった薄いあい色。
あさげ［朝《餉］あさめし。朝食。↕昼げ・夕げ
あざける［《嘲る］ばかにして笑う。例失敗を―
あさせ［浅瀬］浅くて水の流れの早いところ。
あさで［浅手］かるいきず。うすで。↕深手
あさなぎ［朝《凪］朝、海上の風や波のないこと。↕夕なぎ。例―のおだやかな海
あさなゆうな［朝な夕な］朝に夕に。いつも。
あさはか［浅はか］考えのたりないこと。
あさましい［浅ましい］なさけない。いやしい。みすぼらしい。例見るも―・―行為
あざみ［《薊］キク科の多年草。葉にとげが多く、花は紅紫色。
あさみどり［浅緑］うすいみどり色。
あざむく［欺く］だます。ごまかす。いつわる。例敵を―計略・空をも―海の色
あざやか［鮮やか］目がさめるほどはっきりして美しい。例もみじの葉が―だ
あさやけ［朝焼け］朝日の出る前に東の空が赤く見えること。↕夕やけ
あざらし［▽海豹］北の海にすむほ乳動物。

あさり[浅《蜊]浅い海にすむ二枚貝。
あさる[〈漁る]①魚や貝をとる。すなどる。②えをさがしあるく。例にわとりがえを―。③さがし求める。たずねさがす。例資料を―
あざわらう[《嘲笑う]ばかにして笑う。
あし[足]腰から下の部分。例勇み足・足をうばわれる・足が地につかない・足手まとい
あし[脚]①足の脚部。下部に細長く出てささえるもの。例机の脚。②動き。例船脚・雲脚
あし[《蘆・《葦・《芦]川や池の岸にはえる草。
あじ[味]①飲食物のあじわい。②物事を経験した上での感じ。③おもしろみ。おもむき。
あじ[《鰺]アジ科の海産魚。例―のたたき
アジア[▽亜細亜]世界第一の大陸。
あしあと[足跡]①歩いたあとに残る足の形。②しとげたしごと。例先人の―。③ゆくえ。
あしか[▽海驢]北海にすむほ乳動物の一種。
あしがかり[足掛(か)り]①高い所にのぼるとき足をかけるもの。あしば。②仕事を始めるときの手がかり。例事業の―にする
あしかけ[足掛け]年月を計算するのに、一年と一年をまたがらせて数えるときにいうことば。↔満。例―で十八年
あじかげん[味加減]ちょうどよい味のつけ方。例―をみる・ちょうどよい―で
あしかせ[足《枷]罪人の足にはめる道具。
あしがため[足固め]①足をならすこと。②準備や基礎をしっかりさせること。
あしがつく[足がつく]逃げたもののゆくえがわかる。例遺留品で―
あしがでる[足が出る]予算よりも多く使う。
あしがる[足軽]いちばん身分の低い武士。
あじきない[味気ない]つまらない。おもしろくない。例―日々を送る
あじさい[▽紫陽花]庭に植える植物の一種。
あした[〈朝]①あさ。↔ゆうべ。②あくる朝。
あした[〈明日〉]今日の次の日。→あす
あしだまり[足《溜(ま)り]①しばらくふみ止まっている所。②足がかり。例実家を―に
あしつぎ[足継ぎ]ふみだい。つぎたした脚。
あしてまとい[足手《纏い]手足にからみついて仕事や行動のじゃまになるもの。例子どもが―になる・仕事の―だ
あしどめ[足留め]外出をとめること。禁足。例―をくう・―をくらう
あしどり[足取り]①足の運び方。歩きつき。例しっかりした―。②歩いた道すじ。経路。例犯人の―を調べる
あしなみ[足並(み)]歩くときの調子。例―をそろえる・作業の―が合わない
あしば[足場]足をかける所。足がかり。例―が悪い・―のよい住まいだ
あしびょうし[足拍子]足をふんでとるひょうし。例手拍子―で盛り上がる会場
あしべ[《葦辺]あしの生えているあたり。
あしまめ[足まめ]めんどうがらずに、よく歩きまわること。例―な人
あしもと[足下・足元]①足のすぐそば。手近なところ。②歩きかた。例―が定まらない
あしゅら[《阿修羅]インドの鬼神。例―のごとく暴れまわる・―王・―道
あしらう[〈遇う]①あいさつする。②とりあつかう。もてなす。例いいかげんに―
あしらう[〈配う]とりあわせる。ぐあいよく組み合わせる。例背景に―
あじろ[〈網代]①魚をとるために竹や木をあんだもの。②竹やひのきの皮をむしろのようにあんだもの。例―垣
あじわう[味わう]①食物などの味をみる。②経験する。例苦労を―。③意味やわけをよく考える。例言うことをよく味わいなさい
あす[明日]みょうにち。例―の予定
あずかる[預かる]①引き受けて持っている。②仲裁する。まかせてもらう。例勝負を―。③保留して発表しない。
あずかる[〈与る]①関係する。なかまにはいる。例相談に―。②こうむる。例おほめに―
あずき[小豆]黒赤色のまめ。例―がゆ
あすなろ[▽翌檜]ひのきに似た大木。
あずま[〈東・《吾妻]①東のこと。②京都から東のほうの諸国をいう。
あずまや[▽四阿]四方をふきおろしにしたかべのない小屋。例峠の―で昼食をとる
あせ[汗]皮ふからでるぶんぴつ液。
あぜ[〈畔・《畦]田と田のさかいの細道。
あぜくら[〈校倉]三角の木を組み上げて作った倉。上古の家の建て方の一つ。例―造り
あせだく[汗だく]汗にびっしょりぬれること。例―になって働く・―のシャツ
あせばむ[汗ばむ]汗がしっとりとにじみ出る。例軽いジョギングで―
あせび[▽馬酔木]山野に自生し、春にスズランに似た白い花をつける。あしび。

あぜみち［《畦道》］田と田の間の細い道。
あせみどろ［汗みどろ］からだじゅう汗だらけになること。例―になって働く
あせる［焦る］せいて気をもむ。いらいらする。
あせる［《褪せる》］色がうすくなる。さめる。
あぜん［《唖然》］あきれてことばの出ないさま。あっけにとられる。例―として見おくる
あそび［遊び］あそぶこと。ゆとり。例女―・ハンドルの―・―ほうける
あそぶ［遊ぶ］①好きなことをして楽しむ。②仕事をしないでいる。③酒色にふける。④旅行する。⑤他国へ行って勉強する。
あだ［《仇》］①かたき。②仕返し。復しゅう。
あたい［価・値］①物のねだん。②ねうち。価値。③計算して得た数。例―千金
あたいする［価する・値する］十分にねうちがある。例賞賛に―
あたう［〈能う〉］することができる。なしうる。
あたえる［与える］①くれてやる。例餌を―。②こうむらせる。うけさせる。例感銘を―
あたかも［《恰も》］そっくり。ちょうど。まるで。例―案内するように・―雪のふるごとく
あたたか［暖か］気候が寒くも暑くもない状態。例―な冬・―な気候の地帯
あたたか［温か］あたたかいようす。例―な家庭・―いもてなし・―いスープ
あだな［《綽名・《渾名》］人の顔かたちや性格によって他人がつけた名。ニックネーム。
あだなさけ［〈徒情け〉］むだな情け。
あたまごなし［頭ごなし］わけも言わずにはじめからがみがみ言うこと。例―にしかる
あたら［〈可惜〉］①惜しむべきこと。②惜しくも。あったら。例―優勝するところを
あたり［辺り］①ほとり。きんじょ。付近。例―一面に散らかる。②ころ。例来年―
あたりさわり［当(た)り障り］さしさわり。さしつかえ。例―のないことを言う
あたる［当(た)る］①ぶつかる。さわる。②出あう。③命中する。④相当する。あてはまる。例遠い親せきに―者。⑤その方角にある。例西に―。⑥引き受ける。従事する。例わたしが―。⑦つらく仕向ける。例当たりちらす。⑧中毒する。⑨ひげをそる。例顔を―
あつあつ［熱熱］非常に熱いこと。例―のスープ・―の仲
あつい［熱い］①温度が高いこと。↔冷たい。例―湯・―トタン屋根。②夢中だ。熱烈だ。例―仲・―涙・―血潮・―思い
あつい［厚い］あつみがある。↔薄い。例―人情・―ビフテキ・面の皮が―
あつい［暑い］空中の温度が高い。↔寒い。例―季節・―土地・今年は―夏だ
あつい［〈篤い〉］①てあつい。熱心である。例―信仰心・―志。②病気が重い。
あっか［悪化］悪くなること。例病勢が―する
あつかう［扱う］①とりはからう。しまつする。例うまく―。②世話をやく。例患者を―。③もてなす。例親切に―。④仲裁する。⑤気くばって使う。用いる。例機械を―
あつかましい［厚かましい］ずうずうしい。恥を知らない。例―お願いですが
あっかん［圧巻］全部の中で、いちばんすぐれているものや部分。例学芸会の―
あっかん［悪漢］わるもの。悪い男。例―の役
あつかん［熱《燗》］酒のかんのあついこと。例―で一杯やる・寒いときは―にかぎる
あっき［悪鬼］たたりをするおに。例―のような
あっけない［《呆気ない》］ものたりない。張り合いがない。例あっけなく負けてしまった
あっけにとられる［《呆気にとられる》］驚きあきれてぼんやりする。例ふいの事に―
あっこう［悪口］わるくち。例友人の―雑言
あっさく［圧搾］強くおしつけてしめること。
あっし［圧死］押しつぶされて死ぬこと。
あっしゅく［圧縮］おしちぢめること。
あっする［圧する］①上からおさえつける。②人の言語や行動をおさえつける。③ほかのものにくらべてきわだってすぐれている。
あっせい［圧制］権力を利用してむりにおしつけること。例―と不正がはびこる
あっせん［《斡旋》］せわをすること。とりもち。
あつで［厚手］紙やとう器などの厚いもの。↔薄手。例―の茶わん・―のセーター
あっとう［圧倒］①おし倒すこと。例敵を―する。②他よりも非常にすぐれていること。例賛成の声が―的だった
あっぱく［圧迫］強くおしつけること。勢力で相手をおさえつけること。例―感
あっぱれ［▽天晴れ］①みごと。りっぱ。②えらいぞ。りっぱだなあ。例―、でかした
あつまる［集(ま)る］むらがる。つどう。↔散る。例会合に―・基金が―
あつめる［集める］一つ所に集中させる。↔散

らす。例寄付を―・人数を―

あつらえむき[《誂え向き]注文どおりにできていること。ちょうどよいこと。

あつらえる[《誂える]注文する。例服を―

あつりょく[圧力]おさえつける力。例―がま

あつれき[《軋轢》]①車の輪のきしること。②仲のわるくなること。不和。反目。

あて[当て]①頼みにすること。例人を―にする。②目あて。みこみ。例成功する―がある

あてがう[《宛がう]①あたえる。わけてやる。例仕事を―。②あてはめる。③あわせる。ためしにあててみる。例体に―

あてこすり[当(て)〈擦る]他の事にかこつけて遠まわしに言う悪口。例二人の仲を―

あてこむ[当(て)込む]あてにする。頼みにする。例花火大会の人出を―

あてじ[当(て)字・《宛字]ことばの意味に関係なく音や訓だけをあてはめて使う漢字。

あてずいりょう[当(て)推量]自分かってにおしはかること。例いいかげんな―

あてずっぽう[当てずっぽう]いいかげん。

あてつける[当(て)付ける]①あてこする。②見せつける。例夫婦の仲を―

あてな[《宛名]手紙や書類などに書く先方の名。例手紙の―・―広告・―カード

あてはまる[当(て)《嵌る]ちょうどよく合う。

あてみ[当(て)身]柔道で相手の急所をついて気絶させること。例―の術

あでやか[《艶やか]なまめかしい。例―な姿

あてる[当てる]①ぶつける。②的中させる。例答えを―。③さらす。例日に―。④成功する。例株で―。⑤しく。例座布団を―

あてる[充てる]充当する。わりあてる。例学費に―・指導の時間に―

あてる[《宛てる]向ける。例母に―小包

あと[跡]①足あと。②ゆくえ。例―をつける。③前にもののあった所。例焼け―。④あとつぎ。子孫。例―をつぐ。⑤先例。ためし。

あと[後]①うしろ。②すぎてしまったこと。例後の祭り。③のち。以後。④死後。⑤子孫。

あとあじ[後味]①物を食べたあとに残る味。②物事が終わったあとに残る感じ。

あとおし[後押し]①うしろからおすこと。②人の仕事を助けること。しりおし。

あとがき[後書(き)]書物のおしまいに書く文。↕はしがき・前書き

あとかた[跡形]あとに残るしるし。例―もなく消えうせる

あとがま[後《釜]前にいた人の代わりにくる人。例会長の―にすえる・―に座る

あとくされ[後腐れ]物事が終わったあとで問題がおきること。例―のないようにする

あとずさり[後〈退り]うしろへじりじりとさがること。例恐怖で―する

あとつぎ[跡継(ぎ)]①家のあとをつぐ人。②前の人の仕事をひきつぐこと。

あとのまつり[後の祭(り)]祭りの終わった次の日。すんでしまって間に合わないこと。

あとばらい[後払い]代金をあとで払うこと。↕先払い。例―で買う・―の契約

あとめ[跡目]家や役のあとつぎ。例―相続

あともどり[後戻り]来た道をもどること。退歩。例話が―する・文明の―だ

あな[穴・〈孔]①くぼんだ所。例道路の穴。②過失。欠点。例守備の穴。③番狂わせ。例競馬の穴・穴馬・穴馬券・穴を当てる

あなうめ[穴埋め]①穴をうめること。②たらないところをおぎなうこと。損失をおぎなうこと。例家計の赤字の―に

あながち[〈強ち]①しいて。むりに。②かならずしも。例―平凡とは言えない

あなぐら[穴蔵・《窖]地下に穴をほり、物をしまっておく所。例―に貯蔵した食糧

あなた[▽彼方]むこうのほう。あちら。かなた。例山の―の空遠く

あなた[▽貴方・▽貴女]相手を尊敬して言う語。手紙などで漢字にあてることがある。

あなどる[侮る]ばかにする。みくびる。軽べつする。例弱い相手と―・侮りがたいチーム

あに[兄]同じ親から生まれた年上の男。↕弟

あによめ[兄嫁・《嫂]兄の妻。

あね[姉]同じ親から生まれた年上の女。↕妹

あねご[《姐御]やくざの親分の妻。例―肌の女

あねったい[亜熱帯]熱帯と温帯との間。

あのよ[〈彼の世]死んでから後の世。

あばく[暴く・〈発く]①土などをほりかえす。②他人の秘密を言いふらす。例秘密を―

あばらや[〈荒(ら)家]すっかりあれてしまった家。破れ屋。自分の家の謙称。

あばれる[暴れる]乱暴する。例学生が―

あひる[▽家鴨]マガモをかいならしたもの。

あびる[浴びる]①湯や水をからだにかける。②身に受ける。例拍手を―・脚光を―

あぶ［《虻》］はえより大きく、人や牛・馬の血をすう虫。例ー蜂とらずになる
あぶく［〈泡］あわ。例ー銭・ーのようなもの
あぶない［危ない］あやうい。危険だ。例ー計画
あぶみ［《鐙》］馬のくらの両側にたらして、乗る人が足をふみかけるもの。
あぶら［油］鉱物・動物・植物からとった燃えやすい液体。例油いため・油じみる
あぶら［脂・《膏》］動物の脂肪分。例脂ぎった顔
あぶらあせ［油汗・脂汗］ねばねばしたあせ。
あぶらえ［油絵］油えのぐでかいた絵。
あぶらをうる［油を売る］しごとをなまけて遊ぶこと。例出先でー
あぶらがのる［脂が乗る］①季節がくると魚などに脂肪がふえてうまくなること。②仕事がおもしろくなってはかどること。
アフリカ［▽阿弗利加］六大州の一つ。ヨーロッパの南にある大陸。
あぶる［《炙る・《焙る］①火にかざしてあたため、またはかわかす。②火にあててやく。
あふれる［《溢れる］いっぱいになってこぼれること。例浴槽からー・愛情がー
あぶれる［▽溢れる］①おちぶれる。②仕事にありつけない。例きょうも仕事にー
あへん［《阿片］けしの実のしるから作った茶色の粉。成分はモルヒネ。例ー戦争
あほう［《阿呆》］ばか。おろかもの。例ー者
あほうどり［▽信天翁］白い大形の海洋鳥。
あま［尼］①出家した女。②女の蔑称。
あま［亜麻］アマ科の一年草。繊維や油をとる。
あま［海女］海中にもぐってあわびや真珠貝などをとる女。例素潜りをするーたち
あまあし［雨脚・雨足］①雨が降りすぎてゆくさま。②雨の降るのが筋のように見えるもの。例はげしいー・ーが速い
あまい［甘い］①さとうやあめなどのような味。②にぶい。のろい。例ナイフの刃がー。③やさしすぎる。きびしくない。例子供にー
あまえる［甘える］なれすぎてわがままをする。甘ったれる。例母親にー
あまがえる［雨《蛙》］小形のかえるの一種。
あまかわ［甘皮］草木の茎や果実などの内がわにあるうすい皮。例つめのー
あまぐ［雨具］雨の日につかう道具。かさ・レインコートなど。例ーのご用意を
あまくだり［天下り］①天から地上におりること。②上の者からむりにおしつけること。
あまぐも［雨雲］雨がふりそうな雲。
あまごい［雨《乞い］ひでりが長く続くとき雨がふるように神や仏にいのること。
あまざけ［甘酒］こうじからつくる飲み物。
あまざらし［雨《曝し］やねがなくて、雨にぬれるままにしておくこと。例ーの洗たく物
あます［余す］のこす。例もてー・ー所なく
あまぞら［雨空］①雨のふりだしそうな空。②あめふり。雨天。例にわかにーになる
あまた［▽数多］たくさん。数多く。例ーの国々
あまだれ［雨垂れ］軒からしたたり落ちる雨水。例軒下のー・ー石をもうがつ
あまつさえ［〈剰え］そのうえに。おまけに。
あまとう［甘党］甘いもののすきな人。
あまねく［〈普く・〈遍く］広くゆきわたって。例ー知れわたっている
あまのがわ［天の川］晴れた夜の空に長く帯のように見えるたくさんの星のあつまり。
あまのじゃく［天の邪〈鬼］わざと人の言ったことに反対する人。つむじまがり。
あまもよい［雨〈催い］雨のふりそうな空のようす。例ーの空・ーだから雨具を忘れずに
あまやかす［甘やかす］甘えさせる。わがままにさせる。例長男なのでー
あまやどり［雨宿り］雨がやむまで、のき下や木かげなどによけていること。
あまり［余り］①あまること。余ったもの。残り。例十名ー。②程度をこえること。過度。例ーおそくならないうちに
あまんじる［甘んじる］これでいいと思う。満足に思う。例今の地位にー
あみ［網］糸であんで魚や鳥などをとる道具。
あみ［▽醤蝦］えびに似たごく小さな動物。
あみがさ［編（み）《笠］すげ、いぐさ、わらなどであんだかさ。
あみだ［《阿弥陀》］①仏教で西方のごく楽にいてすべての人を救うといわれる仏。②帽子をうしろにずらしてかぶること。
あみだな［網棚］乗り物の中の荷物をのせるように網をはったたな。例ーの忘れ物
あみど［網戸］金網をはった戸。例サッシュのー
あみもと［網元］①魚網を持っている漁師。②網を漁師にかすおやかた。
あみもの［編（み）物］毛糸や糸であんでつくるもの。例ー教室・ーに余念がない
あむ［編む］①本を作る。あらわす。②糸や竹、

針金などを組んでものをつくる。

あめ［天］てん。そら。例天が下のこの国土

あめ［雨］空からふる水滴。降雨。例矢の雨

あめ［《飴］ねばりけのある甘い菓子の一種。

あめあがり［雨上がり］雨のやんだあと。

あめがした［天が下］①空の下。②日本国中。

あめつち［天〈地］天と地。

あめふってじかたまる［雨降って地固まる］ごたごたが起こったあとはかえって前よりよく治まるたとえ。

アメリカ［▽亜米利加］①南・北アメリカ大陸をいう。②アメリカ合衆国。

あや［《綾］①もよう。色あい。②線が斜めにまじわっているもよう。③すじみち。おもむき。④ことばや文のかざり。いいまわし。

あやうい［危うい］①あぶない。危険である。例―一命を救った。②不安である。気がかりである。例前途が―・合格は―

あやうく［危うく］あぶなく。もう少しのところで。例―助かる・―進級できた

あやかる［〈肖る］よい人や幸福な人に似て自分もそうなるようにねがう。例りっぱな人に―・父に―ように命名する

あやしい［怪しい］①ふしぎだ。②へんだ。ふつうでない。例―物音。③疑わしい。例できるかどうか―ものだ

あやしむ［怪しむ］あやしいと思う。ふしぎだと思う。へんだと思う。例挙動を―

あやつりにんぎょう［操り人形］糸を使って、いろいろな動作をさせる人形芝居の人形。

あやつる［操る］①糸をつけてかげから物をうごかす。例人形を―。②かげにいて人を思うように働かせる。例黒幕が―。③うまくとりあつかう。例ボートを―

あやぶむ［危ぶむ］あぶないと思う。あぶながる。例一人旅を―・息子の将来を―

あやまち［過ち］やりそこない。しくじり。まちがい。例大きな―を犯した

あやまり［誤り］まちがえること。例答案の―

あやまる［誤る］しそんじる。まちがえる。例人選を―・会社の方針を―

あやまる［謝る］わびる。ゆるしをこう。

あやめ［▽菖蒲］水辺にはえる多年草。

あやめる［〈殺める］殺す。例人を―

あゆ［《鮎・▽香魚］水のきれいな川にすむ魚。

あゆ［《阿諛》］へつらうこと。おべっかを使うこと。例権力者に―する・―迎合

あゆみより［歩み寄り］互いにゆずりあうこと。折れあい。例両国の―で

あゆむ［歩む］歩く。例平凡な大地を―

あら［粗］①魚を料理したあとのくず。②欠点。

あらあらしい［荒荒しい］たいへん乱暴である。非常にあらっぽい。例―態度

あらい［荒い］①勢いがはげしい。例波が―。②乱暴な。荒っぽい。例手―扱い

あらい［粗い］①こまかでない。↕こまかい。例コーヒー豆のひき方が―。②まばらである。例目が―。②そまつだ。よく行きとどいていない。例―論文・計画がまだ―

あらい［洗い］①洗うこと。②魚をうすく切って冷水にさらしたさしみ。例鯉の―

あらいざらい［洗い《浚い］なにからなにまですっかり。全部。例―ぶちまける

あらいざらし［洗い《晒し］着物などの何度も洗って色がさめたもの。例―のジーンズ

あらいそ［荒《磯］荒波の打ち寄せる岩の多い海岸。ありそ。例―にくだける波

あらいたてる［洗い立てる］①十分によく洗う。②他人の悪いことなどをあばく。

あらう［洗う］①水できれいにする。②調べる。せんさくする。例身元を―

あらうみ［荒海］波の荒い海。例佐渡の―

あらかじめ［〈予め］前もって。かねて。例―よく考えを練っておく・―用意する

あらかせぎ［荒稼ぎ］①ほねのおれる力仕事。②ひどいもうけ。例土地の転売で―する。③強盗やおいはぎなどの悪事。

あらかた［粗方］おおよそ。おおかた。だいたい。例もう―読んでしまった・―すんだ

あらかべ［荒壁］どろにわらをまぜたものだけでぬった壁。例―の土蔵

あらき［粗木］切り出したままで、まだ皮をけずり取らない材木。

あらぎも［荒肝］きもだま。強い心。

あらぎょう［荒行］からだを苦しめてする修行。例滝にうたれる―

あらくれもの［荒くれ者］乱暴者。例西部の―

あらけずり［荒削り・粗削り］①ざっと削ること。ざっと削ったもの。例―の木材。②さいくや手入れの十分でないもの。例―の青年

あらさがし［粗捜し］他人の欠点や過失をさがして悪口をいうこと。例―ばかりの批評

あらし［《嵐］ひどい風。暴風雨。例不況の―が

あらしごと［荒仕事］①はげしい力仕事。②乱暴な悪事。あらかせぎ。強盗。
あらしめる［在らしめる］そうならせる。
あらず［〈非ず〉］…でない。そうではない。
あらすじ［粗筋・荒筋］だいたいのすじ。こうがい。例話の―をつくる・映画の―
あらそう［争う］①競争する。例先頭を―。②いさかいをする。けんかをする。例兄弟で―。③むだにできない。例一刻も―
あらそわれない［争われない］否定することができない。そんなことはうそだとは言えない。例年は―ものだ・衰えは―
あらた［新た］新らしい。例―にはじめる
あらだてる［荒立てる］①荒くする。例言葉を―。②めんどうにする。例事を―
あらたまる［改まる］①新しくなる。例年が―。②わざわざぎょうぎをよくする。かしこまる。例改まってあいさつをする
あらたまる［〈革まる〉］病気が重くなる。
あらためて［改めて］もういちど。新しく。今までのこととは別に。例―調査する
あらためる［改める］①新しくする。②なおす。例悪い点を―。③しらべる。例荷物を―
あらて［新手］①まだ戦わない元気な兵士。例―が加わる。②新しく仲間にはいってきた人。③新しいやり方。例―の宣伝広告
あらなわ［荒縄］わらでよった太いなわ。
あらの［荒野］あれた野原。
アラビア［▽亜剌比亜］アジア大陸の西南にある世界最大の半島。例―数字
あらまき［新巻(き)・荒巻(き)］①わらなどで魚をまいたもの。②塩ざけをわらでまいたもの。例正月用の―鮭
あらまし［▽大略］およそ。だいたい。例―の知識・事件の―を語る・話の―
あらめ［荒〈布〉］海草の一種。
あらもの［荒物］家庭で使う少し大きな道具。ほうきやざるなど。↔小間物。例―屋
あらりえき［粗利益・荒利益］売り上げから仕入れ高を引いたみかけの利益。↔純利益
あらりょうじ［荒療治］①外科の治療。②思いきった処置をすること。例―の人事
あられ［《霰》］①水蒸気が急にひえかたまってふる小さい玉。例雨―と降りそそぐ。②もちや干した米をいって味をつけたもの。
あらわ［〈露〉］①はっきり。かくさずに。②むきだし。おもてむき。ろこつ。例―に見える
あらわす［表す(表わす)］あきらかにする。おもてに出す。例名は体を―・感謝を―
あらわす［現す(現わす)］かくれたものが表面に出る。例姿を―・馬脚を―
あらわす［著す(著わす)］書物を書いて世に出す。例書物を―・研究の成果を―
あらわれる［現れる(現われる)］①表面に出てくる。例英雄が―。②目立つようになる。③わかる。見つけられる。例悪事が―。④世に知られる。例隠れた善行が―
あらわれる［表れる(表われる)］しめされる。表現される。例顔色に―・結果に―
あらんかぎり［有らん限り］ありったけ。例―の力を出す・―の声で
あり［《蟻》］アリ科のこん虫。女王アリを中心に土の中で社会生活をいとなむ。例―塚・―の行列・―ん子・―地獄
ありあけ［有(り)明(け)］①空に月が残っているまま夜が明けること。また、そのころの夜明け。②夜明け。例―の月
ありあまる［有(り)余る］ありすぎてあまる。
ありあわせ［有(り)合(わ)せ］そこにちょうどあったもの。例―の料理でもてなす
ありか［在(り)〈処〉］物のある場所。所在。
ありがたい［有(り)難い］①まれである。めったにない。②かたじけない。おそれ多い。
ありがたみ［有(り)難味］感謝の程度。例―が薄い・親の―がわかる年になる
ありがためいわく［有(り)難迷惑］親切にしてくれた心はありがたいが、実はかえってこまること。例―な深情け
ありがち［有(り)勝ち］世の中によくあること。例よく―な失敗・―なことだよ
ありきたり［在り来り］もとからあること。今までどおりで珍しくないこと。例―の品
ありさま［有様］ようす。状態。例この―です
ありしひ［在りし日］生きていた時。生前。
ありつく［在り付く・有り付く］手に入れる。例やっと仕事に―・夕食に―
ありったけ［有(り)っ丈］あるかぎり。あるだけ。例―の力で・―の財産
ありてい［有(り)体］ありのまま。いつわりのないこと。例―に言えば
ありとあらゆる［有(り)とあらゆる］あらゆる。あるだけぜんぶ。例―金を集めて
ありのまま［有(り)の《儘》］あるとおりそのま

ま。つつみかくすことなく。例—の姿を

ありふれる[有(り)触れる]どこにでもあって珍しくない。例ありふれた品物

ありゅう[亜流]①同じ流派をつぐ人。②へたにまねる人。末流。例彼の絵は印象派の—だ

ある[《或(る)]はっきりしない物事をさしていう語。例—時・—土地に・—日のこと

ある[在る]場所、地位などにいる。存在する。例社長の職に—・世に—間は

ある[有る]物などがある。持っている。おこる。例金が—・テストが—・貫禄が—

あるいは[《或(い)は]①または。もしくは。②ひょっとすると。もしかすると。例—生きて

あるかぎり[有る限り]あるだけみな。ぜんぶ。のこらず。例—の財産を寄付する

あるかなきか[有るか無きか]①あるのかないのかわからない。ごくわずかなこと。②いるのかいないのかわからない。勢いがない。

アルコール[▽酒精]酒類の主成分。

あるじ[〈主]一家の主人。例店の—が

あるまじ[有るまじ]あってはならない。あるべきでない。あるまい。例—き行為だ

あれい[亜鈴]両はしがたまになっている体操用具。例—をつかって筋力アップ

あれしょう[荒れ性]脂肪分が少なくて皮膚がかさかさになっている体質。↕脂性

あれち[荒れ地]たがやすことのできない土地。使いみちがなくてほうっておいた土地。

あれの[荒れ野]荒れて草のしげった原。

あれはだ[荒れ肌]脂けのないかわいた肌。例—の女性・水仕事で—になる

あれる[荒れる]①風や波などがはげしくなる。②ひどくなる。例文章が—。③肌がかさかさになる。例手が—。④生活がすさむ。

あわ[泡]液体が空気をふくんでできた小さい玉。例石けんの泡・泡を食う

あわ[《粟]穀類の名。種は小粒で黄色。例—餅

あわい[淡い]①薄い。あっさりしている。例塩分が比較的—。②情が浅い。薄情な。例—縁

あわせ[《袷]裏をつけた着物。↕ひとえ

あわせる[合(わ)せる]①加えて一つにする。②そろえる。例調子を—。③調合する。④合奏する。⑤てらしあわせる。例答えを—

あわせる[会(わ)せる]あうようにしむける。例二人を—・—顔がない

あわせる[併せる]一つにする。例両方の町を—・併せ書き・清濁併せ飲む

あわただしい[慌ただしい]せわしい。落ちつかない。例生活が—・—旅立ち

あわてふためく[慌てふためく]あわてさわぐ。うろたえさわぐ。例突然のことに—

あわてる[慌てる・▽周章てる]うろたえる。例事の意外さに—・そんなに—ことはない

あわび[《鮑・《鰒]海中の岩についている貝。

あわもり[泡盛]沖縄のしょうちゅう。

あわゆき[淡雪]薄く降った雪。例日に溶ける—・春の—・冬に別れを告げる—

あわゆき[泡雪・《沫雪]とけやすい雪・春の雪。例—のような恋・—どうふ

あわれ[哀れ]①いたわしいこと。かわいそうなこと。例首うなだれた—な姿。②しみじみとした感じ。おもむき。例ものの—

あわれむ[哀れむ]かわいそうに思う。

あん[暗]くらい。ひそかに。例暗に予告する

あん[案]①考え。例ほかの案がある。②計画。例予算案・実行可能な案をたてる

あん[《庵]いおり。小さくてそまつな家。

あん[《餡]①小豆を煮てすりつぶし、砂糖をまぜたもの。例最中の—。②くず粉などでどろりとさせた汁。例—かけ料理

あんあんり[暗暗裏]ひそかに。こっそりと。

あんい[安易]①たやすいこと。わけないこと。例—に読める。②気楽なこと。のんき。

あんいつ[安逸・安《佚]①安心して楽しむこと。のんきに楽しむこと。②何もしないでくらすこと。例ひたすら—をむさぼる

あんうん[暗雲]雨の降りそうな暗い雲。

あんえい[暗影]①暗い影。②悪いきざし。

あんか[行火]置きごたつ。例—でぬくもる

あんか[安価]①ねだんが安いこと。↕高価。②やすっぽいこと。例—な同情ならごめんだ

あんがい[案外]思いのほか。意外。例—に規律正しい・—頭のいいやつだった

あんかん[安閑]気楽なこと。何もしないで、しずかにくらすこと。例—とできない政情だ

あんき[安気]気楽なこと。のんき。例人の心配をよそに—なものだ

あんき[安危]安らかなこととあぶないこと。安全と危険と。例一家の—にかかわる

あんき[暗鬼]①暗いところに見える恐ろしいもの。②ものを疑う心。例疑心—

あんき[暗記]そらでおぼえること。例—力

あんぎゃ[行脚]①僧が諸国をめぐり歩いて修

行すること。②歩いて広く旅行すること。例芭蕉は西国地方の―を志した

あんきょ［暗《渠］①水はけのために地下につくった水路。②上におおいのある川やみぞ。

あんぐ［暗愚］道理がわからずばかなこと。おろかなこと。例―な息子をもったが因果だ

あんぐう［行宮］天皇が行幸のときの仮のおすまい。行在所《あんざいしょ》。

あんけん［案件］問題になっていることがら。調査すべきことがら。例当面の―は

あんこう［《鮟鱇》］深海魚の一種。例―なべ

あんごう［暗合］思いがけなく一致すること。

あんごう［暗号］秘密が人にわからないようにお互いに約束して使う記号。例―の解読

あんこく［暗黒］①まっくらなこと。くらやみ。②道徳や文化のおとろえていること。未開。

あんざ［安座・安《坐］ゆったりとすわること。あぐらをかくこと。例―してください

あんざいしょ［行在所］→あんぐう

あんさつ［暗殺］人に知られないように殺すこと。やみうち。だましうち。例大統領の―

あんざん［暗算］頭の中での計算。そらでかぞえること。例―で計算する

あんざん［安産］軽いお産。↕難産。例ご―でおめでとうございます

あんじ［暗示］それとなくわかるようにしてやること。例―を与える

あんじがお［案じ顔］心配そうな顔。

あんしつ［暗室］光線がはいらないようにしたへや。写真の現像に使うへや。

あんじゅう［安住］安心してすむこと。落ちついた気持ちですむこと。例―の地

あんしゅつ［案出］考え出すこと。例新しい方法を―する

あんしょう［暗唱・《諳誦》］そらでよむこと。例詩を―する

あんしょう［暗礁］海中にかくれて見えない岩。例交渉は―に乗り上げる

あんしょう［暗証］本人の署名のほかに書きそえる数字。例カードの―番号

あんしょく［暗色］暗い感じの色。黒・青紫・紫・赤紫などをいう。↕明色

あんじる［案じる］考える。気づかう。心配する。例年老いた両親の健康を―

あんしん［安心］心がやすまること。心配のないこと。↕不安・心配。例―立命

あんず［《杏子・《杏］梅に似た木またはその実。

あんせい［安静］静かに落ちついていること。

あんぜん［安全］あぶなくないこと。↕危険
例絶対―をたもつ

あんぜん［暗然］悲しみで心がふさがるさま。

あんぜんき［安全器］強い電流が流れたとき、ヒューズが切れて電流をとめるようにしてある器械。ブレーカー。

あんぜんべん［安全弁］①蒸気汽かん内の圧力が一定以上になると余分の蒸気が出る口。②不平や不満のはけ口。例精神的―に

あんそく［安息］安らかに休むこと。例文学の生活には―はない

あんそくにち［安息日］仕事を休んで神に祈る聖なる日。キリスト教で日曜日。ユダヤ教では土曜日。例―の説教

あんだ［安打］野球のヒット。例内野―

あんたい［安泰］安らかなこと。なんの心配もないこと。例―と悦楽を感じた

あんたん［暗《澹］①暗くてものすごいさま。例―たる空。②心が暗く沈むさま。心がじめじめするようす。例―たる気分

あんち［安置］①きまった場所にすえ置くこと。②神仏の像などをすえること。

あんちゃく［安着］無事に着くこと。例まずは―のお知らせまで

あんちゅうもさく［暗中模索］①くらやみに手さぐりでものをさがすこと。②手がかりもなくいろいろとさがしもとめること。

あんちょく［安直］①ねだんがやすいこと。やすあがり。例―な器械。②たやすく手軽なこと。例―に仕事をひきうける

あんてい［安定］①おちつくこと。例心に―を与えた。②重さが平均してぐらつかないこと。↕不安定。例飛行機の―翼

あんてん［暗転］幕をおろさず舞台を急に暗くして場面を変えること。例局面が―する

あんど［安《堵］①自分の居どころに安心して住むこと。②ほっとすること。安心。例―の胸をなでおろす。例ご―ください

あんとう［暗闘］かげで争うこと。表面にあらわれない争い。例派閥内の―

あんどう［行〈灯・行《燈］昔の灯火。四角のわくに紙をはり、中で種油をもやしたもの。

あんない［案内］①事情を知っていること。②ようすを知らせること。③みちびきをすること。例―人。④とりつぎ。例―をたのむ

あんに［暗に］それとなく。ないないに。ひそかに。例—支援を約す・—告げる

あんねい［安寧］変わった事件がないこと。無事なこと。例—秩序をたもつ

あんのじょう［案の定］思ったとおり。例—失敗した・—であった

あんのん［安穏］おだやかなこと。例—に暮らす・—な生活・—な一日だった

あんば［《鞍馬］体操競技の一種。

あんばい［案配・《按排］ほどよくならべること。例たくみに—する・進行係の—で

あんばい［〈塩梅］①料理の味かげん。②からだの調子。例お体の—はいかがですか。③状態。ぐあい。例いい—に雨がやんだ

あんぴ［安否］①無事かどうか。例仲間の—をたずねる。②ふだんのようす。例相手の—を聞く・—を問う電話

あんぶ［《鞍部］山と山との間が低くなって馬のくらのようになっている所。コル。

あんぶん［案文］下書きの文章。例法律の—

あんぶん［案分・《按分］割合に応じて分配すること。例出資分に応じて—する

あんぶんひれい［案分比例・《按分比例］一つの数を前もってきめられた割合に分けること。

あんぽう［《罨法］からだの悪いところをあたためたりまたは冷やす療法。例冷—

あんま［《按摩］①手でからだをもみ、たたいて悪い所をなおす療法。またそれをする人。

あんまく［暗幕］へやをくらくするためにとりつけたまく。例映写室の—

あんみん［安眠］気持ちよくぐっすり眠ること。例—まくら・—妨害

あんもく［暗黙］ものを言わないこと。だまっていること。例—のうちに了解する

あんや［暗夜］星も月もないやみ夜。まっくらな夜。例—行路

あんやく［暗躍］ひそかに活動すること。かげで活躍すること。例裏面で—する

あんらく［安楽］安らかで楽しいこと。心配もなくゆったりとしていること。例—な暮らし・—いす・—死

あんりゅう［暗流］①表面にあらわれていない流れ。②外部にあらわれない動き。

あんるい［暗涙］人にかくれて流す悲しみの涙。例ひそかに—にむせぶ

い

い［衣］着物。ころも。例衣食住・作業衣

い［位］①くらい。順位。例官位。②方角。方位。

い［威］いかめしいこと。おどすこと。例威厳

い［異］①違うこと。②怪しいこと。めずらしいこと。③他のものとちがった意見や行動。

い［意］①こころ。②考え。③意志。意味。例彼の意を伝える・彼女に意がある

い［井］井戸。例井の中のかわず大海を知らず

い［医］医者。医術。例医は仁術・医学部

い［胃］消化器官の一つ。胃ぶくろ。例胃がん

い［《亥］十二支の第十二。いのしし。

い［《藺］イグサ科の植物。いぐさ。

いあい［居合(い)］すばやく刀を抜く術。例—抜き・—斬り・—術

いあつ［威圧］強い力でおさえつけること。おどしつけること。例周囲を—する

いあわせる［居合(わ)せる］ちょうどその場にいる。例折よく—時に

いあん［慰安］心をなぐさめること。きばらし。例不幸な人々を—する会・—旅行

いい［〈良い・〈好い・〈善い］「よい」の話しことば。例—仲になる・—ことだ

いい［易易］ごくたやすい。やすやす。

いい［唯唯］他人のいうままになること。例—諾《だく》諾《だく》・—として

いいあわせる［言い合(わ)せる］前からやくそくする。もうしあわせる。例みなで—

いいかえす［言(い)返す］くりかえして言う。口答えする。例負けずに—

いいかえる［言(い)換える・言い替える］別のことばで言う。換言。例以上を—と

いいがかり［言い掛(か)り］なんでもないことを種にしてむりをいって人を困らせる。

いいかげん［〈好い加減］①ちょうどよいぐあい。②でたらめ。例—な掃除の仕方

いいきる［言(い)切る］言い終わる。断言する。例成功すると—・きっぱりと—

いいぐさ［言い草・言い〈種］①言うことがら。例おもしろい—。②いいわけ。例病気を—に

いいくるめる［言(い)〈包める］ことばでごまかす。ほんとうらしく言ってごまかす。

いいさす［言いさす］言いかけて、ちゅうとでやめる。例本音を言いさしたが

いいしぶる［言(い)渋る］すらすらと言わない。例本心を—・自分の考えを—

いいしれぬ[言(い)知れぬ]言いようがない。なんとも言えない。例—さびしさ

いいそこなう[言(い)損(な)う]言う機会をうしなう。まちがえて言う。例本心を—・スピーチで—・名前を—

いいそびれる[言いそびれる]いうおりをなくする。いいはぐれる。例つい—

いいだくだく[唯唯諾諾]すべて言うとおりになること。例親の意見に—と

いいつくろう[言(い)繕う]うまく言ってごまかす。例世間の手前を—

いいつたえ[言(い)伝え]①昔からはなし伝えられてきたこと。伝説。②ことづて。伝言。

いいなおす[言(い)直す]言いあらためる。例前言を—と・改めて—

いいなずけ[〈許嫁〉・〈許婚〉]結婚の約束をした人。フィアンセ。

いいなり[言いなり]言うとおりになること。

いいね[言(い)値]売り手が言うままの値段。

いいはる[言(い)張る]どこまでも思うことを言いとおす。例どこまでも自説を—

いいひらき[言(い)開き]いいわけ。弁解。

いいふくめる[言(い)含める]①よくわかるように言い聞かせる。②前もって言っておく。

いいぶん[言(い)分]①いうべきこと。いわねばならないこと。例いろいろな—がある。②不平に思うこと。③言いわけ。口実

いいまぎらす[言(い)紛らす]ごまかしていう。言いつくろう。例あれこれと—

いいまわし[言(い)回し]言い表し方。口のきき方。例上手な—・独特な—で

いいよどむ[言(い)《淀む》]言おうとしてちょっとためらう。ことばにつまる。

いいよる[言(い)寄る]異性をくどく。例パーティーで美人に—

いいわけ[言(い)訳]申しわけ。弁解。例病気を—に・そんなこと—にならないよ

いいわたす[言(い)渡す]命令する。例停学を—・退場を—・死刑を—

いいん[医院]病気をなおす所。病院より規模が小さい。例小児科—

いいん[委員]団体の中から選ばれて、特定のものごとをまかされた人。例実行—

いう[言う]口で述べる。話す。例大臣が—には

いうまでもない[言うまでもない]言わないでも、わかっていること。例—ことですが

いえ[家]①人がすむ建物。例家の中。②自分の家。③祖先から伝えてきた家の名。④家族のあつまり。家庭。例家を捨てる

いえい[遺詠]①死ぬときによんだ詩歌。辞世。②死後に残された詩歌。例定家の—

いえい[遺影]死んだ人の写真。例—を胸に

いえがら[家柄]①家の地位・品位。②古くから名のある家。名家。例よい—の子女

いえじ[家路]自分の家に帰る道。例—を急ぐ

いえで[家出]だまって家を出て帰らないこと。例—人・—少女・けんかして—する

いえども[《雖も》]といっても。ではあるが。

いえなみ[家並(み)]①家々のならび。例町の—。②家ごと。かどなみ。例—にたずねる

いえのこ[家の子]①その家からわかれた一族の人々。一族。例—郎等。②めしつかい。

いえもと[家元]①実家。②芸道の一つの流派の本家。例茶道の—・草月流の—

いえる[〈癒える〉]病気がなおる。全快する。

いえん[胃炎]胃カタル。例慢性—

いおう[以往]それから後。それから。以後。

いおう[硫黄]黄色いもろい鉱物。青い炎を出してもえる。例—温泉・—マッチ

いおり[《庵》]草や木でつくったそまつな小屋。

いか[以下]これから下。それから下。↕以上

いか[▽烏賊]海にすむ十本足の軟体動物。

いが[《毬》]くりなどの実のまわりを包む外皮。とげが密生している。例栗の—

いがい[以外]これよりほか。そのほか。

いがい[意外]思いのほか。思いがけない。例—なできごと・—にも

いがい[遺《骸》]なきがら。死体。死がい。

いかが[〈如何〉]①どのように。例—いたしましょうか。②どうであろうか。③どうして。

いかがわしい[〈如何〉わしい]疑わしい。

いかく[威嚇]おどし。例鉄砲で—する

いがく[医学]病気やその治療・予防を研究する学問。例—の進歩・—的には

いかくちょう[胃拡張]胃がひろがってしまう病気。例そんなに食べると—になるよ

いかすい[胃下垂]胃が下へたれさがってしまう病気。例—なので腹巻きをする

いかけ[鋳掛(け)]金物のこわれた所をつぎ合わせること。例—屋

いかさま[〈如何様〉]①いかがわしいもの。にせ。—ばくち。②なるほど。いかにも。

いかずち[〈雷〉]かみなり。例—太鼓

いかぞく［遺家族］死んだ人のあとに残された家族。遺族。例飛行機事故の—は
いかだ［《筏］竹や木を組み水に浮かべるもの。
いがた［鋳型］鋳物をつくるときとかした金属を流しこむ型。例—にはめる教育
いかなる［〈如何なる］どんな。例—結果も
いかにも［〈如何にも］①どう考えても。②ほんとうに。例—事実らしい。③なるほど。
いがむ［《啀む］①かみつこうとする。②けんかする。争う。例兄弟がいがみ合う
いかめしい［〈厳(め)しい］①おごそかである。なんとなくおそろしい。例—門構え・—顔つき。②きびしい。例—護衛陣
いかり［《錨・《碇］船をとめておくためのつめのあるおもり。例—をおろす
いかり［怒り］おこること。例はげしい—に
いかる［怒る］おこる。いきどおる。例大いに—
いかるが［▽斑鳩］小鳥の一種。例—の里
いかん［移管］管理を他へ移すこと。例県へ—
いかん［遺憾］のこりおしいこと。くやしいこと。残念。例まことに—であった
いき［息］①呼吸。②調子。例息が合う。③ゆげ。
いき［域］さかい。場所。例域内貿易・音域
いき［〈粋］すっきりとあか抜けしていること。
いき［意気］①気だて。②心持ち。③元気。いじ。例—があがる・—投合・—天をつく
いき［遺棄］すてること。例死体—罪
いぎ［威儀］①重々しくいかめしい態度。例なんの—もつくろわず。②作法にかなったふるまい。例—をただす
いぎ［異議］他とちがった意見や議論。例—を申し立てる・—あり
いぎ［意義］①わけ。意味。例ことばの—。②価値。ねうち。例—のある仕事
いきいき［生き生き］元気にあふれているさま。例—としている・—した描写
いきうつし［生き写し］非常によく似ていること。例母親に—の顔
いきうめ［生き埋め］生きているものをそのまま地中にうめて殺すこと。例—になる
いきおい［勢い］①盛んなありさま。元気のあるさま。②他をおさえる力。③ありさま。ようす。④はずみ。機会。⑤その場のなりゆき。
いきがい［生き〈甲《斐］生きているねうち。例—を感ずる・老後の—に
いきがかり［行き掛(か)り］①行きかかるついで。途中。②事をやりかけた勢い。今までの関係。ゆきがかり。例—上やむをえない
いきぎも［生き肝・生き〈胆］生きている動物のきも。例—を抜く
いきぎれ［息切れ］せわしい呼吸。例途中で—
いきごみ［意気込み］勢いこむこと。やろうとするきがまえ。元気。例—がちがう
いきさつ［▽経緯］なりゆき。事のすじみち。
いきじ［意気地］自分の考えをどこまでもやり通そうとする心。意地。例男の—
いきじびき［生き字引］なんでもよく知っている人。例業界の—のような人
いきしょうちん［意気消沈］元気がなくなること。例—、すごすごと引き下がる
いきせききる［息〈急き切る］急いで息づかいをひどく荒くする。例息急き切って駆けつける・—ような話し方
いきづかい［息遣い］息のしかた。息をするありさま。例荒い—・苦しそうな—
いきつぎ［息継ぎ］しばらく休むこと。息やめ。例—の記号・ほんの—に
いきづまる［息詰(ま)る］息ができなくなる。緊張する。例—投手戦
いきとうごう［意気投合］お互いの気持ちが合って仲よくなること。例彼と—する
いきどおる［憤る］①怒る。はらをたてる。例憤ったり恨んだりする。②なげく。
いきぬき［息抜(き)］休息すること。ほっと一息入れること。例勉強の—に散歩する
いきのね［息の根］いのち。生命。例—をとめる
いきはじ［生き恥］この世での恥。生きているときの恥。例—をさらす
いきまく［息巻く］息をはげしくして怒る。
いきむ［息む］息をこめて下腹に力を入れる。
いきょう［異教］①自分の信仰しているのと違う宗教。②キリスト教以外の宗教。例—徒
いきょう［異郷・異境］よその土地。他国。
いぎょう［偉業］すぐれて大きくりっぱな仕事。偉大な事業。例世紀的—
いぎょう［遺業］死んだ人が残していった仕事。例創業社長の—を継いで
いきようよう［意気揚揚］得意になっていばるさま。例—として引き上げる
イギリス［▽英吉利］ヨーロッパ北西方にある王国。例—連邦・—女王の戴冠式
いきりたつ［いきり立つ］ひどくおこる。かんかんになっておこる。

いきる［生きる・〈活きる］生存する。生活する。生きのこる。ひきたつ。例三塁に—・狙いが—・—望み・かつおだしが—

いくえ［幾重］①多くかさなっていること。例—にも。②度数の多いこと。

いくえい［育英］すぐれた人を教育すること。また、その教育。例—資金

いくさ［戦］戦争。たたかい。例—の跡

いくじ［育児］おさない子を育てること。

いくじ［意気地］↕いきじ。例—なし

いくた［幾多］たくさん。多数。例—の傑作を残す・—の困難を乗り越えて

いくつ［幾つ］いくら。例年は—・数は—

いくどうおん［異口同音］①多くの人が口をそろえて同じことを言うこと。②多くの人の意見が一致すること。例—に非難する

いくとせ［幾〈年］いくねん。なんねん。

いくばく［幾〈許・幾〈何］どれほど。いくら。

いくぶん［幾分］いくらか。すこし。例—良好だ

いくん［異訓］一つの字で読み方が違うもの。

いくん［遺訓］死後に残した教え。例先君の—

いけ［池］くぼんだ土地に水がたまったところ。例古池や・池の鯉《こい》・池のある庭

いけい［《畏敬］おそれうやまうこと。例—の念

いけがき［生(け)垣］木を植えて作ったかきね。まがき。例—をくぐって遊ぶ

いけす［生(け)《簀］魚を生かしてたくわえておく所。例—に放つ・—の魚

いげた［井《桁］①井戸のふちを、木で四角に組んだもの。②井の字の形。例—に組む

いけどり［生(け)捕り］①生きたまま捕らえること。②とりこ。捕りょ。例—になる

いけにえ［生(け)《贄］①生きたまま神にそなえるけだもの。②あることのために生命を捨てること。③ぎせい。例会社の方針の—にさすこと。

いける［生ける・〈活ける］草木の葉や花を花器にさすこと。例花を—・剣山をつかって—

いける［〈埋ける］①火を灰に埋める。例パイプを—。②地中に埋める。例ケーブルを—

いけん［意見］①考え。みこみ。例—の衝突。②考えをのべて人を教えいましめること。

いげん［威厳］いかめしいこと。おごそかなこと。例—をつくる・—のある態度

いご［以後］①それからのち。②今から後。

いご［囲碁］碁を打つこと。例—に凝る

いこい［憩い］やすみ。休息すること。例—の場

いこう［憩う］休む。休息する。例—間もない

いこう［以降］それより後。以後。例四月—は

いこう［移行］うつっていくこと。例審議を小委員会に—する

いこう［移項］等式の一辺の記号を符号をかえて他辺にうつすこと。例 x を—すると

いこう［威光］人からおそれうやまわれる勢い。威勢。例—を恐れて逃げる

いこう［意向］心のむかうところ。考え。

いこう［遺稿］なくなった人がのこした詩や文章の原稿。例樋口一葉の—

いこう［衣《桁］着物をかけておく道具。

いこく［異国］ほかの国。外国。例—情緒

いごこち［居心地］すわっている気分。すんでいて感じる気持ち。例—のよい家

いこじ［依《怙地］いじっぱりなこと。つまらぬことに我意を通そうとすること。例—な人

いこつ［遺骨］死んだ人の骨。例—と遺影を

いこん［遺恨］①うらみを残すこと。残りおしく思うこと。②いつまでも忘れられないうらみ。例負けたのを—に思う

いさい［委細］くわしいこと。細かいわけ。詳細。例—は別便で・—面談

いさい［異彩］ほかとちがって目立つ色やようす。×偉彩。例—を放っている歌人

いさい［偉才］非常にすぐれた才能。またその人。例物理学界の—・新聞界の—

いさい［異才］すぐれて個性的な才能。例近代絵画界の—・ピカソに比すべき—

いざい［偉材］すぐれた人物。例—を輩出したクラス・会社を再建した—

いさお［〈勲・〈功］てがら。功績。例—を立てる

いさかい［《諍い］お互いに言い争うこと。口げんか。例夫婦の—・—が絶えない

いざかまくら［いざ《鎌倉］鎌倉に大事のあったときは行こうという意味で、大事件の起こったときということ。例—というとき

いざかや［居酒屋］店先で酒を飲ませる安酒屋。例—で一杯ひっかける

いさぎよい［潔い］①たいそう清い。けがれがなくてきれい。②未練がない。あっさりして思いきりがよい。例—態度。③潔白である。行いがけがれなく正しい。④勇ましい。りっぱである。例—戦いぶり

いさく［遺作］死後に残された作品。例—展

いささか［《聊か・《些か］わずか。ほんのすこし。ちょっと。例—あきれぎみでした

いざなう[〈誘う]さそう。つれだす。すすめる。
いさましい[勇ましい]勇敢である。元気がよい。例敵陣にのぞむ—姿・—掛け声
いさむ[勇む]勢いこむ。勇気が起こる。
いさめる[《諫める]相手の悪い点を言って改めさせる。目上に対して忠告する。
いざよい[〈十六夜〉]陰暦十六日の夜。または、その夜の月。例—の月
いざり[《躄]足の立たない不自由な人。
いさりび[〈漁火]夜、魚を集めるために舟の上でたく火。例沖の—が・いか釣りの船の—
いさん[違算]①計算ちがい。②みこみちがい。
いさん[遺産]死んだ人が残した財産。例—相続・—争い・文化—
いさん[胃散]胃のためのこなぐすり。
いし[医師]医者。例日本—会・—の診断書
いし[意志]ものごとをなしとげようとする心の動き。考え。例—力・—薄弱
いし[意思]主に法律用語として、考え。思い。例犯罪の—・—表現
いし[遺志]死んだ人が生きているうちにもっていたこころざし。例故人の—をつぐ
いじ[意地]①こころ。こんじょう。例—が悪い。②心に強く思いこんでいること。③自分の考えをおし通そうとする心。例—っ張り
いじ[維持]持ちこたえること。持ちつづけること。例平常の生活を—する・現状の—
いしき[意識]目がさめているときの心の働きや状態。例—がはっきりしない
いじくる[《弄くる]いじる。もてあそぶ。
いしずえ[礎]①家の土台石。②ものごとのもとい。基礎。例天下の礎を築く・国の礎
いしだたみ[石畳]平たい石を敷き並べてある所。敷石。例箱根旧街道の—
いしつ[遺失]落とすこと。忘れのこすこと。
いしつ[異質]性質のちがうこと。例—な作家
いしひょうじ[意思表示]自分の意志を相手に知らせること。例反対の—をする
いしぶみ[〈碑]せきひ。例萩原朔太郎の—
いしむろ[石室]石で造った岩屋。石をつんでつくった小屋。例—にある石棺
いじめる[〈虐める・《苛める]弱いものを苦しめる。いじ悪くくるしめてなやます。
いしゃ[医者]病気を診断したり、治療することを業とする人。例—の不養生
いしゃ[慰謝・慰《藉]なぐさめいたわること。例—料を要求する
いしゅ[意趣]①考え。②うらみ。例—晴らし
いしゅう[異臭]いやなくさみ。へんなにおい。
いじゅう[移住]よその土地へいって住むこと。例海外—・—民・ブラジルへ—する
いしゅく[《萎縮]①ちぢんでしなびること。②元気がなくなること。例気分が—する
いしゅつ[移出]植民地や県外へ品物を送り出すこと。↕移入。例特産品の—業
いしょ[遺書]かきおき。死んだあとに残した書きもの。例—のない自殺
いしょう[衣装]きもの。例撮影所の—係
いしょう[意匠]①考え。くふう。②図案。デザイン。例—登録・—広告・—をこらす
いじょう[以上]①これより上。これから前。↕以下。②これまで。おわり。②…であるからには。例やり出した—は
いじょう[異状]普通とちがったようす。例なんの—も認められない・西部戦線—なし
いじょう[異常]普通とちがうこと。あたりまえでないこと。↕尋常。例—な能力
いじょうふ[偉丈夫]すぐれてりっぱな男。
いしょく[委嘱]まかせたのむこと。例権限の—・—状・選挙管理委員を—する
いしょく[異色]①他とちがった色。②他よりもすぐれた特色のあること。例—の俳優
いしょく[移植]うつしうえること。例皮膚の—・腎臓—手術・角膜—
いしょくじゅう[衣食住]①着物と食物と住居。②くらし。生活。例—に困らない
いじる[《弄る]手でさわる。いじくる。例鼻を—・会社の機構を—・原稿を—
いじわる[意地悪]人にわざといやなことをすること。例—な上級生・—をする
いしん[維新]①世の中のすべての事が改まり新しくなること。②明治維新の略。
いしん[威信]威光と信用。例—にかかわる
いじん[異人]①べつの人。②外国人。例—さん
いじん[偉人]すぐれた人。えらい人。例—伝
いしんでんしん[以心伝心]ことばや文字を使わないで心から心へ教え伝えること。
いす[《椅子]①腰かける家具。②官職や地位。
いずこ[〈何処〉]どこ。例—に行かれるか
いずまい[居住(ま)い]すわっているようすや形。例—を正す・礼儀正しい—
いずみ[泉]地中からわき出る水。例知識の泉
いずれ[〈何れ・《孰れ]①どれ。どちら。②どち

らにしても。どうせ。③近いうちに。例—また、うかがいます。④たぶん。

いせい[威勢]①人を恐れ服従させる力。②元気があること。勢い。例—がいい

いせい[異性]①性質が違うこと。また、そのもの。②男女・雌雄の性の違い。↕同性

いせいしゃ[為政者]政治を行う人。政治家。

いせき[遺跡]歴史的な建物や事件のあったところ。古跡。例縄文時代の—・—の発掘

いせつ[異説]普通とちがう意見。他と違った説。↕通説。例学者によって—がある

いせん[緯線]緯度を表す線。↕経線

いぜん[以前]①これより前。②昔。もと。

いぜん[依然]もとのまま。前のとおり。例—として変わらない・旧態—として

いそ[《磯]波うちぎわ。石や岩などの多い海岸。例—料理・—のあわびの片思い

いそう[移送]他へうつし送ること。例容疑者を検察庁へ—する

いぞう[遺贈]遺言によるおくりもの。例祖母の—の品・財産を福祉施設に—する

いそうがい[意想外]思いもよらぬこと。

いそうろう[居候]他人の家にいて食べさせてもらっている人。食客。例—の身だから

いそがしい[忙しい]ひまがない。せわしい。

いそぐ[急ぐ]①せく。あせる。②早く歩く。

いぞく[遺族]死んだ人のあとに残された家族。遺家族。例—をたずねる

いそしむ[〈勤しむ]精を出してつとめる。つとめはげむ。例勉強に—・学問に—

いぞん[依存]他のものにたよって生きていくこと。例生物の相互—

いぞん[異存]他の人と違う考え。反対の意見。例—はありません

いた[板]①木材のうすいひき割り。例板ばさみになる。②芝居の舞台。例板につく

いたい[痛い]いたみを感ずる。例—目にあう

いたい[遺体]死んだ人のからだ。例—の安置

いだい[偉大]すぐれてりっぱなこと。例—な哲学者・—な人物を集めた伝記

いたいけ[▽幼気]①幼くてかわいらしいこと。②いたいたしくあわれなこと。

いたいたしい[痛痛しい]たいへんかわいそうだ。例—ほどやつれる・—少女

いたく[委託]人にたのんでまかせること。

いたく[〈甚く]たいそう。ひどく。例—心配する・—感激する・—感じいる

いだく[抱く・〈懐く]①腕にかかえる。だきもつ。②心に思う。例大望を—・思い出を—

いたけだか[居丈高]おどすように怒ること。

いたご[板子]和船の底に敷く板。

いたしかゆし[痛し《痒し]かけば痛い、かかねばかゆい意で、一方を立てれば一方が立たないこと。例これではまったく—だ

いたす[致す]いたらしめる。例不徳の—ところで・社長がお話—でしょう

いたずら[〈徒ら]役に立たないこと。むだ。

いたずら[▽悪戯]わるさ。例—っ子

いただき[頂]いちばん高い所。てっぺん。頂。

いただく[頂く・《戴く]①頭の上にのせる。例雪を—。②高くさしあげる。③もらう。例おみやげを—。④食べる。例夕食を—

いたち[《鼬]猫よりやや大きい獣。例—ごっこ

いたって[至って]きわめて。たいそう。例—まじめな人物・—元気です

いたで[痛手]①重い傷。例負傷の—・失恋の—。②大きな損。例組織にとって大きな—だ

いだてん[《韋駄天]仏法を守るたいそう足のはやい神。例—走りで

いたばさみ[板挟み]①板と板との間にはさまること。②間に立ってどちらの味方もできずにこまること。例双方の—になる

いたぶき[板《葺]板で屋根をふくこと。板でふいた屋根。例—のままの小屋

いたまえ[板前]料理屋の料理人。例—のうで

いたましい[痛ましい]かわいそうな。あわれな。例—姿・—事故

いたみいる[痛み入る]①恐れいる。恐縮する。②いたましく思う。例痛み入ります

いたむ[痛む]①からだに痛みを感じる。例腹が—。②心に苦しむ。例懐が—・心が—

いたむ[傷む]傷つく。くさりかける。例毛髪が—・リンゴが—・家が—・花が—

いたむ[悼む]人の死をかなしみなげく。

いため[板目]板の木目が、波がた、または山がたをしているもの。↕まさ目

いためる[痛める]痛くする。苦しめる。例心を—・腹を—・足を—

いためる[傷める]傷つける。例テーブルを—・髪の毛を—・機械を—

いためる[《炒める]食品を油でいる。例野菜を—・ご飯を—・卵を—

いたらぬ[至らぬ]ゆきとどかない。例—身

イタリア［▽伊太利］ヨーロッパ南部の共和国。例ファッションの国―
いたる［至る・〈到る］①とどく。②いきつく。
いたるところ［至る所］行くところすべて。どこへ行っても。例―にぎやかだ
いたれりつくせり［至れり尽(く)せり］よくゆきとどいてぬかりがないこと。例―の扱い
いたわしい［〈労わしい］かわいそうだ。いたましい。例お―かぎりです
いたわる［〈労わる］①なぐさめる。②親切にあつかう。例友だちを―気持ち
いたん［異端］①自分の信ずる以外のもの。②正しい系統でない教えや学説。③正しくない道。邪道。↕正統。例―の教えだ
いち［一・壱］ひとつ。はじめ。あるまとまり。例一時期・一から十まで・一から始める
いち［市］おおぜいの人が集まって、物を売り買いする場所。例朝市・二十日市
いち［位置］①場所。②たちば。地位。例―付け
いちいせんしん［一意専心］わきめもふらず一心に。例―努力する
いちいち［一一］①ひとつひとつ。②めいめい。ひとりひとり。③ひとつ残らず。
いちいん［一因］一つの原因。原因のひとつ。
いちいん［一員］仲間の中のひとり。例会の―
いちえん［一円］①日本の貨幣単位。②すべて。全体。例関東―に地震が・東北地方―の
いちおう［一応］ひととおり。ひとまず。
いちがいに［一概に］なにもかもひっくるめて。例―に誤りとはいえない
いちぐう［一隅］片すみ。一方のすみ。例客車の―・―を照らす・庭の―に
いちぐん［一群］ひとむれ。ひとかたまり。
いちぐん［一軍］①一隊の軍隊。②正規の選手チーム。↕二軍。例巨人の―選手
いちげい［一芸］一つの技術や芸能。例―にひいでる・―に通ずる
いちげん［一言］ひとこと。例―居士・――句
いちげん［一〈見］はじめて。例―の客
いちご［〈苺］赤い小形の果物。例へび―
いちご［一期］生まれてから死ぬまで。一生。
いちごんはんく［一言半句］ほんのわずかのことば。例―もわからない・―もゆるがせに
いちざ［一座］①座席にいる全部の人。満座。例―の聞き手。②同じ座席にいること。③芝居などの団体。例菊五郎―
いちじ［一次］第一回。さいしょ。例―試験に合格した・―産業
いちじ［一時］①あのとき。当時。②当分の間。しばらく。③一度。同時。いちどき。例―に
いちじ［一事］ひとつの事柄。例―が万事
いちじく［▽無花果］クワ科の果樹の名。
いちじつせんしゅう［一日千秋］一日が千年のように非常に長く思われること。
いちじつのちょう［一日の長］相手より少しばかりすぐれていること。例―がある
いちじゅう［一汁］一種類のしる。例―一菜
いちじょ［一助］何かのたし。少しの助け。
いちじょう［一丈］長さの単位。一尺の十倍。約三メートル。
いちじょう［一定］①しっかりと定まること。②一つに定まること。
いちじょう［一場］その場かぎりの。例―の夢
いちじるしい［著しい］はっきりわかる。めだつ。例―進歩・上達が―
いちじんのかぜ［一陣の風］ひとしきり吹く風。
いちず［一〈途］一つのことを思いこむこと。ひとすじ。ひたむき。例―に思いこむ
いちぞく［一族］同じ系統や家系のもの。同族。
いちぞん［一存］自分だけの考え。例―では
いちだん［一段］①一つの段。段一つ。②ひときわ。例―と男ぶりが上がる
いちだんらく［一段落］ひとくぎり。ひとくぎりつくこと。例仕事が―になった
いちどう［一堂］同じ場所。例―に会する
いちにょ［一如］真にひとつになること。例心身―・物心―・空と色が―になる
いちにん［一任］全部まかせること。まかせきり。例選定を―した・幹事に―
いちにんまえ［一人前］①ひとりに分ける分量。一人分。②成人すること。③ひとなみ。
いちねん［一念］心に深く思いこむこと。一心。例きょうだいを愛する―で
いちはやく［〈逸早く］すばやく。まっさきに。
いちぶ［一分］①長さの単位。一寸の十分の一。約三・〇三ミリ。②一割の十分の一。一%。③わずか。少し。例―一厘たりとも
いちぶしじゅう［一部始終］始めから終わりまで。ことごとく。残らず。例―を見とどける
いちべつ［一〈瞥］ちらっと見ること。一目見る。例外観を―する・―をくれる
いちぼう［一望］ひと目に見渡すこと。
いちまいかんばん［一枚看板］①芝居の一座で

いちばん名のある役者。②一団中のただひとりのすぐれた人。例文学部の—

いちまつ[一抹]①ひとなすり。ひとなで。②わずかな。ほんの少し。例—の不安

いちまつもよう[市松模様]四角形をたがいちがいにならべた模様。げんろくもよう。

いちみ[一味]①一つの味。ひとしな。②同じなかま。味方。例盗賊の—・—する

いちみゃく[一脈]ひとつづき。わずか例—通じるところがある・—の望み

いちめん[一面]①一方の面。一方。例—観。②全体。例—に降り積もった雪

いちめんしき[一面識]一度会ったことがあって少し知っていること。例—もない

いちもうだじん[一網打尽]①網を広げて一度にたくさんの魚をとること。②罪人などを一度に捕らえること。例—になる

いちもく[一目]かた目。ひと目。例—おく・—瞭然《りょうぜん》・この碁は—の勝ちだ

いちもくさん[一目散]わき目もふらずに走っていくさま。まっしぐら。例—に逃げる

いちもん[一門]①みうち。同族。例平家の—。②同じ宗派の者。例柳生—・—の者

いちやく[一躍]①ひととびすること。②一定の順序をふまないでいちどに進むこと。

いちゅう[意中]心の中。思い。例—の人

いちょ[遺著]死後に残された著作。

いちょう[胃腸]胃と腸。例—病院・—障害

いちょう[移調]音の高低をうつすこと。例ハ調から—する・変ホ長調に—

いちょう[▽公孫樹・▽銀杏]落葉高木。葉は扇形。実はぎんなんと呼ぶ。例—並木

いちよう[一様]①同じさま。同様。②変わったところがないさま。普通。例みな—に困る

いちようらいふく[一陽来復]①陰が終わって陽がかえってくること。陰暦十一月の冬至の日。②長い苦しい時期がすぎて、いい運がむいてくること。例—を祈って

いちらん[一覧]①ひととおり目を通すこと。②一目でわかるようにした表。例—表

いちり[一里]距離の単位。三十六町。約三・九三キロメートル。例—の道のり

いちりつ[一律]同じ調子。同じぐあい。一様。例千変—・—に分ける

いちりゅう[一流]①一つの流儀。②第一等の地位。例—の会社・—の人物

いちりん[一輪]①車の輪一つ。②ひらいた花一つ。例—挿し・—のバラ

いちる[一《縷]①ひとすじの糸。②ほんのわずか。例—の望みをいだく

いちれい[一例]一つのたとえ。例—をあげる

いちれんたくしょう[一《蓮託生・一《蓮托》生]①極楽の同じれんげの上に生まれること。②行動や運命をともにすること。例—の仲

いちろ[一路]①一本の道。②ひたすら。まっすぐに。例真実—・—帰途につく

いつ[▽何時]ばくぜんとした時期。例—か

いっか[一下]ひとたびくだること。例命令—

いっか[一家]①一軒。②一家族全体。例—の柱。③学問や芸術などのまとまり。例やくざの—。④一方のすぐれた人。例—をなす

いっか[一過]①一度目をとおすこと。②さっと通り過ぎること。例台風—の秋晴れ

いっかい[一介]①わずかなもの。②ひとりの人間。例—の若い学者にすぎない

いっかい[一塊]ひとかたまり。例—の石

いっかく[一画]①漢字を形づくっている一つの線。②土地などのひとくぎり。

いっかくせんきん[一《攫千金]一度に大きい利益をつかむこと。例—の夢

いっかつ[一括]ひとくくり。ひとまとめ。

いっかつ[一喝]大きい声でしかりつけること。例父に—される・—のもとに

いっかん[一貫]①重さの単位。一千匁。②始めから終わりまでひとすじにつらぬきとおすこと。例裸—・—作業・終始—

いっかん[一環]①鎖になっている輪の中の一つ。②互いにつながりをもっているものの一部分。例その—として・行事の—をなす

いっき[一《揆]①種類や程度が同じなこと。②民衆が集団となって反抗し暴動を起こすもの。例百姓—・土—・一向—

いっきいちゆう[一喜一憂]喜んだり、心配したりすること。例投打に—する

いっきかせい[一気《呵成]ひといきに仕事を仕上げてしまうこと。例—に書き上げる

いっきく[一《掬]両手でひとすくい。わずか。例—の涙をそそぐ

いっきょ[一挙]①いっぺん。いちど。②ひとつのふるまい。例—に検挙する・—両得

いっきょいちどう[一挙一動]一つ一つの動作やふるまい。例—が注目される

いっきょう[一興]ひとつのおもしろみ。ちょ

っとおもしろいこと。例それも—だ
いっきょう［一驚］おどろくこと。例事件に—する・—に値する
いっきょりょうとく［一挙両得］一つのことをして二つの利益を得ること。一石二鳥。
いつく［居着く］住所がきまる。住みつく。
いつくしむ［慈しむ］①かわいがる。たいせつにする。②めぐむ。あわれむ。例生き物を—
いっけん［一見］①ちょっと見ること。例—したところ。②一度見ること。例—に値する
いっこ［一顧］①ちょっとふり返ること。②ちょっと考えること。例—の価値もない
いっこう［一向］①ひたすら。一心に。②まったく。すべて。少しも。例—に心配しない
いっこく［一刻］①わずかの時間。ひととき。例—もじっとしていられない。②がんこなこと。例—者（「一国者」とも書く）
いっさい［一切］残らず。すべて。全部。例不必要なものは—省く・—合財《がっさい》
いっさいならず［一再ならず］一度や二度でなく。なんども。例—催促したのだが
いっさく［一策］一つのはかりごと。一計。例—を案じる・それも—だ
いっさく［一昨］前の前。例—日・—年・—夜
いっさつ［一札］書きもの一通。例—入れる
いっさつたしょう［一殺多生］一つを犠牲にして。多くのものを生かすこと。例—の精神
いっさん［一散］①ちりぢりに逃げること。②わき目もふらないこと。一目散。例—に
いっし［一矢］矢が一本。例—をむくいる
いっし［一指］一本のゆび。例—もふれない
いっし［一糸］一本の糸。例—乱れず・—もまとわずに人前にでる
いつじ［逸事］世に知られていない事がら。
いつしか［▽何時しか］いつのまにか。知らぬまに。例—秋の気配となる
いっしどうじん［一視同仁］差別しないで平等にみること。×一視同人。例—の気持ちで
いっしゃせんり［一《瀉千里］物事がとどこおらずにすらすらと進むこと。例—に運ぶ
いっしゅ［一首］詩や和歌の一つ。例—浮かぶ
いっしゅ［一種］①一つの種類。②どことなく他と違うもの。何かしら。ある何かの。
いっしゅう［一周］ひとまわり。例運動場—
いっしゅう［一《蹴］①けとばすこと。②はねつけること。例要求を—する
いっしゅん［一瞬］非常に短い時間。例ほんの—の出来ごとであった
いっしょ［一緒］ひとまとめ。ともに。×一諸。例みんなと—に・—になる・—くた
いっしょう［一生］生涯。終身。例—忘れないよ
いっしょう［一笑］ひと笑い。例—にふす
いっしょうけんめい［一生懸命］いのちがけで仕事をすること。一所懸命《いっしょけんめい》とも書く。例—にやる・—になる
いっしょくそくはつ［一触即発］ちょっとさわればすぐ爆発すること。事がさし迫っていること。例—の危険な状態
いっしん［一新］すべてを新しくすること。例人事を—する・気分を—して
いっしん［一心］①心をひとつのものに向けること。②多くの人が心を合わせること。
いっしん［一身］①自分のからだ。例—上の問題で。②からだ全体。例—にあびる
いっしんいったい［一進一退］進んだり退いたりすること。よくなったり悪くなったり。
いっしんふらん［一心不乱］心を一つのものに集中して他を考えないこと。わき目もふらず。例—に祈る・—になって
いっすい［一睡］ひとねむり。例—もせずに
いっする［逸する］①はなれる。逃げる。例好機を—。②落とす。なくす。③忘れる。
いっすん［一寸］①一尺の十分の一。約三・〇三センチメートル。②短いこと。小さいこと。
いっせいちだい［一世一代］一生に一度。二度とないすばらしいこと。例—の演技
いっせいに［一斉に］同時に。例—に撃つ
いっせきにちょう［一石二鳥］一つの事をして二つの利益を得ること。例—の計画
いっせつ［一節］文章や音楽の一くぎり。
いっせつ［一説］①一つの説。②別の意見。異説。例—によると・—では
いっせつな［一《刹那》］非常に短い時間。
いっせん［一《閃］きらりとひらめくこと。
いっそう［一掃］すっかりきれいに払いのけること。例ランナー—の安打
いっそう［一層］さらに。いちだんと。例なお—
いったい［一体］①一つのもの。同一のもの。例家族が—となって。②全般に。おしなべて。例—全体。③もともと。だいたい。例—どうしたのだ・—みんなはどこへ行ったのだ
いったい［一帯］①ひとすじ。ひとつづき。②あたりいちめん。例—が水びたしだ

いつだつ［逸脱］①まちがえてぬかすこと。②中心からそれること。例テーマから―する

いったん［一端］①一方のはし。かたはし。②一部分。例責任の―は・問題の―

いったん［一《旦》］いちど。ちょっと。

いっち［一致］一つになること。ぴったりあうこと。例意見の―をみる

いっちはんかい［一知半解］知識の浅いこと。なまかじり。例―の知識をふりまわす

いっちょう［一町］①距離の単位。六十間。約一〇九メートル。②地積の単位。十反。

いっちょう［一朝］①ある朝。②ひとたび。いったん。例―事ある時は。③わずかの時。一時。

いっちょういっせき［一朝一夕］わずかの時日。

いっちょういったん［一長一短］一方にすぐれ他方におとっていること。いいところと悪いところとあること。例物事すべて―だ

いっちょくせん［一直線］まっすぐな線。ひとすじ。まっすぐ。例―の道・―に進む

いっつい［一対］二つで一つの組になるもの。例―の掛け軸・好―・―の茶わん

いってい［一定］一つにきまっていること。

いってき［一《擲》］一度になげうつこと。

いってつ［一徹］思いこんだらどこまでもおし通すこと。がんこなこと。例―な老人

いってん［一転］①ひとまわり。②すっかり変わること。例舞台は―して

いってんばり［一点張り］それ一つだけをおしとおすこと。例実用―

いっとう［一統］①一つにまとまること。②全体。一同。例田中家ご―様

いっとうせい［一等星］肉眼でもっとも光の明るく見える星。

いつに［一に］①ひとえに。まったく。例―かかって。②あるいは。ひとつには。

いっぱ［一派］①なかま。一味。②学芸や宗教などの一つの流派。例―をなす

いっぱし［▽一端］ひとなみ。一人前。例―の男

いっぱん［一般］①全体。総体。②普通。例―の人々。③同様。一様。例世間と―だ

いっぱんてき［一般的］普通であるさま。

いっぴのちから［一《臂》の力］わずかの力ぞえ。

いっぴん［逸品］すぐれた品物。例宗達の―

いっぷう［一風］ちょっとしたところ。

いっぷく［一服］①一回分の薬の分量。②たばこ・茶・薬などを一回のむこと。③ひとやすみ。例―する時間だ

いっぷく［一幅］書や絵の掛け物一つ。例まったく―の水墨画だ

いっぺん［一変］すっかり変わること。例場面は―して・十年で町並みは―した

いっぺん［一遍］①一回。一度。②ひととおり。③いちどき。例―にくる

いっぺんとう［一辺倒］一方の側だけに近づき親しむこと。例親米―の国

いっぽう［一方］①一つの方面。②片ほう。③いちず。そればかり。例暖かくなる―だ

いっぽうてき［一方的］一方にかたよっていること。例―な勝負・―になる

いっぽんぎ［一本気］純粋でまじりけのない性質。例―な男・彼は―だから

いっぽんちょうし［一本調子］始めから終わりまで同じ調子のこと。例―な歌い方

いつわ［逸話］世間にしられていない話。

いつわり［偽り］うそ・そらごと。例―ごと

いでたち［〈出(で)立(ち)］①いで立つこと。出て行くこと。②身じたく。服装。例旅の―

いてつく［〈凍てつく］こおりつく。例―寒さ

いでゆ［〈出湯］おんせん。例東北の―で

いてん［移転］①移り変わること。②ひっこし。

いでん［遺伝］親や祖先の性格体質などが子孫に伝わること。例隔世―・―子

いと［糸］動植物の繊維をのばし、よりをかけたもの。例絹糸・糸をひいたように

いと［意図］心でしようと思うこと。もくろみ。

いど［井戸］地下水をくむように掘ったもの。

いど［緯度］赤道に平行して地球の表面を南北にはかる線。↔経度

いとう［《厭》う］①きらう。いやがる。例現世を―。②いたわる。例体を―

いどう［移動］移り動くこと。例キャンプ地の―・―先・―車・劇団の―

いどう［異同］①違う点と同じ点。②違い。

いどう［異動］住所や職務など人事の変わること。例人事―の発表

いとおしい［〈愛おしい］①かわいらしい。②かわいそうだ。例―思いにかられる

いとぐち［糸口］①まいてある糸のはし。②ものごとのはじまり。手がかり。例解決の―

いとけない［〈幼けない・〈稚けない］おさない。あどけない。例―子たち

いとこ［▽従兄弟・▽従姉妹］父母の兄弟姉妹の、子どもどうしの間がら。

いとしい［〈愛しい］かわいらしい。例―子
いとしご［〈愛し子］かわいい子。愛する子。
いとぞこ［糸底］陶器の底の円形の部分。いとじり。例茶わんの―
いとなみ［営み］①営むこと。仕事。つとめ。生活。例日常の―。②したく。用意。例春の―
いとなむ［営む］①する。つとめる。例三回忌を―。②営業する。例洋品店を―。③したくする。調える。例巣を―
いとまごい［暇《乞い］別れのあいさつをすること。辞職したいと願い出ること。
いどむ［挑む］①争う。はりあう。競争する。②戦いや争いをしかける。例試合を―
いとめ［糸目］たこにつけた糸すじ。
いとめをつけない［糸目をつけない］金の出し惜しみをしない。例金に―
いとわしい［《厭わしい］いやである。きらいである。例下品な無教養さが―
いな［否］①こばむこと。②不承知や打ち消しを表す声。いや。そうでない。例否む
いない［以内］これより内。それより内。
いなおる［居直る］①すわり直す。②態度を強く変える。例もう、こうなれば―しかない
いなか［田舎］①都会からはなれたひなびた所。②故郷。例―者・―っぺ・―汁粉
いながらに［居《乍らに］すわったままで。そこにいるままで。例―にして
いなご［《蝗］イネの害虫の一種。例―とり
いなさく［稲作］イネの栽培。例―農家
いなずま［稲妻］いなびかり。例―と雷鳴
いなせ［《鯔背］元気のよいこと。いさみはだ。

いななく［《嘶く］馬が声高く鳴く。
いなや［否や］①すぐに。ただちに。例言われるや―。②いやはや。いやもう。③どうであろうか。例―の返事を。④そうでないか。
いにしえ［〈古］むかし。遠い昔。
いにゅう［移入］ほかから移し入れること。
いにん［委任］まかせたのむこと。例―状
いぬ［犬］①イヌ科のほ乳動物。例犬も歩けば棒にあたる。②手先。スパイ。例警察の犬
いぬ［《戌］十二支の第十一。例―年の人
いぬくぎ［犬《釘］レールをまくら木にとめるくぎ。例まくら木に―をうつ
いぬじに［犬死(に)］むだな死に方。例―だ
いのしし［《猪］ブタに似たほ乳類。例―なべ
いね［稲］米の実がなる植物。例水田の稲
いのちがけ［命懸け］死ぬかくご。生死を考えないこと。例―で働く
いのちみょうが［命《冥加］死ぬはずの命が思いがけなく助かること。例―なやつだ
いのなかのかわず［井の中の《蛙］広い世間をしらずに考えのせまい人のたとえ。
いのる［祈る・《禱る］①神や仏にお願いする。②ねがう。のぞむ。例ご健康を―
いはい［位《牌］死んだ人の名を書いてまつる木のふだ。例仏壇の―に手を合わせる
いはつ［衣鉢］師からでしに伝える宗教や学芸などのおくぎ。えはつ。例―を継ぐ
いばらのみち［《茨の道］苦しく困難な道。
いばる［威張る］えらそうにする。おごる。例大尽風をふかして―・そんなに―なよ
いはん［違反］法律や規則にそむくこと。例校則―・交通―・駐車―
いびき［《鼾］ねむっているときの鼻音。
いびつ［《歪］①だ円形。②ゆがんでいること。
いひょう［意表］思いのほか。案外。意外。例人の―をつく・―に出る
いひん［遺品］死後に残された品物。例―整理
いぶ［慰《撫］いたわりなぐさめること。
いふう［威風］勢いの盛んなようす。例―堂々と行進する・―あたりをはらう
いぶかしい［《訝しい］あやしい。疑わしい。
いぶかる［《訝る］あやしむ。疑わしく思う。
いぶき［息吹］いき。呼吸。例春の―が
いふく［衣服］きもの。衣装。例―を改めて
いぶす［《燻す］①けぶらせる。物をもやして煙を出す。例かやり火を―。②あぶりやく。③金属製品にいぶしをかける。
いぶつ［異物］普通と違うもの。例―を飲みこむ・―が混じる・―の選別
いぶつ［遺物］死んだ人が残したもの。形見。
いぶる［《燻る］くすぶる。けぶる。例まきが―
いぶんし［異分子］ほかのたくさんの仲間と性質や考えが違っているもの。例―扱い
いへん［異変］変わったできごと。変事。
いぼ［《疣］皮膚上の小凸起。
いぼ［異母］腹ちがい。例―兄弟
いほう［違法］法律や法則にそむくこと。例―駐車・―行為・―を覚悟で
いま［今］現在。目の前のとき。例今の若者たちは・今を時めく人・今様のやり方
いま［居間］家族がふだん生活するへや。
いまいましい［忌(ま)忌(ま)しい］しゃくにさ

わる。腹だたしい。例—やつだ
いまさら[今更]今になって。今あらためて。
いましがた[今し方]今から少し前。例—見た夢を話した・—お帰りになりました
いましめる[戒める]①注意してあやまちのないようにする。②さとす。用心させる。③してはいけないととめる。禁じる。
いましめる[〈縛める]しばる。例荒縄で—
いまだ[〈未だ]まだ。今もって。例—到着しない・—連絡がない・—かつて
いまに[今に]①なお。今になっても。②まもなく。近いうちに。例—分かるでしょう
いまわ[今〈際]①今限り。②死ぬまぎわ。
いまわしい[忌(ま)わしい]にくらしい。いやである。例—できごと・—事件
いみ[意味]わけ。意義。例—がよく分からない
いみな[忌(み)名・《諱》]①死後のおくり名。②生前の実名。
いみょう[異名]①別名。②あだな。例—をとる
いみん[移民]よそに移り住む人。働くために外国に移り住む人。例ブラジル—
いむ[忌む]①おそれはばかる。遠慮する。②きらってさける。にくみきらう。例—べき風習
いも[芋・《藷・《薯]サツマイモ・ジャガイモ・サトイモなどの総称。例—を洗うような
いもづるしき[芋《蔓式》]いものつるのように次々とつながっていること。例—に逮捕
いもの[鋳物]金属をとかして型に流しこんで作ったもの。例—師・—工場
いもむし[芋虫]チョウやガの幼虫。青虫。
いもめいげつ[芋名月]陰暦八月十五日の月。

いもり[井守]両棲類の動物。とかげに似る。
いもん[慰問]見舞い慰めること。例—袋
いやおうなしに[〈否応なしに]いいも悪いもかまわず。ぜひを言わせず。
いやがうえに[《弥が上に]なおその上に。ますます。例—も雰囲気が盛り上がる
いやがる[嫌がる]いやだと思う。例登校を—
いやき[嫌気]いやだと思う気持ち。例—がさす・顔を見るのも—がする
いやく[違約]約束にそむくこと。例—金
いやく[意訳]もとの文のだいたいの意味をとって訳すこと。↔直訳
いやけ[嫌気]→いやき
いやしい[卑しい・《賤しい]①身分や地位が低い。↔尊い。②貧しい。みすぼらしい。③下品だ。おとっている。例—食べ方
いやしくも[《苟も]①もしも。②かりにも。例—義を知る者として・—盗みはしない
いやす[《癒(や)す]病気や苦しみなどをなおす。例病を—・気持ちを—
いやみ[嫌味]相手に不愉快な気持ちをあたえるようなことばや態度。例—を言う
いやらしい[嫌らしい]好色でいやに感じられる。例—男・—目で見ている
いゆう[《畏友]尊敬している友。
いよいよ[《愈愈》]ますます・だんだん。例—くるものがきたか・—油断できない
いよう[威容]すぐれてりっぱなようす。
いよう[異様]普通と変わったようす。ふだんと違ったようす。例目が—な光を帯びる
いよく[意欲]そうしたいと思う心。欲望。例おうせいな研究—・—十分な学生

いらい[以来]①そのときからあと。その後。②この後。今後。例—つつしんで
いらい[依頼]①頼むこと。例—の手紙。②たよること。例就職を—する・—心
いらいら[《苛苛》]①皮膚にとげなどが触れた感じ。②気がいらだつさま。例気分が—と
いらか[《甍]屋根にふくかわら。かわらぶきの屋根。例—の波・町の—
いらだつ[《苛立つ]心がいらいらする。せきたつ。じれる。例—心をおさえる
いりあい[入相]日のくれるころ。夕ぐれ。日没。例—の鐘が鳴る・奈良の里の—
いりうみ[入(り)海]陸地に入りこんだ海。
いりえ[入(り)江]湖や海などで陸地に入りこんだ部分。例—に浮かぶ・静かな—
いりぐち[入(り)口]はいりぐち。はじめ。
いりひ[入(り)日]夕日。落日。
いりびたる[入(り)浸る]①水につかる。②いつもよその家や場所にはいりこんでいる。
いりもや[入〈母屋]上部は切り妻で二方へ傾斜し、下は四方へ傾斜させた屋根。
いりゅう[慰留]慰めてとどまらせること。
いりゅう[遺留]①死んだあとに残すこと。②置き忘れること。例—品
いりょう[衣料]着るもの。衣類。例—品店
いりょう[医療]病気のてあてをしてなおすこと。治療。例—器械・—施設
いりょく[威力]①人をおさえつける力。人をしたがわせる力。②強い力。例冬の—
いりょく[偉力]非常にすぐれた力。

いる[鋳る]金属をとかしてかたに流しこんで器物を作る。例寺の鐘を—
いる[居る]ある。おる。例自宅に—
いる[要る]必要だ。かかる。例いくら—
いる[射る]矢・弾丸をはなつ。例弓を—
いる[《炒る・《煎る]火にかけていりつける。例豆を—・卵を—・ご飯を—
いるい[衣類]着物類。衣服。例—をたたむ
いるか[▽海豚]海獣の一種。例—の芸
いるす[居留守]家に居ながら居ないようなふりをすること。例—を使う
いれい[威令]①威力と命令。②威力のある命令。例—が及ばない・—を発す
いれい[異例]これまでの例と違うこと。前例のないこと。例—の人事
いれかえ[入(れ)替(え)]入れかえること。交替。例スタッフの—・列車の—作業
いれずみ[入(れ)墨・▽刺青]からだにほりつけた絵。例背中の—・二の腕の—
いれぢえ[入(れ)知恵]人から教えられたりそそのかされた考え。例女の—で
いれる[入れる]中にうつす。はめる。↕出す。例新人を—・箱に—・考えに—
いろあい[色合(い)]色のかげん。色の調子。
いろう[慰労]慰めいたわること。例—の会
いろう[遺漏]もれおち。例手続きに—がある
いろか[色香]色とにおい。きりょう。例—にまよう・—がただよう
いろけ[色気]いろあい。色情。例—たっぷりの女性・—のないあいさつ
いろづく[色付く]①色がつく。②果実などが熟す。例麦畑には麦が色づき
いろどり[彩り]色をつけること。色のとりあわせ。例—が悪い・席に—をそえる
いろどる[彩る]①色をぬる。②いろいろの色を配合する。③化粧する。④飾る。
いろめがね[色眼鏡]①色のついためがね。②自分の感情にとらわれてものをみること。
いろめく[色めく]①美しい色がつく。②活気づく。③はっとして、心のひきしまるさま。ようすがかわる。
いろり[囲炉裏]ゆかを四角に切って火をもやす所。例—をかこんで
いろわけ[色分け]①いろいろに彩色して区別すること。②種類によって区別すること。
いろん[異論]他と違う議論。人と違う意見。
いわ[岩・《磐]石の大きなもの。いわお。
いわう[祝う]めでたい気持ちをあらわすこと。例合格を—・門出を—
いわお[《巌]大きい岩。例—のごとく
いわく[《曰く]①わけ。いわれ。例—つきの茶つぼ。②いうことには。例孔子—
いわし[《鰯]イワシ科の海魚。例—雲・—の頭
いわな[岩〈魚]淡水魚。谷川にすむ。
いわば[言わば・《謂わば]言ってみれば。たとえてみれば。例彼は—黒幕だ
いわや[岩屋]①岩に穴を掘って住居としたもの。②岩にできているほら穴。
いわゆる[〈所《謂]世に言う。ふつうによく言われる。例—教育ママだ
いわれ[《謂れ]わけ。理由。例—のある木
いわんや[〈況や]まして。その上に。なおさら。例—、私は犬好きだ・—大のおとなが
いん[印]①しるし。②はん。印章。例印をおす
いん[陰]かげ。ひそか。消極的なこと。↕陽。例陰にこもって・陰に陽に
いん[韻]①音の最後のひびき。②句・行の終わり、または初めに置いた同じひびきの語。
いんいん[《殷殷]音がとどろくさま。
いんうつ[陰《鬱]心が晴れ晴れしないこと。うっとうしいこと。例—な天気・—な表情
いんえい[陰影・陰《翳]かげ。くもり。
いんか[引火]火がつくこと。例—点
いんが[因果]①原因と結果。原因があれば必ず結果があること。②前の世で行ったことのむくい。③ふしあわせ。例—なことに
いんがし[印画紙]写真を焼き付ける感光紙。
いんかん[印鑑]印章。はんこ。例—証明
いんき[陰気]はればれしないこと。気分がふさいでいること。↕陽気。例—な性格
いんきょ[隠居]職業や社会から離れて静かな生活をすること。また、その人。例ご—
いんぎん[《慇懃]①ていねいなこと。ねんごろなこと。例—無礼。②親しい交わり。
いんけん[引見]引き入れて会うこと。例ご—
いんけん[陰険]心の底がすなおでないこと。
いんけん[隠見]かくれたり見えたりすること。例はるかに—する山小屋のともし火
いんご[隠語]なかま以外にはわからない特別の意味を持ったことば。ふちょう。×陰語
いんこう[《咽喉》]のど。大事な所。例耳鼻—科
いんごう[因業]がんこで愛情がないこと。思いやりのないこと。例—な老人

いんさつ[印刷]機械を使って、字・絵などを紙にインキですりこむこと。例活版—
いんさん[陰惨]陰気でむごたらしいこと。暗くみじめなこと。例—な光景
いんし[印紙]税金など納めたしるしにはるもの。収入印紙。例—税
いんしつ[陰湿]日陰でしめっているようす。例—な環境・—なやり方だ
いんじゃ[隠者]世の中をすてて山などにひっこんだ人。世捨て人。例—のような生活
いんしゅ[飲酒]酒を飲むこと。例—運転
いんじゅ[印《綬]官職や位階のしるしをさげるひも。例—を帯びて
いんしゅう[因習・因襲]古くからの習慣やしきたり。例—にとらわれる
いんじゅん[因循]①今までの方法に従って改めないこと。例—姑息。②ぐずぐずしていること。はきはきしないこと。例—で消極的
いんしょう[印象]①物事から受ける感じ。②強く心に感じて忘れられないこと。例—深い演奏は終わりました・—派の絵
いんしょく[飲食]飲んだり食べたりすること。例—店・遊興—税
いんしん[音信]たより。おとずれ。おんしん。
いんしん[《殷賑》]非常ににぎやかなこと。盛んなこと。例—を極める商店街
いんする[印する]形やあとをつける。
いんせい[陰性]陰気で消極的な性質。↕陽性。例なんとなく—な感じがする
いんぜい[印税]書物の発行部数に応じて出版社から著者に払う報酬。
いんせき[引責]責任を自分の身にひきうけること。責任をおうこと。例—辞職
いんせき[姻《戚]結婚によってできる親類。
いんせき[《隕石]流星が地上に落ちたもの。
いんぜん[隠然]どことなく重みのあるさま。表面にあらわれない勢力のあるさま。
いんそつ[引率]引きつれること。例—の教師
いんたい[引退]職や地位をやめて退くこと。
いんち[引致]つれて行くこと。ひきたてて行くこと。例容疑者を—する
インチ[《吋]ヤード・ポンド法の長さの単位。約二・五四センチメートル。
インド[印度]アジア大陸南部の大半島。
いんとう[《淫蕩》]酒色にふけり、身持ちの悪いこと。みだらなこと。例—息子
いんどう[引導]①仏の道に導くこと。②死者を仏の道に導くために経を読むこと。
いんとく[隠匿]かくすこと。かくまうこと。
いんにく[印肉]印かんをおすのに使う顔料をしみこませたもの。
いんにん[隠忍]がまんして表面に出さないこと。じっとがまんすること。例—自重
いんねん[因縁]①仏教で、後の結果をまねくもとになるもの。例前世からの—。②ゆかり。いわれ。③いいがかり。例—をつける
いんぶん[韻文]詩や歌のように韻をふんだ文。↕散文。例—形式の文
いんぺい[陰《蔽]おおいかくすこと。例犯罪の証拠を—する
いんぼう[陰謀]ひそかに悪い計画をたてること。例ひそかに—を企てる
いんめつ[隠滅・《湮滅]①埋もれてなくなること。ほろびてなくなること。②あとかたなくなくすこと。例証拠—
いんもつ[音物]①おつかいもの。おくりもの。②わいろ。例ひそかに—を贈る
いんよう[引用]自分の説のために、ひとの説やことばをかりてきて使うこと。
いんりつ[韻律]詩のことばの音楽的な調子。リズム。例心地よい—の詩
いんりょう[飲料]飲み物。例—水・清涼—
いんりょく[引力]物体が互いに引き合う力。
いんれい[引例]証拠として引いた例。
いんれき[陰暦]太陰暦のこと。月のみちかけをもとにして作った昔の暦。旧暦。↕陽暦
いんろう[印《籠]薬や印かんなどを腰に下げる小さな箱。例葵の紋の—

う

う[《卯]十二支の四番目。うさぎ。例—年
う[《鵜]からすににた水鳥。例—のまね
ういういしい[初初しい]物事になれない。こどもっぽい。例—少女
ういてんぺん[有為転変]世の中の移り変わりのはげしいこと。例—の世
うえ[上]高い方。すぐれていること。↕下
うえ[飢え・《餓え]ひもじいこと。おなかのすくこと。例—死に
うえき[植木]庭にうえてある木。ぼんさい。
うえこみ[植(え)込み]植木をたくさんうえた所。例庭の—が荒される

うえつけ[植(え)付け]植物の苗を植えつけること。例稲の—・最近は機械で—をする
うえる[飢える]食べ物がなくて腹のすくこと。例—難民たち・愛情に—
うえん[《迂遠]回り遠いこと。遠回し。
うおうさおう[右往左往]①右へ行ったり左へ行ったり。いそがしいさま。②うろたえるさま。混乱して秩序のないさま。
うかい[《迂回]遠回りすること。回り道。
うがい[《嗽・▽含嗽]水をふくんで口やのどをすすぎあらうこと。例—薬
うかがう[伺う]尋ねる、問う、聞くの敬語。
うかがう[《窺う]①ひそかにのぞき見する。②時機をねらう。例機会を—。③少し知る。
うかつ[《迂闊》]うっかりして気付かぬこと。注意が行きとどかないこと。例—にも
うがつ[《穿つ]①穴をあける。つきぬく。②こまかくしらべる。③ずぼしをさす。うまく言いあらわす。例うがった批評
うかぬかお[浮かぬ顔]心配がありそうな顔つき。元気のない顔。沈んだ顔つき。
うかぶ[浮(か)ぶ]①水面に浮かび出る。②ふと心に思いあたる。例いい考えが—
うかれる[浮かれる]心がうきうきする。
うき[雨季・雨期]一年の中で最も雨の多い時期。日本では六月ごろのつゆ時。
うき[浮き・▽浮子]水面に浮かべるもの。ふひょう。例釣りの—・—をつける
うきあしだつ[浮(き)足立つ]逃げ腰になる。足がおちつかないこと。例敵の攻撃に—
うきうき[浮き浮き]楽しくそわそわするようす。例心—・合格通知をもらい—する
うきくさ[浮(き)草]水面に浮いている小形の水草。例—のような生活
うきごし[浮(き)腰]①腰のすわりが安定していないこと。中腰。②物事をするのに心が定まらないこと。例すっかり—になる
うきしずみ[浮(き)沈み]①浮くことと沈むこと。②栄えると衰えること。例人生の—
うきたつ[浮(き)立つ]心がうきうきする
うきぼり[浮(き)彫(り)]平面から浮き出すように高くほりあげたほりもの。例—になる
うきみ[憂き身]つらいこと。悲しいことの多いからだ。例—をやつす
うきめ[憂き目]つらい思いや悲しい思いをすること。ひどい目にあうこと。例—にあう
うきよ[浮(き)世]①はかない世。定めのない世の中。②つらい世の中。③この世。現世。
うきよえ[浮世絵]江戸時代の流行風俗絵。
うぐいす[《鶯]ヒタキ科の声のよい小鳥。
うけ[受け]評判。例世間の—がいい・—が悪い
うけ[有《卦]幸運の年まわり。例—にいる
うけあう[請(け)合う]①保証する。②責任をもって引き受ける。例品質を—
うけい[右傾]①右にかたむくこと。②保守的・国粋的の思想に傾くこと。↔左傾
うけうり[受(け)売り]①問屋から買った品を小売りすること。また売りすること。②他人の説をそのまま自分の説のように述べること。例他人の説の—
うけおい[請負]仕事を注文どおりに引き受けること。例—工事・—人
うけざら[受(け)皿]しずくを受けるさら。例コーヒーカップの—
うけたまわる[承る]①聞くの敬語。かしこまって聞く。②つつしんで引き受ける。
うけつぐ[受(け)継ぐ]あとをひきうける。
うけつけ[受付]①来客を取りつぐ所。また取りつぐ人。②申しこみを受けること。
うけとり[受取]①うけとること。②たしかに受けとったという証書。領収書。
うけながす[受(け)流す]①相手のほこ先を軽くかわす。②ほどよくあしらう。急所をはずす。例鋭い質問を軽く—
うけみ[受(け)身]①他からはたらきをうけること。攻める力がなく守る一方になること。例—になる。②文法用語。他から動作を受けるときの、れる・られるで表される形。
うけもち[受(け)持(ち)]引き受けて責任を持つこと。また、その人。例—の先生
うける[受ける]①うけとる。②むかえる。③こうむる。④評判をとる。例友だちに—
うける[請ける]ひきうける。例工事を—
うげん[右《舷]船首に向かって右側の船べり。
うごうのしゅう[《烏合の衆]からすのむれのような規律のない人々の集まり。
うごく[動く]位置をかえる。ゆれる。
うごめく[《蠢く]もじもじと動く。たえずわずかに動く。例青虫が—・鼻をうごめかす
うさ[憂さ]思うようにならず気持ちが晴れないこと。つらいこと。例—ばらしに
うさばらし[憂さ晴らし]気ばらし。心配ごとをまぎらすこと。例酒で—をする

うさんくさい［《胡散臭い］あやしい。うたがわしい。ゆだんがならない。例―男がうろつく
うし［牛］家畜の動物。例―のような歩み
うし［《丑］十二支の第二番目。例―年
うじ［氏］①姓。みょうじ。家系を表す名。②家がら。家門の称。例氏素性。③姓名の下にそえて用いられる敬称。例田中氏
うじ［《蛆］ハエなどの幼虫。うじむし。
うしお［潮］海の水。例潮のごとく押しよせる
うじがみ［氏神］①祖先として祭る神。②その土地の神。鎮守の神。うぶすな神。例時の―
うじこ［氏子］①氏神の子孫。氏神をまつる人。②氏神の守護を受ける人。例―の寄進で
うしなう［失う］①なくす。とり落とす。②取り逃がす。③しくじる。④死なす。
うしみつ［《丑三つ］①昔の時刻の名。午前三時から三時半まで。②真夜中。
うしろがみ［後ろ髪］後頭部のかみの毛。例―を引かれる思いで
うしろぐらい［後ろ暗い］①あとのことが気になる。心にやましいところがある。例―過去②うたがわしい。例―ことはない
うしろだて［後ろ《楯］①あとを防ぐもの。②かげにいて助けること。また、その人。
うしろめたい［後ろめたい］①うしろぐらい。②あとあとまでも気にかかる。気がとがめる。例―思いをする
うしろゆび［後ろ指］かげで人の悪口をいうこと。例人に―をさされる
うす［《臼］もちをつく道具。例―ときね
うすい［薄い］厚みがすくない。↕厚い

うすうす［薄薄］かすかに。ほのかに。
うすきみわるい［薄気味悪い］なんとなくきみが悪い。例夜の森は―
うずく［《疼く］ずきずきと痛む。例古傷が―
うずくまる［《蹲る］①しゃがむ。例神前に―。②けものが前足を立ててすわる。例犬が―
うずたかい［うず高い・《堆い］もりあがって高く山になっている。例うず高く積む
うすちゃ［薄茶］①薄く立てたひき茶。②薄い茶色。例―のセーター
うすで［薄手］①軽いきず。傷の浅いもの。②うすいつくり方。例―の茶わん。
うすべり［薄〈縁］上敷き用のござ。へりをつけたござ。例夏用の―を敷く
うずまき［渦巻(き)］①ぐるぐるわをまいた形。②うずをまいて流れる水。
うずめる［〈埋める］①土の中にうめいれる。②ものでおおいかくす。例顔を―
うずら［《鶉］野原にすむ小さな鳥。例―の卵
うすらぐ［薄らぐ］①しだいに薄くなる。②へってくる。おとろえる。例痛みが―
うせつ［右折］みぎへまがる。↕左折。例―禁止
うせる［〈失せる］①見えなくなる。なくなる。②死ぬ。③消える。例力が―
うそ［《嘘］事実でないこと。いつわりごと。
うそ［《鷽］アトリ科の小鳥。例―替え
うぞうむぞう［有象無象］①世の中のすべての物。②つまらぬ人々のより集まり。
うそさむい［うそ寒い］うすら寒い。例―日
うそぶく［《嘯く］①口でつぼめて声を出す。口笛をふく。小声でうたう。②ほえる。③そらとぼける。例政治家が自信たっぷりに―

うた［歌］①ふしをつけたことば。②和歌。短歌。例歌を詠む・歌合わせ
うた［《唄］三味線での音楽。小唄、長唄など。
うたい［謡］能を舞うときにうたううた。また、そのことば。謡曲。
うだいじん［右大臣］昔の官名。左大臣の次。
うたう［歌う・《唄う］ふしをつけて声をだす。和歌につくる。例大声で―
うたう［《謳う］強調して文章にする。例憲法に―精神・世界平和を―条文
うたがう［疑う］①あやしむ。いぶかる②まどう。信じない。③恐れる。あやぶむ。
うたかた［▽泡沫］①水の上に浮かぶあわ。②水のあわのように消えやすくはかないこと。例―の夢・―の恋
うたげ［〈宴］さかもり。宴会。例こよいの―
うたごころ［歌心］①歌の意味。②歌をよもうとする心。例―のある人
うたたね［〈転た寝］うつらうつら眠ること。
うたまくら［歌《枕］古い歌によまれた名所。
うだる［《茹る］①ゆでられる。ゆだる。②暑さにまいる。げんなりする。例猛暑に―
うち［内］なかの方。以内。例内々の話
うち［〈家］自分の家庭。例―へ帰る
うちあける［打(ち)明ける］隠さずにありのままを話す。心の底を明かす。例打ち明け話
うちあわせる［打(ち)合(わ)せる］相談する。
うちいわい［内祝(い)］うちわだけでするおいわい。また、そのいわいの品物。
うちうみ［内海］①湖。湖水。②いりうみ。いり

え。ないかい。↔外海
うちき[内気]①遠慮ぶかい性質。ひかえめなたち。②気の小さいこと。小心。例—な性格
うちきる[打(ち)切る]①はっきりけりをつけて終わりとする。②やめる。例会議を—
うちきん[内金]払う約束をしたお金の一部分。例—を入れる・契約の—に
うちくつろぐ[打(ち)〈寛ぐ]心に心配がなくのびのびとする。ゆっくりおちつく。
うちけし[打(ち)消し]①取り消し。②そうでないという否定。③文法で否定する形。
うちこむ[打(ち)込む]①たたきこむ。②力を入れる。熱心になる。例仕事に—
うちじに[討(ち)死(に)]戦って死ぬこと。戦死。例外地で—する・あえなく—となる
うちだし[打(ち)出し]①強く出すこと。②模様を裏から打って表へ出すこと。③太鼓をたたいて興行のおわりを知らせること。はね。例大相撲の—の太鼓
うちでし[内弟子]先生の家に住んでいて教えを受けるでし。例—になる・—を持つ
うちとける[打(ち)解ける]①心をうちあけて親しくまじわる。例相手と—。②くつろぐ。③気がゆるむ。心配がなくなる。
うちどめ[打(ち)止(め)・打(ち)留め]興行のおわり。例本日—・パチンコ台の—
うちのり[内〈法]器物のうちがわの寸法。
うちべんけい[内弁慶]家の外では弱いが内ではいばっている人。陰弁慶。
うちまく[内幕]①うちがわにはる幕。②内部の事情。例—をさらけ出す
うちまたごうやく[内《股膏》薬]自分にはっきりした考えがなく、あちこちとつごうのよいほうにつく人。例—のやつだ
うちみ[打(ち)身]からだを強く打ったためにできたきず。例—がたえない
うちみず[打(ち)水]水をまくこと。まいた水。
うちゅう[宇宙]かぎりなく広い天地。世界。
うちょうてん[有頂天]よろこんで夢中になること。大得意。例—になって喜ぶ
うちわ[内輪]①内部。家の内。②身うち。みかた。例—で祝う。③ひかえめ。例—の予算
うちわ[▽団扇]風をおこす用具。例左—
うちわけ[内訳]全体の内容をこまかく分けたもの。明細書。例支出の—
うつ[打つ]①たたく。ぶつ。②たがやす。③まく。例水を—。④勝負ごとをする。⑤電報を出す。⑥感動させる。例心を—
うつ[討つ]殺す。せめる。例かたきを—
うつ[撃つ]①射撃する。たまをうつ。例ピストルを—。②命中させる。例強盗を—
うつうつ[《鬱鬱》]①気分がはればれしないさま。気がふさぐさま。例—として楽しまない
うつくしい[美しい]①きれい。みごと。あでやか。②行いが正しい。心がりっぱ。例—行為
うっけつ[《鬱血]静脈の中の血が流れずにたまること。充血。例—した箇所
うつす[写す]①もとのままに書きあらわす。例手紙を—。②写真をとる。例風景を—
うつす[映す]光をあてて影をあらわす。例スライドを—・水に顔を—
うつす[移す]①場所をかえる。おきかえる。②伝染させる。例風邪を—
うっそう[《鬱蒼》]草木がこんもりとしげっているさま。例—とした森林
うったえる[訴える]①裁判所に申し出てさばきを願う。訴訟する。②不平やうらみを人につげる。③あるやり方を使う。例腕力に—
うつつ[〈現]①現にこの世にあること。現実。②眠りからさめていること。正気。③精神のはっきりしないこと。うとうとしていること。例夢—の中で
うって[討手]敵・賊・罪人などを追いうつ人。とりて。よせて。例—を差し向ける
うってつけ[打って付け]ちょうどよく合うこと。あつらえ向き。注文どおり。例—の役
うっとうしい[《鬱陶しい]①心がふさがってはれないこと。陰気な。例—雨。②うるさい。わずらわしい。例長い毛が—
うつぶせ[《俯せ]下向きになること。うつむき。例—になる・—のままで
うっぷん[《鬱憤]心の中に積もったうらみやいかり。不平不満。例—をはらす
うつぼつ[《鬱勃》]①思いに胸がふさがるさま。②意気がもりあがるさま。
うつりかわり[移り変(わ)り]時代が変わること。世の中がしだいに変わること。変遷。
うつりぎ[移り気]変わりやすい心。うわき。
うつる[写る]色や形にあらわれる。例写真に—・裏写りする
うつる[映る]①他のものの上に光や影が現れること。②色と色がよく合う。③似合う。
うつる[移る]①場所が変わる。②時が過ぎる。

③色やにおいがつく。④伝染する。

うつろ［〈虚］①中になにもないこと。から。②ぼんやりしていること。気のぬけたさま。

うつわ［器］①いれもの。②器具。道具。③才能。人がら。人物。例大物の器

うで［腕］①肩と手首の間。②力量。例腕が上がる。③腕力。例腕が鳴る

うできき［腕利き］腕前のすぐれた人。敏腕家。

うでずく［腕〈尽く］腕力を使うこと。例―でとる・こうなれば頭より―だ

うてな［〈台］①四方を見渡すために作った屋根のない建物。②物の台。③花のがく。

うでまえ［腕前］はたらき。てなみ。わざ。

うでる［《茹でる］→ゆでる。例卵を―

うてん［雨天］雨降り。雨の日。例―順延

うど［▽独活］ウコギ科の野菜。例―の大木

うとい［疎い］①親しくない。②長い間たよりをしない。③よく知らない。例実情に―

うとましい［疎ましい］いやらしい。いまわしい。例―存在・―人間関係だ

うどん［《饂飩》］めんの一種。例なべ焼き―

うとんじる［疎んじる］親しまない。よそよそしくする。例友だちからうとんじられる

うながす［促す］いそがせる。せきたてる。例帰国を―・返済を―

うなぎ［《鰻］ウナギ科の魚。例―の寝床

うなされる［《魘される］恐ろしい夢を見て声をたてること。例悪夢に―

うなじ［〈項］首のうしろの部分。えりくび。

うなずく［《頷く］首を前にさげて承知する。

うなだれる［〈項垂れる］くびを前にたれる。うつむく。しょんぼりする。例負けて―

うなばら［海原］ひろびろとした海。例青い―

うなる［《唸る］苦しそうな声をだす。うめく。ほえる。例浪曲を―

うに［▽海胆・▽雲丹］海中の岩の間に住む動物。くりのいがに似たとげをもつ。例粒―

うぬぼれる［〈己《惚れる］自分を実際よりもえらくみる。例自分の才能を―

うね［畝・《畦］田畑の中に細長く土をもりあげた所。例畝の間に種をまく・畝織り

うのけ［《兎の毛］うさぎの毛。ごく小さいもののたとえ。例―でついたほどのすきもない

うのはな［《卯の花］①うつぎの花。②おから。豆腐のしぼりかす。

うのみ［《鵜呑》み］①かまずにのみこむこと。②深く意味も考えずにそのままうけいれること。例人の話を―にする

うのめたかのめ［《鵜の目《鷹の目］熱心にものをさがし出そうとする目つき。ものをあさる鋭い目つき。例―でさがす

うば［《姥］年をとった女。例山―

うば［乳母］母に代わってこどもに乳をのませて育てる女。例―車

うばう［奪う］①むりに取る。力ずくで取りあげる。例財産を―。②ぬすみとる。↔与える

うぶ［〈初］①生まれつきのままで飾り気のないこと。②人なれしていないこと。世間知らず。ういういしいこと。例―ないなか娘

うぶぎ［産着・産〈衣］生まれた子にはじめて着せる着物。例さらしの―

うぶげ［産毛］①子どもが生まれたときにはえているやわらかい毛。②くびすじなどのうすい毛。例―をそる

うぶごえ［産声］生まれたときに初めてだす声。例元気な―・大きな―をあげる

うぶすな［産〈土］①生まれた土地。出生地。②うぶすながみ。鎮守の神。例―神

うぶゆ［産湯］生まれた子を洗う湯。

うま［馬］家畜の一種。例どこの馬の骨だ

うま［〈午］十二支の一つ。例初―の行事

うまい［▽上手い・〈巧い］じょうずだ。たくみだ。↔下手。例ピアノが―

うまい［〈甘い・〈旨い・▽美味い］おいしい。↔まずい。例―酒・―料理だ

うまおい［馬追い］①馬をつかう人。うまかた。②キリギリス科のこん虫。すいっちょ。

うまざけ［▽味酒・〈旨酒］うまい酒。例恋の―

うまずたゆまず［《倦まず《弛まず］あきずなまけずに。例―努力する

うまずめ［▽石女］子をうめない女。

うまに［〈甘煮・〈旨煮］鳥肉や野菜類をこい味で煮つけたもの。例竹の子の―

うまのあし［馬の足］①芝居で馬の足になる人。②つまらない役をする役者。

うまのほね［馬の骨］どこのだれともすじょうのわからぬ者をののしって言うことば。

うまのみみにねんぶつ［馬の耳に念仏］いくら言って聞かせてもききめのないこと。

うまみ［〈旨味］①食物のおいしい味。②じょうずさ。たくみさ。例―のある話し方

うまや［馬屋・〈厩］馬や牛を飼う小屋。例―番

うまや［〈駅］昔、街道で馬・人夫・かごなどのつ

ぎたてをした所。宿場。例―路
うまる［埋(ま)る］うずまる。例赤字が―
うまれる［生(ま)れる］この世に出生する。新しくつくりだされる。↔死ぬ。例一九六〇年、東京で―・傑作が―
うまれる［産(ま)れる］胎児が母体から出る。例日赤産院で―・無事に―
うみ［海］塩水でおおわれた地球上の広い部分。↔陸。例―にかこまれた国
うみ［《膿］化のうしたところから出るしる。
うみさち［海幸］海からとれる魚や貝。
うみせんやません［海千山千］あらゆる苦労や経験をつんで世なれて悪がしこい人。
うみだす［生み出す］つくりだす。例利を―
うみだす［産み出す］うみはじめる。うむ。例卵を―・愛犬が子犬を―
うみづき［産(み)月］出産予定の月。臨月。
うみなり［海鳴り］波の音が合わさっておこる雷のようなひびき。潮鳴り。
うみのおや［産みの親］自分を生んでくれた父母。血を分けた親。例―より育ての親
うむ［生む］子をつくる。新しくつくりだす。例世界記録を―・利益を―
うむ［産む］子や卵を体外へ出す。例女の子を―・産みの苦しみ
うむ［有無］①有ると無いと。あるなし。例外国語の知識の―。②承知と不承知。いやおう。例―を言わせずにつれてくる
うむ［《倦む］①あきる。いやになる。たいくつする。②つかれる。くたびれる。
うむ［《膿む］化のうする。例傷口が―

うめ［梅］落葉樹の一種。例梅が香に
うめあわせる［埋(め)合(わ)せる］①つぐなう。補う。②平均する。ならす。③穴をふさぐ。間にあわせる。例失敗を―
うめく［《呻く］苦しさのあまりうなる。
うめくさ［埋(め)草］雑誌などの余白をふさぐ記事。例―のコラム記事
うめたて［埋(め)立て］川や海などをうめて陸地にすること。例―工事
うめぼし［梅干(し)］梅の実をシソの葉とともに干したもの。例―弁当
うもれぎ［埋(も)れ木］①樹木が土中や水底に長い間うずもれて炭化したもの。②世にうずもれてかえりみられない身の上。
うやうやしい［恭しい］うやまいつつしむさま。ていねいな。例うやうやしく出迎える
うやまう［敬う］あいてをたっとぶ。尊敬する。例神を―・師を―・―べき相手
うやむや［有《耶無《耶］はっきりしない。あいまい。例―な態度・事件が―になる
うよく［右翼］①右のつばさ。②列などの右。③保守主義の団体。④野球のライト。↔左翼
うら［裏］うち側や後ろ側。↔表。例裏番組・服の裏地・裏をかく
うら［浦］①海や湖が陸地に入りこんだ所。入り江。②はまべ。うみべ。例田子の浦
うらうち［裏打(ち)］①紙などの裏に布や紙などをはりつけること。例表紙に―をする。②確かめること。裏付け。
うらがき［裏書(き)］①紙や本などの裏に書きつけること。②確かであるという保証。

うらがなしい［うら悲しい］なんとなく悲しいこと。例―秋の宵
うらがれる［＜末枯れる］草木の先が枯れる。
うらぎる［裏切る］①味方をすててこっそり敵につく。内通する。②あてがはずれる。反対の結果になる。例予想を―
うらさく［裏作］主な作物をとり入れた後に作るもの。あとさく。↔表作
うらさびしい［＜心寂しい］なんとなくさびしい。例―過疎の村・―乙女心
うらづける［裏付ける］確かにする。証拠づける。例実例により―
うらなう［占う］将来の吉凶を判断する。
うらなり［＜末成り］①うりなどのつるの末に実ったもの。②顔色が悪く顔の細長い人。
うらにほん［裏日本］本州の中央の山脈を境として日本海に面した土地。↔表日本
うらはずかしい［＜心恥ずかしい］なんとなくはずかしい。例人目が―
うらぼん［《盂蘭》盆］陰暦七月十五日に祖先の霊を祭る行事。おぼん。うらぼんえ。
うらむ［恨む・《怨む］にくみおこる。不平に思う。例会社の仕打ちを―
うらむ［＜憾む］残念に思う。例急ぎすぎた憾みがある・自分の軽率な行為を―
うらやむ［《羨む］①人のすぐれているのをみて、そうなりたいと思う。②すぐれた人をみてにくく思う。ねたむ。例友の成功を―
うららか［＜麗らか］①空がくもりなく晴れわたったさま。②心にわだかまりがなくさわやかなこと。ほがらか。

うりあげ［売(り)上(げ)］品物を売ったおかね。また、その金高。「売上高」「売上金」などは送りがなをはぶく。

うりかけ［売(り)掛け］あとで代金を受け取る約束で物を売ること。また、その代金。「売掛金」などは送りがなをはぶく。

うりぐい［売(り)食い］家財道具などを売って生活をたてること。竹の子生活。

うりざねがお［《瓜〈実顔］うりの種に似た顔。色が白くて面長の顔。

うりふたつ［《瓜二つ］見分けのつかないほどによく似ていること。例—の兄弟

うりょう［雨量］降った雨の分量。例—計

うるうどし［《閏年］平年より日数が一日多い年。太陽暦では四年目に一回ある。

うるおい［潤い］①しめること。しめり。②もうけ。利益。③めぐみ。④心のあたたかみ。情味のあること。例—のない生活

うるおす［潤す］①しめす。ぬらす。②しみこませる。③利益をあたえる。もうけさす。④めぐみをほどこす。例貧困者を—

うるさい［▽五月蝿い・〈煩い］①やかましい。②わずらわしい。めんどうくさい。③不快。

うるさがた［〈煩さ型］よく文句をいう人。やかましや。例近所の—が集まる

うるし［漆］うるしの木から取った樹液。塗料になる。例漆塗りのおぼん

うるむ［潤む］①しめる。水気をおびる。②目に涙がたまる。涙声になる。例目が—

うるち［《粳］常食用のねばりけのすくない米。↕もちごめ。例—米

うるわしい［麗しい］①きれいだ。美しい。例声が—。②すぐれている。よい。例ごきげんが—・—情景だ

うれい［愁い］かなしみ。なやみ。例—をふくんだ顔・—に沈む

うれい［憂い］心配。不安。例後顧の—・災害の—・破滅の—がある

うれえる［憂える］心から心配する。例政治を—・将来の日本を—

うれしい［《嬉しい］よろこばしい。心が楽しい。↕悲しい。例—便り・—悲鳴

うれゆき［売(れ)行き］売れていくようす。例空前の—・好調な—

うれる［売れる］商品が買われる。広く知られる。例新製品がよく—・名が—

うれる［熟れる］熟す。みのる。例柿が—

うろ［〈虚・《洞］①あな。ほらあな。②うつろ。中が中空のもの。例枯れ木の—

うろおぼえ［うろ覚え］記憶の確かでないこと。はっきりと覚えていないこと。

うろこ［《鱗］魚の表面をおおう小片。例—模様

うろたえる［▽狼狽える］あわてまどう。ろうばいする。例突然の事件に—

うろん［《胡〈乱］あやしいこと。疑わしいこと。

うわがき［上書き］手紙などの表に書く文字。例封筒に—する

うわぐすり［上薬・《釉薬］せとものつやを出すためにぬって焼きつける薬。

うわごと［《囈〈語・《譫言］高熱のために無意識に口走ることば。例—を言う

うわさ［《噂］世間で言いふらす話。世評。

うわすべり［上滑り］①うわべだけ知っていること。②注意がゆきとどかないこと。

うわずみ［上澄み］液体の上のすんでいる部分。例—をすくいとる・煮汁の—

うわつく［浮つく］気がおちつかない。そわそわする。例気分が—

うわっちょうし［上っ調子］①おちつきがないこと。②かるがるしいこと。

うわて［上手］①上のほう。②人よりすぐれていること。例彼の方が—だ

うわぬり［上塗(り)］①中塗りした壁などの上に土をぬること。仕上げ塗り。例ペンキの—。②悪の上に悪、恥の上に恥を重ねること。例恥の—である

うわのそら［上の空］心がおちつかないこと。

うわばみ［《蟒〈蛇］大きなへび。おろち。

うわべ［上辺］①おもて。表面。②みかけ。

うわまえ［上前］①着物を合わせたとき上になる部分。②取りついで支払う金の一部分。

うん［運］まわりあわせ。運命。例運がよい

うんえい［運営］ことを運ぶこと。物事をとりはこんでゆくこと。例会社を—する

うんか［▽浮塵子］稲の害虫。よこばえ。

うんが［運河］船を通すために作った水路。

うんかい［雲海］雲がかさなり合って海のように見えるもの。雲の海。例頂上で見る—

うんこう［運航］航路を進むこと。例船の—・飛行機の—・—表

うんこう［運行］めぐり進むこと。例天体の—

うんざん［運算］式のとおりに計算すること。

うんしん［運針］針を動かしてぬうこと。

うんすい［雲水］世の中を巡り歩いて修業する僧。あんぎゃ僧。
うんせい［運勢］めぐりあわせ。運命の勢い。
うんそう［運送］物品をはこび送ること。
うんちく［《蘊蓄］つみたくわえた深い学問や知識。例—をかたむける
うんでい［雲泥］①雲とどろ。天と地。②物事の違いのひどいたとえ。例—の差
うんてん［運転］①車や機械を動かすこと。②はたらかせ使うこと。運用。例—資金
うんどう［運動］①めぐり動くこと。②保健のためにからだを動かすこと。スポーツ。③ある目的のためにつくすこと。例社会—
うんぱん［運搬］はこぶこと。例荷物を—する。
うんぴつ［運筆］筆の使い方。例—の妙
うんめい［運命］人間の一生を左右する目に見えない大きな力。まわりあわせ。例—論
うんも［雲〈母］うすくはがれやすい鉱物。
うんよう［運用］はたらかせ使うこと。活用。

え

え［柄］とって。器物の手に持つ部分。
え［絵・〈画］物の形やありさまをえがいたもの。例油絵・絵巻き・絵はがき
え［《餌］えさ。例—づけ・鳥の—
えい［栄］ほまれ。名誉。例拝顔の栄に
えいい［鋭意］一心に。例—努力いたします
えいえい［営営］せっせと働くさま。
えいえん［永遠］いつまでもつづくこと。とこしえ。永久。例—の愛
えいが［栄華］はなばなしく栄えること。例平家一門の—・—をきわめる
えいが［映画］活動写真。フィルムでうつす映像。例—館・—スター
えいかく［鋭角］直角より小さい角。↕鈍角
えいかん［栄冠］名誉を表す冠。名誉ある地位。例輝かしい—をかちえる
えいき［鋭気］元気。例—をやしなう
えいき［英気］人にすぐれた気性。例天性の—
えいきゅう［永久］長く久しいこと。いつまでも。永遠。例—不滅の書
えいきょう［影響］さしひびき。関係をおよぼすこと。例後世に偉大な—を与えた
えいぎょう［営業］利益をえることを目的として行う事業。例—停止・—部員
えいけつ［英傑］非常にすぐれた人。英雄。
えいこ［栄枯］栄えることと衰えること。
えいこう［栄光］かがやかしいほまれ。名誉。
えいこう［《曳航］他の船をひっぱって航行すること。例—船
えいごう［永《劫］長い年月。永久。永遠。
えいさい［英才］すぐれた才能。例—教育
えいじ［英字］英語の字。例—新聞
えいじ［《嬰児］生まれてまもないあかご。
えいしゃ［映写］映画や幻灯をうつすこと。
えいしゃ［泳者］およぐ人。例リレーの第三—
えいしゅ［英主］すぐれてかしこい君主。
えいじゅう［永住］同じところに長く住むこと。例—の地を求める・—権
えいじょく［栄辱］ほまれとはずかしめ。
えいじる［映じる］↓映ずる
えいしん［栄進］昇進すること。例部長に—
えいずる［映ずる］①うつる。例夕日が水面に—。②印象される。例まぶたに—
えいずる［詠ずる］詩歌をつくる。吟じる。例感慨を—・漢詩を—
えいせい［永世］非常に長い年月。例—中立
えいせい［衛生］健康に気をつけて病気にかからないようにすること。例—的な設備
えいせい［衛星］惑星の周りをめぐっている星。例人工—・—中継
えいせいこく［衛星国］強い国のまわりにあってその国の保護をうけている国。
えいせいとし［衛星都市］大都市のまわりにある小都市。例東京の—だ
えいぜん［営繕］建物を造ったり修繕したりすること。例会社の—課
えいぞう［映像］映し出されたものの姿。頭の中のイメージ。例テレビの—・シナリオを—化する・—権
えいぞうぶつ［営造物］建物。建造物。
えいぞく［永続］長くつづくこと。
えいたい［永代］長い年月。とこしえ。例—供養
えいたつ［栄達］りっぱな身分になること。出世して栄えること。例—は望まない
えいたん［詠嘆・詠《歎］①声を長くひいてうたうこと。②深く感じてほめること。強い感動をいい表すこと。③なげくこと。
えいだん［英断］思い切ってものごとをきめること。すぐれた決断。例社長の—で
えいち［英知］すぐれた知恵。例—の光
えいてん［栄典］①めでたい儀式。②名誉を表

彰する制度。例晴れの—を受ける
えいてん［栄転］今までよりもよい地位に変わること。例この度のご—を祝す
えいびん［鋭敏］感じがするどくかしこいこと。すばやいこと。例—な嗅覚
えいへい［衛兵］警護のための兵士。番兵。
えいべつ［永別］永久の別れ。死別。
えいほう［鋭《鋒］攻撃の鋭いこと。
えいまい［英《邁］非常にすぐれてえらいこと。
えいみん［永眠］死ぬこと。例—いたしました
えいめい［英明］すぐれて賢いこと。例—な君主・天質—な青年
えいゆう［英雄］才能や武勇の非常にすぐれている人。例不世出の—・—伝
えいよ［栄誉］ほまれ。名誉。例世界最高の—
えいよう［栄養］食物をとってからだを養い、力をつけること。また、その食物。例—士
えいり［営利］利益を得ようとはかること。かねもうけ。例—事業・—誘拐
えいり［鋭利］するどいこと。刃物などの切れあじのよいこと。例—な頭脳
えいれい［英霊］①すぐれた人の魂。②死者の霊の敬称。例靖国神社の—
えがお［笑顔］笑い顔。にこにこ顔。
えがく［描く・〈画く］①絵を書く。②書き表す。
えがたい［得難い］手に入れにくい。珍しい。
えき［液］しる。液体。例血液・液化
えき［益］とく。もうけ。↕損。例社会に益する・益がない・益虫
えき［駅］停車場。例各駅停車・駅弁・始発駅
えきしゃ［易者］うらないをする人。例大道—
えきたい［液体］水や油のように一定の体積は持つが、一定の形を持たないもの。
えきちく［役畜］農業に使うためにかわれる家畜。馬や牛など。
えきちゅう［益虫］人間に有益なこん虫。↕害虫。例てんとう虫は—である
えきちょう［益鳥］農作物の害虫を食べる人間に有益な鳥。↕害鳥
えきでん［駅伝］①宿場《しゅくば》から宿場への連絡のための車馬。②駅伝競争の略。道路で行う長距離の継走。例正月の箱根—
えきとう［駅頭］駅の前。例—の演説
えきびょう［疫病］流行病。伝染病。
えきり［疫痢］夏に多い子どもの急性伝染病。
えくぼ［《靨・笑〈窪］笑うときほほにできる小さいくぼみ。例—のかわいい女の子
えぐる［《抉る・《刳る］刃物などをつきさしてかきまわす。深くほる。例問題点を鋭く—
えこう［回向］死んだ人のために経を読み供養すること。例—をたのむ・先祖の—をする
えこじ［依《怙地］片意地。意地っぱり。
えこひいき［依《怙《贔《屓］一方のものばかりに力をそえて助けること。例—する先生
えじき［《餌食］①えさとして与える食物。②欲望のぎせい。例不良の—に
えしゃく［会釈］あいさつ。おじぎ。例軽く—
えさ［《餌］①飼育動物の食べ物。例小鳥の—。②おとり。例高利を—に
えせ［〈似非〉・〈似《而〈非］似てはいるが違うもの。例—学者・—者が現れる
えぞ［《蝦夷》］①アイヌ族。②北海道の古い呼び名。例—地・—松
えだ［枝］①茎や幹のわかれたもの。例枝振り。②わかれたもの。例枝道・枝葉
えたい［得体］そのものの本当のすがた。正体。例—が知れないやつだ
えだは［枝葉］①枝と葉。②物事のたいせつでない部分。末節。例—にこだわる
えだみち［枝道］本道から分かれた小さい道。
えたりかしこし［得たり賢し］自分の望みどおりになったときに言うことば。しめた。
えっけん［越権］定められた権限以上に立ち入ってすること。例—行為
えっけん［謁見］身分の高い人や目上の人に会うこと。例皇帝の—をたまわる
えっとう［越冬］冬の寒さを越すこと。例—隊
えつにいる［悦に入る］よろこぶ。うれしがる。例ひとりで悦に入っている
えつらん［閲覧］書籍や書面などを調べること。読むこと。例図書館の—室
えつれき［閲歴］経歴。履歴。
えて［得手］いちばん得意なこと。例—な学科・得手勝手（わがまま）
えと［▽干支］十干《じっかん》と十二支を組み合わせて出す運勢。例生まれ年の—は
えとく［会得］ものごとをはっきりと理解して自分の身につけること。のみこむこと。例知らず知らず—した
えにし［〈縁］えん。つながり。ゆかり。
えのき［《榎］ケヤキに似た大木となる落葉樹。秋に葉が落ちる。例—茸《だけ》
えのぐ［絵の具］絵をかくときに使う染料。

えび[▽海老・《蝦]海、川にすむ甲殻動物。例―でたいを釣る・伊勢―
えびす[▽恵比寿・《戎]七福神の一つ。
えびちゃ[▽海老茶]黒味をおびた赤茶色。
えびら[《箙]矢を入れて背中におう道具。
えぼし[《烏〈帽子]昔、くげや武士がかぶった帽子の一種。今は神主が用いる。
えま[絵馬]馬の絵などを書いて神社や寺に奉納する額。例―堂・―を奉納する
えまきもの[絵巻物]文と絵と交互にかいたまきもの。例源氏物語の―
えみ[笑み]笑うこと。例満面の―
えもの[獲物]海や山でとった動物。
えもん[〈衣紋]①衣服のきちんとした着方。②着物のえりもと。例着物の―をぬく
えら[《鰓]魚などのいきをするところ。
えらい[偉い]①すぐれている。②たいへんな。
えらぶ[選ぶ]多くのものの中から抜き取る。
えり[襟・《衿]①衣服でくびを回って交わる部分。②くびの後部。えりくび。
えりがみ[襟髪]くびのうしろの髪の毛。
えりごのみ[〈選り好み]好きなものだけをよって取ること。例―が強い人
えりぬき[〈選り抜き]多くの中からえらび出すこと。例―のメンバーで
えりまき[襟巻(き)]寒さを防ぐために首のまわりに巻くもの。例毛糸の―
える[得る]①手に入れる。自分の物にする。例志を―。②できる。例言い―
えん[円]①まるいもの。②日本のお金の単位。
えん[縁]①ゆかり。つながり。②たより。てづる。③人と人との間がら。関係。④ふち。
えん[園]にわ。その。小さな学校。例園長先生
えん[宴]うたげ。さかもり。例華燭の宴
えんいん[延引]長びくこと。のびのびになること。例回答が―する
えんいん[遠因]遠い原因。間接の原因。↔近因
えんえい[遠泳]長い距離を泳ぐこと。
えんえき[演《繹]①意味をおしひろめて述べること。②一般の原理から特別の一つの結論をひき出すこと。↔帰納
えんえん[炎炎]火のさかんにもえあがるさま。例―と燃えひろがる・―たる火の手
えんえん[延延]どこまでもつづくようす。例会議が―と長びく
えんえん[《奄奄》]たえだえなようす。例気息―として横たわる
えんえん[《蜿蜒》]長くうねりまがるさま。
えんかい[沿海]①海にそった陸地。②陸地にそった海。例―航路・―漁業
えんかく[沿革]物事のうつりかわり。変遷。
えんかく[遠隔]遠くはなれていること。
えんかつ[円滑]なめらかにすらすらと行われること。例社会生活を―にする
えんがわ[縁側]座敷の外の細長い板敷き。
えんかん[鉛管]鉛のくだ。例水道の―
えんがん[沿岸]①海や川にそった陸地。②陸地に近い海や川の部分。例―警備隊
えんき[延期]予定の日をおくらすこと。
えんぎ[演技]人の前で技芸を演ずること。
えんぎ[縁起]①前知らせ。きざし。例―がいい。②物事のできたおこり。例寺の―
えんきょく[《婉曲]遠まわしにそれとなく言うこと。例―なもの言い・―に断る
えんきん[遠近]遠い所と近い所。例―法
えんぐみ[縁組(み)]夫婦や養子の関係を結ぶこと。例―がととのう
えんぐん[援軍]助けの軍隊。加勢。例―の到着
えんけい[円形]まるい形。例―脱毛症
えんけい[遠景]遠い所のけしき。↔近景
えんげい[演芸]おおぜいの人の前で芝居や踊りや劇などの芸をすること。例―会
えんげい[園芸]草花・野菜・果樹などを栽培すること。例家庭―・趣味は―です
えんげき[演劇]しばい。例―サークル
えんげん[《淵源]ものごとのおこり。もと。
えんこ[縁故]ゆかり。えんつづき。例―をたよる・―就職
えんご[援護]助けまもること。例―射撃
えんこん[《怨恨]うらむこと。うらみ。
えんざい[《冤罪]無実の罪。ぬれぎぬ。
えんさん[塩酸]塩化水素が水にとけたもの。工業上に多く用いられる。
えんし[遠視]遠い所のほうがよく見えて近いものが見えにくい目。↔近視。例―眼・―鏡
えんじ[《臙脂]①べに。②黒みをおびた赤色。
えんじゃ[縁者]縁つづきの者。みよりの者。
えんしゅう[円周]円のまわり。例―率
えんしゅう[演習]実地の練習。例野外―
えんじゅく[円熟]①十分になれてうまいこと。②かどがなくて人づきあいのよいこと。
えんしゅつ[演出]脚本に従って劇を舞台に出したり、映画を作ること。例―家

えんしょ［炎暑］真夏のひどいあつさ。
えんじょ［援助］すくい助けること。救援。
えんしょう［炎症］からだの一部に発熱・はれ・いたみなどをおこすこと。
えんしょう［延焼］火がもえひろがること。
えんじる［演じる］①役をつとめる。例主役を―。②実際に行う。しでかす。例醜態を―
えんしんりょく［遠心力］物体がまわるとき外側に走り出ようとする力。↕求心力
えんすい［円《錐］さきがとがり、底の丸い形。
えんせい［遠征］①遠くへせめていくこと。②遠くへ旅行すること。例―試合
えんせい［《厭世］世の中がいやになること。
えんぜつ［演説］多くの人の前で自分の考えを話すこと。例―会を開く・応援―
えんせん［沿線］線路にそった土地。例東急―
えんそう［演奏］音楽をかなでること。楽器をひくこと。例―会・―曲
えんそく［遠足］見学や運動のために遠い所へ出歩くこと。例小学校の―
えんたい［延滞］おくれとどこおること。例―金・―利子
えんだい［演題］演説や講演の題目。
えんだい［遠大］考えや志の大きいこと。
えんたく［円卓］まるいテーブル。例―会議
えんだん［演壇］演説や講演などをする人の立つ壇。例―に立って
えんだん［縁談］結婚のそうだん。例―話
えんちゃく［延着］予定の時間より遅れてつくこと。例列車の―
えんちゅう［円柱］まるい柱。例―の並ぶ回廊
えんちょう［延長］長くのばすこと。長くのびること。例野球の―戦
えんちょく［鉛直］水平面に直角な方向。
えんてい［《堰堤］川や谷の水をせきとめるためにつくった堤防。例ダムの―工事
えんてん［円転］①まるく回ること。②かど立たずうまく移って行くこと。例―滑脱
えんてん［炎天］夏のあつい日ざかり。例―下
えんとう［円筒］まるいつつ。例―形
えんどう［沿道］道路にそった両がわ。
えんにち［縁日］神社や寺のおまつりの日。
えんねつ［炎熱］夏のきびしいあつさ。↕酷寒
えんのう［延納］期日に遅れて納めること。
えんのしたのちからもち［縁の下の力持ち］人に知られないかげのほねおり。
えんぴつ［鉛筆］黒鉛のしんを細長い木でつつんだもの。例―けずり・赤―
えんびふく［《燕尾服］男性の正式の礼装。
えんぶん［塩分］しおけ。例―が強い・―の摂取
えんぼう［遠望］遠くを見わたすこと。
えんぼう［遠謀］遠いさきざきまではかりごとをめぐらすこと。例深慮―をめぐらす
えんぽう［遠方］遠くのほう。遠い所。
えんま［《閻魔］地獄の大王で、死者の生前の罪悪を審判し罰するといわれている。
えんまく［煙幕］敵の目をくらまし、自分の身をかくすためにはりめぐらす煙。
えんまん［円満］①みちたりてかけたところがないこと。例家庭―。②おだやかでかど立たないこと。例―に交際する
えんむすび［縁結び］えんぐみ。例―の神
えんめい［延命］命をのばすこと。長生き。例―地蔵・内閣の―策
えんゆうかい［園遊会］家の外でのパーティー。例総理大臣主催の―
えんよう［遠洋］陸地から遠くはなれた海。↕近海・沿海。例―漁業
えんらい［遠来］遠方から来ること。例―の客
えんりょ［遠慮］①遠い先のことまでも考えること。②ひかえめにすること。例―深い人
えんろ［遠路］遠いみち。例―はるばると

お

お［尾］①動物のしっぽ。②おわり。すえ。
お［緒］①ものにつけるひも。例刀の下げ緒。②はきもののはなお。
おい［《笈］修験者《しゅげんじゃ》が背負う足のついた箱。例山伏の―・巡礼者が背負う―
おい［《甥］自分の兄弟や姉妹の生んだ男の子。↕めい。例―の入学祝いに
おい［老い］年をとること。例―を感じる
おいうち［追(い)討ち・追(い)撃ち］追いかけてうつこと。例―をかける
おいえげい［《御家芸］得意とする芸。おはこ。
おいおい［追(い)追(い)］だんだん。しだいに。例―と仕事になれる
おいかえす［追(い)返す］追いたてて返す。例セールスマンを―
おいかぜ［追(い)風］うしろから吹いてくる風。例―で好記録がでる
おいごえ［追い肥］あとからやるこやし。

おいこむ[老い込む]年をとって衰える。
おいこむ[追(い)込む]追って中にはいらせる。例にわとりを小屋に—
おいさき[老い先]年をとってからの余生。例—短い母のために
おいさき[生い先]成長していく先。将来。
おいすがる[追(い)《縋る]あとから追いついてとりつく。例袖に—
おいたち[生い立ち]①そだち。例彼の—。②これまでしてきたこと。経歴。例—を語る
おいて[《於(い)て]①にて。で。②について。
おいて[〈措いて]…を除いて。例君を—は
おいてきぼり[置いてきぼり]おくれたものを見すてて行くこと。おきざり。
おいぬく[追(い)抜く]追い越す。例前のランナーを—・先発メーカーを—
おいはぎ[追(い)《剝(ぎ)]旅人などをおどして衣類や持ち物などを奪う人。
おいばね[追(い)羽根]羽根つきのこと。例—をつく・—の羽子板
おいはらう[追(い)払う]追放する。例ハエを—・敵を—・押し売りを—
おいぼれる[老い《耄れる]年とって頭の働きがにぶくなる。例急に—
おいめ[負(い)目]借り。借金。負債。ひけめ。例—がある・—を感じる
おいらく[老いらく]老年。例—の恋
おいる[老いる]年とる。年よる。
おいわけ[追分]道が左右に分かれる所。例江差—・—節
おう[王]君主。一国のかしら。例王者
おう[翁]老人。おきな。例渋沢翁
おう[追う]あとからいく。おいかける。
おう[負う]①せおう。例重荷を—。②ひきうける。例借金を—。③ふさわしい。例名にし—
おうあ[欧亜]ヨーロッパとアジア。
おういつ[横《溢]いっぱいにあふれること。
おうう[奥羽]東北地方。陸奥《むつ》・出羽《でわ》
おうえん[応援]①助けること。②はげますこと。例—団・友を—する
おうおう[往往]ときどき。例—にして
おうか[欧化]ヨーロッパふうになること。
おうか[《謳歌]声をそろえほめたたえること。
おうかくまく[横隔膜]胸と腹との間にある筋肉性のまく。例—をひろげて深呼吸
おうかん[王冠]①王様のかぶる冠。②びんの口がね。例ビールびんの—
おうかん[往還]①ゆきかえり。往復。②通り道。道路。街道。例—を行き来する人
おうぎ[扇]せんす。例—のかなめ
おうきゅう[応急]急ぎのまにあわせ。例—の手当・—処置
おうこ[往古]むかし。いにしえ。
おうこう[横行]気ままに歩きまわること。
おうごん[黄金]①純金。こがね。②おかね。
おうごんじだい[黄金時代]いちばん栄えた時代。例フランス映画の—
おうざ[王座]①王の座席。王の地位。②第一の地位。例レースで—につく
おうし[横死]普通でない死にかた。変死。
おうじ[王子]王様の子。↔王女。例—さま
おうじ[往時]すぎ去った昔。過去。例—をしのぶ・—のさっそうたる姿
おうしつ[王室]帝王の家族。例英国の—
おうじゃ[王者]①王様。②第一の地位。かしら。例—の貫禄がある
おうしゅう[応酬]言い返すこと。返答。
おうしゅう[押収]人の財産を役所がさしおさえて取りあげること。例家を—する
おうしゅう[欧州]ヨーロッパ。例—諸国
おうしゅう[奥州]東北地方。陸奥《むつ》の国。
おうじょう[往生]①死ぬこと。②こまりきること。例交通渋滞で—する
おうじる[応じる]①答える。②したがう。例要求に—。③ちょうどあてはまる。例能力に応じた仕事・機会に—
おうしん[往診]医者が病人の家に行ってしんさつすること。例—には応じません
おうせい[《旺盛]ひじょうにさかんなこと。
おうせつ[応接]①お客に会うこと。例—間。②もてなし。例来客に—する
おうせん[応戦]敵の攻撃に応じて戦うこと。
おうだ[殴打]なぐること。例顔面を—される
おうたい[応対]人と会って受け答えすること。例客の—が悪い
おうだく[応諾]承知すること。うけ合うこと。
おうだん[横断]横ぎること。例—歩道
おうだん[黄《疸]皮膚が黄色になる病気。
おうちゃく[横着]①なまけること。②ずうずうしいこと。例—なやつだ
おうちょう[王朝]王様が国を治めている時代。例—時代・ブルボン—
おうてん[横転]横にころがること。

おうと［《嘔吐》］食べたものをはくこと。
おうとう［応答］受けこたえ。例質疑―・―文書
おうとう［桜桃］さくらんぼ。
おうとつ［凹凸］でこぼこ。たかひく。
おうねん［往年］過ぎ去った年。昔。例―の名優
おうのう［《懊悩》］なやみもだえること。
おうひ［王妃］王のきさき。例モナコ―
おうふう［欧風］ヨーロッパふう。例―の建物
おうふく［往復］ゆきかえり。ゆきき。例―切符
おうぶん［応分］身分に相応なこと。例―の寄付・―の暮らしぶり
おうへい［横柄］いばっているさま。
おうべい［欧米］ヨーロッパとアメリカ。
おうぼ［応募］募集に応じること。例―者
おうぼう［横暴］わがままで乱暴なこと。
おうむ［《鸚鵡》］熱帯産の鳥。人のことばをまねる。例―がえし
おうよう［応用］実際にあてはめて使うこと。
おうよう［《鷹揚》］ゆったりとしたさま。こせこせしないこと。例―な態度
おうらい［往来］①ゆきき。②道路。例静かな―
おうりょう［横領］人のものを横取りすること。例―罪・他人のものを―する
おうろ［往路］行く道。行き道。例駅伝の―
おえつ［《嗚咽》］むせび泣くこと。すすりなき。
おえる［終える］すませる。例宿題を―
おおあな［大穴］①大きな欠損。②競馬や競輪などの大きな番狂わせ。例―を当てる
おおい［多い］たくさんある。↕少ない。例参加者が―・事故が―・人数が―
おおい［覆い・《被い》］かぶせるもの。カバー。
おおいに［大いに］①多く。②はなはだ。ひどく。例―努力する・―助かる
おおう［覆う］①かぶせる。②かばう。③つつみかくす。例自分の罪を―
おおうつし［大写し］映画で画面いっぱいに大きくうつし出すこと。クローズアップ。
おおうなばら［大海原］ひろびろとした海。
おおうりだし［大売(り)出(し)］大安売り。例歳末―・蔵払い―の広告
おおがかり［大掛(か)り］大じかけ。例―な捜査・―な舞台装置
おおかた［大方］①たぶん。およそ。②たいてい。あらかた。例―そうだろう
おおがた［大形］大きな形。例―の鳥・―の犬
おおがた［大型］大きな型。例―の自動車
おおかみ［《狼》］犬ににた動物。山野にすみ人や家畜を害することがある。例一匹―
おおがら［大柄］①からだが普通より大きいこと。↕小柄。例―な女性。②大きい模様。
おおかれ［多かれ］多くあってくれ。例―少なかれ・幸―と祈る
おおきい［大きい］かさが多い。包容力がある。重要だ。↕小さい。例―木・人物が―・―テーマだ・影響が―
おおぎょう［大仰］大げさ。例―な身振り
おおぐち［大口］①大きい口。②かってなことをはばからずに言うこと。大言壮語。③金額の多いこと。↕小口。例―の寄付
おおげさ［大《袈裟》］実際より大きいこと。
おおざっぱ［大雑把］①小さいことにこせこせしないこと。②おおよそ。例―な区分
おおしい［雄雄しい］勇ましい。男らしい。
おおしお［大潮］一か月の中で潮の干満の差がもっとも大きいとき。↕小潮
おおじかけ［大仕掛(け)］しかけの大きいこと。おおがかり。例―な舞台装置
おおすじ［大筋］話のあらまし。例事件の―
おおせ［仰せ］おことば。言いつけ。命令。
おおぜい［大勢］多くの人。多人数。例―の人
おおだてもの［大立(て)者］①一座のうちでいちばんすぐれた俳優。②その社会で最も重んじられる人物。例連合軍側の―
おおづめ［大詰(め)］①演劇で最後の場面。おおぎり。②物事の終わり。例裁判も―に
おおて［大手］城の正門。↕からめて。例―門
おおでをふる［大手を振る］いばって歩くさま。例大手を振って歩く
おおどうぐ［大道具］芝居の舞台に使う建物や草や木など。↕小道具
おおにゅうどう［大入道］背が高い坊主頭のばけもの。例―のような男
おおばこ［▽車前草］道ばたなどにはえる多年草。葉は卵形。根・葉や種子は薬用となる。
おおばん［大判］①面積の広い紙。②江戸時代に用いられた大形の金貨。例―小判
おおひろま［大広間］大きな広いざしき。
おおふう［大風］いばったさま。おおへい。
おおぶり［大ぶり］大きな形。大きめ。↕小ぶり
おおぶり［大振り］大きく振ること。例バットを―する
おおぶろしき［大風《呂敷》］①大きなふろしき。②大ぼらをふくこと。例―をひろげる

おおべや［大部屋］①大きなへや。②下っぱの俳優の雑居するへや。例—俳優

おおまか［大まか］①心がゆったりして、こせこせしないこと。おおよう。②こまかでないこと。おおざっぱ。例—な場面の動き

おおみず［大水］雨などのために川の水があふれること。こう水。例—が出る

おおみそか［大《晦日］十二月のみそか。一年の最終日。例—の年越しそば

おおむこう［大向(こ)う］①しばいの立ち見の場所。一幕見の観覧席。②見物の大衆。

おおむね［〈概ね］あらまし。だいたい。

おおめ［大目］取り締まりをゆるくすること。寛大。例交通違反を—にみる

おおめ［多目］やや多いこと。↕少な目。例砂糖を—に入れる

おおもと［大本］いちばんのもと。根本。

おおもの［大物］①大きなもの。すばらしいもの。②重要な地位にあるもの。例政界の—

おおもり［大盛(り)］たくさん盛りあげること。例そばの—・—のご飯

おおや［大家］家の持ち主。やぬし。

おおやけ［公］①政府。役所。②国家。世間。社会。③表だつこと。④自分のことでなく皆のことであること。公共。例事を公にする

おおよう［大様］ゆったりとしてこせこせしないこと。例—な人柄・—な態度

おおよそ［大〈凡］①おおかた。普通。②だいたい。およそ。例—のことは聞いた

おおわらわ［大〈童］①結んである髪がとけてばらばらになること。みだれがみ。②力いっぱいがんばること。例—で奮闘する

おおわれる［覆われる］つつまれる。

おか［丘・《岡］すこし高い所。山の低いもの。

おかかえ［お抱え］やとわれていること。

おがくず［〈大《鋸屑》］材木をのこぎりで切るときにでるくず。例—をつめる

おかげ［お陰・〈御《蔭］①神仏の助け。②人のなさけ。めぐみ。例—さまで元気です

おかしい［▽可笑しい］①こっけいだ。例—顔。②へんだ。あやしい。例最近、態度が—

おかしらつき［尾頭付(き)］尾も頭もつけた焼きざかな。神事や祝いの料理用。

おかす［犯す］してはならないことをする。例法律を—・女を—・過ちを—

おかす［侵す］①攻め入る。害を与える。②そこなう。例神聖な境内を—

おかす［冒す］困難なことをおしきってする。例危険を—・病を冒して

おかぶ［お株］得意なこと。えて。例—の歌

おかぼ［〈陸稲］畑に作る稲。りくとう。

おがむ［拝む］①からだをかがめ、または手を合わせて礼をする。例仏を—。②「見る」のけんそん語。例奥さんを拝ませてください

おかめ［〈傍目］人のすることをわきで見ること。例—八目

おかもち［《岡持(ち)］食物や食器を入れてはこぶ、手とふたのついた浅いおけ。

おから［▽雪花菜］とうふをしぼったあとのかす。きらず。うのはな。

おかん［悪寒］熱が出てさむけがすること。

おき［沖］海岸から遠くはなれた海上。

おき［《燠］①赤くおこった炭火。②まきなどがもえて炭火のようになったもの。例—火

おきあがる［起(き)上がる］からだをおこす。例寝床から—・再び—

おきかえる［置(き)換える］他のものと場所をかえる。例たんすと本箱を—

おきざり［置(き)去り］捨てておいて行ってしまうこと。例机の上に—にする

おきて［《掟］さだめ。規則。きまり。例国の—

おきな［〈翁］年よりの男。おじいさん。

おぎなう［補う］たりないところをたす。

おきふし［起(き)伏し］①起きることと寝ること。②毎日の生活。いつも。例—慕う

おきもの［置物］とこの間などにおくかざりもの。例—のたぬき・木彫りの—

おきる［起きる］立ちあがる。目がさめる。生ずる。↕寝る。例朝早く—・事故が—

おく［奥］①内へ深くはいった所。②家の中で家人のいつもいる所。③妻。奥方。

おく［億］一万の一万ばい。例一億円・億万長者

おく［置く］①すえる。例物を—。②間をとる。例一メートル—。③もうける。例出張所を—。④やめる。例筆を—

おくがい［屋外］家のそと。例—スポーツ

おくがき［奥書］書籍の終わりに発行年月日や筆者名などをしるした文。

おくぎ［奥義］学芸や武術の奥深いところ。

おくじょう［屋上］やねの上。例—の展望台

おくする［《臆する］気おくれする。おじける。例—ところなく・雰囲気に—

おくせつ［憶説・《臆説］いいかげんにおしはか

って考えた意見。例—ではあるが

おくそく［憶測・《臆測］いいかげんにおしはかること。例事実無根の—だよ

おくそこ［奥底］①奥深いところ。②本心。

おくだん［憶断・《臆断］かってにおしはかってきめること。例—するところでは

おくち［奥地］都市や海岸から遠ざかった地域。例—の村・ジャングルの—

おくづけ［奥付］書物の巻末の著者・発行者名・発行年月日・定価などを印刷したページ。

おくて［奥手・▽晩生］おそくみのるもの。

おくない［屋内］家の中。建物の中。例—展示

おくになまり［〈御国《訛］生まれ故郷の方言。

おくのて［奥の手］①技芸の奥義。秘術。②最後の手段。例こうなれば—だ

おくび［▽噯気］げっぷ。例—にも出さない

おくびょう［憶病・《臆病］ちょっとしたことにもこわがること。よわむし。例—風をふかす

おくぶかい［奥深い］①表から遠い。奥のほうへ遠い。②意味が深く理解しにくい。

おくめんもなく［《臆面もなく］遠慮もなく。

おくゆかしい［奥床しい］①奥深く、なんとなく心がひかれる。②考え深そうにみえる。

おくゆき［奥行(き)］家や地所などの表から奥までの距離。例—が深い。

おくりがな［送り仮名］漢字の読み方をわからせるために漢字の下につけるかな。

おくりじょう［送り状］荷造り人から荷受け人に送る荷物の勘定書。仕切状。

おくりもの［贈(り)物］人におくりあたえる品物。つかいもの。プレゼント。例誕生日の—

おくる［送る］①物をよそへやる。例郵便で—。②人を見おくる。↕迎える。③すごす。例日を—。④送りがなをつける。

おくる［贈る］あたえる。やる。例花を—

おくればせ［遅れ《馳せ］①おくれてかけつける。おくれてする。②ておくれ。例—ながら

おくれる［後れる］おとる。例発育が—

おくれる［遅れる］あとになる。おそい。

おけ［《桶］木で作ったまるい入れ物。例—屋

おけら［▽螻蛄］虫の名。けら。例—になる

おける［《於ける］にある。の場合の。

おこがましい［《烏滸》がましい・〈痴がましい］①ばからしい。②ですぎている。例—行為だ

おこす［起(こ)す］①立たせる。②目をさまさせる。例寝た子を—。③発生させる。例事件を—。④新しくつくる。例会社を—

おこす［興す］①新しくたてる。例国を—。②盛んにする。例産業を—

おこす［《熾す］火をさかんにする。例火を—

おごそか［厳か］礼儀正しく近よりにくいさま。いかめしい。例—な顔つき

おこたる［怠る］①なまける。②ゆだんする。

おこない［行い(行ない)］①すること。ふるまい。②品行。身持ち。例—が改まる

おこり［起(こ)り］はじまり。もと。原因。

おこる［怒る］①いかる。例火のように—。②しかる。例子供を—

おごる［《奢る］①ぜいたくする。②人にごちそうする。例夕食を—

おごる［《驕る］たかぶる。とくいになる。

おさ［〈長］かしら。上に立つ人。例部族の—

おさ［《筬］はた織りの道具。

おさえる［押(さ)える］①押しつける。②がまんする。③ふせぎとめる。④とらえる。

おさと［〈御里］①お嫁にいった女性の実家。②育ち。生まれ。例—が知れる

おさない［幼い］①年がすくない。いとけない。②未熟である。幼稚である。例—表現

おさななじみ［幼《馴染(み)］幼い時から親しかった人。例幼稚園での—・—の友

おざなり［〈御座成り］その場のがれに、いいかげんにいったりすること。

おさまる［収(ま)る］①中にはいる。例たんすに—。②終わる。例さわぎが—

おさまる［納(ま)る］①受け取る相手にわたされる。例税が—。②他位につく。例社長に—

おさまる［治(ま)る］しずまる。↕乱れる。例国が—・痛みが—・暴風が—

おさまる［修(ま)る］おこないがよくなる。例素行が—・身持ちが—

おさめる［収める］①中へいれる。取り込む。例成果を—・権力を—・箱の中に—。②おちつかせる。例気を—

おさめる［納める］①納入する。例税を—・胸に—。②終わりにする。例見—

おさめる［治める］しずめる。支配する。例国を—・乱を—・けんかを—

おさめる［修める］ととのえる。学習する。例身を—・学業を—・物理学を—

おさらい［お《浚い］復習。例踊りの—の会

おし［《唖］ことばの話せない人。

おし［押し］強引にすること。例—の一手で

おじ[伯父]父母の兄または父母の姉の夫。↕伯母。例—さま・—貴
おじ[叔父]父母の弟または父母の妹の夫。↕叔母。例—さま・—貴
おしい[惜しい]①手放しにくい。思い切れない。②もったいない。③残念だ。例名残—
おしいれ[押(し)入(れ)]ふとんや道具などを入れておく造りつけの戸だな。例—のふとん・—にかくれる
おしえ[教え]①教えること。②言い聞かせること。③教育。学問。④宗旨。宗教。
おしきる[押(し)切る]①押しつけて切る。②むりやりに目的をとげる。例反対を—
おしげ[惜し気]おしそうなようす。例—もなく与える・物—に
おじけ[〈怖(じ)気]おそろしいと思う心。
おしこむ[押(し)込む]①むりにはいりこむ。押し入る。つめこむ。②強盗にはいる。
おじさん[小〈父さん]よその中年の男性への呼称。例隣の—・若いのに—みたいだ
おしだし[押(し)出し]①押して出すこと。②人中に出たときの態度。例—がりっぱだ
おしつけがましい[押(し)付けがましい]むりやり人にさせるさま。例—態度で
おしつける[押(し)付ける]①押さえつける。②強くつける。③むりにさせる。むりに受け取らせる。④責任を人になすりつける。
おしつまる[押(し)詰(ま)る]①切迫する。②年の暮れが近づく。例今年も—
おしなべて[押(し)〈並べて]①おしくるめて。一様に。②普通に。だいたい。例—平凡だ

おしはかる[押し量る]一つのことからおしてだいたいこうだろうと考える。
おしむ[惜しむ]惜しいと思う。なかなか思いきれない。例別れを—・人材を—
おしめ[《襁褓》]おむつ。むつき。
おしもんどう[押(し)問答]互いに問答して論じ合うこと。互いに言い張って譲らないこと。例—となる・—が果てない
おしゃれ[お《洒〈落]身なりをかざりたてること。洗練された身なり。例—な紳士
おしょう[和尚]坊さん。僧りょ。例—さん
おしょく[汚職]わいろを取ったりその他の不正行為によって官職をけがすこと。
おしんこ[お新〈香]つけもの。こうのもの。
おす[雄・《牡]男性。↕めす。例雄の犬
おす[押す]①押さえつける。②力をいれて前へ進ませる。③むりにする。④たしかめる。
おす[推す]①すすめる。すいせんする。②くらべて考える。③上にいただく。例会長に—
おせち[〈御節]正月のおせち料理。
おせっかい[お節介]よけいな世話。
おせん[汚染]よごれること。例川の—
おそい[遅い]のろい。おくれる。↕はやい
おそう[襲う]①不意に攻める。②不意にたずねてゆく。③うけつぐ。例名跡を—
おそかれはやかれ[遅かれ早かれ]どうせそのうちには。いつかは。例—必ずくる
おそまき[遅《蒔き]時節におくれて種をまくこと。時期におくれて事を始めること。
おぞましい[〈鈍ましい]いやな感じがする。
おそらく[恐らく]おおかた。たぶん。

おそれ[虞]心配。不安。例凶作の—が
おそれいる[恐れ入る]①あやまる。②もったいないと思う。③あきれる。
おそれおおい[恐れ多い・《畏れ多い]もったいない。例—ことながら
おそれる[恐れる]①こわがる。②気づかう。
おそれる[《畏れる]おそれはばかる。例神を—
おそろしい[恐ろしい]①こわい。②ひどい。たいへんな。例恐ろしく活発な女性
おそん[汚損]よごれいたむ。よごしいためる。
おたけび[雄〈叫び]勇ましい叫び声。
おだてる[《煽てる]しきりにほめる。すすめそそのかす。例おだてにのりやすい人
おたまじゃくし[お玉《杓子]かえるの幼生。
おだやか[穏やか]①しずか。安らか。②落ちついている。例—な人がら
おだわらひょうじょう[小田原評定]いつまでもまとまらない相談。
おちあう[落(ち)合う]出あう。いっしょになる。例駅前で—・—場所は
おちいる[陥る]①深くへこむ。くぼむ。②はまりこむ。例ひとりよがりに—。③計略にかかる。例わなに—。④攻め落とされる。⑤死ぬ。
おちうど[落〈人]人目をさけて逃げていく人。
おちこち[〈遠近〉]あちらこちら。
おちつき[落(ち)着き]①ゆったりしたさま。落ち着くこと。②器物などのすわり具合。
おちど[落度・〈越度]あやまち。手ぬかり。過失。例—はなかった・彼の—だ
おちぶれる[▽零落れる]びんぼうになる。身分がさがる。例旧家が—

おちぼ［落(ち)穂］稲などをかったあとに落ちこぼれた穂。例—を拾う農婦
おちめ［落ち目］おちつぶれかかる運命。
おちゃをにごす［お茶を濁す］いいかげんにその場をごまかす。例適当に—
おちる［落ちる］①上から下にさがる。②手にはいる。例入札で—。③しずむ。例夕日が—。④もれる。ぬける。⑤おとろえる。例評判が—。⑥悪くなる。例味が—。⑦おとる。
おっくう［億《劫》］めんどうがること。
おって［追っ手］逃げていく者を追いかける人。例—がかかる。—が迫る
おって［追って］①間もなく。やがて。②つけ加えて。なお。例—書き
おっと［夫］夫婦のうちの男。↕妻
おっとせい［《膃肭臍》］北海にすむ海獣。
おてもり［お手盛(り)］自分につごうがよくなるように物事を行うこと。例—の人事
おてん［汚点］①よごれ。しみ。②きず。欠点。
おてんば［お転婆］男の子のように元気な女の子。おきゃん。例—娘
おと［音］ひびき。声。たより。評判。例隣家の音・音に聞こえた人物
おとうさん［お父さん］父を呼ぶことば。
おとうと［弟］きょうだいの年下の男。
おとがい［《頤》］下あご。例—を解く
おとぎばなし［お《伽話》］子供に聞かせる昔話。例—に登場する動物たち
おどける［〈戯ける］ふざける。例—道化師
おとこ［男］男性。男子。↕女。例男がたつ
おとこぎ［男気］男だての心。例—に富む人
おとこまさり［男勝り］男以上に勝ち気な性質の女。例—の女性
おとさた［音《沙汰》］おとずれ。たより。消息。
おとしあな［落(と)し穴］だましさそって落とし入れる穴。例—にはまる
おとしいれる［陥れる］①だまして罪に落とす。例計画のわなに—。②攻めおとす。例城を—・堅塁を—
おとす［落(と)す］①おろす。②なくする。例財布を—。③さげる。悪くする。例品質を—。④攻め取る。例城を—
おどす［脅す・〈威す］こわがらせる。おびやかす。例汚職をばらすと—
おとずれる［訪れる］たずねて行く。訪問する。
おとな［大人］一人前に成長した人。
おとめ［乙女・▽少女］年の若い娘。未婚の娘。
おとり［《囮》］①ほかの鳥を誘いよせるためにつないでおく鳥。②誘いよせるために利用するもの。例敵をさそう—に
おどりば［踊り場］階段の途中で足を休める広い場所。例—で一休みする
おとりさま［お《酉様》］酉の市のこと。
おとる［劣る］及ばない。かなわない。まける。
おどる［踊る］おどりをする。例ワルツを—・金で—・踊り子・踊り狂う
おどる［躍る］跳躍する。勢いよくはねる。例胸が—・血が—・スクリーンが—
おとろえる［衰える］勢いが弱くなる。例精力が—・文化が—・勢いが—
おどろく［驚く］びっくりする。例—べき事件
おながれ［お流れ］①目上の者がくれる不要品。②中止。とりやめ。例雨で—になる
おなじ［同じ］一つであるようす。ひとしいこと。例—穴のむじな・—服
おに［鬼］①死んだ人のたましい。幽霊。②つのがあり口がさけてきばをむき出した想像上の怪物。③勇猛な人。④思いやりのない人。
おにがわら［鬼《瓦］屋根のむねのはしに置く大きなかわら。鬼の面が刻んである。
おにび［鬼火］雨のふる夜、墓場でもえる青い火。きつね火。燐火。
おね［尾根］山の峰つづき。山の背。例—筋
おの［斧］小さなまさかり。例手—
おのおの［各・各々］①めいめい。それぞれ。②みなさん。かたがた。例—がた
おのずから［〈自ずから］ひとりでに。自然と。
おのずと［〈自ずと］ひとりでに。おのずから。
おののく［〈戦く］恐れふるえる。わななく。
おのぼりさん［お上りさん］都会見物にくるいなかの人。例宮城前の—たち
おのれ［己］①自分。わたくし。②おまえ。なんじ。③くやしいときに言うことば。
おば［伯母］父母の姉または父母の兄の妻。↕伯父。例—さま・—上
おば［叔母］父母の妹または父母の弟の妻。↕叔父。例—さま・—上
おばあさん［お〈婆さん］老女を親しく呼ぶ称。
おはうちからす［尾羽打ち枯らす］落ちぶれてみすぼらしい姿になる。
おはこ［▽十八番］得意の芸。例—の歌を一曲
おばさん［小〈母さん］よその中年の女性への呼称。例近所の—・—パワーで

おばな［尾花］すすきの花。例―の露

おはなばたけ［お花畑］高い山で高山植物の花が咲き乱れている所。高原の―

おはらいばこ［お払い箱］雇い人などを解雇すること。免職。例―になる

おはらめ［〈大原女］京都の北の大原から京都市中へ物売りにくる女。例―姿

おびあげ［帯揚(げ)］女の帯が下がらないようにしめる布。例―をしめる

おびえる［《怯える］こわがる。びくびくする。

おびきよせる［〈誘き寄せる］だまして近よせる。例えさで―・敵を―

おびただしい［《夥しい］①ひどく多い。②はなはだしい。例―出費・―血が出る

おびふう［帯封］雑誌や新聞などを郵送するとき、はばのせまい紙で巻き封じること。

おびやかす［脅かす］こわがらせる。おどかす。例腕力で人を―・平和を―

おびる［帯びる］①からだにつける。②めぐらす。③持つ。例光沢を―。③ふくむ。例しめりけを―・酒気を―

おひれ［尾《鰭］①さかなの尾とひれ。②おまけ。話を大げさにする。例事実に―をつけて

おぶさる［負ぶさる］①ひとに背負われる。例母の背に―。②ひとにたよる。

おぶつ［汚物］きたないもの。例―処理

おぼえがき［覚え書(き)］心おぼえのために書いておく文。例―を交換する

おぼえる［覚える］①学んで知る。ならって知る。例英単語を―。②忘れないでいる。③感じる。例痛みを―・寒気を―

おぼしめし［〈思(し)召し］お考え。おこころ。

おぼつかない［覚〈束無い］①たしかでない。②心細い。不安だ。例彼では―・卒業も―

おぼれる［《溺れる］①水の中に沈む。②水の中に落ちて死ぬ。③ふける。心を奪われる。

おぼろげ［《朧気］はっきりしないこと。ぼんやり。例―な記憶・―ながら

おぼろづき［《朧月］ぼんやりとかすんだ春の夜の月。例春の―夜

おみなえし［▽女郎花］秋の七草の一。秋に黄色い花が咲く。

おめい［汚名］けがれた名。悪い評判。例―をすすぐ・―をそそぐ・先祖の―を

おめし［お召(し)］①「呼ぶ・乗る・着る」などの敬語。例―列車。②着物の敬称。例―物

おめしもの［お召(し)物］他人の着物の敬称。

おめみえ［〈御目見得］①目上の人にお目にかかること。②新しくきた人のあいさつ。

おもい［思い］①考え。思慮。②望み。恋。例―がかなう。③回想。例―にふける

おもい［重い］①目方がおおい。おもたい。↕軽い。②大切である。例役が―。③大変だ。例病気が―。④すっきりしない。例―空・気が―

おもいあがる［思い上がる］たかぶる。うぬぼれる。例才能があると―・―なよ

おもいあまる［思い余る］どうしてよいか考えがきまらない。例思い余って相談する

おもいおもいに［思い思いに］めいめい自分かってに。例―歩きはじめた

おもいがけない［思い掛けない］思ってもいない。意外だ。例―人に会った

おもいきり［思い切り］①あきらめ。例―がよい。②十分。ぞんぶん。例―羽をのばす

おもいで［思い出］過ぎ去ったことを思い出すこと。例楽しかった―

おもいやり［思い〈遣り］心づかい。同情。

おもう［思う］考える。感じる。想像する。のぞむ。したう。例―ままに・―壺

おもうぞんぶん［思う存分］心に思うとおり。十分に。例―に活躍したい

おもうつぼ［思う《壺］はじめ思ったとおり。

おもかげ［面影］①顔つき。おもざし。②ようす。すがた。例昔の―をしのぶ

おもかじ［面《舵］船のへさきを右へ向けるかじの取り方。↕とりかじ

おもきをなす［重きをなす］たいせつな人としてたっとばれる。例斯界に―

おもくるしい［重苦しい］①押さえつけられるようで苦しい。②不愉快である。例―雰囲気

おもざし［面差(し)］顔つき。顔だち。

おもしろい［面白い］①楽しい。愉快だ。②風流だ。おもむきがある。例―景色だ

おもだつ［主立つ］主となる。中心となる。

おもて［表］①外がわ。外部。↕裏。例下着の―。②家の戸外。↕うち。例―へ出る。③おおやけ。例事件が―へ出る。④うわべ。みせかけ。

おもて［面］顔。めん。表面。例―をあげよ

おもてざた［表《沙汰》］①表向きのさた。表だったとりあつかい。②うったえ。訴訟。

おもてにほん［表日本］本州のうち、太平洋岸の地方。↕裏日本

おもてむき［表向き］①世間に対すること。う

わべ。例—の表現。②おおやけなこと。公然。

おもと［▽万年青］鉢植え用の多年草。

おもなが［面長］顔が少し長いこと。例—な顔

おもに［主に］主として。もっぱら。

おもに［重荷］①重い荷物。②重い責任。なんぎなしごと。例この仕事は—だ

おもねる［《阿る］こびる。へつらう。

おもはゆい［面〈映ゆい］はずかしい。

おもむき［趣］①意味。わけ。②感じ。ようす。ありさま。例ご病気の趣。③おもしろみ。味わい。例風流な趣・趣がある

おもむく［赴く］向かう。進んで行く。例現地に—・中近東の現場に—

おもむろに［〈徐に］静かに。ゆっくり。

おももち［面持(ち)］顔つき。例意外な—で

おもや［母屋・母家］①やしきの中で、いちばん中心となる建物。②すまいに使う建物。

おもゆ［重湯］米を煮た病人食。例—を飲む

おもり［重り・〈錘］重みをかけるもの。

おもわく［思惑］①思うところ。考えること。②相場で騰貴を予想すること。例—買い

おもわしい［思わしい］①思われる。考えられる。②好ましいと思われる。気にいる。

おもわず［思わず］考えないで。うっかり。

おもわせぶり［思わせ振り］ことばやおこないでそれとさとらせること。例—な態度で

おもんじる［重んじる］たいせつにする。

おもんぱかる［〈慮る］よく考える。例将来を—

おや［親］父母。両親。元祖。くばり手。例親の恩・親の七光・トランプゲームの親

おやかた［親方］①主人として仕えるべき人。②職人のかしら。③親分。例—日の丸

おやごころ［親心］親が子を思う心。

おやじ［親〈父］父親へのくだけた呼称。

おやしお［親潮］ベーリング海から表日本の東海を南流する寒流。千島海流。↕黒潮

おやつ［お八つ］間食。お三時。例—の時間

おやぶん［親分］①仮の親。②かしら。例—肌

おやま［▽女形］男の役者で女の役だけをする人。おんながた。例—みたいな人

おやみ［小〈止み］しばらくやむこと。例—なくふる雨・雪が—になる

おやもと［親元・親〈許］親のところ。例—に帰る・—をたよる・—を離れる

およぐ［泳ぐ］①水泳する。②じょうずに世渡りする。③押し分けて通る。④よろける。

およそ［〈凡そ］①おおかた。だいたい。②一般に。おしなべて。③まったく。例—無意味だ

および［及び］また。ならびに。

およびごし［及び腰］腰を半分ほどまげて上体を前に出したしせい。例—になる

およぶ［及ぶ］①とどく。いたる。例全国に—。②行きわたる。③追いつく。

およぼす［及ぼす］及ぶようにする。例影響を—・子孫に—陰徳

オランダ［▽和蘭・▽阿蘭陀］欧州の中央にある立憲君主国。例長崎の—出島

おり［折］とき。場合。例出張した—には

おり［折(り)］折ること。折り箱。例菓子—

おり［《澱］液体の中に沈んだかす。

おり［《檻］猛獣などを入れておくかこい。

おりあい［折(り)合い］和合すること。仲。

おりあしく［折〈悪しく］ちょうど時機がわるいことに。あいにくに。例—留守で

おりいって［折(り)入って］ぜひとも。ひたすら。特別に。例—お願いしたいのですが

おりおり［折折］①そのときそのとき。②ときどき。例—訪れる・—現れる

おりかえし［折(り)返し］①折り返すこと。引き返すこと。②手紙を見てすぐに。

おりかさなる［折(り)重なる］いくえにもかさなる。かさなりあう。例折り重なって倒れる

おりがみ［折(り)紙］つるなどを折って遊ぶ色のついた四角な紙。②たしかであるという保証。例—つきの人物

おりから［折〈柄］①ちょうどそのとき。おりしも。よいとき。②ときであるから。

おりこむ［折(り)込む］折っていれる。

おりこむ［織(り)込む］織って模様をいれる。考えにいれておく。例野党の意見を—

おりしも［折しも］ちょうどそのとき。

おりふし［折節］①そのときどき。②ちょうどそのとき。たまに。例—見かける

おりめ［折(り)目］①折ったところ。②きまり。ぎょうぎ作法。例—正しい態度

おりる［下りる］下へつく。たれ下がる。↕上がる。例錠が—・幕が—

おりる［降りる］①低い所へうつる。↕のぼる。例三階から—。②外へ出る。↕乗る。例電車を—。③退く。例社長の職を—

おる［折る］まげて重なるようにする。例折り紙を—・足を—・枝を—

おる［織る］①糸をはたにかけて布をつくる。

②組み合わせる。組み立てる。

おれ［《俺］男が自分をさす乱暴なことば。

おろか［愚か］ちえがたりないこと。例―者

おろし［下ろし］だいこんをおろしたもの。例大根―・―金・―あえ

おろしうり［卸売り］一時に多量の商品を買い入れて小売り商人に売り渡すこと。

おろす［下ろす］①上から下へ動かす。↕上げる。例いかりを―。②切る。例枝を―。③はずす。例看板を―。④引き出す。例貯金を―。⑤すりつぶしたり、切りひらいたりする。例大根を―・魚を三枚に―

おろす［降ろす］乗り物や地位からおりるようにする。例駅で伯母を―・会長職から―

おろす［卸す］卸売りする。例小売り店に―

おろそか［〈疎か］そまつにすること。いいかげん。ゆるがせ。例一字も―にしない

おわる［終(わ)る］①しまいになる。はてる。↕始まる。例式が―・大学を―。②死ぬ。

おん［音］むかしの中国ふうの読み方。↕訓

おん［恩］めぐみ。なさけ。例恩に着る

おんがく［音楽］音をいろいろ組み合わせて作った芸術。例―家・映画―

おんかん［音感］楽音の性質を聞き分ける感覚。例―がいい・―教育

おんがん［温顔］やさしくおだやかな顔。

おんぎ［恩義・恩《誼］かえさねばならない義理のある恩。例先生の―に報いる

おんきょう［音響］音。ひびき。例―効果

おんくん［音訓］①字の音と意義。②漢字の音と国語にあてた読み方。例常用漢字―表

おんけい［恩恵］めぐみ。なさけ。例大自然の―

おんけん［穏健］おだやかでしっかりしていること。例―な思想・―な人柄

おんこう［温厚］やさしくて、情け深いこと。

おんし［恩師］教えをうけた先生。

おんしつ［温室］冬でも暖かいようにした建物。例―育ち・―効果・―栽培

おんしゅう［温習］くりかえし習うこと。おさらい。例日本舞踊の―会

おんじゅん［温順］おだやかですなおなこと。おとなしいこと。例―な子に育つ

おんしょう［温床］①人工で加温して栽培を早めるなえどこ。フレーム。②物事を生じさせるもと。例悪の―

おんしょう［恩賞］ほうび。ほめて物を与えること。例―をとらす・―目当てに

おんじょう［温情］情け深い心。やさしい心。

おんしん［音信］おとずれ。たより。

おんじん［恩人］恩をかけてくれた人。世話になった人。例命の―です・生涯の―

おんせい［音声］人の声。例―多重放送

おんせん［温泉］地熱で温められてわき出る地下水。いでゆ。例―によるリハビリテーション・別府―・―治療

おんぞん［温存］なくならないようにだいじに保存すること。例力を―する

おんたい［温帯］寒帯と熱帯の間。例―気候

おんだん［温暖］あたたかいこと。例―な気候

おんち［音痴］音楽がふえてなこと。例方向―

おんちょう［音調］①音の高低。②音楽のふし。

おんちょう［恩《寵］めぐみ。愛。例神の―

おんてい［音程］二つの音の高い低いの差。

おんてき［《怨敵］うらみのある敵。かたき。

おんてん［恩典］①情けある取り計らい。特別の処置。②恵みをかけること。例―に浴す

おんと［音吐］声の調子。音声。例―朗々

おんど［音頭］①おおぜいで歌うとき、先に歌い始めて調子をそろえさせる人。②多くの人が歌につれておどること。例花笠―

おんとう［穏当］おだやかで道理にかなっていること。例―な考え方・―な処置

おんどく［音読］①漢字や漢文をその字の音で読むこと。②声を出して読むこと。

おんな［女］女性。女子。めす。↕男。例女の腐ったようなやつ・女子供は

おんねん［《怨念］うらむ思い。例―をはらす

おんぱ［音波］音が空気などをつたわって行く波の動き。音の波動。例長―

おんばん［音盤］レコードのこと。

おんぴょうもじ［音標文字］アルファベットや、かなのように、音だけを表す字。

おんびん［音便］発音がしやすいように、ことばの音が他の音に変わること。

おんびん［穏便］おだやかなこと。かどが立たないこと。ないない。例―な処置を

おんぷ［音符］楽譜で音の高低長短を表す符号。例四分―・八分―

おんみ［御身］①おからだ。②あなた。例―大切

おんよう［温容］おだやかな顔つき。

おんりょう［音量］音の強さ・大きさ・豊かさの度合い。例―をしぼる

おんわ［温和］おだやかでやさしいこと。

か

か［化］…になる。…にする。例映画化
か［香］かおり。におい。例花の香・磯の香
か［科］①小さく区分したもの。しな。たぐい。例英文科。②つみ。とが。例科料
か［課］会社の分担区分。例課の責任・営業課
か［蚊］カ科のこん虫。例蚊の涙ほども
が［我］自我。我意。わがまま。例我が強い
が［賀］いわう。ことほぐ。例年頭の賀
が［《蛾］こん虫の一種。例誘—灯
かい［会］あつまり。会合。会議。例反戦の会
かい［貝］かいがらをもつ軟体動物。例二枚貝
かい［界］さかい。なかま。例文学界・経済界
かい［階］①階段。きざはし。②等級。階級。③家の層を数えるときに用いる語。例五階建
かい［《櫂］水をかいて船を進める道具。オール。例—をこぐ
かい［〈甲《斐］しるし。ききめ。効果。例—がない・—性・生き—
がい［害］さまたげ。わざわい。例社会の害・害がある・害を及ぼす
がい［我意］わがまま。ごうじょう。例—を通す
かいあく［改悪］改めてかえって悪くすること。↔改善。例これでは—になる
がいあく［害悪］害になる悪いこと。
かいい［怪異］①あやしいこと。ふしぎなこと。例—現象。②ばけもの。
がいい［害意］人を害しようとする心。害心。例べつに—はない
かいいもじ［会意文字］二つ以上の漢字を意味の上から組み合わせて一つの漢字を作るもの。明・信などの類。
かいいん［会員］会をつくっている人。会に加わっている人。例—制のクラブ
かいいん［海員］船の乗組員。ふなのり。
かいうん［海運］海上を船で人や荷物をはこぶこと。↔陸運。例—業
かいえん［開演］しばいなどをはじめること。開幕。↔終演。例—のベルが鳴る
がいえん［外《苑］御所・神宮などの外まわりにある広い庭。↔内苑。例神宮—の野球場
かいおうせい［海王星］太陽系の中で第八番目にある星。
かいか［怪火］①ふしぎなあやしい火。②原因のわからない火事。例無人の小屋の—
かいか［開化］世の中が開け進むこと。例文明—の音がする
かいか［開花］花が咲くこと。例桜の—
かいが［絵画］え。例—を観賞する・—教室
がいか［外貨］①外国の貨幣。②外国の品物。
がいか［《凱歌］勝ちいくさを祝ってうたう歌。かちどき。例—をあげる
かいかい［開会］会を始めること。↔閉会
かいがい［海外］海をへだてた外国。例—貿易
がいかい［外界］じぶんをとりまくもの。外の世界。例—の事物・—を見渡す
かいがいしい［〈甲《斐〈甲《斐しい］きびきびしている。いさましい。例—働きぶり
かいかく［改革］古いものや悪いものを改め変えること。例政治の—・制度の—
がいかく［外郭・外《廓］①そとがこい。例—団体。②物の外まわり。例建物の—
かいかつ［快活］元気でほがらかなこと。
がいかつ［概括］だいたいのとりまとめ。
かいかぶる［買(い)〈被る］①ほんとうのねうちより高く買う。②その人のねうち以上にえらいと思ったり信用すること。
かいがら［貝殻］貝の外がわのかたいから。
かいかん［快感］気持ちのよい感じ。
かいかん［会館］集会などをする建物。
かいかん［開館］映画館や図書館などの業務がはじまること。↔閉館。例—時間
かいがん［海岸］海のきし。うみべ。例—の砂
かいがん［開眼］できなかったことが突然できるようになること。例コツを—する。「かいげん」と読めば別語→かいげん
がいかん［外観］外から見えるようす。みかけ。
がいかん［概観］①だいたいのようす。②あらましを見ること。ひとわたり見ること。
かいがんせん［海岸線］①海と陸とのさかいめの線。②海岸にそった鉄道の線路。
かいき［会期］開会している期間。例国会の—
かいき［怪奇］あやしくふしぎなこと。
かいぎ［会議］集まって相談すること。
かいぎ［懐疑］うたがいをもつこと。例—的
がいき［外気］へやの外の空気。例—を入れる
かいきしょく［皆既食・皆既《蝕］日食や月食のときに太陽や月の表面がすっかりさえぎられて見えなくなる現象。
かいきせん［回帰線］赤道の南北二三度二七分を通る緯線。

かいぎゃく［《諧謔》］おもしろいじょうだん。

かいきゅう［階級］①段階。②地位や身分の上下。例―闘争・上流―

かいきゅう［懐旧］昔を思い出してなつかしむこと。例―の情・―談

かいきょう［回教］イスラム教のこと。例―徒

かいきょう［海峡］陸地にはさまれた狭い海。

かいきょう［懐郷］故郷をなつかしく思うこと。例―の念・―の思いにかられる

かいぎょう［開業］商売や事業を始めること。

がいきょう［概況］だいたいのありさま。一般の状況。概観。例本日の株式市況の―は

かいきん［開襟・開《衿》］前えりが開いていること。例―シャツ

かいきん［皆勤］一日も休まずに出席または出勤すること。例―手当・―賞

かいきん［解禁］禁止の命令をとき許すこと。

がいきん［外勤］会社や銀行などで、外交や勧誘など、外まわりの仕事をつとめている人。または、その仕事。例―社員

かいぐん［海軍］海をまもる軍隊。↔陸軍・空軍

かいけい［会計］①金銭や物品の出入りの計算とその事務。②代金の支払い。例お―を

がいけい［外形］うわべだけの形。外見の形。

かいけつ［怪傑］人なみ以上にすぐれたりっぱな人物。特別にすぐれてふしぎな人物。

かいけつ［解決］事件や問題を解いてうまくかたづけること。例紛争が―する

かいけつびょう［壊血病］ビタミンCの不足で起こる病気。出血しやすくなる。

かいけん［会見］人に会うこと。例記者―

かいげん［改元］年号をあらためること。

かいげん［開眼］①仏道の真理をさとること。②仏像や仏画ができたときの儀式。例―供養。「かいがん」と読めば別語↓かいがん

がいけん［外見］そとから見たようす。そとみ。

かいげんれい［戒厳令］非常時にきびしく警戒することの命令。例―下の首都

かいこ［蚕］生糸のとれるまゆをつくる虫。

かいこ［回顧］すぎ去ったことをふりかえってみること。例幼時を―する

かいこ［解雇］雇っていたのをやめること。

かいこ［懐古］昔をなつかしく思うこと。

かいご［悔悟］前の悪い行いをくいさとること。くい改めること。例前非を―する

かいこう［開校］新しくできた学校で授業を始めること。例―記念日

かいこう［開口］口をひらくこと。話しはじめること。例―一番

かいこう［《邂逅》］思いがけなく会うこと。

かいごう［会合］あつまり。よりあい。

がいこう［外交］①国と国とのつきあい。②外部との交渉。例―辞令・―員・―家

かいこく［戒告・《誡告》］悪いところを教えて注意すること。例―処分

かいこく［開国］①初めて国をたてること。②外国とのつきあいや交通を始めること。

がいこく［外国］よその国。例―人・―籍

がいこつ［《骸骨》］骨ばかりの死がい。

かいことば［買（い）言葉］人からののしられて言い返すことば。↔売り言葉

かいこん［悔恨］くいうらむこと。後悔して残念に思うこと。例―の涙にくれる

かいこん［開墾］荒れ地や山野を開き耕して田畑にすること。例裏山を―する・―地

かいさい［皆済］のこらずすますこと。

かいさい［開催］催し物の会を開くこと。

かいさい［快《哉》］気持ちのよいこと。痛快。

かいざい［介在］間にはさまっていること。中間にあること。例邪魔者が―する

がいさい［外債］外国でつのり集めた公債。

かいさく［改作］作り変えること。例名作の―

かいさつ［改札］切符を調べること。例―口

かいさん［解散］①集まっていたものが散らばること。②議員の任期中にその資格を失い、再選のため、国会が一時閉じられること。

かいざん［改《竄》］文字や文句をなおすこと。つくり変えること。例書類を―する

がいさん［概算］おおよその計算。例予算の―

かいし［開始］始まること。始めること。

かいじ［快事］気持ちのよいことがら。

がいし［外紙］外字新聞。外国の新聞。

がいし［外資］外国の資本。例―系の会社

がいし［《碍子》］電線の絶縁用磁器。

がいして［概して］だいたい。おおむね。

かいしゃく［解釈］ときあかすこと。わかりやすく説明すること。例カント哲学を―する

かいしゅう［回収］集めて元へもどすこと。

かいしゅう［改修］わるいところをなおすこと。改めなおすこと。例道路の―工事

かいじゅう［怪獣］あやしいふしぎなけもの。

かいじゅう［《晦渋》］ことばや文章などのむずかしくてわかりにくいこと。例―な文章

がいしゅつ［外出］外に出かけること。例―中
かいしゅん［改《悛・悔《悛］あやまちをくい改めること。例―の情が顕著である
かいしょ［《楷書］漢字の書体の一。字形をくずさずいちばん標準型のもの。例―体
かいじょ［解除］とりのぞく。とりやめること。例制限の―・警報の―・武装―
かいしょう［解消］①なくなること。②やめること。例婚約を―する
かいしょう［〈甲《斐性］たよりになる気性。例男の―・―のある人
かいじょう［会場］会を開く場所。例音楽会の―・―を決めなくては
がいしょう［外相］外務大臣の略称。
がいしょう［外傷］からだの外部の傷。
かいしょく［会食］集まって食事をすること。
かいしょく［解職］職をやめさせること。
かいしん［会心］気にいること。心にかなうこと。×快心。例―の作・―の笑み
かいしん［回診］医者が病人を診察してまわること。例―の時間・院長―
かいしん［回心］罪をくいあらためて、信仰の道に入ること。例―して教会に通う
かいしん［改心］悪い心を改めること。例―をすすめる・―した犯罪者
かいじん［灰《燼］①灰ともえのこり。②もえてあとかたもなくなること。例―に帰す
かいず［海図］海の深さや潮流の方向などを書いた航海用の地図。
がいすう［概数］おおよそのかず。例―千人
かいする［介する］間にたてる。例人を―
かいする［会する］あつまる。例一堂に―
がいする［害する］①きずをつける。②じゃまをする。例気分を―。③殺す。例人を―
かいせい［回生］生きかえること。例起死―
かいせい［改正］悪いところを改めなおすこと。例法の―・規約の―
かいせい［快晴］空が気持ちよく晴れわたること。例―に恵まれる・―の空のもと
がいせい［慨世］世の中の状態をなげくこと。
かいせき［解析］数学の一分科。こまかにときわけること。例テーマを―すると
かいせき［会席］集まりの席。例―料理
かいせき［懐石］茶の湯の簡単な料理。
かいせつ［開設］新しく設けること。新しく始めること。例事務所の―
かいせつ［解説］解き明かすこと。説明すること。例ニュース―・新聞の―欄
がいせつ［概説］あらましの説明。例西洋史―
かいせん［改選］選挙をしなおすこと。
かいぜん［改善］悪いところをなおしてよくすること。例待遇―・―策
がいせん［《凱旋］戦いに勝って帰ること。
かいそ［改組］組織を改めること。くみかえ。
かいそ［開祖］①宗教の一流派を初めて開いた人。②物事をはじめた人。元祖。
かいそう［回送］①送りつけること。②送り返すこと。さしまわし。例―のバス
かいそう［会葬］葬式に出ること。例―者
かいそう［回想］昔のことをいろいろと思いめぐらすこと。例遠い昔のなつかしい思い出を―する・―シーン
かいそう［改装］よそおいを改めること。店の外部などを造り変えること。例店舗の―
かいそう［快走］気持ちのよいほどはやく走ること。例―するヨット
かいそう［海草］海の中に生える顕花植物。
かいそう［海藻］海の中に生える隠花植物。
かいそう［階層］①建物の階の上下のかさなり。②社会を形づくるいろいろな層。階級。
かいぞう［改造］つくりなおすこと。例―内閣
かいぞえ［介添(え)］つきそって世話をすること。例―人・―役
かいそく［快速］気持ちのよいほど速いこと。
かいぞく［海賊］海上を通る船をおそって金品を奪い取る盗っ人。例―船
がいそふ［外祖父］母方の祖父。
がいそぼ［外祖母］母方の祖母。
がいそん［外孫］嫁にいった娘の子。
かいたい［解体］ばらばらにとき離すこと。例建物の―作業・―新書
かいだい［改題］題を改めかえること。
かいだい［海内］①国内。②天下。例―一の勇士
かいだい［解題］書物の著者・体裁・内容などについての解説。例―の執筆者
かいたく［開拓］①荒地を開いて田畑を作ること。②新しい境地をきりひらくこと。
かいだく［快諾］気持ちよく承知すること。
かいだん［会談］会って相談すること。
かいだん［怪談］ばけものなどのこわい話。
かいだん［階段］あがりおりをするだんだん。
がいたん［慨嘆・慨《歎］なげき悲しむこと。
かいちく［改築］家を建てなおすこと。例―費

かいちゅう［回虫・《蛔虫］人のからだの中に寄生する虫。例―の駆除薬

かいちゅう［懐中］ふところの中。例―電灯

がいちゅう［害虫］人間・家畜・農作物などを害するこんちゅう。↕益虫。例稲の―

かいちょう［快調］調子がいいこと。ものごとがつごうよくいくこと。例―なスタート

かいちょう［開帳］まくを開いて仏像などを見せること。例秘仏のご―・賭《と》場《ば》の―

がいちょう［害鳥］人や作物に害をする鳥。

かいちん［開陳］自分の意見を皆の前で述べること。例意見を―する

かいつう［開通］道路・鉄道・電話などがはじめて通ること。例トンネルの―式

かいつけ［買(い)付(け)］①いつも買っていること。例―の店。②大量買い。例綿花の―

かいつまむ［《掻い〈摘む］要点をつまむ。

かいてい［改訂］書物の内容などを改め直すこと。例教科書の―・―新版

かいてき［快適］非常に気持ちのよいこと。例―なスピード・―な環境

がいてき［外敵］外からくる敵。例―に備える

かいてん［回転］くるくるまわること。例―台

かいでん［皆伝］奥儀をすべて伝えられること。例免許―の腕前

かいとう［回答］こたえ。返事。例―を迫る

かいとう［解答］こたえ。問題をときあかしたもの。例―用紙・模範―

かいとう［解凍］冷凍品を常温にもどすこと。

かいどう［街道］交通上重要な道路。例甲州―

がいとう［街頭］まち。まちの通り。例―ロケ

がいとう［該当］あてはまること。うまくあうこと。例―者は申し出なさい

かいどく［解読］暗号などを解いて読むこと。

がいどく［害毒］ほかのものをいためそこなうこと。わるいこと。例社会に―を流す

かいな［〈腕］うで。例―をなでる・―をぶす

かいない［甲《斐ない］ききめがない。むだである。例しょせん―ことだった

かいにゅう［介入］間にはさまること。割りこむこと。例第三者の―を許すな

かいにん［解任］任務をとくこと。役をやめさせること。例部長を―させる

かいにん［懐妊］妊娠。みごもること。

がいねん［概念］多くの事がらの中から共通したものを抜き出し、それをまとめてできる一つの新しい考え。例だいたいの―をつかむ・―的な意見にすぎない

かいば［飼(い)葉］牛や馬に食べさせる枯れ草。

かいはい［改廃］改めることとやめること。

がいはく［該博］学問や知識が広く、ものごとにくわしいこと。博識。例―な知識

かいはつ［開発］まだ開けていないところをひらくこと。例電源―・新製品の―

かいばつ［海抜］海面からはかった陸地や山の高さ。例―千メートルの高原

かいひ［回避］さけること。よけること。

かいびゃく［開《闢］天地の開け初め。世界の初め。例―以来の大事件

がいひょう［概評］ごく大ざっぱな批評。

かいふう［開封］①手紙などの封を開くこと。②封をしない手紙。開き封。

かいふく［回復・《恢復］もとどおりになること。とりかえすこと。例元気を―する

かいふく［快復］病気がすっかりなおること。

かいぶつ［怪物］ばけもの。あやしいもの。

がいぶん［外聞］世間のうわさ。人ぎき。体面。例―が悪い・―をはばかる

かいほう［介抱］病人やけが人などの世話をすること。看病すること。例病人を―する

かいほう［快方］病気などがよいほうに向かうこと。例病気が―に向かう

かいほう［快報］よいしらせ。愉快なしらせ。吉報。例その成功は近来の―であった

かいほう［開放］あけはなすこと。例―経済

かいほう［解放］ときはなして自由にすること。例農地―・奴隷―

かいぼう［解剖］生物のからだの内部を切り開いて調べること。例司法―・―教室

がいぼう［外《貌］①顔かたち。②うわべのようす。見かけ。外見。例立派な―だが

かいほうてき［開放的］あけっぱなしなこと。自由なこと。例―な家庭

かいまき［掻(い)巻(き)］綿の薄くはいった夜着。どてら。例―をかぶって

かいまく［開幕］幕があくこと。演技が始まること。↕閉幕。例公式戦の―・―時間

かいまみる［〈垣間見る］ものかげからのぞいて見る。ちらりと見る。例秘密を―

かいみょう［戒名］死んだ人につける名まえ。

かいむ［皆無］なにもないこと。少しもないこと。例収穫が―だった

かいめい［改名］名を改めること。名をつけか

えること。例占いで―する

かいめい［解明］わからないところをはっきりわかるようにすること。例なぞを―する

かいめつ［壊滅・《潰滅》］こわれてなくなること。負けてめちゃめちゃになること。例―的

かいめん［海綿］①海底の岩に付着している動物。②海綿動物の繊維状になっている骨格。水をすいとる性質がある。

かいもく［皆目］全然。まったく。まるっきり。例―ことばが通ぜず

かいもの［買(い)物］物を買うこと。買った物。とくになること。例近来にない―だ

かいやく［解約］約束をとりけすこと。例生命保険の―・―返戻金

かいゆ［快癒］病気がすっかりなおること。

かいゆう［回遊］ほうぼうをめぐり遊ぶこと。

がいゆう［外遊］外国に旅行すること。例―先

かいよう［海洋］ひろい海。大海。例―少年団

かいよう［《潰瘍》］炎症が起こって皮膚や粘膜の組織がくずれてなくなること。例胃―

がいよう［外洋］そとうみ。遠洋。↕内海

がいよう［概要］あらまし。だいたい。大略。

かいらい［《傀儡》］①あやつり人形。でく。②自分の意志を持たず人にあやつられる者。ロボット。例―政権

がいらい［外来］よそまたは外国から来ること。例―語・―患者

かいらく［快楽］気持ちよく楽しいこと。

かいらん［回覧］順番にまわして見ること。

かいり［海里・《浬》］海上の距離の単位。約一八五二メートル。ノット。

かいり［《乖離》］そむきはなれること。例人心の―・あまりにも現実から―している

かいりき［怪力］ものすごく強い力。例―の力士・―の持ち主

かいりくふう［海陸風］昼は海から陸のほうに、夜は陸から海のほうに吹く風。

かいりつ［戒律］僧の守らねばならない規律。

がいりゃく［概略］おおよそ。あらまし。だいたい。例経過の―を述べる

かいりゅう［海流］いつもきまった方向に流れている海水。寒流と暖流がある。例日本―

かいりょう［改良］わるいところをなおしてよくすること。例植物の栽培と―・―策

がいりんざん［外輪山］二重火山で最初に噴火した火口のまわりにできた山。例箱根の―

かいろ［海路］船の通るみち。航路。

かいろ［懐炉］ふところに入れて体をあたためる道具。例使い捨ての―・白金―

がいろじゅ［街路樹］道路にそって植えられた木。例ポプラの―・―の並木

かいろう［回廊・《廻廊》］長く折れ曲がったろうか。まわりろうか。例寺院の―

かいろうどうけつ［《偕老洞穴］夫婦で仲良く年をとり、死んで同じ墓に入ること。例―のちぎり・―をちかう

がいろん［概論］全体のあらましを述べた論。

かいわ［会話］向かいあってする談話。例―体

かいわい［界《隈》］あたり。近辺。例新宿―

かいん［下院］二院制度の国会で主として先に審議する権利をもつ議院。衆議院。↕上院

かう［買う］お金をはらって物を手に入れる。

かうん［家運］家の運命。例―が傾く

かえす［返す］①もとへもどす。もとどおりにする。例恩を―。②ひっくりかえす。

かえす［帰す・〈還す〉］もとの場所へもどす。例郷里へ―・親元へ―

かえす［《孵す》］卵をひなにする。例卵を―

かえすがえす［返す返す］①いくどもくりかえして。しばしば。②くれぐれ。どう考えても。例―も残念だ

かえだま［替(え)玉］本物にかえて用いるもの。にせもの。代わりの人。例―受験

かえって［〈却って〉］反対に。あべこべに。

かえで［《楓》］もみじ。例紅葉した―の葉

かえば［替(え)刃］安全カミソリの刃。

かえらぬたび［帰らぬ旅］死んであの世にいくこと。例―に立つ

かえりざき［返(り)咲き］①咲く季節がすぎたのに、また花が咲くこと。②ふたたびもとの地位にもどること。例古巣に―となる

かえりみる［顧みる］①うしろをふりむく。②過ぎ去ったことを思う。③心にかける。

かえりみる［省みる］反省する。例過ちを―

かえる［《蛙》］両性類の動物。例―泳ぎ

かえる［代える］代理させる。例挨拶に―

かえる［替える］前とは別の新しいものにする。例入れ―・植え―・メニューを―

かえる［換える］とりかえる。例乗り―・書き―

かえる［変える］①変化させる。例顔色を―。②あらためる。例根性を―・考えを―。③移動させる。例場所を―・立場を―

かえる［返る］もどる。例われに―・静まり―・

貸した本が―・あきれ―
かえる［帰る・《還る］もとの場所にもどる。例家に―・故郷へ―・スタート地点に―
かえる［《孵る］卵がひなになる。孵化する。
かえん［火炎・火《焔］ほのお。例―びん
がえんずる［〈肯んずる］承知する。引き受ける。例不承不承―
かお［顔］①頭の前の部分。②かおかたち。③体面。面目。例―がつぶれる
かおいろ［顔色］①顔のいろつや。②顔つき。
かおく［家屋］住むための建物。例木造―
かおつき［顔付（き）］顔のようす。ようぼう。
かおなじみ［顔《馴染み］いつも顔をあわせてよく知っている人。
かおぶれ［顔触れ］そのことにつながりのある人々。例いつもの―で・―が集まる
かおまけ［顔負け］相手のずうずうしさにあきれること。例おとな―の子
かおむけ［顔向け］他人に顔を合わせること。
かおやく［顔役］その土地や仲間の間で勢力のある者。ボス。例街の―・一座の―
かおり［香り・薫り］よいにおい。例茶の―
かおる［薫る］よいにおいがする。例風―
かか［《呵呵》］大声でわらうようす。例―大笑
がか［画架］洋画をかくとき画布をのせる台。三脚になっている。イーゼル。
かがい［加害］他人に傷をつけたり損害をかけたりすること。例―者を捕らえる
かがい［課外］きまった学科や課業の以外。
がかい［《瓦解］物事がばらばらにくずれること。例内閣が―する・計画の―

かかえる［抱える］①だく。例荷物を―。②人をやとってつかう。例秘書を―
かかく［価格］あたい。ねだん。例―統制
かかく［過客］行きすぎるひと。旅人。例百代の―・時の―にすぎない
かがく［化学］化学物質の組織や変化などを研究する学問。例―肥料・―変化・―繊維
かがく［科学］一定の原理にしたがって、きまった目的と方法とで、順序正しく物事を研究する学問。例―的に考える・―者
ががく［雅楽］わが国の上古、中古に宮中などで行われた音楽。
かかげる［掲げる］①高くあげる。例旗印を―。②新聞や雑誌に書いてのせる。例社説に―
かかさず［欠かさず］欠くことなしに。
かかし［▽案山子］①田畑に立てて鳥獣をおどす人形。②見かけばかりで役にたたないもの。みかけだおし。
かかと［《踵］足のうらの後部。きびす。
かがみ［鏡］顔や姿をうつして見る道具。
かがみ［〈鑑］模範。てほん。例社会の―
かがみいた［鏡板］戸や天井などの平らな大きな板。例能舞台の―
かがむ［〈屈む］①腰をまげる。例腰をかがめる。②うずくまる。折れまがる。
かがやく［輝く］①きらきら光る。②功名があがる。いせいがあがる。例一段と―
かかり［係］うけもち。役目。例―の役人
かかり［掛］担当の人。例改札―・発送―
かかり［掛（か）り］費用。例膨大な―がかかる
かかりあい［掛（か）り合い］①たずさわること。②まきぞえ。関係。例―を避ける
かがりび［《篝火］夜中に警備の照明のためにたく火。例―をたく
かかる［係る］関係する。かかわる。例ひとえに本人の努力に―
かかる［掛（か）る］①さげる。例掛け軸が―。②降りかかる。例どろ水が―。③たよる。例負担は親に―。④行われる。例仕事に―。⑤いる。例工事に大金が―。⑥影響される。例災難がふり―。⑦とまる。例気に―
かかる［懸（か）る］高いところにある。例月が天空に―・賞金が―
かかる［架（か）る］またがる。例橋が―
かかる［《罹る］災難などにあう。例病気に―
かがる［《縢る］糸でつづる。例穴を―
かかわらず［〈拘わらず］①…であるのに。例雨にも―。②関係なく。例損得に―
かかわる［〈拘わる］①関係する。たずさわる。②こだわる。例そんなことに―なよ
かかわる［〈係わる・〈関わる］関係する。例浮沈に―・名誉に―
かかん［果敢］おしきってものごとをするさま。決断力が強いこと。例―な攻撃
かき［垣］かこい。かきね。例生け垣
かき［《柿］くだものの一種。例渋―・干し―
かき［火気］①火の勢い。②火の気。例―厳禁
かき［夏期］夏のあいだ。例―講習
かき［夏季］夏の季節。例―休暇
かき［《牡蠣］海の食用貝の一種。例―なべ
かき［花《卉］ながめて楽しむために作る草花。
かぎ［《鍵］①錠をあける道具。②錠。③解決す

るのに重要な点。例問題解決の―は
かぎ［《鉤］先の曲がった金具。例―の手
がき［餓鬼］①仏教で死者の行く世界の一つ。②飢えているもの。③子どもをいやしんでいうことば。例うるさい―だ・―大将
かきあげ［《掻(き)揚(げ)］てんぷらの一種。例―どんぶり・いかの―
かきいれどき［書(き)入れ時］売れ行きや利益をあてにした時期。もうかる時期。
かきおき［書(き)置(き)］①置き手紙。②遺書。
かきおろし［書(き)下ろし］新しく書くこと、またはその作品。例―の小説
かきことば［書き言葉］文を書くのにつかうことば。↔話しことば
かきぞめ［書(き)初め］新年に初めて文字を書く行事。例お―・一月二日の―
かきたてる［書(き)立てる］①書きならべる。②目立つように書く。例週刊誌が―
かきつけ［書(き)付(け)］書き付けたもの。特に証書・証文・勘定書など。例大切な―
かぎつける［《嗅(ぎ)付ける］①においをかいであてる。さぐりあてる。それと気づく。
かきつばた［▽杜若］あやめに似た草。
かきとめ［書留］郵便物をまちがいなく届かせるために帳簿に書きとめること。例―郵便
かきながす［書(き)流す］筆にまかせてすらすらと書く。例乱雑に―
かぎのて［《鉤の手］①かぎの形にまがっていること。また、そのもの。②曲がりかど。折れ曲がったところ。例―の路地
かきもの［書き物］文書を書くこと。例―で忙しい・―で手がはなせない
かきゅう［火急］非常に急なこと。例―の用事
かきゅうてき［可及的］できるだけ。なるべく。例―すみやかに完成する
かきょう［佳境］①話などのおもしろいところ。興味のあるところ。例話が―に入る。②けしきのいいところ。
かきょう［家郷］ふるさと。郷里。例―の思い出
かきょう［華《僑］外国に住んでいる中国の商人。例横浜中華街の―・―の商法
かぎょう［家業］その家の職業。例―をつぐ
かぎょう［課業］わりあてられた仕事、または学科。例定められた―
かぎょう［稼業］一家のくらしのための職業。
かきょく［歌曲］歌のふし。声楽の曲。リート。
かぎり［限り］①さかい。②はて。おわり。③うち。あいだ。⑥きまり。さだめ。制限。
かぎる［限る］①期間をきめる。しきる。②へだてる。さえぎる。③及ぶものがない。④とくにきめる。例独身者に―
かきわり［書(き)割(り)］舞台の背景の絵。
かきん［《瑕瑾》］ちょっとしたきず。おしい欠点。例たった一つ―がある
かく［各］おのおの。めいめい。例各自・各種
かく［画］漢字をくみたてる線。例画数・字画
かく［格］①規則。②くらい。身分。例格が高い
かく［核］たね。中心。例原子核・核心をつく
かく［欠く］①たりなくする。例礼を―。②こわす。③ぬかす。④おこたる。例注意を―
かく［佳句］①よい文句。②よい俳句。
かぐ［《嗅ぐ］においを感じる。さぐる。
がく［額］①たか。分量。数量。例金額。②書画をかいて門や室内に掲げておくもの。
がく［学］まなぶこと。学問。例学がある
がく［《蕚］花をささえるうてな。へた。
かくい［各位］みなさま方。例ご列席の―
かくい［隔意］うちとけない心。遠慮。例―なく
がくい［学位］学問上のくらい。例―論文
かくいつ［画一］すべてが同じように整っていること。同じように取り扱うこと。例―的
かくう［架空］①空中にかけわたすこと。②根拠のないこと。③想像で作り出すこと。
がくがく［《諤諤》］さかんに論じているようす。例侃々《かんかん》―たる論議
かくかぞく［核家族］夫婦と子どもだけの家族。例―の時代・―の悲劇
かくぎ［閣議］内閣の会議。例―決定・定例―
がくげい［学芸］学問と芸術。例―会・―大学
かくげつ［客月］前の月。先月。例―十日のこと
かくげつ［隔月］ひとつきおき。例―公演
かくげん［格言］いましめや教えとなることば。金言。例人生の―に
かくげん［確言］はっきり言いきること。
かくご［覚悟］①決心。心がまえ。例決死の―。②あきらめること。観念すること。
かくさ［格差］資格・等級・価格などの差。例品質の―・賃金―・企業―
かくざ［《擱座・《擱坐》］船が浅瀬や暗礁などに乗り上げること。
がくさい［学才］学問の才能。例―豊かな人物
かくさく［画策］計画をたてること。たくらむこと。例事業の拡張を―する

かくし［隠し］①隠すこと。例―芸・―事。②ポケット。例上着の―
かくし［客死］旅先で死ぬこと。よその土地で死ぬこと。例異郷で―した
かくじ［各自］めいめい。おのおの。例―持参
がくし［学士］大学の本科を卒業した者に与えられるよびな。例―院・―号
がくし［学資］学問をするためにいる費用。
がくし［楽士・楽師］音楽を演奏する人。
かくしき［格式］身分や階級などについてきまっている作法や制度。例―が高い
がくしき［学識］学問とすぐれた知識。
かくしつ［確執］①自分の考えを強く言いはってゆずらないこと。②お互いの間の中が悪くなること。争い。例―がたえない
かくじつ［隔日］一日おき。例―出勤
かくじつ［確実］たしかでまちがいのないこと。例―な証拠・当選―
がくしゃ［学者］①学問にすぐれた人。②学問を研究する人。例―ばか・―肌
かくしゃく［《矍鑠》］年をとってもなお元気でたっしゃなさま。例―とした老人
かくしゅ［各種］いろいろな種類。例―学校
かくしゅ［《馘首》］職をやめさせること。くびり。例―の撤回を求める
がくしゅ［楽手］音楽を演奏する人。
かくじゅう［拡充］おしひろげて内容を充実させること。例施設の―を図る
がくしゅう［学習］まなびならうこと。例―帳
がくじゅつ［学術］学問。学問と芸術。例―会議
かくしょう［確証］たしかな証拠。例犯罪の―
がくしょう［楽章］楽曲のひとくぎり。
がくしょく［学殖］学問の素養。豊かな学識。
かくしん［革新］古いならわしやきまりを改めて新しくすること。例―的な意見・―陣営
かくしん［核心］物事のいちばん中心となる大事なところ。例―をつかむ
かくしん［確信］①固く信じて疑わないこと。②しっかりした信念。例―がゆらぐ
かくじん［各人］それぞれの人。めいめい。
かくする［画する・《劃する》］①線をひく。②くぎりをつける。しきる。③計画する。
かくせい［覚《醒》］①目をさますこと。例―剤。②迷いからさめること。③人の注意を呼び起こすこと。例世人の―を求める
かくせい［隔世］時代がへだたること。時代をへだてること。例―の感がある
がくせい［学制］学校についてのきまり。
がくせい［楽聖］非常にすぐれた音楽家。
かくせいき［拡声器］声を大きくひびかせる道具。ラウド・スピーカー。
かくぜつ［隔絶］かけ離れていること。へだてること。例―した文明
がくせつ［学説］学問上の意見。例新しい―
かくぜん［画然］はっきりと区別のついているさま。くっきり。例―とした違い
がくぜん［《愕然》］ひどく驚いたさま。びっくりするさま。例事故の知らせに―とする
がくそう［学窓］まなびや。学校。例―を巣立つ
がくそく［学則］学校の規則。校則。
かくだい［拡大］ひろげて大きくすること。
がくたい［楽隊］音楽を合奏する人の一団。音楽隊。例サーカスの―の音
かくたる［確たる］しっかりした。たしかな。
かくたん［《喀痰》］たんをはくこと。また、そのたん。例―するべからず
かくだん［格段］かくべつ。とりわけ。例―の努力を要する・―の差がある
がくだん［楽壇］音楽の世界。音楽家の仲間。
かくだんとう［核弾頭］ミサイルの先につけられた原子爆弾。例―の脅威
かくちょう［拡張］大きくおし広げること。
かくちょう［格調］詩歌や文章のていさいと調子。風格。例―の高い詩
かくて［《斯くて》］このようにして。さて。
かくてい［確定］はっきりときまること。はっきりときめること。例就職が―する・―的
かくど［角度］①角の大きさ。②物事の見かたや考え方。例あらゆる―から検討する
がくと［学徒］学生や生徒。学問の研究者。
かくとう［格闘］くみうち。とっくみあい。例―技・―競技・―になる
かくとう［確答］はっきりした答え。たしかな返事。例―をさける
がくどう［学童］小学校の生徒。例―疎開
かくとく［獲得］自分のものとして手に入れること。例栄誉を―する
かくにん［確認］はっきり認めること。はっきり見とどけること。例死亡を―する
かくねん［客年］昨年。去年。きゃくねん。
かくねん［隔年］一年おき。例―に開催する
かくのう［格納］しまっておくこと。例―庫
がくばつ［学閥］同じ学校を出たものが団結し

てつくる党派。例―の弊害

かくばる［角張る］四角ばる。しかつめらしく改まる。例角張ったあいさつをする

かくはん［《攪拌》］かきまぜること。例―器

かくひつ［《擱筆》］筆をおいて書くのをやめること。書き終えること。例ここで―する

がくふ［岳父］妻の父。しゅうと。

がくふ［学府］学校。例最高―に学ぶ

がくふ［楽譜］五線紙に音楽の曲をきまった符号で書きあらわしたもの。

がくふう［学風］①学問研究上の傾向。②学校の気風。校風。例―のちがい

がくぶち［額縁］書画のまわりに取りつけてある木や金のふち。例―ばかり目立つ

かくぶん［確聞］たしかに聞くこと。

かくべつ［格別］特別。とりわけ。例―な味

かくほ［確保］しっかりと手に持つこと。例権利を―する・地歩を―する

かくほう［確報］たしかなしらせ。例現地の―

かくまう［《匿う》］人にわからないように隠しておく。例犯人を―

かくまく［角膜］眼球のいちばん外側の前面にある透明な膜。例―移植手術

かくめい［革命］国や社会の組織を急に変えること。例―家・―的な発明

がくめい［学名］学問上でつかう動植物につけたどこの国にも通じるよびな。

がくめん［額面］公債や株券などの表面に書いてある金額。例―どおりには受けとれない

がくもん［学問］①学ぶこと。勉強すること。②習いおぼえた知識。例―のある人

がくや［楽屋］①舞台のうしろにあって出演者がしたくするへや。②うちまく。例―話

かくやく［確約］たしかな約束。例―をとる

かくやす［格安］品物の割に値段の安いこと。

がくゆう［学友］学校友だち。例皇太子のご―

かぐら［神楽］神を祭るときの舞楽。例お―

かくらん［《攪乱》］かきみだすこと。例電波の―

かくり［隔離］へだてはなすこと。ひきはなすこと。例―病室に収容する

かくりつ［確立］しっかり定まって動かないこと。しっかりとうちたてること。

かくりつ［確率］ある事柄についておこりうる確実な割合。たしかさの程度。例成功の―

かくりょう［閣僚］内閣をつくっている大臣。

かくれが［隠れ家］人目をさけて隠れすむ家。かくれ場所。例犯人の―を見つける

がくれき［学歴］学校教育を受けた経歴。

かくれもない［隠れもない］よく知られている。有名な。例―事実である

かぐわしい［《馨しい・〈芳しい］かおりがよい。こうばしい。例バラの花が―

かけ［《賭］勝負に金品をかけること。

かけ［掛け］掛け売り、掛け買いの略。

かげ［陰・《蔭・《翳］①光の当たらないところ。②見えないところ。例陰で糸を引く

かげ［影］①光がさえぎられた暗い部分。②すがた。おもかげ。③日や月の光。

がけ［《崖］山や岸などのきりたった所。

かけあい［掛(け)合(い)］①互いに話し合うこと。交渉。談判。②対話で笑わせる演芸。

かけあし［駆(け)足・《駈け足］速く走ること。例―で登校する・―が速い

かけい［家系］先祖からの血すじのつながり。

かけい［家計］一家の経済。くらしむき。生計。

かけうり［掛(け)売り］あとから代金をもらう約束で品物を売ること。貸し売り。

かけがい［掛(け)買い］あと払いで買うこと。

かけがえ［掛(け)替え］用意のために備えておく同じもの。かわりのもの。例―のない

かけがね［掛(け)金］戸じまりする金具。

かげき［過激］非常にはげしいこと。はげしすぎること。↔温和。例―派・―な運動

かげき［歌劇］音楽と歌で組み立てられている劇。オペラ。例ミラノ―場

かげぐち［陰口］その人のいないところでいう悪口。例―をたたく

かけじく［掛(け)軸］床の間に掛ける書画の軸もの。掛け字。例床の間の―

かけず［掛(け)図］地図や絵などを掛け物の形にしたもの。例―で説明する

かげぜん［陰《膳］ながく家を離れている人のために、るすの者が供える朝夕の食事。

かけだし［駆(け)出し］物事になれないこと。またはその者。初心者。例―の新聞記者

かけぢゃや［掛(け)茶屋］道ばたにつくった簡単な腰掛け茶屋。例―で一休み

かけつ［可決］会議に出された議案をよいと認めてきめること。↔否決。例本会議で―

かげながら［陰《乍ら］人知れず。ひそかに。

かけね［掛(け)値］①実際より高くつけた値段。②ものごとを大げさに言うこと。例―なしに言うと・―なしの話

かけはし［掛（け）橋・懸（け）橋］①がけからがけへ板などを渡した橋。②はしわたし。とりもち。例日米の―となる
かけひ［《筧》］地上にかけ渡して水を通すとい。
かけひき［駆（け）引（き）］取り引きや交渉などで先方の様子や出方に応じてする処理。
かげひなた［陰日〈向〉］人のいるいないで言うことやすることに裏表があること。
かげむしゃ［影武者］①大将とおなじ姿をして敵をだます者。②裏で人をさしずする者。
かけもち［掛（け）持ち］二つ以上の仕事をひとりで受け持つこと。例―授業
かける［欠ける］①そろったものがへる。例人数が―。②こわれる。例茶わんが―
かける［掛ける］①乗ずる。例二を―。②作用させる。例話し―。③つり下げる。例床の間に―。④扱わせる。例医者に―
かける［懸ける］つける。例賞金を―・命を―
かける［架ける］かけわたす。例橋を―
かける［駆ける・《駈ける》］はやく走る。
かける［《翔ける》］空高くとぶ。例空を―
かける［《賭ける》］お金や品物を出しあって勝負をあらそい、勝った者がそれをとる。
かげる［陰る・《翳る》］かげになる。例日が―
かげろう［▽陽炎］暖かい日に地面などからちらちらと炎のように立ち上る気。
かげろう［《蜉蝣》］とんぼに似て羽は薄く透明な虫。産卵後数時間で死ぬ。はかないもののたとえにされる。例―の命
かげん［下弦］満月の後の半円形になったころの月。陰暦二十二～三日ごろの月。↕上弦
かげん［加減］①加えることとへらすこと。②ぐあい。ちょうし。例からだの―が悪い
かこ［過去］すぎさった時。↕未来。例―帳
かご［《籠》］竹やつるなどであんで物を入れるもの。例竹―・―の鳥
かご［加護］神や仏の力でまもられること。
かご［過誤］あやまち。まちがい。例重大な―
かこう［囲う］とりまく。かこむ。例へいで―
かこう［火口］火山の噴火口。例―湖
かこう［加工］原料に手を加えて新しい物をつくること。例原料を―する・―業
かこう［河口］川の流れが海に注ぐところ。かわぐち。例利根川の―・―に架かる大橋
かこう［下降］くだること。↕上昇。例―気流
かごう［化合］二つ以上の物質が結合して全く別の一物質となる化学変化。例―物
がごう［雅号］文章や絵をかく人などの別名。
かこうがん［花《崗岩》］みかげ石のこと。
かこく［過酷・《苛酷》］むごくきびしいこと。
かこつ［〈託つ〉］ぐちを言う。例不遇を―
かこつける［〈託ける〉］ほかのことを言いわけにする。例友人に―・病気に―
かこん［禍根］後の災いとなるもの。災いをひきおこすもと。例―をのこす
かごん［過言］言い過ぎ。例―ではない
かさ［傘］雨などをふせぐためにさすもの。
かさ［《笠》］頭にかぶるものの一種。例―の台
かさ［《暈》］太陽や月のまわりに現れる輪のようになった光。例太陽の―
かさ［《嵩》］①積み重なったものの高さや大きさ。②容積。数量。例―が大きい
かさい［火災］火事。火難。例―保険
かざい［家財］一家の財産。家の道具。例―道具
かざかみ［風上］風のふいてくるほう。例―に
かさく［佳作］よくできた作品。例選外―
かさく［寡作］少ししか作らないこと。作品の少ないこと。↕多作。例―の作家
かささぎ［《鵲》］からすよりやや小さい鳥。
かざす［《翳す》］さしかける。例手を―・扇を―
かさにかかる［《嵩にかかる》］人をおさえつけるような勢い。例かさにかかった態度で
かさにきる［《笠に着る》］勢いの強い者をたよりにしていばる。例権力を―
かさねがさね［重ね重ね］①たびたび。しばしば。②ますます。いっそう。例―のご恩
かさばる［《嵩張る》］かさが大きくなる。かさむ。例荷物が―・お土産が―
かざみ［風見］屋上などにとりつけてその回転により風の方向を知る道具。例―鶏《どり》
かさむ［《嵩む》］かさが大きくなる。例予算が―
かざむき［風向き］①風の吹く方向。②形勢。なりゆき。例―が悪い・―が変わる
かざん［火山］地下の高熱のガスやよう岩などが地上に吹き出してできた山。噴火山。
かし［《樫》］ブナ科の常緑高木。例―の木
かし［菓子］食事以外のあまい食品。
かし［仮死］意識がなくなって一時死んだようになること。例―状態になる
かし［河岸］①川のきし。②河岸にある市場。
かし［歌詞］歌の文句。例歌いやすい―だ
かじ［《梶》・《舵》］①船の進む方向をきめるもの。②車のかじ棒。例会議の―をとる

かじ［加持］病気や災難を除くために仏に祈ること。例—祈禱《きとう》
かじ［火事］建物などが焼けること。火災。
かじ［家事］家の中のこまごまとした用事。
かじ［〈鍛《冶］金属をたたいていろいろのものをつくること。また、その人。例—屋さん
がし［餓死］うえじに。例—寸前
かしぐ［〈炊ぐ］ご飯をたく。炊事をする。
かしげる［〈傾げる］かたむける。ななめにする。例首をちょっと—
かしこ［〈彼処〉］あそこ。あすこ。例そこ—
かしこい［賢い］りこうだ。頭がよい。例—子
かしこまる［〈畏まる］①おそれつつしむ。②きちんとひざをそろえてすわる。③つつしんでうけたまわる。例はい、畏まりました
かしつ［過失］あやまち。しくじり。例—致死罪
かじつ［過日］このあいだ。先日。
かしましい［《囂しい・《姦しい］やかましい。うるさい。例女三人寄れば—
かしまだち［鹿島立ち］旅に出ること。かどで。
かしもと［貸元］ばくちうちの親分。
かしゃ［貨車］貨物をつむ鉄道車。例有蓋—
かしや［貸家］人に貸す家。例—の斡旋
かじゃ［〈冠者］元服した少年。例太郎—
かしゃく［仮借］ゆるすこと。例少しも—しない・—なく問い詰める
かしゃく［《呵〈責］とがめせめること。せめくるしめること。例良心の—
かじゅ［果樹］食用のくだものがなる木。
がしゅ［画趣］絵のようなおもむき。画になりそうなけしき。例—ある風景
がしゅ［雅趣］上品なおもむき。風流なこと。
かしゅう［歌集］和歌を集めた本。
かじゅう［加重］重さを加えること。例—平均
かじゅう［過重］重すぎること。例—な負担
がしゅう［我執］自分の考えや欲をどこまでもおし通すこと。例あまりにも—が強すぎる
かしょ［箇所・〈個所］ところ。場所。例破損—
かじょ［花序］茎や枝につく花の並び方。
かじょ［加除］くわえることとのぞくこと。
かしょう［仮称］かりの名称。かりのよび方。
かしょう［過小］小さすぎること。↕過大
かしょう［過少］少なすぎること。↕過多
かじょう［下情］民間のようす。例—に通ずる
かじょう［過剰］多すぎてあまること。ありあまること。例人口の—が問題になる
かじょう［箇条］一つ一つの事がら。例—書き
がしょう［賀正］正月を祝うこと。謹賀新年。
がしょう［《臥床］床について寝ること。
がじょう［《牙城］①城の中心部。本丸。②ものごとの中心。例—にせまる
かしょうひょうか［過小評価］実質以下にみくびって評価すること。↕過大評価。×過少
かしょく［過食］食べ過ぎること。
かしょくのてん［華《燭の典］結婚式。
かしら［頭］あたま。いちばん上の部分。親方。
かしらもじ［頭文字］文章の初めや固有名詞の初めに用いる大きな字。大文字。
かじる［《齧る］①すこしずつかむ。例リンゴを—。②すこし知る。例スペイン語を—
かしわで［《柏手］神を拝むとき両手をうってならすこと。例—をうつ
かしん［過信］信用しすぎること。例能力を—する・自分を—しすぎる
かじん［佳人］美しい女の人。美人。例—薄命
かじん［家人］①家の者。家族。②けらい。
かじん［歌人］歌をつくる人。歌よみ。
がしんしょうたん［《臥薪《嘗胆］ひどい苦労としんぼうをすること。例—の前半生
かす［《糟・《粕］①酒のかす。②よいところを取った残り。例人間の—
かす［貸す］返してもらう約束でわたす。
かず［数］すうじ。かぞえた多少。例物の数
ガス［《瓦斯》］燃料用の気体。例—灯
かすい［仮睡］かりね。うたたね。
かすか［〈幽か・〈微か］ぼんやりとはっきりしないさま。ほのか。例—な音が聞こえる
かすがい［《鎹］①二つのものをつなぐもの。例子は夫婦の—。②材木の合わせ目をつなぐ両端のまがったくぎ。
かずかず［数数］いろいろ。多く。たくさん。
かずのこ［数の子］にしんの卵をほした食品。
かすみ［《霞］①ごく小さい水のつぶが空中に浮いて、空がぼんやりする状態。②かすむこと。はっきりものが見えないこと。
かすめる［《掠める］①ぬすむ。うばいとる。②ごまかす。③ちょっとふれる。
かすり［《絣・▽飛白］所々にかすったように置いた模様の織物。例—の着物
かする［化する］①形が変わる。②導かれてよいほうに移り変わる。感化する。例夢と—
かする［科する］刑罰をおわせる。例罰を—
かする［課する］①仕事を割りあてる。②仕事

などを言いつけてやらせる。例課題を―
かする[架する]かけわたす。例橋を―
かする[嫁する]とつぐ。例隣村に―
かせ[《枷]首または手足につけて自由にできないようにするもの。昔の刑具。例足―
かぜ[風]空気の流動。例―の便り
かぜ[風邪]病気の一種。感冒。例―気味
かぜあたり[風当たり]①風が吹きあたること。②つらいしうちをすること。圧迫。
かせい[火星]太陽のまわりをまわる惑星の一つ。やや赤味を帯びて見える。
かせい[火勢]火のもえる勢い。例―が衰える
かせい[加勢]①助けること。②助ける人。
かせい[家政]①一家のとりしまり。②一家の暮らし向き。例女子大の―科
かぜい[課税]税金を割りあてること。例―額
かぜい[《苛税]重すぎる税金。重税。
かせき[化石]大昔の動植物などが土中にうずまって、岩にその形をのこしたり、石化したもの。例―の発掘・恐竜の―
かせぐ[稼ぐ]家業にせいを出す。もうける。
かせつ[仮説]物事を説明するために、かりにたてた説。例―をたてる
かせつ[仮設]かりにこしらえたもの。例―橋
かせつ[佳節]めでたい日。祝日。例菊の―
かせつ[架設]かけわたすこと。例つり橋の―
かぜのたより[風の便り]かすかなたより。
かせん[河川]かわ。例―敷・一級―
かせん[寡占]少数が支配すること。例大企業による―・―状態になる
かぜん[果然]思ったとおり。はたして。やっぱり。例―大事件となった
がぜん[《俄然]にわかに。だしぬけに。
かそう[下層]①かさなりの下の方。下の段。②下の階級。↕上層。例―社会
かそう[火葬]死体を焼いて骨を葬ること。
かそう[仮装]仮に身なりを変えること。例―大会・―パーティー
かそう[仮想]仮にそう思うこと。仮に想像すること。例―敵国
かそう[家相]家についての吉凶判断。
がぞう[画像]えすがた。えにかいた肖像。
かぞく[家族]同じ家に住む親子・兄弟・夫婦などの集まり。例―旅行・―制度
かそくど[加速度]しだいに速度がましていくわりあい。例―のよい車
かた[形]もよう。かたち。例形のごとくあいさつする・形見・雲形
かた[型]もとになるかたち。例型紙・型にはまる・一九八七年型の車
かた[方]むき。方角。方法。例やり方・読み方
かた[肩]うでのつけ根と首のつながる部分。
かた[潟]①砂で外海と隔てられた湖。②海岸の遠浅で海水がひくとあらわれるところ。
かた[過多]多すぎること。例脂肪―・胃酸―
かたい[固い]まとまってとけにくい。かたまっている。例団結が―・―信仰心
かたい[堅い]①質が強い。例―木材。②まじめ。たしか。↕柔らかい。例―約束・―意志
かたい[硬い]鉱物などの質が強い。↕軟らかい。例―宝石・―表情・―表現
かたい[難い]むずかしい。たやすくない。
かだい[課題]題を与えること。あたえられた題。例夏休みの―は全部できた
かだい[過大]大きすぎること。例―評価
かたいじ[片意地]いじがかたよって堅いこと。ごうじょう。がんこ。例―を張る
かだいしする[過大視する]必要以上に大きく見ること。例損害を―
かたいなか[片田舎]都会から遠く離れたいなか。例―育ちの青年
かたうで[片腕]①片方の腕。②もっともたよりとする人。例社長の―となる人
かたがき[肩書(き)]①本文の右上に書きそえる文句。②姓名の右上に書きそえた地位や身分。③地位や身分をあらわす称号。
かたがた[《旁]いっしょに。ついでに。
かたがた[方方]①ひとびと。②あなたがた。皆さん。例ご列席の―には
かたかな[片仮名]かなの一種。多くは漢字のへんやつくりを省略して作られたもの。
かたがみ[型紙]ものの形を切り抜いた紙。
かたがわり[肩代(わ)り]①かごをかつぐ人の代わりをする人。②負担を他人におわすこと。例借金の―を頼む
かたき[敵・《仇]うらみのある相手。あだ。例敵討ち・敵役・目の敵
かたぎ[▽気質]身分や職業などにふさわしい特殊の気質。例職人―・下町―
かたぎ[堅気]①かたくまじめな性質。りちぎ。②まじめな職業。例―の人・―になる
かたく[仮託]かこつけること。ことよせること。例人間社会に―した動物の話

かたくな［〈頑な］がんこで物の道理がわからないこと。かたいじ。例—な態度
かたくるしい［堅苦しい］きゅうくつな。まじめくさっている。しかつめらしい。例—家
かたこと［片言］①一つことばの半分。ことばのはし。例—の英語。②幼いこどもの話すわからないことば。例—を話しだす
かたじけない［《忝(な)い・〈辱(な)い］①もったいない。おそれ多い。例—お言葉を。②ありがたい。例お気持ちは—が
かたずをのむ［固《唾をのむ］どうなることかと心配して一心にみまもり待つこと。
かたち［形］かっこう。ようす。外見・例顔形
かたづける［片付ける］①整理する。始末する。例部屋を—。②嫁にやる。例娘を—
かたておち［片手落ち］一方だけよくすること。えこひいき。不公平。例—の判定
かたとき［片時］ちょっとの間。例—も目を
かたどる［〈象る］ものの形をそっくりうつしとる。似せる。まねる。例名作を—
かたばかり［形〈許り］しるしばかり。形式だけ。例—の訓話が行われる
かたはし［片端］①一方のはし。かたっぱし。②わずかの部分。例破片の—でも
かたほ［片帆］風をはらませるために船の帆を傾けて張ること。↔真帆
かたまり［塊］固まったもの。一団。例闘志の—
かたまる［固まる］かたくなる。確実になる。例決心が—・基礎が—・地盤が—
かたみ［形見］①昔の事を思い出すたねとなるもの。②死んだ人の残した品。例母の—

かたみがせまい［肩身が狭い］世間に対して面目がない。はずかしい。例—思いをする
かたむく［傾く］①ななめになる。例屋根が—。②かたよる。③おとろえる。例家運が—
かためる［固める］①かたくする。例基礎を—・団結を—。②ふせぐ。例守りを—
かたよる［偏る・片寄る］①一方へよる。②不公平になる。例審判の判定が—
かたりぐさ［語り草］話のたね。例あの世の—に
かたる［語る］話す。しゃべる。例昔を—
かたる［《騙る］だましてとる。いつわる。
かたわら［傍ら］そば。わき。例机の—に
かたわれ［片割れ］①こわれた一方のかけら。②仲間のひとり。例かたきの—
かたん［荷担・加担］力を添えて助けること。味方すること。例悪事に—する
かだん［花壇］土を少しもり上げて草花を植えてあるところ。例—のチューリップ
かだん［果断］思いきりのよいこと。例—な処置・積極—な行動
かだん［歌壇］うたよみの世界。歌人の仲間。
がだん［画壇］画家の世界。例彼は—の星だ
かち［価値］ねうち。あたい。例—観
かちあう［《搗ち合う］衝突する。ぶつかる。重なっておこる。例出張とパーティーが—
かちき［勝(ち)気］人にまけまいとする気性。まけん気。例—な女性
かちく［家畜］家に飼う鳥獣。例—小屋
かちどき［勝(ち)《鬨］戦いに勝っていっせいにあげるときの声。がい歌。例—をあげる
かちみ［勝(ち)味］勝ちそうな見込み。

かちゅう［渦中］①うずの中。②もつれた事件の中。例派閥騒動の—にまきこまれる
かちゅうのくりをひろう［火中の栗を拾う］あぶないことに手を出す。例あえて—
かちょう［家長］家のあるじ。戸主。
がちょう［《鵞鳥］がんをかいならした鳥。
かちょうふうげつ［花鳥風月］①自然の美しいけしき。②風流。例—を楽しむ生活
かつ［活］①いきること。例死中に活。②柔道で気絶した人の息を吹き返させる方法。
かつ［喝］声をはりあげること。例喝破・一喝
かつ［勝つ］相手をまかすこと。例試合に—
かつ［且つ］一方では。そばから。②また。その上に。例飲み—食う
かつ［〈克つ］おさえつける。がまんする。例己に—・欲望に—
がつ［月］一年を区分する「つき」をかぞえることば。例三月・正月
かつあい［割愛］惜しいのを思い切ってすてたり、また、はぶくこと。例後半を—する
かつお［《鰹］カツオ科の海魚。例—節
かっか［閣下］ひじょうに身分の高い人に向かって呼ぶ敬称。例総理大臣—には
がっかい［学会］学問の研究のためにつくられた学者のあつまり。例—で研究発表する
がっかい［学界］学者のなかま。学問の世界。
かっかく［《赫赫》］光りかがやくさま。盛んなさま。例—たる武功をたてる
かっかざん［活火山］活動している火山。
かっき［活気］いきいきとした元気。
がっき［楽器］音楽を演奏する道具。例弦—

かっきてき［画期的］新しい時代を開くほどすぐれているさま。例―な大事業

がっきゅう［学究］熱心に学問を研究する人。

かっきょ［割拠］土地をわかちとってたてこもること。例群雄が―する

かっきょう［活況］いきいきとしたようす。景気のよいさま。例景気が―を呈する

かつぐ［担ぐ］①肩にのせて荷物をになう。②だます。あざむく。③迷信を気にかける。

かっくう［滑空］発動機やプロペラを使わないですべるように空を飛ぶこと。例―機

かっけ［〈脚気］ビタミンB_1の不足による病気。足がしびれたりむくんだりする。

かっけい［活計］くらしむき。家計。

かっけつ［《喀血・《咯血］肺や気管支などから血をはくこと。

かっこ［括弧］文字をかこむ記号。（「など。

かっこ［確固］しっかりして固いさま。例―たる信念の持ち主

かっこう［格好・《恰好］①すがた。かたち。②ちょうどよいころあいなこと。相応。例―な品

かっこう［郭公］鳥の名。かんこどり。

かっこう［滑降］スキーで斜面をすべりおりること。例スキーの―競技

がっこう［学校］学問をおしえるところ。

かっさい［喝《采］どっとほめはやすこと。

がっさい［合切］なんでもかんでも。のこらず。いっさい。例一切―・―袋

がっさく［合作］共同して作ること。共同して作ったもの。例映画を―する

かつじ［活字］活版印刷用の文字の型。

かっしゃ［活写］いきいきと実際のようすが見えるようにあらわすこと。

かっしゃ［滑車］車のまわりにつなをかけて物を動かすもの。例―の原理

がっしゅく［合宿］同じ宿にいっしょに泊まること。例夏季―・部活の―

がっしょう［合唱］多くの人が声をそろえて歌うこと。↔独唱。例混声―・―団

がっしょう［合掌］両手を合わせて拝むこと。

かっしょく［褐色］こげ茶色。例―人種

かっすい［渇水］水がかれること。例―期

かっせい［活性］活ぱつな性質。例―炭

かっせん［合戦］たたかい。例関が原の―

かつぜん［《豁然］①ひろびろとしたさま。②迷いや疑いが急に解けるさま。例―と開く

かっそう［滑走］すべって走ること。例―路

がっそう［合奏］いろいろの楽器をいちどにそろえて演奏すること。↔独奏。例―曲

がったい［合体］一つになること。心を合わせること。例宇宙ロケットの―

かったつ［《闊達・《豁達］心が広くて物にこせこせしないこと。例明朗―

がっち［合致］ぴったりと合うこと。一致すること。例双方の希望が―する

かっちゅう［甲《冑］よろいとかぶと。具足。

かって［勝手］①台所。②暮らしむき。③ようす。例―がわからない。④わがまま。きまま。

かつて［《嘗て・《曾て］①さきに。以前に。いつか。②一度も。ちっとも。例いまだ―

がってん［合点］うなずくこと。承知すること。例―だ・―承知・思わず―する

かっとう［《葛藤》］もつれ。争い。例人事の―

かつどう［活動］①さかんに動くこと。元気よく働くこと。例―的。②活動写真の略。映画。

かっぱ［喝破］大声でまちがった説をおさえて真理をとくこと。例論敵を―する

かっぱ［▽河童］水陸両方にすみ、子どもの形で頭のさらに水があると考えられた動物。

カッパ［▽合羽］①雨ふりにきるがいとう。②荷物などの雨おおいにする油紙。

かっぱつ［活発・活《潑］元気で勢いがよいこと。例―なお嬢さん・―な活動

かっぱん［活版］活字の印刷。例―印刷

かっぷく［《恰幅］からだのかっこう。体格。

がっぺい［合併］二つ以上のものを一つに合わせること。例町村―

かっぽ［《闊歩］大またに歩くこと。いばって歩くこと。例大手を振って―する

かつぼう［渇望］のどがかわいて水をほしがるようにしきりに望むこと。熱望。例―の的

かっぽう［割《烹］食物の調理。料理。例―旅館

かつもく［《刮目］目をこすってよく見ること。

かつやく［活躍］げんきよく活動すること。

かつよう［活用］①物をうまく役に立たせて使うこと。例人材の―。②動詞・形容詞・形容動詞・助動詞の語尾の変化。例―語

かつようじゅ［《闊葉樹］桜やもみじなど葉が平たくてはばの広い木。広葉樹。↔針葉樹

かつら［《桂］落葉高木の一種。

かつら［《鬘］人工の髪形のかぶりもの。

かつりょく［活力］生き生きした力。活動力。例―の源・―に満ちる

かつろ［活路］のがれ道。命の助かる道。例企業の—を求める・—を見いだす
かて［糧］①食料。例三か月分の糧。②維持するためになくてはならないもの。例人格をつくるのに必要な糧となる
かてい［仮定］かりにきめること。例文法の—形・—の話はもうよい
かてい［家庭］一つの家に生活する家族の集まり。一家の中。例円満な—・—生活
かてい［過程］物事のうつり進む状態。例生産する—・研究の—
かてい［課程］わりあてさせる仕事のどあい。例教育—・英語の—は
かでん［家伝］古くから家に伝わること。
がてん［合点］うなずくこと。がってん。
がでんいんすい［我田引水］自分につごうのいいように物事をとりはからうこと。
かど［角］すみ。とがった所。まがりめ。例道角・角をたてる・角のある人
かど［〈廉］すじ。いいたてる箇条。例収賄の—により・不審の—で
かど［過度］程度をこすこと。例—になる
かとう［下等］①質が悪いこと。②下品なこと。③地位がひくいこと。↔上等。例—生物
かどう［華道］いけばなの道。例—の師範
かどう［可動］うごかせること。例—橋
かどう［稼動・稼働］働きかせぐこと。動かすこと。例—人口・—時間
かとき［過渡期］物事がうつり変わろうとするとちゅうの時期。例成長の—
かとく［家督］家のあとつぎ。例—の相続

かどで［門出］旅行などのためにわが家を出発すること。旅立ち。例—の祝いに
かどべ［門辺］家の前に近い所。例—の木に
かどわかす［〈拐かす・《勾かす］だましてさそい出し他へつれていく。例女を—
かな［《哉］ことばの終わりにつけて深く感じたさまを表すことば。だなあ。例美しき—
かな［仮名］漢字の一部またはそのくずしたものからくふうされてできた表音文字。かたかな。ひらがな。例—遣い・送り—
かない［家内］家の中。自分の妻。例—安全
かなう［〈適う・《叶う］①ぴったりとあてはまる。②できる。とどく。例思いが—
かなえ［《鼎］三本足の金属製のかま。例—の軽重が問われる
かなえる［〈適える・《叶える］①あてはめる。②思いどおりにさせる。例願いを—
かなきりごえ［金切(り)声］鉄などを切るような細く鋭い声。例—で叫ぶ
かなぐ［金具］金属でつくった小さい部品でいろいろな物品につけるもの。例—をつける
かなしい［悲しい］いたましい。つらい。
かなた［〈彼方〉］あちら。むこう。あっち。
かなでる［奏でる］音楽を奏する。例琴を—
かなめ［〈要］①扇の骨をまとめてとめた所。②物事のいちばんたいせつなところ。
かならず［必ず］きっと。まちがいなく。
かならずしも［必ずしも］きっと……とはかぎらない。(下に打ち消しの語がつく)
かに［《蟹］甲殻類の節足動物。例—なべ
かにく［果肉］くだもののうち、皮につつまれて食べられる部分。例みずみずしい—
かにゅう［加入］なかまにはいること。加わること。例保険の—者・電話の—手続き
かね［金］金属。金銭。例金がほしい・金になる
かね［鐘］つりがね。例鐘つき堂・鐘がなる
かね［《鉦］手にもつたたきがね。例—やたいこでさがす・—をたたく
かねあい［兼(ね)合い］つりあい。平均をとること。例近所との—で決める
かねがね［〈予予〉］前々から。あらかじめ。
かねじゃく［〈曲尺・《矩尺］直角にまがった金属製のものさし。また、それと同じめもりのものさし。約三〇・三センチが一尺。
かねつ［加熱］熱を加えること。例—器
かねつ［過熱］熱しすぎること。例モーターの—・景気が—状態になる
かねて［〈予て］前もって。前々から。例—顔なじみの肉屋・—の心づもり
かねめ［金目］ねうちのあるもの。例—の品
かねる［兼ねる］①合わせる。②二つ以上の働きをする。③できない。むずかしい。例でき—。④えんりょする。例気兼ねする
かねんせい［可燃性］火によくもえる性質。
かの［〈彼の］あの。例—老人・—人
かのう［可能］できること。例—性がある
かのう［化《膿］きずがうみをもつこと。例—菌
かのじょ［彼女］あの女。恋人。↔彼
かば［河馬］アフリカ産の水中ほ乳類。
かばう［《庇う］いたわる。助けまもる。例わが子を—・痛む足を—
がはく［画伯］えかき。画家。例安井—

かばね[《屍]しかばね。死体。例—をさらす
かばやき[《蒲焼(き)]たれをつけて焼く料理の名。例うなぎの—
かはん[河畔]川のほとり。川ばた。例荒川の—
かはん[過般]このあいだ。せんだって。
かはんすう[過半数]半数以上。例—の賛成
かひ[可否]いいかわるいか。例—の決定を
かひ[歌碑]歌をきざみこんだ石碑。
かび[《黴]寄生する下等菌類。例—くさい
かび[華美]はなやかで美しいこと。はで。
かびん[過敏]感じかたがはげしいこと。
かふ[下付]政府や役所などから人民にさげわたすこと。例免許状を—する
かふ[火夫]じょうきのかまの火をたく人。
かふ[寡婦]夫に死なれた婦人。未亡人。
かぶ[株]①切りたおして残った木の根。切り株。②株式。株券。例株の売買・株屋
かぶ[《蕪]根が球形の食用植物。かぶら。
かぶ[歌舞]①歌うことと舞うこと。②歌ったりおどったりして遊ぶこと。例—音玉
かふう[下風]人の下位。例—に立つ
かふう[家風]家のならわし。例厳格な—
かふう[歌風]歌のよみぶり。歌の作風。
かぶき[歌舞《伎]江戸時代に発達して完成したしばい。例—十八番・—踊り
かぶきもん[〈冠木門]門の柱の上に、かさ木という横木を渡した門。そまつな門。
かふく[禍福]わざわいとしあわせ。
かぶしき[株式]①株式会社の資本を表す単位。②株券。例—市場・—の額面
かふそく[過不足]余分なこととたりないこと。例—なく
かぶと[《兜・《冑]昔、戦争のとき頭にかぶった道具。例よろい—に身をかため・—虫
かぶらや[《鏑矢]昔、戦いのあいずなどに使った、音をたてるようにした矢。
かぶり[〈頭]あたま。例—を振る
かぶる[〈被る]①頭にのせておおう。②こうむる。③水などをあびる。例大波を—
かふん[花粉]花のおしべについている粉。
かぶん[過分]分にすぎること。例—な賞を
かぶん[寡聞]見聞のせまいこと。例—にして
かべ[壁]家の周囲や内部のしきり。例板壁
かへい[貨幣]おかね。ぜに。例流通—
がべい[画《餅]絵にかいたもち。実際の役に立たないたとえ。例—に帰する
かべにみみ[壁に耳]秘密の話などがもれやすいことをいう。例—あり、障子に目あり
かべん[花弁]はなびら。例桜の—
かほう[果報]①むくい。②幸運。例—者
かほう[家宝]家のたから。例—のつぼ
かぼそい[か細い]ほそくてよわよわしい。
カボチャ[▽南瓜]ウリ科の一年生植物
かま[《釜]飯をたく鉄製の道具。例—めし
かま[《窯]陶器などを焼くかま。例登り—
かま[《鎌]草やしばなどをかるに用いる農具。
がま[《蝦蟇》]ひきがえる。例—がえる
かまう[構う]①関係する。せわをする。②からかう。③相手になる。例どうぞお構いなく
かまえ[構え]①作りかた。構造。②したく。用意。例正眼の—。③漢字の組み立ての一つで、間・国などのまわりの門・口の部分。
かまえる[構える]①組みたて作る。②一軒の家を持つ。例一家を—。③待ちもうける。
かまくび[《鎌首]かまのように曲がった首。
かます[《叺]穀物や石炭などを入れるわらやむしろの袋。例—入りの米
かまち[《框]①ゆかのはしにわたす横木。②戸や障子などのまわりのわく。
かまど[《竈]上になべやかまをかけて煮たきする道具。へっつい。例—に火をくべる
かまびすしい[《囂しい・《喧しい]騒がしい。やかましい。例—声
かまぼこ[《蒲鉾》]魚肉のすり身をむした食品。例—の板・小田原の—
がまん[我慢]こらえしのぶこと。例—強い人
かみ[上]①うえ。高い所。②身分の高い人。③みなもと。川の上流。④むかし。⑤上部。
かみ[神]①宗教的な信仰心の対象となるもの。②神社に祭られた霊。
かみ[紙]植物繊維でつくった書道、印刷などに用いるもの。例紙製品・薄紙
かみ[髪]頭の毛。毛髪。例洗い髪・髪形
かみ[加味]①味をつけ加えること。②ほかのものをまぜ加えること。例彼の意見を—
かみいれ[紙入れ]紙幣を入れるもの。
かみがた[上方]京都・大阪地方のよび名。
かみがた[髪形・髪型]髪のかっこう。例流行の—・—を変える・ボーイッシュな—
かみざ[上座]上位の席・上席。例—につく
かみしも[《裃]江戸時代の武士の礼服。
かみそり[▽剃刀]①ひげをそる刃物。例—であたる。②才知のするどい人のたとえ。

かみだな［神棚］神をまつるたな。
かみつ［過密］こみすぎること。↔過疎
かみて［上手］①上のほう。②川の上流。③舞台に向かって右のほう。例―より登場
かみなり［雷］空中の放電現象。例雷親父
かみのく［上の句］短歌で初めの五・七・五の三句。↔下の句
かみわざ［神業・神技］①神様のなされる不思議な行い。②神のしわざと思われるような、すぐれたはたらき。例―の回転技
かみん［仮眠］うたたね。かりね。例―をとる
かむ［《噛む］歯で物をかじる。例ご飯を―
かむ［《咬む］動物がかみつく。例犬が―
かむ［《擤む・《挮む］鼻じるをぬぐいとる。
かめ［《瓶・《甕］①水や酒などを入れるせともの器。②つぼ形の花いけ。かびん。
かめ［《亀］背甲のあるは虫類。例―の甲より年の功・鶴は千年―は万年
かめい［仮名］実名をさけてかりにつけた名。
かめい［加盟］同盟に加わること。仲間入り。
かめい［家名］①一家の名称。家号。②一家の名誉。例―をあげる
かめん［仮面］木・紙・土などで作った顔の形。
がめん［画面］①絵の表面。②スクリーンに映った映画の面。例テレビの―
かも［《鴨］水鳥の一種。利用されやすい人。例―になる・―にする
かもい［《鴨居］戸や障子をたてる上の横木。
かもく［科目］学科の種類。例試験―・必修―
かもく［寡黙］口かずの少ないこと。例―な人
かもしか［▽羚羊］やぎに似た高山動物。
かもしだす［醸し出す］つくりだす。
かもす［醸す］①酒やしょうゆなどをつくる。②つくりだす。こしらえる。例物議を―
かもつ［貨物］運送を目的とする品物。荷物。
かもめ［《鷗］からだが白い海鳥。
かもん［家紋］家の紋所。家の紋章。例藤の―
かもん［家門］家。一族。例―のほまれ
かや［《茅・《萱］ちがや・すすき・すげの総称。
かや［蚊帳］蚊をふせぐおおい。例麻の―
かやく［火薬］硝石・木炭・いおうなどで作った爆発薬。例―庫・黒色―
かやぶき［《茅葺》(き)］かやでふくこと。
かやり［蚊〈遣(り)］かを追いはらうために煙をたてること。かいぶし。例―火
かゆ［《粥］米をやわらかく煮たもの。例お―
かゆい［《痒い］肌をかきたくなる感じ。
かよう［通う］①ゆききする。②出入りする。
かよう［歌謡］ふしをつけてうたう歌。例―曲
かよう［《斯様］このように。例―な有様
かよく［寡欲］よくが少ないこと。↔多欲
がよく［我欲］自分ひとりの利益だけ考える心。例―の強い人
かよわい［か弱い］よわよわしい。例―女
から［空］①中に物のないこと。②なにももたないこと。③実質または実意のないこと。
から［殻］①貝や果実などの中味のないもの。②穀物の外皮。③ぬけがら。例せみの殻
がら［柄］①体格。例柄が大きい。②品位。身分。例柄が悪い。③もよう。例派手な柄
からい［辛い］①舌をさすような感じがする。②ひどい。きびしい。例採点が―
からいばり［空威張り］表面だけいばること。虚勢をはること。例どうせ―だ
からかみ［唐紙］ふすま。例―の張り替え
からくさ［唐草］つる草がからみあった形の模様。例―模様のふろしき
からくり［▽絡繰り］あやつること。しかけ。例人形―・計画の―がばれる
からくれない［唐紅］あざやかなこい紅色。
からげる［▽絡げる］しばる。たばねてくくる。
からさわぎ［空騒ぎ］それほどでもないことに、むやみに騒ぐこと。例―に終わる
からす［《烏・《鴉］カラス科の鳥の総称。
からす［枯らす］草木を枯れさせる。
からす［《涸す］水をくみつくす。干す。
からす［《嗄す］声をしわがれさせる。
ガラス［▽硝子］すきとおった建築材の一種。
からすむぎ［《烏麦・▽燕麦］麦の一種。
からたち［▽枳殻］枝にとげが多く、白い花を開き、秋、黄色の実がなる落葉低木。
からっかぜ［空っ風］かわいている風。雨や雪をともなわずに強く吹く風。
からて［空手］①手になにも持っていないこと。てぶら。すで。②素手の武術。例―道場
からて［唐手］沖縄から伝わった武術。例―着
からまつ［唐松・▽落葉松］寒い地方に生える松の一種。落葉する。例高原の―林
からまる［絡まる］①まきつく。からみつく。②むりな言いがかりをつける。
からみ［空身］からだひとつで荷物などなにも持っていないこと。例―で帰る
からむ［絡む］①まきつく。まといつく。②難題

を言いかける。例やたらに人に—

からめて［《搦め手》］城の裏門。うら側。↕大手

がらん［《伽藍》］寺の建物。例七堂—

かり［仮］①まにあわせ。かりそめ。例仮の住まい。②いつわり。にせ。例仮の名

かり［《雁》］秋来て春帰る渡り鳥。がん。

かり［狩(り)］①鳥やけものを追い立てて捕らえること。②魚をとること。また、そのもの。例潮干—

かり［借り］①借りること。②借金。例—がたまる・—がある

がりがりもうじゃ［我利我利亡者］自分だけの利益しか考えない人。例金の—

かりぎ［借(り)着］他人から衣服を借りて着ること。借りた衣服。

かりこみ［狩(り)込み］急におそって、多数を一度にとらえること。例暴走族の—

かりずまい［仮住(ま)い］かりに住むこと。またその家。例—の身の上

かりそめ［仮初(め)］①ふとしたこと。②間にあわせ。ちょっとした。③かるはずみ。

かりに［仮に］①まにあわせに。一時的に。②しばらくそれときめて。もし。

かりね［仮寝］①うたたね。②野宿。旅寝。

かりゅう［下流］①かわしも。②下の地位。

がりゅう［我流］自己流。自分かってな流儀。

かりゅうど［狩〈人］鳥獣をとる職業の人。猟師。ハンター。例—に従う犬

かりょう［科料］軽いつみのとき罰として出させる金。例軽い—ですんだ

かりょう［佳良］よいこと。すぐれていること。

がりょう［雅量］大きく広い心。人をゆるす広い心。例—を持つ・—のある人

がりょうてんせい［画〈竜点《睛］①りゅうをえがいて最後にひとみを書きあげること。②たいせつな最後の仕上げによって全体がひきたつこと。×天晴。例—を欠く

かりょく［火力］①火の勢い。②鉄砲の力。

かりる［借りる］返す約束で他人の物を使う。↕貸す。例金を—・本を—

かる［刈る］①草木を切りはらう。例芝を—。②髪の毛をはさみきる。例頭を—

かるがる［軽軽］かるそうに。例気も—と

かるがるしい［軽軽しい］かるはずみである。けいそつだ。例—行為だ

かるくち［軽口］①つぎつぎと口をついて出るおもしろい話。②よく人の秘密をもらす言い方。例かれは—だから信用できない

かるはずみ［軽はずみ］深く考えないで言ったり行ったりすること。例—な行い

かるわざ［軽業］からだを軽く動かしていろいろの危険な芸をすること。例—師

かれ［彼］第三人称。あの人。↕彼女。例彼氏

かれい［《鰈］海底にすむ平たい魚。

かれい［華麗］はなやかで美しいこと。

かれおばな［枯(れ)尾花］かれたすすき。

がれき［《瓦礫》］①かわらや小石。②ねうちのないもののたとえ。つまらぬもの。

かれつ［《苛烈］きびしくはげしいこと。

かれの［枯(れ)野］草のかれてしまった野原。

かれる［枯れる］①草木の生気がなくなる。②勢いがなくなっておとろえる。③円熟する。

かれる［《涸れる］水がなくなる。例井戸が—

かれる［《嗄れる］声がかすれる。しわがれる。

かれん［可《憐］いじらしくかわいらしいこと。いとしいこと。ふびんなこと。例—な少女

かろう［過労］働きすぎて疲れること。例—のため発病・—死

がろう［画廊］美術品を陳列する所。

かろうじて［辛うじて］やっと。ようやくのことで。例—間に合った

かろやか［軽やか］かるいさま。かるやか。

かろん［歌論］和歌に関する論説。

かろんじる［軽んじる］あなどる。ばかにする。

かわ［川］ちいさい川。水の流れ。例小川・川辺

かわ［河］大きな川。例白河夜船

かわ［皮］動植物の外がわをおおうもの。表面のうすいもの。例化けの皮をはぐ

かわ［革］なめした動物の革。例革靴・革表紙

かわ［佳話］よい話。おもしろい話。

がわ［側］①ものの一方。例三塁側。②まわり。そば。例相手の側・時計の側

かわうそ［《獺］いたちに似た水辺にすむ動物。

かわかす［乾かす］ほす。湿気をとる。

かわきり［皮切(り)］物ごとの初め。例それが事件の—だった

かわく［乾く］熱のために水分がなくなる。例洗たく物が—・地面が—

かわく［渇く］水が飲みたくなる。例のどが—

かわぐち［川口］川が海や湖に流れこむ口。

かわざんよう［皮算用］まだ手にはいらない前からあてにして計算に入れること。

かわす［交(わ)す］①やりとりする。例言葉を—

かわす［《躱す］あぶないものをさける。例車を

—・体を—・身を—

かわず[《蛙》]かえる。例—飛び込む水の音

かわすじ[川筋]川の流れる道すじ。

かわせ[川瀬]川の浅くて流れのはやい所。

かわせ[為替]手形や証書で送金する方法。

かわせみ[▽翡翠・川《蟬》]川辺にすみ水中の小魚を取って食べる美しい小鳥。

かわどこ[川床]川の水の流れている底。

かわばた[川端]川のほとり。例—やなぎ

かわびらき[川開き]川でその年の納涼の初めを祝い花火などをあげる年中行事。

かわも[川〈面]川の水面。例—のさざなみ

かわや[《厠》]便所。例—に立つ

かわら[《瓦》]ねん土を焼いた屋根をふくもの。例—せんべい・—版・鬼—

かわら[川原・河原]川で、砂や石が多く、水が流れていない所。例—こじき

かわらけ[▽土器]うわ薬をぬらないすやきの陶器。すやきのさかずき。

かわり[代(わ)り]代理。かわること。例会長の—に挨拶する・ご飯のお—

かわり[替(わ)り]交替。例切り—

かわり[変(わ)り]変化。例お—もなく

かわりだね[変(わ)り種]①ふつうとちがった種類。②変人。かわり者。例業界の—

かわりばえ[代(わ)り映え]かわったためによくなる。かわったねうち。例—がしない

かわる[代(わ)る]代理する。例部長に—人

かわる[替(わ)る]新しいものになる。例月が—・切り—・会長が—

かわる[換(わ)る]交換される。例家が金に—・置き—・ギターが酒に—

かわる[変(わ)る]変化する。例季節が—・気候が—・情勢が—・色が—

かん[巻]①まきもの。②書物。例全十巻の本。③映画フィルムの長さの単位。

かん[冠]①かんむり。②いちばんすぐれていること。第一等。例世界に冠たる

かん[勘]①考えること。調べること。②なんとなく心にひらめいてくる考え。例鋭い勘

かん[貫]重さの単位。一千匁。三・七五キロ。

かん[寒]①寒さ。②一年じゅうの最も寒い時節。例寒の入り・大寒・寒中

かん[棺]死体を入れる箱。ひつぎ。例納棺

かん[款]①親しいまじわり。親しみ。例款待。②科目の分類で、項の上の区分。例定款

かん[館]やかた。建物。例図書館・館内

かん[缶]ブリキ製の容器。例石油の缶

かん[《疳》]こどものひきつけ。例—の虫

かん[《癇》]はげしくおこること。また、おこりやすい性質。例—にさわる・—の強い人

かん[《緘》]手紙の封じ目。封かん。

がん[願]神仏にねがいをかけること。

がん[《雁》]かり。かりがね。例—が帰る

がん[《癌》]①悪性のはれもの。②解決しにくいむずかしいことがら。例組織の—だ

かんあん[勘案]考えること。くふう。

かんい[官位]①官職と位階。②官職の等級。

かんい[簡易]手軽なこと。例—裁判所

かんいっぱつ[間一髪]非常にさしせまっていること。あぶないところ。例—の差で

かんえい[官営]政府が経営すること。

かんおけ[棺《桶》]棺に使うおけ。例—に片足をつっこむ

かんか[看過]見のがすこと。見てもすてておくこと。例—できない問題だ

かんか[閑暇]ひま。いとま。例—を楽しむ

かんか[感化]人を感じさせ、よいほう、または悪いほうに移らせること。例友に—される

かんか[干《戈》]①たてとほこ。②たたかい。

かんが[閑雅]もの静かで上品なこと。

がんか[眼下]目の下。ま下。例—に開ける

かんかい[官界]官史の社会。役人のなかま。

かんかい[感懐]心に感じて思うこと。感想。

かんがい[干害・《旱害》]ひでりのために起こる農作物の災害。水がれ。例—による減収

かんがい[感慨]深く心に感じること。×感概

かんがい[《灌漑》]田畑に水を引いて作物にそそぐこと。例—用の水路

がんかい[眼界]目で見えるはんい。

かんがいむりょう[感慨無量]言いつくせないくらい深く身にしみて感じること。

かんがえる[考える]思考する。想像する

かんかく[間隔]物と物との間。へだたり。

かんかく[感覚]感じ。物事に対する感じ方。

かんかつ[管轄]その支配の及ぶ範囲。

かんがみる[〈鑑みる]そのことに照らして考えてみる。手本にする。例先例に—

かんがん[汗顔]はずかしくて顔にあせがでること。例はなはだ—のいたりです

かんき[官紀]官吏の守らねばならない規律。

かんき[換気]空気の入れかえ。例—装置

かんき[喚起]よび起こすこと。例注意を—

かんき[歓喜]ひじょうによろこぶこと。

かんきつるい［《柑橘》類］ミカンやだいだいなどの総称。例—の栽培

かんきゃく［閑却］すてておくこと。ほおっておくこと。例—することはできない

かんきゃく［観客］見物人。見る人。例—席

かんきゅう［感泣］感激して泣くこと。

かんきゅう［緩急］①おそいこととはやいこと。例—自在に。②ゆるいことときびしいこと。③まさかのとき。例いったん—の際

かんきょ［閑居］①静かなすまい。②なにもしないでのんきにくらすこと。例小人—して

かんきょう［感興］おもしろみ。興味を感じること。例読書した—・—をそそられる

かんきょう［環境］まわりのようす。自分をとりまく外界。例—と結びつく・自然—

がんきょう［頑強］がんこでてごわいこと。なかなか負けないこと。例—に抵抗する

かんきり［缶切（り）］缶づめを切り開く道具。

かんきん［換金］おかねにかえること。例土地を—する

かんきん［監禁］からだの自由を束縛してとじこめること。一室におしこめること。

がんぐ［《玩具》］おもちゃ。例—売り場

がんくつ［岩《窟》］いわや。ほらあな。例—王

がんくび［《雁首》］きせるの頭部。人の頭。

かんけい［関係］かかわりあい。つながり。てづる。例—官庁・—がある

かんけい［《奸計》］わるだくみ。わるい計略。

かんげい［歓迎］よろこんでむかえること。

かんげき［感激］強く心が動かされること。

かんげき［観劇］しばい見物。例—ご招待

かんげき［間《隙》］①すきま。②なかたがい。

かんけつ［完結］全部終わること。例—編

かんけつ［簡潔］簡単でまとまりがよいこと。

かんけん［官憲］役所。警察。官吏。例—の手が

かんげん［甘言］相手の気に入るようなことば。うまいことば。例—にだまされる

かんげん［換言］言いかえること。別のことばで言うこと。例—すると

かんげん［還元］もとにかえること。例—剤

かんげん［《諫言》］いさめることば。忠告。例社長に—する・面をおかして—する

がんけん［頑健］からだが非常にじょうぶなこと。例—な体・—な骨格

かんげんがく［管弦楽］西洋音楽の合奏。

かんこ［歓呼］喜びの声をあげること。例—の声をあげる

かんご［漢語］漢字の熟語。音読み語。

かんご［看護］病人の世話をすること。例—婦

がんこ［頑固］自分の考えを言いはり人の言うことをきかないこと。かたくな。例—おやじ

かんこう［刊行］本や新聞などを印刷して世に出すこと。例機関誌を—する

かんこう［敢行］思いきって行うこと。

かんこう［慣行］前からのならわしとして行われること。いつも行うこと。例武家社会の—

かんこう［観光］よその土地のけしきや名所などを見物してあるくこと。例—バス

かんこう［《箝口》］発表や言論をさしとめること。口どめ。例—令をしく

かんこう［《緘口》］口をとじて言わないこと。

がんこう［眼光］①目の光。②ものごとを見抜く力。観察力。例—紙背に徹す

がんこう［《雁行》］空を飛ぶがんの行列のようにななめに並んでいくこと。例—して行く

かんこく［勧告］わけを話して説きすすめること。例降伏を—する

かんごく［監獄］犯罪人を入れる場所の古いよび名。刑務所。例—暮らし

かんこどり［閑古鳥］かっこうのこと。

かんこんそうさい［冠婚葬祭］元服（成人になる儀式）・婚礼・葬式・祖先の祭り。例—の費用

かんさ［監査］とりしまり調べること。例—役

かんさい［関西］京都・大阪地方のこと。

かんさく［間作］主作物のうねの間にほかの作物をつくること。また、その作物。

かんさく［《奸策・姦策》］わるだくみ。

がんさく［《贋作》］にせの作品。偽造。

かんざけ［燗酒］あたためた酒。↔ひや酒

かんざし［《簪》］女性の髪の毛の装飾品。

かんさつ［監察］調べとりしまること。例—官

かんさつ［観察］物事や自然の現象などをよく注意して見ること。例野鳥—・—力

かんさつ［鑑札］役所発行の許可札。例犬の—

かんさん［換算］違う単位の数に計算しかえること。例メートル法に—する

かんさん［閑散］静かでのんびりとひまなこと。例—とした店内・街は—としている

かんし［冠詞］英語・ドイツ語・フランス語などの名詞の前におかれる語。例不定—

かんし［監視］注意して見守ること。見張り。

かんし［環視］ぐるりをとりまいて見ること。例衆人—のなかを

かんし［漢詩］漢字や漢語でつづられた詩。
かんじ［幹事］中心となって仕事をする人。世話役。例忘年会の—役
かんじ［《莞爾》］にっこりと笑うさま。
がんじがらめ［《雁字《搦め］なわやひもなどで縦横にからげて巻くこと。例—になる
かんしき［鑑識］ものの善悪を見分けること。めきき。例警視庁の—課
がんしき［眼識］物事のよしあしを見分ける力。めきき。例刑事の—に
かんしつ［乾漆］仏像の作り方で、布にうるしをぬってほしかためたもの。例—像
かんじつげつ［閑日月］①ひまな月日。②心にゆとりがあること。例—を送る
かんしゃ［官舎］国や県などの費用で建てた役人の住居。例—住まいの身
かんしゃ［感謝］ありがたいと思うこと。お礼を言うこと。例—の念・親切に—する
かんじゃ［患者］病気にかかっている人。病人。
かんじゃ［間者］敵方のまわしもの。スパイ。
かんしゃく［《癇癪》］気みじかでおこりやすい性質。例—を起こす・—持ち
かんじゃく［閑寂］ひっそりとして静かなこと。例—な住宅地
かんしゅ［看守］刑務所で見張りする番人。
かんしゅ［看取］見てわかること。例相手の動きを—する・状勢を—する
かんじゅ［甘受］満足して受けること。いやなこともあまんじて受けること。例非難を—
かんしゅう［慣習］ならわし。習慣。しきたり。
かんしゅう［監修］書物をつくることを監督すること。例辞書の—者
かんしゅう［観衆］見る人々。おおぜいの見物人。例—の声援・野球場の大—
かんじゅせい［感受性］ものごとを感じとる心のはたらき。例—の強い人
かんしょ［寒暑］さむさとあつさ。
かんしょ［甘《蔗］さとうきび。
かんしょ［甘《藷］さつまいも。例—先生
がんしょ［願書］願い事を書きしるした書面。
かんしょう［干渉］よけいな口出しをすること。例少しも—しない・内政—
かんしょう［冠省］手紙で、あいさつの前書きを省くという意味で初めに書くことば。
かんしょう［感傷］ものに感じて心をいためること。例—にひたる・—的になる
かんしょう［管掌］事務をとりあつかうこと。例政府—健康保険・—事項
かんしょう［環礁］輪になっているさんごしょう。例ビキニ—
かんしょう［観照］おちついた心で物事をみきわめること。例内面を—する
かんしょう［観賞］見てほめること。見て楽しむこと。例—用の樹木
かんしょう［鑑賞］芸術作品などのよい所を見つけて深く味わうこと。例名画の—
かんしょう［《癇性］神経質でわずかの事にも怒りやすい性質。かんしゃくもち。
かんじょう［勘定］①金高や数を計算すること。②支払い代金。例—高い人・お—を
かんじょう［感情］こころもち。気持ち。
がんしょう［岩礁］海の中に隠れている岩。
がんじょう［頑丈・岩乗］強くてじょうぶなこと。がっしりとしていること。例—な家
かんしょうちたい［緩衝地帯］争い合う国の境におく中立の場所。例—を設ける
かんしょうてき［感傷的］感じやすく涙もろいこと。センチメンタル。例—になる
かんじょうてき［感情的］感情がはげしく、感情に動かされやすいこと。例—になる
かんしょく［官職］官吏の地位や職務。
かんしょく［閑職］ひまなつとめ。ひまなやくめ。例—に追いやられる
かんしょく［感触］①てざわり。②ものにふれて感じること。例交渉した—では
がんしょく［顔色］かおいろ。かおつき。
かんしん［寒心］ぞっとすること。恐ろしく思うこと。例まことに—にたえない
かんしん［感心］心に深く感じ入ること。
かんしん［関心］心にかけること。気にかかること。例—を持って聞く
かんしん［歓心］心に喜ぶこと。例—を買う
かんしん［《奸臣］わるいけらい。悪臣。
かんじん［肝心・肝《腎］たいせつなこと。重要。
かんじん［寛仁］心が広くて情け深いこと。
かんすい［完遂］完全にやりとげること。（かん×つい）。例目的を—する
かんすい［冠水］大水のために水をかぶること。例田畑が—する・—家屋
かんすい［《鹹水］塩分をふくんだ水。
がんすいたんそ［含水炭素］でんぷんや糖類などのように炭素・酸素・水素をふくんでいるもの。炭水化物。

かんする[関する]かかわる。かかわりがある　例政治に—する話・個人に—事項
かんする[冠する]頭にかぶせる。上にのせる。例会社名を—スポーツ大会
かんずる[感ずる]感覚が生じる。感心する。思う。例寒さを—・光栄に—所存
かんずる[観ずる]よく観察する。さとる。例手相を—・つくづく世相を—に
かんせい[完成]完全にできあがること。例—品
かんせい[官製]政府が製造していること。または、そのもの。↕私製。例—はがき
かんせい[閑静]落ちついて静かなさま。例—な住まい・—な住宅地
かんせい[感性]ものごとに感じる力。感受性。
かんせい[歓声]喜びの声。例観衆の大—を
かんせい[陥《穽》]落とし穴。人をおしいれる計略。例—にはまる
かんせい[《喊声》]ときの声。ワーッとさけぶ声。例—をあげて突進する
かんぜい[関税]輸出または輸入する物品にかける税金。例保護—・相互—
がんせき[岩石]いわ。例一心—をも貫く
かんせつ[間接]①間にものをへだててむきあうこと。②とおまわし。例—的に接触する
かんせつ[関節]骨と骨とがつながっている部分。例手首の—・—炎
がんぜない[頑是無い]ききわけがない。おさなくてもののよしあしがわからない。
かんせん[感染]うつること。伝染すること。
かんせん[幹線]鉄道や道路などの大もとの線。↕支線。例—道路・東北新—

かんぜん[完全]すこしの欠点もないこと。不足のないこと。例—雇用・—燃焼
かんぜん[間然]非難されるような欠点のあること。例—するところがない
かんぜん[敢然]思いきって。むずかしいのをおし切って。例—として突進した
がんぜん[眼前]目の前。まのあたり。
かんそ[簡素]簡単でかざりけのないこと。例—な服装・—な生活ぶり
がんそ[元祖]①家のいちばんはじめの先祖。②ある物事を最初にはじめた人。
かんそう[乾燥]しめりけや水分がなくなること。かわかすこと。例—剤・無味—
かんそう[感想]心に感じ思うこと。例—文を書く・—を述べる
かんぞう[肝臓]腹の右上にある消化せん。
がんそう[含《嗽》]うがい。例—薬
がんぞう[《贋》造]にせて造ること。例—紙幣
かんそく[観測]星や天候などをよく調べ、その動きや変わり方などをはかること。例天体—・南極—・気象—の気球
かんそん[寒村]さびれた村。貧しい村。
かんたい[寒帯]地球の南北緯それぞれ六六・五度以上の地帯。↕熱帯。例—植物
かんたい[歓待・款待]喜んでもてなすこと。
かんだい[寛大]心が広くてゆるやかなこと。
かんだかい[甲高い]声の調子が高い。例—声
かんたく[干拓]海や湖の水をほしあげて耕地にすること。例—地・—事業
かんたん[肝胆]心。心の中。例—相照らす
かんたん[感嘆]感心してほめたたえること。

かんたん[簡単]てみじかなこと。こみいっていないこと。例内容をごく—に話す
かんだん[間断]切れ目。絶え間。例—なく
かんだん[閑談]①もの静かな話。②むだ話。
かんだん[歓談]うちとけて愉快に話すこと。
がんたん[元《旦》]一月一日。元日。
かんち[閑地]①もの静かな土地。②ひまな身分。例退職して—につく
かんち[感知]感づくこと。例火災—機
かんち[関知]関係して知ること。例—しない
かんち[《奸知》]ねじけた悪ぢえ。例—にたける
がんちく[含蓄]意味深くあじわいのあること。例—のあることば
がんちゅう[眼中]①目の中。②見わたしたところ。例そんなことは—にない
かんちょう[干潮]ひきしお。↕満潮
かんちょう[官庁]役所。例—街・所轄—
かんちょう[《浣腸》・《灌腸》]こう門から薬を入れて腸を洗うこと。
かんちょう[間《諜》]まわし者。スパイ。
かんつう[貫通]つき通すこと。例—銃創
かんづめ[缶詰(め)]加工食品をブリキかんに密封、熱処理したもの。例鮭の—
かんてい[鑑定]よいわるいを見てきめること。めきき。例不動産—士・宝石の—
かんてつ[貫徹]物事を最後までやりとおすこと。×完徹。例ストを行い、要求を—する
かんてん[干天・《旱天》]ひでりの空。ひでり。
かんてん[寒天]てんぐさを煮たしるをこおらせてほしたもの。例みつ豆の—
かんてん[観点]物を見たり考えたりするたち

ば。例—が違う・—をかえてみると

かんでん［感電］電流がからだに通じること。

かんど［感度］感じるどあい。例—が鈍い

かんとう［巻頭］書物のいちばん初め。例—言

かんとう［敢闘］勇敢に戦うこと。例—精神

かんとう［関東］大昔は、愛知・岐阜・福井から東をいったが、江戸時代からは箱根より東をさすようになった。↕関西

かんとう［関頭］重大な分かれ目。岐路。例生死の—に立つ

かんどう［間道］抜け道。近道。例—を抜ける

かんどう［感動］深く心を動かされること。

かんとく［監督］①取りしまること。また、その人。②さしずすること。さしずする人

かんない［管内］管轄の範囲内。例県警の—

かんなん［《艱難］つらい苦しみ。例—辛苦

かんにん［堪忍］①こしらえしのぶこと。がまんすること。②怒りをがまんして人の罪を許すこと。例とても—できない

かんぬき［《閂］門やとびらの戸じまりをするときの横の棒。例口に—をしろ

かんぬし［神主］神社に仕える神官。

かんねん［観念］①心の中で考えられたもの。考え。②あきらめること。③覚悟すること。

かんねんてき［観念的］頭の中だけで考え実際からかけはなれるさま。↕実際的

かんのう［官能］性的欲望。例—的な女優

かんのう［堪能］その道に通じてじょうずなこと。また、その人。たんのう。

かんば［《悍馬］性質のあらあらしい馬。

かんぱ［寒波］気温が急に下がってはげしい寒さがくること。例—の襲来

かんぱい［乾杯］めでたいことを祝って互いにさかずきを上げてその酒を飲みほすこと。

かんばしい［芳しい］①においがよい。②いい。美しい。例あまり—話ではない

かんばつ［干《魃・《旱魃》］ひでり。水がれ。

かんはつをいれず［間髪を入れず］ひとすじの毛ほどのすきもないこと。

かんばん［看板］①商家の店先にかかげる目じるし。②みせかけ。外観。例—倒れ

かんぱん［甲板］船の上部の広くて平らな所。

かんび［甘美］①甘くておいしいこと。②楽しくてここちよいこと。例—な音楽

かんび［完備］不足なく備わること。例冷房—

かんびょう［看病］病人の世話をすること。

かんぴょう［干《瓢］ゆうがおの実の果肉をひものように長くむいてほした食品。

かんぶ［患部］病気や傷のある部分。

かんぶ［幹部］団体や会社の中心になる人。

かんぷ［完膚］きずのないはだ。きずのないところ。例—なきまでやっつける

かんぷ［還付］もどすこと。例税金の—

かんぷく［感服］感心してなるほどと思うこと。例—のほかはない

かんぶくろ［〈紙袋］かみぶくろ。

かんぶつ［乾物］かわかして保存できるようにした食品。ひもの。例—店

かんぶん［漢文］中国の文章やそれをまねて漢字ばかりでつづった文章。例—の返り点

かんぷん［感奮］強く心に感じふるい立つこと。例立志伝に—する

かんぺき［完《璧］完全なこと。すこしの欠点もないこと。×完壁。例—な出来栄え

かんぺき［《癇癖］かんしゃく持ち。

がんぺき［岸壁］港で大きい船を横づけにするように造った所。例—の母・—に係留

かんべつ［鑑別］調べてわけること。見分けること。例少年—所・ひなの—

かんべん［勘弁］罪やあやまちなどを許すこと。×堪弁。例—してください

かんべん［簡便］てがるで便利なこと。

かんぼう［感冒］かぜひき。風邪。例流行性—

かんぼう［観望］①ながめわたすこと。②事のなりゆきをうかがうこと。例形勢—

がんぼう［願望］願い望むこと。がんもう。

かんぼく［《灌木］あまり高くならない木。

かんぼつ［陥没］落ちること。落ちこむこと。

かんまつ［巻末］書物の終わりの部分。巻尾。

かんまん［干満］しおのみちひ。例—の差

かんまん［緩慢］ゆるやかなこと。のろいこと。ゆっくり。×緩漫。例—な動作

がんみ［《玩味］①かみしめてよく味わうこと。②意味をよく考え味わうこと。例熟読—

かんみん［官民］政府と民間。役人と人民。

かんむり［冠］頭の上にかぶるもの。

かんめい［感銘］心に深く感じて忘れないこと。例深い—を受ける

かんめい［簡明］簡単ではっきりしていること。例—な解説文

がんめい［頑迷・頑《冥］がんこで道理のわからないこと。例—な態度

がんもく［眼目］いちばんだいじなところ。

かんもん［喚問］呼び出して問い調べること。
かんもん［関門］①関所の門。②通るのにむずかしい所。例入試という—を突破
かんやく［簡約］省略しててがるなこと。
かんゆう［勧誘］すすめさそうこと。例—員
がんゆう［含有］ふくんでいること。例—量
かんよ［関与］関係すること。かかりあうこと。
かんよう［肝要］たいせつなこと。例注意が—
かんよう［寛容］心が広くて人の言うことをよく聞きいれること。例—な態度で
かんよう［慣用］使いなれること。例—句
かんよう［《涵養》］しぜんにしみこむように養うこと。だんだんと養っていくこと。
がんらい［元来］もともと。初めから。
がんらいこう［《雁来紅》］はげいとう。
かんらく［陥落］①攻め落とすこと。②おちこむこと。③地位や資格がさがること。
かんらく［歓楽］喜びや楽しむこと。例—街
かんらん［観覧］見ること。例遊園地の—車
かんり［管理］とりしまること例—人
がんり［元利］元金と利息。例—ともに
がんりき［眼力］物事のよしあしを見分ける力。観察力。例刑事の—
かんりゃく［簡略］てがるなこと。簡単。
かんりゅう［貫流］つきぬけて流れること。
かんりゅう［寒流］両極地方から赤道地方に流れていく冷たい海流。↕暖流
かんりょう［完了］すっかり終わること。
かんりょう［官僚］役人。官吏。例—主義
がんりょう［顔料］①顔につける化粧料。②絵の具。塗料。例日本画の—
かんるい［感涙］深く感じて出す涙。例—にむせぶ・—を禁じえない
かんれい［寒冷］寒くてつめたいこと。例—前線・—じんましん
かんれい［慣例］ならわし。しきたり。
かんれき［還暦］うまれてから六十一年目の年。満六十歳。ほんけがえり。例—の祝い
かんれん［関連］かかわりあい。例—事業
かんろ［甘露］甘くて味のいいこと。
がんろう［《玩弄》］おもちゃにすること。もてあそぶこと。なぶりものにすること。
かんろく［貫禄］人の身についたおもみ。なんとなく感じられる人のえらさ。
かんわ［閑話］静かな話。むだばなし。例—休題
かんわ［緩和］やわらげること。例緊張の—
かんわじてん［漢和辞典］漢字と漢語の意味を日本語に訳した字引。

き

き［生］①手を加えない形。②純粋。例生一本
き［忌］①いみきらうこと。②近親者の死んだあとのつつしみ。③死者の命日。例三回忌
き［木］樹木。材木。例木に竹をつぐ
き［気］空気。気持ち。例気を入れる
き［軌］みち。わだち。例軌を一にする
き［記］しるす。例古事記に記してある
き［機］おり。機会。はた。例機に乗ずる
き［黄］三原色の一つ。きいろ。例黄の帯
き［喜］よろこび。喜寿。例喜の字の祝い
ぎ［技］わざ。うでまえ。例技神に入る
ぎ［義］①道理にかなったこと。②人として守るべき道。例義を守る。③わけ。意味。
ぎ［儀］のり。ぎしき。例告別式の儀
ぎ［議］ぎろん。はかること。例議会の議をへる
きあい［気合(い)］①気もち。気分。②呼吸。いき。③敵をたおそうとするときのかけ声。
きあつ［気圧］大気のあつりょく。例—の谷
きあん［起案］案を作ること。例—を草する
ぎあん［議案］会議で相談するもとの案。
きい［奇異］ふしぎでめずらしいこと。
きいっぽん［生一本］①まじりけのないこと。例灘の—。②心がまっすぐなこと。
きいと［生糸］蚕のまゆから取ったままの絹糸。例—相場・—年度
きいん［起因］はじまり。原因。おこり。
ぎいん［議員］国会や地方議会を構成する人。
きう［気宇］気しょう。どりょう。例—広大
きうけ［気受け］世間の評判。うけ。例—がよい
きうん［気運］時のなりゆき。例上昇—に
きうん［機運］まわりあわせ。よいおり。時機。例—が熟する・—に乗る
きえ［帰依］仏を信じその教えにたよること。
きえい［気鋭］元気のよいこと。例新進—
きえいる［消え入る］①気を失う。②ひどく恥ずかしがる。例—ような声で
きえつ［喜悦］よろこび。例—の声をあげる
きえん［気炎・気《焔》］意気がさかんなこと。例—をあげる・—を吐く
きえん［奇縁］ふしぎなえん。例合い縁—
きえん［機縁］①仏の教えをうける縁があること。②おり。きっかけ。機会。例出会いの—

ぎえんきん［義援金・義《捐金》］こまっている人のためにあげるお金。例―を集める
きおう［既往］すぎさったこと。過去。例―症
きおう［気負う］いさみ立つ。意気ごむ。
きおく［記憶］ものおぼえ。例―に残す・―力
きおくれ［気後れ］おそれてひるむこと。
きおん［気温］大気の温度。例―が低い
ぎおん［擬音］ほんとうの音をまねて出す音。
きか［気化］液体から気体に変化する現象。
きか［奇禍］思いがけないさいなん。
きか［帰化］外国の国籍をもらってその国の国民となること。例米国に―する
きが［飢餓］食物に不足すること。うえること。
ぎが［戯画］こっけい画。ざれ絵。例鳥獣―
きかい［奇怪］あやしくふしぎなこと。
きかい［器械］①道具。②簡単な構造の機械。
きかい［機会］おり。とき。ばあい。例―均等
きかい［機械］動力を使って仕事をさせるしかけ。例―力・―文明・―的
きがい［危害］生命やからだをそこなうこと。
きがい［気概］強い気性や意志。例―のある人
ぎかい［議会］①多くの人からえらばれた議員が集まって相談し議決する機関。②国会。
きがえる［着替える］ぬぎかえる。例着物に―
きがかり［気掛(か)り］心にかかること。心配。
きかく［企画］計画をたてること。例―力
きかく［規格］①きまり。標準。②品物の品質や形などをある基準にあてはめたもの。
きがく［器楽］楽器によって演奏する音楽。
きかつ［飢渇］ひどく腹がへり、のどがかわくこと。飲食物の欠乏。例―にあえぐ
きがね［気兼ね］人に対して気を使うこと。遠慮すること。例―している
きがまえ［気構え］心がまえ。用意。例―が違う
きがる［気軽］気むずかしくないこと。例―に
きかん［気管］のどから肺につながるくだ。呼吸器の一部。例―支炎
きかん［汽缶］蒸気をおこさせ動力をつくるかま。ボイラー。例―車
きかん［既刊］すでに出版したこと。↔未刊
きかん［帰還］帰ること。例―兵
きかん［期間］ある時期からある時期までの間。例一定の―・開催―
きかん［器官］生物のからだの中でいろいろのはたらきをするところ。例消化―
きかん［基幹］中心となるもの。例―産業
きかん［機関］①動力で機械を動かす装置。例―車。②個人または団体が、その目的をとげるためにもうけたもの。例―紙
きがん［祈願］神仏に願をかけて祈ること。
ぎがん［義眼］模造した眼球。いれ目。
きき［危機］あぶないとき。例―一髪
きき［鬼気］ものすごいようす。例―迫る
きき［喜喜］楽しそうに遊ぶさま。例―として
ぎぎ［疑義］うたがわしいことがら。説明や解釈のはっきりしないこと。例―を生じる
ききうで［利き腕］働くほうのうで。右の腕。
ききおぼえ［聞(き)覚え］①前に聞いたおぼえがあること。②聞いて覚えること。耳学問。
ききかじる［聞(き)《齧る》］一部分だけ聞いて知る。例人の話で―
ききこみ［聞(き)込み］①他から聞き出すこと。②事件を調べるため様子を聞き探ること。例―の刑事・―捜査
ききずて［聞(き)捨て］聞いても取り上げないでそのままにしておくこと。例―ならない
ききみみをたてる［聞き耳を立てる］注意して一心に聞こうとする。
ききめ［効き目］効くしるし。例―が薄い
ききゅう［危急］危険が身にせまること。
ききゅう［希求・《冀求》］願い求めること。
ききょ［起居］①ねたりおきたり。②ふだんの動作。毎日の生活。例―を共にする
ぎきょ［義挙］正義のために起こす行動。
ききょう［奇矯］普通の人と変わった言行をすること。風変わりなこと。例―な言動
ききょう［帰郷］故郷に帰ること。帰省。例夏休みの―・―バス
ききょう［《桔梗》］秋の七草の一。紫や白のつりがね状の花を開く。例萩と―
きぎょう［企業］新しくしごとをはじめること。また、その事業。例強力な―の力で
ぎきょうしん［義《侠心》］さいなんをひき受けて人を助けようとする心。おとこぎ。
ぎきょうだい［義兄弟］①互いに兄弟の約束をした人同士。②妻の兄弟または姉妹の夫。
ぎきょく［戯曲］上演するために書いた脚本。
ききん［基金］積みたてておく元手の金。
ききん［飢《饉》］①作物がみのらず食物が不足すること。②物が不足すること。
ききんぞく［貴金属］貴重な金属。化学作用を受けることが少ない金や白金など。
きく［菊］食用にもなる多年生草花。

きく［利く］思いどおりになる。例目が―
きく［効く］ききめがある。例宣伝が―
きく［聞く］音声が耳に入る。例話を―
きく［聴く］注意してきく。ゆるす。例音楽を―・忠告を―・願いを―
きく［《訊く］たずねる。例疑問点を先生に―
きぐ［器具］簡単な工具や機械類。例ガス―
きぐ［危《惧］あやぶみおそれること。例―の念をいだく・若さを―する
きぐう［奇遇］思いがけない所で思いがけない人に出会うこと。例まったく―だ
きぐう［寄《寓］よその家にかりに住むこと。かりずまい。例知人の家に―する
きぐすり［生薬］まだ調合してない薬。
きぐみ［気組み］いきごみ。気合い。例―が違う
きぐらい［気位］心の持ち方。自尊心。
きぐろう［気苦労］気づかい。心配。例―が絶えない・―をかける
きけい［奇形・《畸形］異常なかたち。例―児
ぎげい［技芸］美術工芸の技能。わざ。
きげき［喜劇］人を笑わせるしくみの劇。
きけつ［既決］すでにきまったこと。↔未決
きけつ［帰結］一つにまとまって落ちつくこと。結末。例みんなの意見の―するところは
ぎけつ［議決］会議で相談してきめること。
きけん［危険］あぶないこと。例―信号
きけん［棄権］権利をすてて使わないこと。
きげん［紀元］国家を建てた最初の年。
きげん［起源］はじめ。おこり。例西洋文化の―
きげん［期限］いつまでとかぎられている時期。約束の時期。例―が切れる

きげん［機嫌］人の気持ち。気分。例―が悪い
きご［季語］俳句で季節を表すものとして定められたことば。
きこう［気候］気温や晴雨などの天気状態。
きこう［紀行］旅行の日記。旅行の記事。例―文
きこう［寄港］船が途中の港によること。
きこう［寄稿］新聞や雑誌などに原稿を送ること。例―文・―依頼
きこう［機構］しくみ。組織。例複雑な―
きごう［記号］しるし。目じるし。ふちょう。
きごう［揮《毫］書や画をかくこと。
ぎこう［技巧］技術についてのくふう。例―派
きこえ［聞(こ)え］世間の評判。例―が悪い
きこく［帰国］①本国へ帰ること。②郷里へ帰ること。例十年ぶりの―
ぎごく［疑獄］こみいって調べにくい、大がかりな裁判事件。例ロッキード―
きごころ［気心］気だて。気性。例―の知れた仲
きこつ［気骨］たやすく人に屈しない強い心。
きこのいきおい［騎《虎の勢い］ゆきがかり上、あとに引かれないこと。
きこり［木こり・《樵］山で木を切ることを職業にしている人。
きこん［既婚］すでに結婚していること。
きさい［奇才］めずらしくすぐれた才能。
きさい［記載］書きのせること。例氏名を―
きさき［《后］天皇の妻。皇后。例天皇の―
きさき［《妃］皇太子や宮家の妻。
きさく［気さく］気軽で親しみやすいこと。
ぎさく［偽作］にせて作ること。にせもの。
きざし［兆し］物事が起こりそうなしるし。前兆。例台風の―・いい事がある―だ

きざむ［刻む］①こまかに切る。②ほりつける。
きさん［起算］かぞえ始めること。例―日
きし［岸］みずぎわ。例川岸・岸辺
きじ［生地］①布や織物の地質。②もとのままの性質。本性。例―をかくさない
きじ［記事］事実をありのままに書くこと。また事実を書いた文。例新聞―
ぎし［技師］専門の技術をもつ指導的な人。
ぎじ［疑似・擬似］にていてまぎれやすいこと。例―症・―コレラ
ぎじ［議事］相談ごと。例―進行・国会―堂
きしかいせい［起死回生］助からない病人を助けること。おとろえほろびようとするものをもとに返すこと。例―の妙薬
ぎしき［儀式］①さだめ。きまり。②公事や神事などの作法。例―ばった進行
きしつ［気質］性質。きだて。例すなおな―
きじつ［期日］約束してきめた日。例返済の―
きしむ［《軋む］ぎしぎしと鳴ってすべりが悪いこと。例階段が―・廊下が―
きしゃ［汽車］機関車にひかれて軌道を走る交通機関。例夜―に乗って
きしゃ［記者］新聞や雑誌の記事を書いたり編集したりする人。例―会見・新聞―
きしゃ［喜捨］お寺やこまる人などに金や物を出すこと。ほどこし。例浄財を―する
きしゅ［旗手］はたもち。例日本選手団の―
きじゅ［喜寿］七十七歳の祝い。
きしゅ［騎手］馬の乗り手。例―の帽子の色
ぎしゅ［技手］技師の下で技術仕事をする人。

きしゅう[奇襲]だしぬけに襲撃すること。
きじゅうき[起重機]重い物を引きあげて移動させる機械。クレーン。
きしゅく[寄宿]よその家に寝とまりすること。例―舎・叔母の家に―する
きじゅつ[奇術]手品。マジック。例―師
きじゅつ[記述]書きしるすこと。
きじゅつ[既述]前にのべたこと。
ぎじゅつ[技術]理論を実際に応用していろいろな仕事をする方法。わざ。例―者
きじゅん[帰順]はむかうことをやめて服従すること。例武器をすてて―する
きじゅん[基準]もとになるめあて。例―賃金
きしょう[気性]気だて。性質。例激しい―
きしょう[気象]天気のありさま。例―観測
きしょう[希少・《稀少]ひじょうに少ないこと。例―価値がある
きしょう[記章・《徽章]名誉・身分・職業などを表すしるし。例学帽の―
きじょう[機上]飛行機にのること。例―の人
きしょう[起床]寝床から起き出すこと。
きじょう[気丈]心がしっかりしていること。気の強いこと。例―な女
ぎしょう[偽証]うその証言。例―罪
ぎじょう[議定]会議をしてきめること。また、そのきめたおきて。例―により
きしょうてんけつ[起承転結]漢詩の配列順序。
きじょうのくうろん[机上の空論]実際には役立たない意見。例―にすぎない
きしょく[気色]①かおいろ。②心もち。気分。
きしょく[喜色]うれしそうな顔つき。
きしる[《軋る]①すれあってきしきしする。例レールが―。②互いにいがみあう。
きしん[寄進]神社や寺に金や品物を寄付すること。例氏神さまに―する
きじん[奇人]かわりもの。変人。例―源内
ぎじん[義人]正義をかたく守る人。例―宗吾
ぎしんあんき[疑心暗鬼]うたがいの心で見ると、何でもあやしく見えてくること。
ぎじんほう[擬人法]人間でないものを人間にたとえて書く書き方。
きず[傷]①皮膚や筋肉をいためたところ。②欠点。例玉に傷・傷がない
きすう[奇数]二で割り切れない数。↔偶数
きすう[帰《趨]落ちつく所。帰着。例勝敗の―
きずく[築く]①土や石でつきかためてつくる。②城をつくる。例身代を―
きずな[《絆・《紲]①動物をつなぎとめるつな。②はなれにくい関係。例恩愛の―
きする[帰する]おちつく。例徒労に―
きする[期する]①まちもうける。例成功を―。②ちかう。例再会を―・―ところあり
きする[記する]書きしるす。例ノートに―
ぎする[擬する]なぞらえる。例有名店に―
きせい[気勢]いきおい。元気。例―をあげる
きせい[既成]できあがっていること。例―事実・―概念・―政党
きせい[既製]作られてあること。例―服
きせい[帰省]郷里の家に帰って父母のきげんをうかがうこと。例夏には―します
きせい[寄生]生物が他の生物についてくらすこと。例―虫・―植物
きせい[期成]必ずなしとげようとすること。
きせい[規制]定めた規則。例交通―
ぎせい[犠牲]①いけにえ。神前にそなえる生き物。②ひとのために自分の身を捨てること。例高価な―をはらう
ぎせいご[擬声語]ものの音や声をまねて表したことば。ぱらぱら・さらさらなど。
きせき[奇跡・奇《蹟]ありそうもないふしぎなできごと。例キリストの―
きせずして[期せずして]思いがけずに。
きせつ[季節]春・夏・秋・冬の時節。例―感
きせつ[既設]すでに設置されていること。
きぜつ[気絶]気をうしなうこと。
きぜわしい[気《忙しい]気持ちがせわしくておちつかない。例―人・―思いをする
きせん[汽船]蒸気の力で進む船。
きせん[貴《賤]身分の高いものと低いもの。
きぜん[《毅然]しっかりしているさま。意志の強いさま。例―とした性格
ぎぜん[偽善]うわべをかざるために心にもない善行をすること。善人ぶること。
きせんをせいする[機先を制する]相手よりも先に事をすること。例先方の―
きそ[起訴]訴訟をおこすこと。裁判にうったえること。例―事実・―状・―猶予
きそ[基礎]土台。もとい。例―工事・―知識
きそう[競う]競争する。あらそう。例名誉を―
きそう[起草]文の下書きをつくること。
きぞう[寄贈]物品をおくること。例―の品
ぎそう[偽装・擬装]人の目をくらますためにする方法。カムフラージュ。例―した兵士

ぎぞう［偽造］にせ物をつくること。例—紙幣
きそうてんがい［奇想天外］思いもよらぬようなきばつな考え。かわった思いつき。
きそく［規則］きまり。おきて。例—的な生活
きぞく［貴族］家がらや身分などによって社会の上位にある階級。↕庶民。例—趣味
きぞく［帰属］所属すること。例領土の—
きそん［既存］すでに存在すること。例—施設
きそん［《毀損］やぶれこわれること。例名誉—
きた［北］日の出に向かって左の方向。
きたい［気体］ガスや空気のように一定の形や体積のない物体。↕固体・液体
きたい［期待］あてにして待つこと。例—する
きたい［希代・《稀代］①世にも珍しいこと。例—の悪党。②ふしぎなこと。例—な話
きだい［季題］俳句で季節を表すために用いることば。季語。例本日の—は
ぎだい［議題］会議に出す問題。例本会議の—
ぎたいご［擬態語］みぶりや状態をまねて作ったことば。にっこり・ゆらゆらなど。
きたえる［鍛える］①鉄などを熱して打ち固める。②精神やからだを強くする。例心身を—
きたく［寄託］たのんであずけること。委託。
きたく［帰宅］自分の家に帰ること。例—時間
きだて［気立て］心だて。性質。例—がいい
きたない［汚い・《穢い］よごれている。下品だ。
きたはんきゅう［北半球］地球を赤道で二分したときの北の半分。↕南半球
きたん［忌《憚］いみはばかること。遠慮。例—のないところを言ってください
きち［吉］めでたいこと。↕凶。例—とでる
きち［危地］あぶない場所。例—を脱する
きち［既知］前もって知られていること。
きち［基地］よりどころとなる場所。根拠地。
きち［機知］そのときその場に応じてうまく働く才知。きてんのきくこと。ウイット。
きちじ［吉事］えんぎのよいこと。よろこびごと。↕凶事。例—がつづく
きちゃく［帰着］帰り着くこと。例—点
きちゅう［忌中］近親に不幸のあった日から家にこもる期間。例—につき遠慮します
きちょう［記帳］帳簿に書きつけること。
きちょう［帰朝］外国から帰ること。帰国。
きちょう［基調］①音楽の曲で中心となる音色。②思想や行動のもととなるもの。
きちょう［貴重］ひじょうにたいせつなこと。
ぎちょう［議長］会議をまとめる人。
きちょうめん［《几帳面］きちんとしていること。規則正しいこと。例—な人
きちれい［吉例］めでたいしきたり。例—歌舞伎
きつえん［喫煙］たばこをすうこと。例—室
きつおん［《吃音］どもり。例—の矯正
きづかう［気遣う］心配する。例病状を—
きっきん［喫緊］さしせまったこと。たいせつなこと。例当面—の事項
きつけ［着付(け)］着物のきこなし。例—教室
きつけ［気付け］正気づけること。例—薬
きづけ［気付］手紙で相手の立ち寄り先などに送るときの手紙用語。
きっこう［《拮抗］はりあうこと。例勢力が—する・力が—して一進一退
きっこう［《亀甲］①かめの甲。②かめの甲のような六角形を組み合わせた模様。例—文字
きっさ［喫茶］茶をのむこと。例—店
きっすい［生粋］まじりけのないこと。
きっすい［喫水・《吃水］船が水中に沈みはいっている部分の深さ。例—線
きっする［喫する］①たべる。飲む。②受ける。こうむる。例敗北を—
きっちょう［吉兆］よいしるし。例—がある
きつつき［▽啄木鳥］樹皮をつきやぶってその下にいる虫を食べる鳥。けら。
きつね［《狐］イヌ科のほ乳類。例—色・—火
きっぷ［切符］乗車、乗船などの通用券。
きっぷ［気っ風］気まえ。気性。例—がよい
きっぽう［吉報］よいしらせ。めでたいたより。↕凶報。例—が舞い込んでくる
きづまり［気詰(ま)り］気持ちがきゅうくつなこと。例—を感じる家
きつもん［詰問］問いただすこと。例—される
きてい［既定］すでにきまっていること。↕未定。例—路線・—の方針
きてい［規定］さだめ。きまり。例体操の—種目
ぎてい［義弟］義理の弟。自分の夫または妻の弟、あるいは妹の夫。↕実弟
きてん［気転・機転］ぬけめなく心が働くこと。気のきいたこと。例—がきく
きてん［起点］はじまりの所。出発点。↕終点
ぎてん［疑点］うたがわしいところ。
きと［企図］くわだて。もくろみ。
きとう［祈《禱］神仏にいのること。例—師
きどう［軌道］車が通る道。線路。例衛星の—
きとく［危篤］病気が重くて死にそうなこと。

きとく［奇特］よい心がけ。例―な行為
きとく［既得］すでに手に入れたこと。例―権
きどる［気取る］①ていさいをつくる。②ようすをまねる。ぶる。例学者を―
きなくさい［〈焦臭い］こげくさい。
きなん［危難］あぶないわざわい。災難。
きにゅう［記入］書き入れること。例帳簿に―
きにん［帰任］出先からもとの勤め先に帰ること。任地に帰ること。例本社に―する
きぬ［絹］蚕のまゆからとった糸。例絹糸
きぬけ［気抜け］ぼんやりすること。例落選して―する・―状態
きぬずれ［〈衣擦れ］着ている着物がすれあうこと。また、その音。
きねん［祈念］いのり。いのりねがうこと。
きねん［記念］人物や事物などの思い出に残して置くもの。かたみ。思い出。例―碑
ぎねん［疑念］疑いのこころ。例―をいだく
きのう［帰納］いろいろ多くのことがらを集めて、それらの一致点をさがし出し、その中にある規則をみつけること。↕演繹《えんえき》
きのう［帰農］郷里に帰って農業をすること。
きのう［機能］はたらき。作用。例―が衰える
ぎのう［技能］うでまえ。わざ。例抜群の―
きのどく［気の毒］かわいそうなこと。
きのり［気乗り］気が進むこと。例―薄
きば［《牙］とがった犬歯または門歯。
きば［騎馬］馬に乗ること。例―戦・―隊
きはく［気迫・気《魄］意気ごみ。精神。例―に乏しい・―がこもる
きはく［希薄・《稀薄］うすいこと。例空気が―
きはつ［揮発］常温で液体が蒸発すること。例―性・―油
きばつ［奇抜］思いつきが変わっていてめずらしいこと。例―な発想・―な催し
きばむ［黄ばむ］黄色味をおびる。
きばらし［気晴(ら)し］うさばらし。気散じ。
きばる［気張る］①奮発する。ふんばる。②おごる。はずむ。例夕食を―
きはん［規範］てほん。もはん。例人生の―
きばん［基盤］おおもと。土台。例民主主義の―
きひ［忌避］きらってさけること。例徴兵―
きび［機微］表面に現れない変化のかすかなきざし。微妙なところ。例人情の―
きびしい［厳しい］①おごそかである。厳格である。②はげしい。ひどい。例―気候
きびす［《踵］かかと。くびす。例―を接す
ぎひつ［偽筆］他人の書き方に似せて書くこと。また、書いたもの。
きひん［気品］けだかいようす。例―が高い
きびん［機敏］すばやく立ち回ること。例―性・―な動作・―に動きまわる
きふ［寄付・寄附］公共事業や寺社などに金品をさし出すこと。例―金・福祉に―する
ぎふ［義父］義理の父。養父・継父。↕実父
きふう［気風］①気だて。気しょう。②一般のならわし。例県民の―
きふく［起伏］高くなったり低くなったりすること。例―の多い尾根・人生の―
きぶつ［器物］うつわ。器具。道具。
きぶん［気分］①気持ち。心持ち。気色。②感じ。情調。例いい―だ。③気質。例―のいい人
ぎふん［義憤］不正なことに対して社会のためにいきどおること。公憤。例―に駆られる
きべん［《詭弁］うまいことばで言いくるめごまかすこと。こじつけ。例―を弄する
きぼ［規模］ものごとの広さやせまさ。かまえ。仕組み。例大―な祝賀会
ぎぼ［義母］義理の母。養母。継母。↕実母
きほう［気泡］あわ。あぶく。
きほう［既報］もうすでに報知したこと。
きぼう［希望］のぞみ。ねがい。例―的な観測
ぎほう［技法］技術上の方法。例制作の―
きぼね［気骨］心を使うこと。例―がおれる
きほん［基本］ものごとのもと。基礎。例―給
きまえ［気前］①気だて。心組み。②金の使いぶり。金離れ。例―がいい人
きまぐれ［気〈紛れ］気が変わりやすいこと。
きまじめ［生▽真面目］まじめ一方なこと。
きまずい［気▽不味い］わだかまりがある。
きまつ［期末］きまった期間の終わり。
きまま［気《儘］①心の思うまま。気の向くまま。心まかせ。②わがまま。例―な性格
きまり［決(ま)り］①きまること。決定。②いつものこと。③面目。例―が悪い
きまる［決(ま)る・〈極る］たしかになる。さだまる。例規則が―・会議で―
ぎまん［欺《瞞］あざむきだますこと。
きみ［君］①君主。帝王。②あなた。例君とぼく
きみ［気味］①においと味と。②おもむき。ようす。③こころもち。気持ち。例風邪―だ
きみ［黄身］卵の黄色の部分。卵黄。
きみつ［機密］たいせつな秘密。例―を守る

きみゃく［気脈］①血のかようみち。②気持ちのつながり。連絡。例―を通ずる
きみょう［奇妙］①ふしぎなこと。めずらしいこと。②へんなこと。例―な話だ
ぎむ［義務］当然しなければならないこと。
きむずかしい［気難しい］きげんをとりにくい。例―老人・―顔
きめ［木目］もくめ。木理。例―込み人形
きめ［▽肌理］①皮膚の表面のようす。例―が細かい肌。②気くばり。例―のあらい文章
きめい［記名］名前を書くこと。例―投票
ぎめい［偽名］本名をいつわること。にせの名。
きめつける［〈極め付ける］つよくしかりつける。例頭ごなしに―
きめて［決め手・〈極め手］①勝負をきめてしまう方法。②犯罪の裏付けとなる動かせない証拠。例指紋が―となって
きめる［決める］①定める。②決意する。
きも［肝・〈胆］①かんぞう。②はらわた。③たましい。精神。心。例肝に銘じて忘れない
きもいり［肝《煎り］人のせわをすること。
きもち［気持（ち）］気分。感情。考え方。例―が悪い・―が変わる
きもの［着物］衣服。和服。例―が似合う女性
きもん［鬼門］東北の方角。不吉とされる。
ぎもん［疑問］うたがわしいこと。例―点
きゃく［客］①たずねてくる人。②旅人。③買い物にくる人。④金を払って見物する人。
きやく［規約］相談してきめた約束。例―違反
ぎゃく［逆］さかさ。反対。例逆流・反逆
きゃくいん［脚韻］詩の句の終わりにふむ韻。

きゃくご［客語］文法で、文中の動作の目的を表す語。かくご。他動詞の目的語。
ぎゃくこうか［逆効果］予想を裏ぎった反対の効果。例かえって―となる
ぎゃくこうせん［逆光線］物のうしろから照らす光線。例―を浴びる・撮影には―だ
ぎゃくさつ［虐殺］むごたらしいやりかたで殺すこと。例映画の―シーン
ぎゃくさん［逆算］さかのぼって逆にかぞえること。例年齢を―すると
ぎゃくしゅう［逆襲］攻められていた者が反対に攻めること。例―に転ずる
ぎゃくじょう［逆上］のぼせ上がって気が変になること。例思わず―して
きゃくしょく［脚色］しばいや映画にできるように物語や事件を書きなおすこと。
ぎゃくせい［虐政］国民を苦しめる政治。
ぎゃくたい［虐待］むごくとりあつかうこと。
ぎゃくてん［逆転］①逆になること。反対になること。例形勢―。②逆回転。逆まわり。
ぎゃくひれい［逆比例］一つの量が他の量の逆数に比例すること。反比例。
きゃくほん［脚本］演劇や映画のせりふ・動作・舞台装置などを書いたもの。シナリオ。
ぎゃくよう［逆用］反対に利用すること。
ぎゃくりゅう［逆流］逆に流れること。反対の方向に流れること。例下水が―する
きゃしゃ［〈華《奢・〈花車］①上品でかぼそいこと。②よわよわしいこと。例―なつくり
きやすめ［気休め］その場かぎりの安心。
きゃたつ［脚立］ふみ台。足つぎ台。

きゃっか［却下］書類やうったえなどを取り上げずにさげもどすこと。例上告の―
きゃっか［脚下］あしもと。例―照顧
きゃっかん［客観］自分以外のもの。自分の意識をはなれてあるもの。↔主観。例―的に
ぎゃっきょう［逆境］自分の考えどおりにならない身の上。不幸な身の上。↔順境
きゃっこう［脚光］舞台の前の下から舞台をてらす照明。フットライト。例―を浴びる
ぎゃっこう［逆行］反対の方向に進むこと。逆もどり。例時代の進歩に―する
きゃはん［脚《絆］①すねにまきつける細長い布。②ゲートル。
きゅう［九］ここのつ。く。例九死に一生
きゅう［旧］むかし。古いこと。例―のお盆
きゅう［級］①等級。②階級。③学級。クラス。
きゅう［急］いそぎ。にわか。あやうい。↔緩。例急なことなので・急に・風雲急を告げる
きゅう［《灸］もぐさをおいて火をつける治療法。例灸をすえる・灸点
きゆう［《杞憂］取り越し苦労。例―に終わる
ぎゆう［義勇］正義の心から出る勇気。例―軍
きゅうあく［旧悪］前にした悪事。例―の露見
きゅういん［吸引］すいこむこと。例―力
ぎゅういんばしょく［牛飲馬食］むやみやたらに飲み食いすること。
きゅうえん［救援］救いたすけること。加勢すること。例―投手・―の手をさしのべる
きゅうか［旧家］古くから続いている家がら。
きゅうかく［《嗅覚］においをかぐ感覚。
きゅうかざん［休火山］休止中の火山。

きゅうかつ［久《闊》］久しくたよりをしないこと。久しぶり。例—を叙する
きゅうかん［急患］急病人。例—の手術
きゅうかんちょう［九官鳥］人間のことばをまねることがうまい鳥。
きゅうぎ［球技］ボールを使う競技。例—大会
きゅうきゅう［救急］急ななんぎを救うこと。
きゅうきゅう［《汲汲》］一心につとめるようす。例金もうけに—としている
きゅうきょ［急《遽》］にわかに。大いそぎ。
きゅうきょう［窮境］苦しいたちば。
きゅうきょく［究極・窮極］せんじつめたところ。けっきょく。例—の目的
きゅうくつ［窮屈］自由がきかなくて苦しいこと。思うようにならないこと。例—な服
きゅうけい［休憩］ひと休み。休息。例—時間
きゅうけい［求刑］検事が被告にむかって刑を要求すること。例禁固三年の—
きゅうげき［急激］にわかではげしいさま。
きゅうご［救護］①助けまもること。②傷病者の看護をすること。例—班
きゅうこう［旧交］古いつきあい。
きゅうこう［休校］学校の授業が休みになること。例流行性感冒で—となる
きゅうこう［休講］講義を休むこと。例二時限目は—となる
きゅうこく［急告］急いで知らせること。
きゅうさい［救済］すくい助けること。
きゅうし［旧師］むかし教わった先生。
きゅうし［休止］やすむこと。例—符を打つ
きゅうし［急死］突然の死。例事故で—する
きゅうし［《臼歯》］口の奥にある平たい大きな歯。おくば。例大—
きゅうじ［給仕］そば近くにいて、雑用や、食事のせわをすること。また、その人。
きゅうしき［旧式］古い型。時代おくれなこと。
きゅうしゃ［《鳩舎》］はと小屋。
きゅうしゅう［旧習］昔からの習慣。
きゅうしゅう［吸収］すいとること。例—力
きゅうしゅう［急襲］急に相手をおそうこと。
きゅうしゅつ［救出］すくい出すこと。
きゅうじゅつ［救《恤》］まずしい者を助けめぐむこと。例歳末—品を贈る
きゅうしょ［急所］①からだの中で生命にかかわるたいせつな所。②物事の要所。
きゅうじょ［救助］すくい助けること。例—隊
きゅうじょう［窮状］苦しいありさま。こまっている状態。例—を訴える
きゅうしょく［求職］職業をさがし求めること。↔求人。例—者
ぎゅうじる［牛耳る］支配する。かしらとなる。
きゅうしん［休心・休神］安心。あんど。例どうかご—ください
きゅうしん［急進］①いそいで進むこと。②急いで理想を実現しようとすること。例—派
きゅうじん［求人］働く人をさがし求めること。↔求職。例—広告
きゅうす［急《須》］お茶をつぐ小さい土びん。
きゅうする［休する］おわる。やむ。例万事—
きゅうする［窮する］行きづまる。苦しむ。貧乏してこまる。例答弁に—・お金に—
きゅうせい［旧制］もとの制度。↔新制
きゅうせい［急性］急に起こること。↔慢性
きゅうせい［旧姓］元の姓。結婚前の姓。例—岸
きゅうせき［旧跡・旧《蹟》］歴史的な物事のあった土地。いわれのある所。例名所—
きゅうせん［休戦］戦争を中止すること。
きゅうせんぽう［急先《鋒》］まっ先に立って進むこと。例政府攻撃の—に立つ
きゅうぞう［急造］にわか造り。急ごしらえ。
きゅうぞう［急増］にわかにふえること。
きゅうそく［休息］からだを休めること。
きゅうそく［急速］ひじょうにはやいこと。
きゅうたい［旧態］昔のままの状態。例—依然
きゅうだん［糾弾・《糺》弾］つみを調べただすこと。例汚職を—する
きゅうち［旧知］もとからの知りあい。
きゅうち［窮地］苦しい立場。例—に立つ
きゅうちゃく［吸着］すいつくこと。例—盤
きゅうちょう［急調］はやい調子。急テンポ。
きゅうてい［休廷］法廷の裁判を休むこと。
きゅうてい［宮廷］国王のすまい。宮中。
きゅうてき［《仇敵》］あだがたき。例年来の—
きゅうでん［宮殿］みや。御殿。例ルーブル—
きゅうてんちょっか［急転直下］事件のなりゆきが急に変わりそのまま解決すること。
きゅうとう［旧冬］去年の冬。
きゅうどう［求道］①宗教の道にはいること。②正しい道をたずねもとめること。例—者
きゅうにゅう［吸入］すいこむこと。例—器
きゅうば［弓馬］①弓術と馬術。②武器。武道。
きゅうば［急場］さしせまったばあい。
きゅうはく［急迫］急にさしせまること。

きゅうはく[窮迫]行きづまること。苦しみこまること。例暮らしが―する

きゅうばん[吸盤]すいつくはたらきをする動物の器官。例タコの―

きゅうひ[給費]費用をあたえること。例―生

ぎゅうひ[〈求肥・牛皮]もちに似た和菓子。

きゅうふ[給付]支給すること。例保険金の―

きゅうぶん[旧聞]古い話。例―に属する

きゅうへい[旧弊]①昔からある悪い習慣。②昔からの習慣を守ること。例―な老人

きゅうへん[急変]①急に変わること。例病状の―。②急に起こった事件。例―の知らせ

きゅうほう[急報]急ぎの知らせ。至急の通知。

きゅうぼう[窮乏]ひどく貧乏すること。

きゅうみん[休眠]一定時間静止状態になること。例―会社・―状態になる

きゅうむ[急務]急いでしなければならないしごと。例目下の―である

きゅうめい[究明]道理をつきつめて明らかにすること。例原因の―・真理の―

きゅうめい[糾明]つみを問いただして明らかにすること。例犯罪の動機を―する

きゅうめい[救命]いのちをすくうこと。例―具・―ボート

きゅうゆ[給油]ガソリンなどを補給すること。例ガソリンスタンドの―係

きゅうゆう[旧友]古くからの友だち。

きゅうゆう[級友]同級生。クラスメイト。

きゅうよ[給与]給料。手当。例―明細書

きゅうよ[窮余]苦しまぎれ。例―の一策

きゅうよう[急用]急ぎの用事。例―で帰る

きゅうよう[休養]休んで体力を養うこと。

きゅうらい[旧来]もとから。以前から。古くから。例―の方針を変えない

きゅうりゅう[急流]流れのはやい川。

きゅうりょう[丘陵]おか。ひくい山。例―地帯

きゅうりょう[給料]はたらいてもらう金銭。

きゅうれき[旧暦]月をもとにして作った昔のこよみ。太陰暦。↔新暦。例―のお盆

きゅうろう[旧《臘]去年の十二月。

きょ[居]すまい。例居をかまえる

きょ[挙]ふるまい。例逆襲の挙に出る

きょ[虚]うそ。よわいところ。例虚を突く

きよ[寄与]国家社会などの役に立つこと。

きよ[《毀誉]わるくちとほめること。世間のひょうばん。例―褒貶《ほうへん》

きよい[清い]けがれがない。例―心

きょう[京]みやこ。京都。例京の着倒れ

きょう[経]きょうもん。例―を読む

きょう[凶]運の悪いこと。えんぎの悪いこと。↔吉。例占いが凶とでる

きょう[香]将棋のこまの一つ。香車。

きょう[興]おもしろみ。例興をおぼえる

きょう[《卿]貴族への敬称。例三条実美―

きょう[今日]この日。本日。例―の献立

きよう[起用]引きあげて役につかせること。

きよう[器用]仕事がうまくできること。手先がきくこと。例手先が―だ

ぎょう[行]①修行。例滝で行をする。②文字のならび。例行をかえる

きょうあい[狭《隘]せまいこと。例―な土地

きょうあく[凶悪・《兇悪]ひじょうにわるいこと。例―な犯人・―な顔つき

きょうあつ[強圧]強くおさえること。

きょうい[胸囲]むねのまわりの長さ。

きょうい[脅威]おどかすこと。おびやかすこと。例自然の―・―を感ずる

きょうい[驚異]おどろきあやしむこと。

きょういく[教育]教えそだてること。例―者

きょうえい[共栄]ともに栄えること。例共存―・商店街の―会

きょうえん[共演]一つの役を交代で出演すること。例主役を―する

きょうえん[協演]主役に協力して助演すること。例ベテランの―をえて

きょうえん[競演]劇や音楽などで演技をくらべきそうこと。例人気俳優の―

きょうえん[供宴・《饗宴]もてなしの宴会。

きょうおう[供応・《饗応]ごちそうしてもてなすこと。接待。例上得意を―する

きょうおう[胸奥]心の奥。むねの奥。

きょうか[狂歌]こっけいな和歌や、時代・政治などをひにくった和歌。

きょうか[教化]よいほうへ教えみちびくこと。例先輩に―される

きょうか[教科]学校で教える科目。例―書

きょうか[強化]つよめること。例―合宿

ぎょうが[仰《臥]あおむけにねること。

きょうかい[教会]同じ宗教を信じる人の集まり。また、その教えをとく所。例―の教区

きょうかい[境界]さかい。例―をきめる

きょうかい[教戒]おしえさとすこと。例―師

きょうがい[境涯]身の上。境遇。例孤独な―

きょうかく［胸郭・胸《廓］むねをとりまく骨ぐみ。例―成形術
きょうかく［《侠客］おとこだて。弱い者を助け、強い者をくじく人。やくざ。
きょうがく［驚《愕］非常におどろくこと。
ぎょうかく［仰角］水平面から上のほうにはかった角度。↔俯角
きょうかつ［恐喝］おどしゆすること。例―罪
きょうかん［凶漢・《兇漢］わるもの。
きょうかん［共感］他人と同じ感じになること。同感。例―を覚える
きょうかん［叫喚］大声でわめき叫ぶこと。
きょうかん［郷関］ふるさと。故郷。例―を出ず
きょうき［凶器・《兇器］人をきずつけたり殺したりするのに使う道具。例―を所持する
きょうき［狂気］気がくるうこと。気ちがい。
きょうき［狂喜］気がくるったようにむちゅうになって喜ぶこと。例―乱舞
きょうき［強記］記憶力のよいこと。例博覧―
きょうき［驚喜］おどろきよろこぶこと。
きょうき［《侠気］おとこぎ。義きょう心。
きょうぎ［協議］いっしょに相談すること。
きょうぎ［狭義］せまく見た意味。↔広義
きょうぎ［教義］宗教上の教え。教理。
きょうぎ［競技］わざをくらべ争うこと。
ぎょうぎ［行儀］たちいふるまい。例―作法
きょうきゅう［供給］物をさしだしあたえること。例食糧を―する・需要と―
ぎょうぎょうしい［仰仰しい］おおげさである。
きょうきんをひらく［胸襟を開く］心の中をすっかりうちあける。例お互いに―

きょうく［狂句］こっけいな俳句。
きょうく［恐《懼］おそれかしこまること。
きょうぐう［境遇］身の上。まわりあわせ。
きょうくん［教訓］教えさとすこと。教え。
ぎょうけい［行啓］皇族のおでまし。
きょうげき［挟撃］はさみ打ちにすること。
ぎょうけつ［凝結］こりかたまること。
きょうけん［強健］からだが丈夫で強いこと。
きょうけん［強権］国家の強い権力。例―発動
きょうげん［狂言］①能楽の間に演じられるこっけいな劇。②たくらんだ計画。例―強盗
きょうこ［強固・《鞏固］つよくてかたいこと。
ぎょうこ［凝固］①こりかたまること。②液体や気体が固体になること。例―剤
きょうこう［凶行・《兇行］人を殺したりきずつけたりするような悪いおこない。例―現場
きょうこう［恐慌］①恐れあわてること。例―状態となる。②景気が急に悪くなり、経済界が混乱する状態。パニック。例大―
きょうこう［強行］むりに行うこと。例―登山
きょうこう［強硬］手ごわいこと。例―な反対
きょうごう［競合］せりあうこと。例―関係にある・業界で―する相手
きょうごう［強豪・強剛］つよくて力のあること。例―チームにぶつかる
ぎょうこう［行幸］天皇のおでまし。
ぎょうこう［《僥倖］思いがけないしあわせ。
きょうこく［峡谷］せまくてけわしい谷。
きょうさ［教唆］そそのかすこと。例―罪
ぎょうざ［《餃〈子］中華料理の一種。例水―
きょうさい［共済］たがいに助けあうこと。例―組合・―事業
きょうさく［凶作］作物のできがひじょうに悪いこと。↔豊作。例例年にない―
きょうざつぶつ［《夾雑物］まじっている物。不純物。例―を取り除く
きょうさん［協賛］力を合わせて助けること。
ぎょうさん［仰山］①ひじょうに多いこと。②おおげさなこと。例―な身振り
きょうし［教師］学問や技芸を教える人。
きょうじ［《矜持］ほこり。プライド。
ぎょうし［凝視］じっと見つめること。
ぎょうじ［行司］すもうの勝負を審判する人。
ぎょうじ［行事］時を定めて行う事がら。
ぎょうじゃ［行者］仏道などを修行する人。
きょうしゅ［興趣］おもしろみ。興味。
きょうじゅ［享受］うけ入れること。
きょうじゅ［教授］①教えること。例書道―。②大学の教師。例充実した―陣
きょうしゅう［教習］おしえならわせること。例自動車―所
きょうしゅう［郷愁］故郷をなつかしみ、さびしくなること。例―の念にかられる
ぎょうしゅう［凝集］こり固まって集まること。
きょうしゅく［恐縮］おそれいること。
きょうじゅつ［供述］問いにこたえてもうしのべること。例容疑者の―書
きょうじゅん［恭順］おとなしく従うこと。
ぎょうしょ［行書］漢字の書体の一つ。かい書を少しくずした書体。例―体
きょうしょう［狭小］せまく小さいこと。
ぎょうしょう［行商］品物を持って売り歩くこ

と。例—人・—のおばさん
ぎょうじょう［行状］おこない。品行。
きょうじる［興じる］おもしろがる。
きょうしん［強震］つよくゆれる地震。
きょうじん［狂人］きちがい。
きょうじん［強《靭］しなやかでねばり強いこと。例—な足腰・—な精神力
ぎょうずい［行水］たらいに湯や水を入れてからだのあせを流すこと。
きょうせい［強制］上からの権力や威力でむりにおしつけること。例—的に
きょうせい［強請］人をおどしてむりに頼むこと。ゆすり。例寄付を—する
きょうせい［矯正］わるいところをなおして正しくすること。例悪癖を—する・視力—
ぎょうせい［行政］国の政治を行うしごと。
ぎょうせき［行跡］おこない。行状。例—が示す
ぎょうせき［業績］しごとの成績。例優れた—
きょうそう［狂騒・狂《躁］気ちがいさわぎをすること。例歳末商戦の—
きょうそう［強壮］つよくてさかんなこと。
きょうそう［競争］互いにかちまけを競うこと。例—力・生存—
きょうそう［競走］走るはやさの競技。
きょうぞう［胸像］胸から上をあらわす肖像。
ぎょうそう［形相］ものすごい顔つき。
きょうそんきょうえい［共存共栄］ともに助けあって生き、ともどもにさかえること。
きょうだ［《怯懦》］おくびょうなこと。
きょうたい［狂態］気ちがいじみたたいど。
ぎょうたい［凝滞］とどこおって流れないこと。↕流動。例荷が市場に—する
きょうたく［供託］金や品物を差し出してその保管を頼むこと。例—金・法務省へ—する
きょうたん［驚嘆・驚《歎］おどろき感心すること。例—に値する
きょうだん［教壇］教室で先生の教えるところにある壇。例—に立つ
きょうち［境地］心の状態。例悟りの—
きょうちょう［凶兆］よくないことの前ぶれ。
きょうちょう［協調］心を合わせて互いに助け合うこと。例—精神・—性がない
きょうちょう［強調］強く主張すること。
きょうつう［共通］どちらにも通ずること。
きょうてい［協定］相談してとりきめること。
きょうてき［強敵］つよくてごわい敵。
きょうてん［教典］宗教上の根拠となる書物。
ぎょうてん［仰天］ひどくびっくりすること。
きょうど［強度］強い程度。例—の近眼だ
きょうど［郷土］①ふるさとの土地。②地方。
きょうとう［共闘］共同闘争。例—会議
きょうどう［共同］ふたり以上の人がいっしょにしごとをすること。例—経営
きょうどう［協同］多くの人が力をあわせていっしょにしごとをすること。例—組合
きょうどう［《嚮導］道しるべ。あんない。
きょうねん［凶年］作物のできの悪い年。
きょうねん［享年］この世に生きていた年齢。
きょうばい［競売］せりうり。例—で落とす
きょうはく［脅迫］おどしつけること。例—状
きょうはく［強迫］むりにおしつけること。例—観念（「脅迫」は刑法、「強迫」は民法）
きょうはん［共犯］ふたり以上が共同で犯罪をおかすこと。また、その罪を犯した者。
きょうふ［恐怖］こわがること。例—心
きょうべん［教《鞭］授業のとき教師のもつむち。例—をとる
きょうほう［凶報］①わるいしらせ。②死亡のしらせ。↕吉報。例暗殺の—が
きょうぼう［共謀］ふたり以上くんで、ひそかにたくらむこと。例—して悪事を働く
きょうぼう［狂暴］①くるいあばれること。②ひどく乱暴なこと。例酒がはいると—に
きょうぼく［《喬木］高い木。みきがかたく、まっすぐに高い木。高木。↕灌木
きょうほん［狂奔］狂ったようにかけ回ること。例金もうけに—する人々
きょうまん［《驕慢］おごりたかぶって人をばかにすること。例—な態度で
きょうみ［興味］おもしろみ。例—津々
ぎょうむ［業務］商売上の仕事や事務。例—上
きょうめい［共鳴］他人と同じ考えや感じを持つこと。例友人の意見に—する
きょうもん［経文］仏教の経典。お経の文章。
きょうやく［協約］相談の上とり決めること。
きょうゆ［教諭］小中高校の正式教員の称。
きょうゆう［共有］共同で持つこと。例—資産
きょうよう［強要］むりに要求すること。
きょうよう［教養］学問などによって身についた品格。例—が高い・—学部
きょうらく［享楽］思うままに楽しみを味わうこと。例—主義・—的な生き方
きょうらん［狂乱］みだれくるうこと。例物価

の―・―状態になる
きょうり［胸裏・胸《裡》］むねの中。心の中。
きょうり［郷里］うまれたところ。ふるさと。
きょうりゅう［恐竜］中生代の巨大は虫類。
きょうりょう［狭量］度量がせまいこと。
きょうりょく［協力］力を合わせること。
きょうりょく［強力］力の強いこと。強い力。例―な爆薬・―な後援者
きょうれつ［強烈］つよくはげしいこと。例―なパンチ
ぎょうれつ［行列］たくさんのものが列を作って行くこと。また、その列。例アリの―
きょうわ［協和］互いに心を合わせて仲よくすること。例不―音
きょうわこく［共和国］主権が国民にあり、選挙された大統領が政治をとる国。
きょえい［虚栄］うわべだけ飾ること。例―心
ぎょえん［御《苑］皇室所有の庭園。例新宿―
きょか［許可］ゆるすこと。例上司の―をとる
ぎょか［漁火］夜に魚とりをする船のたく火。いさり火。例沖のイカ漁の―
ぎょかい［魚介］魚類と貝類。海産物。例―類
きょがく［巨額］非常に数の多いこと。多額。
ぎょかく［漁獲］水産物をとること。また、そのとった物。例―高が多い・―量
きょぎ［虚偽］うそ。いつわり。でたらめ。
ぎょぎょう［漁業］水産物をとるしごと。
きょきょじつじつ［虚虚実実］敵のすきをねらい、たがいにわざをつくしていっしょうけんめいに戦うこと。例―の駆け引き
きょきん［拠金・《醵金］金銭を出しあうこと。

きょく［曲］①まがっていること。②音楽のふし。ちょうし。例大好きな曲だ
きょく［局］①へや。②役所や会社などの事務の一つの区分。③碁・将棋のひと勝負。
ぎょく［漁区］漁業をする定められた区域。
きょくがい［局外］そのことに関係のないたちば。例―者立ち入り禁止
きょくげい［曲芸］あぶない放れわざや手足の芸当。軽わざ。例―団・玉乗りの―
きょくげん［局限］せまくくぎること。
きょくげん［極言］行きすぎたことば。極端に言うこと。例―にすぎるかもしれないが
ぎょくざ［玉座］天皇の御座所。
きょくじつ［《旭日］あさひ。例―昇天
ぎょくせきこんこう［玉石混交］よいものと悪いものが入りまじっていること。
きょくせつ［曲折］①おれまがること。②変化の多いこと。こみいった事情。例紆《う》余《よ》―
きょくせん［曲線］まがった線。例―美
きょくたん［極端］①いちばんはし。②ひどく一方にかたよること。ゆきすぎ。例―な話
きょくち［極地］①それ以上ゆくことのできないはての土地。②南極・北極の地。
きょくち［極致］この上ない最上のところ。いちばんよいこと。例美の―
きょくちょく［曲直］まがったこととまっすぐなこと。よしあし。例―をただす
きょくてん［極点］最後の地点。ゆきづまり。
きょくど［極度］①ゆきづまり。動きのとれないところ。はて。②この上ない程度。最大限。例―に切りつめる

きょくとう［極東］アジアの東端の地域。
きょくぶ［局部］一部分。例―麻酔
きょくめん［局面］事のなりゆき。例―の打開
きょくもく［曲目］音楽の曲の名まえ。
きょくりょう［極量］きめられた最大の量。
きょくりょく［極力］力のありったけ。できるだけ。例―努力します
きょくろん［極論］極端に言うこと。極端な議論。例―ではありますが
きょげん［虚言］うそ。でたらめ。
きょこう［挙行］事をとりおこなうこと。
きょこう［虚構］つくりごと。フィクション。
ぎょこう［漁港］漁船が出入りするみなと。
きょこく［挙国］一国全体。国民全部。例―一致
きょさつ［巨《刹］大きな寺院。例古都の―
きょじつ［虚実］うそとまこと。ないこととあること。例―皮膜の論
きょしてき［巨視的］全体から大きく見たり分析するようす。↔微視的
ぎょしゃ［御者・《馭者］馬車をあつかう人。
きょしゅ［挙手］手をあげること。例賛否を―により採決する・―の礼
きょじゃく［虚弱］体の弱いこと。例―体質
きょしゅう［去就］去ることとどまること。身のふりかた。例―に迷う
きょじゅう［居住］すまうこと。例―地
きょしゅつ［拠出・《醵出］金品を出し合うこと。例―金・参加者に資金の―を求める
きょしょ［居所］すみか。いどころ。例―不明
きょしょう［巨匠］その道にすぐれた人。大家。例―カラヤンの指揮で

ぎょじょう［漁場］漁業をする場所。
きょしょく［虚飾］うわべだけのかざり。みえをはること。例—のないことば
きょじん［巨人］①からだの大きい人。例雲をつく—。②その道のすぐれた人。
きょしんたんかい［虚心《坦懐］こだわりのない、明るいさっぱりした気持ち。
ぎょする［御する］①馬をあつかう。②うまくあつかう。おさめる。例夫をうまく—
きょせい［巨星］①形も光も大きい星。②大人物。例この派の—と見るべき人
きょせい［虚勢］から元気。みかけばかりの強がり。例—を張る
ぎょせい［御製］天皇のつくった詩や歌。
きょぜつ［拒絶］ことわること。こばむこと。
ぎょせん［漁船］漁業をするための船。
きょそ［挙措］ふるまい。たいど。例日常の—
きょぞう［虚像］実際にはない映像。↔実像。例政治家の—・—にとらわれるな
きょたい［巨体］ひじょうに大きなからだ。
きょだい［巨大］ひじょうに大きいこと。
きょだく［許諾］聞き入れること。承諾。
ぎょたく［魚拓］さかなの拓本。例—をとる
きょだつ［虚脱］①気抜けがすること。ぼんやりすること。②心臓が衰弱し、死にそうになること。例—状態になる・—感
きょっかい［曲解］悪いほうにまちがえて解釈すること。こじつけて悪く解釈すること。
きょっけい［極刑］たいへん重い刑。
きょっこう［極光］南北両極地方の空に現れる美しい光。オーロラ。
きょてん［拠点］よりどころ。足場。例—を築く
きょとう［巨頭］①大きな頭。②重要な人物。
きょどう［挙動］ふるまい。ようす。例—不審
きょひ［拒否］はねつけること。いやだとことわること。拒絶。例—権・要求を—する
ぎょふのり［漁夫の利］互いに争っている間に第三者が利益を横取りすること。
ぎょぶつ［御物］皇室の所有品。例正倉院—
きょまん［巨万］ひじょうに多いこと。例—の富を得る
きょむ［虚無］①なにもなくてからなこと。むなしいこと。②心をむなしくしてなにも考えないこと。例—的・—主義
きょめい［虚名］①うわべだけで力のともなわない名声。空名。②いつわりの名。偽名。
きよめる［清める］①きよくする。けがれをのぞく。例塩で—。②はじをそそぐ。
きょもう［虚妄］うそ。いつわり。例—の告白
きょよう［許容］許すこと。大目に見ること。
きょよう［挙用］役につけて用いること。下の者を上の役に引き上げてつかうこと。
きょらい［去来］行ったり来たりすること。
きよらか［清らか］けがれなく美しいこと。
きょり［巨利］大きなもうけ。例—を得る
きょり［距離］へだたり。あいだ。例—の測定
きょりゅう［居留］①一時かりに住むこと。②外国に住むこと。例—民・—地
きょれい［虚礼］うわべだけでまごころのこもっていないれいぎ。例—廃止
きらく［気楽］心配がないこと。のんき。
きらびやか［《煌びやか］きらきらして美しいさま。例—な服装・—な会場
きらめく［《煌めく・《燦めく］①きらきら光る。例星の—夜空。②さかんにかざりたてる。
きり［霧］水蒸気が地上近くでかたまり、こまかな水滴となって地上をおおうもの。
きり［《桐］落葉高木。材は軽く、家具やげたなど用途が広い。例—のたんす
きり［《錐］ちいさい穴をあける道具。
ぎり［義理］①人として行わなければならない正しい道。例—人情にあつい。②つきあい。
きりあげる［切(り)上げる］ある程度でやめる。とちゅうで終わりにする。例仕事を—
きりこうじょう［切(り)口上］あらたまった調子のことばつき。例—のあいさつ
きりさめ［霧雨］きりのようにこまかい雨。
キリシタン［▽切支丹］昔、わが国で、キリスト教とその信者をいった語。例隠れ—
キリスト［▽基督］キリスト教の開祖。例—教
きりだし［切(り)出し］刃が斜めについたやや大形の小刀。例—ナイフ
きりつ［起立］立ち上がること。立つこと。
きりつ［規律・紀律］①おきて。きそく。さだめ。②ちつじょ。順序。例—正しい生活
きりづま［切(り)妻］建築でむねの長さとのきの長さが同じ屋根。例—造り
きりつめる［切(り)詰める］できるかぎりむだをなくしてせつやくする。例家計を—
きりどおし［切(り)通し］山などを切り開いて作った道路。例鎌倉には—が多い
きりぬける［切(り)抜ける］①敵の中を切り破ってのがれ出る。②ようやくのがれる。

きりび［切(り)火］①火打ち石を打って火を出すこと。また、その火。②きよめのために火打ち石で火を打ちかけること。例門出の―

きりふだ［切(り)札］①トランプでほかの札を無力にするねうちがある強い札。②最後に出して他をおさえる有力な方法。とっておきの手。例最後の―

きりまわす［切(り)回す］①自分の力でしまつする。②うまく物事をやりくりする。

きりゃく［機略］その場に応じたうまいはかりごと。例―に富む武将・―縦横

きりゅう［気流］空気の流れ。例上昇―

きりゅう［寄留］本籍をはなれてかりに住むこと。例―地・―届

きりょう［器量］①役に立つ才能。②顔かたち。

ぎりょう［技量・《伎倆》］わざ。うでまえ。

きりょく［気力］物事をおし通して実行する力。いきおい。元気。例―が衰える

きりん［《麒麟》］①くびの長い動物。ジラフ。②中国で想像上の動物。例―ビール

きりんじ［《麒麟》児］技芸や才能のすぐれている少年。例彼はこの高校の―だった

きる［切る］①たつ。さく。例果物を―。②はなれる。例縁を―。③終わる。例読み―。④まぜあわせる。例トランプを―。⑤さえぎる。例進路を―・話を―

きる［着る］衣類を身につける。例服を―

きる［〈伐る］伐採する。例樹木を―

きる［《斬る］刃物で殺傷する。例刀で―

きる［《截る］布や紙をきる。例半裁に紙を―

きれ［切れ］きれはし。例布―・―はし

きれい［奇麗・《綺麗》］①美しいこと。②心の清いこと。③清潔なこと。例―に片づける。④なにも残さないこと。例―さっぱり

ぎれい［儀礼］礼式。礼儀。例―的な態度

きれじ［切(れ)字］俳句などで、句の切れ目に使う助詞や助動詞など。

きれつ［《亀裂》］ひびがはいってさけること。ひび割れ。例地震で―ができる

きれもの［切れ者］うでのある人。手腕家。

きれる［切れる］①はなれる。わかれる。②切ることができる。③頭がよくはたらく。

きろ［岐路］わかれみち。例人生の―に立つ

きろ［帰路］かえりみち。例―につく

きろく［記録］①書きしるすこと。また、その文書。②レコード。例日本新―の達成

きろくてき［記録的］今までにないさま。新しくその結果を書きつけるねうちがあるさま。例―な暖冬だ・―な雨量

ぎろん［議論］互いに意見を述べ論じ合うこと。例果てしない―がつづく

きわ［際］はて。はし。そば。例窓際・瀬戸際

ぎわく［疑惑］うたがいまどうこと。例―の念

きわだつ［際立つ］人目にたつ。目だつ。

きわどい［際〈疾い］あぶなっかしい。例―話

きわまる［窮まる］①行きづまる。②この上ないこと。例無礼―態度

きわめて［極めて］非常に。この上なく。

きわめる［窮める］終わりまでおしつめる。例問題の所在を―・真相を―

きわめる［究める］深く研究する。例真理を―

きわめる［極める］到達する。例頂上を―

きわもの［際物］①季節のまぎわに出す売り物。②一時的に流行したもの。③その時代にあった事件などを仕組んだ作品。

きん［斤］わが国の目方の単位。百六十匁。

きん［金］①黄色い光沢をもつ貴重な金属。例金の魅力。②貨幣。金銭。例金一封

きん［禁］おきて。いましめ。例―を破る

きん［菌］きのこ。細菌。例菌の保有者

ぎん［銀］①白い光沢をもつ金属元素。②貨幣。

きんあつ［禁圧］むりにおしとめること。権力で禁止すること。例自由行動を―する

きんいつ［均一］平均して一様なこと。平均。

きんいん［近因］直接の原因。近い原因。

ぎんえい［吟詠］詩や歌をうたうこと。詩や歌を作ること。例古歌を―する

きんえん［禁煙］たばこをすうことをさしとめること。例場内―・―車両

きんか［金貨］金を主成分とした貨幣。

きんが［謹賀］つつしんで喜びをいうこと。例―新年

ぎんか［銀貨］銀を主成分とした貨幣。

ぎんが［銀河］あまのがわ。例―系宇宙

きんかい［近海］陸地に近い海。↔遠海。例―魚

きんかぎょくじょう［金科玉条］いちばん重要な法律やきまり。例勤勉を―とする

きんがく［金額］かねだか。金銭の高。

きんかん［近刊］①近いうちに出版すること。例―予告。②近ごろ出版されたこと。

きんがん［近眼］ちかめ。例―と乱視

きんき［近《畿》］①都に近い国々。②京都・大阪・兵庫・和歌山・奈良・三重・滋賀の総称。

きんきゅう[緊急]事が重大でほうっておけないさま。例―事態・―動議

きんきょう[近況]近ごろのようす。例―報告

きんきん[近近]ちかぢか。近いうち。例―公開

きんきん[《僅僅》]わずかに。例―一秒の差

きんく[禁句]①和歌や俳句などで使うことをさけることば。②言ってはならないことば。

きんけい[近景]近くのけしき。↕遠景

きんけい[謹啓]手紙のはじめに書くことば。つつしんで申し上げるの意味。

きんけん[金権]金銭の威光。例―政治

きんけん[勤倹]よくはたらいて節約すること。勤勉で倹約なこと。例―な日常

きんげん[金言]人の教えとなり、いましめとなることば。格言。例私の一生―と

きんげん[謹厳]つつしみ深く厳格なこと。

きんこ[近古]①あまり遠くない昔。②中古と近世の間の時代。↕上古

きんこ[金庫]金銭やたいせつなものを入れる鉄製の箱。例―番・―破り

きんこ[禁固・禁《錮》]一室にとじこめて外へ出さないこと。刑務所に入れておく罰。

きんこう[均衡]つりあい。平均。バランス。

きんこう[近郊]都会の近くのいなか。

きんごう[近郷]近くのいなか。近在。

ぎんこう[吟行]和歌や俳句を作りながら山野を歩くこと。詩歌をうたいながら歩くこと。

きんこつ[筋骨]①筋肉と骨。②からだつき。例―隆々たる男性・―たくましい青年

きんこんしき[金婚式]結婚後五十年めに行う祝いの式。例―の宴

ぎんこんしき[銀婚式]結婚後二十五年めに行う祝いの式。例―の贈り物

きんさ[《僅差》]わずかの差。例―の勝負

きんざい[近在]都市に近いいなか。近郷。

きんさく[金策]金のくめん。金をととのえること。例―にかけまわる

きんし[近視]ちかめ。近眼。↕遠視。例―眼

きんし[禁止]禁じてとめること。さしとめ。

きんじ[近似]によったこと。よくにていること。例―値・―した数値

きんしゃ[金《紗・《錦紗》]たて糸もよこ糸もねりぞめ糸を使って模様を織りこんだ織物。

きんじゅう[《禽獣》]①鳥とけだもの。②人間の道にはずれた人。例―に劣る行為

きんしゅく[緊縮]ひきしめること。例―予算

きんしょう[《僅少》]ごくわずか。ほんのすこし。例―の差で勝つ

きんじょう[今上]現在位についている天皇。

きんじょうとうち[金城湯池]堅固な城とほり。まもりのかたいこと。例保守党の―

きんじる[禁じる]さしとめる。させない。

ぎんじる[吟じる]①詩や歌をよむ。うたう。②詩歌にふしをつけてうたう。口ずさむ。

きんしん[近親]血すじの近い親類。例―結婚

きんしん[謹慎]①つつしみかしこまること。②罰として家にひきこもっていること。

きんす[金子]金銭。貨幣。例少々の―を

きんせい[近世]①現代より少し前の時代。②近古と近代との間の時代。例―の文芸

きんせい[均整・均斉]つりあいがとれてととのっていること。例―のとれた体

きんせい[金星]太陽から数えて二番めの惑星。明けの明星。よいの明星。

きんせい[謹製]つつしんで製作すること。

きんせい[禁制]さしとめること。例―品

ぎんせかい[銀世界]まっ白な雪のけしき。

きんせつ[近接]近よること。接近。

きんせん[琴線]①ことの糸。②ものに感じやすい心。例―にふれる

きんそく[禁足]外出をさしとめられること。

きんぞく[金属]金物をひきくるめてよぶ名。

きんだん[禁断]さしとめ。禁止。例―の木の実

きんちゃく[《巾着》]布や皮などで作ったひもつきの小形のふくろ。例腰―・―切り

きんちゅう[禁中]宮中。皇居内。

きんちょう[緊張]はりきってゆるみのないこと。例―のあまり・―して話を聞く

きんちょう[謹聴]つつしんで聞くこと。まじめに注意して聞くこと。

きんちょく[謹直]まじめで正直なこと。

きんど[襟度]人をうけいれるひろい心。

きんとう[近東]ヨーロッパに近い東方地域。

きんとう[均等]ひとしいこと。差別がないこと。平等。例―な配分・―に分ける

ぎんなん[銀《杏》]イチョウの実。

きんにく[筋肉]からだを動かす役をする器官。例―を鍛える・―隆々たる

きんぱく[緊迫]事情が重大でさしせまっていること。例―した国際情勢

きんぱく[金《箔》]金をうす紙のようにのばしたもの。例―の背文字

きんぴ[金肥]金銭で買い求める肥料。化学肥

料。人造肥料。

きんべん［勤勉］熱心につとめはげむこと。

きんぺん［近辺］近くのところ。近所。近隣。

ぎんまく［銀幕］映画を写す幕。スクリーン。

ぎんみ［吟味］よく調べること。例―役

きんみつ［緊密］ぴったりとついてすきがないこと。例―な間柄・―な連絡を

きんむ［勤務］つとめること。つとめ。例―地

きんもつ［禁物］①してはいけないこと。②すきでないこと。いやなこと。例酒は―だ

きんゆ［禁輸］輸出入を禁じること。例―措置

きんゆう［金融］かねまわり。金銭の運用。

きんよう［緊要］非常にたいせつなこと。

きんらい［近来］近ごろ。最近。例―出色の出来

きんらん［金《襴・《錦襴》］にしきの地に金糸でもようをおりこんだもの。例―どんす

きんり［金利］貸し金や資本金の利子。また、その利率。例高―・―の改定

きんりん［近隣］となりきんじょ。例―騒音

ぎんりん［銀《鱗］いきいきした魚のこと。

きんろう［勤労］ほねをおって働くこと。

く

く［句］①詩や文のひとくぎり。②五字七字のひとくぎり。③俳句。例句作・五句

く［九］ここのつ。例九々・九分九厘

く［区］くわけ。さかい。特別区。例港区

く［苦］くるしみ。例楽あれば苦あり

ぐ［具］うつわ。そなえる。中身。例ぞうにの―

ぐ［愚］①おろかなこと。ばか。例愚にもつかない。②自分のことをへりくだっていう語。

ぐあい［具合・《工合］①調子。ようす。②つごう。③からだのようす。かげん。例―が悪い

くい［《杭］地中に打ちこむ丸太。例―打ち

くい［悔い］くやむこと。例―を残す

くいき［区域］くぎりをつけた地域。かぎられた場所。例危険―・通学―・―外

くいさがる［食(い)下がる］①食いついてぶらさがる。②ねばり強く相手に向かう。

くいちがう［食(い)違う］①たがいちがいになってうまく合わない。②ゆきちがう。

くいとめる［食(い)止める］ふせぎとめる。

くいぶち［食(い)扶《持］食費。食事代。

くいもの［食い物］①たべもの。②だまされて他人の利用のままになること。

くいる［悔いる］前におかしたあやまちを悪いとさとる。後悔する。例前言を―

くう［空］①そら。空間。例空をきる。②中に物がないこと。から。③根拠がないこと。うそ。

くう［食う］①たべる。②生活する。例何とか―。③かむ。例蚊が―。④まかす。例強敵を―。⑤ついやす。例時間を―。⑥だまされる。例いっぱい―・何食わぬ顔で

ぐうい［《寓意］ほかの物事にかこつけてそれとなくある意味をほのめかすこと。

くうかん［空間］何もものがない場所。あいている所。すきま。例宇宙―・―がある

ぐうかん［偶感］ふと、頭に浮んだ感想。偶然の思いつき。例古都―

くうき［空気］①地球を包んでいる気体。②あたりの気分。例なごやかな―が漂う

くうきょ［空虚］①中に何もないこと。から。②内容のないこと。例―な内容

ぐうきょ［《寓居］かりのすまい。

くうげき［空《隙］すきま。すき。例―を突く

ぐうじ［宮司］神社の最高の神官。

ぐうする［遇する］もてなす。待遇する。

くうぜん［空前］それにくらべられる物事が今までにまったくなかったこと。例―の人出

ぐうぜん［偶然］思いがけないこと。予想しないこと。たまたま。例―の一致

くうぜんぜつご［空前絶後］今までもなくこれからもありそうもないと思われること。

くうそ［空疎］はっきりした内容がないこと。

くうそう［空想］実際からかけはなれて、できそうもない考え。例―にふける・―的

ぐうぞう［偶像］①木や石などで作った像。②神や仏にかたどって作った像。例―崇拝

くうちゅう［空中］そらの中。例―ブランコ

くうどう［空洞］うつろ。ほら穴。

くうはく［空白］①紙面のなにも書いてないところ。②からっぽ。なにもないこと。

くうばく［空漠］①がらんとしてひろいこと。②とりとめのないこと。例―たる人生

ぐうはつ［偶発］思いがけなくおこること。

くうひ［空費］むだづかい。例時間の―

くうふく［空腹］腹のすくこと。例―を感じる

くうぶん［空文］何の役にも立たない文章。

くうゆ［空輸］航空機で物をはこぶこと。

くうり［空理］実際の役に立たないりくつ。

くうろ［空路］航空機が飛ぶ空中の経路。

くうろん［空論］実際とかけはなれた意見。

ぐうわ［《寓話］教訓の意味をもったたとえ話。
くおん［久遠］永久。永遠。例—の平和
くかく［区画］くぎり。しきり。例—整理
くがく［苦学］働きながら学問をすること。
ぐがん［具眼］物事の善悪を見分ける力のあること。例—の士
くき［茎］植物の葉をつけるくだ状の部分。
くぎ［《釘］物を打ちつける細い金属の棒。
くきょう［苦境］苦しい立場。例—に立つ
くぎょう［苦行］からだを苦しめてする修行。
くぎり［句切(り)］文章で句の切れ目。文章のだんらく。例—の点を打つ
くぎる［区切る］中途で切る。しきりをする。
くぎる［句切る］句の終わりごとに切る。
くぎん［苦吟］苦心して歌や俳句などを作ること。例多くの詩人が—する景色
くく［区区］①まちまち。ばらばら。いろいろ。例意見が—である。②つまらないさま。
くぐりど［〈潜り戸］くぐって出入りする小さな戸口。例大名屋敷に—から入る
くくる［〈括る］①たばねる。しばる。例荷を—。②まとめる。総括する。③つなぎ合わせる。
くくる［《縊る］しめる。例首を—
くぐる［〈潜る］①すきまをすりぬける。②水中にもぐる。③すきをねらってする。
くげ［〈公家・〈公《卿］昔、朝廷につかえていた身分の高い人。三位以上の人の総称。
くけい［《矩形］長方形。例—から折る折り紙
くける［《絎ける］ぬい目が表に見えないようにぬう。例まつり縫いで—
くげん［苦言］聞きたくないが、ためになることば。いましめのことば。↔甘言
ぐけん［愚見］①おろかな意見。②自分の意見をへりくだっていうことば。例—ですが
ぐげん［具現］具体的に現すこと。例夢の—
ぐこう［愚考］自分の考えをへりくだっていうことば。例—するところでは
くさ［草］草本植物の俗称。例草花・草の根
くさ［《瘡］皮膚病の総称。かさ。
くさい［臭い］①いやなにおいがする。②あやしい。うたがわしい。③そうらしい。
くさぐさ［〈種種〉］いろいろ。さまざま。
くさす［腐す］わるくいう。けなす。
くさばのかげ［草葉の陰］①くさの葉の日かげ。②はかの下。あの世。例—でさぞや
くさび［《楔］①V字形の木片で、木を割り、または物の間に打ち込んでしめるのに用いる。②物と物とをつなぎ合わせる役をするもの。③車の輪のはしにさし込むもの。
くさぶえ［草笛］草の葉をまいて作った笛。
くさぶき［草《葺(き)］かややわらなどで屋根をふくこと。また、その屋根。例—の農家
くさむら［草むら・《叢］草のはえしげったところ。例—にひそんだ蛇
くさめ［《嚔］くしゃみ。例—をする
くさり［鎖］金属製の輪をつないだもの。
くさる［腐る］①食物などがいたみ変化する。②使用できなくなる。⑤気が沈む。悲観する。例試験に失敗して—
くさわけ［草分(け)］①荒れ地を切りひらいた人。②物事を始めた人。創始者。例庭球の—
くし［《串］物をつきとおす細いもの。
くし［《櫛］毛髪をくしけずる道具。例—の歯
くし［駆使］①おいつかうこと。②つかいこなすこと。思うままにうまくつかうこと。
くじ［《籤］吉凶当落の紙片。例—引き・宝—
くしき［〈奇しき］めずらしい。あやしい。ふしぎな。例—えにし
くじく［《挫く］①折って傷つける。まげてくだく。②弱らせる。降参させる。③ねんざする。
くしくも［〈奇しくも］ふしぎにも。
くじける［《挫ける］①折れていたむ。②弱ってしまう。例勇気が—・やる気が—
くじゅ［口授］口で言って教えること。
くじゅう［苦汁］にがいしる。例—をなめる
くじょ［駆除］おいはらうこと。とりのぞくこと。例害虫—・—薬の散布
くしょう［苦笑］にがわらい。例おかあさんは—した・ただ—するのみ
くじょう［苦情］不平をいうこと。例—を聞く
ぐしょう［具象］形をそなえていること。具体。↔抽象。例—画・—彫刻
くじら［鯨］海中の最大のほ乳類。
くしん［苦心］心を苦しめること。例—の作
ぐしん［具申］くわしくもうしあげること。
くず［《屑］役にたたないもの。例紙—
ぐず［愚図］動作がおそくはきはきしないこと。または、その人。のろま。例—な男
くすぐる［《擽る］こそばゆくさせる。
くずす［崩す］①くだきこわす。②小銭にかえる。例一万円札を—
くすのき［《楠］クスノキ科の常緑高木。香気があり、しょうのうを取る。

くすぶる[《燻る]①よくもえないでけむる。②煙のすがついて黒くなる。③活動しないで家にとじこもってくらす。例部屋で—

くすり[薬]病気や傷をなおすもの。例薬指

くずれる[崩れる]①かさなっている物がすべて落ちる。②ばらばらになる。わるくなる。乱れる。例足並みが—

くせつ[苦節]苦しみに負けないかたい心。苦しい中で、こころざしをかえないこと。

くせもの[〈曲者]①わる物。②ひとくせあって油断のならない者。あやしい者。③ぬすびと。例—が侵入する

くそ[《糞・《屎]ふん。大便。例—味噌

ぐそう[愚僧]僧がへりくだって言うことば。

ぐそく[具足]①物が十分にそなわっていること。②ひきつれること。③道具。武具。

ぐそく[愚息]自分のむすこをへりくだって言うことば。例—の結婚式にはご出席を

くだ[管]細長くてまるい筒状のもの。中空の細い筒。例管を巻く

ぐたい[具体]考えだけでなく、実際の形をそなえること。↕抽象。例—化する

ぐたいてき[具体的]形をそなえていさま。はっきりしているさま。↕抽象的

くだく[砕く]①打ちこわしてこまかくする。②心配する。③わかりやすく言う。

くたびれる[△草臥れる]つかれる。あきる。

くだり[下り]①さがること。②都から地方へ行くこと。③くだり坂。④くだり腹。

くだん[〈件]①上述。前述。②例の。いつもの。

くち[口]飲食、発声の器官。例口先ばかり

ぐち[愚痴・愚《癡]①言ってもしかたのないことを言ってなげくこと。②おろかなこと。

くちえ[口絵]書物などのはじめにのせる絵。

くちおしい[口惜しい]くやしい。残念である。

くちかず[口数]ことばかず。例—が多い

くちがる[口軽]①よく考えないでかるがるしくものをいうこと。②秘密をもらすこと。

くちく[駆逐]おいはらうこと。例—艦

くちぐせ[口癖]いつもいうことば。

くちぐるま[口車]口先のうまいごまかし。

くちごたえ[口答え]目上の者にさからってことばを返すこと。例親に—する

くちごもる[口《籠る]口の中にこもってはっきりしない。すらすら言えない。

くちすぎ[口過ぎ]日々のくらし。生活。

くちずさむ[口〈遊む]心にうかんだ詩や歌をひくい声でうたう。例流行歌を—

くちづたえ[口伝え]人から人へ言い伝えること。例先祖からの—で

くちなし[〈山《梔・《梔子]庭に植えられ梅雨のころ香気のある白い大形の花を開く。

くちのは[口の端]ことばのはし。うわさ。

くちば[朽(ち)葉]①くちた落ち葉。②くちば色。赤味をおびた黄かっ色。

くちばし[《嘴・《喙]鳥の口先の角質の部分。

くちばしる[口走る]①調子にのってよけいなことを言う。②心にもないことをいう。

くちばしをいれる[《嘴を入れる]わきから口を出してかれこれいう。例横から—

くちはばったい[口幅ったい]大きなことをいう。例—ことを言うようですが

くちび[口火]①火なわ銃や爆薬を爆発させるのに使う火。②物事のはじまるきっかけ。

くちびる[唇]上下から口をおおう器官。

くちぶり[口振り]話のようす。ことばつき。

くちゅう[苦衷]苦しい心の中。例—を訴える

くちゅう[駆虫]寄生虫や害虫などをとりのぞくこと。例—剤

くちょう[口調]ことばの言い方。例かみつくような—・激しい—で

ぐちょく[愚直]ばかしょうじき。

くちる[朽ちる]①腐って役に立たなくなる。②世の中に知られないで死ぬ。

くつ[靴]足にはいて歩くもの。例革靴

くつう[苦痛]くるしみ。なやみ。例—を忘れない・—を感じる・—に耐える

くつがえす[覆す]ひっくりかえす。裏返す。

くっきょう[屈強]力がすぐれていること。例—な若者・—な山男

くっきょう[〈究《竟]①いちばんすぐれていること。②ごくつごうのよいこと。例—な武器

くっきょく[屈曲]おれまがること。

くっし[屈指]①指をおって数えること。②多くの中でも指をおって数えられるほどの特にすぐれていること。ゆびおり。

くつじゅう[屈従]自分の考えをすてて従うこと。例—を強いられる

くつじょく[屈辱]まかされてはずかしめられること。はずかしめ。例—を受ける

くっしん[屈伸]かがむこととのびること。のびちぢみ。例—の自在を欠く・—運動

くっする[屈する]①まがる。まげる。②かが

む。かがめる。③したがう。したがえる。
くっせつ［屈折］おれまがること。例―率
くったく［屈託］一つのことを気にかけてくよくよすること。例―のない態度
くっぷく［屈服・屈伏］相手の力にまけて従うこと。例相手の論理に―する
くつろぐ［〈寛ぐ］のんびりする。やすむ。
くつわ［《轡］馬の口にふくませてたづなをつける金具。例―を並べて討ち死にする
くつわむし［《轡虫］夏、やかましく草むらで鳴く虫。がちゃがちゃ。
くてん［句点］文の切れ目につける丸点。「。」
くでん［口伝］①ことばで伝えること。口づたえ。②ものの秘密や奥義などを口でさずけること。例―の秘術
くとう［苦闘］苦しい戦いをすること。
くとうてん［句読点］文章の切れ目につけるしるし。句点には「。」を使い、読点には「、」を用いる。例―を打つ
くどく［功徳］人のためにするよいおこない。
くどく［口説く］①ぐちをいう。くどくどいう。②くり返してうるさく言う。例女を―
ぐどん［愚鈍］おろかでにぶいこと。のろま。
くなん［苦難］苦しみ。なんぎ。例―の道
くにがら［国柄］国のなりたち。国体。例お―
くにく［苦肉］敵をあざむくために自分の身を苦しめること。例―の策
くにもと［国元・国〈許］①本国。領地。②自分の生まれた土地。ふるさと。例―の母から
くぬぎ［《櫟］ブナ科の落葉高木。実はどんぐり。木は薪炭に用いる。例―林

くのう［苦悩］苦しみなやむこと。×苦脳
くはい［苦杯］にがい水を入れたさかずき。苦しい経験や失敗のたとえ。×苦敗
くばる［配る］①わりあててわたす。分配する。②行きわたらせる。③適当に配置する。
くひ［句碑］俳句をきざんだ石碑。
くび［首］頭と胴をつなぐ部分。例首をきる
ぐび［具備］もれなくそなわること。
くびかせ［首《枷］①罪人の首をはさんで自由に動かせないようにする道具。②人の自由をさまたげるもの。例―となる
くびじっけん［首実検］①昔、戦場でうちとった敵の首を大将自身で調べたこと。②実際に会ってたしかめること。×首実験
くびじんそう［《虞美人草］ひなげし。
くびす［《踵］かかと。例―をめぐらす
くびっぴき［首っ引き］ある物をいつも使って努力すること。例字引と―で
くびれる［〈括れる］中ほどがしまって細くなる。例ウエストが恰好よく―
ぐぶ［〈供奉］身分の高い人のともをすること。
くふう［工夫］いろいろと方法を考えること。思いめぐらすこと。例―をこらす
くぶん［区分］区別して分けること。例―地図
くべつ［区別］種類によって分けること。けじめ。例―をはっきりする
くぼち［《窪地・〈凹地］くぼんだ土地。
くぼむ［《窪む・〈凹む］中が低くなる。へこむ。
くま［《隈］①まがっていりこんだ所。②陰になって暗い所。例―どり。③すみの所。
くま［《熊］大形のほ乳動物の一種。例白―

ぐまい［愚《昧］おろかで物の道理がわからないこと。例―な子ですが
くまざさ［《熊笹》］竹の一種。葉のへりが白い。
くまで［《熊手］長いえの先に、鉄や竹のつめをつけ、物をかきよせるのに使うもの。例―で落ち葉を集める
くまなく［《隈なく］のこるところなく。すみずみまで。例―晴れる
ぐみ［《茱萸》］小枝が多く、実は紅色で食用になる木。例―の実
くみあい［組合］おおぜいの人が共同の利益のためにつくる団体。例労働―・協同―
くみあわせ［組(み)合(わ)せ］組みあうようにすること。例順列―
くみしやすい［〈与し〈易い］あいてにしやすい。あつかいやすい。例―相手だ
くみする［組する］①仲間になる。②賛成する。加勢する。③関係する。かかわる。
くむ［組む］組になる。組みたてる。例腕を―・徒党を―・予定を―
くむ［酌む］酒をのむ。例仲間と酒を―
くむ［《汲む］①水などをすくう。②おしはかる。例事情を―・相手の意を―
くめん［工面］①くふう。つごうをつけること。例金の―。②かねまわり。くらし。
くも［雲］空中に水蒸気で凝結したもの。
くも［《蜘蛛》］糸を出す節足類の虫。例毒―
くもあし［雲足・雲脚］①雲の動くようす。例―が速い。②雨雲の低くたれて見えるもの。
くもがくれ［雲隠れ］①雲にかくれること。②にげてすがたをくらますこと。逃走。

くもつ［供物］神仏にそなえる物。
くもゆき［雲行き］①雲の行くようす。②事のなりゆき。形勢。例不気味な—となる
くもる［曇る］空を雲がおおう。例涙で—
くもん［苦《悶］苦しみもだえること。
ぐもん［愚問］つまらない質問。↕賢問
くやしい［悔しい・ロ〈惜しい］くちおしい。
くやみ［悔(や)み］①こうかいすること。②人の死をとむらうこと。または、そのことば。
くやむ［悔(や)む］①くやしく思う。②後悔する。例勉強しなかったのを—。③人の死をとむらう。例墓前に—
くゆらす［《燻らす］くすぶらせる。例紫煙を—
くよう［供養］仏教で、仏や死者の霊前に物をそなえて祈ること。例犠牲者を—する
くら［倉・〈庫］商品や貨物を入れておく建物。例倉が建つ・倉渡し・倉敷料
くら［蔵］財物をたくわえ保管する建物。例蔵出し・蔵開き・酒蔵・蔵元・お蔵にする
くら［《鞍］馬や牛の背にのせる具。
くらい［位］①地位・等級・階級・品位。順位が高いこと。②数のけた。例十の位。③程度。ほど。例それ位・三十度位
くらい［暗い］①光が弱い。②不案内だ。
くらげ［▽海月・▽水母］海中を浮遊する下等腔腸《こうちょう》動物。例—に刺される
くらし［暮(ら)し］①暮らすこと。日時を過ごすこと。②生活。生計。例その日の—に困る
くらます［《晦ます・暗ます］見えなくする。迷わせる。例行方を—
くらむ［《眩む］①暗くなる。②目がまわる。

グラム［《瓦］重さの単位。例牛肉三〇〇—
くり［《栗］ブナ科の落葉高木。例—ご飯
くり［庫裏］寺院の台所。住職や家族の居間。
くりあげる［繰(り)上げる］早める。例予定を—・合格の順番を—
くりかえす［繰(り)返す］反ぷくする。例失敗を—・何度も—
くりごと［繰り言］同じことをくりかえして言うことば。ぐち。例老人の—
くりぬく［《刳(り)〈貫く］えぐって穴をあける。例目ん玉を—ぞ
くりや［《厨］台所。ちゅうぼう。
くりょ［苦慮］いろいろと苦心してさまざまに考えること。苦心。例難局の打開に—する
くる［来る］近よる。きたる。例電車が—
くる［繰る］①順に引き出す。たぐる。②順に数える。③ページをめくる。例本の頁を—
くる［《刳る］道具を用いて回しながら穴をあける。えぐる。例のみで—
くるいざき［狂い咲き］季節はずれの花。
くるう［狂う］①気がちがう。②きまりなく動く。③ねらいがはずれる。例手もとが—
くるしい［苦しい］苦痛を感じる。むりである。例息が—・手元が—・—弁解
くるぶし［《踝］足首の両側のつき出た所。
くるま［車］車輪の回転で進む機械。自動車。
くるまざ［車座］大ぜいの人が円くなってすわること。例—になって座る
くるまよせ［車寄せ］車をよせて乗り降りできるように、玄関口にはり出した部分。
くるみ［▽胡桃］落葉高木。実は食用になる。

くるめく［《眩めく］①くるくる回る。②目が回る。めまいがする。例目—
くるわ［〈郭・《廓］城の外がこい。遊里
くれ［暮(れ)］①日暮れ。夕方。②年の終わり。
くれぐれ［〈呉〈呉］くりかえし。よくよく念を入れて。例—もよろしく
ぐれつ［愚劣］①おろかでおとっていること。②ばかげていること。くだらないこと。
くれない［紅］あざやかな赤色。べに色。
くれのこる［暮(れ)残る］日がしずんだあと、うすあかりで山などが見える。
くれる［暮れる］①太陽がしずんでくらくなる。②年や月が終わりになる。③心がまよう。例途方に—
くれる〈呉れるあたえる。やる。例お金を—
ぐれん［〈紅《蓮］①まっかなはすの花。②もえたつようなまっかな色。例—の炎
くろ［黒］墨のような色。↕白。例黒星
くろ［〈畔］田の中のさかい。あぜ。例田の—
くろう［苦労］①苦しみつかれること。ほねおること。②しんぱい。例—の種だ
ぐろう［愚《弄］人をばかにしてからかうこと。ひやかすこと。例みんなに—される
くろうと［玄人］専門家。↕しろうと
くろうにん［苦労人］せけんの苦労をいろいろなめて人情に通じている人。
くろがね［〈鉄］てつ。例—の剣
くろじ［黒字］①黒色で書いた字。②収入が支出よりも多いこと。↕赤字。例—予算
くろしお［黒潮］日本列島の近くを南から北へ流れる暖流。日本海流。↕親潮

くろふね[黒船]江戸時代に欧米から来航した軍かんや汽船をいう。
くろぼし[黒星]①まとの中央にあるくろい点。②負けること。↔白星
くろまく[黒幕]①しばいの舞台で用いる黒い幕。②かげにいてさしずをし、またはそそのかす人。例政界の—
くろわく[黒枠]①死亡の広告や通知などの輪郭に用いる黒いわく。②死亡通知。
ぐろん[愚論]おろかな意見。例—を吐く
くわ[桑]葉が養蚕用の落葉低木。例桑原
くわ[《鍬]田や畑をたがやすのに使う道具。
くわえる[加える]たす。ふやす。例人数に—
くわえる[《銜える・《啣える]かるく歯でささえる。例鉛筆を—・犬が餌を—
くわけ[区分け]種類別にわけること。例郵便物の—・等級別に—する
くわしい[詳しい]①よく知っている。②こまかい。例—解説をする
くわせもの[食わせ物]にせもの。
くわせもの[食わせ者]ゆだんならない人。
くわせる[食わせる]①食べさせる。②あざむく。例いっぱい—。③こうむらせる。
くわだてる[企てる]思いたつ。もくろむ。計画する。例大旅行を—・脱獄を—
くん[訓]①おしえ。いましめ。②漢字を国語にあててよむ読み方。↔音
くん[君]きみ。あなた。例佐藤君・諸君
ぐん[軍]つわもの。軍隊。例軍艦・軍備
ぐん[郡]地方の行政区画の一つ。例郡部
ぐん[群]むれ。むらがる。例群を抜く
くんいく[訓育]教え育てること。品性を高めることを目的とする教育。
くんか[薫化]人格の力で人をよいほうにみちびくこと。例人格で—する
くんかい[訓戒]さとしいましめること。
ぐんかん[軍艦]戦闘力をそなえた船。
ぐんきょ[群居]おおぜいのものが集まっていること。例—の跡
くんこう[勲功]国家や君主などに尽くしたてがら。いさお。例維新の—
ぐんこくしゅぎ[軍国主義]軍備を強大にし武力で国を盛んにしようとする主義。
くんし[君子]心やおこないの正しい人。徳をそなえた人。例—危うきに近寄らず
くんじ[訓示]教えさとすこと。例社長の—
くんじ[訓辞]教えいましめることば。
くんしゅ[君主]国家を治める人。皇帝。例—国
くんしゅ[《葷酒]にらやにんにく、ねぎなどに酒。例—山門に入るを許さず
ぐんしゅう[群集]①人の集まり。むれ。②むらがり集まること。例—心理
ぐんしゅう[群衆]おおぜいむらがり集まった人。例—のやじ・—をかきわける
くんしょう[勲章]国家に功労のあった人を表彰するためにあたえる記章。例文化—
くんじょう[《燻蒸]いぶしてむす。有毒ガスで害虫をちっそくさせてたいじすること。
ぐんしょう[群小]多くの小さいもの。多くのつまらない人間。例—の国々
ぐんじょう[群青]あざやかな青色。例—色
くんせい[《燻製]にしん・さけ・豚などの肉を煙でいぶしてかわかした食品。
ぐんせい[群《棲]同種類の動物がむれをなして生活すること。むらがりすむこと。
ぐんぜい[軍勢]①軍隊。②軍の人数。
ぐんぞう[群像]彫刻や絵画などで多くの人物の像を一つの作品に表したもの。多くの人のすがた。例青春—
ぐんぞく[軍属]軍人以外で軍務につく人。
くんとう[薫陶]人格の力で、人を感化しみちびくこと。例A先生の—を受ける
くんどく[訓読]漢字や漢文を日本式に読むこと。↔音読
ぐんばつ[軍閥]軍人の党派。軍部を中心とする政治的勢力。例—のばっこ
ぐんび[軍備]国防のための軍事設備。戦争の準備。例—の増強
くんぷう[薫風]さわやかな夏の風。夏吹く南風。例五月の—
ぐんぽう[群峰]むらがりそびえる山。
ぐんゆう[群雄]多くの英雄。例—割拠
ぐんらく[群落]同じ条件の場所に適する植物が、集まってはえていること。例川上の—
ぐんりつ[軍律]軍隊内の規律。
ぐんりゃく[軍略]軍事上のはかりごと。戦略。
くんりん[君臨]①君主となってその国を治めること。②最もすぐれていることや権力の強いことを表す語。例政界に—する
くんれい[訓令]官庁の職務上の命令。
くんれん[訓練]うまくなるように練習すること。例警察犬の—所・実地—
くんわ[訓話]教えさとす話。例精神—

け

け[毛]皮膚にはえる糸のようなもの。

け[家]いえ。いえがら。例本家・田中家

け[気]味。におい。けはい。例火の気

け[《卦]易で現れる吉凶など。例女難の—

げ[夏]なつ。夏至。例夏安居《げあんご》

げ[《偈]仏の巧徳をたたえる詩。

けい[刑]しおき。罪人に与えるばつ。刑罰。

けい[計]①はかりごと。計略。②合計。

けい[系]ちすじ。つづき。例アラブ系

けい[兄]あに。例兄たりがたく

けい[径]こみち。さしわたし。例円の—

けい[《罫]すじ。せん。例—線・細い—

けい[《卿]①くげ。高位高官。②君主から臣下への呼びかけ。③同輩またはそれ以下への呼びかける語。おんみ。

げい[芸]①特別に習いおぼえたわざ。例芸達者な人。②舞台で演ずるわざ。例芸の力

けいあい[敬愛]うやまい愛すること。例—する先輩・学生に—される先生

けいい[敬意]人をうやまう気持ち。例—を表する・—を払う

けいい[経緯]①布のたて糸と横糸。縦と横。②おさめととのえること。③ことのいきさつ。事情。例かなりの変遷の—があった

けいい[軽易]たやすいこと。てがる。軽便。

けいいん[契印]二枚の紙にまたがらせておすいん。わりばん。わり印。

けいえい[経営]くふうをこらして事業をいとなむこと。例会社を—する・—者

けいえい[警衛]警戒して守ること、その人。

けいえん[敬遠]うやまうようにして、実際は相手にしないこと。例—の四球

けいおんがく[軽音楽]軽い調子の音楽。ジャズなど。↕クラシック音楽

けいか[経過]①すぎていくこと。例時間が—する。②事のなりゆき。例—報告

けいが[慶賀]よろこび祝うこと。例—の意を

けいかい[軽快]①軽くてすばやいこと。②軽やかで気持ちのよいこと。例—な音楽。③病気が少しよくなること。

けいかい[警戒]用心すること。気をつけること。注意していましめること。例—網

けいがい[形《骸]からだ。むくろ。ほねぐみ。

けいかく[計画]もくろみ。くわだて。例—的

けいかく[《圭角]①かど。とがり。人づきの悪いこと。②きしょうのするどいこと。

けいかん[景観]けしき。ながめ。例自然の—

けいがん[《炯眼]するどい眼力。例刑事の—

けいき[計器]はかり。計量の器械。メーター。

けいき[契機]物事の起こったり変化したりする原因となることがら。きっかけ。原因。

けいき[景気]①ありさま。もよう。②商売のようす。③人気。ひょうばん。④元気のよいこと。威勢。例—のいい話しぶり

けいきょ[軽挙]かるはずみな行動。例—妄動

けいきょう[景況]ありさま。ようす。けいきのようす。例繊維業界の—は

けいきょく[《荆棘》]①いばら。②なんぎ。

けいきんぞく[軽金属]アルミニウムのような比重の小さい金属。↕重金属

けいく[警句]簡単で意味のふかいことば。短い中に思いもよらないするどい意味をもつことば。例—をまぜて話す

けいぐ[敬具]手紙の終わりに書くことば。つつしんでもうしあげるという意。

けいけい[《炯炯》]きらきらと光るさま。

けいけいに[軽軽に]かるがるしく。

けいけん[経験]①自分で実際に見たり聞いたりしてえた知識。②実際にためしてみること。例豊富な—・—を積んで・—的に

けいけん[敬《虔]深くうやまいつつしむこと。例—なカトリック教徒

けいげん[軽減]へらして軽くすること。

けいこ[《稽古]学問や技術をならうこと。

けいご[敬語]人をうやまう心をあらわすていねいなことば。例正しい—の使い方

けいご[警護・警固]いざというときにそなえて警戒し、守りかためること。例官邸の—

けいこう[傾向]かたむきそうになりやすい性質。例偏りやすい—がある

けいこう[携行]手にさげてもっていくこと。

けいこう[蛍光]ほたるのひかり。例—塗料

げいごう[迎合]他人の気にいるようにすること。人のきげんをとること。例大衆に—する

けいこうぎょう[軽工業]紡績や食料品など生活に消費する物を生産する工業。↕重工業

けいこうとう[蛍光灯]細長いガラスのくだの中に水銀の蒸気を入れ、電気を通して光をともすもの。例—のスタンド

けいこく[渓谷・《谿谷]たに。例—美

けいこく[警告]注意するようにうながすこと。言って気をつけさせること。例—書

けいさい[掲載]文章や図版などを新聞や雑誌にのせること。例—紙・—誌

けいざい[経済]①人が生きていくためにいろいろな物を生産したり、消費したりするはたらきをまとめていう。例—界。②費用がかからないさま。倹約になること。例—家

けいざいてき[経済的]費用のかからないさま。例—な車・—な運営法

けいさつ[警察]社会に害になることを、とりしまるための仕事をする役所。例—官

けいさん[計算]はかりかぞえること。例—機

けいし[軽視]かるく考えること。あなどること。例—されがちである

けいじ[兄事]兄としてつかえること。

けいじ[刑事]①刑法にふれる事件。↕民事。②刑事巡査。犯罪人の捜査を専門にする巡査。

けいじ[啓示]①さとししめすこと。②神のしらせ。例神の—があった

けいじ[掲示]多くの人の目につくようにかかげしめすこと。例日程を—する・—板

けいじ[慶事]よろこび事。祝い事。↕弔事

けいしき[形式]①外形。②あるきまった型。③内容がなく、うわべだけのこと。例—上

けいしきてき[形式的]形式だけ。かたちばかり。例—なあいさつ

けいじじょう[形《而上]時空をこえた究極的なもの。↕形而下。例—学

けいしゃ[傾斜]かたむいてななめになること。かたむき。こうばい。例—が強い

けいしゅう[《閨秀]学問や芸術などにすぐれた女性。例—画家・—作家

けいしゅく[慶祝]よろこんでいわうこと。

げいじゅつ[芸術]文芸・美術・音楽のような美を表現するはたらき。またはその作品。

けいしょ[経書]儒教の教えを書いてある経典。四書・五経。

けいしょう[形象]かたち。形体。例物体の—

けいしょう[敬称]相手をそんけいして用いることば。例目上には—をつける・—略

けいしょう[景勝]けしきがよいこと。けしきがよい土地。例—の地

けいしょう[軽少]すこし。わずか。例—ですが

けいしょう[軽傷]かるいきず。↕重傷

けいしょう[警鐘]かわったできごとをしらせるかね。例—を乱打する

けいしょう[継承]あとをうけつぐこと。

けいじょう[刑場]死刑を行う場所。例—の露

けいじょう[形状]かたち。ありさま。

けいじょう[計上]かぞえあげること。

けいじょうひ[経常費]いつもきまって計上される支出。↕臨時費。例予算の—

けいしょく[軽食]かるい食事。例—喫茶

けいしん[敬神]神をうやまうこと。例—の念

けいず[系図]家の祖先からの続きがらを書きしるした記録。例—がよい

けいすう[計数]数の計算。例—に明るい人

けいせい[形成]かたちづくること。例人格—

けいせい[形勢]ありさま。ようす。例—不穏

けいせい[経世]世の中を治めること。例—家

けいせい[警世]世間の人々をいましめること。例—済民・—の鐘を鳴らす

けいせい[警《醒]目をさまさせること。いましめてまよいをさまさせること。

けいせき[形跡]物のあったあと。例犯人の—

けいせつ[蛍雪]苦労しながら勉強すること。昔、ほたるの光や雪あかりで勉強したという話からできた語。例—の功を積む

けいせん[経線]地球の表面の南極と北極とをむすぶたての線。子午線。↕緯線

けいせん[係船・《繫船]船をつなぎとめること。例岸壁に—しておく

けいそう[係争]あらそいごと。例—中の事件

けいそう[軽装]みがるなしたく。例—登山

けいそく[計測]正確にはかること。例—器

けいぞく[継続]つづくこと。つづけること。

けいそつ[軽率]かるはずみ。不注意。例—にも

けいたい[形態]ありさま。かたち。

けいたい[携帯]持ってあるくこと。例—用

けいだい[境内]神社や寺の敷地の中。

けいちゅう[傾注]心をうちこむこと。一心にすること。例全力を—する

けいちょう[傾聴]耳をかたむけてよく聞くこと。例—に値する内容だ

けいちょう[軽重]軽さと重さ。大事と小事。例かなえの—を問われる

けいちょう[慶弔]よろこび事ととむらい事。

けいてき[警笛]人に用心させるためにならすふえやラッパ。例自動車の—

けいてん[経典]①徳の高い人のことばを書いた本。②宗教でたいせつな本。

けいとう[系統]正しいすじみち。例源氏の—

けいとう［傾倒］心をうちこんでしたうこと。物事に深く心をよせること。例ゲーテに—

けいとう［鶏頭］鶏のとさかににた花を開く草。例葉—・庭の—

げいとう［芸当］①演芸。曲芸。②あぶない仕事。はなれわざ。例とんだ—だ

げいのう［芸能］人を楽しませるおもしろいわざ。例—人・—界・伝統—

けいはく［敬白］つつしんでもうしあげるという意で、手紙の最後に使うことば。

けいはく［軽薄］うすっぺらで、かるがるしいこと。例—な話し方・—な男

けいはつ［啓発］知能をみちびきのばすこと。教えみちびくこと。例大衆を—する

けいばつ［刑罰］刑と罰と。とがめ。

けいひ［経費］①いつもきまっていりような費用。②物事をする上での費用。例必要—

けいび［軽微］わずか。すこし。例—なけが

けいび［警備］ひじょうのときにそなえて警戒してそなえをすること。例厳重な—

けいひん［景品］売ったり品物にそえて客に贈る品物。おまけ。例大売り出しの—

げいひん［迎賓］賓客を迎えること。例—館

けいぶ［軽侮］ばかにしてあなどること。

けいふく［敬服］心から感心してしたがうこと。例すばらしい出来栄えに—する

けいぶつ［景物］四季おりおりのけしき。また、その場のおもしろみをそえるもの。例—詩

けいべつ［軽《蔑］あなどること。ばかにすること。例他人から—される

けいべん［軽便］てがるでべんりなこと。

けいぼ［敬慕］うやまいしたうこと。例—の念

けいほう［刑法］犯罪と刑罰についての法律。

けいほう［警報］警戒させるためのしらせ。

けいぼう［警棒］警官がもつ木の棒。

けいぼう［《閨房］ねま。婦人の居間。

けいみょう［軽妙］かるがるとしておもしろみのあること。軽快ですぐれていること。

けいもう［啓《蒙］ものごとの道理を知らない人に正しい考えを教えること。例—書

けいやく［契約］約束を結ぶこと。とりきめ。

けいゆ［経由］通ること。通過すること。

けいよう［形容］①かたち。ありさま。②かたちやようすをいいあらわすこと。例—動詞。③たとえること。例おおげさな—

けいよう［掲揚］たかくあげること。例国旗—

けいようし［形容詞］物事のようすや状態をあらわすことば。例—の多い文章

けいり［経理］①おさめととのえること。②会計などについての事務。例—課

けいりし［計理士］会計についての検査・調査・証明・計算・整理・立案などをする人。

けいりゃく［計略］はかりごと。例—をたてる

けいりゅう［渓流・《谿流］谷川の流れ。例—美

けいりゅう［係留・《繋留］つなぎとめること。

けいりょう［計量］分量や重さをはかること。

けいりょう［軽量］目方がかるいこと。↕重量。

けいりん［競輪］自転車による競走。例—選手

例—級に出場する選手

けいりん［経《綸］①国家をおさめること。②政治的な手腕。例二十一世紀に向けての—

けいるい［係累・《繋累］足手まとい。両親・妻子・兄弟などのつながり。例—が多い

けいれき［経歴］これまでしてきた事がら。履歴。例過去の—・会社—書

けいれつ［系列］じゅんじょ正しい物のならべかた。組織だった順序。例—会社

けいれん［《痙攣》］筋肉がひきつって痛むこと。例足に—を起こす

けいろ［経路］すじみち。通ってきたみち。

けいろう［敬老］老人をうやまうこと。例—の日・—の念・—精神

けう［〈希有・《稀有］めずらしいこと。めったにないこと。例—の出来事

けおされる［気〈圧される］いきおいにおされる。なんとなく圧倒される。例気迫に—

けが［〈怪我］①きず。負傷。②あやまち。

げか［外科］病気や傷を器械や手術によってなおす医学。↕内科。例—手術

げかい［下界］人間の住むこの世界。この世。↕天上界。例しょせん—のことさ

けがす［汚す・《穢す］よごす。例席を—

けがらわしい［汚らわしい］きたならしい。

けがれ［汚れ］きたないこと。みにくいこと。

けがわ［毛皮］毛のついたままの獣皮。

げき［劇］①はげしいこと。いそがしいこと。②しばいや演劇。例観劇・学芸会の劇

げき［《檄］ふれぶみ。例—をとばす

げきえつ［激越］感情や声がはげしくあらあらしいこと。例—な調子で話す

げきか［劇化］小説などを劇にすること。

げきげん［激減］ひどくへること。急に少なくなること。例人口が—する

げきさい［撃砕］うちくだくこと。
げきさく［劇作］劇の脚本を書くこと。例―家
げきしょう［激賞］ひじょうにほめること。ほめちぎること。例専門家に―される
げきじょう［激情］はげしく起こる感情。
げきしょく［激職・劇職］いそがしい職場。↕閑職。例―に就く・―にたえる
げきしん［激震・劇震］はげしい地震。
げきじん［激甚］ひじょうにはげしいこと。
げきする［激する］①はげしくなる。あらくなる。②こうふんする。例感情が―
げきせん［激戦］はげしい戦い。例―地
げきぞう［激増］急にふえること。例人口の―
げきたい［撃退］敵をうちしりぞけること。
げきつう［激痛・劇痛］はげしい痛み。
げきてき［劇的］劇の場面にあるような、ひじょうに人の心を動かすさま。例―な展開
げきど［激怒］はげしくおこること。
げきどう［激動］はげしく動くこと。例―期
げきとつ［激突］はげしくつきあたること。
げきは［撃破］うちやぶること。例各個―
げきへん［激変・劇変］急にはげしくかわること。例環境が―する
げきむ［激務・劇務］いそがしいつとめ。
げきめつ［撃滅］うちほろぼすこと。例―作戦
げきやく［劇薬］使いかたをまちがえたり、多すぎたりすると命にかかわるようなはげしい薬。×激薬
けぎらい［毛嫌い］わけもなくきらうこと。
げきりゅう［激流］勢いのはげしい流れ。急流。
げきりん［〈逆《鱗］天子のいかり。目上の人のいかり。例―にふれる
げきれい［激励］はげまして元気づけること。
げきれつ［激烈・劇烈］ひじょうにはげしいこと。例―な競争・―な戦い
げきろう［激浪］あれくるう波。
げきろん［激論］はげしく言い争うこと。はげしい議論。例―を戦わせる
けげん［〈怪《訝］ふしぎでわけがわからないこと。例―な顔をする
げこ［下戸］酒ののめない人。↕上戸
げこう［下向］①都からいなかへ行くこと。②神や仏におまいりして帰ること。
げこう［下校］学校から家へかえること。
げこくじょう［下克上・下《剋上］下のものが上のものをしのぎおかすこと。
げこん［下根］おとった性質。いやしい根性。
けさ［《袈裟》］僧が肩にかけて衣の上をおおう布。法衣。例紫の―をかける
げざい［下剤］便通をよくするための薬。
げさく［〈戯作］娯楽読み物。主として江戸時代後期に書かれた通俗小説をいう。例―者
けし［《罌粟》・《芥子］庭に植える一年草。実からあへんを取る。例―粒・―の実
げし［夏至］北半球では昼がいちばん長く夜がいちばん短い時。六月二十一～二二日ごろ。
けしかける［《嗾ける］そそのかして相手にむかわせる。例犬を―・けんかを―
けしき［気色］ようす。けはい。例―ばむ
けしき［景色］山水や風物などのながめ。風景。
げしゃ［下車］車や電車をおりること。↕乗車。例途中―・―前途無効
げしゅく［下宿］長い期間をきめて宿泊すること。また、その宿。例叔父の家に―する
げしゅにん［下手人］自分で直接手をくだして人を殺した者。例―の手配書
げじゅん［下旬］月の二十日から月末まで。
けしょう［化粧］顔やかみかたちをかざること。例お―・―箱・―板・厚―
けしん［化身］神や仏が形をかえてこの世にうまれたもの。例菩薩《ぼさつ》の―のような人
けす［消す］①火をたやす。②スイッチを切る。例ガスを―。③なくする。例姿を―
げす［下〈種］①身分のいやしいもの。②心のいやしいもの。例―の根性・―のかんぐり
げすい［下水］台所やふろなどのながし水。よごれた水。例―道・―の処理
けずる［削る］①うすくそぎとる。②へらす。
げせない［解せない］わからない。例どうも―
げせん［下《賤］いやしい身分。例―の身で
げそく［下足］ぬいだはきもの。例―番
けた［《桁］①柱の上にある横材。ほかの材木をうけるもの。②数の位どり。例―ちがい
げた［下〈駄］木製のはきもの。例桐の―
げだい［外題］しばいの題目。例歌舞伎の―
けだかい［気高い］ひんがよい。上品である。
けだし［《蓋し］思うに。考えるのに。②たいてい。たぶん。おおかた。例―当選だろう
けたちがい［《桁違い］①数の位どりのちがい。②程度が非常にちがうこと。段ちがい。
げだつ［解脱］まよいや苦しみをなくしてさとりを開くこと。例菩提樹の下で―する
けたはずれ［《桁外れ］ふつうとひじょうにち

がうこと。けたちがい。例—の人物
けだるい［気《怠い》］なんとなくだるい。
けつ［決］きまり。きめる。例決をとる
けつあつ［血圧］血管の中を流れる血液の圧力。例高—症・—をはかる
けつい［決意］かくごすること。考えをきめること。例辞職を—する・堅い—で
けついん［欠員］きまっている人数よりかけていること。定員にみたないこと。例—募集
けつえき［血液］ち。例—型・—検査
けつえん［血縁］みうち。血すじをひくもの。
けっか［結果］ある原因によってできたことがら。↕原因。例まだ—がわからない
げっか［激化・劇化］はげしくなること。げきか。例紛争が—する
けっかい［決壊・決《潰》］きれくずれること。
けっかく［結核］結核菌によっておこる病気。
げっかひょうじん［月下氷人］なこうど。
けっかん［血管］血液がとおるくだ。例—壁
けっかん［欠陥］かけていること。例—商品
げっかん［月刊］毎月本を出すこと。例—誌
けっき［血気］さかんな意気。例—さかんな
けっき［決起・《蹶起》］はね起きること。勢いよくたちあがること。ふるいたつこと。
けつぎ［決議］会議でものごとをきめること。また、そのきめたことがら。例—事項
けっきゅう［血球］血液中の成分で赤血球と白血球とがある。
けっきょく［結局］①終わり。最後。②つまり。おわりに。例—同じことです
けっきん［欠勤］勤務を休むこと。例—届
げっけい［月経］女性の生理。メンス。
げっけいかん［月《桂冠》］①古代ギリシアで競技の勝利者にかぶらせた月けい樹の葉の冠。②最もすぐれた名誉のしるし。栄冠。
けつご［結語］むすびのことば。
けっこう［決行］決心して行うこと。思いきってすること。例雪中登山を—する
けっこう［結構］①くみたてること。②つくりかた。③用意。④よろしい。よいとうなずくこと。⑤すぐれているさま。⑥よくできているさま。⑦十分。よほど。例もう—です
けつごう［結合］むすびあうこと。例組織の—
げっこう［激高・激《昂》］はげしく怒ること。感情がたかぶること。例だまされて—する
けっこん［結婚］夫婦になること。例—披露宴
けっこん［血《痕》］血のついたあと。
けっさい［決済］かしかりのきまりをつけること。例銀行間の—・月末—
けっさい［決裁］上の人が下の人の出した案をきめること。裁決。例—をあおぐ
けっさく［傑作］すぐれたできばえの作品。
けっさん［決算］事業の終わりや一定期間の終わりにする、収入と支出のしめくくり。
けっし［決死］死ぬことをかくごすること。
けつじつ［結実］実をむすぶこと。例努力の—
けっして［決して］どうしても。かならず。
けっしゃ［結社］主義や目的を同じくする人々の固く結びついた団体。例秘密—
けっしゅう［結集］まとめあつめること。
けっしゅつ［傑出］すぐれぬきんでること。
けつじょ［欠如］かけていること。たりないこと。例公共心の—・責任感の—
けっしょう［決勝］最後の勝敗をきめること。
けっしょう［結晶］①こりかたまること。こりかたまったもの。②苦労した末のできあがり。結果。例名匠苦心の—
けっしょう［血《漿》］血液中の液体成分。
けっしょく［血色］顔のいろつや。例—がいい
けっしん［決心］かくごをきめること。
けっする［決する］きめる。きまる。さだまる。
けっせい［血清］血液の中からとり出した黄色味をおびてすんだ液。×血精。例—肝炎
けっせい［結成］団体などをつくりあげること。↕解散。例労働組合の—
けっせき［欠席］出席しないこと。学校を休むこと。↕出席。例—届・—裁判
けっせん［決戦］勝負をきめる戦い。例—場
けっせん［決選］高点者のみで当選をきめること。×決戦。例—投票
けつぜん［決然］決心したようす。かくごをきめたようす。例—たる態度で
けっそう［血相］顔いろ。例—をかえる
けっそく［結束］①たばねること。②たがいにかたくむすびあうこと。例—を固める
けつぞく［血族］血のつづいた親族。例—結婚
けっそん［欠損］そんをすること。損失。例—金
けったい［結滞］みゃくが心臓の病変や衰弱などでとどこおること。例心臓に—をきたす
けったく［結託］①たがいに心をあわせて助け合うこと。②ぐるになること。例業者と—
けつだん［決断］はっきりときめること。例—力・社長の—を求める

けっちゃく［決着・結着］きまりがつくこと。

けっちん［血沈］赤血球の沈むはやさ。健康診断の一つの方法として使われる。

けってい［決定］きっぱりときめること。

けっていてき［決定的］しっかりきまって動かしにくいこと。例―な勝利・―になる
けってん［欠点］不十分なところ。あやまち。よくないところ。短所。例―を指摘する
けっとう［血統］ちすじ。例サラブレッドの―

けつにく［血肉］①血と肉。②ちすじのつながっているもの。親子兄弟。肉親。例―の争い
けっぱく［潔白］①清らかでよごれがないこと。②けがれのないこと。例清廉―

けっぱん［血判］誓いを守るしるしに指などから血を出して自分の名の下におすこと。

けつび［結尾］おわり。むすび。例文の―

けっぴょう［結氷］氷がはること。例北極の―

げっぴょう［月評］できごとや文芸作品などを月々批評すること。例―欄
げっぷ［月賦］①毎月のわりあて。②月割りにして金額をはらうこと。例―販売
けつぶつ［傑物］すぐれた人物。例業界の―だ
げっぺい［月《餅］あん入りの焼き菓子。

けっぺき［潔癖］極端なきれいずき。

けつべつ［決別・《訣別］わかれをつげること。

けつぼう［欠乏］たりなくて、とぼしいこと。

けっぽん［欠本］①巻数のたりない本。↕完本。②全集ものなどのたりない部分。

けつまく［結膜］まぶたの裏と眼球の表面をおおう無色ですきとおったうすいまく。

けつまつ［結末］おわり。最後のしめくくり。

けつみゃく［血脈］①血管。②ちすじ。血統。
けつめい［結盟］同盟をむすぶこと。
けつるい［血涙］悲しみやいきどおりのあまりに出るなみだ。くやしなみだ。例―をしぼる
けつれい［欠礼］礼儀にかけていること。失礼。
げつれい［月齢］新月から数えた日数。
けつれつ［決裂］会議や交渉などがまとまらず、ものわかれになること。例交渉が―する
けつろ［血路］ようやく助かってにげる道。
けつろん［結論］いろいろ議論しつくして、しまいにおちついたところ。例―がでる
げどう［外道］①仏教以外の教え。②よこしまな悪い心をもつ者。
げどく［解毒］からだの毒をけすこと。例―剤
けなげ［〈健気］①かいがいしいこと。元気でよく働くこと。②心がけのよいこと。
けなす［《貶す］悪くいう。そしる。例作品を―
げに［〈実に］じつに。まことに。いかにも。
げねつ［解熱］高い体温をさげること。例―剤
けねん［懸念］きがかり。心配。例安否を―する
けはい［気配］それらしいようす。そぶり。
けばだつ［毛羽立つ］布や紙などがこすれて表面に細かい毛のようなものがたつ。
げばひょう［下馬評］世間の評判。とりざた。
けびょう［仮病］にせの病気。つくり病。
げびる［下卑る］下品になる。いやしく見える。
げひん［下品］品位がなく、いやらしいこと。
けぶり［気振り］そぶり。けはい。例―も見せず
けまり［《蹴鞠》］まりをける古来の遊び。
けみする［〈閲する］①しらべてみる。あらためてみる。②年月をすごす。

けむし［毛虫］チョウやガの幼虫。
けむり［煙］燃やすとでる白や黒の気体。例火のないところに煙は立たない
けむる［煙る］①煙がたつ。②かすんで見える。けぶる。例雨に―山の姿
けもの［獣］けだもの。畜生。例獣にも劣る
げや［下野］官職をやめて民間にくだること。
けやき［《欅］落葉高木。材は堅く良質。
けらい［家来］召し使い。家臣。例殿様の―
げらく［下落］物や株のねだんがさがること。
げり［下痢］はらくだし。くだりはら。
ける［《蹴る］①足でつきとばす。例ボールを―。②ことわる。例要求を―
げれつ［下劣］下等でいやしいこと。例―な男
げろう［下郎］人に使われる身分のひくい者。
けわしい［険しい］①坂が急で登るのが困難である。②きつい。強い。例―目つき
けん［件］ことがら。事件。例先日の件は
けん［兼］かねること。例社長兼小使い
けん［間］尺貫法の長さの単位。六尺。約一・八二メートル。例間口五間のお店
けん［県］行政区画。例県庁・県知事
けん［険］けわしいこと。例険のある顔
けん［剣］つるぎ。刀。例武蔵の剣の道
けん［軒］のき。家をかぞえる語。例五軒
けん［券］証書。きっぷ。例乗車券・券面
けん［堅］たしか。かたい。例堅を持する
けん［《鍵］けんばん。キー。例ピアノの―
けん［《妍］なまめかしいこと。例―を競う
けん［《拳］こぶし。遊戯の一種。例きつね―
げん［言］ことば。いうこと。例言をまたない・

言を左右にする
げん[現]いま。ある。あらわれる。例現に存在する・現に言ったではないか
げん[減]へる。へらす。例一億円の減である
げん[厳]きびしい。おごそか。例厳として
げん[弦]ゆみづる。弦楽器の線。例弦をはじく
げん[験]ききめ。しるし。例験がいい
けんあく[険悪]①道などがけわしくて歩きにくいこと。②顔や性格がけわしくて恐ろしいこと。③あぶなくて安心できないこと。
けんあん[懸案]まだ解決がつかずに残っている問題。例長い間の—が解決した
げんあん[原案]会議に出された最初の案。
けんい[権威]①他人を服従させる威力。権勢。②その道のすぐれた専門家。例能の—
けんいん[《牽引]ひっぱること。例—車
げんいん[原因]おこり。物事が起きるもと。↕結果。例事故の—・—を調べる
げんえい[幻影]まぼろし。ないものが目に見えること。また、その見える形。例—を抱く
けんえき[検疫]伝染病を予防するために行う検査。例空港での—・家畜の—
けんえき[権益]権利と利益。例国民の—
げんえき[原液]うすめる前のこい液。
げんえき[現役]①現在、部隊にはいって軍務に服しているもの。②現在、社会で活動しているか在学中の者。例—の選手
けんえつ[検閲]①しらべてみること。②出版物や映画の内容をしらべること。
けんえん[犬猿]いぬとさる。仲のわるいもののたとえ。例—の仲

けんお[嫌悪]にくみきらうこと。例—の情
げんおう[玄奥]おく深いこと。例芸の—
けんおんき[検温器]体温計のこと。
けんか[《喧嘩》]あらそい。なぐりあい。
げんか[言下]言いおわるとすぐあと。例—に
げんか[原価]①もとね。生産費。例—計算。②仕入れねだん。例—でゆずる
げんか[現下]ただいま。現在。例—の政治情勢
けんかい[見解]物の見かた。考え。例—の相違
けんかい[《狷介]かたいじ。がんこで人と調和しないこと。例—固陋な人
けんがい[圏外]はんいのそと。例優勝—
けんがい[懸《崖]①きり立ったようながけ。②枝や葉などが低くたれさがっているもの。
げんかい[限界]かぎり。かぎられたさかい。限度。例肉体的な能力の—
げんかい[厳戒]きびしく警戒すること。
げんがい[言外]ことばに出して言わない部分。例—の意味
けんかく[懸隔]かけはなれていること。ひじょうに差があること。例—が甚だしい
けんがく[見学]実地を見て学ぶこと。例—者
げんかく[幻覚]実際にはない物事をあるように感じること。例—におそわれる
げんかく[厳格]きびしく正しいこと。
げんがく[減額]数量をへらすこと。↕増額
げんがっき[弦楽器]つるをはった楽器。ピアノ・バイオリン・琴など。
けんかん[顕官]高官。地位の高い役人。
げんかん[玄関]家の正面の入り口。例—番
げんかん[厳寒]きびしい寒さ。例—の候

けんぎ[建議]目上の人に意見や希望をもうしのべること。例上司に—する
けんぎ[嫌疑]うたがい。例—をかけられる
げんき[元気]①活動の根本となる気力。活動力。②健康なさま。③勢いのよいさま。
げんぎ[原義]もとの意味。本来の意義。
けんきゃく[健脚]足が強くてよく歩けること。足がたっしゃなこと。例—コース
けんきゅう[研究]よくしらべきわめること。
げんきゅう[言及]いいおよぶこと。話のついでにほかのことまで話すこと。
けんきょ[検挙]犯人または容疑者を警察署へつれて行くこと。例—率・犯人を—する
けんきょ[謙虚]へりくだること。すなおでひかえめなこと。例—な人となり・—な態度
けんぎょう[兼業]本業のほかに他の仕事をかねること。副業。例—農家
げんきょう[元凶・元《兇]悪人のかしら。
げんきょう[現況]現在のありさま。例—報告
げんぎょう[現業]現場の労務。事務に対していう。例—員・—と非現業
けんきょうふかい[《牽強付会]こじつけること。むりにつごうのいいようにりくつをつけること。例—の説
けんきん[献金]金を公にさしだすこと。例政治—・社会事業に—する
げんきん[現金]①現在あるお金。②目の前の利益によって急に態度を変えること。
げんきん[厳禁]かたく禁じること。きびしくさしとめること。例貸し出し—
けんぐ[賢愚]かしこい人とおろかな人。

げんくん［元勲］国家に大功のある老臣。
げんくん［厳君］父の敬称。厳父。
げんけい［原形］もとの形。例―に復する
げんけい［原型］品物を作るときのもとのかた。例車のボディの―
げんけい［減刑］刑罰を軽くすること。
けんげき［剣《戟］①つるぎとほこと。武器。②武器を用いて戦うこと。例―の響き
けんけつ［献血］輸血用に血液を提供すること。例―を呼びかける
けんげん［建言］意見をもうしのべること。
けんげん［権限］①国や役所が法律によってまかされた力の範囲。②けんり。例認可の―
けんげん［顕現］明らかにあらわれること。
けんけんごうごう［《喧喧囂囂》］がやがやとやかましいこと。例―たる世の非難が
けんこ［《眷顧］ひいきすること。
けんご［堅固］しっかりしてかたいこと。丈夫なこと。例志操―・―でなによりです
げんご［言語］ことば。例―障害・―学者
げんご［原語］訳さないもとのことば。
けんこう［兼行］かね行うこと。例昼夜―
けんこう［健康］からだのじょうぶなこと。
けんこう［軒《昂］意気の高くあがるさま。ふるいたつさま。例意気―として
けんごう［剣豪］剣術の達人のこと。例―小説
げんこう［言行］ことばと行い。例―一致
げんこう［原稿］①したがき。草稿。②文章や詩歌などの書いてある紙。例―用紙
げんこう［現行］現在行われていること。
けんこうこつ［肩《胛骨］両肩のうしろにある三角形の平らな骨。かいがらぼね。
げんこうはん［現行犯］しているところをとりおさえられた犯罪。例―逮捕
けんこく［建国］新しく国をおこすこと。
げんこく［原告］裁判所にうったえ出た人。↕被告。例―側の主張点
げんごろう［源五郎］池や沼を泳ぐこん虫。
けんこん［〈乾《坤］天と地。陰と陽。例―一擲
げんこん［現今］いま。現在。例―の社会情勢
けんこんいってき［〈乾《坤一《擲］のるかそるか運命をかけて行うこと。例―の勝負
けんさ［検査］あらためしらべること。例―官
けんざい［健在］ぶじでくらしていること。
げんさい［減殺］へらすこと。例利子を―する
げんざい［現在］いま。ただいま。例―地
げんざい［原罪］生まれながらもつ罪。例―意識・キリスト教の―
けんさく［検索］しらべさがすこと。例情報―
げんさく［原作］はじめの作品。脚本や翻訳のもととなった作品。例映画の―
けんさつ［検察］①とりしらべること。②犯罪などのしょうこを集めること。例―庁
けんさん［研《鑽］研究すること。例―を積む
けんざん［見参］目上の人にあうこと。
けんざん［検算・験算］計算の結果が正しいかどうかをしらべること。例そろばんで―
けんざん［剣山］生け花用のはりをうえた道具。例―にさして生ける
げんさん［原産］もともとその地にできること。例―地・アフリカ―の動物
げんさん［減産］生産をへらすこと。↕増産
けんし［犬歯］糸きり歯。前歯の両側にある上下二本のとがった歯。
けんし［検死・検《屍］変死者などの死体を調べること。例―の結果・変死体の―
けんじ［健児］元気のいい若者。例鹿児島―
けんじ［堅持］しっかりとかたくまもること。
けんじ［検事］罪人を調べて裁判所に訴えることを職務とする国家の役人。検察官。
げんし［原子］どんなことをしてもこれ以上に分けられない物質をくみたてているいちばん小さなつぶ。例―核・―力
げんし［原始］①はじめ。おこり。②自然のままで、まだ進化していないこと。
げんし［原紙］謄写版の原版に用いる紙。
げんじ［言辞］ことば。例―を弄する
けんしき［見識］①しっかりした考え。例―をそなえる。②独特の意見。主義。③気位。
けんじつ［堅実］しっかりしてあぶなげがないこと。てがたいこと。例―な歩み
げんしつ［言質］のちの証拠となることば。げんち。例―をとられる
げんじつ［現実］いま、まのあたりにあること。↕理想。例―的な問題・―性のある話
けんじゃ［賢者］かしこい人。↕愚者
げんしゅ［元首］一国の長として国家国民を代表する者。例国家の―として
げんしゅ［厳守］かたくまもること。例時間を―する・秘密を―する
けんしゅう［研修］みがきおさめること。
けんしゅう［献酬］さかずきのやりとり。
けんじゅう［《拳銃］ピストル。例―不法所持

げんしゅう[減収]収入や収穫がへること。
げんじゅう[厳重]きびしいこと。例—な警戒
げんじゅうみん[原住民]もとからその土地にすんでいる人。例ハワイの—
げんしゅく[厳粛]おごそかなこと。例—な式
けんしゅつ[検出]しらべ出すこと。例指紋—
げんしょ[原書]外国文で書かれた書物。洋書。
けんしょう[健勝]健康なこと。例ご—で
けんしょう[憲章]おきて。きまり。例児童—
けんしょう[検証]証拠のとりしらべ。例実地—・現場—
けんしょう[謙称]けんそんした言いかた。
けんしょう[顕彰]はっきりあらわすこと。
けんしょう[懸賞]賞品や賞金をかけること。
けんじょう[献上]たてまつること。さしあげること。例—の品々
げんしょう[減少]へって少なくなること。↔増加。例人口の—・利益の—
げんしょう[現象]あらわれて見える形。例心霊—・社会—・奇妙な—
げんじょう[現状]現在の状態。現在のありさま。例—のまま保存する・—維持
げんしょく[原色]赤・黄・青の三色。例三—
けんしん[検診]健康状態を調べるために診察すること。例集団—・学校—
けんしん[献身]一身をなげだしてつくすこと。例—的な看護・不幸な老人たちに—
けんしん[検針]メーターのめもりを調べること。例ガスの—・水道の—
げんじん[原人]原始時代の人間。例北京—
げんず[原図]もとになるはじめの図。

けんすい[懸垂]①まっすぐにたれさがること。②棒にぶさ下がりひじをまげのばしする運動。例—二十回
げんすい[元帥]軍隊の最高位。例東郷—
げんすん[原寸]実物と同じ寸法。例—大の彫刻・—で印刷する
げんせ[現世]この世。現在の世。例—利益《りやく》
けんせい[権勢]人をおさえつけてしたがわせる力。権力と威勢。例—を誇る
けんせい[憲政]憲法にもとづく政治。
けんせい[《牽制]相手を一方にひきつけて自由にさせないこと。じゃまをすること。
げんせい[厳正]厳格で正しいこと。例—中立
げんぜい[減税]税金をへらすこと。例—措置
けんせき[《譴責]あやまちをとがめてしかること。例—処分・—される
げんせき[言責]自分の発言への責任。
げんせき[原籍]本籍。例—の所在地
けんせつ[建設]新しく作りたてること。↔破壊。例—会社・—省・—的な意見
けんぜつ[懸絶]ひどくちがうこと。例差が—
けんぜん[健全]①じょうぶで病気のないこと。②おだやかで偏らないこと。例—な思想
げんせん[源泉]①みなもと。水のわきでるもと。②物事の大もと。例税の—徴収
げんせん[厳選]厳重にえらぶこと。例—の上
げんぜん[厳然]いかめしくおごそかなさま。
けんそ[倹素]けんやくで質素なこと。
けんそ[険阻・《嶮岨》]けわしいこと。例—な山道・—なる小道《こみち》
げんそ[元素]①たね。もと。②水素や酸素などの化学元素。例—記号

けんそう[険相]けわしい人相。例すごい—で
けんそう[《喧騒・《喧噪》]うるさくさわがしいこと。例都会の—・巷《ちまた》の—
けんぞう[建造]建てつくること。例船の—
げんそう[幻想]とりとめのない想像。例—的
げんぞう[現像]うつしたフィルム・乾板・印画紙に薬品を用いて映像をあらわしだすこと。例—液・撮った写真を—に出す
けんそく[検束]①つかまえて自由にさせないこと。②とらえて警察にとめること。
けんぞく[《眷属・《眷族]一族。親族。家来。
げんそく[原則]根本的な法則。例—的には
げんぞく[《還俗]僧が俗人にかえること。
けんそん[謙《遜]へりくだること。例—語
げんそん[現存]現在あること。例—勢力
げんぞん[厳存]まちがいなくあること。ちゃんとあること。例事実が—する
けんたい[《倦怠]いやになってなまけること。あきあきすること。例—感・夫婦の—期
けんだい[見台]書物をのせてよむ台。
けんだい[兼題]和歌や俳句の会などで前もって出しておく題。↔席題
げんたい[減退]へること。例性欲の—
げんだい[現代]今の世。今の時代。例—っ子
けんたん[健《啖]盛んにたべること。大食。
げんだん[厳談]きびしくかけあうこと。
けんち[見地]みかた。物事を考えるたちば。
げんち[現地]現在物事が行われている土地。
けんちく[建築]家屋や橋などの建造物をつくること。例—業・—物・高層—

けんちょ［顕著］はっきりして目につくこと。例―

けんてい［検定］けんさしてきめること。例―試験・―教科書

げんてい［限定］限ってきめること。例―販売

けんてん［圏点］文章中の要点や特に注意をひこうとする箇所などに字の右わきにつける小さいまるい点。例―を打つ

けんでん［《喧伝］言いふらすこと。例―される

げんてん［原典］ぬき書きやほん訳のよりどころとなるもとの書物。もとになる古典。

げんど［限度］かぎられたていど。かぎり。

けんとう［見当］①みこみ。めあて。②方向。③ぐらい。例二十人―が参加の予定

けんとう［健闘］元気よくたたかうこと。

けんとう［検討］十分に調べて研究すること。

げんとう［幻灯・幻《燈］電灯とレンズを利用して絵や写真などを拡大して幕にうつしてみせるもの。スライド。例―機

げんとう［厳冬］さむさのきびしい冬。

げんどう［言動］物の言い方やふるまい。

げんどうりょく［原動力］①機械の動力となる力。②物事の活動のもとになる力。

けんどじゅうらい［《捲土重来］一度失敗したものがまた力をもり返すこと。例―を期す

けんない［圏内］かぎられたくぎりのなか。

げんに［現に］①いま。現在。目前。まのあたり。②実際に。事実として。例―見たことだ

げんに［厳に］厳重に。きびしく。例―戒める

けんにん［兼任］二つ以上の職務をかねること。例―講師・会長を―する

けんにんふばつ［堅忍不抜］じっとがまんして心を動かさないこと。例―の精神で

けんのう［権能］権利を行使する能力。例判定の―を有する

げんのう［玄翁］大型のかなづち。

けんのん［険《呑］あぶないこと。危険。

げんば［現場］物事が行われている場所。

げんばく［原爆］原子爆弾の略称。例―禁止運動・広島の―記念日

げんばつ［厳罰］きびしく罰すること。

けんばのろう［犬馬の労］自分のほねおりをへり下っていう語。例―をとる

けんばん［《鍵盤］ピアノやオルガンの指でおすところ。例―楽器・―に向かう

げんばん［原板］現像した乾板やフィルムなど。ネガ。例―と印画紙

けんび［兼備］二つのものを合わせもっていること。例才色―の女性

げんぴ［厳秘］厳重な秘密。絶対秘密。例―の封

けんびきょう［顕微鏡］目に見えない小さなものを拡大してみせる装置の機械。例電子―

けんぴつ［健筆］文章を書くことがたっしゃなこと。例たいへん―家であった

げんぴん［現品］実際にある品物。現物。

げんぷ［厳父］父の敬称。きびしい父。

げんぷう［厳封］厳重に封をすること。

けんぶつ［見物］物を見ること。例―人

げんぶつ［現物］①現在ある品物。②金銭にたいして品物をいう語。例―取引

けんぶん［見聞］見たり聞いたりすること。例―を広める・―記

けんぶん［検分］その場に立ち合って調べること。例下―・実地―

げんぶん［原文］もとの文章。例―のまま

げんぶんいっち［言文一致］書く文章を話すことばに一致させること。例―の文体

けんぺい［権柄］権力で他をおさえつけること。例―ずくで

げんぺい［源平］①源氏と平氏。②白と赤。例―に分かれる。③敵と味方にわかれること。

けんべん［検便］寄生虫や病菌を調べるために大便を検査すること。

げんぼ［原簿］もとの帳簿。例戸籍の―

けんぽう［憲法］①おきて。②国家の組織と働きについてきめた根本の法規。例―記念日

けんぽう［《拳法］中国武術。からて。例小林寺―・中国―の達人

けんぼうじゅっすう［権謀術数］うまく人をだますためのはかりごと。例―をめぐらす

けんぼうしょう［健忘症］きおくがへりおとろえる病気。わすれやすい性質の人。

けんぽん［献本］書物をさしあげること。

けんま［研磨］とぎみがくこと。例宝石の―

げんまい［玄米］精白していない米。例―パン

けんまく［剣幕］おこった顔つきやようす。

げんみつ［厳密］厳重でこまかいこと。

げんみょう［玄妙］奥深くてことばでは表し得ない味わいのあること。例―な哲理

けんむ［兼務］本職のほかに職務をかねること。例部長が課長も―する

けんめい［賢明］かしこいこと。例―な策

けんめい［懸命］いのちがけ。力いっぱい。

げんめい［言明］はっきりいいきること。

げんめい［原名］もとの名まえ。
げんめい［厳命］厳重に命令すること。
げんめつ［幻滅］夢やまぼろしからさめて現実にもどること。楽しい想像がやぶれて期待はずれになること。例—の悲哀
げんめん［減免］へらすことと免除すること。
けんもん［検問］しらべて問いただすこと。
けんもん［権門］地位が高く勢力のある家がら。例—にこびる人
けんもん［顕門］名声の高い家がら。
げんや［原野］未開拓ののはら。例知床の—
けんやく［倹約］節約すること。例費用の—
げんゆう［現有］現在もっていること。例—勢力でやるよりない
けんよう［兼用］一つの物を二つ以上にかねて使うこと。例男女—のシャツ
けんらん［《絢爛》］きらきらとして美しいさま。はなやか。例豪華—たる舞台
けんり［権利］①権勢と利益。②法律で保証されて個人がもっている自由と利益。↕義務
げんり［原理］物事のもとになるりくつ。
げんりょう［原料］製造や加工の材料となるもの。たね。例—費・—の輸入
けんりょく［権力］他人をおさえつけて従わせる力。例国家—・—をかさに着る
けんろう［堅《牢》］じょうぶ。がんじょう。
げんろう［元老］①人望があってすぐれた国家の功臣。②その社会で功労のある年長者。
げんろん［言論］自分の考えをことばや文章に発表して論ずること。例—の自由
げんわく［《眩惑》］目をくらませること。

こ

こ［戸］と。いえを数える語。例四十戸の村
こ［故］むかし。死んだ人。例故中村氏
こ［個］物をかぞえる語。例リンゴが五個
こ［弧］弓の形。アーチ。例弧を描く
こ［子］こども。例女の子・子らが遊ぶ
ご［五］いつつ。例家が五軒・リンゴが五個
ご［後］のち。あと。例その後・報告した後
ご［語］ことば。かたる。例語の意味が不明
ご［碁］黒白の石で行う勝負。囲碁。例碁盤
こい［恋］愛して思いしたうこと。恋愛。
こい［《鯉》］淡水魚の一種。例—の滝登り・—のあらい・—のぼり
こい［濃い］色がふかい。こまやかである。密である。例—茶色・味が—・疑惑が—
こい［故意］わざとすること。例—に失敗する
ごい［語《彙》］ことばをその種類によって集めたもの。語の種類。用語。例豊富な—
こいき［小意気・小〈粋］ちょっといきなようす。例—な着物姿・—な女
こいぐち［《鯉口》］刀のさや口。例—を切る
ごいさぎ［五位《鷺》］サギの一種。
こいじ［恋路］恋のみち。例—にまよう
ごいし［碁石］囲碁に使う黒と白の石。
こいしい［恋しい］あこがれしたう。例故郷が—・昔が—・—人
こいしたう［恋(い)慕う］恋しいと思う。例同級生の男の子を—
こいちゃ［濃い茶］抹茶の一種。↕薄茶・お薄
こいねがう［〈希う・《冀う］切望する。
こいのぼり［《鯉幟》］五月五日用のこいの吹きながし。例—と武者人形で祝う
こいびと［恋人］したわしい人。例—同士でドライブする・—ができる
こいわずらい［恋煩い］恋のやまい。例—で食欲がない・高根の花の—
こいん［雇員］役所や会社の臨時のやとい。
こう［公］①偏らないこと。公正。②おおやけ。おもてむき。例公私の区別。③貴人の尊称。例西園寺公
こう［甲］①から。こうら。②よろい。③手・足の表側。例足の甲。④第一位。例甲乙丙
こう［幸］さいわい。例幸か不幸か
こう［講］組合。講義仲間の会。例講に入る。無尽講・一向宗の講
こう［香］におい。かおり。例香をたく
こう［項］かじょう。例この項は削除します
こう［請う・《乞う］求める。願う。頼む。例案内を—・助力を—
ごう［合］①一升の十分の一。②一坪の十分の一。③山の高さを十分したその一。
ごう［号］本名以外につけるほかの名。雅号。
ごう［業］①善悪さまざまな行い。②前の世でした行いのむくい。例業を煮やす
ごう［剛］つよい。かたい。例柔よく剛を制す
ごう［郷］さと。地方。いなか。例郷に入っては郷に従え・在郷軍人
ごう［豪］①オーストラリアのこと。例豪州・日豪親善。②つよい。すぐれる。例文豪
こうあつ［高圧］①強い圧力。②電圧の高いこ

と。③頭ごなしにおさえつけること。例—的

こうあん[公安]社会の安全。公共の安寧。

こうあん[考案]考えること。くふう。例—者

こうい[行為]おこない。しわざ。例不法—

こうい[好意]①親切な心。②好ましく思う心。

こうい[厚意]親切。厚情。例ご—を忘れずに

ごうい[合意]心を合わせること。例双方—の上・両者—に達する

こういしょう[後遺症]病後にのこる症状。例交通事故の—に苦しむ

ごういつ[合一]一つになること。

こういっつい[好一対]①よくにあった一対の組み合わせ。②にあいの夫婦。

こういってん[紅一点]①青葉の中に紅色の花が一つ咲いていること。②多くの男性中にただひとりの女性がまじること。

こういん[光陰]①時。時間。②月日。年月。

こういん[拘引・《勾引]とらえて引きつれること。例警察に—される

ごういん[強引]むりやりに行うこと。例—に

こうう[降雨]雨がふること。例本日の—量は

ごうう[豪雨]どっと強く降る雨。大雨。

こううん[幸運]運のよいこと。しあわせ。

こうえい[公営]国家や地方公共団体による経営。↕民営。例—の宿泊施設

こうえい[光栄]ほまれ。名誉。例受賞の—に

こうえい[後衛]①後方のまもり。例バレーボールの—。②本隊の後方を守る部隊。↕前衛。例—が駆けつける

こうえい[後《裔]子孫。末流。例平氏の—

こうえき[公益]公共の利益。社会全体の利益。

こうえき[交易]品物を交換して商売すること。例外国との—・長崎の—商

こうえつ[校閲]文書や書物などの間違いを調べること。例新聞社の—係

こうえん[公演]公衆の前で劇などを演じること。例地方—・巡回—

こうえん[後援]うしろから助けてやること。後おしして助けること。例歌手の—会

こうえん[高遠]高くぬきん出て遠大なこと。例—な理想・—な哲学

こうえん[講演]大ぜいの人に向かって話をすること。例時局—会・東大総長の—

こうお[好悪]すききらい。例—感が強い

こうおつ[甲乙]①甲と乙。第一と第二。②まさりおとり。優劣。例—つけがたい

こうおん[厚恩]あつい恩。深い恩。例ご—は

ごうおん[《轟音]とどろきひびく大きな音。

こうか[効果]①できあがり。できばえ。②ききめ。効能。例—があがらない・—的

こうか[高価]ねだんが高いこと。↕廉価

こうか[高架]地上に高くかけわたすこと。

こうか[硬化]①物がかたくなること。②意見や態度が強硬になること。↕軟化

こうか[硬貨]金属で作った貨幣。例百円—

こうが[高雅]上品でみやびやかなこと。

ごうか[豪家]勢力のある家。財産のある家。

ごうか[豪華]ぜいたくではでやかなこと。

ごうか[業火・《劫火]①仏教で世界壊滅のとき全世界を焼きつくすという大火。②この世の末かと思うような大火災。

こうかい[公海]どこの国にも属しない海。

こうかい[公開]多くの人に見せたり、聞かせたりすること。例—録画・一般—

こうかい[後悔]あとになって残念に思うこと。例—先に立たず

こうかい[航海]船で海を渡ること。例—士

こうがい[《笄]女性の髪にさすかざりの一種。

こうがい[口外]他人に話すこと。例—を禁ず

こうがい[郊外]都会に続く田園地域。

こうがい[公害]企業が一般民衆に及ぼす害。

ごうかい[豪快]元気が強く気持ちのよいこと。例—な笑い・—なホームラン

ごうがい[号外]新聞などが臨時に発行するニュース。例停戦成立の—が出る

こうかく[口角]口のわき。口のまわり。例—泡を飛ばして論ずる

こうがく[工学]工業に関する学問。例—部

こうがく[好学]学問を好むこと。勉強ずき。

こうがく[向学]学問にはげむこころざし例—心に燃える青年

こうがく[後学]あとから学問を始めた学者。あとのためになる学問。例—のために

こうがく[高額]金額の多いこと。↕低額

ごうかく[合格]試験や検査に及第すること。

こうかつ[《狡猾》]わるがしこいこと。

こうかん[好感]よい感じ。気持ちのよい印象。

こうかん[向寒]寒い季節に向かうこと。

こうかん[好漢]役に立つたのもしい男。好ましい男。よい男。例—自重を期す

こうかん[交換]取りかえること。例—条件

こうかん[交歓]たがいに喜びをかわすこと。いっしょに楽しむこと。例日米の—会

こうかん［鋼管］はがねでつくったくだ。
こうかん［《巷間］ちまた。世間。例—のうわさ
こうがん［紅顔］血色のよい、わかわかしい顔。
こうがん［厚顔］あつかましいこと。例—無恥
こうがん［《睾丸］雄の生殖器。ふぐり。
ごうかん［強《姦］暴力で女性をおかすこと。
ごうがん［《傲岸］たかぶってみくだすこと。
こうき［公器］公共のもの。例新聞は社会の—
こうき［光輝］①ひかり。かがやき。②ほまれ。名誉。例—ある伝統の校風
こうき［好奇］めずらしいことや変わったことに興味を持つこと。ものずき。例—心
こうき［好機］ちょうどよい機会。チャンス。
こうき［香気］よいにおい。かおり。
こうき［校規］学校できめた規則。例—により
こうき［校紀］学校の風紀。例—が乱れる
こうき［校旗］学校を象徴するはた。例—掲揚
こうき［高貴］身分が高く貴いこと。例—な方
こうき［綱紀］①物事のしめくくり。②国の政治の大もと。国家の大法。例—粛正
こうぎ［公儀］政府。おおやけ。朝廷。
こうぎ［広義］広く考えた意義。↕狭義
こうぎ［抗議］反対の考えを申し出ること。
こうぎ［講義］書物または学説の意義をといて聞かせること。×講議。例日本中世史の—
こうぎ［交《誼］友だちの親しみ。交情。
こうぎ［厚《誼］なみなみならない親しみ。
ごうき［剛《毅］意志が強く何事にもひるまないこと。例—な性格
ごうぎ［合議］ふたり以上の人が集まって相談し合うこと。例—制・審判—の結果
こうきあつ［高気圧］気圧が周囲に比べて高いところ。この区域の中は天気がよい。
こうきゅう［恒久］永久。例—平和・—的な設備
こうきゅう［高級］程度が高いこと。↕低級
こうきゅう［高給］高い給料。例—とり
こうきゅう［好球］ほどよい投球。例—必打
こうきゅう［硬球］かたいボール。↕軟球。例テニスの—・—を使った野球
ごうきゅう［号泣］大声をあげて泣くこと。
ごうきゅう［剛球］非常に速い投球。例—投手
こうきょ［皇居］天皇のおすまい。
こうきょ［《薨去］身分の高い人が死ぬこと。
こうきょう［公共］世の中ぜんたい。例—施設
こうきょう［好況］景気のよいこと。↕不況
こうぎょう［工業］材料に手を加えたり機械の力を加えて、製品をつくりだす産業。
こうぎょう［鉱業・《礦業］鉱物を掘り出したり、精製する事業。例—資源
こうぎょう［興行］映画やしばいなどを催し入場料を取ってみせること。例相撲の—
こうぎょう［興業］①新しく事業を始めること。②産業を盛んにすること。例殖産—
こうきょうがく［交響楽］管弦楽のためにつくった音楽。シンフォニー。例—団
こうきょうしょ［口供書］承認の証言を書きしるした書類。例—の提出
こうぎょく［紅玉］あかい色の宝石。ルビー。
こうぎょく［硬玉］宝石の一つ。ひすい。
こうぎょく［鋼玉］ダイヤモンドの次にかたい宝石。赤はルビー、青はサファイア。
こうきん［公金］国家または公共団体の所有である金。例—横領・—の使いこみ
こうきん［拘禁］捕らえて一定の場所に留めておくこと。例収賄容疑で—される
ごうきん［合金］二種以上の金属をとかしてまぜ合わせた金属。例銅と亜鉛の—
こうぐ［工具］機械や工作に使う器具。
ごうく［業苦］仏教で、前世に悪い行いをしたむくいとして現世で受ける苦しみ。
こうくう［航空］航空機で空を飛行すること。
こうぐう［厚遇］手厚くもてなすこと。
こうぐん［行軍］軍隊などが隊列をつくって行進すること。例強—となる
こうげ［香華］仏前にそなえる香と花。例—をたむける・—を供える
こうげ［高下］①高いことと低いこと。例身分の—。②まさることとおとること。優劣。
こうけい［口径］容器や鉄砲などの口のさしわたし。例—五・五六ミリのベレッタライフル
こうけい［光景］けしき。ありさま。ようす。
こうけい［後継］あとをつぐこと。例—者
こうげい［工芸］美術と結びついた工業。
ごうけい［合計］全体を集計した総額。例—高
こうげき［攻撃］①敵を攻めうつこと。例鋭い—。②あいての悪い点をとがめること。
こうけつ［高潔］心や行いの気高く清らかなこと。例—な士・—な人格
こうけつ［《膏血］①あぶらと血。②身を苦しめて得た収入。例人民の—をしぼる
ごうけつ［豪傑］知恵や勇気のすぐれた人。
こうけん［効験・《效験］ききめ。効能。
こうけん［後見］①うしろだてをすること。例

―役。②おさない主人を助けて、その代理となって仕事をする人。例―人
こうけん［高見］①高い識見。すぐれた意見。②相手の意見への敬称。例ご―を拝聴
こうけん［貢献］力をつくすこと。役に立つこと。例社会に―する
こうげん［公言］公然と言うこと。例―する
こうげん［広言］大きな口をきくこと。
こうげん［巧言］口先のうまいこと。例―令色
こうげん［光源］光の出るもと。
こうげん［高言］えらそうに高ぶっていうこと。例実力もないくせに―する
こうげん［高原］周囲の平地にくらべて相当の高さになっている平原。例―植物
ごうけん［剛健］強くたくましいこと。例質実―・―な校風
こうこ［好個］ちょうどよいこと。例―の見本
こうこ［後顧］①うしろをふりむくこと。②あとにひかれること。例―の憂いあり
こうご［口語］話しことば。↔文語。例―体
こうご［交互］かわるがわる。例―に話す
こうご［向後］これからのち。今後。
ごうご［豪語］強がりを言うこと。例最強と―
こうこう［孝行］親を敬いよく仕えること。
こうこう［航行］船が水上を行くこと。
こうこう［口《腔］口からのどの間。口の中。
こうこう［《皓皓》］白くかがやくさま。例―たる月の光の下で
こうこう［《煌煌》］光りかがやくさま。例―とフットライトを浴びて
こうごう［交合］性のまじわり。例犬の―
こうごう［皇后］天皇の妻。おきさき。
ごうごう［《轟轟》］とどろきひびくようす。例―とエンジンの音が
ごうごう［《囂囂》］声のやかましいさま。例―たる世の非難が集まる
こうごうしい［神神しい］おごそかである。
こうこうや［好好《爺］人のよいおじいさん。
こうこがく［考古学］古代の遺物によって、古代人類の文化を研究する学問。
こうこく［広告］広く世間の人に知らせること。また、その文書。例新聞―・新製品を―する・―代理店・宣伝―
こうこつ［《恍惚》］物事に心をうばわれてうっとりするさま。例―として聞きほれる
こうこつかん［硬骨漢］意志が強くて人に屈しない男。例断じて屈しない―
こうさ［交差・交《叉］十字にまじわること。例―点・立体―・道路が―する
こうさ［考査］試験のこと。例学力―・人物―
こうざ［口座］帳簿で勘定の科目別に設けて記入する箇所。例銀行預金の―番号
こうざ［講座］①講義をする人の座席。②大学で教授が講義を受け持っている学科。
こうさい［公債］国家や公共団体が借りる金。
こうさい［交際］つきあい。例隣近所の―
こうさい［光彩］あざやかな光。美しくりっぱにめだつこと。例ひときわ―を放つ
こうさい［《紅彩］眼球のひとみのまわりにある薄いまく。
こうざい［功罪］てがらとつみ。例―相半ばする・彼の業績には―がある
こうさく［工作］①作ること。②土木建築などの仕事。工事。③計画。準備。はたらきかけ。
こうさく［交錯］入りまじること。例希望と不安が―する・複雑な感情の―
こうさく［耕作］田畑を耕して作物を作ること。例―地・田畑の―
こうさつ［考察］考え調べること。例―力
こうさつ［絞殺］くびをしめて殺すこと。
こうさん［公算］たしからしさ。例成功の―
こうさん［降参］①戦いに負けて敵にしたがうこと。②負けてへいこうすること。
こうさん［恒産］①きまった財産。②生活をささえる一定の職業。例―なければ恒心なし
こうざん［鉱山］鉱物を採掘する所。
こうし［公私］おおやけの事と自分の事。
こうし［公使］国の代表として外国に派遣される外交官。大使の次の駐在外交官。例―館
こうし［行使］とり行うこと。例権力の―
こうし［厚志］厚い志。親切な心づくし。
こうし［講師］①学科や技術を教授する人。②講演する人。例本日の―は
こうし［格子］細い角材を組み合わせた建具。例―戸・―じま
こうじ［《麹］こうじ菌をふやしたもの。
こうじ［小路］はばの狭いみち。こみち。↔大路
こうじ［公示］広く一般の人に示すこと。
こうじ［好事］よいことがら。例―魔多し
こうじ［後事］①あとあとの事。将来のこと。②死後のこと。例―を託される
こうじ［好《餌］①よいえさ。うまいえさ。②たやすくぎせいとなるもの。例―でつられる

こうしき［公式］①計算の方法を文字でしめした式。②おおやけの儀式や方法。例—行事・プロ野球の—戦・政府の—発表

こうしつ［皇室］天皇の御一家。

こうしつ［硬質］質がかたいこと。かたい性質。

こうじつ［口実］いいわけ。例休む—に

こうしゃ［巧者］物事にじょうずなこと。

こうしゃ［後者］二つあるうちあとのもの。

ごうしゃ［豪《奢］非常にはでなぜいたく。

こうしゅ［攻守］攻めることと守ること。

こうしゅう［公衆］世間一般の人々。例—便所

こうしゅう［講習］学術や技芸を学びならうこと。例—会・—を受ける

ごうじゅう［剛柔］かたいこととやわらかいこと。強いこととやさしいこと。

こうじゅつ［口述］口でのべること。例—筆記

こうじゅつ［後述］あとでのべること。↕前述

こうじょ［控除］さしひくこと。例税額—

こうしょう［口承］口から口へと言いつぐこと。例—伝説・—文芸

こうしょう［工匠］職人。だいく。例飛驒の—

こうしょう［公証］①おおやけの証拠。②公務員が法律にしたがってする証明。例—人

こうしょう［交渉］①かけ合うこと。②話し合い。談判。②かかり合うこと。関係。

こうしょう［鉱床］地中に鉱物がある場所。

こうしょう［高尚］けだかく上品なこと。

こうしょう［《哄笑］大声でわらうこと。

こうじょう［口上］①ことばでのべること。あいさつ。例—書き。②しばいなどで、そのあらすじをのべること。例—を述べる

こうじょう［向上］上に向かって進むこと。例実力の—を図る・—心

こうじょう［工場］工作物をつくりだすところ。例—地帯・—労働者

こうじょう［恒常］変わらないこと。例—的な

こうじょう［厚情］あついなさけ。親切。

ごうじょう［強情］いじをはりとおすこと。例ご—

こうしょく［公職］おおやけの職務。例—追放

こうしん［高進・《亢進・《昂進］高まること。

こうしん［行進］進んでいくこと。例—曲

こうしん［更新］あらためること。例名儀の—

こうしん［後身］①うまれかわり。②境遇の変わってしまった人。なれのはて。↕前身

こうしん［後進］①あとから進みゆくこと。↕前進。②あとから学び始めた人。後輩。③進歩が遅れていること。例文化の—性

こうしん［交信］通信をかわすこと。例無線で—する・ハムの—記録

こうじん［公人］おおやけに関係のある人。↕私人。例—としての立場で

こうじん［幸甚］何よりありがたく思うこと。

こうじん［後《塵］人や車馬などの通ったあとに立つ土ほこり。例—を拝する

こうしんじょ［興信所］個人や会社などの信用状態を秘密に調査や報告する機関。

こうじんぶつ［好人物］①気だてのよい人。②わるぎのない人。おひとよし。

こうず［構図］芸術作品をつくるとき、主題や材料などを適当に配置すること。

こうすい［硬水］カルシウムやマグネシウムなどがやや多くとけこんでいる水。↕軟水

こうずい［洪水］①河川の水があふれること。おお水。②あふれるほどたくさんあること。

こうずか［好事家］変わった物事に特に興味を持つ人。ものずき。例風流を愛する—

こうする［抗する］さからう。反抗する。

こうずる［講ずる］講義をする。考える。

こうずる［高ずる・《嵩ずる・《昂ずる］つのる。例病気が—・収集癖が—

こうずる［《薨ずる］高貴な人が死ぬ。

ごうする［号する］①いいふらす。②となえる。

こうせい［公正］公平でかたよらないこと。公明正大。例—な配分をする

こうせい［攻勢］攻めかかる勢い。↕守勢

こうせい［更生］①生きかえること。②生活を新たにすること。例—の一歩を踏みだす

こうせい［厚生］生活をゆたかにすること。

こうせい［後世］のちの世。後の時代。

こうせい［後生］あとの人。後輩。子孫。例—恐るべし・—の模範となる

こうせい［恒星］星の中で、太陽のように自身で光を出し、その位置をかえない星。

こうせい［校正］印刷された文字のちがいを正すこと。例—の赤字が多い

こうせい［構成］組み立てること。かまえつくること。例組織の—・小説の—

ごうせい［合成］二つ以上のものを合わせて一つのものをつくること。例—繊維

ごうせい［豪勢］勢いのすぐれていること。

こうせいぶっしつ［抗生物質］微生物からつくられる抗菌性物質。例—で治療する

こうせき［功績］てがら。例—をたたえる

こうせき［鉱石］金属を含む鉱物。例鉄―
こうせつ［公設］国や公共団体がたてること。
こうせつ［巧拙］うまいこととまずいこと。
こうぜつ［口舌］口さき。物言い。例―の徒
こうせん［口銭］売買のなかだちをしたときの手数料。例―をとる商売
こうせん［公選］一般国民による選挙。例―制
こうせん［黄泉］死んだ人が行くという所。よみじ。よみのくに。
こうせん［鉱泉］地中からわき出る水のうち鉱物質を比較的多くふくんでいるもの。
こうぜん［公然］表向き。おおっぴら。
こうぜん［《昂然］意気のあがるさま。
こうぜん［《浩然］ゆったり。例―の気
こうそ［酵素］生体内の化学反応する触媒。
こうそ［控訴］第一回の裁判に不服なばあい上の裁判所にうったえ出ること。例―棄却
こうぞ［《楮］クワ科の落葉低木。和紙の原料。
こうそう［広壮・《宏壮］広くてりっぱなこと。例―な建築物・―な邸宅
こうそう［抗争］はりあいあらそうこと。
こうそう［高燥］土地が高くてしめりけの少ないこと。↔低湿。例―な台地
こうそう［高層］①高くかさなること。例―雲。②建物の高いこと。例―建築
こうそう［構想］考えを組み立ててまとめること。例―をたてる・―を練る
こうぞう［構造］①組み立て作ること。②つくりかた。できぐあい。例複雑な―
ごうそう［豪壮］強くて勢いが盛んなこと。
こうそく［校則］学校の規則。例厳しい―
こうそく［拘束］自由をうばうこと。例―衣
こうそくど［高速度］速度のはやいこと。
こうたい［交代・交替］かわり合うこと。いれかわり。例選手―・役員の―
こうたい［後退］うしろへさがること。退くこと。↔前進。例一歩も―するなよ
こうだい［後代］後の世。後の時代。後世。
こうたく［光沢］つや。例―のある布地
ごうだつ［強奪］力ずくでむりにうばうこと。
こうだん［講談］軍記や武勇伝などをおもしろく聞かせること。講釈。例―師
ごうたん［豪胆・剛胆］胆力がすわっていること。大胆。例―な人物・―な行動
こうち［耕地］耕作した土地。例―面積
こうち［高地］高度の高い土地。例―栽培
こうち［拘置］とらまえておくこと。例―所
こうち［巧遅］物事をするのにじょうずではあるが仕事の運びがのろいこと。↔拙速
こうち［巧《緻］仕事が巧みでうまいこと。
こうち［《狡知・《狡智》］わるがしこい知恵。
こうちく［構築］組み立てきずくこと。例―物
こうちゃ［紅茶］煮立てた汁が紅色を帯びる茶。ブラックティー。例―用のポット
こうちゃく［《膠着］①ねばりつくこと。かたまりつくこと。②行きづまること。例―状能
こうちゅう［甲虫］かぶと虫やこがね虫のように、かたい前ばねのあるこん虫。
こうちょう［好調］ちょうしがよいこと。
こうちょう［紅潮］顔に血がのぼって赤くなること。例感激してほおを―させる
こうちょう［高潮］①満潮が極点になったもの。②物事が極点になること。例感情の―
こうちょう［高調］①高いちょうしの音。②強くとなえること。力説すること。↔低調
こうちょう［候鳥］わたり鳥。↔留鳥
こうちょうかい［公聴会］重要なことがらを公正にきめるために学識経験者などを集めて意見を聞く会。例原子力発電所建設の―
こうちょく［硬直］こわばること。例死後―
ごうちょく［剛直］気性が強く正直なこと。
こうつう［交通］①ゆきかよい。ゆきき。②輸送と通信の総称。例―網・―事故・―機関
こうてい［工程］仕事の順序。例作業―
こうてい［公定］おおやけに定めること。
こうてい［行程］みちのり。道程。例一日の―
こうてい［肯定］そうだとみとめること。よいと同意すること。↔否定。例彼の説を―する
こうてい［校訂］文章や字句の誤りを正すこと。例本文を―する
こうてい［高低］①高いことと低いこと。②上がり下がり。例物価の―がはげしい
こうてい［高弟］すぐれたでし。例武蔵の―
こうでい［拘泥］一つのことにこだわること。
こうてき［公的］公共の事に関する。おおやけの。↔私的。例―な行事として
こうてき［好適］ちょうどよく合うこと。ふさわしいこと。例勉学に―な環境
こうてきしゅ［好敵手］よい相手。力の程度のつりあった敵。例―にめぐりあう
こうてつ［更迭］入れかわること。異動。
こうてつ［鋼鉄］きたえられた鉄。はがね。
こうてん［公転］中心となる星のまわりを他の

星が運行すること。↕自転。例―周期

こうてん［好転］物事がよいほうへ変わること。↕悪化。例万事―する

こうてん［荒天］風雨のはげしい天候。しけ。

こうでん［香典・香《奠》］死者の霊前に香のかわりにそなえる金品。例―を供える

こうど［光度］光の強さのどあい。

こうど［高度］①高さのどあい。高さ。②ていどの高いこと。例―の能率・―に発達

こうど［硬度］物のかたさのていど。

こうとう［口頭］ことばでいうこと。例―試問

こうとう［高等］程度が高いこと。例―教育

こうとう［高騰］価格が高くあがること。

こうとう［《喉頭》］のど。のどぼとけ。

こうどう［公道］①だれでも守らなければならない正しい道。②公衆の通行のための道。

こうどう［行動］おこない。実際にすること。

こうどう［坑道］鉱山の坑内の通路。

こうどう［講堂］儀式などを行う広いへや。

ごうとう［強盗］人をおどして金品をうばい取る者。例―殺人事件

ごうどう［合同］二つ以上のものが一つになること。例―授業・―庁舎

こうとく［公徳］社会の人々がだれもが守らなければならない道徳。公衆道徳。例―心

こうどく［鉱毒］鉱物の採掘や精錬などのときに出てくる毒。例足尾―事件

こうどく［講読］書物や雑誌などを買って読むこと。例―紙・定期―者

こうない［構内］かこいの中。例駅の―

こうなん［後難］あとでふりかかるわざわい。

こうなん［硬軟］かたいこととやわらかいこと。例―取り混ぜて

こうにゅう［購入］買い入れること。例本の―

こうにん［公認］国・社会・政党などでみとめること。おおやけにみとめること。例―候補

こうにん［後任］前にいた人に代わってその任務につくこと。また、その人。↕前任

こうねつひ［光熱費］電気やガス代などの総称。例家計に占める―の割合

こうねん［光年］光が一年間に走るきょり。星のきょりを表す単位。

こうねん［後年］①後の世。後の年。②晩年。

こうねんき［更年期］女性の月経閉止の時期。また、その症候。例―障害

こうのう［効能］ききめ。しるし。例薬の―

こうのう［行《嚢》］郵便物を入れて送る袋。

ごうのう［豪農］財産と勢力のある農家。

こうば［工場］こうじょう。例町―の主人

こうはい［向背］①したがうこととそむくこと。②様子。動静。例中間層の―で決まる

こうはい［交配］種類の違う雌雄をかけあわせること。例世界チャンピオンと―させる

こうはい［後輩］年齢や地位の劣っている者。同じ学校を後から卒業した人。↕先輩

こうはい［荒廃］荒れすたれること。

こうはい［興廃］おこることとすたれること。

こうばい［公売］広く人々に知らせてから、品物をせり売りすること。例―にかける

こうばい［購買］買い入れること。例―力

こうばい［《勾》配］傾斜の度合い。かたむき。

こうはつ［後発］おくれて出発すること。例―隊の登頂・―メーカー

ごうはら［業腹］腹が立ってたまらないこと。

こうはん［公判］公開して行うさいばん。

こうはん［広範・広《汎》］はんいが広いこと。

こうはん［後半］あとの半分。例試合の―戦

こうはん［孔版］とうしゃ版のこと。例―印刷

こうばん［交番］警察の派出所。例―の巡査

ごうはん［合板］ベニヤ板。例化粧―

こうひ［口碑］言いつたえ。伝説。口承。

こうび［交尾］動物の性交。例―期

ごうひ［合否］合格と不合格。例―の判定

こうひつ［硬筆］鉛筆やペンなどの総称。

こうひょう［公表］世間に広く発表すること。

こうひょう［好評］評判がよいこと。例―を博す・世間の―を得る

こうひょう［講評］理由をあげて批評すること。例句会選者の―

こうびん［幸便］ちょうどよいついで。つごうのよいたより。例―に託する

こうびん［後便］あとのたより。例以下―

こうふ［公布］広く世間の人々に知らせること。例官報で―される

こうふ［交付］手渡すこと。例補助金の―

こうふ［坑夫］鉱山で働く労働者。

こうふう［校風］学校の特色とする気風。

こうふく［幸福］しあわせ。さいわい。

こうふく［降伏・降服］降参すること。例全面―

こうぶつ［好物］好きな食べ物。例大―で

こうぶつ［鉱物］天然に産し地中に含まれる無機物。例―質・―資源

こうふん［公憤］正義の心から起こるいきどお

り。社会全体のためのいかり。↕私憤

こうふん［興奮・《亢奮・《昂奮］感情がたかぶること。例―剤・試合を前に―する

こうふん［口《吻］口と口先。口ぶり。

こうぶんしょ［公文書］おおやけの文書。

こうべ［〈頭・〈首］あたま。かしら。例しゃれ―

こうへい［公平］平等でかたよらないこと。

こうべん［抗弁］相手にさからって言いはること。例先生に―する

こうほ［候補］ある地位をえる資格。例―者

こうぼ［公募］広く一般から募集すること。

こうぼ［酵母］糖分をアルコールと炭酸ガスに分解する発酵作用をもつ菌。酵母菌。

こうほう［公法］国家と国民との間の関係を定めた法律。憲法・刑法・行政法など。↕私法

こうほう［公報］役所から一般への知らせ。例官庁の―紙・選挙―

こうほう［広報・《弘報］ひろく一般に知らせること。例企業の―活動・―課

こうぼう［攻防］攻めることと守ること。

こうぼう［興亡］おこることとほろびること。

ごうほう［合法］法律にかなうこと。例―的に

ごうほう［豪放］心が大きくて小さいことにこだわらないこと。例―な人がら・―磊落《らいらく》

こうぼく［公僕］公衆のための職業についている者。公務員など。例―としての義務

こうまい［高《邁］人にすぐれてけだかいこと。

こうまん［高慢］高ぶって人をあなどること。

ごうまん［《傲慢］えらそうにして人をばかにすること。例―な態度をとる

こうみょう［功名］てがらをたて名をあげること。例けがの―・―をたてる

こうみょう［巧妙］非常にうまいこと。じょうずなこと。↕拙劣。例―な手段で

こうみょう［光明］あかるい光。例前途に―を

こうみん［公民］国民としての権利と義務を持っている人。例―権・―館

こうむ［公務］おおやけのつとめ。例―員

こうむる［被る・《蒙る］受ける。例損害を―・ご免―・恩恵を―

こうめい［公明］公平でかくしだてのないこと。おおっぴらで正しいこと。例―な選挙

こうめい［高名］名高いこと。有名。例―な人

こうもく［項目］物事のこわけ。条項。例―別に

こうもり［《蝙蝠》］翼手のほ乳類。例―傘

こうもん［《肛門］直腸の末にあって消化した残りのかすを排出する穴。例―病科

ごうもん［拷問］人の肉体をいため苦しめて白状をせまること。例―にかける

こうや［荒野］草のおい茂った野原。あれ野。

こうや［広野・《曠野］はてしもなく広い野原。

こうやく［口約］くち約束。例―を交わす

こうやく［公約］おおやけに約束すること。

こうやく［《膏薬］油でねった外用薬。例―張り

こうゆう［公有］国家または公共団体の所有。↕私有。例―地

こうゆう［交友］友だち。友人。例―関係

ごうゆう［剛勇・豪勇］たけく勇ましいこと。

ごうゆう［豪遊］ぜいたくな遊び。例料亭で―

こうよう［公用］国や役所などのおおやけの用事やつとめ。↕私用。例―で地方に出張

こうよう［効用］①つかいみち。用途。②ききめ。はたらき。例機械の―・薬の―

こうよう［紅葉］木の葉が赤くなること。

こうよう［高揚・《昂揚］高まること。例士気―

ごうよく［強欲・強《慾］たいそう欲張りなこと。例―な商人・―非道

こうらい［光来］人が訪ねてくることの敬称。

こうらく［行楽］遊び歩くこと。山野に出て遊び楽しむこと。例―地・―シーズン

こうらん［高覧］相手が見ることに対する敬語。例ご―を賜わりたく

こうり［公吏］①役人。②地方公務員。

こうり［公理］だれもが正しいと認める道理。

こうり［功利］功名と利欲。利益と幸福。例―的

こうり［高利］高い利息。↕低利。例―の借金

こうり［行《李］旅行用の荷物をいれる用具。

ごうり［合理］道理にかなっていること。

ごうりき［合力］①力を合わせること。②金品をほどこすこと。ほどこし。例―を求める

ごうりき［強力］①強い力。②登山者の荷物を運んだり案内をしたりする男。

こうりつ［高率］高いわりあい、りつが高いこと。↕低率。例合格率は―である

ごうりてき［合理的］理論や道理にあっているさま。例―な考え方・―な経営

こうりゃく［攻略］攻めとること。例敵地を―

こうりゅう［交流］①一定時間ごとにかわるがわる逆の方向に流れる電流。②両方から互いちがいに流れること。例文化の―

こうりゅう［拘留］とらえてとどめおくこと。

こうりゅう［興隆］おこってさかえること。

ごうりゅう［合流］①二つ以上の川がいっしょ

になること。例―点。②二つ以上のものが合同して一つになること。例派閥の―
こうりょ［考慮］十分に考えをめぐらすこと。
こうりょう［香料］芳香のある原料。
こうりょう［広量］心が広いこと。↔狭量
こうりょう［荒涼・荒《寥］荒れはててものさびしいこと。例―たる原野
こうりょう［綱領］たいせつな大もとになるきまり。基本方針。例政党の―
こうりょく［効力］ききめ。働き。例―を発揮
こうれい［好例］ちょうどよい例。適例。
こうれい［恒例］いつもきまった行事。
こうれい［高齢］年齢が高いこと。としより。
こうろ［行路］①道を行くこと。②世わたり。
こうろ［航路］船や航空機の通るみち。
こうろう［功労］ほねおり。てがら。例―者
こうろん［口論］言い争うこと。口げんか。
こうろん［公論］①世間一般の議論。②かたよらない公平な議論。例万機―に決すべし
こうわ［講和・《媾和］戦争をやめて国際関係を平和な状態にもどすこと。例―条約
こうわ［講話］説いて聞かせること。例―会
こうわん［港湾］みなと。例―施設
こえ［声］のどからでる音。例声をだす
こえ［肥］肥料。こやし。例肥おけ・肥だめ
ごえい［護衛］つきそって守ること。例―官
こえる［肥える］①からだに肉がます。太る。②地味がよくなる。③経験がゆたかになる。
こえる［越える］①物の上をゆく。例飛び―。②年月を経る。例二十年を―経験
こえる［超える］おどりこす。まさる。例人間技を―・百人を―参加者
こおう［呼応］①一方が呼び、他方がこれにこたえること。②互いに意志を通じ合い、れんらくがあること。例相―して
こおり［氷］水が固体になったもの。例氷枕
こおる［凍る・〈氷る］液体が低温で固体になる。例路面が―・池が―
こおろぎ［《蟋蟀》］夏の終わりから秋の初めにかけて美しい声で鳴く虫。
こが［古雅］古めかしくて上品なこと。
こがい［戸外］家のそと。屋外。例―の運動
こがい［子飼(い)］こどものときから面倒をみること。例―の部下・―の社員
ごかい［誤解］まちがって解釈すること。
こかく［顧客］とくい。常客。こきゃく。
ごかく［互角］力量がどちらもまさり劣りのないこと。例実力は―だ・―の勝負
ごがく［語学］①ことばや文法の学問。②外国語の学習。例―力・―の教師
こかげ［木陰・木《蔭］樹木のかげ。樹陰。
こがす［焦(が)す］①焼いて黒くする。②心をなやます。あせる。例胸を―
こがた［小形］小さいかたち。例―の犬
こがた［小型］小さいかた。例―乗用車
こかつ［枯渇・《涸渇］①水がかれてなくなること。②欠乏すること。例資源の―
こがね［小金］①わずかな金銭。②少しまとまったおかね。例―をのこす
こがね［黄金］きん。こがねいろ。例―虫
こがらし［木枯(ら)し・《凩］秋の終わりから冬にかけて吹く寒いはげしい北風。
こがれる［焦(が)れる］①ひどくのぞみ思う。②こいしたってもだえ苦しむ。例恋―
ごかん［五官］目・耳・鼻・舌・皮膚の五つの感覚器官。例―に訴える
ごかん［五感］視覚・聴覚・嗅覚・触覚・味覚の五つの感覚。例―を研ぎ澄まして
ごかん［語感］ことばから受ける感じ。
ごかん［語幹］活用語で語尾が変化する語の変化しない部分。↔語尾
ごがん［護岸］河岸や堤防などを保護・強化して水害が起こるのを防ぐ土木工事。
こき［古希・古《稀］七十歳。例―の祝い
ごき［語気］ことばのちょうし。例―も荒く
こきざみ［小刻み］すこしずつ。例―に渡す
こぎって［小切手］預金をしている者が支払わせるために銀行あてにふり出す証券。
こきゅう［呼吸］①いきをすったりはいたりすること。②ちょうし。物のこつ。例―が合う
こきゅう［故旧］昔なじみ。ふるい知人。
こきょう［故郷］生まれた土地。ふるさと。郷里。例―へ錦を飾る
こく［石］①容積の単位。一斗の十倍。②材木の立積の単位。十立方尺。例千石船
こく［酷］むごい。ひどい。例あまりにも酷だ
こぐ［《漕ぐ］ろやかいで船をすすめる。例ボートを―・舟をこぐ(居眠りをすること)
ごく［獄］ろうや。刑務所。例獄につながれる
ごく［極］この上ない。例極上等な品
ごく［語句］ことば。語と句。例―の解釈
ごくあく［極悪］この上なく悪いこと。例―非道の犯人・―人

こくい［国威］国の威光。例―を発揚する
ごくい［極意］おくの手。奥義。例剣の―
こくいっこく［刻一刻］しだいしだいに。
ごくいん［極印］①物の品質を証明するためにおす印。例―つきの品。②物事のしょうこ。
こくう［虚空］①そら。大空。②何もない空中。
こくうん［国運］国の運命。例―をかけて
こくがく［国学］わが国の古くからの歴史・文学・国語を研究する学問。
ごくかん［極寒］もっとも寒いこと。ごっかん。
こくぎ［国技］その国特有の武術やスポーツなど。例―館・相撲は日本の―だ
こくげん［刻限］①さだめた時刻。定刻。②時刻。とき。例―をきる・約束の―
こくご［国語］①それぞれの国のことば。②わが国のことば。日本語。例―の授業・―学
こくさい［国債］国の借金。例―の償還
こくさい［国際］国と国との関係。例―的な
ごくさいしき［極彩色］はなやかで美しい色彩。例―の看板・―の装飾
こくさく［国策］国家の政策。例―にそって
こくさん［国産］じぶんの国の産物。↕舶来
こくし［酷使］ひどくこき使うこと。
こくじ［告示］一般の人に告げ知らせること。
こくじ［国字］①その国の国語を書き表す文字。②わが国で漢字にまねて作った文字。畑・峠など。③かな文字。
こくじ［酷似］たいそうよくにていること。
こくしょ［国書］①国から国へ出す文書。②国語で書かれた書籍。和書。
こくしょ［酷暑］ひどい暑さ。↕酷寒

こくじょう［国情］国内のありさま。国の内情。
ごくじょう［極上］ひじょうに上等なこと。
こくじょく［国辱］国のはじ。例―的な事件
こくすい［国粋］その国にもとからある長所。
こくする［刻する］きざむ。ほる。例名前を―
こくする［《哭する］大声で泣く。
こくぜ［国是］国家の政治上の方針。
こくせい［国政］国の政治。一国のまつりごと。
こくせい［国勢］国のありさま。例―調査
こくぜい［国税］国家が国民からとりたてる税金。所得税・法人税など。↕地方税
こくせき［国籍］国民としての身分や資格。
こくそ［告訴］害を受けた者が裁判所にうったえること。例名誉毀損で―する
こくそう［穀倉］①穀物を入れておくくら。②穀物を多く産する地方。例―地帯
こくたい［国体］①国がら。②国家の体面。③国民体育大会の略。例―に出場する選手
こくち［告知］つげ知らせること。通知。例―板
こくど［国土］国が治めている領土。例―計画
こくどう［国道］国家が管理する主要道路。
ごくどう［極道］①悪事を行うこと。また、その人。②行状のふまじめな者。例―者
こくなん［国難］国家にわざわいのある一大事。国家の危難。例―に際して団結を訴える
こくねつ［酷熱］非常に暑いこと。ひどい暑さ。
こくはく［告白］かくさずにうちあけること。
こくはく［酷薄］なさけを知らずむごいこと。例―な男・―な扱い
こくはつ［告発］犯罪を受けた人以外の者がその犯罪を警察や検事につげること。

こくび［小首］くび。かしら。例―を傾ける
ごくひ［極秘］ぜったいに秘密にすること。
こくびゃく［黒白］①黒と白。②よいわるい。
こくひょう［酷評］てきびしい批評。
こくふく［克服］①相手に勝ってこれを服従させること。②うちかつこと。例困難を―
こくべつ［告別］別れをつげること。例―式
こくほう［国宝］国のたから。例―の美術品
こくほう［国法］国家の法律。国のおきて。
こくぼう［国防］外敵に対する国家のまもり。
こくみん［国民］国家を形づくる人民の全体。
こくむだいじん［国務大臣］内閣を構成し、国家の政治をとり行う大臣。
こくめい［克明］心をこめてていねいなこと。
こくもつ［穀物］米・麦・あわ・きび・豆など。
こくゆ［告諭］さとし告げること。
こくゆう［国有］国でもっていること。例―地
ごくらく［極楽］①仏教で、死んだ人が生まれ変わっていくという苦しみのない世界。②安楽で心配のない平和な場所。例―往生
こくりつ［国立］国の費用でまかなわれる施設。例―大学・―競技場・―劇場
こくりょく［国力］国家の財力と勢力。
こくろん［国論］国民全体の意見。世論。
こぐん［孤軍］味方との連絡をたたれて孤立した軍隊。例―奮闘
こけ［《苔］しめった土地や岩石にはえる植物。
ごけ［後家］夫に死に別れてひとりその家を守っている婦人。未亡人。例―暮らし
ごけい［互恵］互いに特別の恩恵や便宜を取り計らうこと。例平等―条約

こけいぶつ［固形物］質がかたくて一定の形のあるもの。↕流動物
こげちゃ［焦(げ)茶］こい茶色。例—の背広
こけつ［《虎穴》］①とらのすむ穴。②たいそう危険な場所。例—に入らずんば虎児を得ず
こげる［焦げる］焼けて黒くなる。例パンが—
こけん［《沽券》］たいめん。例—にかかわる
ごげん［語源・語原］ことばのおこり。
ここ［個個］ひとつひとつ。おのおの。
ここ［《呱呱》］ちのみごの泣きごえ。例—の声
こご［古語］①今はふつうに使われないが昔用いられた語。②古人のことば。
ごご［午後・午〈后〉］ひるすぎ。例—七時
ここう［戸口］家の数と人間の数。戸数と人口。
ここう［孤高］ただひとり孤立してけだかいこと。例—の精神・—を守る
ここう［《股肱》］①ももとひじ。②手足とたのむ者。腹心。例—の臣
ここう［《虎口》］非常にあぶない場所。
ここう［《糊口》］ようやく生活すること。くちすぎ。生計。例—をしのぐに足りる
ここう［古豪］経験を積んだすぐれた人物。
ここう［呼号］よびさけぶこと。大声で世間によびかけること。例明治三年創業と—する
ごこう［後光］①仏体から四方に放たれるという光。②仏像の頭の上についている金色の輪。円光。例—がさしている
ここく［故国］①古い国。②自分の生まれた国。母国。例—をしのぶ。③ふるさと。故郷。
ごこく［五穀］①米・麦・あわ・きび・豆の五種の穀物。②穀物の総称。例—豊穣
ごこく［後刻］のちほど。例—ご連絡します
ここち［心地］心もち。気分。例—よい調べ
ここのえ［九重］天皇の住居。宮中。
こころ［心］①精神。②思い。考え。③気持ち。④なさけ。思いやり。⑤意味。わけ。
こころあたり［心当(た)り］見当。例—がない
こころえちがい［心得違い］思いちがい。考えちがい。例—をするなよ
こころえる［心得る］①わかる。理解する。②承知する。引き受ける。③かくごする。
こころおぼえ［心覚え］①心におぼえていること。②忘れないためのしるし。例—のメモ
こころがまえ［心構え］心の用意。かくご。
こころざし［志］①こうしようという気持ち。②心を表すおくり物。進物。例—の品
こころざす［志す］めざす。例抽象画家を—
こころづくし［心尽(く)し］①心をこめて親切にすること。②いろいろと気をもむこと。
こころづけ［心付(け)］チップ。例—をはずむ
こころづもり［心積(も)り］予定。胸算用。
こころね［心根］こんじょう。性質。心の底。
こころみる［試みる］ためしてみる。試験する。
こころやすい［心安い］①安心である。気づかいがない。②親しいあいだがらである。
こころやり［心〈遣り〉］①心をなぐさめること。気ばらし。②心づかい。例うれしい—
こころよい［快い］①気持ちがよい。②楽しい。愉快である。例—会合であった
ここん［古今］昔と今。昔から今まで。例—東西
ごさ［誤差］①ちがい。くいちがい。②数字でものをはかった数量と実際の数量との差。
ござ［《茣蓙》］いぐさなどであんだむしろ。
こさい［〈巨細〉］くわしいことがら。こまかいことまでも残らず。例—もらさずに
こざいく［小細工］つまらない計画。
こざかしい［小〈賢しい〉］①りこうぶる。なまいきである。②わるがしこい。例—手段を
こさく［小作］他人から田畑をかりて耕作すること。また、その人。
こさつ［古《刹》］古い寺。ふるでら。例京都の—
こさん［古参］古くからその職にある人。古がお。↕新参。例—議員
こざん［故山］故郷。ふるさと。
ごさん［誤算］①計算違い。②考え違い。
ごさん［午《餐》］昼の食事。ひるめし。昼食。
こし［腰］骨盤上部の折れまがるところ。例ねばり腰・腰砕け・腰を折る
こし［《輿》］人を乗せてかつぐ乗り物。例玉の—
こし［故紙］ふるくなった紙。例—の再生
こし［枯死］草木がかれてしまうこと。
こじ［固持］しっかりかたく持つこと。例自説を—する・経営方針の—
こじ［固辞］かたくことわること。
こじ［故事］①昔にあった事がら。②昔から伝わっているいわれのある事がら。また、それについての語句。例—来歴・—成語
こじ［孤児］両親のいない子ども。みなしご。
こじ［誇示］じまんして見せること。
こじ［〈居士〉］①僧にならずに仏教を信仰する男子の称号。②男子の法名の下につける称号。例—のついた戒名
ごじ［誤字］まちがった文字。例—あて字

こしいれ［《輿入れ］よめ入り。婚礼。
こしき［古式］昔の法式。例—ゆかしく
こじき［古事記］わが国最古の歴史書。
こじき［《乞食］ものもらい。例—根性
ごしき［五色］①赤・青・黄・白・黒の五つの色。②いろいろの色。例—沼
こしぎんちゃく［腰《巾着］①腰にさげるきんちゃく。②いつもある人のそばについてまわってはなれない人。
こしたんたん［《虎視《眈眈》］ゆだんなくすきをうかがうさまの形容。例—とねらう
こしつ［固執］あくまで自分の意見を主張してまげないこと。こしゅう。例自説に—する
こしつ［個室］ひとりだけのへや。
こしつ［《痼疾］長くなおらない病気。
こじつ［故実］昔の儀式・法令・作法・服装などの古いしきたり。例—にこだわる
ごじっぽひゃっぽ［五十歩百歩］たいしたちがいがないこと。にたりよったり。
こしべん［腰弁］①腰につけている弁当。②弁当を持って通勤する安月給取り。
ごしゃ［誤写］うつしちがい。書きあやまり。
こしゃく［小《癪］なまいきなこと。
ごしゃく［語釈］語句の解釈。例辞書の—
こしゅ［固守］かたく守ること。例自陣を—
ごじゅうおん［五十音］かな文字で表した日本語の五十個の音。例氏名は—順
こしょ［古書］①古い書籍。昔の本。②古本。
ごしょ［御所］①天皇や皇后・皇太子などのおすまい。②身分の高い人のすまい。
こしょう［故障］①さしつかえ。②不服や異議を申し立てること。例—が入る。③事故。
こしょう［湖沼］みずうみとぬま。
こしょう［誇称］じまんして言うこと。②大げさに言うこと。例東洋一と—する
こしょう［《胡椒》］熱帯植物を原料とする香辛料。例塩—で下ごしらえする
こじょう［孤城］①ただ一つだけある城。②援軍ののぞみなく孤立している城。
ごしょう［後生］①仏教で、死後に生まれ変わる所。来世。②人におりいってたのむときに言うことば。例—だから
ごじょう［互譲］互いにゆずりあうこと。
こしょく［古色］古びた色つや。例—蒼然《そうぜん》
ごしょく［誤植］活字のいれちがい。
こしらえる［《拵える］つくる。ととのえる。例棚を—・軍資金を—
こじれる［《拗れる］①ねじける。ひねくれる。②病気が悪くなる。例風邪が—
こじん［故人］死んだ人。例—のご冥福を
こじん［個人］社会を構成する個々の人。
ごしん［誤診］医者が診断をまちがうこと。
ごしん［誤審］審判をまちがうこと。
ごしん［護身］身をまもること。例—術
こじんしゅぎ［個人主義］個人の価値と権利と自由を尊重する主義。↔全体主義
こす［越す］①上をすぎていく。例峠を—。②過ごす。例夏を—。③ひっこす。移転する。
こす［超す］以上になる。例三十八度を—・三十万人を—・能力を—
こす［《漉す・《濾す］ろかする。例布で—
こすい［湖水］みずうみ。例—に浮かぶ
こすい［鼓吹］①太鼓をたたきふえを吹くこと。②元気をつけること。はげますこと。③宣伝すること。考えを吹きこむこと。
こすい［《狡い］ずるい。わるがしこい。
ごすい［午睡］ひるね。例—の時間だ
こすう［戸数］家の数。例—十戸の部落
こずえ［《梢］枝の先。みきの末。例松の—
こする［〈擦る］おしつけてする。例鼻を—
ごする［《伍する］仲間になる。同じ列に並ぶ。
こせい［個性］その人または物だけがもっている性質。例—的な服装・—を発揮する
ごせい［悟性］物事を判断し理解する力。
ごせい［語勢］ことばのちょうし。語気。
こせき［古跡・古《蹟］歴史上の事件や建物などのあったあと。旧跡。遺跡。例名所—を
こせき［戸籍］人の家族関係の公文書。
ごせん［互選］特定の人々がそのはんい内の人について選挙し合うこと。例役員の—で
ごせんし［五線紙］音符を書きこむために五本の平行線を印刷した紙。
ごそう［護送］つきそって送りとどけること。
こそく［《姑息］一時の間に合わせ。例—な手段
こぞって［〈挙って］残らず。みんな。
こぞる［〈挙る］全部集まる。残らずそろう。
こたい［固体］一定のかたちと体積とをもつもの。↔液体・気体
こたい［個体］個々独立の存在をもつもの。
こだい［古代］古い時代。大昔。例—の遺跡
こだい［誇大］大げさなこと。例—広告
ごたい［五体］人間のからだ。全身。例—満足
こたえる［答える］返事をする。例質問に—

こたえる［〈応える］応じる。ひびく。例期待に—・骨身に—・体に—
こたえる［〈堪える］たえる。しのぶ。例堪えられないこの味！・この不況にも堪えられる
こだち［木立］むらがってはえている木々。
ごたぶん［御多分］多くの仲間。例—にもれず
こだま［木霊］①樹木の精霊。②やまびこ。
こだわる［〈拘る・▽拘泥る］①いつまでもそのことにかかわる。②わずかのことをいつまでもごたごたいう。例わずかなことに—
こたん［枯淡］飾りがなくあっさりしていること。淡白なこと。例—の境地
こちゃく［固着］かたまりつくこと。
こちょう［誇張］大げさに言うこと。例—する
こちょう［《胡蝶》］ちょう。例—らん
ごちょう［語調］ことばの調子。ことばつき。
こつ［骨］①ほね。②ぐあい。仕事の要領。
こっか［刻下］ただいま。目下。
こっか［国花］その国の国民が最も愛し、象徴とする花。わが国の桜など。
こっか［国家］くに。一定の土地と人民からなりたち、政治の組織をもった社会。
こっか［国歌］国家の理想や精神を表した歌。
こっかい［国会］全国民から選挙された議員が集まってする会議。例—議員・—議事堂
こづかい［小使］雑用人。用務員。例—さん
こづかい［小遣(い)］日常のこまかい金。例—銭・お—・子供に—をやる
こっかく［骨格］骨組み。からだつき。
こっかん［酷寒］きびしい寒さ。極寒。↔酷暑
ごっかん［極寒］ひじょうに寒いこと。

こっき［克己］自分の欲望をおさえつけること。—心・—する力
こっき［国旗］国家を代表するしるしの旗。
こっきょう［国境］国と国とのさかい。例—線
こっく［刻苦］心やからだを苦しめてほねをおること。例精励—する・—勉励
こっくん［国訓］漢字に日本語をあてはめて読むこと。よみ。訓。
こっけい［〈滑《稽》］①おかしいこと。②じょうだん。おどけ。例—な本
こっけん［国権］国家の権力。例—の乱用
こっこ［国庫］国の所有する現金を取り扱う機関。例—金・—に納入する
こっこう［国交］国と国との交際。例—断絶
こっこく［刻刻］一刻一刻。時のたつにつれて。
こっし［骨子］たいせつな点。かなめ。要点。
こつずい［骨髄］①骨の中心。②心のそこ。要点。主眼。例恨み—に徹する
こつぜん［《忽然》］たちまち、にわか。突然。
こっちょう［骨頂］①かしら。事をおこした者。②第一。最上。いちばん。例愚の—
こづつみ［小包］小包郵便の略。例—で送る
こっとう［骨《董》］①美術的な価値のある古道具。②実際の役に立たない古くさいもの。
こつにく［骨肉］①骨と肉。②肉親。親子兄弟。
こっぱ［木っ端］①木のくず。②取るにたらないつまらないもの。例—役人・—微塵
こつばん［骨盤］腹部をささえる腰の骨。
こつまく［骨膜］骨をおおい包んでいる膜。
こて［小手］腕のひじから先のほう。例—調べ
ごて［後手］①先をこされてうけみになること。②ておくれ。↔先手。例—にまわる
こてい［固定］一つところにとまって動かないこと。一定の所にかたくさだめること。
こてい［湖底］みずうみの底。例—に沈む
こてき［鼓笛］太鼓とふえ。例—隊の行進
こてん［古典］①昔の儀式。②昔の書物。
こてん［個展］一個人だけの作品をちんれつした展覧会。例—を開く
こと［琴］多くの糸を並べて張りこれをひいてならす日本の楽器。例琴の調べ
こと［事］ものごと。ことがら。例事が事だけに・事によると・事もあろうに
こと［古都］古いみやこ。例—奈良
こと［《糊塗》］いいかげんなごまかし。
ことう［孤島］海上に遠く離れてただ一つある島。離れ島。例—の生活
こどう［鼓動］心臓がどきどき響くこと。
ごどう［悟道］仏道の真理をさとること。
こどうぐ［小道具］しばいの舞台で使うこまごました道具。↔大道具
ことかく［事欠く］不足する。不自由する。
ことがら［事柄］ことのすじみち。ことのありさま。そのこと。例複雑な—
ことぎれる［事切れる］息がたえる。死ぬ。
こどく［孤独］ひとりぼっち。例—な老人
ごどく［誤読］まちがって読むこと。
ことごとく［〈尽く・《悉く］すべて。すっかり。
ことさら［殊更］わざわざ。特別に。
ごとし［〈如し］にている。……のようだ。
ことづける［言付ける・《託ける］①人に頼んで送りとどける。②人に頼んで言い送る。

ことづて［言〈伝］①ことばを伝えること。②人から伝え聞くこと。例—を頼む
ことなる［異なる］ちがう。同じでない。
ことに［殊に］①とりわけ。特に。②なお。
ことのほか［殊の外］①思いのほか。いがいに。②すてきな。特別に。例—いい結果だ
ことば［言葉］言語・文章・単語。語句。例—遣い・—を返すようですが
ことぶき［寿］①めでたいこと。いわい。②いのち。長命。長生き。例古希の寿を
ことほぐ［〈寿ぐ・言〈祝ぐ］祝いを言う。例新年を—・安産を—
こども［子供］小児。わらべ。自分の子。
ことよせる［事寄せる］かこつける。
ことり［小鳥］小さいとりの総称。
ことわざ［《諺］昔から伝わる意味の深いことば。例—にも言う通り
ことわり［〈理・▽道理］すじみち。わけ。
ことわる［断る・(断わる)］①前もって知らせておく。②しょうちしない。③辞退する。
こな［粉］こまかにくだいたもの。例粉をまぶす・うどん粉・粉々になる
ごにん［誤認］まちがってみとめること。
こねる［《捏ねる］水をまぜてねる。例理屈を—
このましい［好ましい］①感じがよい。好きである。②のぞましい。例—出来だ
このみ［好み］①すくこと。②のぞみ。注文。
このむ［好む］①心がひかれる。すく。②ほしいと思う。例抽象画を—
このもしい［好もしい］①すきである。②のぞましい。例—青年
こはく［《琥珀》］樹脂の化石。例—色
こばむ［拒む］①ふせぐ。②ことわる。
こはるびより［小春日和］旧暦十月ごろの暖かいよい天気。例—の休日を
こはん［湖畔］みずうみのほとり。例—の宿
こばん［小判］江戸時代に使った金貨。
こはんとき［小半時］一刻の四分の一。今の約三十分。例—も待った
こび［《媚］へつらうこと。いろっぽいこと。
ごび［語尾］ことばのおわり。例—が上がる
ごびゅう［誤《謬］あやまり。まちがい。
こひょう［小兵］からだの小づくりなこと。
こびる［《媚びる］①きげんをとる。へつらう。例上役に—。②なまめいたようすをする。
こぶ［《瘤］皮膚のもりあがり。じゃまもの。例力—・目の上の—・—つき
こぶ［鼓舞］はげまして勢いづけること。
こふう［古風］古めかしいこと。昔ふう。
ごふく［呉服］織物。反物。例三井—店
ごぶさた［御無《沙汰》］たよりや訪問をしないこと。例—いたしております
こぶし［《拳］げんこつ。例—をにぎる
こぶし［▽辛夷］落葉高木の一種。
こふん［古墳］古代の人の墓。例—の発掘
こぶん［古文］昔の文章。また、昔のことばで書いた文章。↔現代文。例—の解釈
こぶん［子分］手下。配下。例—になる
ごふん［《胡粉］貝がらを焼いて作った白いやわらかい粉。絵の具や塗料用。例—を塗る
ごぶん［誤聞］聞きあやまり。例—の記事
ごへい［御幣］紙や白布を細長く切って木にはさんで、神にそなえるもの。例—をかつぐ
ごへい［語弊］ことばの上のあやまり。誤解をまねきやすい言い方。例—があるかも
こべつ［戸別］家ごと。一軒一軒。例—訪問
ごほう［語法］ことばの働きや組み立てについてのきまり。例日本語の—
ごほう［誤報］まちがったしらせ。例新聞の—
ごぼう［〈牛《蒡］栽培二年生植物の野菜。
こぼす［〈零す］①水などをもらして流す。②ぐちをいう。例愚痴を—
こま［《駒］馬のこと。将棋の具。例将棋の—
こま［▽独楽］まわして遊ぶおもちゃ。
ごま［護摩］火をたいて祈る密教の秘法。
ごま［《胡麻］一年草。種は食用とし、油をとる。
こまいぬ［《狛犬］神社や寺の前に置かれる、しゃがんだ形の、ししに似た犬の像。
こまかい［細かい］小さい。くわしい。例—金
ごまかす［誤魔化す］あざむく。例金を—
こまぎれ［細切れ・小間切れ］こまかい切れはし。例豚肉の—・—になる
こまく［鼓膜］耳のあなの奥にあって音を聞くことができるまく。
こまぬく［《拱く］うで組みをする。例腕を—
こまもの［小間物］化粧品や装飾品などのこまごました品物。例—屋
こまやか［細やか・〈濃やか］①こまかいさま。②色がこいさま。③情の厚いさま。
ごみ［〈芥・《塵芥》］ちり。くず。例—箱
こみあう［込(み)合う・〈混(み)合う］混雑する。例電車が—・特売場が—
こみだし［小見出し］記述の途中につける小さ

い見出し。↕大見出し
ごみゃく［語脈］文章中の言葉の続きぐあい。
こむ［込む・〈混む〉］混雑する。例電車が—
こめかみ［《顳顬》］耳の上、目のわきで、物をかむとき動く部分。例—に梅干しをはる
こもごも［〈交交〉］たがいに。かわるがわる。
こもる［《籠（も）る］①包まれている。中にはいっている。②隠れる。ひそむ。③家から外へ出ない。④空気の流通が悪くなる。
こもれび［木漏れ日・木《洩れ〈陽〉］木のしげみをもれてさしてくる日の光。
こもん［顧問］①相談すること。②相談を受ける人。相談役。例会社の—に就任する
こもんじょ［古文書］昔の記録や文書。
こやく［子役］映画や演劇の子どもの役。
ごやく［誤訳］まちがった訳。例—が多い本
こやす［肥（や）す］ふとらせる。例私腹を—
こゆう［固有］①もとからあること。②その物に限ってあること。もちまえ。うまれつき。
こゆうめいし［固有名詞］ただ一つしかない特有の名称を表す名詞。地名・人名など。
こゆび［小指］もっとも小さい指。
こよい［〈今宵〉］今晩。今夜。例—の月は
こよう［雇用・雇《傭］やとうこと。例—契約
ごよう［誤用］まちがって用いること。
こよみ［暦］一年じゅうの日を書き、それにいろいろの行事や生活に必要なことを書き入れたもの。カレンダー。
こらい［古来］ふるくから。昔から今まで。
ごらいこう［御来光］高い山の上で拝む日の出。例富士山頂で—を拝む
こらえる［〈堪える・《怺える］①がまんする。たえしのぶ。②許す。かんにんする。
ごらく［娯楽］たのしみ。なぐさみ。例—施設
こらす［凝らす］①かたまらせる。②心を一つのものに集める。集中させる。例ひとみを—
こらす［懲らす］こりさせる。こりてふたたびしないようにする。例悪人を—
こり［《梱］荷造りしたもの。くくった荷物。
こり［凝り］血液の循環がわるくなり、筋肉がかたくなる状態。例肩の—をほぐす
こりしょう［凝り性］一つの事に熱中するたちの人。例—な人
こりつ［孤立］①一つだけぽつんとあること。②助けるもののないこと。例—無援
ごりむちゅう［五里霧中］すっかりまよってどうしたらよいかわからないようす。
こりょ［顧慮］気にかけること。例—しない
こる［凝る］①かたまり集まる。②一心に思いこむ。③精神を打ち込む。ふける。④意匠にくふうをめぐらす。⑤筋肉が張って痛む。
ころ［《頃］ころあい。時分。例若い—
ごろ［語《呂］ことばの調子。口調。例—が悪い
ころあい［《頃合（い）］①適当の時期。しおどき。②適当な度合い。手ごろ。例—の長さ
ころう［故老・古老］としより。昔のことをよく知っている老人。例—の話によると
ころう［固《陋］がんこで物わかりが悪いこと。かたくなで考えがせまいこと。例頑冥《がんめい》—
ころう［《虎狼》］①とらとおおかみ。②よくが深くてたけだけしいもののたとえ。
ころがす［転がす］たおす。ごろごろ地面にそって回しながら送る。例ボールを—
ころがる［転がる］ころげる。たおれる。
ごろく［語録］有徳の人のことばの記録。
ころす［殺す］命をとる。おさえる。例息を—
ごろつき［▽破落戸］ならずもの。
ころぶ［転ぶ］たおれる。例すべって—
ころも［衣］①着る物。衣服。②僧の着る法衣。
こわい［怖い・〈恐い］おそろしい。例—顔
こわいろ［声色］①声のようす。声のちょうし。②芸人などのせりふのまね。例歌舞伎の—
こわく［《蠱惑］たぶらかしまどわすこと。
こわごわ［怖怖・〈恐恐〉］おっかなびっくり。例—開けてみる。—近よる
こわす［壊す・《毀す］くだく。やぶる。例体を—
こわだか［声高］声が高いこと。ちょうしの高い声。例—な話し声
こわっぱ［小〈童］少年をののしっていう語。
こわね［声音］声の調子。声。例—が変わる
こわばる［〈強張る］固くなる。こわくなる。
こん［根］①植物のね。②もと。もとい。初め。③物事にたえられる気力。根気。例根がいい
こん［紺］こいあい色。紫と青のまじった色。
こんい［懇意］仲がよいこと。心安いこと。
こんいん［婚姻］夫婦になること。結婚。
こんかん［根幹］①木の根とみき。②大もと。
こんがん［懇願］心をこめて願い頼むこと。
こんき［根気］物事にがまんする気力。
こんき［婚期］結婚する年ごろ。例—を逸する
こんきゃく［困却］こまりきること。
こんきゅう［困窮］①こまりはてること。②貧乏に苦しむこと。例—から救い出す

こんきょ［根拠］①もとい。よりどころ。例発言の—。②ねじろ。本拠。例—地
こんぎょう［今暁］きょうのあけ方。けさ方。
ごんぎょう［勤行］仏前で読経や回向をすること。おつとめ。例毎朝—する
こんく［困苦］こまり苦しむこと。なんぎすること。例—欠乏に耐える
ごんげ［権化］①神や仏が人々を救うためにかりに姿を変えてこの世に現れること。②ある性質や精神を最もよく表すもの。
こんけつじ［混血児］人種のちがう両親の間に生まれた子ども。ハーフ。
こんげん［根元・根源］おおもと。例諸悪の—
こんこう［混交・混《淆］いりまじること。
こんごう［混合］まじり合うこと。例—液
こんごうづえ［金剛《杖］登山用の八角または四角の白木の杖。
こんごうせき［金剛石］ダイヤモンド。
ごんごどうだん［言語道断］①ことばで言い表しようがないこと。②とんでもないまちがったこと。×言語同断
こんこん［懇懇］ねんごろに言うようす。例—と諭す・—と言いふくめる
こんこん［《昏昏］意識がはっきりしないさま。うつらうつら。例—と眠る
こんこん［《滾滾》］水が盛んにわき出るさま。
こんざつ［混雑］こみあうこと。例車内の—
こんじ［今次］今回。こんど。例—の入試は
こんじ［根治］根本からなおすこと。例—する
こんじき［金色］きんいろ。こがね色。
こんじゃく［今昔］今と昔。例—の感

こんじょう［今生］この世。現世。例—の思い出
こんじょう［根性］しょうね。性質。例—がある
こんじょう［懇情］親切な心。例ご—のほど
ごんじょう［言上］もうしあげること。
こんしん［懇親］親しみあうこと。例—会
こんしん［《渾身］からだ全体。例—の力で
こんすい［《昏睡］①前後も知らずねむりこけること。深いねむり。②意識をうしなってさめないこと。気をうしなうこと。例—状態
こんせいがっしょう［混声合唱］男声と女声とまじった合唱。例—団
こんせき［《痕跡］あと。あとかた。
こんせき［今夕］今晩。こよい。今夜。
こんせつ［懇切］ねんごろで親切なこと。
こんぜつ［根絶］ねだやしすること。
こんせん［混線］電信や電話などの線が互いにふれあって別の通信や通話がまじること。
こんせん［混戦］入りみだれて戦うこと。例—模様の試合となる
こんぜん［《渾然］①まじりあってくべつのないさま。例—一体となって
こんだて［献立］料理の次第。メニュー。
こんたん［魂胆］①きもだま。たましい。②くわだて。たくらみ。例悪い—だ
こんだん［懇談］うちとけて話しあうこと。
こんちゅう［昆虫］節足動物の一つで、からだは頭・胸・腹にわかれ、頭には触角・複眼・口をもち、胸には羽と足をもつ。
こんてい［根底・根《柢］ねもと。基礎。根本。
こんど［今度］今回。このつぎ。例—会う時
こんとう［《昏倒］目がくらんで倒れること

こんどう［金堂］黄金でかざった堂。
こんどう［混同］まじりあって一つになること。例公私—・話が—する
こんとん［混《沌・《渾沌》］区別がはっきりしないさま。例—とした政治情勢
こんなん［困難］むずかしいこと。↔容易
こんにゅう［混入］まじりはいること。
こんぱい［困《憊］つかれよわること。例疲労—
こんぱく［魂《魄］たましい。霊魂。
こんばん［今晩］きょうの夜。今夕。例—は
こんぱん［今般］このたび。今度。
こんぶ［昆布］コンブ属の海草の総称。
こんぺき［紺《碧］黒ずんだこい青色。例—の空
こんぼう［混紡］種類のちがうせんいをまぜて糸をつくること。例—した布地
こんぽう［《梱包］なわ・むしろをかけて荷造りすること。例荷物を—する
こんぽん［根本］ねもと。大もと。例—問題
こんめい［混迷・《昏迷］道理に暗く、心が迷うこと。例国連は—状態だ
こんもう［懇望］しきりにお願いすること。
こんやく［婚約］結婚の約束。例—者
こんらん［混乱］いり乱れること。ごたごたすること。例—に陥る
こんりゅう［建立］寺院の堂や塔を造り建てること。例本堂—の寄付を集める
こんりんざい［金輪際］①仏教で、大地のいちばん下にあって大地をささえるという金輪のある所。②どこまでも。絶対に。
こんわく［困惑］どうしてよいか、わからなくなってこまること。例ひどく—する

さ

さ[左]ひだり。例詳細は左のごとし
さ[差]①ちがい。②一つの数からある数を引いた残り。例年齢の差・差が大きい
さい[才]はたらき。ちえ。例音楽の才がある
さい[際]とき。場合。きわ。例出席の際に
さい[《賽]さいころ。例―の目・―を投げる
さい[《犀]熱帯地方にすむ巨大な動物。
さい[差異・差違]ちがうこと。ちがい。
ざい[財]たから。金銭。例財をたくわえる
ざい[在]いなか。ある。例在の人
さいあい[最愛]もっとも愛すること。例―の妻・―の娘を嫁にやる
ざいあく[罪悪]悪いおこない。つみ。例―感
ざいい[在位]天子が位についていること。
さいえん[再縁]ふたたび結婚すること。再婚。
さいえん[菜園]野菜園。例家庭―
さいえん[才《媛]才知のすぐれた女性。
さいおうがうま[《塞翁が馬]人間の運命は定まりのないものであることのたとえ。
さいか[災禍]わざわい。災難。例―に遭う
ざいか[財貨]お金や品物。例豊富な―
ざいか[罪科]①つみ。とが。②しおき。刑罰。
ざいか[罪過]つみ。あやまち。例―を犯す
さいかい[再会]ふたたびめぐりあうこと。
さいかい[再開]ふたたび開くこと。
さいかい[斎戒]神をまつる人が飲食や行動をつつしみ、けがれをさけること。例―沐浴
さいかい[際会]出あうこと。例危機に―する
さいがい[災害]暴風雨・地震・こう水などの自然のわざわい。例―復旧工事
ざいかい[財界]実業家や銀行家などの社会。
ざいがい[在外]外国にあること。例―公館
さいかく[才覚]①ちえのはたらき。きてん。②くふう。くめん。知恵。例―がよい
ざいがく[在学]学校にはいっていること。
さいかん[才幹]仕事をする才能のあること。
さいかん[彩管]絵筆。例―をふるう
さいき[才気]よく気がきくこと。心の働き。例―煥発《かんぱつ》・―あふるる男
さいき[再起]ふたたび立ちあがること。例―不能になる・―を図る
さいき[債鬼]借金とり。例―に責められる
さいぎ[《猜疑]そねみうたがうこと。例―心
さいきょ[再挙]ふたたび事を起こすこと。
さいきょう[最強]もっとも強いこと。例史上―のチーム・―を誇るボクサー
さいきん[細菌]ばいきん。バクテリア。
さいきん[最近]いちばん近いこと。例―の話
さいく[細工]①細かいものをつくること。②くふう。たくらみ。例小―・―は流々
さいくつ[採掘]鉱物などをほりだすこと。
さいけつ[採決]会議などで、意見をあつめて全体の意見をまとめること。例議長―
さいけつ[裁決]理非をさばいてきめること。例社長の―・―が下る
さいけつ[採血]血をとること。例輸血用の―
さいげつ[歳月]としつき。例三年の―
さいけん[再建]ふたたび建てなおすこと。
さいけん[債券]国債や公債などの証書。
さいけん[債権]他人に金や品物を請求できる権利。↔債務。例―者会議
さいげん[再現]ふたたびあらわれること。
さいげん[際限]はて。かぎり。例―もなく
ざいげん[財源]必要の金の出どころ。
さいご[最後]いちばんあと。おわり。↔最初
さいご[最期]死にぎわ。臨終。例あえない―
ざいこ[在庫]品物が倉庫にあること。例―整理・―一掃大安売り・―が切れる
さいこう[再考]考えなおすこと。例―を促す
さいこう[再興]ふたたびおこすこと。
さいこう[採光]室内などにあかりをとり入れること。例―の悪い部屋
さいこう[最高]いちばん高いこと。↔最低
ざいごう[罪業]①仏教でつみとなるおこない。②つみのむくい。例前世の―で
さいこうちょう[最高潮]いちばんきんちょうする状態。クライマックス。例―に達する
さいさき[《幸先]よいことの前兆。えんぎ。
さいさん[再三]たびたび。例―の催促
さいさん[採算]収入と支出がひきあうこと。
ざいさん[財産]資産。しんだい。例―の相続
さいし[才子]才知のすぐれた人。例―多病
さいしき[才識]才能と知識と。例豊かな―
さいしき[彩色]いろどること。着色。
さいしゅう[採集]とり集めること。例昆虫―
さいしゅう[最終]いちばんおわり。↔最初
さいしゅつ[歳出]一会計年度内に支出するすべての経費。↔歳入。例一般会計の―
さいしょ[最初]いちばんはじめ。↔最後
さいじょ[才女]才知のすぐれた女性。

ざいしょ［在所］①すんでいる所。②ふるさと。国元。郷里。③いなか。例おらが—は
さいしょう［宰相］内閣をまとめて政治を行う人。総理大臣。例一国の—たる者が
さいしょう［最小］いちばん小さいこと。↕最大。例—公倍数・—限・—の単位
さいしょう［最少］もっとも少ないこと。↕最多。例—の年齢・—の人数
さいじょう［最上］もっとも上。いちばん上等。例—の品・—階・—位
さいじょう［祭場］祭儀をおこなう場所。
さいじょう［斎場］葬儀をおこなう場所。
ざいしょう［罪障］仏教で、成仏のじゃまになるようなつみ深いおこない。例—が多い
ざいじょう［罪状］おかしたつみの内容。
さいしょく［才色］才能と顔かたち。例—兼備
さいしょく［菜食］野菜類を常食とすること。
さいしん［再審］裁判でもう一度調べること。
さいしん［砕身］からだを粉にするほど働くこと。例粉骨—する
さいしん［細心］注意深いこと。例—の注意
さいしん［最新］いちばん新しいこと。例—号
さいじん［才人］才能のすぐれた人。
さいせい［再生］①いきかえること。②うまれかわること。例—の恩人
さいせい［済世］世の中をすくい正すこと。
ざいせい［財政］①国家や市町村などが必要なお金を集めたり出したりすること。②個人の金まわりの状態。例—状態・—の危機
ざいせき［在籍］学校や団体などに籍があること。例—者数・この会社に—二十年
さいせん［再選］ふたたびえらばれること。
さいせん［《賽銭］神社や寺などに参けいしたときにあげる金銭。例—箱・お—
さいぜん［最善］いちばんよいこと。例—の策
さいそく［催促］せきたてること。例—状
さいだい［最大］いちばん大きいこと。↕最小
さいだい［細大］細かいことと大きいこと。例—もらさず報告する
さいたく［採択］えらびとること。例議案の—
さいたん［最短］もっとも短いこと。↕最長。例—コース・—距離
さいたん［歳《旦］①年のはじめ。元旦。②新年。
さいだん［祭壇］祭りを行うだん。例葬儀の—
さいだん［裁断］①たち切ること。②善悪をさばくこと。例委員長の—できめる
さいち［才知・才《智］心の働き。才能とちえ。
さいちゅう［最中］まっさかり。例食事の—に
ざいちゅう［在中］中に物がはいっていること。例請求書—・写真—
さいちょう［最長］もっとも長いこと。↕最短。例—不倒距離・在任—記録
さいてい［最低］いちばん低いこと。↕最高
さいてい［裁定］よいわるいをさばいてきめること。例委員会の—に従う
さいてき［最適］いちばん適していること。
さいてん［採点］点数をつけること。例—表
さいてん［祭典］祭りの儀式。お祭り。例美の—
さいど［済度］多くの人の苦しみをすくうこと。例衆生《しゅじょう》を—する
さいどく［再読］読みかえすこと。例—に値す
さいとり［才取(り)］売り買いのなかだちをして手数料を取ること。例—業者
さいなむ［《苛む］①せめる。しかる。②苦しめなやます。いじめる。例責め—
さいなん［災難］思いがけないわざわい。
さいにゅう［歳入］一年間の総収入。↕歳出
さいねん［再燃］①消えていたものがもう一度もえ出すこと。②一度やんだことが、また盛んになること。例紛争が—した
さいのう［才能］ちえの働き。才知と能力。
さいはい［《采配］昔、大将が士卒を指揮するために用いた道具。例—をふるう
さいばい［栽培］植物を植えそだてること。×裁培。例温室—・果樹の—
さいはつ［再発］ふたたびおこること。
ざいばつ［財閥］経済界に大勢力をもっているなかま。例新興—・三井—
さいはん［再版］同じ図書を再び出版すること。例好評—・—本
さいばん［裁判］どちらが正しいかをさばくこと。さばき。例—所・—官・—ざた
さいひ［採否］採用と不採用。例提案の—をはかる・面接して—を決める
さいひ［歳費］①一年間にいる費用。②議員などの一年間の手当。例—のお手盛り値上げ
さいび［細微］こまかくかすかなこと。
さいひつ［才筆］じょうずな文章。
さいふ［財布］かねいれ。例西陣織の—
さいぶ［細部］小さい部分。こまかい部分。
さいぶつ［才物］才能のある人。才人。
さいぶん［細分］こまかくわけること。例—化
さいべつ［細別］こまかくわけること。

さいへん［細片］こまかいかけら。
さいへん［再編］編成しなおすこと。再編成。
さいほう［裁縫］布をたち切って衣服などをぬいあげること。針仕事。例お―・―箱
さいぼう［細胞］生物のからだを組み立てている単位。例―分裂・がん―
ざいほう［財宝］財産と宝物。たからもの。
さいまつ［歳末］年のくれ。年末。例―大売り出し・―景気・―風景
さいみつ［細密］細かくくわしいこと。例―画
さいみん［細民］びんぼうな人。貧民。
さいみん［催眠］ねむたくなること。例―薬
さいむ［債務］借金を返す義務のあること。↕債権。例―を履行する・―者
さいもく［細目］こまかい項目。例―にわたり
ざいや［在野］官職につかず民間にいること。
さいやく［災厄］わざわい。災難。例―が多い
さいよう［採用］とりあげて用いること。
さいらい［再来］①ふたたびやってくること。②うまれかわり。例孔子の―のような人
ざいらい［在来］これまで。今まで。例―のやり方をかえない・―路線
さいりゃく［才略］才知とはかりごと。
さいりょう［最良］いちばんいいこと。↕最悪
さいりょう［裁量］思うままにとりはからうこと。きりもりすること。例―権
ざいりょう［材料］物を作るもとになるもの。
ざいりょく［財力］お金を出すことのできる力。お金の力。例―に物を言わせる
さいれい［祭礼］祭りの儀式。祭典。例―の提灯
さいろく［採録］とりあげて記録すること。

さいわい［幸い］①しあわせ。幸福。②さいわいにも。運よく。例―天気がよかった
さえき［差益］価格差からでる利益。例為替―
さえぎる［遮る］じゃまをする。中途で切る。
さえずる［《囀る］①鳥が続けて鳴く。②よくしゃべる。例よく―娘たちだ
さえる［《冴える］①冷える。②すむ。すんではっきりする。③あざやかである。例月が―
さお［《竿］竹の細長いぼう。例つり―
さお［《棹］舟をすすませるぼう。木や竹のぼう。例―ばかり・三味線の―
さおとめ［早乙女］①田植えをする少女。②こむすめ。おとめ。少女。
さか［坂］傾斜のある道。例上り坂・坂道
さか［茶菓］茶と菓子。例―の用意がある
さが［《性］性質。生まれつき。例人間の―
ざが［座《臥・《坐臥》］すわることとねること。おきふし。例行住―
さかい［境］①二つのものがたがいに接する場所。境界。②くぎりめ。わかれめ。例生死の境
さかうらみ［逆恨み］恨みに思う人から反対に恨まれること。例はなはだしい―だ
さかえる［栄える］勢いが盛んになる。はんじょうする。例お店が―・国が―
さかき［《榊］葉があつく、つやのある常緑樹。神木として枝を神にそなえる。例神棚の―
さがく［差額］差し引きの金額。金高のちがい。
さかぐら［酒蔵］酒の醸造場。酒の貯蔵場。
さかさ［逆さ］ぎゃく。反対。例―落とし
さかしい［《賢しい］①かしこい。②りこうぶる。小ざかしい。例こ―やつだ

ざがしら［座頭］演芸一座のかしら。
さがす［探す］目的のものをさぐりもとめる。例貸し間を―・ぴったりの仕事を―
さがす［捜す］捜索する。さぐりもとめる。例行方を―・犯人を―
さかずき［杯・《盃］酒を飲むうつわ。ちょこ。
さかだち［逆立ち］両手を地について逆に立つこと。例―しても無理だ
さかだつ［逆立つ］さかさに立つ。例毛が―
さかて［酒手］きまった賃金以外に与える金。
さかて［逆手］ぎゃくに持つこと。例―に持つ
さかな［魚］うお。魚類。例魚屋・魚つり
さかねじ［逆《捩じ］①さかさまにねじること。②問いつめられて反対に問いつめること。
さかのぼる［《遡る・《溯る］流れにさからって上流のほうへのぼる。物事の過去や根本にもどる。例さかのぼって原因を究明する
さかまく［逆巻く］流れにさからって波がまきあがる。波が高くわきあがる。例―波
さかもり［酒盛（り）］酒をのむ宴会。
さかゆめ［逆夢］実際とは反対の夢。↕正夢
さからう［逆らう］反対する。てむかいする。
さかり［盛り］栄えていること。盛んなこと。
さかん［左官］かべをぬる職業の人。
さき［先］前方。ゆくすえ。はし。例お先に
さき［崎］陸地が海中につき出た所。みさき。
さき［左記］次にしるしてあること。
さぎ［《鷺］水辺にすむ、つるににた鳥。
さぎ［詐欺］いつわりだますこと。かたり。
さきおととい［▽一昨昨日］一昨日の前の日。
さきがけ［先駆け・《魁］まっさきに敵陣に攻め

こむこと。人より先に物事を始めること。

さきだつ［先立つ］①先頭に立つ。②なによりもまっさきに必要である。③先に死ぬ。

さきぶれ［先触れ］前もって知らせること。まえぶれ。例あらしの—・視察の—

さきほど［先程］すこし前。例—は失礼

さきまわり［先回り］すばやく先に行っていること。例話を—する

さきもり［〈防人〉］上代、諸国から送られて、九州地方を守った兵士。例—の歌

さきゅう［砂丘］さばくや海岸などで、風のために砂が吹きよせられてできた小さな丘。

さきゆき［先行き］ゆくすえ。将来。例—が心配

ざきょう［座興］①その場の楽しみをそえるための遊びや芸当。②ちょっとしたその場のたわむれ。例ほんの—までに

さぎり［〈狭霧〉］きり。例深い—の中を

さきん［砂金］砂の中にまじっている金。

さく［作］つくる。つくった物。例利休作

さく［昨］きのう。さきに。例昨十二日は

さく［策］はかりごと。例策をめぐらす

さく［《柵］木材でつくった垣根。例—を築く

さく［咲く］花がひらく。例桜が—・梅が—

さく［裂く］ひきやぶる。例布を—・仲を—

さく［割く］一部を他に分けあたえる。例時間を—・人手を—・余暇を—

さくい［作為］①こしらえること。こしらえごと。例—的に。②おこなうこと。行為。

さくいん［索引］本の中のことを調べやすく配列した目録。例巻末の—

さくがら［作柄］作物のできばえ。例今年の—

さくがんき［《鑿岩機］岩石にあなをあける機械。例—で掘削する

さくげん［削減］けずりへらすこと。例予算—

さくげんち［策源地］①戦場の軍隊にすべての物資を供給する後方の地点。②はかりごとをめぐらす本拠。例謀反の—

さくご［錯誤］あやまり。まちがい。例重大な—がある・時代—の考え

さくざつ［錯雑］いりまじること。いりみだれること。例事件はひどく—している

さくし［作詞］歌の文句を作ること。例—家

さくし［策士］はかりごとにたくみな人。たくらみの多いこと。例政界随一の—

さくしゅ［搾取］①ちちなどをしぼり取ること。②資本家が労働者をこき使って利益をしぼり取ること。例植民地を—する

さくじょ［削除］けずりのぞくこと。例—訂正

さくづけ［作付(け)］農作物を植えつけてあること。例—面積・稲の—状況

さくせい［作成］書類や案などを作ること。こしらえること。例文書の—・計画の—

さくせい［作製］つくること。例機械の—

さくせん［作戦］戦争や試合などのやりかた。

さくそう［錯《綜］いりまじること。例利害の—

さくどう［索道］柱にかけ渡した鋼鉄の綱に運搬器をつるして貨物などを運搬する設備。

さくどう［策動］計画をめぐらしてひそかに行動すること。例一部の人たちの—だった

さくにゅう［搾乳］ちちをしぼること。

さくばく［索漠・索《莫］ものさびしいさま。

さくひん［作品］作ったもの。詩歌や文章・絵画・彫刻などの芸術品。例—展

さくふう［作風］作品に見られる芸術家の傾向や特徴。例二科会の—

さくぶん［作文］文章を作ること。例—集

さくぼう［策謀］はかりごとをめぐらすこと。

さくら［桜］春に花が咲く落葉高木。例桜色

さくらん［錯乱］いりみだれること。例—状態

さぐり［探り］①さぐること。さがすこと。例—を入れる。②まわし物。スパイ。

さくりゃく［策略］はかりごと。策謀。

さぐる［探る］①さがしたずねる。もとめる。②おしはかる。推量する。例内情を—

さくれつ［《炸裂］爆弾や砲弾が破裂すること。

ざくろ［石《榴・《柘榴》］庭に植える落葉高木。実は熟するとさけ、紅の肉のある種子をあらわす。例—石・—の実

さけ［酒］米でつくったアルコール飲料。

さけ［《鮭］北日本にすむ海産魚。しゃけ。

さけい［左傾］①左にかたむくこと。②思想が急進的になること。例—した運動

さげすむ［《蔑む・《貶む］見さげる。見くだす。けいべつする。例—目つき

さけぶ［叫ぶ］大声でよぶ。わめく。例反対を—

さける［裂ける］やぶれる。われる。切れる。

さける［避ける］①身をかわす。よける。例上役を—。②遠慮する。③関係しない。例けんかを—・危険を—

さげる［下げる］おろす。つるす。↕上げる。例軒に—・売り値を—

さげる［提げる］手にさげてもつ。例バッグを手に—・肩から—

ざこ［雑魚］いろいろまじった小魚。
ざこう［座高・《坐高］すわったときの高さ。
さこく［鎖国］外国との交通や通商を禁止すること。↔開国。例―時代
さこつ［鎖骨］肩の前方にあって水平に曲がった長い骨。例―の骨折
ざこつ［座骨・《坐骨］おしりの下部にある、骨盤の一部のほね。例―神経痛
ささ［《笹］むらがってはえる竹の総称。
ささい［《些細］わずか。いささか。例―な事
さざえ［▽栄螺］荒海の岩の間にすむ巻き貝。
ささえる［支える］①もちこたえる。例生活を―。②ふせぐ。さえぎる。例攻撃を―
ささげる［《捧げる］①両手に持って高くあげる。②たてまつる。例神前に―
ささつ［査察］実地の調査。例現地を―する
さざなみ［▽細波・《漣］こまかに立つ波。
ささやか［〈細やか］①小さいさま。例―な行商人。②ごくそまつなさま。例―な贈り物
ささやく［《囁く］小声でひそひそと話す。
さざれいし［〈細れ石］小さい石。小石。
さざんか［〈山茶〉花］暖かい地方にある常緑高木。晩秋、美しい花を開く。
さじ［《匙］液体や細かな物をすくいとる道具。
さじ［《瑣事・《些事］小さなこと。例日常の―
ざし［座視］手出しをしないで見ていること。
さしあたり［差(し)当(た)り］その場にのぞんで。さしずめ。とりあえず。例―必要な物
さしいれ［差(し)入れ］刑務所や留置場にはいっている者に、外部から品物をとどけること。例合宿に先輩から―がある
さしえ［挿(し)絵］読み物の中に入れる絵。
さしおさえ［差(し)押(さ)え］国家、または個人が負債者の財産の使用をとめること。
さしがね［差(し)金］さしず。いれぢえ。
さしき［挿(し)木］木のくきや枝を土中にさして根を出させて苗木を作ること。
さじき［桟敷］しばいなどを見るために高く作った見物席。例―席・―で花火見物
ざしき［座敷］へや。客間。宴会場。例お―
さしこ［刺(し)子］綿布を表裏に合わせて一針抜きに細かく刺しぬったもの。柔道着など。
さしさわり［差(し)障り］さしつかえ。
さしず［指図］いいつけ。命令。例―に従う
さしずめ［差(し)詰め］①つまり。②さしあたり。まのあたり。例―行うことは
さしつかえる［差(し)支える］さしさわりがある。こしょうがおきる。例事業に―
さしでがましい［差(し)出がましい］でしゃばるようである。例―ようですが
さしとめ［差(し)止め］おさえとめる。おしとどめる。禁じる。例発表を―る
さしはさむ［差(し)挟む・〈挿む］①ものの間に入れる。②心にもつ。いだく。例疑いを―
さしひき［差(し)引(き)］①ひくこと。ひきさった残り。例―計算。②しおのあげさげ
さしまねく［差(し)招く・《麾く］手で人をまねく。例部下を―・生徒を―
さしむかい［差(し)向(か)い］向かいあうこと。例―で食事する・老夫婦が―で
さしむける［差(し)向ける］そのほうへ向かせる。例使者を―・車を―
さしゅ［詐取］だまして取ること。
さしゅう［査収］しらべて受け取ること。
さしょう［《些少］すくないこと。例―ですが
ざしょう［座礁・《坐礁］船が暗しょうに乗りあげること。例浅瀬で―する
さじょうのろうかく［砂上の楼閣］土台やよりどころが弱いためにすぐにくずれてしまう事がら。空中楼閣。
ざしょく［座食・《坐食］働かないで暮らすこと。例いたずらに―するのみ
さしわたし［差(し)渡し］直径。例―三センチ
さす［刺す］①つきいれる。例針を―。②毒虫が針でつきさす。例蚊が―。③針でぬう。
さす［差す］さしこむ。さしあげる。みちる。例かさを―・潮が―・いや気が―
さす［指す］ゆびさす。めざす。例行く方向を―・将棋を―・北を―
さす［挿す］さし入れる。例花びんに―
さす［〈射す］照らす。例窓から夕日が―
さす［〈点す］たらし入れる。例目薬を―
さす［〈注す］そそぐ。例きゅうすで―
さす［砂州・砂《洲］砂のふ頭や中州のこと。
ざす［座主］僧の最高位。例天台の―
さすが［〈流石］①そうはいうものの。②ほんとうに。いかにも。例―に話がうまい
さずける［授ける］①あたえる。わたす。②教える。伝える。例秘策を―
さすらう［▽流離う］あてもなくさまよい歩く。例あてもなく―
さする［〈摩る］軽くなでる。例胸を―
ざせつ［《挫折］くじけること。くじけおれるこ

と。例渡航の計画が―する

させん［左遷］職や地位をおとすこと。

ざぜん［座禅・《坐禅］静かにすわって精神をみがき、さとりを開く方法。禅宗の修行法。

さぞ［《嘸］さだめし。たぶん。きっと。

さそう［誘う］①すすめる。②呼び出す。つれ出す。引き出す。例映画に―・涙を―

ざぞう［座像・《坐像］すわっている姿の像。

さた［《沙汰》］①しまつ。処置。②さしず。命令。③裁判すること。さばき。④しらせ。たより。例ご無―。⑤うわさ。ひょうばん。

さだか［定か］明らかなさま。たしか。

さだめ［定め］①きまり。規定。②おきて。規則。③定まりごと。運命。例はかなき世の―

さだめし［定めし］うたがいもなく。きっと。

さだめる［定める］①動かないようにする。きめる。②しずめる。おさめる。③はっきりさせる。決定する。④おちつかせる。

さたやみ［《沙汰》〈止み］①命令や指令・計画などの中止。②うわさのやむこと。

さたん［左《袒］味方すること。賛成すること。

ざだんかい［座談会］数人がより集まって話しあう会合。例―の司会・―を掲載する

さち［幸］①さいわい。しあわせ。例幸あれと祈る。②海や山のえもの。例海の幸

ざちょう［座長］①物事を話しあうときの長となるもの。②俳優の一座のかしら。

さつ［札］①ふだ。②紙幣。例札入れ

さつ［冊］本の数。かきつけ。例本が五冊

ざつ［雑］①いろいろなものが入りまじっていること。②いいかげん。そまつ。例雑な作り

さつい［殺意］殺そうとする心。例―を抱く

さつえい［撮影］写真や映画をうつすこと。

ざつえき［雑役］こまごましたいろいろなしごと。例―婦・―が多くて

ざつおん［雑音］いろいろな音。さわがしい音。

さっか［作家］文芸作品などを作る人。

ざっか［雑貨］家で使うこまごました品物。

さつがい［殺害］人を殺すこと。例―現場

さっかく［錯覚］思いちがい。かんちがい。

さっかしょう［擦過傷］かすりきず。

さっき［殺気］あらあらしいけはい。例―立つ

さつき［〈五月・《皐月］つつじの一種。

ざっきちょう［雑記帳］いろいろなことを書きつけておく帳面。

さっきゅう［早急］非常に急なこと。至急。

ざっきょ［雑居］いろいろな人が、いりまじって住むこと。例数家族が―する・―ビル

さっきょく［作曲］音楽の曲を作ること。

さっきん［殺菌］ばい菌を殺すこと。例―力

ざっこく［雑穀］米麦以外の穀類の総称。

さっこん［昨今］このごろ。ちかごろ。

ざっし［雑誌］いろいろな記事や小説などをのせ定期発行する書物。例コミック―

ざっしゅ［雑種］ちがう種類のおすとめすの間にうまれたもの。あいのこ。例―の犬

さっしん［刷新］わるいところをなおしてすっかり新しくすること。例校風を―する

さつじん［殺人］人を殺すこと。例―罪・―鬼

さつじんてき［殺人的］あまりにひどいこと。

さっする［察する］①おしはかる。②思いやる。③考える。判断する。④了解する。

ざつぜん［雑然］ごたごたしているさま。

さっそう［《颯爽》］勇ましく気持ちのよいさま。元気のよいさま。例―と登場

ざっそう［雑草］作物の害をするいろいろな草。例―のようなたくましさ

さっそく［早速］すぐ。すみやかに。例―実行

ざった［雑多］いろいろまじりあっていること。例種々―な人種が

ざつだん［雑談］さまざまな話。とりとめのない話。例数人と―している

さっち［察知］おしはかって知ること。

さっとう［殺到］一時にどっとおしよせること。例投書が―する・特売場に―する

ざっとう［雑踏・雑《沓］こみあうこと。

ざつねん［雑念］心をかき乱すいろいろなつまらない考え。例―をふりはらう

ざっぱく［雑《駁］①ごたごたいりまじっていること。②そまつなこと。例―な意見

さつばつ［殺伐］あらあらしいこと。

ざっぴ［雑費］いろいろこまごました費用。

さっぷうけい［殺風景］おもむきのないさま。おもしろみのないさま。例―な部屋

ざつむ［雑務］こまごましたいろいろなしごと。例―に追われる

ざつよう［雑用］つまらない用事。例―が多い

さつりく［殺《戮］むごく殺すこと。

ざつろく［雑録］いろいろなことを統一なく記録すること。また、その記録。

ざつわ［雑話］とりとめのないいろいろのはなし。よもやまばなし。例炉辺―

さて［《扨・《扠］そして。それから。例―本でも

読もうか・―それからのことだ

さてい[査定]しらべて決定すること。例―係

さてつ[砂鉄]砂の中にまじっている磁鉄の細粒。例良質の―を鍛えた剣

さてつ[《蹉跌》]つまずくこと。失敗すること。

さと[里]①人家のあるところ。②いなか。③妻の実家。例里がえり。④子どもをあずけておく家。⑤おいたち。例お里が知れる

さとい[《聡い・〈敏い]かしこい。例利に―

さといも[里芋]地下茎が食用の多年生植物。

さとう[砂糖]甘い調味料。例―きび・黒―

さどう[茶道]茶の湯。例―の家元

ざとう[座頭]①昔の盲人の官位。②盲人。

さとおや[里親]里子をあずかった人。

さとかた[里方]嫁や養子などの実家。

さとご[里子]よその家にあずけて、育ててもらう子。例―に出す

さとごころ[里心]両親やふるさとをなつかしく思う心。例―がつく

さとす[諭す]①よくわかるように言いきかせる。②教えみちびく。例懇々と―

さとびと[里人]①村里の人。②その土地の人。

さとる[悟る]①理解する。②まよいを去って真理を知る。③感づく。気がつく。

さとる[〈覚る]思いあたる。例敵の意図を―

さなえ[早苗]いねのわかいなえ。例―歌

さなか[〈最中]さいちゅう。例夏の―に

さながら[《宛ら]ちょうど。まるで。

さなぎ[《蛹]こん虫になる前の幼虫。

さなだひも[〈真田《紐]太いもめん糸で平たく厚くあんだひも。

さなだむし[〈真田虫]人の腸に寄生する虫。

さね[〈実・〈核]果実の中のかたいたね。

さのう[砂《嚢]①砂を入れたズック製のふくろ。②鳥類の消火器の一つ。すなぶくろ。

さは[左派]左翼の党派。急進的な党派。↕右派

さば[《鯖]近海産の魚。背は青緑色。例―を読む・―のみそ煮

さばく[裁く]裁判する。理非を判定する。例罪を―・国民が―・法廷が―

さばく[《捌く]①乱れを処理する。例手綱を―。②売る。例在庫品を―

さばく[砂漠・《沙漠]雨量が少なく、砂ばかりで植物も育たない広い原。例サハラ―

さび[寂]古びておもむきのあるようす。例わびと寂・寂のある声

さび[《錆・《銹]金属の表面が酸化すること。

さびしい[寂しい・《淋しい]①しずかで心細い。例―山道。②とぼしい。例ふところが―

さびる[《錆びる]①さびが出る。例ふところが―②古びておもむきが出る。例ナイフが―

さびれる[寂れる]①古くなっていく。②おとろえていく。あれていく。例商店街が―

ざぶとん[座布団・座《蒲団]すわるのに敷くふとん。例―を敷く

さべつ[差別]ちがい。わけへだて。例―待遇

さほう[作法]①やり方。②たちいふるまいの法式。ぎょうぎ。例礼儀―・―通りに

さぼう[砂防]山地や海岸などで土砂のくずれるのをふせぐこと。例―工事

さほど[左程・〈然程]それほど。例―のことは

さま[様]①名の下につける敬語。例母上様。②ようす。例様はない

さまざま[様様]いろいろ。種々。例―な姿

さます[冷ます]つめたくする。例熱を―

さます[覚ます・《醒す]目ざます。例迷いを―

さまたげる[妨げる]じゃまをする。例安眠を―・会議の進行を―

さまつ[《瑣末・《些末]わずかなこと。すこし。

さまよう[▽彷徨う]①あてもなくうろつき歩く。②どうきめてよいかまよう。

さみだれ[五月雨]陰暦五月ごろ降り続く長雨。つゆ。梅雨。例―模様の空

さむぞら[寒空]冬の寒そうな空。例―の下

さめ[《鮫]海産魚。骨はやわらかく皮はかたい。ふか。例小判―

さめはだ[《鮫肌]さめの皮のようにざらざらした皮膚。例寒くて―になる

さめる[冷める]つめたくなる。ひえる。

さめる[覚める]①ねむりから目をさます。②まよいがとける。③酒のよいがなくなる。

さもん[査問]しらべ問いただすこと。

さや[《莢]まめの種子を入れているから。

さや[《鞘]①刀剣の身を納めるつつ。②筆や鉛筆のキャップ。③買い値と売り値との差。

さやあて[《鞘当て]いさかい。例恋の―

ざやく[座薬・《坐薬]肛門にさしこむ薬。

さゆ[▽白湯]なにもまぜない湯。

さゆう[左右]①ひだりとみぎ。②そば。かたわら。③自由にすること。例生活を―する

ざゆう[座右]座席の右。身のまわり。例―の銘

さよう[作用]はたらき。しわざ。例―と反―

さよう[左様・《然様]そのとおり。そう。

さよく［左翼］①列や座席の左がわ。②急進派。共産主義者。↔右翼。例―政党・―思想
さら［皿］平たい食器。例皿洗い・小皿
さらう［《浚う・《渫う］川や井戸などの底にたまった土砂を掘りあげること。例どぶを―
さらう［《攫う］横あいからうばいさる。例子供を―・人気を―
さらう［▽復習う］教えられたことをくりかえしならう。例日本舞踊を―
さらさ［更《紗］綿布に人物・花鳥・幾何模様などを押し写し、またはすりこんだもの。
さらさら［更更］少しも。決して。例―ない
さらし［《晒］綿布をさらして白くしたもの。
さらす［《晒す］①雨や風のあたるままにしておく。②布を白くする。③世間の人にはっきりしめす。例恥を―
さらに［更に］①あらためて。新たに。②その上に。かさねて。③少しも。決して。
さる［猿］サル科動物の総称。例猿まね
さる［〈申］十二支の九番目。例―年生まれ
さる［去る］①はなれてゆく。たちのく。②遠くなる。へだたる。③消える。なくなる。
ざる［《笊］薄い竹であんだかご。例―そば
さるがく［猿楽・〈散楽・〈申楽］古く行われたこっけいな物まねなどの雑芸。
さるぐつわ［猿《轡］声がでないように布などを口にかませてしばっておくもの。
さるすべり［▽百日紅］庭に植える落葉高木。樹皮がなめらかで、さるもすべってのぼれないという木。
さるぢえ［猿知恵］利口のようでまのぬけている考え。あさはかなちえ。
さるもの［〈然る者］①そのような人。②ある人。③しかるべき人。相当の人。
さわ［沢］土地が低くて草のはえているしめった土地。例沢登り・沢すじを行く
さわかい［茶話会］お茶を飲みながら話しあう会。例老人会主催の―
さわぐ［騒ぐ］やかましくする。例子供が―・観衆が―・胸が―・大いに―
さわす［《醂す］水にさらす。例めんを―
さわやか［《爽やか］①さっぱりして気持ちがよいさま。例―な風。②はっきりと。
さわらび［早《蕨］芽を出したばかりのわらび。
さわる［触る］手にふれる。あたる。例手に―
さわる［障る］①さしつかえる。②じゃまになる。③害になる。例体に―・気に―
さん［三］みっつ。例三か所・三乗
さん［産］うむ。うまれる。例山形の産・産地
さん［算］かぞえる。例算を乱す
さん［賛・《讃］書画のかたわらにかく語。例掛け軸にある賛・一休禅師の―
さん［桟］戸・しょうじのほね。例障子の桟
ざん［残］のこり。例千円の残だ
さんい［賛意］賛成のきもち。例―を表す
さんいつ［散逸］ちらばってなくなること。
さんか［参加］なかまに加わること。例―者
さんか［酸化］酸素と化合すること。例―鉄
さんか［賛歌・《讃歌］ほめたたえる歌。例雪山―・オリンピック―
さんか［惨禍］むごたらしいできごと。
さんか［傘下］配下。ひざもと。部下。
さんが［山河］①山と川。②国土。自然。
さんが［参賀］お祝いに参上すること。例―者
さんかい［参会］会合に出席すること。
さんかい［散会］会合が終わって別れること。
さんかい［山塊］山脈からはなれて一かたまりになっている山々。例丹沢―
さんがい［三界］仏教でいう過去・現在・未来の三世。例―に家なし
さんがい［惨害］むごたらしい損害。
ざんがい［残《骸］残ったから。みじめなようす。例墜落した飛行機の―
さんかいのちんみ［山海の珍味］山や海の産物をとりそろえた珍しいごちそう。
さんかく［参画］計画のなかま入りすること。
さんがく［山岳］大きく高い山。例大学―部
さんがく［産額］生産される数量。例年間―
ざんがく［残額］残りの金額や数量。
さんかくす［三角州］川水にはこばれた土砂が河口につもってできた三角形の砂地。
さんかん［山間］山の中。山と山との間。
さんかん［参観］見に行くこと。例父兄―
ざんき［《慚愧》］心にはじること。例―の念
さんきゃく［三脚］三本足の台。例二人―
ざんぎゃく［残虐］むごたらしくいじめること。例―なシーン・―な行為
さんきょう［山峡］山と山の間。谷間。
さんぎょう［蚕業］養蚕と製糸の事業。養蚕業。
さんぎょう［産業］物をつくり出す事業。例―革命・―スパイ・―界
ざんきょう［残響］あとまでのこるひびき。例―音・―効果・―の強いホール

ざんぎょう［残業］規定時間後の労働。例―手当・遅くまで―する
さんきん［参勤・参《覲］江戸時代の江戸づめを義務づけられた大名制度。例―交代
ざんきん［残金］残りの金額。例―が少ない
さんけ［産気］生まれそうな妊婦の気持ち。例―づく・―づいた妊婦
ざんげ［《懺《悔］過去のあやまちをくいて、神仏や他人に告白すること。例―録・―話
さんけい［参《詣］神仏をおがみにいくこと。
さんげき［惨劇］むごたらしいできごと。
ざんげつ［残月］あけ方の空に残っている月。
さんけん［散見］あちらこちらにちらほら見えること。例新聞紙上に―する
ざんげん［《讒言］ほんとうのことをまげたり、作りごとをして他人を悪くいうこと。
さんご［《珊瑚］熱帯の海中にすむ虫のほね。固く美しく飾りものにする。例―礁
さんこう［三更］午後十一時から深夜の一時ごろまでの間。
さんこう［参考］てらし合わせて考えること。
ざんごう［《塹壕］とりでや砲台の周囲のほりや兵隊が身を守るために設けたほり。
ざんこく［残酷］むごたらしいこと。×惨酷
さんざい［散在］あちらこちらに散らばってあること。例各地に―している
さんざい［散財］多くの金銭を使うこと。
さんさく［散策］ぶらぶら歩くこと。散歩。
ざんさつ［惨殺］むごたらしく殺すこと。
さんさん［《燦《燦］きらきらと光りかがやくさま。例―と光があふれている
さんざん［散散］①はなはだしいさま。②ひどいめにあったさま。例―な目に遭う
さんさんごご［三三五五］あちらこちらに人がちらばっているさま。例―に帰る
さんじ［惨事］むごたらしいできごと。
さんじ［賛辞］ほめたたえることば。
ざんし［惨死］むごたらしい死に方をすること。例交通事故による―
ざんじ［暫時］しばらく。少しの間。例―の猶予
さんしゃく［参酌］くらべあわせて、よいほうをとること。例種々の意見を―する
さんしゅう［参集］集まってくること。
さんしゅつ［産出］ものをつくりだすこと。
さんしゅつ［算出］計算して数量を出すこと。
さんじょ［賛助］同意し、力をそえて助けること。例―金・―会員
ざんしょ［残暑］秋になっても残っている暑さ。例―見舞い・―の候
さんしょう［参照］ほかのものとてらしあわせること。例別表を―のこと
さんしょう［山《椒］落葉低木。若葉も実もにおいがよい。例―は小粒でもぴりりと辛い
さんじょう［参上］行くのていねいことば。
さんじょう［惨状］むごたらしいありさま。
ざんしょう［残照］夕日のひかり。入り日。
さんしょううお［山《椒魚］山間の谷川にすむ動物。形はいもりににている。
さんしょく［蚕食］かいこがくわの葉を食うようにかたはしから敵地をとること。
さんじょく［産《褥］産婦のねどこ。例―熱
ざんしん［《斬新］ひじょうに新しいこと。
さんすい［山水］①山と水。②山と水のあるけしき。また、その絵。例―画
さんすい［散水・《撒水］水をまくこと。例―車・―栓・道路に―する
さんすう［算数］初歩的な数学。例一年生の―
さんする［産する］①うまれる。うむ。②作り出す。生産する。例北海道が―作物
さんせい［賛成］同意すること。↔反対。例―票
さんせいけん［参政権］国の政治に参加する権利。選挙権・被選挙権など。
さんせき［山積］うず高くつもること。
ざんせつ［残雪］消えのこった雪。例―の山
さんせん［参戦］戦争に加わること。
さんぜん［参禅］禅を修めること。
さんぜん［《燦然］きらきらとかがやくさま。
さんそ［酸素］空気の約五分の一をしめる無色・無臭・無味の気体。例―吸入
さんそう［山荘］山の中にある別荘。
さんぞく［山賊］山の中にすんでいる盗賊。
ざんそん［残存］残っていること。例―勢力
さんだい［参内］宮中へおうかがいすること。
ざんだか［残高］さし引いて残った金額。
さんだわら［桟俵］米俵の両はしにつける丸いわら製のふた。さんだらぼっち。
さんたん［惨《憺］①いたましく悲しいさま。②心をなやまして苦心するさま。例苦心―
さんたん［賛嘆・《讃歎］深く感心してほめること。例―の声をあげる・―の念
さんだん［算段］方法を考えること。例金の―
さんちょう［山頂］山のいただき。頂上。
さんてい［算定］計算してきめること。

ざんてい［暫定］当分の間のとりきめ。例—的
さんどう［参道］神社や寺院のさんけい道。
さんどう［桟道］谷間やがけなどにつくったたなのようなかけはしの道。例—をたどる
さんどう［賛同］同意すること。賛成。例—者
ざんとう［残党］うちもらされて残った仲間。
さんにゅう［算入］かぞえ入れること。
ざんにん［残忍］思いやりがなくむごいこと。
ざんねん［残念］①なごりおしいこと。心残りなこと。②くやしいこと。例—無念
さんぱい［参拝］神社にまいっておがむこと。
ざんぱい［惨敗］みじめなまけ方をすること。
さんばし［桟橋］人の乗降や貨物の積みおろしをするために岸から水上に突き出た橋。
さんぱつ［散髪］髪をかること。例—屋
さんび［賛美・《讃美］ほめたたえること。
さんぴ［賛否］賛成と不賛成。例—同数
さんびか［賛美歌・《讃美歌］キリスト教で神の徳をほめたたえる歌。
さんぷ［散布・《撒布］まき散らすこと。例—剤
さんぷく［三伏］夏のいちばん暑い期間。
さんぷく［山腹］山の中ほど。例—の茶屋
さんぶつ［産物］その土地に産するもの。作り出されるもの。例地元の—
さんぶん［散文］語数やちょうしにきまりのない、ふつうの文章。↕韻文。例—詩
さんぽう［三方］①三つの方角。三方面。②神仏にそなえる物をのせる台。
さんぼう［参謀］①はかりごとに加わること。②軍事上のはかりごとをめぐらす将校。
さんまん［散漫］ひろがりちらばること。しめくくりのないこと。例—な文章
さんみゃく［山脈］多くの山が長くつづいたもの。例飛騨《ひだ》—
ざんむ［残務］のこっているしごと。例—整理
さんめん［三面］①三つの部面。②新聞の第三ページ。社会面。例—記事
さんもん［三門・山門］寺の本堂の前の楼門。
さんやく［散薬］こなぐすり。↕丸薬
さんよ［参与］あることに加わり相談にあずかること。例計画に—する
さんらん［散乱］ちりぢりにちらばること。
ざんりゅう［残留］あとに残ること。例—部隊
さんれつ［参列］列に加わること。例式に—
さんろう［参《籠］おいのりのために神社やお寺に日をきめてこもること。
さんろく［山《麓］山のふもと。山すそ。

し

し［士］①さむらい。②学徳があり地位の高い人。例同好の士・会計士
し［死］死ぬこと。命がなくなること。
し［詩］心に深く感じたことを一定の形やきまりにしたがって美しく書き表したもの。
し［史］ふみ。歴史。伝記。例自分史
し［四］よっつ。例四方・四角・四季
し［師］先生。師匠。例師の恩・師の教え
し［刺］さす。とげ。なふだ。例刺を通じる
じ［字］もじ。筆跡。例字がきれいだ
じ［《痔］こう門のやまい。例裂け—
しあい［仕合］武術の立ち合い。例御前—
しあい［試合］たがいにわざをくらべ争うこと。例公式—・対校—・好—
じあい［自愛］自分のからだをたいせつにすること。例ご—を祈ります
じあい［慈愛］いつくしみかわいがること。
しあげ［仕上げ］①仕事を終わること。なしとげること。②完成しようとする最後の工程。③仕上げたものごとの結果。できあがり。
じあまり［字余り］和歌や俳句の字数が規定より多いこと。また、そのもの。
しあわせ［幸せ・仕合(わ)せ］幸福。幸運。
しあん［私案］その人ひとりだけの考え。
しあん［思案］あれこれ考えること。心配。例—に暮れる・恋は—のほか
しあん［試案］こころみに作った案。例改革—
しい［《椎］常緑高木の一種。例—の実
しい［四囲］まわり。周囲。例—の情勢
しい［思《惟］考え思うこと。例哲学的—
じい［示威］威力や勢力を示すこと。例—運動
じい［辞意］辞職や辞退をしようという心持ち
じい［侍医］宮中に出仕する医師。例—団
じい［自慰］オナニー。例—にふける
しいか［詩歌］詩と歌。例—管弦
しいく［飼育］動物をかうこと。例—係
しいたげる［虐げる］いじめる。ひどいめにあわす。例弱い者を—
しいて［強いて］むりやりに。たって。
しいな［《秕］みのらないでしなびた実。
しいる［強いる］むりやりにおしつける。
しいれ［仕入(れ)］商品や原料を買いこんでおくこと。例—先・仕入高

しいん[子音]母音以外の音の総称。↕母音
じいん[寺院]てら。仏閣。例由緒ある—
じう[慈雨]作物などに、ちょうどよいぐあいに降る雨。例干天の—
しうち[仕打(ち)]やりかた。しわざ。例ひどい—・あまりにもむごい—だ
しうんてん[試運転]乗り物や機械などをためしに運転してみること。例新型車の—
じえい[自衛]自分の力で自分を守ること。
しえき[使役]使うこと。働かせること。
しえん[支援]ささえたすけること。例—組織
しえん[私《怨]個人的なうらみ。例—を抱く
しお[塩]食塩。塩分。塩け。例塩味・塩辛
しお[潮・《汐]①海の水。②しおどき。例潮合い
しおかぜ[潮風]海から吹いてくる風。
しおき[仕置(き)]処分すること。処刑。例お—
しおくり[仕送り]生活のたすけとなるお金や品物を送ること。例親の—で
しおじ[潮路]潮のさしひく道筋。船路。海路。
しおどき[潮時]①潮がさしたりひいたりするとき。②ちょうどよいとき。ころあい。
しおひがり[潮干狩(り)]潮のひいた浅いところで貝などをとること。
しおり[枝折(り)・《栞]①道しるべ。案内。例—の声。②読みかけの書物にはさむもの。
しおれる[《萎れる]①よわりしぼむ。例花が—。②元気がなくなる。力が抜けて弱る。
じおん[字音]漢字の音。おん。↕字訓
しか[《鹿]ほ乳動物の一種。例—を追う
しか[市価]市場で売買される値段。
しか[歯科]歯の治療の医術。例—医師
じか[時下]このごろ。この節。目下。
じか[時価]その時の相場。例—で評価する
じが[自我]自分という考え。自分。例—意識
しかい[司会]会の進行を受け持つこと。また、その人。例座談会の—をする・—者
しかい[四海]①四方の海。②世界じゅう。
しかい[視界]目で見えるはんい。例—不良
しかい[《斯界]その方面の社会。例—の権威
しがい[市街]町。町の通り。例—地・—戦
しがい[死《骸]死体。しかばね。例—の山
じかい[自戒]自分でいましめ気をつけること。例—のことば・しみじみ—する
じがい[自害]自分で死ぬこと。自殺。
しがいせん[紫外線]太陽スペクトルの紫の外側にある目に見えない光線。例—よけ
しかく[四角]方形。四つかどがある形。例—張る・—四面な人
しかく[死角]視線や弾丸の範囲外にあること。例運転手の—に入る
しかく[視角]物を見る角度。例—の範囲
しかく[視覚]目で物を見る感覚。例—に訴え
しかく[刺客]暗殺者。例—に襲われる
しかく[資格]自分の条件。例出場—がない
じかく[字画]漢字を構成する点や画の数。
じかく[自覚]①自分自身を知ること。②自分で気がつくこと。例—症状がない
しかくしめん[四角四面]かしこまってきちんとしていること。きまじめなこと。
しかくばる[四角張る]かたくるしいようすをする。きちんとしてかしこまる。
しかけ[仕掛(け)]①しかけること。からくり。②しくみ。きぼ。例大—な展覧会
しかざん[死火山]活動の静止した火山。
じがじさん[自画自賛・自画自《讃]①自分でかいた絵に自分でほめたことばを書くこと。②自分で自分をほめること。
じがぞう[自画像]自分でかいた自分の肖像。
しかた[仕方]①方法。やりかた。例—がない。②ふるまい。③身ぶり。手まね。
しかつ[死活]生死。死ぬか生きるか。例—問題
じかつ[自活]自分ひとりの力で生活すること。例二十歳になったので—する
しかと[〈確と]①はっきりと。②たしかに。
じがね[地金]メッキなどの下地になっている金属。もともとの性質。本性。例—が出る
しかばね[《屍]死んだ人のからだ。なきがら。
しかめる[《顰める]まゆのあたりにしわをよせる。例顔を—
しかも[〈然も・《而も]①その上。②けれども。にもかかわらず。
しからば[〈然らば]そうであるならば。
しがらみ[《柵]くいを打ち並べて、これに竹や木を横たえて水流をせきとめる設備。
しかる[《叱る]声を荒くしてとがめる。
しかるに[〈然るに]それなのに。ところが。
しかん[仕官]役人になること。
しかん[《弛緩]ゆるむこと。だらけること。
しがん[志願]ねがい出ること。例—兵
しき[式]①かた。ぎしき。例式の進行。②計算の方法。例計算の式。③方式。例ヘボン式
しき[士気]①兵士の元気。②人々の意気ごみ。
しき[四季]春・夏・秋・冬の四つの季節。

しき[死期]①死ぬとき。②死ぬべきとき。
しき[指揮]さしずをすること。例—者
じき[直]じか。すぐ。直接。例直に来る・直筆
じき[自棄]やけになること。すてばち。
じき[時期]とき。おり。例—が早すぎる。
じき[時機]ちょうどよいおり。例—をうかがう・—を待とう
じき[磁器]高温で焼いたせともの。例陶—
じぎ[児戯]子どものあそび。例—に類する
じぎ[時宜]よいころあい。例—を得て
しきい[敷居]門の内外や室などのくぎりをつける横木。例—をまたぐ・—が高い
しききん[敷金]家や室などを借りるときに貸し主にあずける保証金。例アパートの—
しきけん[識見]物事を見分ける能力。見識。
しきさい[色彩]いろどり。例豊かな—・—調節
しきし[色紙]和歌などを書く四角な紙。
しきじ[式次]式の順序。式次第。例—に従い
しきじ[式辞]式場でのべるあいさつのことば。例学校長—・—を述べる
じきじき[直直]じかに。直接に。例—のお言葉
しきしゃ[識者]ものごとをよく知っている人。例有—・学—
しきたり[仕来り]ならわし。習慣。
しきち[敷地]建物などに使われる一区画の土地。例—の整地・—面積
しきちょう[色調]いろのちょうし。色合い。
しきてん[式典]ぎしき。例建国記念日の—
じきひつ[直筆]自分で書くこと。例—の原稿
しきべつ[識別]みわけること。みきわめ。
しきもう[色盲]色を見わけることができないこと。例—の検査
しぎゃく[《嗜虐》]残酷な性格。例—的
じぎゃく[自虐]自分で自分をいじめること。
しきゅう[子宮]胎児の発育するところ。例—がん・—発育不全
しきゅう[至急]おおいそぎ。例大—でお願いします・—報
しきゅう[支給]はらいわたすこと。例給与—
じきゅう[持久]長くもちこたえること。
じきゅうじそく[自給自足]自分に必要な物資を自分で生産してまにあわすこと。
しきょ[死去]死ぬこと。死亡。
じきょ[辞去]いとまごいして立ちさること。
しぎょう[始業]業務や授業などを始めること。例—時間・—式
じきょう[自供]自分から言うこと。例—書
じぎょう[事業]仕事。わざ。実業。企業。例—家
じきょく[時局]そのときの世の中のようす。
しきり[仕切(り)]へだて。さかい。区画。
しきりに[〈頻りに]①いくども。たびたび。②ねっしんに。例—帰りたがる
しきる[仕切る]①くぎる。さかいをつける。②決算する。③すもうで、身がまえる。
しきん[資金]もとでの金。資本金。例開業—
しぎん[詩吟]漢詩に節をつけて吟じること。
しきんせき[試金石]①金属の品質をしらべるための黒色の石。②物事のねうちをはんだんするもの。例優勝の—に
しく[敷く]下にひろげのばす。例布団を—
じく[軸]①車の心棒。②まるいもの、またはまきものの心棒。③まきもの。かけもの。
じく[字句]文字の語句。例—の訂正
しぐさ[仕草・仕〈種]しかた。しうち。動作。
じくじ[《忸怩》]恥じいること。例内心—たる
しくつ[試掘]ためしに掘ってみること。
しくはっく[四苦八苦]ひじょうな苦しみ。
じくばり[字配り]文字の配置。例—に苦心
しくみ[仕組(み)]くみたて。こしらえ。くわだて。例手のこんだ—で・政治の—
しぐれ[時雨]秋から冬にかけて、ぱらぱらと降ってはやむ小雨。例—煮・—になる
じくん[字訓]漢字の国語よみ。↕字音
しけ[〈時化]①風が強く波が荒いこと。②波があらくて魚がとれないこと。例海が—る
しけい[死刑]犯罪者の生命を断つ刑罰。
しけい[紙型]印刷用鉛版を作るための、活字を組んだ版におしつけて作った紙の型。
しげき[刺激・刺《戟]目・耳・口・鼻・舌・ひふなどになにかの作用をおこさせること。
しげしげ[《繁繁》]たびたび。しきりに。例—と
しけつ[止血]出血をとめること。例—帯
じけつ[自決]①自分で進退をきめること。例民族—主義。②自殺。例敗戦で—する
しげみ[茂み・〈繁み]草木のしげっているところ。例—にかくれる
しける[〈湿気る]①しめる。例風呂場が—。②陰気になる。③不景気になる。
しげる[茂る・〈繁る]草木がさかんにはえること。例バラが—・若葉が—
しけん[私見]自分一個の意見。例—ですが
しけん[試験]①ためすこと。②問題を出して答えさせること。例—問題・—的に

しげん[至言]当を得たことば。例まさに—だ
しげん[資源]生産のもとになる物資。
じけん[事件]出来事。例—記者・—の捜査
じげん[時限]時をくぎること。例—立法
しこ[指呼]指して呼ぶこと。よべば答えることができるほどの近い距離。例—の間
しこ[四《股]すもうの準備運動。例—をふむ
しご[私語]ささやき。ひそひそ話。
じこ[自己]じぶん。おのれ。例—批判
じこ[事故]①できごと。事件。②こしょう。
じご[事後]物事がおわったあと。↕事前
じご[《爾後]こののち。例—慎むように
しこう[私行]私生活の行動。例—調査
しこう[志向]心のむかうところ。こころざし。
しこう[指向]ある方向にめざすこと。例—性
しこう[思考]考えること。考え。例—力
しこう[施行]実地に行うこと。例—細則
しこう[《嗜好]たしなみこのむこと。このみ。例—品・—に合わせる
じこう[事項]ことがら。項目。例関連—
じこう[時好]時代のこのみ。当時の流行。
じこう[時効]一定の期間が過ぎたために権利が生じたり消えたりすること。例—の成立
じこう[時候]四季のようき。気候。例—の挨拶
しこうさくご[試行錯誤]いろいろ失敗しながら試し行うこと。例—しながらも
じごうじとく[自業自得]自分のした悪い行いのむくいを自分の身に受けること。
じごえ[地声]うまれつきの声。例—がよい
しごく[至極]この上なく。まったく。例恐悦—
じこく[時刻]とき。ころ。例—厳守・到着—

じごく[地獄]この世で悪いことをした人が死んでから行くといわれている所。↕極楽
じこしょうかい[自己紹介]初対面の人に自分で自分のことを紹介すること。
しごせん[子午線]地球上の地点を示すために南極から北極にむかって引いた南北の想像上の線。経線。
しごと[仕事]①すること。②職業。例急ぎ—
しこむ[仕込む]①教えこむ。訓練する。②買い入れる。③用意しておく。例手品のタネを—
しこり[《痼り・〈凝り]筋肉のこりかたまり。
しさ[示唆]それとなくわからせること。
じさ[時差]各地方によって違う時刻の差。経度十五度ごとに一時間の差が生じる。
しさい[子細・《仔細]くわしいわけ。例事の—を語る・—ありげな
しさい[司祭]カトリック教の僧職。神父。
しざい[私財]自分の財産。例—を投じる
しざい[資材]材料として用いられる物資。
じざい[自在]思いのまま。例自由—に
しさく[試作]ためしに作ってみること。
しさく[思索]深く考えをめぐらすこと。
しさく[施策]実際に行う対策。例—を講ずる
じさく[自作]自分で作ること。例—自演
じさくのう[自作農]自力で所有地を耕作する農夫。↕小作農
じざけ[地酒]その土地に産する酒。
しさつ[刺殺]さし殺すこと。例短刀で—される・—者を送りこむ
しさつ[視察]実際に行ってよく見ること。
じさつ[自殺]自分で自分の命をたつこと。

しさん[四散]四方にちらばること。例—する
しさん[資産]ざいさん。資本となる財産。
じさん[自賛・自《讃]自分で自分をほめること。例自画—
じさん[持参]持ってくること。例—金
しし[志士]①りっぱなこころざしをもっている人。②国家や社会のために命がけでつくす人。例幕末の—
しし[嗣子]家をつぐ子。あとつぎ。
しし[四肢]両手と両足。手足。例—をのばす
しし[《孜孜》]こつこつ。例—と働く
しし[《獅子]ライオン。例—身中の虫
しじ[四時]四季。春夏秋冬。例—の移ろい
しじ[支持]さんせいしてあとおしすること。
しじ[私事]じぶんだけのこと。例—ですが
しじ[指示]さししめすこと。例方針を—する
しじ[師事]先生として教えをうけること。
じじ[時事]そのときの社会のできごとやことがら。例—問題の解説
じじい[《爺]老人。じいさん。例因業—
ししく[《獅子《吼]すばらしい大演説。
じじこくこく[時時刻刻]しだいしだいに。
ししそんそん[子子孫孫]子孫のすえまで。
ししつ[私室]個人のつかうへや。
ししつ[資質]うまれつきの性質。天性。
しじつ[史実]歴史上の事実。例—に忠実に
じしつ[自失]ぼんやり気ぬけすること。
じじつ[事実]ほんとうにあったこと。
じじつ[時日]時と日。日数。例—がない
しじみ[《蜆]淡水の二枚貝。例—汁・真—
ししゃ[試写]映画の公開前に特定の人だけに

見せること。例—会の招待券

ししゃ[死者]死人。例多数の—をだす

ししゃ[使者]つかいの者。例—にたつ

じしゃく[磁石]①鉄をすいつける性質をもつ物体。②方角をはかる器械。コンパス。

じじゃく[自若]おちついて少しも変わらないさま。平気なさま。例泰然—としている

ししゅ[死守]命がけで守ること。

ししゅ[詩趣]詩のおもむき。詩のようなおもしろみ。詩情。例—がゆたかである

じしゅ[自主]他人のせわにならず、自分のことは自分ですること。例—性を持つ・—的

じしゅ[自首]自分から自分の罪を申し出ること。例犯人は警察に—した

ししゅう[詩集]詩をあつめた本。例—の出版

ししゅう[刺《繡]針と糸で、織物などにかざりぬいをすること。ぬいとり。例—針

しじゅう[始終]①はじめとおわり。②はじめからおわりまで。例一部—。③たえず。

じしゅう[自修]独力で学問を習得すること。

じしゅう[自習]自分で学習すること。

じじゅう[侍従]宮内庁の役職の一つ。例—職

しじゅうから[四十《雀]すずめぐらいの大きさの小鳥。ほおは白く、頭は黒色。

ししゅく[私淑]直接に教えをうけないが、それとなくその人を手本として学ぶこと。

じしゅく[自粛]自分から注意してつつしむこと。例—の態度を示す・生徒の—を

ししゅつ[支出]お金や品物を支払うこと。↕収入。例家計の—が多い

ししゅんき[思春期]青春期。青年期。

ししょ[司書]図書館で書籍の整理や保管などの仕事にあたる人。

しじょ[子女]①女の子。②こども。例—の教育に熱心な人・良家の—

じしょ[辞書]字引。辞典。例—を引く

じしょ[自署]自分で署名すること。

じじょ[自序]著者が自分で書物のはじめに書いた序文。自分で書いたはしがき。

じじょ[侍女]そばにつかえる女。こしもと。

ししょう[死傷]死人やけが人。例—者

ししょう[支障]さしさわり。さしつかえ。

ししょう[師匠]①学問や技芸などを教える人。先生。②遊芸を教える人の敬称。

しじょう[市場]①いちば。②売り買いの行われる場所。例株式—・—開拓

しじょう[至上]この上もない。最上。絶対。

しじょう[至情]この上なく深い心。まごころ。例愛国の—に燃える

しじょう[私情]①個人としての感情。例—を捨てる。②自分の利益だけをはかる考え。例—にひかれた行為

しじょう[詩情]心に深く感じたことを詩にあらわしたいと思う気もち。例—を味わう

しじょう[紙上]新聞雑誌の紙面。例—討論会

しじょう[試乗]試運転。例メーカー主催の—会・新型車の—テスト

じしょう[自称]①自分で自分を名のること。②自分かってに称すること。例—有名人

じじょう[事情]事のわけ。ようす。例やむを得ない—で・会社の—

じじょうじばく[自縄自縛]自分のことばや行いのために、自分の動きがとれなくなって苦しむこと。例自分の言動で—に陥る

ししょく[試食]ためしに食べること。例—会

じしょく[辞職]つとめをやめること。例—願

じじょでん[自叙伝]自分で書いた自分の伝記。自伝。例半生の苦労を—にする

ししん[私心]自分のためばかりを考える心。例公平で—がない

ししん[私信]①私用の手紙。ないしょの通知。

ししん[指針]①じしゃく盤の針。②メーターの針。③手びき。しるべ。例人生の—として

しじん[詩人]詩をつくる人。例—の感性

じしん[自身]自分。おのれ。例自分—で

じしん[自信]自分の能力や価値などを自分で信じること。例—が強い・—がある

じしん[地震]大地が震動すること。例—計

じしん[磁針]南北を指す磁石のはり。

じじん[自刃]刃物で自殺すること。

じじん[自尽]自分で自分の命をたつこと。

じすい[自炊]自分で自分の食事を作ること。

しすう[指数]物価や賃金などの変動の割合を示す数値。例消費者物価—・株価—

しずか[静か]おだやか。ひっそり。例—に歩く

しずく[滴・《雫]水のしたたり。例軒の—

しずまる[静まる]①静かになる。例感情が—。②おちつく。③勢いがおとろえる。例嵐が—

しずまる[鎮まる]①おさまる。例痛みが—・暴動が—。②鎮座する。例神が—地

しずむ[沈む]①沈没する。例船が海中に—。②気がふさぐ。例気分が—

しずめる[沈める]沈没させる。例船を—

しずめる[静める]静かにさせる。例心を—・鳴りを—・気を—
しずめる[鎮める]おさめる。例痛みを—・内乱を—・御魂を—
しする[資する]役に立つ。例参考に—
じする[侍する]はべる。例おそばに—
じする[持する]たもつ。もつ。例満を—
じする[辞する]辞退する。辞職する。例贈り物を—・訪問先を—・役を—・職を—
しせい[市井]人が集まり住んでいる所。まち。
しせい[至誠]まごころ。例—が通じる
しせい[私製]個人が作ること。↕官製
しせい[施政]政治を行うこと。例—方針
しせい[姿勢]すがた。からだつき。例低—で
しせい[資性]うまれつき。例英明な—
じせい[自制]自分で自分の欲望をおさえつけること。例—の念が強い・—心
じせい[自省]自分自身の言行を反省すること。例—の念にかられる
じせい[時世]時代。世の中。例嫌なご—だ
じせい[時勢]時代の流れるいきおい。世の中のなりゆき。例—にさからう
じせい[辞世]死にぎわによみ残す歌や詩。
しせき[史跡・史《蹟]歴史上の事件のあった土地。例川中島の—・—めぐり
しせき[歯石]歯についた石灰分。
じせき[自責]自分の良心にとがめられること。例—の念にかられる
じせき[事跡・事《蹟]事件のあったあとかた。
しせつ[私設]私人の設立。↕公設。例—秘書
しせつ[使節]国を代表して外国に使いにいく人。使臣。例親善—団
しせつ[施設]こしらえもうけること。また、そのもの。設備。例公共の—・教育—
じせつ[時節]とき。おり。時候。例—柄お体に
しせん[視線]目のむいている方向。
しぜん[自然]①人の手の加わらないありのままのすがた。②人の力ではどうすることもできないようす。③ひとりでに。例—陶汰
じせん[自薦]自分で自分を推薦すること。
じぜん[事前]事のおこる前。例—の調査
じぜん[慈善]気のどくな人をあわれみすくうこと。例—事業・—興行
しそ[紫《蘇]シソ科の一年生植物。
しそう[志操]かわらないみさお。例—堅固
しそう[思想]①考え。②考えをまとめたもの。
しそう[歯槽]歯根のはいるあな。例—膿漏
しそう[詩想]詩に作る考え。例—を練る
しそう[使《嗾]そそのかすこと。
しぞう[死蔵]役立てずにしまっておくこと。
じぞう[地蔵]地蔵菩薩の略。例お—さま
しそく[子息]むすこ。せがれ。例ご—には
しぞく[氏族]同一の先祖から出た一族。
じそく[時速]一時間にはしるはやさ。
じぞく[持続]そのまま持ち続けること。
しそん[子孫]①子やまご。②祖先から代々血すじをひいた人々。例平氏の—
じそんしん[自尊心]自分を誇りたかぶる心。
した[下]下部。下方。底。↕上。例机の下
した[舌]べろ。例舌を巻く。舌を出す
しだ[〈羊歯〉・歯《朶]隠花植物で胞子によって繁殖するものの総称。例—植物
じた[自他]自分とほかの人。例—ともに
じだ[耳《朶]みみたぶ。みみ。例—を打つ
したい[死体・《屍体]なきがら。例変—
したい[肢体]①手足。②手足とからだ。
したい[姿態]すがた。かたち。例あでやかな—
しだい[次第]①わけ。②順序。③てつづき。
じたい[字体]文字の形。例—は明朝で
じたい[自体]①自分のからだそのもの。それ自身。②もとより。いったい。元来。
じたい[事態]事がらのありさま。例緊急—
じたい[辞退]えんりょして引き下がること。ことわること。例賞を—する
じだい[時代]①年代。時世。②今の世。その当時。③年がたって古びること。例—がかる
じだいしゅぎ[事大主義]勢力や権力などの強いものに従って身の安全をはかろうとする考え方。無定見。例—の生き方
したう[慕う]①なつかしく思う。恋しく思う。例母を—。②あとを追う。例あとを—
したえ[下絵]下がきの絵。例—を描く
したがう[従う]①言うとおりになる。聞きいれる。例先生に—。②あとについて行く。
したがって[従って]そういうわけで。
したく[支度・仕度]①準備。用意。②服装を着かえること。例外出の—をする
じたく[自宅]自分の家。例—へ帰る
したごころ[下心]①心の底。本心。②前から心に思っていたこと。たくらみ。例—がある
しだし[仕出し]料理などを作って配達すること。例—の料理
したしい[親しい]なかがよい。心やすい。

したじき［下敷(き)］筆記する紙の下にしくもの。下になること。例車の―となる

したしく［親しく］①自分で。②直接に。まのあたり。例―視察する・―なる

したたか［〈強か］①つよく。ひどく。②たくさん。はなはだしく。例―酒を飲んだ

したたかもの［〈強か者］①強い人。しっかりした人物。②手におえない人物。

したためる［〈認める］①ととのえる。したくする。②書きしるす。③食事する。

したたらず［舌足らず］十分にものが言い表せないこと。例―な話し方

したたる［滴る］しずくとなってたれおちる。

したつづみ［舌鼓］うまいものを食べて舌を鳴らすこと。したづつみ。例―を打つ

したづみ［下積み］①他の物の下に積まれること。②いつまでも低い地位で使われていること。例―に甘んじる

したて［下手］へりくだること。例―に出る

したて［仕立(て)］衣服をぬってつくること。

したどり［下取(り)］中古品を引き取って、その分値引きすること。例―の自動車

したび［下火］①火の勢いがおとろえること。②物事の勢いが弱くなること。例―になる

したまち［下町］低い所にある商工業者の住む町。商店街。↕山の手。例―の人情

したまわる［下回る］数や量などが、ある水準よりも少なくなる。例平年作を―

したよみ［下読み］前もって読んでおくこと。

じだらく［自堕落］おこないにしまりがないこと。ふしだら。例―な生活をする

したりがお［したり顔］とくいそうな顔。

しだれる［〈垂れる］たれさがる。例枝が―

したわしい［慕わしい］こいしい。なつかしい。

したん［紫《檀］熱帯産の常緑高木。家具などに使われる。例―の食卓

じだん［示談］話し合いで事をおさめること。

じだんだをふむ［地団太を踏む・地団駄を踏む］ひどくおこったりくやしがって両足を交互にふみならすこと。

しち［七］なな。なつ。例七五三・七福神

しち［質］①約束のしるしにあずけておくもの。②借金の抵当として預けておくもの。

しち［死地］①死ぬべき場所。②非常に危険な場所。生きる望みのない場所。例―に陥る

じち［自治］自分たちで自分たちのことをおさめること。例生徒―会・地方―体

しちごちょう［七五調］和歌や詩の句が七音・五音でひと続きとなって、その調子をくりかえす形式。

しちてんばっとう［七転八倒・七《顚八倒］①何回もころびたおれること。②のたうちまわって苦しむこと。例―の苦しみ

しちめんちょう［七面鳥］北アメリカ原産の鳥。鶏より大きく食用になる。

しちゅう［支柱］ささえるはしら。ささえになるもの。例精神的―に

しちょう［思潮］その時代に広がっている思想のおもな傾向。思想の流れ。例時の―

しちょう［視聴］見ることと聞くこと。世間の人の注意。例世人の―を集める・―率

じちょう［自重］①行いをつつしんでかるはずみなことをしないこと。例―して慎しむ。②からだをたいせつにすること。自愛。

じちょう［自《嘲］自分で自分をあざけること。

しちょく［司直］裁判官。例―手にかかる

しつ［質］①品質。内容。例―のよい品。②もちまえ。実質。③うまれつき。性質。例蒲柳の質

しつ［室］へや。ざしき。例室内・浴室

じつ［実］①まこと。真実。例実のある人。②内容。本体。↕虚。例実のところは

しつい［失意］①あてがはずれること。失望。②望みがとげられないで不幸なこと。↕得意

じつい［実意］まごころのこもった心。

しつうはったつ［四通八達］道路が四方八方に通じていること。便利なさま。

じつえん［実演］実際に舞台で演じること。

しっか［失火］まちがって火事をだすこと。

しっか［〈膝下］①ひざもと。そば。②父母のもと。例父母の―で

じっか［実家］自分の生まれた家。さとかた。

しっかい［《悉皆］すっかり。のこらず。

しっかく［失格］資格をなくすこと。例―者

しっかん［疾患］やまい。病気。例胸部―

じっかん［実感］実際の感じ。例庶民の―だ

しっき［湿気］しめりけ。例―の多い土地

しっき［漆器］うるしぬりの器物。例会津の―

しつぎ［質疑］うたがいのあることを問いただすこと。質問。例―応答

じつぎ［実技］実地の技術。例体育―・―試験

しっきゃく［失脚］地位をなくすこと。

しつぎょう［失業］くらしをたてていた仕事からはなれてしまうこと。失職。例―者

じっきょう［実況］実際のありさま。例―中継

じつぎょう［実業］農業・商業・工業・水産など生産や経済などに関係のある事業。例―家

じつぎょうか［実業家］工場を経営したり大きな商売をしている人。

しっきん［失禁］大小便をもらすこと。

しっく［疾駆］車や馬をはやく走らせること。

しっくい［漆《喰》］石灰に赤色のねんどを加え、ふのりをとかした液でねったもの。

しっけ［湿気］→しっき

しつけ［《躾》］礼儀作法を教えならわせること。

しつけ［仕付け］ととのえるためにあらく縫うこと。例―糸・すそを―る

しっけい［失敬］①相手に対して礼を失うこと。不作法なこと。②だまって自分のものにすること。③別れるときやあやまるときのあいさつのことば。例では―します

じつげつ［日月］①太陽と月。②としつき。

しつげん［失言］言いそこない。例国会での―

じっけん［実権］実際の権力。例―をにぎる

じっけん［実験］実際にためしてしらべてみること。例人体―・―材料・理科の―

じつげん［実現］実際にあらわすこと。

じっけんだい［実験台］①実験室にある実験用の台。②実験の対象。例―になる

しっこう［失効・失《效》］効力をなくすこと。

しっこう［執行］①とり行うこと。②法律・命令・裁判などの内容を実際に行うこと。

じっこう［実行］実際におこなうこと。例―力

しっこく［漆黒］うるしをぬったようにまっくろなこと。例―の髪

じっこん［《昵懇・入魂》］したしいこと。心やすいこと。こんい。例―の間がら

じっさい［実際］①実地のばあい。②まことのありさま。事実。例―にあったこと。③ほんとうに。まったく。例―困るんだよ

じつざい［実在］ほんとうにあること。けっして変わらないもの。例―の人物

しっさく［失策・失錯］しくじり。しそこない。

しっし［《嫉》視］そねみねたむこと。

じっし［実子］自分の生んだ子。↔養子

じっし［実施］実際に行うこと。例計画の―

しつじつ［質実］かざりけがなくまじめなこと。例―剛健

じっしつ［実質］実際の性質。物事のほんとうの内容。例―の問題で形式ではない・―的

じっしゃ［実写］実況や実景をうつしたもの。

じっしゅう［実収］実際の収入や収穫。

じっしゅう［実習］実地について学び習うこと。例―場・教育―

しつじゅん［湿潤］しめりけをおびること。

しっしょう［失笑］思わずふきだすこと。

じっしょう［実証］①たしかなしょうこ。②実地について証明すること。例―がない

じつじょう［実状］実際のようす。例―報告

じつじょう［実情］①実際のありさま。②まごころ。例―を吐露する

しっしょく［失職］職業をなくすこと。失業。

しっしん［失神］気をうしなうこと。意識をうしなうこと。人事不省。例―状態になる

しっしん［湿《疹》］皮膚の表面にできる炎症。

しっする［失する］うしなう。例時機を―

しっせい［失政］政治の方法をあやまること。

しっせい［執政］政治をとり行うこと。

しっせき［失跡］ゆくえ不明。例突然―する

しっせき［《叱責》］しかりせめること。

じっせき［実績］実際の成績。例営業の―

じっせん［実戦］実際のたたかい。例―経験

じっせん［実践］実際におこなうこと。

しっそ［質素］かざりけのないこと。じみ。

しっそう［疾走］はやく走ること。例全力―

しっそう［失《踪》］ゆくえがわからないこと。

じっそう［実相］ほんとうのすがた。真相。

じっそく［実測］実際にはかること。例―面積

じつぞん［実存］実際に存在すること。

しった［《叱咤》］声をはりあげてしかりつけること。大声でしかること。例―激励する

しったい［失態］やりそこなうこと。しくじり。

じったい［実体］実物。本質。正体。例黒幕の―

じったい［実態］ありのままの姿。例会社の―

しっち［失地］うしなった土地。例―回復

しっち［湿地］じめじめした土地。例―帯

じっち［実地］実際の場所。現場。例―訓練

しっちょう［失調］調和がとれなくなること。

じっちょく［実直］まじめで心が正しいこと。

しっつい［失墜］なくすこと。例権威の―

しっと［《嫉妬》］ねたみ。やきもち。例―心

しつど［湿度］空気のしめりぐあい。例―計

しっとう［執刀］メスをもつこと。例―医

じつどう［実働］実際の労働。例―時間

じつに［実に］まことに。例―けしからん

しつねん［失念］忘れること。ものわすれ。

しっぱい［失敗］しくじり。しそこない。

しっぴ［失費］費用のかかること。ものいり。
じっぴ［実費］実際に使った費用。例―精算
しっぴつ［執筆］筆をとって文章を書くこと。
しっぷ［湿布］湯や薬の液にしめした布を患部にあてて治療すること。例冷―・温―
しっぷう［疾風］強く吹く風。はやて。例―迅雷
じつぶつ［実物］実際の物。現物。例―大の
しっぺい［疾病］病気。やまい。例―に苦しむ
しっぺいがえし［〈竹《箆返し］すぐさま同じ方法でしかえしすること。報復。
しっぽ［《尻〈尾］動物の尾。末端。例猫の―
しつぼう［失望］のぞみをなくすこと。あてがはずれてがっかりすること。例―感
しっぽう［七宝］高級陶器の一種。例―焼
しつぼく［質朴］正直でかざりけがないこと。
しっぽく［〈卓《袱］中国の食卓。例―料理
しつむ［執務］事務をとること。例―時間
じつむ［実務］実際の業務。例―の経験
しつめい［失明］目が見えなくなること。
しつもん［質問］わからないわけやことをたずねること。例―に立つ・先生に―する
しつよう［執《拗］しつこいこと。例―な追求
じつよう［実用］実際に役だつこと。例―的な
じつり［実利］実際の利益。実益。例名より―
しつりょう［質量］①質と量。例―ともに満足。②物体がもっている物質の分量。
じつりょく［実力］ほんとうの力。真価。
しつれい［失礼］ぶさほうなこと。礼儀にはずれること。②別れるときやあやまるときのあいさつのことば。例―しました
じつれい［実例］実際にあった例。例豊富な―

して［仕手］①能楽や狂言などで主役をつとめる役者。シテ。↕ワキ。②やりて。例―株
してい［子弟］①子とおとうと。②わかもの。
してい［指定］さししめしてきめること。
してい［師弟］先生とその教え子。例―の間柄
してき［指摘］さししめすこと。ゆびさししめすこと。例悪いところを―しあう
してき［私的］わたくしの。個人としての。
じてき［自適］心のままに楽しみ暮らすこと。
してん［支店］本店から分かれた店。でみせ。
してん［視点］観点。着眼点。例分析の―
じてん［次点］選にもれたもののうちでの最高点。例―で落選する
じてん［自転］自分でぐるぐるまわること。
じてん［辞典］字びき。辞書。例英和―・国語―
じてん［事典］ことがらを説明した辞書。
じでん［自伝］自分の伝記。自叙伝。例福翁―
しと［使途］金銭のつかいみち。例―不明の金
しとう［死闘］死にものぐるいでたたかうこと。例―を繰り返す
しとう［至当］きわめて適当であること。
しどう［指導］教えてよいほうにみちびくこと。例―者・―力・―要領
じどう［自動］自分の力で動くこと。例―制御
じどう［児童］①子ども。わらべ。②小学校に学ぶ子ども。例―館・―福祉
じとく［自得］①自分でさとること。例―の技。②自分で満足すること。例自業―
しとね［《茵・《褥］しきもの。ふとん。
しとめる［仕留める］うちはたす。うちとめる。
しとやか［〈淑やか］上品でおちついていること。例―なお嬢さんだ
しな［品］①しなもの。②種類。③人がら。
しない［市内］市の区域内。例―電話・―地図
しない［竹刀］剣道で用いる竹製の刀。
しなう［《撓う］たわむ。やわらかに弾力があってまがる。例釣竿が―・枝が―
しなぎれ［品切（れ）］売り切れて商品がないこと。例―になる・―状態
しなさだめ［品定め］品物のよいわるいをきめること。批評して優劣をきめること。品評。
しなびる［《萎びる］生気がおとろえてしぼむ。
しなやか［《撓やか］①ごつごつせずやわらがい。②しなってたわむ。③やさしく美しい。
しなん［至難］この上もなくむずかしいこと。
しなん［指南］教授すること。例―番
しにせ［▽老舗］古くから続いている店。
しにばな［死に花］死にぎわの名誉。
しにものぐるい［死に物狂い］必死になってあばれること。例―の奮闘・―で勉強する
しにょう［《屎《尿］大小便。例―処理施設
じにん［自任］①自分で自分の任務とすること。②自分で自分をりっぱなものと思うこと。例教育者と―している
じにん［自認］自分で認めること。例天才を―
じにん［辞任］つとめをやめること。辞職。
しぬ［死ぬ］命がたえる。例―思いで
しの［《篠］しのだけ。例―つく雨
しのぎ［《鎬］刀の両面にたてに一段と高くなった線。例―を削る
しのぎをけずる［《鎬を削る］はげしくあらそうこと。例ライバル同士が―

しのぐ［《凌ぐ］①がまんする。例飢えを—。②こえる。すぎる。例壮者をも—元気
しのびあし［忍び足］人に知られないようにこっそり歩く足どり。ぬきあし。
しのぶ［忍ぶ］①かくれる。例人目を—。②こらえる。がまんする。例不自由を—
しのぶ［《偲ぶ］なつかしむ。例学生時代を—
しば［芝］庭などに植える多年草。例高麗芝
しば［《柴］山野の小さい雑木。例—刈り
じば［地場］その土地の取引所。例—産業
じば［磁場］磁力の作用する範囲。
しはい［支配］とりしまること。例—人・—者
しはい［賜杯・賜《盃］優勝杯。例—の争奪
しばい［芝居］江戸時代以後のかぶき劇。そのほか演劇の総称。例—気たっぷりに
じはく［自白］自分の罪をうちあけること。
しばし［《暫し］しばらくの間。例—お待ちを
しばしば［《屢］たびたび。いくども。
じはだ［地肌・地〈膚］①土地の表面。②化粧しないはだ。きじのままの表面。例荒れた—
しばたたく［〈瞬く］またたきする。例目を—
しはつ［始発］①初めに出発すること。↕終着。②その日にいちばん早く出発すること。↕終発。例—列車に乗る
じはつ［自発］自ら進んでするること。例—的
しばふ［芝生］しばのはえた土地。例—の上で
しはらう［支払う］代金をはらう。例手形で—
しばらく［〈暫く］①すこしのあいだ。②ひさしく。長い間。例—会わなかった
じばらをきる［自腹を切る］経費を自分の金銭で支払うこと。例不足分は—

しばる［縛る］①なわやひもなどでくくりつける。②自由な行動をさせなくする。
しはん［市販］一般の店で売ること。例—の品
しはん［師範］①てほん。もはん。②学問や技芸などを教える人。例剣道の—
じばん［地盤］①土地の表面。②土台。基礎。③事を行う根拠地。勢力範囲。例選挙—
しひ［私費］個人の費用。自費。例—留学
しひ［詩碑］詩をほりつけた石碑。例白秋の—
じひ［慈悲］なさけ。いつくしみ。例—深い
じびき［字引］辞書。辞典。例—を引く
じひつ［自筆］自分で書いたもの。例定家の—
じひびき［地響き］地盤が動きひびくこと。
しひょう［指標］めじるし。例合格の—に
しひょう［師表］人々のもはん。人の手本となり先生となる人。例人生の—
じひょう［辞表］辞職することを書いた文書。
じびょう［持病］なおりきらずにいつもなやみ苦しむ病気。例—に悩む・神経痛の—
しびれる［《痺れる］感覚がなくなる。例足が—
じふ［自負］自分の才能や力をたのみにしてじまんすること。例一流選手を—する
じふ［慈父］いつくしみ深い父。例—のごとき
しぶい［渋い］①渋がきのような味。②苦々しい。例—顔。③けち。例支払いが—。④じみ。例—服・—色
しぶき［▽飛沫］飛びちるこまかい水玉。
しふく［私服］自分所有の衣服。例—刑事
しふく［雌伏］活躍しないで年月をおくること。低い地位にいること。↕雄飛。例—十年
しぶしぶ［渋渋］いやいや。しぶりながら。

しぶつ［私物］個人のもの。例—の茶わん
しぶつ［死物］役に立たない物。例—化
じぶつ［事物］ものごと。例歴史上の—
しぶみ［渋味］①しぶい味。②くすんだ色。
しぶる［渋る］①なめらかでない。②物事がすらすらはこばない。③気のりがしない。
しふん［私憤］個人的ないかり。↕公憤
しふん［脂粉］べにおしろい。例—の香り
しぶん［詩文］詩と文章。文学。
じぶん［時分］とき。おり。例—柄お体には
しぶんごれつ［四分五裂］ちりぢりに分かれること。例組織が—になる
しべ［《蕊・《蘂］花の生殖器官。例雌—と雄—
しへい［紙幣］紙の貨幣。さつ。例偽造—
しへん［四辺］①あたり。まわり。近所。②四方の国境。③四つの辺。例平行—形
しへん［紙片］かみきれ。例単なる—に
しへん［詩編・詩《篇］詩をあつめた書物。
じへん［事変］①ふつうとちがったできごと。②大きな国内の騒乱。例—となる
じべん［自弁］自分で費用を支払うこと。
しぼ［思慕］心から忘れられずに思いしたうこと。例死んだ母を—する
じぼ［字母］①文字をつづるもととなる字。アルファベット。②活字を造るもとの型。
じぼ［慈母］いつくしみ深い母。母の敬称。
しほう［司法］法律にてらして裁判すること。
しほう［至宝］この上なくたっとい宝。
しぼう［死亡］死ぬこと。死去。例—届
しぼう［志望］したいと思うのぞみ。例—校
しぼう［脂肪］動植物のからだにふくまれてい

るあぶら。例―分・―太り

じほう[時報]①そのときどきの報告。②時間の知らせ。例正午の―

じぼうじき[自暴自棄]やぶれかぶれになること。やけくそ。例倒産で―になる

しぼつ[死没・死《歿]死ぬこと。死去。

しぼむ[《凋む・《萎む]しおれる。しなびる。

しぼり[絞り]①しぼること。②しぼりぞめ。③花びらの色のまだらなもの。④カメラのレンズの光の量を調節する装置。

しぼる[絞る]①強くおして水を出す。例タオルを―。②きたえる。例部員を―・知恵を―

しぼる[搾る]むごく取り立てる。例植民地を―・乳を―・油を―・税を―

しほん[資本]事業のもとになる金。もとで。

しま[島]水にかこまれた陸地。例淡路島

しま[《縞]たてや横にすじを織り出した織物。しまもよう。例―柄の布地・―へび

しまい[姉妹]あねといもうと。例美人―

しまい[仕舞]装束をつけない略式能。

しまい[仕舞(い)・〈終い]①しまうこと。終わり。②やめること。例これでお―

じまく[字幕]映画で説明のことばを文字で写し出すもの。タイトル。例―スーパー

しまつ[始末]①初めと終わり。②物事のしめくくり。例―をつける。③事情。わけ。ありさま。例―書。④けんやく。例―屋

しまる[締(ま)る]①ゆるみをなくする。きんちょうする。②固くむすばる。③倹約する。

しまる[閉(ま)る]とざされる。例門が―

じまん[自慢]自分のことを自分でほめること。いばること。例―のあごひげ

しみ[染み]①色のそまること。②物についてよごれること。また、そのよごれ。

しみ[〈凍み]こおること。例―豆腐

じみ[地味]はでないこと。つつましいこと。↔はで。例―な性格・―な背広

じみ[滋味]①うまい味。②滋養になる食物。

じみち[地道]着実なこと。例―な努力で

しみつく[染み着く]そまりつく。例色が―

しみょう[至妙]①この上なく妙味のあるさま。②ひじょうにじょうずなさま。

しみる[染みる・〈滲みる]しみて中にとおる。そまる。例インクが―・身に―

しみる[〈凍みる]こおるほどつめたい。

しみん[市民]市にすんでいる人。例―運動

じむ[事務]①とりあつかうしごと。②つくえの上で書類などをしまつするつとめ。

じむてき[事務的]きまった仕事を型どおりにするようなやり方。例―な扱い方

しめ[▽注連・〈標]しめなわ。例―飾り

しめい[氏名]名字と名。姓名。例―を名乗る

しめい[死命]①生死。いのち。②運命にかかわる急所。例―を制する

しめい[使命]①使者として受けた命令。②あたえられたつとめ。例―感に燃える

しめい[指名]名をさしてよぶこと。名ざし。

じめい[自明]わかりきっていること。

しめきり[締(め)切(り)]しめきること。終わりにすること。例受付を締め切る

しめくくる[締(め)〈括る]①固くしめてたばねる。②まとめる。まとまりをつける。

しめす[示す]①見せる。②さして教える。

しめつ[死滅]死んでほろびること。

じめつ[自滅]①自然にほろびること。②自分のしたことで自分がほろびること。

しめり[湿り]①水気をふくむこと。ぬれること。②雨が降ること。例よいお―でした

しめる[占める]①自分のものとする。②自分の居所とする。占拠する。例席を―

しめる[締める]①強くむすぶ。②きびしく取りしまる。③合計する。例帳簿を―

しめる[閉める]とじる。ふさぐ。↔開ける。例窓を―・店を―

しめる[絞める]首をくくる。例首を―

しめん[紙面]紙の表面。紙上。例新聞の―

しめんそか[四面《楚歌]四方八方みな敵であること。例―におちいる

しも[下]した。すえ。例川下・下の句

しも[霜]①水蒸気が地上で凝固したもの。例霜柱。②しらが。例頭に霜をいただく

しもがれ[霜枯れ]①霜のために草木がかれること。②商売の景気の悪い時期。

じもく[耳目]①耳と目。②聞くことと見ること。世間の人々の注意。例―を集める

しもたや[仕〈舞屋]商売をしていない家。

しもて[下手]①下のほう。②見物席から見て舞台の左のほう。例―から退場

じもと[地元]①その土地。本拠。②自分の住んでいる土地。例―観衆の声援

しものく[下の句]短歌で、最後の七・七の二句。↔上の句

しもぶくれ[下膨れ・下〈脹れ]①下のほうがふ

くらんでいること。②ほおから下がふくれていること。例―の顔

しもふり［霜降り］①霜がふること。②霜がふったようにところどころ白いこと。例―肉

しもべ［〈僕］めしつかい。下男。例国民の―

しもん［指紋］ゆび先のすじもよう。例―押捺

しもん［諮問］たずね問うこと。相談すること。

じもんじとう［自問自答］自分の問に自分で答えること。例―をやってみる

しゃ［社］やしろ。あつまり。会社。例社に帰る

しゃ［斜］ななめ。例斜に構える

しゃ［《紗］うすぎぬ。例―の着物

しや［視野］①目に見えるはんい。②考えや知識のおよぶはんい。例広い―から判断

じゃ［蛇］へび。例蛇の道はへび・大蛇

じゃあく［邪悪］①心がねじけて悪いこと。

しゃい［謝意］①感謝の心。②おわびの心。

しゃおん［謝恩］受けた恩にお礼の気もちをあらわすこと。例―会を開く

しゃか［〈釈《迦］仏教の開祖。例―に説法

しゃかい［社会］共同のくらしをしている人々の集まり。世の中。例―科・―科学

しゃかいじぎょう［社会事業］社会の不幸な人々を救う事業。例―として行う

しゃがむ［《蹲む］かがむ。例しゃがみこむ

しゃかん［舎監］寄宿舎の監督。例寮の―

じゃきょう［邪教］人をまどわす悪い宗教

しゃく［尺］①長さの単位。寸の十倍。約三〇・三センチ。②長さ。③ものさし。

しゃく［勺］①体積の単位。一合の十分の一。②面積の単位。坪の百分の一。

しゃく［酌］くむこと。例お酌をする・酌婦

しゃく［《杓］ひしゃく。例―ですくう

しゃく［《笏］束帯のときにもつ薄い板。

しゃく［《癪］①胸や腹に起こるはげしい痛み。②かんしゃく。気にいらないこと。例―の種

しやく［試薬］検出用の薬品。例―でテスト

じゃく［弱］よわいこと。少ないこと。↕強。例五十人弱しか集まらない

じやく［持薬］いつも用いる薬。例持参の―で

しゃくざい［借財］借金。例多額の―

しゃくし［《杓子］飯やしるなどをすくう道具。しゃもじ。例お玉―・猫も―も

しゃくしじょうぎ［《杓子定規］ゆうずうのきかないこと。例―のやり方

しゃくしゃく［《綽綽》］ゆったりしたさま。

しゃくぜん［釈然］うたがいやうらみなどがとけて、さっぱりすること。例―としない

じゃくたい［弱体］①よわいからだ。②よわよわしいありさま。弱い体制。例―な内閣

じゃぐち［蛇口］水道の先につけた金属の口。

じゃくてん［弱点］よわみ。欠点。例―をつく

しゃくど［尺度］①ものさし。②物をはかる標準。例判断の―に。③長さ。

しゃくどう［赤銅］あかがね。例―色の肌

しゃくなげ［石《楠〈花］高い山にはえる常緑低木。つつじにた花がさく。

しゃくねつ［《灼熱］焼けてあつくなること。

じゃくねん［若年・弱年］としわか。青年。

じゃくはい［若輩・弱輩］①年の若い者。青年。②未熟なもの。例まだ―ですから

しゃくほう［釈放］こうそくをといて自由にしてやること。例囚人の―・―される

しゃくめい［釈明］わけを説明すること。

しゃくやく［《芍薬］庭にうえる多年草。初夏に美しい花を開く。例立てば―座ればぼたん

しゃくよう［借用］かりること。例―した本

しゃくりょう［酌量］同情して考えてやること。例情状を―する

しゃけん［車検］法的な自動車の定期車体検査。例―のための整備

じゃけん［邪険・邪《慳］むごくあつかうこと。むじひなこと。例―な取り扱い

しゃこ［車庫］車両を入れる建物。例―証明

しゃこ［《蝦蛄》］エビに似た節足海産動物。

しゃこう［社交］世間のつきあい。例―的な人

しゃこう［射幸・射《倖］偶然の利益や幸福を得ようとねらうこと。例―心をあおる

しゃこう［《遮光］光りをさえぎること。例―幕

じゃこう［《麝香］香料の一種。例―ねこ

しゃざい［謝罪］罪をわびること。あやまること。例―文・前日の無礼を―する

しゃさつ［射殺］うちころすこと。

しゃし［斜視］やぶにらみ。

しゃし［《奢侈》］ぜいたくをすること。例―を極めた生活ぶり

しゃじ［謝辞］お礼のことば。例親族代表の―

しゃじつ［写実］実際のありさまをそのまま写すこと。例―的・―主義

しゃしゅ［射手］弓をいる人。弾丸を発射する人。例洋弓の―・流鏑馬《やぶさめ》の―

しゃしゅつ［射出］うちだすこと。例プラスチックの―成型

しゃしょう[車掌]車内事務の乗務員。
しゃしん[写真]カメラでうつして印画紙にやきつけたもの。例―植字・記念―
じゃしん[邪心]よこしまな心。例―がない
じゃすい[邪推]ひがんで考えること。例―が強い・友を―する
しゃする[謝する]①あやまる。わびる。②ことわる。辞退する。③礼をいう。例好意に―
しゃせい[写生]自然をそのままにうつすこと。例―画・海辺の風景を―する
しゃせつ[社説]新聞や雑誌などで、その社を代表する意見や主張。例新聞の―
しゃぜつ[謝絶]ことわること。辞退すること。
しゃそう[車窓]汽車や電車などのまど。
しゃたい[車体]車の人や荷物などをのせる箱の部分。車のボディー。例―の重量
しゃたく[社宅]会社で社員を住まわせるために建てた家。例―住まい
しゃだつ[《洒脱]俗気がなくてさっぱりしたさま。うちとけて気のおけないさま。
しゃだん[遮断]さえぎりとめること。例―機
しゃち[《鯱]イルカ科の海獣。
しゃっかん[借款]国際間の貸し借り。
じゃっかん[若干]いくらか。すこしばかり。
じゃっかん[弱冠]①二十歳の異称。②年のわかいこと。例―にして有名となった
じゃっき[《惹起]ひきおこすこと。例―する
しゃっきん[借金]かねをかりること。
しゃてい[舎弟]自分の弟。実弟。
しゃてい[射程]弾のとどく距離。例―内に
しゃてき[射的]まとを射る遊び。例―場

しゃでん[社殿]神社の建物。やしろ。
じゃどう[邪道]よこしまなやり方。↕正道
しゃにむに[遮二無二]がむしゃらに。
じゃねん[邪念]正しくない心。例―を払う
しゃば[《娑婆]①人間世界。俗世。②獄中に対して獄外の自由な世界をいう語。
しゃふつ[煮沸]にたてること。例―消毒する
しゃへい[遮《蔽]さえぎりおおうこと。
じゃま[邪魔]さまたげ。こしょう。例―者
しゃむしょ[社務所]神社の事務を取りあつかうところ。例厄除けを―に申し込む
しゃめん[赦免]罪をゆるすこと。例―状
しゃめん[斜面]ななめになったところ。
しゃも[▽軍鶏]闘鶏用のにわとり。
しゃもん[《沙門]僧。出家。例―道元
しゃよう[斜陽]ゆう日。いり日。例―族
じゃよく[邪欲]よこしまな望み。不正な欲望。
しゃり[舎利]仏の骨。例仏―・―殿・―塔
じゃり[砂利]小石。例玉―の参道
しゃりょう[車両・車《輛]くるま。例新型の―
しゃれ[《洒〈落]①気のきいたさま。②はなやかな服装。例お―。③ざきょうにいう同音を利用したこっけいな文句。例駄―
しゃれい[謝礼]お礼のことばやおくり物。
しゅ[朱]①あか。②あかの絵のぐ。例朱の布地
しゅ[主]ぬし。あるじ。キリスト。例主の許し
じゅ[《頌]四句の経文。例偈頌
しゅい[主意]おもな意味。おもな考え。主眼。
しゅい[首位]第一位。首席。例―を占める
しゅい[趣意]考え。意見。趣旨。例設立―書
しゅう[州]くに。地方。例州の法律・アジア州

しゅう[週]七日を一期の単位。例次の週は
しゅう[醜]みにくい。はじ。例醜をさらす
しゅう[衆]多くの人。多勢。例衆をぬきんでる
しゆう[私有]個人の所有。↕公有。例―財産
しゆう[師友]先生と友人と。例―の恩
しゆう[雌雄]①めすとおす。②優劣。勝負。勝ち負け。例―を決する
じゅう[十]とお。例十番目・十人・十時
じゅう[拾]とお。例拾万円也
じゅう[従]したがう。付属。例従とする
じゅう[銃]てっぽう。例銃の不法所持
じゅう[柔]やわらかい。例柔よく剛を制す
じゆう[自由]①ほかからじゃまされないで自分の考えのまま行動できること。②思いのまま。例―主義・―詩・―行動
じゆう[事由]ことのわけ。例災害の―
しゅうあく[醜悪]みにくいこと。みぐるしいこと。例兄弟間の―な争い
じゅうあつ[重圧]①強い圧力。②おもくるしい感じ。例責任の―を感じる
しゅうい[周囲]まわり。ぐるり。例―十キロの
じゅうい[獣医]家畜類を治療する医者。
しゅういつ[秀逸]他よりもとびぬけてすぐれていること。また、そのもの。例―な作品
しゅうう[《驟雨]にわかあめ。ゆうだち。
しゅうえき[収益]もうけ。利益。例―率
しゅうえん[終《焉]①死にぎわ。臨終。②老後の生活。例ここを―の地としたい
じゅうおう[縦横]①たてとよこ。②心のまま。思うまま。例―に活躍する
じゅうおうむじん[縦横無尽]思うまま。自由自

在。例―に暴れまわる
しゅうか［秀歌］すぐれた和歌。
しゅうか［衆寡］多数と少数。例―敵せず
しゅうかく［収穫］①農作物の取り入れ。②よい結果。×収獲。例秋の―期
しゅうがく［修学］学問の修得。例―旅行
しゅうがく［就学］入学すること。例―年齢
しゅうかん［週刊］一週間に一回刊行する新聞や雑誌。例―誌・―の女性誌
しゅうかん［習慣］①ならわし。しきたり。②きまり。くせ。例悪い―がつく
じゅうかん［重患］重い病気。重病。例―病室
じゅうかん［縦貫］たてにつらぬくこと。
しゅうき［臭気］くさいにおい。例―どめ
しゅうき［周期］ひとまわりの時期。例―律
しゅうぎ［祝儀］①祝いの儀式。②チップ。
しゅうぎいん［衆議院］参議院とともに国会を構成する機関。例―議員・―の解散
しゅうきゅう［《蹴球］サッカー・ラグビー・アメリカンフットボールの総称。
じゅうきょ［住居］すみか。すまい。例―表示
しゅうきょう［宗教］人間が心のなぐさめや安心をえようとし、人間以上の力を信じていのること。例―家・新興―・―心
しゅうぎょう［修業］学術や技芸を修めること。例―年限・―証書
しゅうぎょう［就業］業務につくこと。例―時
しゅうきょく［終局］物事の終わり。しまい。
しゅうきょく［終曲］フィナーレ。
しゅうきょく［終極］はて。例―の目標
しゅうけい［集計］集めて合計すること。
しゅうげき［襲撃］おそいかかってうつこと。
しゅうけつ［集結］一か所に集まること。
じゅうけつ［充血］からだの一部に血がたくさん集まること。例目がひどく―する
しゅうげん［祝言］祝い。婚礼。例仮―・―の席
しゅうごう［集合］集まること。例―論
じゅうこう［重厚］おもおもしくどっしりしていること。例―な態度
じゅうこうぎょう［重工業］製鉄・造船・車両・動力機械などを製造する工業。
しゅうさい［秀才］才能のすぐれた人。
しゅうさく［習作］練習のために作った作品。
しゅうさん［集散］集めたり散らしたりすること。例離合―・―地
しゅうし［収支］収入と支出。例―決算
しゅうし［宗旨］宗教の教え。宗派。例―がえ
しゅうし［終始］①初めから終わりまで。しじゅう。②終わりと初めを同じくすること。
しゅうじ［修辞］ことばをかざって美しく言い著すこと。例―をくふうする・―学
じゅうし［重視］重大に考えること。↔軽視
じゅうじ［住持］寺の主僧。住職。
じゅうじ［従事］しごとにたずさわること。つとめること。例販売に―する
じゅうじか［十字架］①罪人をはりつけにする十字形の柱。②キリスト教徒のしるし。
しゅうじつ［終日］朝から夜まで。一日じゅう。例―家にいて本を読んだ
しゅうじつ［週日］ウィークデー。↔週末
じゅうじつ［充実］すきまなくみちること。例内容が―している・―した人生
しゅうしふ［終止符］①終わりのしるし。ピリオド。②事の終わり。しまい。例―を打つ
じゅうしまつ［十姉〈妹〉］小鳥の一種。
じゅうしゃ［従者］つき従うもの。ともの者。
しゅうじゅ［収受］うけおさめること。
しゅうしゅう［収集・《蒐集］あつめよせること。例古銭の―・情報を―する
しゅうしゅう［収拾］とりまとめること。例事態の―がつかない
じゅうじゅう［重重］かさねがさね。
しゅうしゅく［収縮］ちぢまること。例―作用
しゅうじゅく［習熟］なれてじょうずになること。例作業に―する
じゅうじゅん［従順・柔順］すなおでさからわないこと。例―で勤勉・―な子
しゅうしょう［愁傷］①なげきかなしむこと。②きのどくに思うこと。例ご―さま
じゅうしょう［重傷］大きなけが。↔軽傷。例―患者・交通事故で―を負う
しゅうしょうろうばい［周章《狼狽》］うろたえさわぐこと。あわてふためくこと。
しゅうしょく［修飾］①かざること。②文法で他の語についてその意味をいっそうはっきりさせること。例―語
しゅうしょく［就職］職業につくこと。例―先
じゅうしょく［住職］寺のあるじ。住持。
しゅうしん［修身］行いを正し修めること。
しゅうしん［執心］一つ事を深く心にかけること。例役職に―する・あの娘にご―だ
しゅうじん［囚人］刑務所にはいっている者。
しゅうじん［衆人］多くの人々。例―環視

しゅうじん［集《塵》］空中のちりを集めること。例—装置・—機による空気の浄化
じゅうしん［重心］物体の重さの中心となる点。例やじろべえの—をとる
しゅうせい［修正］よくないところをなおし正すこと。例字句を—する・—案
しゅうせい［終生］死ぬまでの間。例—忘れず
しゅうせい［集成］集めてつくりあげること。
しゅうせい［習性］習慣となった性質。くせ。
しゅうせき［集積］集まりつみかさなること。
じゅうせき［重責］重い責任。例—を果たす
しゅうせん［周旋］せわすること。とりもち。
しゅうぜん［修繕］つくろいなおすこと。
じゅうぜん［十全］①完全なこと。②あぶなげのないこと。例—の準備をする
じゅうぜん［従前］今より前。今まで。例—通り
じゅうそう［縦走］登山で尾根を歩くこと。
しゅうそく［終息・終《熄》］おわること。
しゅうぞく［習俗］ならわし。習い。例地方の—
じゅうそく［充足］みちたりること。例—感
じゅうぞく［従属］つきしたがうこと。例—国
しゅうたい［醜態］みにくいありさま。はずかしい行動。例—を演じる
じゅうたい［重体・重態］病気が重いこと。
じゅうたい［渋滞］とどこおってすらすらはかどらないこと。例交通—
じゅうだい［重大］たいせつなこと。たいへんだいじなこと。例—視する・—な発表
しゅうたん［愁嘆・愁《歎》］なげきかなしむこと。例—場を演じる
しゅうだん［集団］多くの人が集まっているかたまり。人の集まり。例—行動

じゅうたん［《絨毯》］敷物にする厚い毛織物。
しゅうち［周知］みんなが知っていること。
しゅうち［衆知・衆《智》］多くの人のちえ。
しゅうち［《羞恥》］はずかしがること。例—心
しゅうちゃく［執着］深く思いこんでわすれないこと。例—が強い・—心
しゅうちゅう［集中］一か所に集めまとめること。一点に集めること。↔分散。例—力
しゅうちょう［《酋長》］未開人の部族の長。
じゅうちん［重鎮］ひじょうに重んじられる人。大立て者。一方のかしら。例金融界の—
じゅうてん［重点］重要なところ。例—的に
じゅうてん［充《塡》］みたしつめること。
じゅうでん［充電］電池に電気をみたすこと。例バッテリーに—する・読書で—する
しゅうと［《舅》］妻や夫の父。例嫁と—
しゅうとう［周到］ゆきとどいて手落ちのないこと。例—な準備をする
じゅうとう［充当］あてはめること。
しゅうとく［拾得］ひろいとること。例—物
しゅうとく［習得］ならいおぼえること。
しゅうとめ［《姑》］妻や夫の母。例嫁と—の仲
じゅうなん［柔軟］やわらかくしなやかなこと。例—心・—な体
じゅうにぶん［十二分］度をすぎるほどたくさんあること。十分以上。たっぷり。
しゅうにゅう［収入］①受けおさめること。②みいり。所得。↔支出。例—が多い
しゅうにん［就任］任務につくこと。例—式
じゅうにん［重任］①重大な任務。②重ねて前の任務につくこと。再任。

じゅうにんといろ［十人十色］人のこのみや考えはめいめいちがっているということ。
じゅうにんなみ［十人並（み）］顔だちや技芸などが普通であること。例—の顔
しゅうねん［執念］かたく思いこんだ一心。
しゅうは［宗派］宗教の流派。宗門のわかれ。
じゅうばこよみ［重箱読み］上の字を音、下の字を訓で読む読み方。↔湯桶読み
しゅうはい［集配］集めることとくばること。例郵便物の—
しゅうはすう［周波数］交流が一秒間にくりかえす振動数。サイクル。単位はヘルツ。
じゅうはちばん［十八番］最も得意な物事。
しゅうはつ［終発］一日の最終の電車。↔始発
しゅうばつ［秀抜］とびぬけて優れていること。例—な出来栄えだった
しゅうばん［終盤］①碁や将棋で勝負が終わりに近づいた盤面。②勝負の終わりに近いとき。例いよいよ—となる
じゅうはん［重版］同じ本を版をかさねて出版すること。例好評—中
しゅうび［秋《眉》］心配そうな顔つき。例やっと—を開いた
しゅうぶん［秋分］昼と夜との長さが同じ日。九月二十三日ごろ。例—の日
しゅうぶん［醜聞］よくない評判。スキャンダル。例週刊誌に—が載る
じゅうぶん［十分・充分］物事の不足や欠点のないさま。例—にいただきました
しゅうぼう［衆望］多くの人から受ける信用。

多くの人々の期待。例―を担う
シューマイ〈焼売〉中華料理の一種。
しゅうまく[終幕]①最後の場面。最後の一幕。②事件の最後。↔序幕。例―を迎える
しゅうまつ[週末]土・日曜日。例―の旅行
しゅうまつ[終末]おわり。しまい。例―観
じゅうまん[充満]いっぱいになること。
しゅうみつ[周密]ゆきとどいて手落ちのないこと。例―な計画をめぐらす
しゅうめい[襲名]師匠や親の名をつぐこと。例歌舞伎役者の―披露
じゅうめん[渋面]しかめっつら。
しゅうもく[衆目]多くの人の目。例―一致で
しゅうや[終夜]一晩じゅう。例―運転
しゅうやく[集約]集めつづめること。例―的
じゅうやく[重役]①重い役目。②会社の主要な役員。社長・取締役・監査役など。
しゅうゆう[周遊]あちこちめぐりあるいて遊ぶこと。例東北地方を―する・―券
しゅうよう[収用]とりあげて使用すること。例強制―する・土地の―
しゅうよう[収容]ひきとって入れること。例避難民の―・捕虜―所・―人員
しゅうよう[修養]心やおこないをみがくこと。例精神―・座禅で―する
じゅうよう[重要]だいじなこと。例―事項
しゅうらい[襲来]おしよせてくること。
じゅうらい[従来]今まで。前から。例―通り
しゅうらく[集落・《聚落]人々が集まって生活する所。例古代―の跡
じゅうらん[縦覧]かってに見ること。
しゅうり[修理]つくろいなおすこと。例―業
しゅうりょう[修了]規定の学業や技能をおさめおえること。例―証書
しゅうりょう[終了]おわり。おわること。
じゅうりょう[重量]重さ。例―制限・―級
じゅうりょく[重力]地球が物体をひきつける力。例―場・―ダム・無―
じゅうりん[《蹂躙》]①ふみにじること。②暴力で権利をおかすこと。例人権―
しゅうれん[修錬・習練]修めきたえること。
じゅうろうどう[重労働]ほねのおれる過激な力仕事。↔軽労働。例―のアルバイト
しゅうろく[収録]録音や録画などにあつめて記録すること。例現地―・録画の―地
しゅうわい[収賄]わいろを取ること。例―罪
しゅえい[守衛]警備にあたる者。番人。
しゅえん[主演]映画や演劇などで主役となって演じること。例―女優
しゅかい[首《魁]かしら。首謀者。例強盗の―
しゅかく[主客]①主人と客。②主語と客語。②働きかけるほうと受けるほう。例―転倒
しゅかん[主観]心の中で感じたり考えたりすること。↔客観。例―の強い理論・―的
しゅがん[主眼]大事なところ。眼目。
しゅかんてき[主観的]自分をもとにして見たり考えたりすること。↔客観的。例―判断
しゅき[手記]じぶんで書きしるしたもの。
しゅき[酒気]酒のにおい。例―を帯びる
しゅぎ[主義]いつも守ってかわらない考えや立場。例社会―・資本―・実存―・―として
じゅきゅう[需給]需要と供給。例―の調整
しゅぎょう[修行]①仏の教えに従って道を修めること。②学芸を修めみがくこと。
じゅきょう[儒教]中国の孔子の教えをもととする教え。例―と道教
じゅぎょう[授業]学業を教えさずけること。例―科目・―時間・―態度
しゅぎょく[珠玉]①たま。②美しいもの。たっといもの。例―の詩句・―の短編
しゅく[祝]いわい。いわう。例祝する
しゅく[宿]やど。やどる。例品川宿・宿場
じゅく[《塾]子弟を教授する個人の学舎。
しゅくい[祝意]いわう心。例―を表する
しゅくえん[祝宴]祝いの宴会。例―を開く
しゅくえん[宿縁]前世からの因縁。
しゅくえん[宿《怨]前々からのうらみ。例―を晴らす・―の敵
しゅくが[祝賀]お祝い。例―会・―式
しゅくがん[宿願]前々からの願い。例多年の―
じゅくぎ[熟議]念入りに相談すること。
じゅくご[熟語]二つ以上の単語を合わせて一つの意味を表すことば。例英語の―集
しゅくごう[宿業]前の世でした行いのむくい。例前世の―とはいえ
しゅくさつ[縮刷]版を縮小して印刷すること。例新聞の―版
しゅくじ[祝辞]祝いのことば。例来賓―
じゅくし[熟視]じっとみつめること。
しゅくしゃ[縮写]小さくちぢめて写すこと。
しゅくじょ[淑女]しとやかな女性。↔紳士
しゅくしょう[縮小]ちぢめて小さくすること。↔拡大。×縮少。例規模の―

しゅくず［縮図］もとの形をちぢめて小さく書いた絵。例社会の―
じゅくす［熟す］よくうれる。例柿が―・機が―
じゅくすい［熟睡］ぐっすりとねむること。
しゅくせい［粛清］きびしく取りしまって悪い者をのぞき去ること。例反乱分子の―
しゅくだい［宿題］家庭で学習する問題。
じゅくち［熟知］よく知っていること。
しゅくちょく［宿直］交代のとまり番。例―室
しゅくてき［宿敵］前々からのかたき。
しゅくでん［祝電］いわいの電報。例―披露
じゅくどく［熟読］意味をよく考えて読むこと。例暗唱するほど―した・―玩《がん》味《み》
しゅくば［宿場］昔、街道すじにあって旅人をとめたり、馬や人夫をおいた所。宿駅。
しゅくはい［祝杯・祝《盃》］祝いのさかずき。
しゅくはく［宿泊］とまること。例姉の家に―
しゅくふく［祝福］幸いをいのること。例神の―がありますように
しゅくほう［祝砲］祝意を表してうつ空砲。
しゅくぼう［宿望］前々からの望み。長年の望み。例―を達した
しゅくめい［宿命］前の世からきまっている運命。例―論・―的な出会い
じゅくらん［熟覧］ていねいによく見ること。
じゅくりょ［熟慮］十分によく考えること。
じゅくれん［熟練］なれてじょうずになること。熟達。例―工を求める・―度
しゅくん［殊勲］すぐれたてがら。例―を立てる・―甲である
しゅげい［手芸］あみものやししゅうのように手さきでする技術。例―品・―教室
しゅけん［主権］国家を治める最高の権利。
じゅけん［受験］試験をうけること。例―生
しゅご［主語］文の中で中心になる語。
しゅこう［手交］手わたしすること。例―する
しゅこう［首肯］うなづくこと。承諾すること。
しゅこう［趣向］しくみ。くふう。例―をこらす・たいへんおもしろい―だ
しゅさい［主宰］人の上に立っていっさいをつかさどること。例俳句の雑誌を―する
しゅさい［主催］主となって会などをもよおすこと。例新聞社―の展覧会
しゅざい［取材］材料を取ること。例―記者
しゅし［主旨］おもな意味。例論文の―は
しゅし［趣旨］ことのおもむき。例設立の―
じゅし［樹脂］樹木のやに。例―加工
しゅじく［主軸］いちばん中心となるじく。
しゅしゃ［取捨］取ることとすてること。よいものを取り悪いものをすてること。例―選択・情報は―が肝心
しゅじゅ［種種］いろいろ。例―の問題がある
じゅじゅ［授受］さずけることと受けること。うけわたし。例金銭の―
しゅじゅう［主従］主人とけらい。例―関係
しゅじゅつ［手術］医者が治療のために切断したり切開すること。例―室・がんの―
しゅしょう［主将］①全軍の総大将。②選手の統率者。キャプテン。例日本選手団の―
しゅしょう［首相］内閣総理大臣。例―官邸
しゅしょう［首唱］まっさきにとなえること。
しゅしょう［殊勝］①特にすぐれていること。②心がけがよくて感心なこと。例―な行い
しゅじょう［主上］天皇の尊称。
しゅじょう［衆生］仏教でいっさいの生きもの。例―済度
じゅしょう［授賞］賞をさずけること。例―式
しゅじんこう［主人公］①主人。②小説や物語などの中心人物。例―の活躍で
じゅしん［受信］①手紙などを受け取ること。②電信やラジオの放送などを受けること。
じゅず［数珠］仏教徒が手にかけて持つもの。例―つなぎになる・―玉
じゅすい［〈入水］水にはいって死ぬこと。
しゅせい［守勢］ふせぎまもるかまえ。
しゅせい［酒精］アルコール。
じゅせい［受精］精子と卵子の結合。例―卵
しゅせき［手跡・手《蹟》］書いた文字。筆跡。
しゅせき［首席］第一位の席次。第一位の人。
しゅせんど［守銭奴］金銭の欲の強い人。
じゅそ［《呪詛》］のろうこと。×呪咀
じゅぞう［受像］テレビ電波をうけること。例ただ今高校野球―中
しゅぞく［種族］同じ祖先から出て同じ言語風俗・習慣をもつもの。例多―から成り立つ
しゅたい［主体］①他に対して働きおよぼすもとになるもの。↔客体。②主要部分。
しゅだい［主題］①主となる題目。②中心となる思想内容。テーマ。例本日の講演の―は
じゅたい［受胎］みもごること。にんしん。
じゅだく［受諾］ひきうけること。承諾。
しゅだん［手段］てだて。しかた。例実行―
じゅちゅう［受注］注文を受けること。↔発注

しゅちょう[主張]①自分の考えをいいはること。例組合の—。②前から持っている考え。

しゅちょう[《腫脹》]はれること。はれもの。

じゅつ[述]のべること。言うこと。例斎藤博士述・叙述・著述

しゅつえん[出演]音楽会や劇に出て、それらのものを演じること。例—者一同

しゅっか[出火]火事を出すこと。例—元

じゅっかい[述懐]心の中の思いをのべること。例しみじみと—する

しゅっかん[出棺]ひつぎをだすこと。

しゅつがん[出願]役所にねがい出ること。例特許の—・—手続き

しゅっきん[出勤]つとめに出ること。↔欠勤

しゅっけ[出家]①仏門にはいること。②僧。坊さん。例—の身でありながら

しゅっけつ[出血]①血が出ること。例—多量。②ぎせいを出すこと。例—サービス

しゅつげん[出現]あらわれ出ること。

じゅつご[述語]文法で、主語のようすやはたらきを表す語。↔主語

じゅっこう[熟考]よく考えること。例—の上

じゅっさく[術策]はかりごと。計略。

しゅっし[出資]資本を出すこと。例—金

しゅっしょく[出色]ほかにくらべて一段とすぐれていること。群を抜いていること。

しゅっしん[出身]その土地や学校などから出たこと。例—学校・—地

しゅっすい[出水]でみず。大水。例—箇所

しゅっせ[出世]世に出て栄えること。成功すること。例立身—する

しゅつだい[出題]問題や題を出すこと。

しゅっちょう[出張]職務のためによそへ行くこと。例—所・地方—

しゅっちょう[出超]輸出超過。↔入超

しゅってん[出典]故事・成語・引用句などの出たもとの書物。例—を明らかにする

しゅっとう[出頭]一定の場所へ出ること。

しゅつどう[出動]行動を起こすこと。出かけて行くこと。例救急車が—する

しゅつば[出馬]①馬に乗ってその場に出ること。②その場に出ること。例選挙に—する

しゅっぱん[出版]本を作って世に出すこと。

しゅっぽん[出奔]にげ出すこと。例妻の—

しゅと[首都]国の中央政府がある都市。首府。

しゅどう[主導]主となって指導すること。例—権をにぎる・組合—の運動

じゅどう[受動]ほかからの働きを受けること。受け身。↔能動。例—的

しゅとく[取得]手に入れること。例資格の—

じゅなん[受難]苦難にあうこと。例—劇

しゅにん[主任]その仕事を主となってうけもつこと。また、その人。例販売—

しゅのう[首脳]おもだった人。例政党の—部

しゅはん[主犯]その犯罪の中心人物。

しゅはん[首班]①いちばん上の席位にある人。首席。②内閣の首席にある人。総理。

しゅび[首尾]①頭と尾。②物事の始めと終わり。③つごう。例—よく

しゅひつ[主筆]新聞や雑誌などで記者の上にたつ人。重要な記事や社説を書く。

じゅひょう[樹氷]氷点以下にひえた濃霧が木の枝などにこおりついたもの。例蔵王の—

しゅひん[主賓]客の中のおもな人。例—の席

しゅふ[主婦]一家の女主人。例—の働き

しゅふ[首府]国の政府のあるところ。首都。

しゅほう[手法]やりくち。しかた。例小説の—

しゅぼう[首謀]悪いたくらみのかしらだつ人。例強盗の—者

しゅみ[趣味]①おもむき。あじわい。おもしろみ。②たのしみ。③人のこのみ。例貴族—

じゅみょう[寿命]①いのち。②物がいたまずにもつ期間。例テレビの—が尽きる

しゅもく[種目]種類の項目。例競技—

しゅもく[《撞木》]鐘を打ちならすぼう。

じゅもく[樹木]木。立ち木。例—の多い公園

じゅもん[《呪文》]まじないの文句。

しゅやく[主役]主要の役。主人公の役。

しゅよう[主要]おもなこと。例—な議題

じゅよう[需要]いりよう。もとめ。例潜在—

じゅり[受理]うけつけること。例辞表の—

じゅりつ[樹立]うちたてること。例政権の—

しゅりょう[首領]団体の長。かしら。

じゅりょう[受領]受けとること。例—印

しゅりょく[主力]中心となる力。主要な勢力。

しゅるい[種類]いろいろなたぐい。例—別に

じゅれい[樹齢]木の年齢。例—二百年

しゅれん[手練]すぐれてじょうずなてぎわ。

しゅわ[手話]ろうあ者用の手ばなし。

しゅわん[手腕]①うで。②腕まえ。手なみ。

じゅん[《旬》]食物のいちばん味のいいとき。

じゅん[旬]一か月を十日ずつ三つにわけた一つの名称。例旬刊・下旬

じゅん［純］まじりけのないこと。例純な思いで・純日本式・まことに純な男だ
じゅん［順］じゅんじょ。例順に並ぶ
じゅんい［順位］順番を表す地位。順序。
じゅんいつ［純一］①まじりけがないこと。②かざりけがないこと。例―無垢・行業―
じゅんえき［純益］経費をさしひいたほんとうの利益。例興行の―を寄付する
じゅんえん［順延］順ぐりに期日をのばすこと。例雨天―
じゅんかい［巡回］見まわること。例―班
じゅんかつゆ［潤滑油］機械のすれあう部分にさしてまさつを少なくする油。
しゅんかん［瞬間］ごくわずかな時間。ちょっとのま。例―の出来事・その―に
じゅんかん［旬刊］十日ごとに出す新聞や雑誌。例―の学校新聞
じゅんかん［循環］まわってもとのところへもどること。×循還。例―器系
じゅんきょ［準拠］①よりどころとしてしたがうこと。②標準。例文部省指導要領―
じゅんきょう［順境］すべてつごうよくはこぶ境遇。↕逆境。例―に育つ
じゅんけつ［純血］①動物の血統の純粋なこと。例―種の犬。②けがれない純粋な血液。
じゅんけつ［純潔］①けがれなくきよらかなこと。例―な乙女。②心にやましくないこと。
しゅんこう［《竣工］工事ができあがること。
じゅんこう［巡航］航海してあるくこと。例旅客機の―速度・客船で―する
じゅんこう［順行］順序どおりに行くこと。例人工衛星が―している
しゅんさい［俊才・《駿才］すぐれた才能。
じゅんさつ［巡察］見まわって調べること。
しゅんじ［瞬時］またたく間。瞬間。
じゅんし［巡視］まわってみること。みまわり。
じゅんし［殉死］死んだ主人のあとを追って死ぬこと。例主君に―する
じゅんじ［順次］順序をおって。順ぐりに。
じゅんじつ［旬日］十日間。例―中には
じゅんしゅ［遵守・順守］したがい守ること。
しゅんしゅう［俊秀］才知のすぐれていること。例音楽界の若き―
しゅんじゅう［春秋］①春と秋。②一か年。③とし。年齢。例いく―を重ねて
しゅんじゅん［《逡巡》］しりごみすること。
じゅんじゅん［順順］順序よく追うこと。例―に渡される・―に跳ぶ
じゅんじゅん［《諄諄》］親切にくりかえし説くようす。例―とさとす
じゅんじょ［順序］きまった順番。例―よく
じゅんじょう［純情］すなおな清らかな心。
じゅんしょく［殉職］職務のために命をすてること。例―した警官・消防官の―
じゅんしょく［潤色］事がらをつくろいかざること。例―が多い歴史小説
じゅんじる［準じる］①なぞらえる。まねする。②のっとる。例前例に―
じゅんずる［殉ずる］事のため命をすてること。例消防活動で職に―
じゅんしん［純真］少しのまじりけもなく、まことなこと。例―な少年
じゅんすい［純粋］まじりけのないこと。
じゅんせい［純正］まじりけがなくて正しいこと。例―植物油・―な酒
しゅんせつ［《浚渫》］水底のどろや砂をさらうこと。例―船・―作業
じゅんぜん［純然］①まじりけのないさま。②まったくそれにちがいないさま。例―たる
しゅんそく［俊足・《駿足］①足がはやいこと。↕鈍足。②英才。例松下村塾の―
じゅんたく［潤沢］①うるおいのあるさま。②めぐみ。③ゆたかなこと。例―な資金
じゅんちょう［順調］物事がすらすらと調子よくいくこと。例経過は―です
じゅんとう［順当］順序どおりなこと。
じゅんなん［殉難］国難や災難のために自分の命を捨てること。例―者の碑
じゅんのう［順応］まわりのようすにしたがうこと。例―性がある・新しい環境に―する
じゅんぱく［純白］まっしろなこと。例―な服
じゅんばん［順番］順ぐりにあたること。
じゅんび［準備］用意。したく。例―万端
しゅんびん［俊敏］かしこくすばしこいこと。例―な竹刀さばき
しゅんぷう［春風］春の風。例―駘蕩《たいとう》
じゅんぷう［順風］進む方向へ吹くかぜ。おいかぜ。例―満帆
しゅんぶん［春分］春の昼夜同じ長さのとき。三月二十一日ごろ。例―の日
じゅんぽう［遵法・順法］法律に従うこと。例―精神・―闘争
じゅんぼく［純朴・《醇朴・《淳朴》］そぼくでか

ざりけのないこと。例—な村人

しゅんめ[《駿〈馬]よく走るすぐれた馬。

じゅんゆう[巡遊]方々を遊びまわること。

じゅんり[純理]純粋な理論。例—的には

じゅんりょう[純良]まじりけがなくてよいこと。例—な品質

じゅんれい[巡礼・順礼]お寺や神社をおまいりして歩くこと。また、その人。

じゅんろ[順路]順序のよい道。正しい道すじ。

しょ[緒]いとぐち。はじめ。例緒につく

しょ[書]かくこと。手紙。本。例藤原定家の書・書を呈す・書を読む

しょ[署]役所。警察署。消防署。税務署。例署の仕事だ・署内・署までこい

じょ[叙]のべる。さずける。例栄誉の叙を

じょ[序]①順序。ちつじょ。②序文。はしがき。③いとぐち。例序の口

しょい[所為]①しわざ。ふるまい。②せい。

しょいん[書院]①表座敷。客間。②書斎。③学者のいる所。学問所。例—造り

しょう[小]ちいさい。こまか。例小の月

しょう[抄・《鈔]ぬきがき。例源氏物語抄

しょう[生]いのち。いきていること。うまれること。例生あるものの滅せずや

しょう[性]たち。うまれつき。例性に合わない

しょう[章]文の区分。段落。例章を改める

しょう[賞]ほめること。ほうび。例賞を受ける

しょう[升]ますめの単位。約一・八リットル。

しょう[将]ひきいること。将軍。例一軍の将

しょう[衝]かなめ。例交通の衝にあたる

しょう[《笙]雅楽の管楽器の一種。

しよう[私用]個人の用事。例私用で外出した

しよう[使用]つかうこと。例—中・—後

しよう[枝葉]木の枝と葉。末の部分。例—末節

しよう[飼養]かい養うこと。例—料

じょう[丈]①長さの単位。一尺の十倍。約三・〇三メートル。②たけ。長さ。例白髪三千丈

じょう[情]①物に感じて心が動くこと。感情。②愛情。例情に流される・情がある

じょう[錠]戸じまりの金具。例錠を下ろす

じょう[畳]たたみ。例八畳の間

じょう[《帖]のりや紙の一定の枚数。例十—入りの海苔の缶

じよう[滋養]からだの栄養。例—分がある

じょうあい[情愛]なさけ。愛情。例夫婦の—

しょうあく[掌握]手ににぎること。自分のものとすること。例主導権を—する

しょうい[傷《痍]きず。けが。例—軍人

じょうい[情意]こころもち。感情と意志。

じょうい[《攘夷》]外人排斥。例尊王—

しょういん[承引]ききいれること。例ご—を

しょういん[証印]証明のしるしの印。

じょういん[冗員・剰員]あまったむだな人数。

じょうえい[上映]映画をうつして公開すること。例—中・近日—

しょうえん[消炎]炎症どめ。例—剤

じょうえん[上演]舞台で劇を演じること。

しょうおう[照応]前とあととがよくあうこと。例結果とよく—する

しょうか[消化]こなれること。例—剤・—器

しょうか[消火]火をけすこと。例—活動

しょうか[商家]商人の家。例—の生まれ

しょうか[昇華]固体が気体に変化すること。

じょうか[浄化]きれいにすること。例—槽

しょうかい[紹介]知らない人たちの間にたって、両方を引きあわせること。例—状

しょうかい[照会]問いあわせること。

しょうがい[生涯]一生の間。例—の仕事

しょうがい[渉外]外部または外国との連絡や交渉をすること。例デパートの—係

しょうがい[傷害]きずつけること。例—事件

しょうがい[障害・障《碍]じゃもの。例—物

しょうかく[昇格]地位や資格があがること。

しょうがく[小額]わずかな額面。例—紙幣

しょうがく[奨学]学問をすすめはげますこと。例日本—会・—金

じょうかく[城郭・城《廓]城のくるわ。城。

じょうかまち[城下町]諸侯の居城を中心として発達した町。例静かな—

しょうかん[召喚]役所で人を呼び出すこと。

しょうかん[召還]呼びもどすこと。例—命令

しょうかん[償還]金銭などをかえすこと。

しょうがん[賞《翫・賞《玩]①ほめてそのよさを味わうこと。②だいじにすること。

じょうかん[情感]感情。例—をこめて歌う

しょうき[正気]たしかな心。例—に返る

しょうき[《鍾軌》]悪い鬼や病気をおいはらうという神。五月人形にかざられる。

じょうき[上気]のぼせること。例—した顔で

じょうき[常軌]普通のしかた。常道。例—を逸するやり方だ

じょうき[蒸気]ゆげ。水蒸気。例—機関車

じょうぎ[定規・定木]①直線や曲線を引くと

きにあてがう用具。②物事の規準。
じょうぎ［情義・情《誼》］交遊の愛情。例厚い―
しょうきゃく［償却］つぐないかえすこと。借金をかえすこと。例債務を―する・減価―
しょうきゃく［焼却］やきすてること。例ごみ―炉・極秘文書を―する
じょうきゃく［乗客］船や車などに乗るお客。
しょうきゅう［昇給］給料があがること。
しょうきゅう［昇級］等級があがること。例―試験・一学年―する
しょうきょ［消去］消えてなくなること。例―法・アリバイのある者から―する
しょうきょう［商況］商売のようす。
しょうぎょう［商業］あきない。商品を売買してお金をもうけるしごと。例―地・―高校
じょうきょう［上京］①地方から都へ出ること。②東京へ出ること。例受験で―する
じょうきょう［状況・情況］ようす。ありさま。
しょうきょくてき［消極的］進んでものごとをしない無気力なさま。↕積極的
しょうきん［賞金］賞として与える金銭。
しょうきん［償金］つぐないとして支払う金銭。例敗戦国が―を払う
しょうけい［小計］一部分の合計。
しょうけい［少憩・小憩］しばらくやすむこと。
しょうけい［象形］ものの形。例―文字
じょうけい［情景］けしき。ありさま。
しょうげき［衝撃］①はげしくつきあたること。②はげしく感じること。例―的な
しょうげん［証言］事実を証明することば。証人が述べることば。例目撃者の―
じょうけん［条件］物事をきめるもとになることがら。例成立の―・―をつける・―反射
じょうげん［上弦］陰暦七、八日ごろの、直径が上を向いた弓張月。↕下弦
しょうこ［証拠］まちがいでないことのしるし。例無罪の―・―の品・―書類
しょうご［正午］ひるの十二時。例―の時報
じょうこ［上古］大昔。上代。
じょうご［冗語・剰語］むだなことば。
じょうご［▽漏斗］液体をそそぎいれる具。
しょうこう［小康］少しよくなりかけること。
しょうこう［昇降］上り下り。あがりおり。
しょうこう［焼香］香をたいて仏にたむけること。例近親の方からお―を
しょうごう［称号］よび名。となえ。
しょうごう［商号］商人が営業上、店につける名。屋号。例―の変更
しょうごう［照合］てらし合わせること。例原簿と―する・元資料と―して
じょうこう［条項］ことがらをわけて並べたもの。箇条。例契約―
しょうごく［生国］生まれた土地。
しょうこん［傷痕］きずあと。例痛々しい―
しょうさい［商才］商売の才能。例―がある
しょうさい［詳細］くわしくこまかなこと。
じょうさい［城《塞》］しろ。とりで。
じょうざい［浄財］寺や慈善事業などに寄付する金銭。例―を集める
じょうさし［状差(し)］手紙やはがきなどをさしいれておくもの。例柱の―
しょうさつ［笑殺］笑って相手にしないこと。例無礼な言葉を―する
しょうさん［消散］きえてなくなること。
しょうさん［賞賛・称賛］ほめたたえること。
しょうさん［勝算］勝つみこみ。例十分な―が
しょうし［笑止］①きのどくなこと。②おかしいこと。ばかばかしいこと。例―千万
しょうじ［障子］しきりの建具。例明かり―
じょうし［上司］上級の官庁や官吏。うわやく。
じょうし［上《梓》］本を出版すること。
じょうし［城《址》］城あと。例小さい丘の―
じょうじ［常時］いつも。ふだん。平生。
しょうじき［正直］正しくてうそのないこと。
じょうしき［常識］ふつうの人ならだれでも知っている、また知っていなければならない知識。例―的な返事でがっかりする
しょうしつ［消失］消えてなくなること。
しょうしつ［焼失］焼けてなくなること。
じょうしつ［上質］品質の上等なもの。例―紙
じょうじつ［情実］私情がからむこと。えこひいき。例―にとらわれる
しょうしゃ［商社］商業上の結社。商会。
しょうしゃ［照射］光線をあてて照らすこと。
しょうしゃ［《瀟洒》］すっきりとあかぬけているさま。上品なこと。例―な洋館
しょうじゃ［精舎］お寺。寺院。例祇園―
じょうしゅ［情趣］おもむき。おくゆかしくあじわい深いようす。気分。例―ある町並み
じょうじゅ［成就］できあがること。なしとげること。例目的どおりに―する
しょうしゅう［召集］呼び集めること。例―令状
しょうしゅう［招集］まねき集めること。

じょうしゅう［常習］いつもの習慣。例―犯
じょうじゅう［常住］①いつもすむこと。②ふだん。平常。例―座臥
しょうじゅつ［詳述］くわしくのべること。
じょうじゅつ［上述］上または前に述べたこと。例―の通り・―したように
しょうじゅん［照準］鉄砲のねらい。例―器
じょうじゅん［上旬］月初めより十日までの間。例四月―が見ごろだ
しょうしょ［証書］証拠とする文書。証文。
しょうじょ［少女］わかい女。むすめ。例―趣味
じょうしょ［浄書］清書。例原稿の―・―する
じょうしょ［情緒］よろこび・いかり・かなしみ・たのしみなどの感情。（「じょうちょ」は慣用読み）例―豊かなおもむき
じょうじょ［乗除］掛け算と割り算。例加減―
しょうしょう［少少］わずか。少し。例―のこと
しょうじょう［症状］病気のようす。例禁断―
しょうじょう［清浄］けがれのないこと。例六根―・―潔白
しょうじょう［賞状］ほめて与える文書。
じょうしょう［上昇］のぼること。例―気流
じょうじょう［上上］最高によいこと。例―の首尾・―の気分
じょうじょう［上場］取引所が株式の売買の対象にすること。例―の企業・株を―する
じょうじょう［情状］実際のありさま。事情。
じょうじょうしゃくりょう［情状酌量］同情すべき事情を考慮して刑罰を軽くすること。
しょうしょく［少食・小食］食べ方がすくないこと。例―な女性・―で困る

じょうしょく［常食］ふだん食べる食物。
しょうじる［生じる］おこる。例事が―
しょうじる［招じる・〈請じる〉］まねく。
じょうじる［乗じる］つけこむ。例すきに―
しょうしん［小心］①つつしみ深いこと。用心深いこと。②気が小さいこと。例―者
しょうしん［小身］ひくい身分。↔大身
しょうしん［昇進］地位がのぼり進むこと。
しょうしん［焦心］あせること。例―の思いで
しょうしん［傷心］心をいためること。
しょうじん［小人］①心のねじけた人。徳行のない人。例―閑居して。②身分のいやしい人。③背たけの低い人。こびと。④子ども。
しょうじん［精進］①身を清め心をつつしむこと。②肉食をせず野菜だけを食べること。③心をこめて一心につとめること。例―する
じょうしん［上申］上役などに申し述べること。例―書・再建案を―する
じょうじん［常人］ふつうの人。あたりまえの人。凡人。例―には判断つかない
しょうしんしょうめい［正真正銘］まこと。うそいつわりのないこと。ほんもの。
じょうず［上手］①物事にたくみなこと。②口先のうまいこと。例お―を言う
しょうすい［小水］小便。例お―の検査を
しょうすい［《憔悴》］やせおとろえること。やつれること。例―した姿で
じょうすい［浄水］①きれいな水。②手洗い水。
しょうすう［小数］一よりも小さい数。例―点
しょうすう［少数］数のすくないこと。例―派
しょうする［称する］①名づける。となえる。よぶ。例医者と―。②たたえる。ほめる。
しょうする［証する］証明する。例本校の生徒たるを―・正宗の作であることを―
しょうする［賞する］ほめる。たたえる。例功を―・味を―・無欠席を―
しょうする［《誦する》］声を出してよむ。
しょうせい［小生］自分をへりくだっていうことば。わたくし。例―のことは
しょうせい［招請］たのんで来てもらうこと。
しょうせい［笑声］わらいごえ。例隣室の―
じょうせい［上製］上等に製造したもの。↔並製。例―の本
じょうせい［情勢・状勢］なりゆき。ようす。
じょうせい［醸成］①酒やしょうゆなどをかもしつくること。②気運をつくりだすこと。
しょうせつ［小説］散文で書きあらわした物語。例―家・恋愛―
しょうせつ［詳説］くわしく説明すること。
じょうせつ［常設］いつも設けてあること。例―館・―市場
じょうぜつ［《饒舌》］おしゃべり。多弁。
しょうせん［商船］客や荷物をはこぶ船。
しょうぜん［《悄然》］元気のないさま。しょげたさま。しょんぼり。例―として
しょうそう［少壮］年がわかくて元気なこと。
しょうそう［尚早］まだ早いこと。例時期―
しょうそう［焦燥・焦《躁》］あせること。いらいらすること。例―感・―にかられる
しょうぞう［肖像］人の顔やすがたをうつした絵や彫刻。例―画・―権
じょうそう［上層］①かさなりの上のほう。例

―雲。②上の階級。例軍の―部

じょうそう［情操］美しく高いものをもとめようとする心。ゆたかな感情。例―教育

じょうぞう［醸造］酒やしょうゆなどをかもしつくること。例―元・―酒

しょうそく［消息］①たより。おとずれ。②手紙。③ようす。ありさま。例―文

しょうぞく［装束］身じたく。よそおい。きもの。例能―・黒―・白―

しょうたい［正体］①ほんとうのすがた。例―不明・―を見破る。②しっかりした精神。正気。例―を失う

しょうたい［招待］まねいてもてなすこと。

じょうたい［状態］ようす。ありさま。例健康―

じょうたい［常態］ふつうの状態。例―に復す

じょうだい［上代］大昔。上古。奈良時代。

しょうだく［承諾］聞きいれること。承知すること。例―を求める

じょうたつ［上達］じょうずになること。

しょうたん［小胆］気が小さいこと。↕大胆

しょうだん［商談］商売上のそうだん。

じょうだん［冗談］むだばなし。ふざけ話。

しょうち［承知］①ききいれること。②ひきうけること。③知っていること。例十分に―

じょうち［常置］いつも設けておくこと。

じょうちょ［情緒］↓じょうしょ

しょうちゅう［掌中］手の中。例―の玉

しょうちゅう［焼《酎］蒸留酒の一種。例麦―

しょうちょう［消長］盛んになったりおとろえたりすること。盛衰。例企業の―

しょうちょう［象徴］精神や意味などのように形のないものを、形のあるものであらわすこと。シンボル。例―的・―詩

じょうちょう［冗長］くどくどと長たらしいこと。↕簡潔。例―な文章・―な説明

じょうちょう［情調］心のようす。気分。

しょうちん［消沈・《銷沈・《悄沈］元気がなくなること。例意気―する

じょうてい［上程］議案を会議にかけること。

しょうてん［焦点］光が反射したり屈折した後に一点に集まる点。例政局の―は

しょうてん［衝天］盛んな勢い。例意気―

しょうど［焦土］焼け野原。例―と化す

じょうと［譲渡］ゆずりわたすこと。例―証

じょうど［浄土］仏のいるきよらかな世界。

しょうとう［消灯］あかりを消すこと。例―時間・―ラッパ・―後の闇

しょうどう［衝動］①思わず知らず突然にとる動作。②はっきりした目的もなく、ひとりでに強くはたらく気持ち。例―買い

じょうとう［常《套］ありふれたこと。例―手段

じょうどう［常道］普通のやりかた。

しょうどく［消毒］ばいきんや毒を殺すこと。

しょうとつ［衝突］①つきあたること。例―事故。②たがいにあらそうこと。例意見の―

しょうに［小児］こども。幼児。例―科医・―麻痺・―のひきつけ・―ぜんそく

しょうにゅうどう［《鍾乳洞］乳房状の石灰岩がぶらさがるほらあな。例秋吉台の―

しょうにん［承認］①正しいとみとめること。②ききいれること。例議会の―

しょうにん［証人］①しょうこにたつ人。証拠人。例―の喚問。②保証にたつ人。保証人。

じょうにん［常任］いつもその任務にあること。例―監査役・―理事

しょうね［性根］こころ。こんじょう。

じょうねつ［情熱］もえたつようなはげしい感情。例―的な踊り・―をこめる

しょうのう［《樟脳］くすの木からとる白いかたまりの薬。防虫剤。例虫除けの―

しょうはい［勝敗］かちまけ。例―は時の運

しょうばい［商売］①あきない。例―人。②職業。

しょうばつ［賞罰］ほめることと罰すること。

じょうはつ［蒸発］液体などが表面から気体となる現象。例―熱・借金で―する

しょうばん［相伴］①客の相手をしていっしょにごちそうをうけること。例お―にあずかる。②他人のお相手をすること。

しょうひ［消費］つかってなくすこと。例―税

しょうび［賞美・称美］ほめたたえること。

じょうひ［冗費］むだなことに使う費用。

じょうび［常備］いつもそなえつけておくこと。例―薬・―品

しょうひょう［商標］商品のマーク。例登録―

しょうひん［小品］小さなもの。ちょっとした作品。例静物の―

しょうひん［商品］売り買いする品物。例―券

しょうひん［賞品］賞としてあたえる品物。

じょうひん［上品］いやしくないこと。ひんがよいこと。↕下品。例―なことば・―な人

しょうぶ［勝負］かちまけの争い。例―師

しょうぶ［《菖蒲］水辺にはえる多年草。葉は長く剣状。五月の節句につかう。例―湯

じょうふ［情婦］いろおんな。例ボスの―
じょうぶ［丈夫］①健康なさま。たっしゃ。例―な体。②しっかりしていること。例女―
しょうふく［承服］承知してしたがうこと。
しょうぶくろ［状袋］手紙のふうとう。
しょうふだ［正札］商品につけた価格のふだ。
じょうぶつ［成仏］死んで仏となること。
しょうぶん［性分］うまれつき。性質。
じょうぶん［条文］箇条がきにした文。
しょうへい［招《聘］ていねいにまねくこと。
しょうへい［《哨兵］みはりの兵。例―線
しょうへき［障壁］しきりのかべ。例貿易の―
じょうへき［城壁］城のかべ。例―のはざま
じょうほ［譲歩］自分の主張をまげて他人の意見にしたがうこと。例お互いに―する
しょうほう［商法］①商売のしかた。②商業に関する法律。例―違反
しょうほう［詳報］くわしいしらせ。例―が届いた・現地の―
しょうぼう［消防］火事をけしたりふせいだりすること。例―署・―活動・―車
じょうほう［定法・常法］きまっていて変わらない方法。例社会の―に従う
じょうほう［情報］しらせ。事情の報告。インフォメーション。例―量・―の収集
しょうほん［抄本］①一部分を抜き書きした書物。②文書の一部分のうつし。例戸籍―
じょうまん［冗漫］ながたらしくてまとまりのないこと。例―な文章・―な話
しょうみ［正味］実際のなかみ。例―と風袋
しょうみ［賞味］ほめてあじわうこと。例―期間・ご―のほど願い上げます
じょうみ［情味］①あじわい。おもむき。②人情味。思いやりのあること。例―ある処置
しょうみつ［詳密］こまかくくわしいこと。
じょうみゃく［静脈］心臓にかえる血をはこぶ血管。↔動脈。例―注射
しょうみょう［称名・唱名］仏教で、仏の名号をとなえること。例―念仏
じょうみょう［定命］仏教で、生前から定まっている寿命。例これも―というもので
しょうめい［証明］証拠だてること。例身分―書・科学的に―する
しょうめい［照明］舞台や会場などを明るくするしかけ。例―係・―器具
しょうめつ［生滅］生じたりほろびたりすること。生と死。例―は人間の定め
しょうめつ［消滅］きえてなくなること。
しょうめん［正面］①まむかい。正しい前面。②建築物などの表側。例―玄関・―から
しょうもう［消耗］①使ってなくすこと。例―品。②体力を使いはたすこと。例体力の―
しょうもん［証文］証拠となる文書。
じょうやく［条約］国と国とがきめた約束。
しょうゆ［《醬油］調味料の一種。例酢―で
しょうよ［賞与］①賞として金品をあたえること。②ボーナス。例年末の―
じょうよ［剰余］のこり。あまり。例―金
じょうよ［譲与］ゆずりあたえること。例―税
しょうよう［称揚・賞揚］ほめたたえること。
しょうよう［《逍遥》］ぶらぶらあるくこと。散歩。例郊外を―する
じょうよう［常用］①いつも使うこと。②つづけて使うこと。例麻薬の―者・―薬
しょうらい［生来］↓せいらい
しょうらい［招来］まねきよせること。
しょうらい［将来］①これからのち。ゆくさき。未来。②持ってくること。例明から―する
しょうらん［笑覧］人に物を見せたりおくったりするときにいうけんそんのことば。
しょうらん［照覧］はっきりと明らかに見ること。神や仏がごらんになること。例―あれ
じょうらん［上覧］貴人がごらんになること。
しょうり［勝利］勝つこと。例大―となる
じょうり［条理］物事の道理。例―を立てる
じょうり［情理］人情と道理。例―をつくす
しょうりつ［勝率］試合に勝った割合。
しょうりゃく［省略］はぶくこと。例以下―
しょうりゃく［商略］商売上のかけひき。
じょうりゅう［上流］①川かみ。②社会の上位にある階級。例―家庭に育った娘さん
じょうりゅう［蒸留・蒸《溜］液体を熱して蒸気を出し、それを冷やして液体にすること。
しょうりょ［焦慮］あせること。いらいらすること。例金策に―する
しょうりょう［渉猟］ひろくあさること。
しょうりょく［省力］労働力の節約。例―化
じょうりょくじゅ［常緑樹］いつもみどりの葉をもった木。ときわぎ。↔落葉樹
しょうれい［奨励］すすめはげますこと。
じょうれい［条例］①箇条書きにした法令。②都市町村がつくった法規。例都―
じょうれん［常連］①いつもいっしょに行動を

ともにする仲間。②いつもきまってくる客。
しょうわ［笑話］わらいばなし。例―集
しょうわ［唱和］ひとりの声にあわせ、おおぜいがとなえること。例ご―願います
じょえん［助演］主役の演技をたすけて出演すること。また、その人。↔主演
しょか［初夏］夏のはじめ。例―の陽気
しょか［書架］ほんだな。例図書館の―
しょかい［所懐］心に思うところ。考え。
じょがい［除外］とりのぞくこと。例―例
しょかつ［所轄］うけもち。例―警察署
しょかん［所感］心に感じたこと。例大臣の―
しょかん［所管］うけもち。例通産省の―
しょかん［書簡・書《翰］てがみ。例先生への―
しょき［所期］まちもうけること。例―の目的
しょき［書記］書くことを仕事にしている人。
しょき［暑気］夏のあつさ。例―あたり
じょきょ［除去］とりのぞくこと。例弊害の―
しょぎょう［所行・所業］しわざ。おこない。
じょきょく［序曲］①音楽のはじめにひく曲。②物事のはじめの部分。例事件の―
しょく［食］くうこと。例食が細い・食指
しょく［職］しごと。つとめ。例職をさがす
しよく［私欲・私《慾］自分かってな欲望。例私利―・―に目がくらむ
しょくいき［職域］職業や仕事の範囲。
しょくえん［食塩］食用のしお。例―水
しょくぎょう［職業］くらしをたてるためにする仕事。例―病・―安定所
しょくげん［食言］うそをつくこと。
しょくざい［《贖罪］お金や品物で罪のうめあわせをすること。罪のあがない。
しょくさん［殖産］生産物をふやし産業をさかんにすること。例―事業
しょくし［食指］ひとさしゆび。例―が動く
しょくじ［食事］飯などを食べること。例―の時間・和風の―・―にしようよ
しょくじ［植字］活字をならべて組むこと。
しょくじ［食《餌］たべもの。例―療法
しょくしゅ［職種］職業の種類。例―の選択
しょくじょ［織女］①はたをおる女。②星の名。織女星。たなばたひめ。例―と彦星
しょくしょう［食傷］①食あたり。②たべすぎ。あきていやになること。例―気味である
しょくしょう［職掌］つとめ。役目。例―柄
しょくせい［職制］職務についての制度。
しょくせき［職責］職務上の責任。例―上
しょくだい［《燭台］ろうそくを立ててあかりをともす台。例銀の―
しょくたく［食卓］食事をするときにつかう台。ちゃぶだい。例―塩
しょくたく［嘱託］①たのむこと。②正式の職員でなく臨時に仕事をたのまれた人。
しょくのう［職能］職業によってちがうそれぞれのはたらき。例―別の代表
しょくばい［触媒］化学反応をたすける物質。例―作用・―としての役目を果たす
しょくひ［植皮］皮膚の移植。例―手術
しょくぶつ［植物］草木や菌など。↔動物
しょくぶん［職分］①職業の上でしなければならない本分。②自分のするべき本分。
しょくぼう［嘱望］のぞみをかけること。期待すること。例将来を―される
しょくみんち［植民地］本国から移住した人々によって新しくきり開かれた国外の領土。
しょくよく［食欲・食《慾］たべたいと思う欲望。例旺盛な―・―の減退
しょくりょう［食料］たべもの。主食物以外の食品。例―品店・―品売り場
しょくりょう［食糧］たべもの。主として主食物のこと。例―不足に悩む
しょくりん［植林］木をうえること。例―事業
じょくん［叙勲］勲等を与えること。
しょけい［処刑］刑罰をおわせること。例―場
しょけい［書《痙］字がかけなくなる病気。
じょけい［叙景］けしきを書き表すこと。
しょげる［《悄気る］元気をなくする。
しょけん［所見］考え。例首相が―を発表する
しょけん［書見］読書をすること。例―台
じょげん［助言］そばから口をそえ助けること。例親友の―をきく
じょげん［序言］まえがき。はしがき。
しょこ［書庫］書物をしまっておくくら。
しょこう［諸侯］封建時代、領土をもち、人民を支配する権力をもっていた人。大名。
しょこう［《曙光］①夜明けの光。②暗黒や絶望の中からわずかに見えはじめる光や希望。例前途に―が見えてきた
じょこう［徐行］しずかに行くこと。例―運転
しょこん［初婚］はじめての結婚。↔再婚
しょさ［所作］①ふるまい。しわざ。②からだのこなし。③おどり。例見事な―で
しょさい［所載］書きのせてあること。

しょさい［書斎］本を読んだり書きものをしたりするへや。×書斉。例―にこもる
しょざい［所在］あり場所。例―不明
じょさいない［如才ない］ぬけめがない。
しょさん［所産］つくりだしたもの。例忍の―
しょし［初志］はじめに立てた志。例―をまげない・―貫徹
しょし［庶子］嫡出でない子。↕嫡子
しょし［書《肆］書店。本屋。例―学
しょじ［所持］持っていること。例―品検査
じょし［女史］学問や教養のある女性の敬称。
じょし［助詞］付属語で活用のないことば。
じょし［序詞］序のことば。まえがき。序言。
じょじ［助辞］助詞と助動詞の総称。
じょじ［叙事］事実や事件をそのままにのべること。↕叙情。例―詩
しょしき［書式］書類上できめられた書き方。
じょしゅ［助手］てつだいをする人。例研究―
しょしゅう［初秋］秋のはじめ。はつあき。
じょじゅつ［叙述］順序を立ててのべること。
しょしゅん［初春］春のはじめ。はつはる。
しょじゅん［初旬］ひとつきのはじめの十日間。上旬。例五月―ごろの気温だ
しょじょ［処女］①むすめ。まだ結婚しない女。②はじめてのもの。今までに経験のないこと。例―作・―出版
じょじょ［徐徐］ゆっくり。そろそろ。例―に
じょじょう［叙情・《抒情］自分の感情をのべあらわすこと。例―詩・―的な文
じょじょうふ［女丈夫］男まさりの婦人。
しょしん［初心］①最初に思いたった考え。初志。②ならいはじめ。例―にかえる・―者
しょしん［所信］信じている事がら。例―発表
しょしん［書信］たより。てがみ。
しょする［処する］①ふるまう。身をおく。②事をとりさばく。③きめる。④罰する。
しょせい［処世］よわたり。例―術
じょせい［助成］事業や研究などの完成をたすけること。例建設―金
じょせい［助勢］力をそえること。すけだち。
しょせき［書籍］本。書物。↕雑誌
じょせき［除籍］名簿や戸籍などからその名を除くこと。例党を―される
じょせつ［除雪］つもった雪をとりのぞくこと。例―車・―作業
しょせん［所《詮］つまり。けっきょく。
しょぞう［所蔵］しまっておくこと。例―品
じょそう［除草］雑草をとること。例―剤
しょぞく［所属］つきしたがうこと。また、そのもの。例―の政党名・―する団体
しょぞん［所存］考え。例早速実行する―です
しょたい［所帯・《世帯］独立した一家のくらし。例―主・―を持つ・―道具
しょたい［書体］字体。書きぶり。例活字の―
しょたいめん［初対面］はじめての人に会うこと。例―のあいさつ・―の人
しょだな［書棚］本だな。例書斎の―
しょち［処置］しまつすること。例適切な―
しょちゅう［暑中］夏の暑い間。例―休暇
じょちょう［助長］力をそえて大きくすること。助けそだてること。例社会不安を―すること。
しょっかく［食客］いそうろう。しょっきゃく。
しょっかく［触角］こん虫などのあたまにある細長いつのような感覚器。
しょっかん［触感］物にさわったときの感じ。
しょっけん［職権］職務上での権限。例―乱用
しょっこう［《燭光］①ともしびの光。例前途に―が。②光のあかるさの単位。
しょてい［所定］きまっているところ。
しょとう［初冬］冬のはじめ。はつふゆ。
しょとう［初等］はじめの等級。例―教育
しょとう［初頭］はじめ。最初。例本年度―
じょどうし［助動詞］他の語に付属して、その語の叙述をたすける活用語。
しょとく［所得］収入。利益。例年間―額・―税
しょにち［初日］いちばんはじめの日。
しょねつ［暑熱］夏のあつさ。例猛烈な―
じょのくち［序の口］最初。はじめ。例まだ―だ
しょばつ［処罰］罰すること。×所罰
しょはん［初版］書物の最初の版。例―本
しょはん［諸般］いろいろ。例―の事情により
しょひょう［書評］書物の内容について批評すること。例―欄
しょぶん［処分］①とりはからうこと。とりさばくこと。②罰すること。例停学―
じょぶん［序文］書物などのはしがき。
しょほ［初歩］てはじめ。はじめ。例―的な
しょほうせん［処方《箋］医者が病気に応じて薬の調合を書いた書類。例―をもらう
じょまく［序幕］芝居のはじめの幕。はじまり。
じょまくしき［除幕式］銅像や石碑などができあがって、そのおおいの幕をとる儀式。
しょみん［庶民］一般の人々。大衆。例―的

しょむ［庶務］とくべつな名目のない一般の事務。いろいろ雑多な事務。例―課長
しょめい［署名］自分の氏名を書くこと。
じょめい［除名］名簿から氏名をとり去ること。仲間からのぞくこと。例―処分
しょめん［書面］てがみ。例―にて失礼します
しょもう［所望］のぞむこと。例―する品
じょや［除夜］おおみそかの夜。例―の鐘
じょやく［助役］①主任の人を助ける役。②駅長や市町村長の事務を助ける役。
しょゆう［所有］自分のものとしてもっていること。例―権・―物
じょゆう［女優］女性の俳優。例名―
しょよう［所用］①用事。例―で失礼。②入用。
しょよう［所要］入用。必要なこと。例―時間
しょり［処理］さばいてしまつをつけること。
じょりょく［助力］てだすけ。力ぞえ。
しょるい［書類］かきつけ。文書。例―入れ
じょれつ［序列］①順序をつけてならべること。②順序。例―の順に着席する
しょろう［所労］病気わずらい。例―で寝こむ
じょろん［序論］本論にはいる前の議論。
じらい［《爾来］それから。そのとき以来。
しらが［白髪］白くなった髪の毛。銀髪。
しらかば［白《樺］落葉高木の一種。例―林
しらかわよふね［白川夜船］ぐっすりねこんでなにも知らないこと。
しらける［白ける］興がさめる。気まずくなる。
しらじらしい［白白しい］知っていて知らないふりをする。例―態度をとる
じらす［〈焦らす］相手の気をいらだたせる。
しらちゃける［白茶ける］色がさめて白っぽくなる。例白茶けた畑
しらはのやがたつ［白羽の矢が立つ］おおぜいの中から特にえらび出される。
しらふ［▽素面］酒を飲んでいない時の顔。
しらべ［調べ］①音楽を奏すること。②楽曲。例琴の―。③研究。調査。④罪をただすこと。
しらべる［調べる］①音楽を奏する。②研究する。調査する。③さがす。④罪をただす。
しらみつぶし［《虱潰》し］かたはしから一つ一つ調べること。例―にさがす
しらむ［白む］①白くなる。②明るくなる。夜があける。例空が―。③興がさめる。例座が―
しり［私利］自分のための利益。例―私欲
しりうま［《尻馬］他人のあとについて物事をすること。例人の―に乗る
しりおし［《尻押し］①うしろからおすこと。②かげにいて助勢すること。例組織の―
しりがる［《尻軽］①動作のすばやいこと。②ことばや動作のかるがるしいこと。例―女
じりき［自力］自分ひとりのちから。例―脱出
しりきれとんぼ［《尻切れ《蜻蛉》］①物事が中絶していること。②なにをしても長つづきしないこと。例―に終わる
しりごみ［〈後込み・《尻込み］①あとじさりすること。②ためらうこと。例発言に―する
しりぞく［退く］①あとへさがる。↕進む。②役をやめる。例官を―・現役を―
しりぞける［退ける・〈斥ける］①うしろへひかせる。②おいやる。③地位をおとす。例役員から―。④ことわる。例申し込みを―
じりつ［自立］自分の力で独立すること。ひとりだち。例―して商売を始める
じりつ［自律］自主的なこと。例―神経
じりつご［自立語］単独で文節を構成することのできる語。↕付属語
しりめつれつ［支離滅裂］めちゃめちゃですじみちのたたないこと。例―な話し方
しりめにかける［《尻目にかける］人をばかにしたようすをしてみる。
しりゅう［支流］①本流にそそぐ川。本流からわかれる川。②分派。
じりゅう［時流］その時代の社会のなりゆき。その時の人々の考えかた。例―にかなう
しりょ［思慮］かんがえ。例―分別がある
しりょう［資料］もととしてつかうもの。
しりょう［飼料］家畜のえさ。例配合―
しりょく［死力］必死の力。例―を尽くす
しりょく［視力］目で見る力。例―検査
しりょく［資力］①もとになる力。もとで。②財産の力。財力。例親の―で・―がつきる
しる［汁］つゆ。吸い物。利益。例うまい汁
しる［知る］認識する。わかる。例内容を―
しるし［印・〈標］証拠。記号。例印ばんてん
しるす［記す］かきつける。記憶する。例心に―
しるす［〈印す］しるしをつける。心覚えとする。例月に足跡を―
しるべ［知る辺］しりあい。例―をたよりに上京する・―もない孤独の身
しれい［指令］さしず。命令。例支店へ―を出す
じれい［事例］前例になる事実。事実の例。
じれい［辞令］職の任免をかいて本人にわたす

文書。例外交—・社交—・—的な

しれつ［《熾烈》］激烈。もう烈。例—な競争

じれる［〈焦れる］思うようにならないでいらいらする。じりじりする。例交通渋滞に—

しれん［試練・試《煉］こころみきたえること。ためすこと。例—の時を迎える

しろ［白］白色。無罪。例赤勝て、白勝て

しろ［城］敵をふせぐ建物。例昔の城跡

しろ［代］もと。代金。例飲み代・田の代

しろうと［素人］①なれていない人。みじゅくな人。②あるものごとを職業としてでなくこのむ人。↕くろうと。例—芸

しろがね［白〈銀・〈銀］ぎん。例—の原

しろくじちゅう［四六時中］①二十四時間。②いつも。つねに。例—監視される

しろくろ［白黒］①白と黒と。②正しいことと正しくないこと。善悪。例—をつける

しろぼし［白星］①白くて丸いしるし。②勝つこと。↕黒星。例—を加える

しろみ［白身］①物の白い部分。②卵の白い部分。↕黄身。③魚肉などの白い部分。

しろむく［白無《垢］上着や下着などすべてが白い衣服。例—を着て

しろもの［代物］①商品。品物。②人をいやしめていうことば。例とんだ—だ

じろん［試論］一応こころみにのべた論説。

じろん［持論］ふだんからもっている意見。

しわ［《皺］表面のこまかいすじ。例顔の—

しわがれる［《嗄れる］声がかれたようになる。しゃがれる。例声が—

しわける［仕分ける］区別する。例商品を—

しわざ［仕業］行為。ふるまい。例彼の—だ

しわす［師走］旧暦の十二月のこと。例—の風

しわぶき［《咳］せき。せきばらい。

しん［臣］けらい。例毛利家の臣として

しん［信］①まこと。いつわらないこと。②うたがわないこと。信じること。例信をおく

しん［真］①うそでないこと。まこと。②にせでないこと。例真にせまる・真の実力

しん［《芯］ものの中心。例ランプの—

じん［仁］①いつくしみ。なさけ。思いやり。愛をもとにした人の道。②人。例とんだご仁だ

しんあい［親愛］したしみ愛すること。いつくしみ。例—の情・—なるみなさん

じんあい［仁愛］いつくしみ。なさけ深い心。

じんあい［《塵埃》］ほこり。ちり。例—が舞う

しんあん［新案］あたらしいくふう。例—特許

しんい［真意］ほんとうのこころ。ほんとうの意味。例相手の—をいぶかる

じんい［人為］人の力ですることがら。例—的

じんいん［人員］人数。例参加予定—

しんうち［真打］演芸の一座の中で、最後に出演する、いちばんわざのすぐれた者。

しんえい［新鋭］新しくて勢いのするどいこと。例—の選手・野球界の—

しんえい［親衛］貴人の身辺守護。例—隊

じんえい［陣営］軍隊のあつまっているところ。例革新—・選挙に臨む—

しんえん［深遠］ひじょうにふかく遠くて、はかりしれないこと。例—な思想

しんえん［神《苑］神社の境内にある庭園。

しんえん［深《淵］ふかいふち。例—に臨む

じんえん［人煙］①人家のかまどのけむり。②人のすみか。ひとざと。例—稀な土地

しんおう［深奥］おくふかいこと。例心の—

しんおん［心音］心臓の鼓動の音。

しんか［真価］ほんとうのねうち。例人間の—

しんか［進化］だんだんよいほうに発展していくこと。例—論・—の過程

じんか［人家］人のすむ家。例—の少ない村

しんかい［深海］ふかいうみ。例—魚

しんがい［心外］思いがけないことで、ざんねんに思うこと。例はなはだ—に思う

しんがい［侵害］おかしそこなうこと。人の権利をおかすこと。例他国の権益を—する

しんがい［震《駭］おどろいてふるえあがること。例世を—させた大事件

じんかい［《塵芥》］ちりあくた。ごみ。

しんがお［新顔］新しくなかまにはいった人。

しんがく［進学］①学問にはげむこと。②上の学校にすすむこと。例大学に—する

じんかく［人格］人がら。人の品性。例—者

じんがさ［陣《笠］①昔下級の兵がかぶった鉄のかさ。②下級の兵士。③幹部でない一般の者。したっぱ。例—議員

しんがり［〈殿］列のいちばんうしろ。

しんかん［神官］かんぬし。例伊勢大神宮の—

しんかん［新刊］あたらしく本を出すこと。あたらしくできた本。例—広告

しんかん［信管］起爆装置。例爆弾の—

しんかん［森閑］ひっそりしてしずかなさま。

しんがん［心眼］物事を観察したり見分けたりする心のはたらき。例—を開いてみる

しんがん[真《贋》]ほんものとにせもの。

しんき[辛気]心がくさくさすること。心がはればれしないこと。例—くさい

しんき[新規]あたらしくあらたまったこと。例—まき直し・—契約

しんき[新奇]あたらしくめずらしいこと。例—をてらう・—を好む

しんぎ[信義]やくそくをまもり正しいことをおこなうこと。まことの道をまもること。

しんぎ[神技]神わざ。ひじょうにすぐれたうでまえ。例名人の—にうたれる

しんぎ[真偽]まことといつわり。

しんぎ[審議]くわしく事を相談すること。

じんぎ[仁義]①なさけ深い心と正しいおこない。②人のおこなわねばならない道徳。

しんきいってん[心機一転]ある事から急に心もちがかわること。例—して前向きになる

しんきじく[新機軸]あたらしい方法。

しんきゅう[新旧]あたらしいものとふるいもの。例—校長のあいさつ

しんきょう[心境]心のようす。例目下の—

しんきょう[進境]進歩のぐあい。例—著しい

しんきろう[《蜃気楼》]さばくや海上などの空中に、影像があらわれる現象。

しんきん[親近]①したしみ近づくこと。②そば近くにつかえる者。例首相の—者

しんぎん[《呻吟》]うめき苦しむこと。例病床に—する・詩作に—する

しんく[辛苦]つらいめにあってくるしむこと。くるしみ。例—のかいがあった

しんく[真紅・深紅]こいあか色。例—の旗

じんく[甚句]俗謡の一種。例相撲—

しんくう[真空]空気のないこと。例—地帯

しんけい[神経]①動物のからだの中にあって感覚と運動をつかさどる器官。②ものごとを気にかけ、ものごとを感じる力。

しんけいしつ[神経質]物事に感じやすくわずかなことも気にする性質。例—な人

しんげき[新劇]外国の影響をうけてできた近代的なあたらしい傾向の演劇。例—俳優

しんけつ[心血]全精力。例—をそそぐ

しんげつ[新月]旧暦のついたち。みかづき。

しんけん[真剣]①ほんものの刀。②まじめ。ほんき。例—な態度がよい

しんげん[進言]意見をもうしあげること。

しんげん[震源]地震のおこった場所。例—地

しんげん[森厳]おごそかなこと。例—な境内

じんけん[人権]人間がうまれながらにもっている自由平等の権利。例基本的—・—尊重

じんけんひ[人件費]給料や手当など人事にかかる経費。例—の負担が大きい

しんこ[《糝粉》]①白米をこなにしたもの。②しんこをこねて作ったもち。例—細工

しんご[新語]あたらしく使われるようになったことば。例—の乱用時代

じんご[人後]他人の後ろ。例—に落ちない

しんこう[信仰]神や仏を信じうやまうこと。

しんこう[振興]さかんにすること。例—策

しんこう[進行]すすむこと。例会議の—

しんこう[深更]まよなか。夜ふけ。

しんこう[親交]したしいまじわり。例深い—

しんこう[新興]あたらしくおこること。

しんごう[信号]あいず。しらせ。例交通—

じんこう[人口]①人の数。例過剰—。②せけんの人のうわさ。例—に膾炙《かいしゃ》する

じんこう[人工]人間の力で作ること。例—的

しんこく[申告]役所などにもうし出ること。

しんこく[深刻]ひどくきびしいこと。ていどの強いこと。例—な不景気

しんこん[心魂]たましい。精神。例—を傾ける

しんさ[審査]くわしくしらべさだめること。

しんさい[震災]地震によるさいなん。

じんざい[人材]才能があって役に立つ人。

しんさつ[診察]医者が病人のようすをみて病気をしらべること。例—室・—料

しんざん[深山]おくふかい山。例—幽谷

しんざん[新参]あたらしくきた者。しんまい。↕古参。例—の社員

しんし[紳士]礼儀ただしく教養や気品のある男の人。↕淑女。例—的に話し合う

しんし[真《摯》]まじめなこと。例—な態度で

しんじ[心耳]心臓内部の上半の左右二室。

しんじ[心事]心におもうこと。心の中。

しんじ[《芯地》]衣服のしんにする布地。

じんじ[人事]①人間のする事がら。②個人の身分や能力など一身上に関する事がら。例—異動。③人間社会に関する事がら。

じんじふせい[人事不省]気をうしなって意識が不明になること。例—になる

しんしき[新式]あたらしいやりかた。新しい形式。↕旧式。例—のコピー機

しんじつ[真実]ほんとう。まこと。例—味

しんしゃ[深謝]①ふかく感謝すること。例ご

尽力を―します。②ふかくあやまること。

しんしゃ［親《炙》］したしくその人に接して感化をうけること。例先輩に―する

しんじゃ［信者］宗教を信じている人。

しんしゃく［《斟酌》］①てらしあわせて考えること。②事情をくみとること。例事情を―して減刑する・よけいな―

しんしゅ［進取］自分からすすんで事をすること。例―の気性・―の精神

しんじゅ［真珠］貝類、とくにあこや貝の体内につくられる美しい玉。例―の指輪

じんしゅ［人種］体格・皮膚の色・言語・風俗などからわけた人類の種別。例―差別

しんしゅく［伸縮］のびることとちぢむこと。

しんしゅつ［進出］すすみ出ること。例海外―

しんしゅつ［侵出］他の分野をおかすこと。

しんしゅつ［浸出］しみ出ること。例地下水の―・坑道に―する水

しんしゅつ［《滲出》］にじみ出ること。例体液の―・汗が―する

しんしゅつきぼつ［神出鬼没］鬼神のように自由自在に出没すること。例―の盗賊

しんしゅん［新春］新年。正月。例―の賀を

しんじゅん［浸潤］だんだんしみこむこと。

しんしょ［信書］てがみ。書信。例―の秘密

しんしょ［親書］自分で書いたてがみ。

しんしょう［身上］①みのうえ。②財産。

しんしょう［心象］感覚による再生。例―風景

しんしょう［辛勝］やっと勝つこと。例一点差の―・―した試合だった

しんじょう［心情］こころ。きもち。例―的には

しんじょう［信条］かたく信じる事がら。

しんじょう［真情］①まことの心。まごころ。例―の吐露。②ほんとうの事情。実情。

じんじょう［進上］さしあげること。例甘酒―

じんじょう［尋常］ふつう。例―な手段では

しんしょうひつばつ［信賞必罰］賞すべきものは必ず賞し、罰すべきものは必ず罰すること。賞罰を正しくきびしくすること。

しんしょうぼうだい［針小棒大］小さなことを大げさにいうこと。例―に言う

しんしょく［侵食・侵《蝕］だんだんおかしそこなうこと。例隣国を―する

しんしょく［浸食・浸《蝕］水がしみこんでしだいにそこなうこと。例海岸の―作用

しんしょく［寝食］ねることとたべること。日常の生活。例―を忘れて

しんじる［信じる］①ほんとうと思う。うたがわない。②信仰する。例神を―

しんしん［心身］こころとからだ。例健全な―

しんしん［新進］あらたに進みでること。

しんしん［津津］たえずわき出てつきないさま。例興味は―として尽きない

しんしん［深深］①夜のふけていくさま。②寒さの身にしむさま。例―と冷える

しんしん［森森］樹木がしげっているさま。

しんじん［信心］神や仏を信仰する心。

しんじん［新人］①あたらしく世にでた人。②あたらしくなかまいりした人。例―歌手

しんじん［深甚］深いさま。例―の感謝を

じんしん［人身］①人間のからだ。例―事故。②個人の身分。例―攻撃になる

しんすい［心酔］一つのことに夢中になること。例梅原画伯に―する

しんすい［浸水］水につかること。例―箇所

しんすい［進水］あたらしく作った船を水にうかべること。例新造船の―式

しんずい［神髄・真髄］物事にいちばんたいせつなところ。例―をきわめる

じんすい［尽《瘁］ほねをおること。

じんずうりき［神通力］なんでも自由自在にできるふしぎな力。例―を失う

しんせい［申請］役所に願い出ること。例―書

しんせい［神聖］とうとくおごそかなこと。

しんせい［新生］①あらたにうまれること。②すっかり新しい生活にはいること。

しんせい［真正］まことで正しいこと。

しんせい［新星］新しいスター。例歌謡界の―

しんせい［新制］あたらしい制度。↔旧制

じんせい［人生］人の一生。人がこの世に生きている間。例―の幸福を求める

じんせいかん［人生観］人生の意義や目的・価値などについての考えかた。例―が違う

しんせき［親《戚］しんるい。みうち。

じんせき［人跡］人のとおった足跡。例―未踏

しんせつ［親切・深切］思いやりの心。例―心

しんせつ［新設］あらたにもうけること。

しんせつ［新説］あたらしい学説や意見。

しんせん［神仙］神やせんにん。

しんせん［深浅］ふかいこととあさいこと。

しんせん［新鮮］あたらしくみずみずしいこと。例―な魚・―な表現

しんぜん［親善］なかよくすること。例日米―

じんせん［人選］適当な人をえらぶこと。
しんそう［真相］ほんとうのありさま。
しんそう［新装］新しいよそおい。例―開店
しんぞう［心臓］①血をじゅんかんさせる器官。②物事の中心となるたいせつなところ。
じんぞう［人造］人がつくったもの。例―繊維
じんぞう［《腎臓］尿の排出をつかさどる器官。
しんそく［神速］ひじょうにはやいこと。
しんぞく［親族］みより。しんるい。例―一同
じんそく［迅速］ひじょうにはやいこと。
しんそつ［新卒］新卒業者。例―の新入社員
しんたい［身体］からだ。例―検査・―髪膚
しんたい［進退］①すすむこととしりぞくこと。②かけひき。③たちいふるまい。動作。④職につくことと、はなれること。例―伺い
しんだい［身代］自分のもっている財産。
しんだい［寝台］ベッド。例―車・病院の―
じんたい［《靭帯］関節をつなぐ筋組織。
じんだい［甚大］ひじょうに大きいこと。
しんたいし［新体詩］明治の初期に西洋の詩の影響によってつくられた新しい形式の詩。
しんたく［神託］神のおつげ。例―を受ける
しんたく［信託］相手を信用してまかせたのむこと。例―銀行・貸付―
しんたん［薪炭］たきぎとすみ。例―料
しんだん［診断］医者が病人をしらべて病気を判断すること。例院長の―を願う
しんちく［新築］あたらしく建築すること。
しんちゅう［心中］胸中。例―をお察しします
しんちゅう［身中］体内。例しし―の虫
しんちゅう［真《鍮］銅と亜鉛との合金。

しんちょう［慎重］注意ぶかいこと。例―に
しんちょう［身長］せたけ。例―と体重の比
しんちょう［伸長］のばすこと。例学力の―
しんちょう［新調］あたらしくこしらえること。例服を―する
しんちょう［深長］意味が深くて、ふくみのあるさま。例意味―なことば
しんちょく［進《捗］すすみはかどること。
しんつう［心痛］心をいためること。心配。
じんつう［陣痛］出産時におこる腹痛。
しんてい［心底］こころのなか。本心。例―より
しんてい［進呈］さしあげること。
しんてん［進展］進歩して発展すること。
しんてん［伸展］のび広がること。例―性
しんてん［親展］名あての人に直接見てほしいという意味をしめす手紙のわきづけ。
しんと［信徒］一定の宗教の信者。例―の集い
しんど［深度］深さのていど。例―の測定
しんど［進度］進行のていど。例授業の―
しんど［震度］地震の程度。例―5の強震
しんとう［心頭］こころ。例怒り―に発する
しんとう［神道］わが国固有の宗教。
しんとう［浸透・《滲透］しみとおること。
しんどう［振動］ゆれうごくこと。例―音
しんどう［神童］すぐれてかしこい子ども。
じんとう［陣頭］軍陣のせんとう。例―指揮
じんどう［人道］①人としてのたいせつなみち。②人のとおる道。歩道。↔車道
じんどうしゅぎ［人道主義］人類の幸福を増進することを道徳の最高目的とする主義。
じんとく［人徳］その人にそなわっている徳。

しんにゅう［侵入］おかしはいること。むりにはいりこむこと。例泥棒が―する
しんにん［信任］信用してまかせること。
しんにん［新任］あたらしく役につくこと。
しんねん［信念］①かたい信仰の心。②自分の考えが正しいと信ずる心。例固い―
しんぱい［心配］きがかり。こころづかい。
しんぱん［侵犯］①他の権利内にたちいること。②他の領土をおかすこと。例領空―
しんぱん［審判］裁決すること。例―の判定
しんぴ［神秘］人間の知恵では考えられないふしぎなこと。例自然の―の生んだ名所
しんびがん［審美眼］うつくしいものと、みにくいものとを見わける能力。例優れた―
しんぴょう［信《憑］信頼。信用。例―性
じんぴん［人品］①ひとがら。②ようす。
しんぷ［神父］カトリック教の司教者。
しんぷ［新婦］はなよめ。例新郎―・―の衣装
しんぷ［新譜］新しい曲。例―のレコード
しんぷく［心服］心からしたがうこと。
しんぷく［振幅］①振動のきょり。例脳波の―。②物事の変化や動きの程度。例変動の―
じんぶつ［人物］①ひとがら。②役に立つ人。すぐれた人。例ひとかどの―
じんぶん［人文］人類の作った文化。例―科学
しんぺん［身辺］身のまわり。例―の世話
しんぽ［進歩］①すすんでいくこと。②しだいによいほうに発展していくこと。例―的
しんぼう［心棒］①回転するもののじくとなる木。②活動の中心となるもの。例―となる
しんぼう［辛抱］くるしいことをがまんするこ

と。例—ができない・—強い人

しんぼう[信望]信用と人望。例—が厚い

しんぽう[信奉]かたく信じてだいじにすること。例社会主義を—する

じんぼう[人望]世の中の人々からそんけいと信頼をされること。せけんの信用。

しんぼく[親《睦]なかよくすること。例—会

しんまい[新米]①今年とれた米。②新参。

しんみ[新味]あたらしみ。例—がない

しんみ[親身]近い親せき。肉親。例—の看護

しんみつ[親密]なかのよいこと。例—な仲

しんみょう[神妙]①ふしぎなこと。②すなおなこと。例—な顔つき

じんみん[人民]社会や国家を構成する人。

しんめい[身命]からだといのち。例—を賭す

しんめい[神明]かみ。例—に誓って約束する

じんめい[人命]人のいのち。例—救助

しんめんもく[真面目]①ほんらいのすがた。例—を発揮する。②まじめ。③ありのまま。

しんもつ[進物]おくりもの。例暮れの—

しんもん[審問]くわしく問いただすこと。

じんもん[尋問・《訊問]聞きしらべること。

しんや[深夜]まよなか。よふけ。例—放送

しんゆう[親友]なかのよい友だち。

しんよう[信用]①信じること。例—金庫・友を—する。②ひょうばんがいいこと。

しんようじゅ[針葉樹]針のように細長い葉をもった樹木。マツ・スギなど。

しんらい[信頼]信じてたよりにすること。

しんらい[新来]あたらしく来ること。

しんらつ[辛《辣]ひどく手きびしいこと。

しんらばんしょう[森羅万象]宇宙のなかにあるすべてのもの。例宇宙の—

しんり[心理]心の動き。心のあらわれ。

しんり[真理]いつどんなときにでも正しいとみとめられる道理。ほんとうの道理。

しんりがく[心理学]人間の心のはたらきを研究する学問。例—的にみると

しんりゃく[侵略・侵《掠]他国に侵入して土地をうばいとること。例—戦争・—的な

しんりょ[深慮]ふかいかんがえ。例—の末

しんりょう[診療]病気を診察し治療すること。例—所・—時間

しんりょく[新緑]初夏のころの若葉のみどり。例—の候・—の季節

じんりょく[人力]人間のちから。例—の限り

じんりょく[尽力]ちからをつくすこと。ほねおること。例皆さまのご—で

しんりん[森林]たくさんの木がはえしげっているところ。例—地帯

じんりん[人倫]①人間としておこなうべき道。②人間どうしのあいだがら。③人類。

しんるい[親類]みうち。血のつながっている人々。しんせき。例遠い—に当たる

じんるい[人類]人間のなかま。人間をほかの動物から区別していうことば。例—愛

しんろ[針路]船の進む方向。例旅客機の—

しんろ[進路]進んでいくみち。例—指導

しんろう[心労]こころづかい。例—のあまり

しんわ[神話]歴史以前につくられた神を中心とする説話や伝説。例ギリシャ—

しんわ[親和]したしみやわらぐこと。例—力

す

す[州]土や砂がつもって水の中からあらわれ出ているところ。例三角州・中州

す[巣]①鳥や虫のす。②かくれ場所。例巣穴

す[酢・《醋]酸味のある液体調味料。例酢の物

す[《簀]竹やあしであらくあんだもの。例生け—・—の子・—立て

ず[図]ずめん。えず。例図のように

ず[頭]あたま。例頭が高い・頭上・頭痛

すあし[素足]はきものやたびなどをはかない足。はだし。例—に下駄が健康によい

ずあん[図案]美術工芸品を作るときのもようや色どりのくふう。デザイン。例—家

すい[水]五行の第五。水曜日の略。

すい[粋]①まじりけのないこと。②すぐれているもの。②人情にくわしくものわかりがよいこと。③きのきいていること。いき。

すい[酸い]すっぱい。例—も甘いも

ずい[髄]①骨の中にあるやわらかい組織。例骨の髄まで。②物事のたいせつなところ。

ずい[《蕊]めしべとおしべの総称。例花—

すいあつ[水圧]水の圧力。例—計

すいい[水位]川や湖などの水面の高さ。

すいい[推移]おしうつること。うつりかわること。例時間の—・経済の—

ずいい[随意]きまま。思いのまま。例ご—に

ずいいち[随一]第一。一番。例当時—の作品

すいうん[水運]水路で運送すること。

すいうん[衰運]いきおいがおとろえること。

すいか［水火］①水と火。②水におぼれ、火に焼かれる苦しみ。例―も辞さない
すいか［〈西《瓜］大型の食用果実。例―割り
すいがい［水害］大水のためにうける損害。
すいがら［吸(い)殻］たばこの灰やもえさし。
ずいかん［随感］感じるまま。例四季―
ずいき［▽芋茎］さといものくき。
ずいきのなみだ［随喜の涙］ありがた涙。
すいぎゅう［水牛］つのが長く水辺にすむ牛。
すいきょ［推挙］人をすすめあげること。すいせんすること。例会長に―する
すいきょう［酔狂・粋狂］①酒によってうかれくるうこと。②ものずき。例―な人だ
すいぎょのまじわり［水魚の交わり］水と魚のように、はなれることのできないあいだがらをいう。例―を結ぶ
すいぎん［水銀］寒暖計の中に入れる銀白色の液体の金属。例―灯・―柱・―電池
すいけい［推計］だいたいのみこみ計算。
すいげん［水源］水の流れ出るもと。例―地
すいこう［遂行］なしとげること。例計画の―
すいこう［推《敲］詩文の字句をなんどもねりなおすこと。例―を重ねる
すいごう［水郷］水のほとりにある村や町。
ずいこう［随行］あとにつき従っていくこと。
すいさいが［水彩画］水でといた絵のぐでかくえ。みずえ。↔油絵。例―の小品
すいさつ［推察］おしはかること。例ご心中を―します・胸中を―する
すいさん［水産］海や川などからとれるもの。
すいし［水死］水におぼれて死ぬこと。例―体

すいじ［炊事］食物をにたきすること。例―場
ずいじ［随時］①そのときどき。おりおり。②いつでも。つごうしだい。例―入院可
すいしゃ［水車］水の力でまわる車。例―小屋
すいじゃく［衰弱］おとろえよわること。
すいじゅん［水準］①地形などの高低・水平などをはかり定めること。②多くのものを平均した高さ。レベル。例知能―が高い
ずいしょ［随所・随処］どこでも。例―に出没
すいしょう［水晶］六角の柱形をしたすきとおった石英。例―体・―時計
すいしょう［推奨］すいせん。例株の―銘柄
すいしょう［推賞・推称］ほめたたえてすすめること。例―に値する新品種
すいしん［水深］水のふかさ。例山中湖の―
すいしん［推進］おしすすめること。例―力となる・山林の整備を―する
すいじん［粋人］①風流な人。②人情によく通じたひと。さばけた人。例―酔筆
すいせい［水星］太陽にいちばん近い惑星。
すいせい［水勢］水の流れるいきおい。
すいせい［水《棲］水の中にすむこと。例―動物
すいせい［《彗星］長い光をひき、太陽のまわりをまわる星。ほうき星。例ハレー―
すいせん［水洗］水であらい流すこと。例―式
すいせん［推薦］おしすすめること。よろしいとすすめること。推挙。例良書を―する
すいそ［水素］無色無臭の気体元素。例―爆弾
すいそう［水草］水辺または水の中にはえる草。みずくさ。例岸辺の―
すいそう［水葬］水中に死体をほうむること。

すいそう［水槽］水をためておく大きなおけ。
すいそう［吹奏］ラッパなどをふきならすこと。例―楽・国歌―
すいぞう［《膵臓］すい液とホルモンを分泌する胃の下方にある内蔵。例―肥大
ずいそう［随想］心にうかぶままの思想。おりおりの感想。例―録・下町―
すいそく［推測］おしはかること。例景気の―
すいたい［衰退］おとろえること。例国力の―
すいたい［推《戴］①おしいただくこと。②上にいただいてかしらにすること。
すいだん［推断］おしはかってきめること。
すいちょく［垂直］まっすぐにたれること。
すいつく［吸(い)付く］ぴったりくっつく。例吸盤が―・乳房に―
すいてい［推定］おしはかってきめること。
すいてき［水滴］水のしたたり。しずく。
すいでん［水田］みずた。たんぼ。例―地帯
すいとう［水筒］のみ水をいれる携帯容器。
すいとう［水痘］みずぼうそう。伝染病。
すいとう［水稲］水田にうえるいね。↔陸稲
すいとう［出納］金銭や物品の出し入れ。
すいどう［水道］①のみ水などをひく設備。例上―・―管。②みぞ。③船の通る道。
すいなん［水難］①大水などのさいなん。水害。②水上であうさいなん。例―救助
すいばん［水盤］生け花などにつかうそこのあさい大ざら。例―と剣山
すいばん［推《輓・推《挽］人をすすめること。人をひきたてること。すいせん。
ずいはん［随伴］あとからついてゆくこと。お

ともすること。例社長に―して出張した

すいび[衰微]おとろえよわること。

ずいひつ[随筆]おりにふれて、あったことや感じたことなどを書いた文章。例―家

すいふ[水夫]ふなのり。せんどう。下級船員。

ずいぶん[随分]①なかなか。かなり。②すこぶる。はなはだ。例―寒い日だ

すいへい[水平]水のように物の表面が平らなこと。↕垂直。例―線・―思考・―に置く

すいへいせん[水平線]海上で水と空との境の線。例船影が―に没する

すいへん[水辺]水のほとり。水のそば。

すいほう[水泡]①水のあわ。②はかないこと。むだなこと。例苦心が―に帰す

すいほう[水《疱]液をふくむ発しん。

すいぼう[水防]水害をふせぐこと。例―計画

すいぼう[衰亡]おとろえほろびること。

すいぼく[水墨]すみ絵のこと。例―画

すいま[睡魔]まがさしたようにねむくなること。ねむけ。例猛烈な―に襲われる

すいみん[睡眠]ねむること。ねむり。例―薬

すいめつ[衰滅]おとろえほろびること。

すいもの[吸(い)物]すましじる。例お―

すいもん[水門]水の流れを調節する門。

すいらい[水雷]水中でばくはつさせ艦船をはかいする装置の兵器。例―艇

すいり[水利]①水運の便利。②水の利用。

すいり[推理]おしはかって考えること。りくつを追って考えること。例―小説

すいりょう[水量]水の分量。みずかさ。

すいりょう[推量]おしはかること。例当て―

すいりょく[水力]みずの力。水勢。例―発電

すいれん[水練]水およぎ。水泳。

すいろ[水路]①水の流れるみち。②船の通るみち。航路。③プールのコース。例短―

すいろん[推論]すじみちをおしすすめて論ずること。推理。例―を下した

すう[数]かず。計算。数学。例英数国

すう[吸う]すいこむ。吸収する。例息を―

すうがく[数学]数・量・図形などを研究する学問。例―者・―は苦手だ

すうき[数奇]ふしあわせ。例―な運命

すうこう[崇高]けだかいこと。例―な哲学

ずうずうしい[〈図図〉しい]ずぶとい。おうちゃくである。例―奴だ・―計画

すうせい[《趨勢]なりゆき。例時代の―だから

すうはい[崇拝]心からうやまいたっとぶこと。たっとびあがめること。例―する人

すうよう[枢要]物事の中心となるたいせつなところ。かなめ。例政府の―な地位に

すうり[数理]数学上の理論。例―的には

すうりょう[数量]物のかずとかさ。分量。

すえ[末]①おわり。はし。②こずえ。③子孫。

すえおく[据(え)置く]そのままにしておく。

すえたのもしい[末頼もしい]あとあとたのしみになる。将来みこみがある。例―男の子

すえひろ[末広]①おうぎ。せんす。②だんだんさかんになっていくこと。例―がりに

すえる[据える]①さだめおく。②すわらせる。③おちつける。例腰を―

すえる[《饐える]飯などがすっぱくなる。

ずかい[図解]図に表して説明すること。

ずがいこつ[頭《蓋骨]頭の骨ぜんたい。

すがお[素顔]けしょうしないままの顔。

すがき[素〈描き]デッサン。例木炭の―

すかす[透かす]①すきまをつくる。間をすこしあける。例窓を―。②すきとおらせる。

すかす[《賺す]①だます。たぶらかす。②なだめる。なぐさめる。例なだめ―

すがすがしい[〈清清〉しい]せいせいする。さわやかで気もちがよい。例―気分です

すがた[姿]からだつき。みなり。例歩く姿は

すがたみ[姿見]全身をうつす大きな鏡。

すがめ[《眇]①やぶにらみ。②かため。

ずがら[図柄]図案のもよう。例着物の―

すがる[《縋る]①とりつく。つかまる。②たよる。たのみとする。例他人の情に―

ずかん[図鑑]わかりやすいように図で表した本。例カラー―・動物―

すかんぴん[素寒貧]ひどくびんぼうなこと。

すき[《隙]すきま。油断。例心の―を

すき[《鋤]はたけの土をほりおこす農具。

すき[《犂]牛馬にひかせる耕作用農具。

すき[好き]①このむ。例―な食べ物。②ものずき。③好色。例―者

すき[数寄・数奇]風流。例―をこらす・―屋

すぎ[杉]常緑高木の一種。例秋田杉

すききらい[好き嫌い]すききらいと。例―が多い人・―する

すきずき[好き好き]人それぞれのこのみ。例たで食う虫も―

すきっぱら[〈空きっ腹]おなかがへること。

すきとおる[透き通る]すいて見える。例―よ

うな肌・湖の水が—
すきま[透き間・《隙間]物と物の間。例—風
すきや[数寄屋]茶屋ふうの建物。例—造り
すきやき[《鋤焼(き)]肉なべ料理の一種。
すぎる[過ぎる]①こえていく。通る。②ていどをこす。③時がたつ。例月日が—
ずきん[頭《巾]布で作って頭にかぶるもの。
すく[好く]このむ。たしなむ。例彼を—
すく[透く]①すいて見える。例肌が—。②まばらになる。例間が—・戸が—
すく[〈空く]①へる。例腹が—。②あく。例手が—・電車が—
すく[〈結く]網をあむ。例網を—
すく[《梳く]髪をくしけずる。例髪を—
すく[《漉く]紙をつくる。例和紙を—
すくう[救う]たすける。例遭難者を—
すくう[《掬う]下から上へとりあげる。例金魚を—・足元を—
すぐさま[〈直ぐ様]ただちに。すぐに。
すくせ[〈宿世]生まれない前。前の世。前世。
すくない[少ない・《尠い]わずかだ。↔多い
すくむ[《竦む]①かがんで動けない。②おそれちぢむ。いじける。例身が—
すくよか[〈健よか]すくすくとじょうぶで気もちのよいさま。例—に成長する
すぐる[〈選る]よりぬく。えらびとる。
すぐれる[優れる・〈勝れる・〈秀れる]まさる。ひいでる。例他に—・学力が—
すげ[菅]みの等につかう多年草。例—笠
ずけい[図形]①図のかたち。②図式グラフ。
すけだち[助太刀]①あだうちなどの手助けをすること。また、その人。②仕事などの加勢をすること。例大掃除の—をする
すげる[〈挿げる・《箝げる]はめこむ。さしこむ。例げたの鼻緒を—
すごい[《凄い]①おそろしい。さびしくきみがわるい。②ひどい。例—人出だ
すこし[少し]わずか。ちょっと。例—も
すごす[過(ご)す]おくる。くらす。こす。
すごすご[《悄悄》]元気なく立ち去るさま。
すこぶる[《頗る]たいへん。はなはだ。
すごみ[《凄味]すごいさま。おどし文句。例—をきかす・—のある男
すこやか[健やか]じょうぶ。たっしゃ。
すごろく[〈双六]さいころ遊びの一種。
すさぶ[〈荒ぶ]①いよいよ荒れつのる。いきおいがひどくなる。例吹き—。②すさんでおとろえる。③あれる。さっぷうけいになる。
すさまじい[《凄まじい]ものすごい。例—勢い
すさむ[〈荒む]①ひどくなっていく。あれくるう。例芸が—。②うるおいがなくなる。
すさる[〈退る]あとへさがる。しりぞく。
ずさん[《杜撰》]詩や文章・議論などのまちがいが多いこと。いいかげん。例—な編集
すし[《鮨・▽寿司]酢めしに魚や貝をそえた食べ物。例にぎり—・押し—
すじ[筋]①きんにくのせんい。②血管。③血すじ。家がら。④細長いもの。例御堂—。⑤すじみち。道理。例—ちがい。⑥方面。例粋—
ずし[《厨子]仏像をいれる両とびらの箱。
すじかい[筋交(い)]はすかい。ななめ。
すじがき[筋書(き)]①事件のすじ道を書いたもの。②演劇や映画などで内容のあらすじを書いたもの。③たくらみ。例犯行の—
すじがねいり[筋金入り]がんじょうなものや強いものなどのたとえ。例—の党員
すしづめ[《鮨詰(め)]ぎっしりつまったさま。例—の通勤電車・—になる
すじみち[筋道]①ものごとの道理。②手つづき。順序。例—をたてて話す
すじむこう[筋向(こ)う]ななめむこう。
すじょう[素姓・素性]①いえがら。血すじ。②そだち。うまれ。③もとからの性質。
すす[《煤]①煙にふくまれた黒色のこな。油煙。②てんじょうなどについているほこり。
すず[鈴]金属で作った球形の鳴り物。
すず[《錫]軽金属の一種。例—のメッキ
すずかけ[鈴掛(け)・《篠懸(け)]街路樹にする落葉高木。プラタナス。例—の並木道
すすき[〈薄・芒]秋の七草の一つ。秋になると黄かっ色の穂がでる。おばな。
すずき[《鱸]近海魚の一種。出世魚の一。
すすぐ[〈濯ぐ]よごれを水であらいおとす。
すすぐ[〈雪ぐ]きよめる。例汚名を—
すすぐ[《漱ぐ]うがいをする。例口を—
すすける[《煤ける]煙などで黒くなる。
すずしいかお[涼しい顔]知らぬふりしてすましている顔。例—で通りすぎる
すずなり[鈴〈生り]①木の実などがかさなりあってなっていること。②人がかさなるほどたくさんたかっていること。
すずむ[涼む]すずしい風にはだをあてる。
すずむし[鈴虫]黒かっ色のこん虫。

すずめ［《雀］①小鳥の一種。例―の涙・―色。②おしゃべり。例楽屋―

すすめる［進める］進行させる。はかどらせる。

すすめる［勧める・〈奨める］さそいすすめる。例貯蓄を―・進学を―

すすめる［薦める］推挙する。例先生が―本・評論家が―レコード

すずらん［鈴《蘭］芳香のある多年草。

すずり［《硯］すみをする道具。例―箱

すすりなく［《啜り泣く］しゃくりあげてなく。

すする［《啜る］口にすい入れる。例鼻を―

すそ［《裾］①衣服の下のぶぶん。②山のふもと。③物のすえ。下のほう。例―裏・―刈り

すその［《裾野］山のふもとのゆるやかに傾斜している野。例富士の―

すそわけ［《裾分け］もらい物や利益の中から少し分けてやること。例お―に

すだつ［巣立つ］①ひなどりが成長して巣からとびたつ。②世の中へ出て独立する。

ずだぶくろ［頭《陀袋］①僧が仏像や僧具などを入れてくびにかけるふくろ。②なんでもはいるようなだぶだぶなふくろ。

すだれ［《簾］竹やあしなどをあんで物のへだてや日よけなどに使うもの。

すたれる［廃れる］①いらなくなる。②おとろえる。③はやらない。流行しない。

ずつう［頭痛］①頭のいたむこと。例―もち。②なやみ。例―のたね

すっぱい［酸っぱい］酢のような味がする。例―和え物・―味つけだ

すっぱぬく［素っ破抜く］人のかくしごとなどをあばく。例会社の内情を―

すで［素手］手になにも持っていないこと。

すていし［捨(て)石］むだな石。例将来のために―を打つ・―になる

すていん［捨(て)印］欄外におす印。

すてき［素敵］すばらしいこと。例―な人

すてぜりふ［捨(て)▽台詞］行きがけに言いすてることば。例―を吐く

すでに［既に・《已に］①もう。もはや。②さきに。以前に。例―知っている

すてね［捨(て)値］すて売りのねだん。

すてばち［捨(て)鉢］やけくそ。やけ。

すてる［捨てる・〈棄てる］①いらないものとしてほうる。例ごみを―。②なげだす。例見―

すどおり［素通り］たちよらないで通りすぎること。例商店街を―する

すな［砂・《沙］こまかい石のつぶ。まさご。

すなお［素直］①ありのままでかざらないこと。②おだやかでさからわないこと。③心の正しいこと。正直。例―な性質

すなどけい［砂時計］小穴から砂を少しずつ落としてその量で時間を知る装置のとけい。

すなどる［〈漁る］魚をとる。漁をする。

すなわち［〈即ち・〈則ち・《乃ち］①とりもおさず。つまり。②ただちに。すぐに。即刻。③そういうときには。④そこで。そのとき。

すね［《臑・《脛］ひざからくるぶしまで。

すねかじり［《脛《齧り］父兄から学費や生活費をもらって暮らすこと。例―のくせに

すねる［《拗ねる］ひねくれる。だだをこねる。

ずのう［頭脳］①あたま。脳。②あたまのはたらき。能力。例明晰な―。③かしら。首領。

すのこ［《簀の子］①竹をあんだもの。②うす板を少しずつすかして打ちつけた台。

すばこ［巣箱］小鳥のすを作らせるために作った小箱。例庭に―をおく

すはだ［素肌］①けしょうしないきじのはだ。②はだぎなしに直接着物を着ること。

すばやい［素早い］行動がはやい。すばしこい。

すばらしい［素晴らしい］たいへんりっぱである。すぐれている。例―出来栄え

ずひょう［図表］数量などが一目でわかるように図にあらわした表。例成長の―

ずぶとい［図太い］ふてぶてしい。おうちゃくである。例―奴だ・―計画

ずぶぬれ［ずぶ《濡れ］すっかりぬれること。

すべ［〈術］しかた。方法。例知る―がない

すべて［〈全て・〈凡て・〈統て］①ぜんぶ。のこらず。いっさい。②おしなべて。一般に。

すべる［統べる・〈総べる］①一つに集める。とりまとめる。②おさめる。例部下を―

すべる［滑る・《辷る］①なめらかに行く。例氷で―。②落第する。例大学入試を―

ずぼし［図星］①思うつぼ。めあてのところ。急所。②かくしんにふれること。例―を指す

すぼめる［《窄める］①せまくする。②しぼめる。ちぢめる。例肩を―・口を―

すまい［住(ま)い］じゅうきょ。すみか。

すます［済ます］①なしとげる。おえる。例仕事を―。②借金をかえす。返済する。

すます［澄ます］①にごりをとりさる。例耳を―。②まじめな顔をする。気どる。

すみ［炭］木をむしやきにした燃料。例炭火

すみ［墨］書画用の黒い液。例墨絵・墨流し

すみ［隅・〈角］①中心からずっと遠いところ。はし。②かど。例部屋の隅で・隅におけない

すみか［住み〈処・《栖］すまい。住居。

すみこみ［住(み)込み］やとい人がはたらきさきにねとまりすること。例―で働く

すみぞめ［墨染(め)］①黒くそめること。②黒い僧衣。③黒っぽい喪服。

すみやか［速やか］はやいさま。すぐ。例―に

すみれ［《菫］春、むらさき色の花がさく草。

すみわたる［澄(み)渡る］空などが一面にすむ。

すむ［住む・《棲む］①居住する。②巣をつくる。

すむ［済む］かたづく。おわる。できあがる。

すむ［澄む］①清くなる。にごりがない。②くもりがない。③ねいろがさえる。例音が―

すもう［相撲・▽角力］土俵内で取り組む日本独特の競技。例―とり・―甚句

ずめん［図面］家屋などの平面図。設計図。

すもも［《李］果実が食用の落葉小高木。

すやき［素焼(き)］うわぐすりをかけないで焼いた陶器。例―の壺《つぼ》

すり［《掏摸》］人ごみの中で、他人の金銭や品物をかすめとる人。

すりきず［擦(り)傷］すりむいてできたきず。

すりむく［擦り《剝く］表皮をこすってむく。

すりもの［刷(り)物］印刷物。例―をくばる

する［刷る・《摺る］印刷する。例版画を―

する［擦る・〈摩る］こする。例ひざを―・マッチを―・やすりで―

する［〈磨る］①みがく。とぐ。例研磨剤で宝石を―。②使いはたす。例財産を―

する［《掏る］すりとる。例さいふを―

する［《剃る］そる。例カミソリで顔を―

する［《擂る］すりつぶす。例擂り鉢で―

ずるい［《狡い］わるがしこい。例―やり方で

するどい［鋭い］①先がとがってほそい。②よく切れる。③いきおいがはげしい。

すれっからし［擦れっ枯らし］世なれてわるがしこくなっていること。また、その人。

すわ［素〈破］突然のことにおどろいて出す声。さあ。それっ。例―一大事だ

すわる［座る・《坐る］①ひざと腰をまげて床におとす。例正座で―・席に―。②つく。例会長の地位に―・―心地がよい

すわる［据わる］定まって動かない。例腰が―

すん［寸］①一尺の十分の一。約三・〇三センチ。②ながさ。寸法。例寸がつまる

すんか［寸暇］ちょっとのひま。例―をさいて勉強する・―も惜しむ

すんげん［寸言］わずかのことば。

すんこく［寸刻］わずかの時間。寸時。

すんし［寸志］①わずかなこころざし。②心ばかりのおしるし。例ほんの―ですが

すんぜん［寸前］ちょっと前。直前。例倒産―

すんてつ［寸鉄］①みじかい刃物。②みじかくてきばつなことば。警句。例―人を刺す

すんぴょう［寸評］みじかい批評。短評。

すんぶん［寸分］一寸一分も。ちっとも。例―のすきもなく・―たがわず

すんぽう［寸法］①長さ。ゆきたけ。②じゅんじょ。ちょうし。③けいかく。てだて。

せ

せ［背］①せなか。②うしろ。③せたけ。せい。

せ［畝］土地の面積の単位。一段の十分の一。

せ［瀬］①川の歩いてわたれるあさい所。あさせ。例瀬を渡る。②流れの急なところ。

ぜ［是］①道理にかなうこと。②よいとみとめること。↕非。例是とする

せい［正］①正しいこと。↕邪。例正方形。②主となるもの。↕副。③正数。例正の数

せい［性］①うまれつき。性質。②心のはたらき。③男女や雌雄の区別。例性による差別

せい［姓］みょうじ。氏。例姓を名乗る

せい［精］①くわしいこと。こまかいこと。②まじりけのないこと。エキス。③いきおい。元気。例精がつく。④たましい。

せい［聖］きよく高いこと。例聖なる地

せい［背］→せ。例―の高い人

せい［〈所為］原因。ため。例彼の―だ

ぜい［税］そぜい。ぜいきん。例税を課する

せいあつ［制圧］いきおいでおさえつけること。例反乱軍が―される

せいあん［成案］できあがった考え。

せいい［誠意］まごころ。例―を披瀝《ひれき》する

せいいき［声域］発声の高低の範囲。

せいいき［聖域］神聖な地域。神域。

せいいく［生育］①おいたつこと。②はぐくみそだてること。例稲の―・バラの―

せいいく［成育］そだってのびること。成長すること。例子どもの―状況

せいいっぱい［精一杯］力のかぎりをつくすさま。できるかぎり。例—の努力
せいいん［成因］成立する原因。例破局の—
せいう［晴雨］晴天と雨天。例—計
せいうん［青雲］①青い雲。②高い地位。立身出世。例—の志
せいうん［星雲］星がたくさん集まり、ぼんやりと雲のように見えるもの。
せいうん［盛運］さかえる運命。例—に乗る
せいえい［清栄］さかえること。例ご—の段
せいえい［精鋭］①すぐれてするどいこと。②えりぬきの強い兵士。例—の代表選手団
せいえき［精液］雄性生殖器の分泌液。
せいえん［声援］こえをかけておうえんすること。力づけること。例選手を—する
せいおう［西欧］①ヨーロッパの西部の諸国。西ヨーロッパ。②西洋。例—文化
せいおん［清音］濁点や半濁点をつけないかなで表される音。↔濁音
せいおん［静穏］しずかでおだやかなこと。
せいか［生家］自分のうまれた家。さと。
せいか［成果］できあがった結果。例苦心の—
せいか［声価］ひょうばん。例—を高める
せいか［盛夏］夏のさかり。まなつ。例—の候
せいか［聖火］神にささげる火。例—台
せいか［聖歌］賛美歌。例—隊
せいか［青果］野菜とくだもの。例—市場
せいか［製菓］菓子の製造。例森永—
せいか［製靴］くつの製造。例—業界
せいか［精華］①すぐれてうつくしいこと。②まじりけのないこと。例日本画の—
せいかい［正解］正しい解釈。正しい答え。
せいかい［政界］政治家の社会。例—の黒幕
せいかい［盛会］さかんな会合。例—だった
せいかいけん［制海権］軍艦や航空機などで海上の交通を支配する力。例—をにぎる
せいかく［正確］正しくたしかなこと。
せいかく［性格］①うまれつき。ひとがら。②そのものの持っている性質。例陽気な—
せいかく［政客］政治にたずさわる人。政治家。
せいかく［精確］くわしくたしかなこと。
せいがく［声楽］人の声による音楽。↔器楽
せいかたんでん［《臍下丹田］下腹。例—に力をこめる・—を引き締めて
せいかつ［生活］①生きて働くこと。②くらし。なりわい。例—が楽ではない・—力
せいかん［生還］生きてかえること。例戦場から—する・ランナーの—
せいかん［盛観］さかんなありさま。りっぱなみもの。例—をきわめる・まさに—だ
せいかん［静観］しずかに見まもること。
せいかん［精《悍］するどくたくましいこと。動作がかっぱつで勇敢なこと。例—な顔つき
せいがん［請願］ねがい出ること。例—書
せいがん［正眼・青眼］中段のかまえ。まともなかまえ。例—に構える・下段から—へ
ぜいかん［税関］港や国境で船や荷物の検査や税金を取り立てるところ。
せいき［生気］いきいきとした気力。例—がない・—あふれる青年
せいき［正規］正しい規則。例—の手続き
せいき［世紀］①年代。時代。②西暦で百年を一くぎりとして数える時代の単位。例二十—
せいき［性器］生殖器。
せいき［西紀］せいれき。西洋紀元のこと。
せいき［精気］①たましい。②気力。
せいぎ［正義］正しい道理。まことの道。例—感
せいぎ［盛儀］さかんな儀式。例—に終わる
せいきゅう［性急］せっかち。気みじか。
せいきゅう［請求］たのみもとめること。さいそくすること。例料金を—する・—書
せいきょ［逝去］死ぬことの敬語。
せいぎょ［制御・制《禦］思うままにすること。コントロール。例自動—装置
せいきょう［盛況］さかんなありさま。活気のあるようす。例満員—の店
せいぎょう［生業］生活のための職業。
せいぎょう［正業］まじめな職業。例—につく
せいきょく［政局］政界のありさま。
せいきん［精勤］しごとによくはげむこと。
ぜいきん［税金］租税として納入する金銭。
せいけい［生計］くらし。生活。例—をたてる
せいけい［成型］型におしてつくること。例プラスチックの射出—・—加工
せいけい［成形］形をつくること。例胸部—手術（運動器官は整形、胸部は成形）
せいけいげか［整形外科］顔やからだの形をなおす外科。例—で手術をうける
せいけつ［清潔］よごれのないこと。清いこと。↔不潔。例—なシーツ・—な室内
せいけん［政見］政治上の意見。例—放送
せいけん［政権］政治上の権力。例—欲
せいけん［聖賢］聖人と賢人。知識や徳のもっ

ともすぐれている人。例古今の—
せいげん[制限]一定の限界をきめること。きめられたはんい。例入場を—する
せいご[正誤]あやまりを正すこと。例—表
せいご[成語]昔からあって広く使われる熟語。例故事—・—のいわれ
せいこう[生硬]未熟でごつごつしていること。例—な文章・まだ—さがとれない
せいこう[成功]①できあがり。できばえ。②目的を達すること。例実験が—する
せいこう[性交]男女の交合。例初夜の—
せいこう[精巧]さいくがこまかくてたくみなこと。例—なおもちゃ・—なからくり
せいこん[精根]ありたけの元気。例—つきる
せいこん[精魂]たましい。例—こめて作る
せいざ[正座・正《坐]きちんとすわること。
せいざ[星座]星を多くの集まりにわけて名をつけたもの。例秋の—・—表
せいさい[生彩]いきいきとしたようす。
せいさい[制裁]不正をおこなった者をこらしめること。例—を加える
せいさい[精細]くわしくこまかいこと。
せいさい[生彩・精彩]①かがやくひかり。②いきいきしたようす。例—に乏しい
せいざい[製材]材木をつくること。例—所
せいさく[政策]政治上の方針。例—上・—通
せいさく[制作]芸術作品などを作ること。
せいさく[製作]こしらえること。つくること。
せいさつ[省察]自分のことをふりかえって考えること。例しみじみ自己を—するに
せいさん[生産]ものをつくり出すこと。↕消費。例工業—・—力・—性
せいさん[成算]成功の見とおし。例—がない
せいさん[《凄惨]目もあてられないほどむごたらしいこと。例—な殺人現場
せいさん[清算]①貸しや借りを差し引きしてその結末をつけること。②過去のことがらのしまつをつけること。例男女関係の—
せいさん[精算]くわしく計算すること。例—表・乗り越し運賃を—する
せいさんカリ[青酸▽加里]カリウムの青酸化合物。猛烈な毒がある。
せいし[正視]まともに見ること。例—する
せいし[生死]生きることと死ぬこと。
せいし[制止]おさえとどめること。ひきとめること。例野次を—する
せいし[製紙]紙をつくること。例—工場
せいし[誓詞]ちかいのことば。例—の朗読
せいし[静止]じっとして動かないこと。
せいじ[政治]国をおさめること。例—力
せいじ[盛時]①わかいさかりのとき。②国のいきおいのさかんなとき。例往年の—には
せいじか[政治家]①政治にたずさわる人。②政治的手腕を持っている人。
せいしき[正式]正しいやりかた。本式。↕略式
せいしつ[性質]①うまれつき。たち。②それ自身でもとから持っているもの。例穏和な—
せいじつ[誠実]まごころがあること。まじめ。例—な店員・—な人柄
せいじゃ[正邪]正しいこととよこしまなこと。例—をただす・—曲直
せいじゃ[聖者]知徳のすぐれた人。聖人。
せいじゃく[静寂]しずかでひっそりしていること。例せき一つ聞こえない—さ
ぜいじゃく[《脆弱]もろくてよわいこと。
せいしゅく[静粛]しずかでひっそりしていること。例—にしている・ご—に
せいじゅく[成熟]①十分にみのること。例体が—する。②じょうずになること。③ものごとがちょうどよいころとなること。例—期
せいしゅん[青春]わかい時代。青年期。
せいじゅん[清純]きよらかでいつわりかざりのないこと。例—でそぼくな子どもたち
せいしょ[清書]きれいに書くこと。例—する
せいしょ[聖書]キリスト教の教えを書いた本。バイブル。例新約—
せいしょう[斉唱]声をそろえていっしょに歌うこと。例校歌の—
せいじょう[正常]正しくあたりまえなこと。
せいじょう[性情]うまれつき。こころもち。
せいじょう[政情]政治のありさま。
せいじょう[清浄]きよくけがれのないこと。
せいしょく[生色]いきいきとしたようす。
せいしょく[生殖]生みふやすこと。例—器
せいしん[生新]いきいきとしてあたらしいこと。例—の気に満ちる。
せいしん[誠心]いつわりのない心。例—誠意
せいしん[清新]きよくあたらしいこと。
せいしん[精神]①こころ。↕肉体。②たましい。↕物質。③意気。気力。④中心の思想。
せいじん[成人]①おとな。一人まえの人間。例—映画。②成長すること。例—式
せいじん[聖人]ちえや行いがすぐれている

人。例—の域に達する
せいず［製図］どうぐを使って図面をかくこと。例—台・—道具
せいすい［盛衰］さかんになることとおとろえること。例栄枯—・事業の—
せいすい［精粋］いちばんよいところ。真髄。
せいずい［精髄］物事のいちばんよいところ。
せいする［制する］①おさえる。さしとめる。②とりしまる。支配する。例死命を—
せいする［製する］つくる。例布地を—
せいする［征する］征ばつする。例敵を—
せいせい［生生］いきいきとしたようす。生まれそだつようす。例—流転
せいせい［生成］生じること。例地球の—
せいせい［精製］まじりものをのぞいて純良なものに作ること。念を入れて作ること。
せいせい［清清］さわやかなさま。例—した気分・大掃除をして—する
せいぜい［精精］①できるだけ。つとめて。②十分にみつもるさま。例—半分ぐらいだろう
せいせいどうどう［正正堂堂］態度が正しくりっぱなさま。例—と入場する
せいせき［成績］できあがった結果。×成積
せいせん［生鮮］いきいきして新しいこと。例—食料品・—な野菜
せいせん［精選］よくえらぶこと。例—句集
せいぜん［生前］生きていたとき。在世中。
せいぜん［整然］きちんとしているさま。例—と並ぶ・—とした部屋
せいそ［精粗］こまかいこととあらいこと。
せいそ［清《楚］清らかでさっぱりしていること。例—なみなりをした女生徒
せいそう［正装］正式の服装。↔略装
せいそう［政争］政治上のあらそい。例—の具
せいそう［星霜］としつき。年月。例いく—
せいそう［清掃］きれいにそうじすること。
せいそう［盛装］美しくきかざること。
せいぞう［製造］つくること。例—業・—元
せいそうけん［成層圏］地上一一キロから五〇キロぐらいの上空のこと。
せいそく［生息］生きていること。繁殖すること。例保護動物の—状況
せいそく［《棲息］すんでいること。例—地
せいぞん［生存］生きながらえること。例—者
せいたい［生体］生きている体。例—実験
せいたい［生態］生活のありさま。例虫の—
せいたい［声帯］のどの中央にある声を出す器官。例冷たい風にあたって—を痛める。
せいたい［政体］国の政治のしくみ。
せいだい［盛大］ひじょうにさかんなこと。
せいだく［清濁］①きよいこととにごっていること。②善と悪と。正と邪と。例—併せ飲む
ぜいたく［《贅沢］むだに金や物を使うこと。
せいだす［精出す］つとめはげむ。例勉学に—
せいたん［生誕］うまれること。例—五百年祭
せいだん［政談］政治についての話。
せいち［生地］出生地。うまれたところ。
せいち［整地］①種まきや苗植えのために土地をたがやすこと。②地ならし。例—作業
せいちゅう［成虫］こん虫の成長したもの。
せいちゅう［制《肘］じゃまをすること。自由な行動をさせないこと。例—を加える
せいちょう［正調］正しい調子。例—八木節
せいちょう［生長］植物がおいそだつこと。例バラの—が早い・盆栽の—
せいちょう［成長］そだつこと。大きくなること。例りっぱに—した子ども・—期
せいちょう［声調］ふしまわし。声のちょうし。
せいちょう［清澄］きよくすんでいること。
せいちょう［清聴］自分の話を相手に聞いてもらうときにいう敬称。例ご—感謝します
せいつう［精通］くわしいこと。よく知っていること。例経済に—した人
せいてい［制定］とりきめること。きまりやおきてを作ること。例法律の—
せいてき［政敵］政治上の敵。例—と握手
せいてん［青天］あおぞら。例—の霹靂《へきれき》
せいてん［晴天］はれているそら。例—の元日
せいてん［盛典］盛大な祝典。さかんな儀式。
せいてんはくじつ［青天白日］うたがいがはれてさっぱりすること。例—の身
せいど［制度］きまり。おきて。さだめ。例—上
せいど［精度］精密さの程度。例機械の—
せいとう［正当］正しいこと。道理にかなっていること。あたりまえのこと。例—防衛
せいとう［正統］正しいすじみち。例—派
せいとう［政党］政治上の同じ考えの人々が集まってつくった政治団体。例—政治
せいどう［正道］正しいみち。↔邪道
せいどう［制動］動くものをやめ、または、速力を落とすこと。ブレーキ。例—機
せいどう［青銅］銅とすずの合金。ブロンズ。
せいどう［政道］政治のみち。政治のやり方。

せいどく［精読］くわしくていねいに読むこと。例多読と―のどちらがよいか

せいとん［整《頓］きれいにかたづけること。例整理―・自分の部屋を―する

ぜいにく［《贅肉］よけいな肉。じゃまになる肉。例―がつく・―をとる

せいねん［生年］①うまれた年。たんじょうの年。例―月日。②この世に生きている間。

せいねん［成年］一人前の年。例―に達する

せいねん［青年］年のわかい者。わかもの。

せいのう［性能］性質と能力。例マシンの―

せいは［制覇］①他をおさえてかしらとなること。②優勝すること。例全国大会を―する

せいばい［成敗］①とりさばくこと。②処罰すること。例こらしめに―する

せいはく［精白］米や麦をついて白くすること。例玄米を―する

せいばつ［征伐］せめうつこと。征討。

せいはんたい［正反対］まったく反対であること。ぜんぜんあべこべ。例―の性格

せいひ［成否］できるかできないか。例事の―

せいび［整備］ととのえそなえること。例―員

せいひれい［正比例］二つの量がお互いに関連して同じ倍数で増加・減少すること。

せいひん［清貧］おこないが正しくびんぼうに安んじていること。例―に甘んじる

せいひん［製品］できあがった品物。例半―

せいふ［政府］国の政治をおこなう機関。内閣または中央政府。例―筋によると

せいふく［制服］きめられた服装。ユニホーム。

せいふく［征服］①征伐してしたがわせること。②困難にうちかつこと。のりこえること。例エベレストを―する

せいぶつ［生物］動物や植物。例古代の―

せいぶつ［静物］じっとして動かないもの。

せいぶん［成文］文章に書き表されていること。例法令を―化する

せいぶん［成分］いろいろなものをつくるもとになっているもの。例―の分析

せいへき［性癖］くせ。けいこう。例―がある

せいべつ［生別］生きわかれ。↔死別

せいべつ［性別］男性と女性の区別。

せいへん［政変］政府がかわること。例―劇

せいぼ［歳暮］①年のくれ。②年のくれのおくりもの。例デパートからお―を送る

せいほう［製法］つくりかた。こしらえかた。

せいぼう［声望］ひょうばんの高いこと。

せいほん［製本］印刷した紙をとじること。

せいまい［精米］玄米をついて白くすること。

せいみつ［精密］こまかくくわしいこと。

せいめい［生命］いのち。じゅみょう。例―保険

せいめい［声明］世間にむかって考えや態度をはっきりしめすこと。例―書を発表する

せいやく［制約］ものごとのできあがるのに必要なきまり。制限。例時間の―

せいやく［誓約］かたく約束すること。例―書

せいゆう［清遊］風流な遊び。上品な遊び。

せいよう［西洋］ヨーロッパとアメリカの諸国。↔東洋。例―人・―文化・―館

せいよう［静養］しずかに休養すること。

せいよく［性欲・性《慾］男女間の肉体的欲望。例―の減退・変態―

せいらい［生来］うまれつき。例―の無精者

せいり［生理］①生物の働きや体のできぐあい。生物の生活の原理。例―学。②月経。例―日・―になる・―用品

せいり［整理］①ととのえること。きちんとすること。②人員をへらすこと。例人員―

せいりつ［成立］できあがること。例契約の―

せいりゃく［政略］政治上のはかりごと。

せいりょう［声量］音声の分量。例豊かな―

せいりょう［清涼］さわやかですがすがしいこと。例―飲料水・―剤

せいりょうざい［清涼剤］①口の中をさわやかにする薬。②社会の腐敗をきよめる力のあるものごと。例一服の―

せいりょく［勢力］いきおい。力。威力。例―圏

せいりょく［精力］活動力。元気。気力。例―剤

せいれい［制令］おきて。制度法令。

せいれい［政令］政治上の命令や法令。

せいれい［精霊］諸物にやどるたましい。

せいれい［精励］つとめはげむこと。例―克己

せいれき［西暦］西洋のこよみ。キリストの生誕を基礎にして年をかぞえる。西紀。

せいれつ［整列］きちんと列をつくること。

せいれん［清廉］心がきよく私欲がないこと。

せいれん［精錬・精《煉］鉱石から金属をとって精製すること。よくねりきたえること。

せいろう［晴朗］晴れて気もちがよいこと。

せいろう［〈蒸《籠］かまの上にのせてゆげで食品をむす器具。例―むし

せいろん［正論］正しい議論。例―を吐く

せおう［背負う］①せにのせる。になう。②全責

任をもつ。例大家族を―・日本を―
せかい［世界］①地球ぜんたい。②世の中。せけん。③はんい。例学問の―
せがき［施餓鬼］無縁仏のための供養。
せがれ［《伜・《倅］①自分のむすこ。②わか者をいやしめていうことば。
せき［席］すわり場所。座席。例席をける
せき［籍］戸籍。本籍。例籍を入れる
せき［責］せめる。とがめる。例責を負う
せき［積］つむ。つもる。例乗算の積
せき［隻］船をかぞえる語。例五隻の船
せき［寂］さびしい。例寂として声なし
せき［関］へだて。例箱根の関・関所
せき［《咳］しわぶき。例風邪で―がでる
せき［《堰］水の流れをせきとめるもの。例―を切ったように話しだす
せきあく［積悪］年来の悪事。例―の報い
せきうん［積雲］晴れた空に地平線からむくむくともりあがる雲。わた雲。
せきえい［石英］けい素と酸素の化合物。陶器やガラスの原料となる。例―ガラス
せきがいせん［赤外線］スペクトルの赤色の外側にあって、肉眼では見えない光線。
せきがん［隻眼］かため。例一―を具す
せきこむ［〈急き込む］せいていらだつ。
せきこむ［《咳込む］せきがつづく。
せきさい［積載］つみのせること。例―量
せきじ［席次］①席順。座席の順序。例テーブルの―。②成績の順。例―が上がる
せきじつ［昔日］むかし。往日。例―の面影
せきしゅ［赤手］すで。からて。例―空拳
せきじゅん［席順］①座席の順位。②成績の順。
せきしょ［関所］昔、交通の要所や国境にもうけた通行人の監視所。例―の手形
せきじょう［席上］①座席の上。②集会の席。③その場。その席。例―であいさつする
せきしん［赤心］まごころ。例―より
せきずい［《脊髄］せ骨の中にあるくだのような神経。例脳―膜炎
せきせい［赤誠］まごころ。赤心。例―を面に
せきせつ［積雪］ふりつもった雪。例―地帯
せきぞう［石像］石の彫刻。石できざんだ像。
せきちゅう［《脊柱］せぼね。
せきつい［《脊椎》］せぼねを組み立てている多くの骨。例―動物・―カリエス
せきどう［赤道］地球の南北両極間を二等分する大円。例―祭り・―直下
せきとめる［《塞き止める］さえぎりとめる。例川を―・洪水を―
せきとり［関取］十両以上の力士。例―衆
せきにん［責任］自分がひきうけてしなければならないつとめ。例―感が強い
せきねん［積年］つもりつもった年月。長年。
せきのやま［関の山］手いっぱい。せいぜい。
せきはい［惜敗］ざんねんな負け。例―に泣く
せきばく［寂《寞］ものさびしいこと。
せきひ［石碑］①石に文字をほりこんで建てるもの。いしぶみ。②墓石。例―の建立
せきひん［赤貧］ひじょうにびんぼうなこと。
せきへい［積弊］つもりつもった害悪。
せきべつ［惜別］わかれをおしむこと。
せきむ［責務］つとめ。責任と義務。例自分の―
せきめん［赤面］はずかしくて顔を赤くすること。例―の至りです
せきよう［夕陽］いり日。夕日。
せきらら［赤裸裸］①まるはだか。②むきだし。あからさま。ありのまま。例―な表現
せきらんうん［積乱雲］にゅうどう雲。
せきり［赤痢］赤痢菌でおこる大腸の急性伝染病。例―菌・―は経口感染の伝染病
せきりょう［寂《寥］ものさびしいこと。例―感
せきれい［《鶺鴒》］水の近くにすみ、長い尾を上下にふるくせのある鳥。
せく［〈急く］いそぐ。はやる。例気が―
せけん［世間］①世の中。②自分以外の一般の社会。例―並・―知らず・―体《てい》
せけんてい［世間体］世間へのたいめん。
せこう［施工］工事を行うこと。例―会社
せさい［世才］よわたりのちえ。
せじ［世事］世間の事がら。俗事。例―にうとい
せじ［世辞］あいそのよいことば。おせじ。
せしゅ［施主］①僧にほどこしをする人。②葬式や法事をする主役の人。
せしゅう［世襲］官職や財産を代々うけつぐこと。例―制の会社
せじょう［世上］せけん。世の中。例―のうわさ
せじょう［世情］世の中のありさま。
ぜせい［是正］悪いところを正しなおすこと。
ぜぜひひ［是是非非］よいことはよいとし、悪いことは悪いとすること。一方にかたよらない公平な立場。例―で臨む
せせらぎ［▽細流］あさせを流れる水の音。
せそう［世相］世の中のありさま。例―の反映

せぞく［世俗］①世間のならわし。②世の中。俗世間。③世間の人。例—に迎合する・—的
せたい［世帯］いっしょにくらしている一家。
せたい［世態］世の中のありさま。世情。
せだい［世代］同じ年代。時代。例若い—
せちがらい［世知辛い］こせついている。けちけちしている。例—世の中だ
せつ［切］きる。熱心。例切に・切なる願い
せつ［説］意見。考え。例お説を拝聴したい
せつ［節］①木や竹などのふし。②くぎり。区分。③時候のかわりめ。季節。④とき。おり。
せつえい［設営］①設立して経営すること。例会場の—②会などのじゅんびをすること。
ぜつえん［絶縁］①えんや関係をたちきること。②電気や熱の伝わるのをとめること。
せっか［赤化］共産主義にかたむくこと。
ぜっか［舌禍］自分の言論によって受けるわざわい。↔筆禍。例—事件
ぜっか［絶佳］ひじょうによいこと。例眺望—
せっかい［石灰］いしばい。例—岩
せっかい［切開］きりひらくこと。切開手術。
せっかい［節介］よけいな世話。例お—
ぜっかい［絶海］遠くはなれた海。例—の孤島
せっかく［折角］①ほねをおること。②わざわざ。例—の努力を。③つとめて。
せっかち［▽性急］気がみじかいこと。短気。
せっかん［折《檻］①きびしく意見すること。②からだを苦しめこらすこと。
せっき［石器］石でつくったいろいろの器具。
せつぎ［節義］正しいおこない。みさを。
せっきゃく［接客］客の接待。例—業
せっきょう［説教］①宗教の教えをといて聞かせること。②意見や忠告をすること。
ぜっきょう［絶叫］ありたけの声でさけぶこと。例—し、逃げまどっている人たち
せっきょくてき［積極的］自分から進んで物事をしようとするさま。↔消極的
せっきん［接近］ちかづくこと。例急—する
せっく［節句・節供］昔から国民の間に行われる祝日。五つの節句。例—働き・端午の—
せっけい［設計］土木・建築や機械などをつくる計画。もくろみ。例新校舎の—図
せっけい［雪渓］高い山で夏になっても雪がきえないたに。例北アルプスの—
ぜっけい［絶景］この上もなくすぐれてよいけしき。例—かな、—かな
せっけっきゅう［赤血球］血液中にふくまれる血球の一。↔白血球。例—沈降速度
せっけん［接見］人をむかえいれてあうこと。
せっけん［節倹］むだづかいしないこと。倹約
せっけん［石《鹸］洗剤の一種。例化粧—
せっけん［席《巻・席《捲］かたっぱしから侵略するさま。例市場を—する
せつげん［節減］節約してへらすこと。例経費—策・電力消費の—
ぜっこう［絶交］交際をやめてしまうこと。
ぜっこう［絶好］この上なくよいこと。例—調
せっさたくま［切《磋琢》磨］たがいに学問や知恵をみがきあうこと。例互いに—する
ぜっさん［絶賛・絶・《讃］ひどくほめること。
せっし［摂氏］寒暖計のはかり方の一。記号は℃。↔華氏。例—三十度
せつじつ［切実］①まこと。痛切。②実情によくあてはまること。適切。③さしせまってたいせつなこと。例—に感じる
せっしゃ［拙者］自分をへりくだっていうことば。わたくし。
せっしやくわん［切歯《扼腕］①歯をくいしばり、うでをにぎりしめてくやしがること。
せっしゅ［窃取］こっそりぬすみとること。
せっしゅ［摂取］とりいれること。例栄養の—
せっしゅ［接種］菌の人体移植。例予防—
せっしゅう［接収］とりあげること。徴発。
せっしょう［折衝］外交上のかけひき。談判。
せっしょう［殺生］①生きものを殺すこと。例—戒。②生きものをむごく苦しめること。例—禁断・そんなの—だよ
ぜっしょう［絶唱］ひじょうにすぐれた詩歌。
ぜっしょう［絶勝］けしきがひじょうにすぐれていること。絶景。例日本随一の—の地
せっしょく［接触］①近づきふれること。さわること。例—事故。②人とつきあうこと。
せつじょく［雪辱］はじをすすぐこと。例—戦
ぜっしょく［絶食］食物をたべないでいること。断食。例三日間の—
せっする［接する］①近よる。②まじわる。③つづく。例きびすを—・国境が—
せっする［節する］節約する。例たばこを—
ぜっする［絶する］こえる。すぐれる。例言語に—・古今東西に—作品
せっせい［摂生］からだの養生をすること。
せっせい［節制］欲をおさえてひかえめにする

こと。例酒を—する
ぜっせい[絶世]世にくらべものがなくすぐれていること。例—の美人
せつせつ[切切]思いせまるようす。例—と訴える・—たる願い
せっせん[接戦]力が互角のたたかい。
ぜっせん[舌戦]言いあらそうこと。論戦。
せっそう[節操]こころざしのかたいこと。
せっそく[拙速]うまくはないが、仕上げの早いこと。↕巧遅。例—主義
せつぞく[接続]つなぐこと。つづけること。
ぜっそく[絶息]息がたえること。絶命。
せつぞくし[接続詞]語句や文章などをつなぐことば。そして・また・しかしなど。
せったい[接待]お客のせわをすること。
ぜったい[絶対]①くらべものがないこと。②どんなことがあっても。なにがなんでも。
ぜつだい[絶大]ひじょうに大きいこと。
ぜったいぜつめい[絶体絶命]どうしてものがれられないこと。例—の状況・—になる
せつだん[切断・《截断》]たちきること。
せっち[設置]もうけること。つくること。
せっちゃく[接着]くっつけること。例—剤
せっちゅう[折衷]両方を考えあわせて、ほどよく中をとること。おりあい。例—案
ぜっちょう[絶頂]①山のいちばん高いところ。②のぼりつめたところ。極点。例得意の—・人気—の歌手
せっちん[雪〈隠]便所。例—詰めになる
せってい[設定]もうけさだめること。例法的に所有権を—する
せつど[節度]①きまり。②ほど。ほどあい。
せっとう[窃盗]ぬすむこと。こそどろ。
せっとうご[接頭語]単語の前について、意味を強めたり、そえたりする語。↕接尾語
せっとく[説得]ときふせること。例—力
せつな[《刹那》]ごくみじかい時間。例—的
せつない[切ない]くるしい。たまらない。
せつに[切に]①心から。②しきりに。③くりかえして。④ぜひ。例—にご自愛のほど
せっぱく[切迫]さしせまること。例—感
せっぱん[折半]半分にわけること。二等分。
せつび[設備]もうけそなえること。したく。
せつびご[接尾語]単語の下について意味をそえたり強めたりする語。↕接頭語
ぜっぴつ[絶筆]死者がさいごに書いたもの。
ぜっぴん[絶品]ひじょうにすぐれた品物。
せつぶん[節分]立春の前日。例—の豆まき
せっぷん[接《吻]キス。例—を交わす
ぜっぺき[絶壁]きり立っているがけ。
せつぼう[切望]心からねがうこと。
せっぽう[説法]①仏教の教えをときききかすこと。例釈迦に—。②言いきかせること。
ぜつぼう[絶望]すっかりのぞみがなくなること。例—的な状態・人生に—する
ぜつみょう[絶妙]この上なくうまいこと。
ぜつむ[絶無]皆無。例古今—の事件
せつめい[説明]よくわかるようにときあかすこと。例わかりやすく—する
ぜつめい[絶命]命がたえること。死ぬこと。
ぜつめつ[絶滅]ほろびてなくなること。
せつもん[設問]問題をだすこと。出題。
せつやく[節約]ほどよくきりつめること。むだをへらすこと。倹約。例電力を—する
せつゆ[説諭]言いきかせること。例—処分
ぜつりん[絶倫]人なみはずれてすぐれていること。抜群。例精力—
せつれつ[拙劣]へたでおとること。例—な絵
せつわ[説話]はなし。ものがたり。
せど[背戸]うらの入口。裏口。例—口
せとぎわ[瀬戸際]重大なことがらのきまるわかれめ。例当落の—にある
ぜに[銭]おかね。貨幣。例銭金・銭亀
ぜにん[是認]よいとみとめられること。↕否認。例計画案を—する
せばめる[狭める]せまくする。つめる。
ぜひ[是非]①正しいことと正しくないこと。②かならず。きっと。③どうぞ。例—とも
せひょう[世評]せけんのひょうばん。
せびろ[背広]男子用のおりえりの洋服。
せぶみ[瀬踏み]①せの深いあさいをふみいってさぐること。②ためしてみること。
せまる[迫る]①ちかよる。ちかづく。②せまくなる。例距離が—・期限が—
せみ[《蝉]セミ科のこん虫。例—時雨
せめ[責め]せきにん。義務。例—を負う
せめる[責める]①ひとの過失をとがめる。②くるしめる。③せがむ。むりじいする。
せめる[攻める]進んで敵をうつ。↕守る。例いっきに敵陣を—・—側にたつ
せり[《芹]湿地などにはえる多年草。
せりあう[競(り)合う]たがいに競争する。
せりふ[▽台詞・▽科白]俳優が舞台でかたる

ことば。例―回し・捨て―
せろん［世論］せけん一般の人の考え。
せわ［世話］①せけんのうわさ。②めんどう。
せわしい［〈忙しい］いそがしい。例―人
せん［千］百の十倍。多数。例千に一つも
せん［銭］貨幣の小額単位。円の百分の一。
せん［線］細いすじ。例線を引く・太い線
せん［栓］びんの口や穴などにさしこむもの。
ぜん［善］よいこと。正しいこと。例善は急げ
ぜん［禅］座して心を静める方法。例禅道場
ぜん［《膳］食物をのせる台。例お―・会席―
せんい［繊維］①動植物体をくみたてている細い糸のようなすじ。②糸や糸織物。例―品
ぜんい［善意］人のためを思う心。親切な心。
せんいつ［専一］①一つのことにだけ力をそそぐこと。もっぱら。②第一。肝要。例勉学に―
せんえい［先鋭・《尖鋭］①するどくとがっていること。②急進的でやりかたがはげしいこと。例―分子・―化する
せんえつ［《僭越］出すぎること。身分をこえて出しゃばること。例―ながらも
せんおう［専横］わがままかって。例独断―
せんか［戦果］戦争や競技などの成果。
せんか［戦火］①戦争による火災。②戦争。
せんか［戦禍］戦争によって受ける災難。
せんか［泉下］あの世。めいど。例―の父も
せんか［専科］専門の学科。例服飾―コース
ぜんか［前科］前に罪をおかして処罰されたこと。例詐欺罪の―がある
せんかい［旋回］ぐるぐるまわること。
ぜんかい［全快］病気がすっかりなおること。
ぜんかい［全会］会の全員。例―一致で決まる
ぜんかい［全開］全部ひらくこと。例エンジン―・―前進
ぜんかい［全壊・全《潰］全部こわれること。例家屋が―する・―戸数
ぜんかい［前回］この前の回。例―の会議では
せんがく［浅学］学問があさく未熟なこと。
せんかくしゃ［先覚者］学問もあり考えも深いせんぱい。例―の言に従う
せんかたない［《詮方ない］しかたがない。
せんぎ［《詮議］とりしらべること。例―する
せんきょ［占拠］ある場所を占領して立てこもること。例不法―
せんきょ［選挙］多くの人の中からえらび出すこと。例―管理委員会・―権
せんぎょ［鮮魚］いきのいい魚。なまうお。
せんきょう［仙境］①せん人のすむという土地。②俗界をはなれた清らかで静かな地。
せんきょう［戦況］戦争のありさま。
せんぎょう［専業］専門の職業。例―主婦
せんきょうし［宣教師］キリスト教を外国にひろめる仕事をする人。
せんきょく［戦局］戦争のなりゆき。
せんきょく［選曲］楽曲の選択。例―眼
せんく［先駆］他よりも先だってすること。
せんぐんばんば［千軍万馬］①多くの軍勢。②多くの経験をつんだことをいう語。
せんけつ［鮮血］なまなましい血。なまち。
せんげん［宣言］自分の意見や方針をせけんにはっきりいうこと。例人権―
ぜんけん［全権］すべてをまかされている権利。また、その権限をもっている人。例―を委任する・―大使
ぜんげん［前言］前にのべたことば。
ぜんげん［漸減］しだいにへること。↔漸増
せんけんのめい［先見の明］さきざきの見とおしがきくこと。例―があった
せんこ［千古］①ひじょうに古いこと。大昔。②永遠。永久。例―不易の名言
ぜんご［前後］①まえとあと。あとさき。②古今。昔と今。②順序がぎゃくになること。
せんこう［線香］棒状にした香料。例―代
せんこう［潜行］①こっそりと歩くこと。②水中にもぐってゆくこと。③秘密に行うこと。
せんこう［鮮紅］あざやかなくれない。
せんこう［専攻］専門に研究すること。例―科
せんこう［選考・《銓衡］役目に適当な人物などをはかりえらぶこと。例書類―を行う
せんこう［《閃光］ひらめく光。例雷鳴と―
ぜんこう［善行］よいおこない。例―の表彰
せんこく［先刻］さきほど。さっき。例―承知の
せんこく［宣告］言いわたすこと。のべつげること。例死の―を受ける
ぜんごさく［善後策］あとしまつをつけること。×前後策。例―を講じる
ぜんごふかく［前後不覚］あとさきがわからないほど、正体がないこと。例―になる
せんさい［戦災］戦争による災害。
せんさい［繊細］①ほそくてよわよわしいこと。かよわいこと。きゃしゃ。②びみょう。デリケート。例―な絵・―な神経
せんざい［洗剤］洗うための薬剤。例合成―

せんざい［千載］千年。長い年月。例—一遇の

せんざい［潜在］内部にこもって外部にあらわれないこと。例なかなかの—勢力だ

ぜんさい［〈前栽〉］庭にうえた草木。

ぜんさい［前菜］オードブル。例洋食の—

せんさく［《穿鑿》］①ほじくること。②あらさがしをすること。③ねほりはほり研究すること。例徹底的に—していく

せんさばんべつ［千差万別］いろいろさまざま。まちまち。例—の考え方がある

ぜんじ［全治］→ぜんち

ぜんじ［漸次］だんだん。しだいに。例—回復

せんじつめる［《煎じ詰める》］①につめる。②さいごまで論じる。例論点を—

せんじゃ［選者］多くの作品の中からいいものをえらぶ人。選をする人。例短歌の—

せんじゃく［繊弱］しなやかでかよわいこと。

せんしゅ［船首］へさき。↔船尾

せんしゅ［選手］えらばれて競技などに出る人。例リレーの—・—権保持者

せんしゅう［千秋］千年。永久。例一日—の思い

せんしゅう［選集］詩歌や文章を集めて本にすること。えらび集めた本。例鈴木大拙—

ぜんしゅう［全集］同じかんけいの種類の本を全部まとめた本。例夏目漱石—

ぜんしゅう［禅宗］仏教の一派。例—の修行僧

せんしゅうらく［千秋楽］①興行物のさいごの日。②物事がいよいよ終わること。

せんしゅつ［選出］えらび出すこと。例—議員

せんじゅつ［仙術］せん人のおこなうふしぎな術。例まるで—のようだ

せんじゅつ［戦術］たたかう方法。例戦略—

ぜんじゅつ［前述］前にのべたこと。↔後述

ぜんしょ［善処］うまくとりはからうこと。

せんじょう［洗浄・洗《滌》］水をかけてあらうこと。例薬瓶を—する・胃の—

ぜんしょう［全焼］まるやけ。↔半焼

ぜんしょう［前《哨》］前方にいる見張りの兵士。例まず—戦が始まる

せんしょく［染色］そめること。そまった色。

せんじる［《煎じる》］水でにだして成分をとる。

せんしん［専心］一つのことに心をそそぐこと。例勉学に—する

せんじん［千尋・千《仞》］ひじょうに高いこと。また、ひじょうに深いこと。例—の谷

せんじん［先人］①昔の人。せんぱい。古人。②死んだ父。先祖。例—の偉業

せんじん［先陣］いくさのさきがけ。例—争い

せんじん［戦《塵》］①戦場のちりやほこり。②戦争のさわぎ。例—を避ける

ぜんしん［全身］からだぜんたい。例—美容術

ぜんしん［前身］①仏教で、この世に生まれない前の身。②以前の身分。前歴。

ぜんしん［前進］前へ進むこと。↔後退

ぜんしん［漸進］だんだんに進むこと。例—的

ぜんじんみとう［前人未踏・前人未到］今までだれも足を入れなかったこと。

せんす［扇子］おうぎ。すえひろ。

せんすい［泉水］庭の小さな池。例—のある庭

せんすい［潜水］水中にもぐること。例—夫

せんずるところ［《詮ずるところ》］つまるところ。要するに。つまり。

ぜんせ［前世］さきの世。この世に生まれる以前の世界。例—の縁で

せんせい［宣誓］ちかいをのべること。

せんせい［専制］自分ひとりの思うままにすべてを決定すること。独断で処理すること。

ぜんせい［全盛］ひじょうにさかんなこと。

ぜんせい［善政］正しくよい政治。例—を敷く

せんせいりょく［潜勢力］内にこもって外に表れない勢力。例侮りがたい—がいる

せんせき［戦績］戦いの成績。例チームの—

せんせん［戦線］戦争の第一線。最前線。

ぜんせん［善戦］健闘したこと。例—むなしく

ぜんぜん［全然］まったく。すっかり。

せんせんきょうきょう［戦戦恐恐・戦戦《兢兢》］おそれおののくさま。例—として試合にのぞむ・面接試験に—となる

せんぞ［先祖］①その一家のいちばん初めの人。②一家の先代の人々。例—代々の墓

せんそう［戦争］いくさ。たたかい。

ぜんぞう［漸増］だんだんにふえること。

せんぞく［専属］他に属さないでそのものだけに属すること。例—歌手

ぜんそく［《喘息》］急に呼吸が苦しくなる病気。

ぜんそくりょく［全速力］ありったけのはやさ。フルスピード。例—で走り抜ける

せんだい［先代］①前の世。今より以前の代。②今の主人の前の主人。例—社長の偉業

ぜんたい［全体］①からだぜんぶ。全身。②ぜんぶ。総体。例—像。③もともと。がんらい。

ぜんだいみもん［前代未聞］いままで聞いたことのないこと。例—の出来事

せんたく［洗濯］よごれた着物などを洗いすすぐこと。例—機・—物を干す
せんたく［選択］えらび出すこと。例—の余地
ぜんだま［善玉］善良な人。例—と悪玉
せんたん［先端］もののさき。はし。例—産業
せんたん［先端・《尖端］①とがったはし。②さきがけ。トップ。③時代や流行の先頭。
せんたん［戦端］戦争のきっかけ。例—を開く
せんだん［専断・《擅断］自分だけの考えできめること。例—横行
せんだん［船団］船の集団。例捕鯨—
せんだん［《栴檀》］香木ビャクダンの別名。例—は双葉より芳し
ぜんち［全治］病気やけがなどがすっかりなおること。例—一週間のけが
ぜんちし［前置詞］名詞や代名詞の前について他の品詞を修飾することば
ぜんちぜんのう［全知全能］知らないこともできないこともないという働き。例—の神
せんちゃ［《煎茶］せんじ出して飲む茶。
せんちゃく［先着］さきにつくこと。例—順
ぜんちょう［前兆］事の起こるまえじらせ。
せんて［先手］人よりさきにすること。
せんてい［選定］えらび定めること。
せんてい［《剪定］整枝すること。例枝の—
ぜんてい［前提］①話や議論のまえおき。②判断や推論の土台となるもの。例—条件
せんてつ［銑鉄］ずく鉄。例—を精錬する
ぜんてつ［前《轍］①前を行く車のわのあと。②前の人の失敗のあと。例—を踏むなよ
せんでん［宣伝］広く知らせること。広告。
せんてんてき［先天的］うまれつきの。
せんど［先途］せとぎわ。例ここを—と
せんど［鮮度］新鮮さのどあい。例魚の—
ぜんと［前途］行くさき。将来。例—洋々たる
ぜんど［全土］国土の全部。全国。例—に戒厳令
せんとう［先頭］まっさき。はじめ。先端。
せんとう［銭湯］料金を取って入浴させる浴場
せんとう［戦闘］戦うこと。戦い。例—的な
せんどう［先導］先に立ってみちびくこと。
せんどう［扇動］おだてること。例大衆を—
ぜんどう［善導］よいほうへみちびくこと。
ぜんどう［《蠕動］①うごめくこと。②食物を下へ送るために起こる胃腸の運動。
せんない［《詮ない］しかたがない。かいがない。例説明しても—ことだが
ぜんなんぜんにょ［善男善女］信仰心の深い人々。例—で門前に市をなす
せんにゅう［潜入］こっそりはいりこむこと。
せんにゅうかん［先入観］先におぼえこんだ知識。先入主。例—が抜けない
せんにん［仙人］世の中をはなれて山中にすみ、不老不死の術をおさめた人。
せんにん［専任］一つの仕事だけうけもつこと。例—講師・—の職員
ぜんにん［前任］前にその任務にあった人。
ぜんにん［善人］善良な人。例底抜けの—
せんねん［専念］一つのことに熱中すること。
ぜんのう［前納］前におさめること。例—制
ぜんのう［全能］完全な能力。例—の神
せんばい［専売］①一手に、ある品物を売ること。②国家の収入を目的とした政府事業。
せんぱい［先輩］①年や地位などが上の人。②同じ学校で先に卒業した人。↔後輩
ぜんぱい［全廃］すっかりとりやめること。
せんぱく［浅薄］あさはかなこと。例—な知識をふりまわす・—な考え
せんぱく［船舶］大型のふねの総称。
せんばつ［選抜］えらび出すこと。例一軍に—
せんぱつ［先発］先に出発すること。例—メーカー・—投手
せんばん［旋盤］切削する機械。例—工
せんぱん［先般］さきごろ。いつぞや。
ぜんぱん［全般］ぜんたい。すべて。例—的に
せんび［船尾］船の後部。とも。↔船首
せんび［戦備］戦争の準備。例—を調える
ぜんび［善美］善と美。例真—
ぜんぴ［善非］前の悪い行い。例—を悔いる
せんびょうしつ［《腺病質］からだが弱く、りんぱ腺のはれやすい体質。例—な人
せんぷう［旋風］①つむじかぜ。②急におこる変動。突発的な事件。例—を巻き起こす
せんぷうき［扇風機］風をおこす機械。
せんぷく［潜伏］かくれてひそむこと。
ぜんぷく［全幅］全面的。例—の信頼をおく
せんべい［《煎餅》］菓子の一種。例塩—
せんべつ［選別］よりわけること。例野菜の—
せんべつ［《餞別］遠方に行く人に別れをおしむ心をこめて品物をおくること。
せんべん［先《鞭］先に手をつけること。
せんぺんいちりつ［千編一律］みんな同じちょうしで少しも変化がないこと。
せんぺんばんか［千変万化］さまざまに変わる

こと。例—の動きを示す

せんぼう［《羨望》］うらやましがること。例—の念・—の的・—のあまり

せんぽう［先《鋒》］まっさきに進むもの。

ぜんぼう［全《貌》］ぜんたいのようす。例事の—

せんぼつ［戦没・戦《歿》］戦争で死ぬこと。戦死。

せんむ［専務］①主としてその事務にあたること。例—車掌。②会社の取締役のうち、主として業務を担当する者。例—取締役

せんめい［宣明］宣言して明らかにすること。

せんめい［鮮明］はっきりしていること。

ぜんめつ［全滅］のこらずほろびること。

せんめん［洗面］顔を洗うこと。例—器・—所

ぜんめん［全面］すべての方面。例—的に

せんもん［専門］一つの学科や事業だけを研究したりおこなうこと。例—の学科

せんやく［先約］さきにきめたやくそく。

せんゆう［専有］ある人だけがもっぱら用いること。例いつでも使える—面積・—物

ぜんよう［善用］うまく使うこと。↔悪用

ぜんら［全裸］まるはだか。例—の美女

せんらん［戦乱］戦争のために世の中が乱れさわぐこと。例—の世の中

せんりつ［旋律］音調のながれ。メロディー。

せんりつ［戦《慄》］ふるえおののくこと。おそれてみぶるいすること。例—すべき事件

ぜんりゃく［前略］手紙の前がきを略す意味のあいさつ。前略と書いてすぐ用件を書く。

せんりゅう［川柳］五・七・五の十七字で、こっけいやふうしを表す短い詩。

せんりょ［浅慮］あさはかな考え。

せんりょう［占領］戦時に自国の領土以外の他国の土地を所有すること。例—地・—軍

せんりょう［選良］①多くの人の中からえらばれたよい人。②国会議員。例国民の—

ぜんりょう［善良］正しくすなおなこと。

ぜんりょく［全力］ありったけの力。例—疾走

せんりょのいっしつ［千慮の一失］思わぬ失敗。

ぜんりん［善隣］隣家または隣国どうし仲よくすること。例—外交

せんれい［先例］以前からのしきたり。前例。

せんれい［洗礼］①キリスト教で信者になったときに受ける礼式。②はじめての重大な経験。例砲弾の—を受ける

せんれい［鮮麗］あざやかで美しいこと。

ぜんれい［前例］これまでのしきたり。先例。

せんれん［洗練・洗《煉》］①文章や考えをよくねること。②あかぬけたこと。例—された服装

そ

そ［祖］①おじいさん。祖父。②祖先。③開祖。元祖。例洋学の祖。④はじめ。もと。

そあく［粗悪］そまつで悪いこと。

そいそしょく［粗衣粗食］そまつな着物とそまつな食物。質素なくらし。例—の生活

そいん［疎音］長い間文通しないこと。

そう［相］かたち。人相。例女難の相

そう［想］おもい。考え。例想を練る

そう［奏］かなでる。申しあげる。例琴を奏する

そう［壮］さかんなこと。例意気を壮とする

そう［僧］出家して仏道を修める人。坊さん。

そう［層］①かさなり。②階段。③社会階級。

そう［《艘》］船をかぞえることば。例五—の船

そう［沿う］よりしたがう。つたわって行く。

そう［添う］つきそう。かなう。例つれ—・希望に—・添い寝

ぞう［象］陸上最大のほ乳動物。例アフリカ象

ぞう［像］すがた。かたち。例神々の像

そうあい［相愛］たがいに愛しあうこと。例相思—の仲・—となる

そうあん［草案］したがき。草稿。例—の作成

そうあん［創案］はじめて考え出すこと。思いつき。発明。例彼の—した機械

そうあん［草《庵》］くさぶきの小さい家。

そうい［相違］ちがい。差異。×相異。例—ない

そうい［創意］新しい思いつき。例—工夫

そうい［総意］全員の意見。例会員の—により

そうい［創《痍》］きず。きりきず。例満身—

そういん［総員］すべての人員。全員。

ぞういん［増員］人数をふやすこと。↔減員

そううつ［《躁鬱》］はしゃぐこととゆううつになること。例—病

ぞうえい［造営］家などを建てること。造築。

ぞうえん［増援］たすけの人数をふやすこと。

ぞうお［憎悪］にくむこと。例—感を抱く

そうおう［相応］つりあうこと。例身分—の人

そうおん［騒音・《噪音》］さわがしい音。例—公害・近隣—・—に悩まされる

そうが［《爪牙》］つめときば。例悪党の—に

ぞうか［造花］人造の花。例卓上に—を飾る

ぞうか［造化］天地万物をこしらえた神。例—の妙・—の神

ぞうか［増加］ふえ加わること。例人口の―
そうかい［壮快］いさましく気持ちがよいこと。例―な活躍ぶり・―な気分
そうかい［掃海］海中の危険物を取りのぞき航路を安全にすること。例―作業・―船
そうかい［総会］会員などのぜんぶが出る会合。例株主―・―の決議
そうかい［《爽快］さわやかで気持ちがよいこと。例―な気分・―な朝の空気
そうがい［霜害］しものために受ける農作物の損害。凍害。例東北地方に―があった。
そうがく［奏楽］音楽をかなでること。例吹―
そうがく［総額］ぜんたいの金だか。例在庫―
そうかつ［総括］ぜんたいをひとまとめにすること。例―的な意見を述べる
そうかん［壮観］りっぱなながめ。例―な景色
そうかん［相関］たがいに関係があること。
そうかん［送還］おくりかえすこと。例強制―
そうかん［創刊］雑誌や新聞などを初めて刊行すること。例同人雑誌を―する
ぞうがん［象眼・象《嵌］模様をきざんで金や銀などをはめこむこと。例―細工
そうき［早期］早い時期。例病気の―発見
そうき［想起］思い起こすこと。例若いころを―する・昔を―すると
そうぎ［争議］労働争議。ストライキ。
そうぎ［葬儀］とむらい。そうしき。例―屋
ぞうき［雑木］材木にならないいろいろな木。
ぞうき［臓器］内臓の諸器官。例―移植
そうきゅう［《蒼穹》］あおぞら。
そうきょ［壮挙］いさましいくわだて。例日本列島縦断の―・ヨットで一周の―に
そうぎょう［早暁］あけがた。朝早く。例―より
そうぎょう［僧形］僧のすがた。↔俗形
そうぎょう［操業］工場などで機械を動かして作業すること。例―率・―時間
そうぎょう［創業］事業を始めること。例―者
ぞうきょう［増強］ふやして強くすること。
そうきょく［《箏曲］琴で演奏する曲。
ぞうきん［雑《巾］ふきそうじ用の布。
そうく［走《狗］人の手先となって使われる者。
そうぐ［装具］身につける道具。例スキーの―
そうぐう［遭遇］めぐりあうこと。出会うこと。
そうくつ［巣《窟］悪者のかくれが。
ぞうげ［象《牙］ぞうのきば。例―彫り
そうけい［早計］早まった考え。例―に失する
そうけい［総計］ぜんぶの合計。例支出の―
そうげい［送迎］おくりむかえ。例盛んな―
ぞうけい［造形］形のあるものを作ること。
ぞうけい［造《詣］学問や技術に深く通じていること。例国文学の―が深い
ぞうげのとう［象《牙の塔］世間からかけなれた、芸術家の生活や学者の研究室。
そうけん［双肩］左右の肩。例―に担う
そうけん［壮健］元気でたっしゃなこと。
そうげん［草原］くさはら。例大―の動物
ぞうげん［増減］ふやすこととへらすこと。
そうご［壮語］えらそうなことば。例大言―
そうご［相互］おたがい。かわるがわる。
そうこう［壮行］たびだちをさかんにすること。例海外長期出向の―会
そうこう［奏効］ききめがあること。例薬が―
そうこう［草稿］したがき。草案。原稿。
そうこう［倉皇・《蒼惶》］あわただしく。あたふた。例―として去る・―として座を立つ
そうこう［操行］おこない。みもち。品行。
そうこう［《糟糠》］粗食の意。例―の妻
そうごう［相好］かおかたち。かおつき。
そうごう［総合］別々のものを一つにまとめあわせること。例―的な研究・―雑誌
そうこく［相克・相《剋］互いに争いあうこと。例夫婦間の―・保守と革新の―
そうごん［荘厳］たっとくおごそかなこと。こうごうしいこと。例―な雰囲気
ぞうごん［雑言］わるくち。あくたい。例悪口―
そうさ［捜査］さがして取りしらべること。
そうさ［操作］①機械などをあやつって働かせること。②適当にあやつり動かすこと。
ぞうさ［造作］①しかた。てだて。②てかず。てま。めんどう。例―もなく。③もてなし。
そうさい［相殺］たがいにさし引いて損得がないようにすること。例貸し借りの―
そうさい［総裁］①全体をすべつかさどること。②党派や団体などの代表者。例自民党―
そうざい［総菜・《惣菜］副食物。例お―
そうさく［創作］①はじめてつくりだすこと。例―折り紙。②文学や芸術などの作品をつくること。また、その作品。例―活動。③小説。例―の発表・書き下ろしの―
そうさく［捜索］さがしもとめること。例―網
ぞうさく［造作］①つくること。②家の建具やかざり。③顔かたち。ようぼう。例顔の―が
そうさせん［走査線］テレビ画面に明暗や色調

を出すための線。

ぞうさん［増産］生産高をふやすこと。↕減産

そうし［壮士］①血気さかんなわかもの。②暴力で人をおどしたりなどする人。

そうし［相思］互いに思いあうこと。例―相愛

そうし［創始］はじまり。はじめ。例―者

そうじ［送辞］送別のことば。例在校生―

そうじ［相似］形がにかよっていること。

そうじ［掃除］きれいにすること。例大―

そうしき［相識］ちかづき。知りあい。

そうしき［葬式］死んだ人をほうむる式。

そうしつ［喪失］なくすこと。例自信―

そうじて［総じて］すべて。おしなべて。

そうしゃ［壮者］元気のよい若者。例―を凌ぐ

そうしゃ［操車］列車をあつかい、編成などすること。例―場・―掛

そうじゅう［操縦］①あやつり動かすこと。②思うままにうまく使うこと。例―桿《かん》

そうじゅく［早熟］①果実が早くみのること。②年のわりにおとなびること。例―な子

そうしゅん［早春］春のはじめ。はつはる。

そうしょ［草書］漢字の書体の一つ。行書をさらにくずしたもの。↕楷書・行書

そうしょ［双書・《叢書》］同じ種類の書物をあつめて一まとめにして出版したもの。

ぞうしょ［蔵書］持っている書物。例―家

そうしょう［相称］たがいにつりあうこと。

そうじょう［僧正］僧のもっとも高い位。

ぞうしょう［蔵相］大蔵大臣。例―の談話

そうしょく［装飾］よそおいかざること。

ぞうしょく［増殖］ふえること。例細胞の―

そうしん［送信］信号や通信をおくること。

そうしん［喪心・喪神］正気を失うこと。失心。

そうしん［総身］からだぜんたい。例―に汗が

そうしんぐ［装身具］身につけるかざりもの。アクセサリー。

そうすい［総帥］全軍の統帥。最高指揮官。

ぞうすい［雑炊］野菜などをいれ味つけしたかゆ。おじや。例かに―

そうせい［早世］わかじに。はやじに。

そうせい［創世］世界のはじまり。例―記

そうぜい［総勢］すべての人数。全員。例―十名

ぞうせい［造成］つくること。例宅地―

ぞうぜい［増税］税金をふやすこと。↕減税

そうせいじ［双生児］ふたご。例―の姉妹

そうせいじ［早生児］早産の子。例―の哺育

そうせつ［創設］初めてもうけること。例―者

そうせつ［総説］ぜんたいをまとめて説くこと。↕各説。例―を大御所に頼む

そうぜつ［壮絶］この上もなくはげしいこと。

そうぜん［騒然］さわがしいさま。例場内―

ぞうせん［造船］船をつくること。例―所

そうせんきょ［総選挙］議員全体の選挙。

そうそう［早早］いそぐさま。さっそく。

そうそう［草草］①いそがしいこと。②そまつなこと。③手紙の終わりに書く語。

そうそう［草創］はじめ。くさわけ。例―期

そうそう［葬送・送葬］とむらいの見送りをすること。例―行進曲

そうそう［《錚錚》］立派なこと。例―たるメンバーが集まる・―たる人物

そうぞう［創造］はじめてつくること。つくり出すこと。↕模倣。例―性・文化を―する

そうぞう［想像］おしはかること。いろいろ思いめぐらすこと。例―力・未来を―する

そうぞく［相続］①うけつぐこと。②先代のあとをつぐこと。例遺産―・―税

そうぞく［僧俗］僧と俗人と。例―の区別なく

そうそふ［《曾祖父》］祖父母の父。ひいじじ。

そうそん［《曾孫》］ひまご。ひこまご。

そうたい［早退］はやびけ。例―届

そうたい［総体］①物事のすべて。ぜんたい。②残らず。すべて。②元来。もともと。

そうだい［壮大］大きくりっぱなこと。例―な

そうだい［総代］ぜんたいの人の代表。

ぞうだい［増大］ふえること。例不満の―

そうたいてき［相対的］くらべて。わりあいに。↕絶対的。例―な考え・―にみると

そうたつ［送達］送りとどけること。

そうだつ［争奪］あらそいうばうこと。例―戦

そうだん［相談］話し合い。談合。例身の上―

そうち［装置］仕掛け。仕組み。例舞台―

そうちょう［荘重］おごそかでおもおもしいこと。例―な音楽・―な雰囲気

ぞうちょう［増長］①だんだんひどくなること。②つけあがること。例次第に―する

そうてい［想定］かんがえさだめること。

そうてい［装丁・装《幀》］書物をとじ、表紙をつけて本にすること。また表紙のつくりつけ。

そうてん［装《塡》］たまをこめること。例銃に弾を―する・フィルムを―する

ぞうてい［贈呈］人に物をおくること。進呈。

そうでん［相伝］次々とつたえること。

そうと［壮途］いさましく出発すること。
そうとう［相当］①あてはまること。②つりあうこと。③ずいぶん。かなり。例—な自信
そうとう［想到］考えおよぶこと。
そうどう［騒動］①おおぜいでさわぎたてること。②もめごと。あらそい。例—を起こす
ぞうとう［贈答］おくり物のやりとり。例—品
そうなん［遭難］さいなんにあうこと。例—者
そうにゅう［挿入］さしこむこと。例—文
そうねん［想念］かんがえ。おもい。例—がわく
そうは［争覇］優勝をあらそうこと。例—戦
そうは［走破］はしりとおすこと。例全路を—
そうは［《掻爬》］体内組織のかきとり。
そうば［相場］①ねうち。価値。②市場での物品の取引のねだん。例株式—
そうはく［《蒼白］青白いこと。例—な顔
そうばん［早晩］おそかれ早かれ。やがて。
そうび［装備］①必要な品を取りつけること。そなえつけること。②したく。用意。例重—
ぞうひん［贓品］ぬすみとった品物。盗品。
そうふ［送付・送附］おくりとどけること。例書類を—する・—先
ぞうふ［臓《腑］はらわた。内臓。例—をえぐる
ぞうぶつしゅ［造物主］天地の万物をつくったもの。造化の神。例—の妙なる働き
ぞうへい［造幣］貨幣をつくること。例—局
そうへき［双《璧］まさりおとりのない二つのすぐれたもの。例物理学界の—
そうべつ［送別］別れていく人を見送ること。
そうほう［双方］あちらこちら。両方。例労使—
そうぼう［双《眸］二つのひとみ。両眼。
そうぼう［相《貌］かおかたち。人相。
そうほん［草本］くきがしなやかで木でない植物の総称。くさ。↔木本。例二年生—
そうまとう［走馬灯］まわりどうろう。
そうみ［総身］からだぢゅう。全身。
そうめい［《聡明］才能がすぐれていること。かしこいこと。例—な子ども
そうめつ［掃滅・《剿滅］ほろぼしつくすこと。
ぞうもつ［臓物］はらわた。内臓。例豚の—
ぞうよ［贈与］おくりものをすること。例—税
そうよう［《掻痒》］かゆいところをかくこと。例隔靴《かっ》—の感がある
そうらん［総覧］ぜんたいに目を通すこと。
そうらん［騒乱］さわぎみだれること。騒動。
そうり［総理］①全体をすべくくり処理すること。②内閣総理大臣の略。首相。
そうりつ［創立］はじめて設立すること。
そうりょ［僧《侶］ぼうさん。例—の読経の声
そうりょう［総量］ぜんぶあわせた量。
そうりょう［総領］①すべおさめること。②第一番目の子。長男または長女。例—の甚六
そうれい［壮麗］りっぱで美しいこと。
そうれつ［壮烈］意気がさかんではげしいこと。おおしくすぐれていること。例—な死
そうろう［早漏］ふつうより早い射精。
そうろう［《蹌踉》］足もとのよろめくようす。例—とした足どりで歩む
そうろん［争論］言いあらそうこと。口論。
そうろん［総論］全体をひっくるめてのべた論。総説。↔各論。例—をまとめる
そうわ［挿話］文章や物語などのあいだにはさまれた短い話。エピソード。例—の多い人
ぞうわい［贈賄］わいろをおくること。↔収賄
そえる［添える］つけくわえる。つける。
そえん［疎遠］うとく遠いこと。例—になる
ソーダ［曹〈達］ナトリウム化合物の総称。
そかい［疎開］都会の人がいなかにひきあげ都会の人家や住民をすくなくすること。
そがい［阻害・阻《碍］じゃまをすること。
そがい［疎外］うとんじてのけものにすること。例—感・自己—
そかく［組閣］内閣を組織すること。
そきゅう［《遡及］過去にさかのぼること。
そぎょう［祖業］先祖代々の事業。例—を守る
そく［即］すなわち。すぐに。例即死だ
そぐ［〈削ぐ・〈殺ぐ］①とがらせる。②へらす。例興味を—。③うすくけずりとる。
ぞく［俗］①世の中のならわし。②なみ。例俗な表現。③いやしいこと。④僧でない人。
ぞく［続］つづき。つづく。例続日本中世史
ぞく［賊］①どろぼう。ぬすびと。例賊が入る。②むほん人。反逆者。③物事を害するもの。
ぞくあく［俗悪］下品なこと。例—な雑誌
そくい［即位］君主が位につくこと。例—式
そくい［〈続飯］飯つぶをねったのり。
そくおう［即応］①うまくあうようにすること。②その場ですぐに答えること。例—態勢
そくおん［促音］つまる音。売った・買ったなどの「っ」。例—便
そくぎん［即吟］その場で詩や歌をよむこと。
ぞくご［俗語］世間でつかっている上品でない言語。例—の多い小説

そくざ［即座］すぐその場。即席。例―に行う
そくさい［息災］身にさわりのないこと。無事。
そくし［即死］その場ですぐに死ぬこと。
そくじ［即時］すぐそのとき。例―に撤退する
ぞくじ［俗字］ふつうに使われている字画の正しくない漢字。↕正字
ぞくじ［俗事］世間のわずらわしいことがら。
そくじつ［即日］すぐその日。当日。例―実施
ぞくしゅう［俗臭］いやしい感じ。俗気。
ぞくしゅつ［続出］つづいてでること。
ぞくしょう［俗称］世間でのよび名。
そくしん［促進］うながしすすめること。
ぞくじん［俗人］①世間一般の人。世人。②風流のわからない人。③僧でない人。
ぞくじん［俗《塵》］世の中のうるさい事がら。
そくする［即する］ぴったりつく。例現実に―
ぞくする［属する］したがう。その中にはいる。
そくせい［促成］成長や成功を早くさせること。例―栽培・温室で―する
そくせい［即製］その場で仕上げること。
そくせい［速成］早くできあがること。例短期―講座・―英会話教室
ぞくせい［属性］そのものの本来もっている性質。例鉄の―・人間の―として
ぞくせい［族生・《簇生》］むらがりはえること。例クマザサが―する地
そくせき［足跡］①あしあと。②歩いたあと。
そくせき［即席］①その場。②その場ですぐに作ること。③まにあわせ。例―ラーメン
ぞくせつ［俗説］世間に行われている意見。
ぞくぞく［続続］あとからあとから続くさま。

そくたつ［速達］はやくとどくこと。例―郵便
そくだん［即断］その場ですぐにきめること。
そくだん［速断］はやまった決断をすること。
そくてい［測定］はかってきめること。
そくど［速度］ものの進んでいくはやさ。
そくとう［即答］その場ですぐに答えること。
ぞくねん［俗念］いやしい俗っぽい考え。
そくばい［即売］その場ですぐに売ること。例―会・展示―・―場
そくばく［束縛］しばって自由にさせないこと。例時間に―される・親が―する
ぞくぶつ［俗物］げびた人間。例―扱い
そくぶつてき［即物的］現実の利害本位。
そくぶん［側聞・《仄聞》］うわさに聞くこと。
そくほう［速報］はやいしらせ。例選挙―
そくみょう［即妙］そくざに出るよい考え。
ぞくむ［俗務］世間のわずらわしい事務。
そくめん［側面］①ものの左右の面。よこがわ。②正面でない方面。↕正面。例―援助
ぞくり［俗吏］役人をいやしめていう語。
そくりょう［測量］土地をはかること。例―班
ぞくりょう［属僚］下役人。下僚。
そくりょく［速力］はやさ。スピード。
そくろう［足労］足をはこばせること。例ご―
ぞくろん［俗論］つまらない意見。例―が支配
そげき［《狙撃》］ねらいうつこと。例―兵
そこ［底］内部の下の部分。例底をつく。底なしの酒飲み・心の底で
そこ［《其〈処》］そのところ。それ。例―がかゆい・―は駄目だ
そご［《齟齬》］くいちがい。例意見の―

そこう［素行］ふだんのおこない。例―が悪い
そこう［《遡行》］川をさかのぼって行くこと。
そこく［祖国］じぶんのうまれた国。母国。
そこぢから［底力］そこにかくれている力。
そこつ［粗《忽》］①そそっかしいこと。かるはずみ。例―な人。②あやまち。そそう。
そこなう［損なう］①こわす。きずつける。例気分を―。②しくじる。例書き―
そこねる［損ねる］しそんじる。そこなう。
そこひ［▽内障眼］視力のなくなる眼病。
そさい［《蔬菜》］やさい。青もの。例―類
そざい［素材］もととなる材料。例小説の―
そざつ［粗雑］あらっぽくぞんざいなこと。
そさん［粗《餐》］そまつな食事。粗飯。
そし［阻止・《沮止》］さえぎりとめること。
そし［素志］ふだんからののぞみ。例―を貫く
そじ［素地］したじ。きじ。もと。例英才の―
そじ［措辞］詩歌や文章などのことばづかい。
そしき［組織］くみたて。しくみ。例―的に・―力・―化をはかる・―強化
そしつ［素質］もとからもっている性質。
そしゃく［租借］他国の領土の一部を借りて一定期間統治すること。例―権・―地
そしゃく［《咀嚼》］①食物をよくかみくだくこと。②よく考えて意味を理解すること。
そしょう［訴訟］うったえること。例民事―
そしらぬかお［素知らぬ顔］知っていながら知らないような顔つきをすること。
そしる［《誹る・《謗る》］悪くいう。けなす。
そすい［疎水・《疏水》］土地を切り開いて水路をつくり、水を通すこと。例琵琶湖の―

そせい［粗製］そまつなつくりかた。↕精製

そせい［《蘇生］いきかえること。例—する

そぜい［租税］税金。ねんぐ。例—公課

そせいらんぞう［粗製乱造］粗悪品をやたらにたくさんつくること。例—の品

そせき［礎石］家の柱の下にする石。土台石。

そせん［祖先］先祖。先代の人々。例—の霊

そそう［阻喪・《沮喪］気ぬけがして勢いがなくなること。例意気が—する

そそう［粗相］かるはずみ。あやまち。

そぞう［塑像］ねんどでつくった像。

そそぐ［注ぐ・《灌ぐ］①流しかける。そそぎかける。②力を入れる。集中する。例心血を—

そそぐ［〈雪ぐ］すすぐ。例恥を—

そそのかす［唆す］①さそいすすめる。②おだてて悪いことをさせる。例下級生を—

そそりたつ［《聳り立つ］高くそびえ立つ。

そぞろ［〈漫ろ］なんとなく心がすすむさま。

そぞろあるき［漫ろ歩き］あてもなく歩くこと。例休日のひととき—をする

そだ［粗《朶］切り取った木の枝。例炉端の—

そだい［粗大］おおざっぱ。例—ごみ

そだち［育ち］①そだつこと。②おいたち。

そだてる［育てる］①成長させる。②教えみちびく。例弟子を—・後進を—

そち［措置］とりはからうこと。処置。

そつ［卒］おわる。卒業。例早大卒

そつう［疎通・《疏通］さわりなく通ること。例意志の—をはかる

そっか［足下］①足の下。例—に見おろす。②足もと。③きみ。あなた。

ぞっか［俗化］世俗のふうにそまること。

そっき［速記］①はやく書くこと。②速記符号で書くこと。例衆議院の—者・—録

そっきょう［即興］①その場での思いつき。②その場ですぐ歌や詩をよむこと。例—詩

そつぎょう［卒業］きまった学問や技術をまなびおわること。例—式・遊びは—だ

そっきん［即金］その場で金を支払うこと。

そっきん［側近］いつもそば近くいる人。

そっけつ［即決］その場ですぐきめること。

そっこう［即効］すぐにききめが現れること。

そっこう［速効］はやくきくこと。例—肥料

そっこう［速攻］はやい速度の攻撃。例—にうつる・敵陣へ—をかける

そっこうじょ［測候所］気象を観測して、天気予報や暴風雨などの警報を出すところ。

そっこく［即刻］すぐに。ただちに。例—参上

ぞっこく［属国］他国の主権下にあって独立していない国。例まるで—のようだ

そっせん［率先］人に先だつこと。進んで行うこと。×卒先。例—して事にあたる

そつぜん［卒然・率然］①かるはずみなさま。②にわかなさま。例—と悟る

そっちゅう［卒中］脳出血で急にたおれる病気。例脳—・—で倒れる

そっちょく［率直］かざりけがなくありのままなこと。例心持ちを—に書き表す

そっとう［卒倒］急に気をうしなってたおれること。例驚いて—した

そで［《袖］①衣服の両腕をおおうところ。②たもと。例—の下。③舞台などの両わき。

そと［外］外面。ほか。屋外。例外見・外側

そとうみ［外海］陸地をとりまく大海。↕内海

そどく［素読］意味は考えないでただ文字だけを読むこと。例論語の—

そとば［〈卒塔〉婆］墓に立てる細長い木の板。とうば。例—を立てて供養する

そなえ［備え］①準備。②防備。例—を固める

そなえもの［供え物］くもつ。例お—

そなえる［備える・〈具える］①前からようい しておく。②そろえととのえる。例敵に—

そなえる［供える］神仏に物をささげる。

そなわる［備わる・〈具わる］①十分にととのう。②自然と身についている。例身に—

そねむ［《嫉む］うらやみにくむ。ねたむ。

その［園］①植物を植えるために区切った土地。例花園。②場所。例女の園

そば［〈側・〈傍］わき。かたわら。例すぐ—の

そば［《岨］がけ。絶壁。例—道

そば［《蕎〈麦］①タデ科の植物。その果実からそば粉をつくる。②そば粉でつくった細長い食物。例もり—・天ぷら—

そばだつ［《峙つ］高くそびえ立つ。

そばだてる［《欹てる］一方をあげてかたむかせる。かたむける。例耳を—

そばづえ［〈傍《杖・〈側《杖］そばにいたために関係もないのに受けるさいなん。例けんかの—をくう・とんだ—だ

そはん［粗飯］食事を客にすすめることば。

そびやかす［《聳やかす］高くおこしたてる。

そびょう［素描］絵の具を使わないで物の形を線であらわした絵。デッサン。

そひん［粗品］人に品物をおくるときのことば。そしな。例―ですが

そふ［祖父］父母の父。おじいさん。

そぶり［素振り］ようす。けはい。例いやな―

そぼ［祖母］父母の母。おばあさん。

そほう［粗放・疎放］大ざっぱなこと。例―農業

そぼう［粗暴］あらあらしく乱暴なこと。

そほうか［素封家］かねもち。財産家。

そぼく［素朴・素《樸》］かざりけがないこと。質実。例―な人柄・―な考え方

そま［《杣》］木を植えて材木をとること。例―人・―山・―木・―小屋

そまつ［粗末］①いいかげんにざっと作ったこと。②ていねいでないこと。例―な扱い

そまる［染まる］①色がつく。色がしみる。②人の影響を受ける。感化される。例悪に―

そみつ［粗密・疎密］あらいこととこまかなこと。例人口の―・編み目の―

そむく［背く］①うしろをむく。②はむかう。てむかう。③したがわない。例教えに―

そめる［染める］①色をつける。しませる。②絵の具などをぬる。③着手する。例手を―

そめる［初める］はじめる。例見―・咲き―

そもそも［〈抑抑〉］①はじめ。ことのおこり。②いったい。さて。③あるいは。

そや［粗野］あらあらしくて下品なこと。

そよう［素養］ひごろの教養。例漢文の―

そよかぜ［▽微風］そよそよと吹く風。

そよぐ［〈戦ぐ〉］しずかに動く。ゆれうごく。

そら［空］①天。そらもよう。②実のないこと。例空覚え・うわの空

そらうそぶく［空《嘯く》］そらとぼける。

そらおそろしい［空恐ろしい］なんとなくおそろしい。例―子どもだ・何となく―奴だ

そらす［反らす］そるようにする。例胸を―

そらす［〈逸らす〉］①にがす。のがす。②はずす。わき道へそらせる。例話を―

そらぞらしい［空空しい］知っていて知らぬふりをする。例―うそ・―あいさつ

そらだのみ［空頼み］あてにならないことをあてにすること。はかないたのみ。

そらに［空似］血のつながりがないのに顔などのよくにていること。例他人の―

そらね［空寝］ねたふりをすること。

そらみみ［空耳］聞こえないものを聞いたように感じること。聞きちがえること。

そらんじる［《諳んじる》］そらでおぼえる。

そり［《橇》］馬や犬などに引かせて、氷や雪の上をすべらしていく乗り物。例―を引く

そりみ［反り身］からだうしろへ少しそらせること。例―になる

そりゃく［粗略・疎略］ぞんざい。例―な扱い

そる［反る］まがりかえる。弓なりになる。

そる［《剃る》］髪やひげを刃物で根元から切る。例髪を―・ひげを―

それがし［〈某〉］①わたくし。②名のわからない人や物をさす語。なにがし。

それる［〈逸れる〉］わきみちへはずれる。

そろい［《揃い》］そろったもの。例三つ―の背広

そろう［疎漏］おろそかで手ぬかりがあること。例―な校正・―のないように

そん［損］①へること。なくすこと。例株で損をする。②そこなうこと。例損な役だ

そんえき［損益］損害と利益。例―計算表

そんがい［損害］①そこなうこと。②そんをすること。例―賠償・―保険

ぞんがい［存外］思いのほか。あんがい。

そんきょ［《蹲踞》］うずくまること。例―の姿勢をとる・―する

そんけい［尊敬］たっとびうやまうこと。

そんげん［尊厳］たっとくおごそかなこと。

そんざい［存在］あること。例―感がある

そんしつ［損失］①利益をなくすこと。②そこないうしなうこと。↔利益。例―額

そんしょう［損傷］きずつきこわれること。

そんしょう［尊称］たっとんでつける名称。

そんしょく［《遜色》］ややおとるようす。

そんすう［尊崇］たっとびあがめること。

そんずる［損ずる］そこなう。例機嫌を―

ぞんずる［存ずる］思う。例―次第です

そんぞく［存続］ひきつづいてあること。

そんぞく［尊属］父母と同列以上の親族。↔卑属。例直系―・―殺人

そんだい［尊大］いばること。おうへい。

そんたく［《忖度》］他人の心をおしはかること。

そんち［存置］そのままにしておくこと。

そんちょう［尊重］たっとんでだいじにすること。例伝統を―する・人権―

そんとく［損得］そんとく。損失と利益。

そんぱい［存廃］のこすこととやめること。

そんぷ［尊父］他人の父への敬称。例ご―

そんぴ［存否］あるかないか。生か死か。

そんぷうし［村夫子］いなかの学者。例―然と

ぞんぶん［存分］思いのまま。例ご―に
そんぼう［存亡］のこることとほろびること。興廃。例国家―を決する大事だ
そんめい［尊名］お名前。例ご―のほどを
ぞんめい［存命］生存。例母の―中は
そんらく［村落］むら。むらざと。
そんりょう［損料］品物をかりた使用料。

た

た［他］ほか。べつ。例他の例をあげると
た［多］おおい。例労を多とする
た［田］たんぼ。例田をたがやす・田と畑
たい［対］あいて。はりあう。つい。例対になる・五対三で勝った・保守対革新
たい［体］からだ。例体をかわす。仏像が五体
たい［隊］兵士の一組。整列した一団。例隊を編成する。隊を組む・隊列
たい［《鯛］タイ科の海産魚の総称。例―めし
たい［他意］別の考え。例別段―はない
だい［代］あたい。みよ。かわり。例父の代に・お代はいかほどですか
だい［大］おおきい。例大なり小なり
だい［台］物をのせるもの。例踏み台・台の上
だい［題］名。問題。課題。例題を出す・本の題
たいあたり［体当(た)り］体ごとぶつかること。例―で勝負する
たいあん［大安］大安吉日。例―に結婚式を
たいあん［対案］相手に対する案。例―を提出
だいあん［代案］かわりの案。例―を作成する
たいい［大意］おおよその意味。例説の―は
たいい［体位］①たいかくや体力のていど。例―の向上。②しせい。例性行為の―
だいい［題意］問題の意味。例―が難解だ
たいいく［体育］健康なからだをつくる教育。
だいいち［第一］①いちばんはじめ。②いちばんすぐれていること。③いちばんたいせつなこと。④まずなによりも。例―には
だいいっせん［第一線］いちばんまえ。まっさき。例―に立つ・―で働く
たいいん［退院］病気がなおって病院から出ること。例―祝い・―の手続き
たいいんれき［太陰暦］月のみちかけをもとにして作ったこよみ。旧暦。↔太陽暦
たいえい［退《嬰］あとへひくこと。ひっこみじあん。しりごみ。↔進取。例―的な気風
たいおう［対応］①むかいあうこと。②つりあうこと。③相手に応じてことをすること。
だいおうじょう［大往生］少しの苦しみもなく安らかに死ぬこと。例―をとげる
たいおん［体温］からだの温度。例―計
だいおんじょう［大音声］大きな声。
たいか［大家］①とくべつにその道にすぐれた人。例書道の―。②金持ちの家。たいけ。
たいか［大過］大きなあやまち。例―なく
たいか［耐火］もえにくいこと。例―建築
たいか［退化］あともどり。例―現象
たいか［滞貨］売れのこった品。例―一掃
だいか［代価］もののねだん。代金。例―を払う
たいがい［大概］①だいたい。大略。②たいてい。おおよそ。例あすは―晴れるだろう
たいがい［対外］外部や外国に対すること
たいかく［体格］からだつき。例―検査
たいがく［退学］学校をやめること。例中途―
だいがく［大学］最高学府。例―生・―院
だいかつ［大喝］大声でどなりつけること。
だいがわり［代替(わ)り］経営者や戸主がかわること。例店が―する
たいかん［大患］①大きい心配。②重い病気。
たいかん［大観］①ぜんたいを広く見わたすこと。例時局を―。②すばらしいながめ。
たいかん［体感］体が感じること。例―温度
たいかん［耐寒］さむさにたえること。例―服
たいがん［大願］大きなねがい。例―成就
たいがん［対岸］むこうぎし。例―に渡る
だいかん［大寒］冬の気節の一つ。例―の寒さ
たいかんしき［《戴冠式］王冠をいただく即位式。例エリザベス女王の―
たいき［大気］①空気。例朝の―を吸う。②小さいことを気にかけないこと。例―者
たいき［大器］すぐれた才能の人物。例―晩成
たいき［待機］①時期のくるのをまっていること。②命令をまつこと。例目下―中
たいぎ［大義］①おおもとの道理。②人のふみおこなうべき重大な道。例―名分
たいぎ［大儀］①重大な儀式。②ほねがおれること。くたびれること。例起きるのが―である。③他人のほねおりをいたわる語。
だいぎし［代議士］国会議員のこと。
たいきゃく［退却］まけてあとへしりぞくこと。例味方は目下―中
たいぎゃく［大逆］主君や親を殺すような重罪。
たいきゅう［耐久］ながもちすること。例―力

たいきょ[大挙]大ぜいが一度におしよせること。例—しておしかける
たいきょ[退去]たちのくこと。例—命令
たいきょう[胎教]胎児のための精神衛生。
たいぎょう[怠業]労働者が団結して仕事をおくれさせること。サボタージュ。
たいきょく[大局]全体のなりゆき。例—観
たいきょく[対局]碁、将棋を打つこと。
たいきょく[対極]反対の極。例—的な位置
だいきん[代金]物を買ってはらうお金。
たいく[体《軀]からだ。例堂々たる—
だいく[大工]木造家屋をたてる職人。
たいくう[滞空]航空機が空中を飛び続けること。例記録的な—時間
たいぐう[待遇]もてなすこと。あつかい。
たいくつ[退屈]ひまでくるしむこと。あきること。例—でこまる・—しのぎに
たいけ[大家]①かねもちの家。②身分の高い家がら。例—の奥さま
たいけい[体刑]からだに直接に加える刑罰。
たいけい[体系]別々のものをあつめて順序正しくくみたてたもの。例—的な説明
たいけい[体形]からだのかたち。例外人の—
たいけつ[対決]むかいあって黒白をつけること。例上司と—する
たいけん[体験]自分が実際にあじわったこと。実際の経験。例おもしろい—をした
たいげん[大言]①すぐれた意見。②大げさなことば。えらそうに言うこと。例—壮語
たいげん[体言]名詞・代名詞の総称。↕用言
たいげん[体現]形にあらわすこと。例夢を—

たいこ[太古]おおむかし。遠い昔。上古。
たいこ[太鼓]打楽器の一種。例大—・祭り—
たいご[大悟]すっかりさとりきること。
たいご[隊《伍]隊列のくみ。例—を組む
たいこう[対抗]互いにはりあうこと。例—馬
たいこう[大功]大きなてがら。例—をたてる
たいこう[大綱]①大もと。大きいたいせつなことがら。②だいたい。あらまし。
だいこう[代行]かわっておこなうこと。
たいごう[大豪]ひじょうに強いこと。
たいこうしょく[退紅色・《褪紅色]薄桃色。
だいこくばしら[大黒柱]①家の中央にあるふとい柱。②家や国の中心となっていちばんたよりになる人。例一家の—
たいこばん[太鼓判]大きな印。たしかなことを証明する印。例—をおす
だいごみ[《醍醐》味]①ひじょうにうまい味。②ものごとのすばらしい部分。例釣りの—
たいさ[大差]ひどいちがい。例—で負ける
たいざ[対座・対《坐]むかいあってすわること。例—して一晩語り合う
だいざ[台座]①物をのせておく台。②仏像を安置する台。例ご本尊の—の修理
たいざい[滞在]よその土地に長くとどまること。例—客・伊豆に—する
だいざい[題材]文芸作品などの主題や内容となる材料。例小説の—
たいさく[大作]すぐれた作品。大規模な作品。
たいさく[対策]あいての態度ややりかた、または事件などに応ずる方法。例—を講じる
だいさく[代作]かわりに作ること。

たいさん[退散]にげちること。例悪霊の—
だいさん[代参]本人にかわり参けいすること。例京都の本山に母の—をする
だいさんしゃ[第三者]その事に関係ない者。局外者。例—の助言を聞く
たいし[大志]大きいのぞみ。例—をいだく
たいし[大使]一国の代表として外国にとどまる最高の外交官。例—館・全権—
たいじ[胎児]母の体内にあってまだうまれないこども。例—の成長
たいじ[退治]うち平らげること。攻めほろぼすこと。例ねずみを—する
たいじ[対《峙]むかいあって立つこと。対立。
だいじ[大事]①重大な事件。②あぶないこと。③たいせつ。例からだを—にする
だいじ[題字]本のはじめや絵・石碑の上のほうに書いた文字。例—を依頼する
だいしぜん[大自然]偉大な自然。例—の摂理
たいしつ[体質]うまれつきのからだの性質。
たいしゃ[代謝]新しいものが古いものと入れかわること。例新陳—・—機能
たいしゃ[代《赭]①粉末になっている黄色のえのぐ。②赤かっ色。例—色の顔
たいしゃく[貸借]①かすこととかりること。②簿記のかし方とかり方。例—対照表
だいしゃりん[大車輪]①大きな車の輪。②すべての人がいっしょうけんめいに仕事にはげむこと。例—の活躍をする
たいしゅう[大衆]一般の勤労階級の人々。
たいしゅう[体臭]からだから出るにおい。
たいしゅつ[退出]その場からしりぞきさがる

こと。例席をけって—する

たいしょ［大所］全体的な立場。例—高所から

たいしょ［対処］ある物事に対してよろしくとりさばくこと。例難局に—する

たいしょ［対《蹠》］正反対のこと。例—的な

たいしょう［大勝］大いに勝つこと。↔大敗

たいしょう［対称］二つのもののつり合いがとれていること。例—的な図形・左右—

たいしょう［対象］めあてとなるもの。例観察の—・—物・販売の—

たいしょう［対照］①てらしあわせること。②とりあわせ。対比。例比較—する

たいしょう［隊商］おおぜいで隊をくみ、さばくを旅行する商人。キャラバン。

たいじょう［退場］その場からしりぞき出ること。↔入場。例静かに—する

だいしょう［代償］損害のつぐないとして代価を出すこと。つぐない。例—を支払う

だいじょうてき［大乗的］私情や眼前の小さいことにとらわれないこと。例—見地で

だいじょうぶ［大丈夫］あぶなげがないこと。しっかりしていること。たしかなさま。

たいしょく［退職］職をやめること。例—金

たいしん［大身］身分の高い人。↔小身

たいしん［耐震］地震にたえること。例—建築

たいじん［大人］①おとな。②徳の高い人。

たいじん［対人］人に対すること。例—関係

たいじん［退陣］①軍隊のたいきゃく。②仕事や役目をやめること。例内閣を—する

だいじん［大臣］国務大臣や各省大臣のこと。

だいじん［大尽］①大金持ち。②お金を多くつかって遊ぶ人。例お—・—遊び

だいず［大豆］一年生のマメ科植物。例—油

だいすう［代数］数のかわりに文字を使って計算する数学。例—学

たいする［体する］心に深くとめてまもる。

たいせい［大成］学問や人物などがりっぱにできあがること。例中世史研究の—者

たいせい［大勢］①だいたいのようす。②世の中のなりゆき。例—が決する

たいせい［体制］かたち。しくみ。例反—・—側

たいせい［体勢］みがまえ。例—がくずれる

たいせい［胎生］母胎の中で形ができあがってから生まれること。↔卵生。例—動物

たいせい［耐性］抵抗力。例—菌・ペニシリン—

たいせい［泰西］西洋。例—名画展

たいせい［態勢］ありさま。すがた。例戦う—

たいせい［退勢・《頽勢》］おとろえくずれていくさま。例—はおおうべくもない

たいせいよう［大西洋］ヨーロッパ・アフリカ・南北アメリカ・南極の各大陸の間にある世界第二の大海。×太西洋

たいせき［体積］立体のしめる空間の大きさ。量。例—の計算式

たいせき［《堆積》］高くつみかさなること。

たいせつ［大切］①だいじにすること。ていねいにすること。例体を—に。②たいへん重要なこと。例—な議題を忘れずに

たいぜん［泰然］おちついてどっしりとかまえているさま。例—自若としている

たいそう［大層］ひどく。ひじょうに。たいへん。例—なことだ・—立派だ

たいそう［体操］全身の運動。例—競技

たいぞう［退蔵］使わないでしまっておくこと。例—物資を摘発する・金の—

たいそく［大息］ためいきをつくこと。例天を仰いで—する・長—をもらす

だいそれた［大それた］ひどく道にはずれた。とんでもない。例—望みをいだく

たいだ［怠惰］なまけおこたること。例—な生活・—な日常を送る

だいたい［大体］およそ。あらまし。例—の事は

だいだい［《橙》］ミカン科の常緑小高木。例—色

だいだい［代代］よよ。歴代。例—の家業

だいたいこつ［大《腿》骨］ふとももの中軸となる骨。例—骨折

だいたすう［大多数］圧倒的な多数。例—が

たいだん［対談］むかいあって話し合うこと。

だいたん［大胆］物事におそれないこと。きもがふといこと。ずぶといこと。例—不敵

たいち［対置］相対して置くこと。例—的な

だいだんえん［大団円］おわり。事件や物語のおしまい。例—に差しかかる

だいち［台地］まわりよりも高い土地。

たいちょう［体調］からだの調子。例—を崩す

たいちょう［退潮］海水がひくこと。ひきしお。

だいちょう［大腸］消化器官の一つ。例—菌

だいちょう［台帳］もとになる帳簿。

たいてい［大抵］①おおよそ。おおかた。②ひととおり。なみなみ。例—のことには

たいと［泰斗］その道でいちばんすぐれた人。

たいど［大度］度量の大きいこと。例寛仁—

たいど［態度］①みぶり。ようす。例—がおかし

い。②みがまえ。③おこない。しかた。

たいとう[台頭・《擡頭》]①頭をもたげること。②群を抜いてあらわれること。例新人の―

たいとう[対等]両方にまさりおとりがないこと。例―の立場で・―に話し合う

たいとう[《駘蕩》]春風ののどかなようす。

たいどう[帯同]つれて行くこと。同行。

だいどう[大道]①広いみち。例―芸。②人のふみおこなうべき正しい道。例人生の―を

だいどうしょうい[大同小異]だいたいは同じだが少しだけちがっていること。

だいどうだんけつ[大同団結]多くの者が立場の小さなちがいをすてて合同すること。

だいどうみゃく[大動脈]①心臓から出る太い動脈。②交通や通信の大もとになるもの。

だいとうりょう[大統領]民主国で国民から選ばれてその国の代表として国をおさめる人。例アメリカ合衆国―・よう、―!

たいとく[体得]よく理解して自分のものとすること。例要領を―する

だいどころ[台所]炊事場。キッチン。例―仕事・―を預かる・―がピンチだ

たいない[胎内]母親の腹の中。例―の子

だいにぎ[第二義]あまりたいせつでない事がら。↕第一義。例―的な問題

たいにち[滞日]日本にとどまること。

たいにん[大任]たいせつなやくめ。重い役目。

たいにん[退任]つとめをやめしりぞくこと。

たいのう[滞納・怠納]税金などを定められた期間におさめないこと。例税金を―する

だいのう[大農]機械力を用いるおおがかりな農業。例―方式

だいのう[大脳]精神作用を営む脳髄。

たいは[大破]ひどくこわれること。例車が―

たいはい[大敗]ひどくまけること。↕大勝

たいはい[退廃・《頽廃》]くずれすたれること。例―的な音楽・―的な風潮

たいばつ[体罰]からだを苦しめる刑罰。

たいはん[大半]半分以上。あらまし。

だいばんじゃく[大盤石]①大きな平たい石。②物事がたしかで少しも動かないこと。

たいひ[対比]くらべること。例兄弟を―する

たいひ[退避]しりぞきさけること。例―訓練・―命令・安全な場所に―する

たいひ[待避]さけて待つこと。例―線

たいひ[《堆肥》]つみかさねてくさらせた肥料。

だいひつ[代筆]本人にかわって書くこと。

だいひょう[大兵]からだが大きいこと。

だいひょう[代表]多くの人のかわりになってものごとをすること。また、その人。

たいぶ[大部]冊数の多い書籍。例―の辞典

だいぶ[大分]おおかた。よほど。

たいふう[台風・《颱風》]熱帯性のはげしい風。

だいふく[大福]和菓子の一種。例―餅

だいぶぶん[大部分]ほとんど。おおかた。

たいへい[太平・泰平]世の中がおだやかにおさまっていること。例―な世の中

たいへいよう[太平洋]アジア・オーストラリア・南北両アメリカ・南極の五大陸にかこまれた世界最大の大海。×大平洋

たいべつ[大別]大きな区別。だいたいの区別。

たいへん[大変]だいじ。重大なできごと。例―だ!。②ひじょうに。はなはだ。例―困る

だいべん[代弁]人にかわって話すこと。

たいほ[退歩]あともどり。退化。↕進歩

たいほ[逮捕]罪人をつかまえること。例―状

たいぼう[待望]まちのぞむこと。例―の旅行

たいぼう[耐乏]物のとぼしいのをがまんすること。例戦時中の―生活

だいほん[台本]しばいの脚本。例ドラマの―

たいまい[大枚]金高の多いこと。例―の金

たいまつ[▽松明]松の木をたばね火をつけてあかり用にしたもの。例―の行列

たいまん[怠慢]なまけること。おこたること。

だいめいし[代名詞]名前をいうかわりに直接に事物をさし示す語。これ・そこ・彼など。

たいめん[体面]ていさい。めいよ。例―を保つ

たいめん[対面]顔をあわせること。例―交通

たいもう[大望]身分にすぎた大きなのぞみ。

だいもく[題目]みだし。表題。例日蓮宗のお―

たいや[逮夜]死者の命日の前の夜。例お―

たいやく[大役]おもいやくめ。例―をこなす

たいやく[大約]あらまし。大略。

たいやく[大厄]大きなさいなん。例―の年

だいやく[代役]劇で、ある役をかわってすること。また、その人。例―をつとめる

たいよ[貸与]かしてやること。例―を受ける

たいよう[大洋]大きな海。例七つの―

たいよう[大要]①たいせつなところ。②あらまし。おおよそ。ざっと。例―を述べる。

たいよう[耐用]使えること。例―年数

たいよう[太陽]おひさま。日。例―灯・―熱

だいよう[代用]かわりにつかうこと。例―食

たいようれき［太陽暦］地球が太陽のまわりを一回転する時間を一年としてつくったこよみ。新暦。↕太陰暦・旧暦
たいよく［大欲・大《慾］ひじょうに欲が深いこと。【例】―は無欲に似たり
たいら［平ら］ひらたいこと。【例】―な土地
だいり［内裏］天皇が常にすむごてん。【例】―雛
だいり［代理］ほかの人にかわってしごとをすること。また、その人。【例】父の―をする
たいりく［大陸］地球上のひろく大きな陸地。
だいりせき［大理石］石灰岩が変質して、ふたたび結晶した美しい岩石。【例】―の壁面
たいりつ［対立］むかいあって立つこと。
たいりゃく［大略］あらまし。おおよそ。
たいりゅう［対流］液体や気体などの一部が熱せられて起こる循環運動。【例】―式のストーブ・―と輻《ふく》射《しゃ》・―圏
たいりゅう［滞留］①よそに長くとどまっていること。【例】―客。②とどこおること。
たいりょう［大漁］魚がたくさんとれること。
たいりょう［大量］①心がひろく大きいこと。②分量が多いこと。【例】―生産・―の滞貨
たいりょく［体力］からだのちから。↕精神力
だいりん［大輪］大きい花。【例】―のバラ
たいろ［退路］にげみち。【例】―を絶たれる。
だいろっかん［第六感］とっさの間に自然にわき出る考え。直感。インスピレーション。
たいわ［対話］むかいあって話をすること。
たうえ［田植え］稲のなえを水田にうえること。【例】―歌・最新の―機
たえ［〈妙］不思議。すばらしいさま。【例】―なる音色・―なる琴の調べに聞きいる
たえいる［絶え入る］いきがたえてしまう。死ぬ。【例】―ような声で
たえがたい［堪え難い］がまんができない。
だえき［《唾液］つばき。【例】―腺・―がでる
たえしのぶ［堪え忍ぶ］つらいのをがまんする。【例】ひどい仕打ちにも―
たえず［絶えず］いつも。【例】―耳鳴りがする
たえだえ［絶え絶え］今にも切れそうでやっと続くさま。【例】息も―に
たえて［絶えて］すこしも。全然。【例】―聞かない
たえま［絶え間］とだえた間。きれま。【例】雲の―
たえる［耐える］忍耐する。【例】苦労に―
たえる［絶える］①とぎれる。【例】音信が―。②おわる。③死ぬ。【例】息が―
たえる［堪える］こらえる。応じられる。【例】任に―・聞くに堪えない
だえんけい［《楕円形］こばん形。
たか［高］①かず。かさ。数量。②とりいれだか。③ほど。かぎり。ていど。【例】高をくくる
たか［《鷹］大きくてつよい鳥。【例】―狩り
たが［《箍］おけやたるの竹や金属のわ。
たかい［高い］①上方にある。【例】―塔。②価値が大きい。【例】値が―・―本
たかい［他界］死ぬこと。【例】若くして―する
たがい［互い］両方。相互。【例】―違いに
だかい［打開］もつれごとや行きづまりを解決すること。【例】局面を―する
たがえる［〈違える］①ちがう。はずれる。②そむく。したがわない。【例】約束を―
たかく［多角］角の多いこと。いろいろな方面。
たがく［多額］分量の多いこと。多くの金額。
だがし［駄菓子］そまつな菓子。下等な菓子。
たかしお［高潮］海の波が大きく高く立って陸地におそってくるもの。つなみ。
たかだい［高台］土地が高くてたいらかな所。
たかだか［高高］①ひじょうに高いさま。②せいぜい。やっと。【例】―五百円ぐらいの物
だかつ［蛇《蝎］へびとさそりと。人がおそれきらうもののたとえ。【例】―のごとく
たかつき［高《坏］食物をもる足つき器。
たかどの［高殿］高いたてもの。二階建以上。
たかとび［高飛び］①空中高く飛ぶこと。②罪人が遠くへ逃げること。【例】犯人の―
たかね［高根・高《嶺］高いみね。いただき。
たかね［高値］高い値段。↕安価。【例】株の―
たかびしゃ［高飛車］上からおさえつけること。あたまごなし。【例】―な言い方
たかぶる［高ぶる］①たかまる。はげしくなる。②じまんする。③おうへいにふるまう。
たかまくら［高《枕］①高く作ったまくら。②安心してねむること。【例】―で寝る
たがやす［耕す］耕作する。【例】田畑を―
たから［宝］①たいせつな品物。貴重品。②金銭。【例】宝物・宝舟・家の宝
たかる［〈集る］①より集まる。【例】はえが―。②金銭などをねだりとること。【例】不良が―
たかん［多感］感じやすいこと。【例】―な年ごろ
だかん［《兌換］①ひきかえること。②紙幣や銀行券を正貨（金貨）とひきかえること。
たき［滝］高所から落下する水の流れ。
たき［多岐］①道がいくすじにも分かれている

こと。②多方面なこと。例複雑—な事件

だき［惰気］なまける心。だらける心。

だき［《唾棄》］①つばきをはきすてるようにすててしまうこと。②けいべつすること。

だきあわせ［抱(き)合(わ)せ］売れないものを売れるものといっしょに売りつけること。

たきぎ［薪］燃やす木。例—能・—にする

だきしめる［抱(き)締める］強くだく。

たきだし［炊(き)出し］ご飯をたいて、多人数へ提供すること。例被災者へ—をする

だきつく［抱(き)付く］しがみつく。例母親に—・恐怖のあまり—

たきつぼ［滝《壺］たきが落ちてたまる所。

たきょう［他郷］よその土地。異郷。例—の生活

だきょう［妥協］対立している両者が、たがいに歩みよって話をうまくまとめること。

たぎる［《滾る］①わきあがる。②にえたつ。

たく［宅］①すみか。②自分の家。③妻が他人に対して自分の夫をさす言い方。

たく［卓］つくえ。テーブル。例中華料理の—

たく［炊く］かしぐ。にる。例ご飯を—

たく［《焚く］もやす。火でわかす。例風呂を—

たく［《炷く］くゆらす。例香を—

だく［抱く］腕にかかえる。心中にもつ。例赤ちゃんを—・希望を—

たくあん［▽沢庵］たくあんづけ。たくわん。

たぐい［〈類・〈比］①ならぶもの。②同じ種類。

たくえつ［卓越］ほかのものよりぬき出てすぐれていること。例—した技術

だくおん［濁音］にごる音。が・ざ・だ・ばなど。

たくさん［沢山］①数の多いこと。②十分なこと。けっこう。例もう—です

たくしき［卓識］すぐれた考え。例—の人

たくじしょ［託児所］母親が働きに出ている間、その子をあずかって世話をする所。

だくしゅ［濁酒］にごりざけ。どぶろく。↕清酒

たくじょう［卓上］つくえの上。例—塩

たくしょく［拓殖］新しく土地を開いて人をすまわせること。例北海道—銀行・—大学

たくする［託する・《托する］①まかせる。たのむ。例事を—・手紙を—。②かこつける。

だくせ［濁世］けがれにごった世の中。この世。

たくせつ［卓説］すぐれた意見。例名論—

たくぜつ［卓絶］ずばぬけてすぐれていること。例世に—した技能

たくせん［託宣］神のおつげ。神託。例ご—が

たくそう［託送］人にたのんで物を送ること。

だくだく［諾諾］人のいうまま。例唯唯—

たくち［宅地］家のしき地。例—開発

だくてん［濁点］濁音を表すしるし。にごり。

たくはつ［《托鉢］僧が家々の前に立って米や金銭を鉄のはちにもらいまわること。

たくばつ［卓抜］ぬきでてすぐれていること。

だくひ［諾否］承知と不承知。例—を決める

たくほん［拓本］石ずり。石碑などの字や絵をすりだしたもの。例—をとる

たくま［《琢磨》］玉などをすりみがくこと。学問や技芸などをねりみがくこと。例切磋—

たくましい［《逞しい］つよくいさましいこと。体格ががんじょうなこと。例—からだ

たくみ［〈匠］大工職人。細工師。例—の技術

たくみ［巧み］①じょうずなこと。手ぎわがいいこと。②くわだて。もくろみ。

たくらむ［〈企む］くわだてる。例悪事を—

たくりつ［卓立］高くぬきでていること。

だくりゅう［濁流］にごった水の流れ。

たぐる［手繰る］手もとへくりよせる。

たくろん［卓論］すぐれた議論。例—を吐く

たくわえる［蓄える・〈貯える］ためておく。

たけ［竹］イネ科の多年生植物。例竹細工・竹馬・竹垣・竹槍

たけ［丈］長さ。高さ。例身の丈・思いの丈を

たげい［多芸］多くの芸に通じていること。

だげき［打撃］①打つこと。②いたで。ショック。例精神的な—をうける。③損害。

たけだけしい［〈猛猛〉しい］①ひじょうにつよい。②ずぶとい。例ぬすっと—

たけつ［多血］①からだのなかに血液の多いこと。②感情にはしりやすいこと。例—質な人

だけつ［妥結］両方がおれあって話をまとめること。例労使の交渉が—する

たけなわ［《酣・《闌］①まっさかり。例春も—のころ。②少しさかりをすぎたとき。

たけのこ［竹の子・《筍］竹の地下茎の若芽。

たけやらい［竹矢来］竹であらくあんだ垣。

たけりたつ［〈猛り立つ］あらくいきりたつ。

たける［〈猛る］あらあらしくふるまう。

たける［〈長ける］十分になる。円熟する。

たける［《哮る］さけぶ。ほえる。例猛獣が—

たげん［多言］おしゃべり。例—を要する

たこ［蛸・▽章魚］海産の頭足類。例—壷

たこ［《凧］空に高くあげるおもちゃ。例やっこ—・—揚げ・洋—・六角—

たこ［▽胼胝］皮膚がかたくなったもの。
だこう［蛇行］うねってゆくこと。例―運転
たごん［他言］他人にしゃべること。例―無用
たさい［多才］才能の多いこと。例多芸―
たさい［多彩］色彩が多くて美しいこと。種々さまざまでにぎやかなこと。例―な行事
ださく［駄作］くだらない作品。
たさつ［他殺］他人に殺されること。↔自殺
ださん［打算］そんとくをみつもること。
たざんのいし［他山の石］どんなものでも自分の品性や知徳をみがく助けになるというたとえ。例―とする
たじ［多事］事が多いこと。例―多難な年だ
だし［山車］祭りにひくかざり車。
たしか［確か］①しっかりして動かないこと。②信用されるさま。例―な人物。③まちがいのないさま。④はっきりしているさま。⑤たぶん。おそらく。例―一昨年だよ
たしき［多識］ものしり。例博学―
たしさいさい［多士済済］すぐれた人が多くいること。たしせいせい。例―の会合
たじつ［他日］いつか。ほかの日。後日。
たしなみ［《嗜み］①このみ。②心がけ。
たしなめる［《窘める］①苦しめる。②教えいましめる。例言葉づかいを―
だしぬく［出し抜く］他人をだまして自分が先にする。例企画で他社を―
だしぬけ［出し抜け］いきなり。突然。不意。
たしゃ［多謝］①厚く礼を言うこと。例ご厚意を―する。②ていねいにあやまること。
だじゃく［惰弱・《懦弱］①いくじがないこと。例―な心。②からだが弱いこと。
だじゃれ［駄《洒〈落］つまらないしゃれ。
だしゅ［《舵手］船のかじとり。
たしゅたよう［多種多様］いろいろさまざま。
たしょう［多少］①多いこととすくないこと。②多いこと。③いくらか。すこし。例―の金
たじょう［多情］①情愛の深いこと。②気のかわりやすいこと。物事に感じやすいこと。
たしょうのえん［他生の縁］前の世からむすばれているえん。例袖触れ合うも―
だしん［打診］指でからだをたたき、音でわるい所をみること。ようすをさぐること。
たす［足す］加える。例不足分を―・一―二
だす［出す］外へやる。あらわす。例屋外へ―・カバンから書類を―・食事を―
たすうけつ［多数決］さんせい者の多いほうの考えによって事をきめること。
たすかる［助かる］まぬがれる。例命が―
たすき［《襷］衣服の両袖を肩にからげるのに使うひも。せなかで十文字にむすぶ。
たすけぶね［助け船］①すくいの船。②かせい。
たすける［助ける］すくう。手つだう。例人命を―・仕事を―・宿題を―
たずさえる［携える］①手にさげてもつ。②つれて行く。ともなう。例手を―
たずさわる［携わる］①かかりあう。関係する。例企画に―。②つれだつ。手をとりあう。
たずねる［尋ねる］さがす。例由来を―・道を―
たずねる［訪ねる］おとずれる。訪問する。例友を―・知人宅を―
たずねる［《訊ねる］問う。質問する。
だする［堕する］だらくする。例安易に―
たぜい［多勢］おおぜい。多人数。例―に無勢
だせい［惰性］今までのいきおい。例―で進む
たそがれ［▽黄昏］夕ぐれ。くれがた。
だそく［蛇足］無用のもの。よけいなもの。
たた［多多］たくさん。例―ますます弁ず
ただ［《只・〈唯］そればかり。わずか。無料。例―これだけか・―乗り・―でさえ
ただ［〈徒］むだ。ふつう。例―の人
だだ［駄駄］むずかること。例―をこねる
ただい［多大］ひじょうに多いこと。例―な損害・―な収益をあげる
だたい［堕胎］胎児をおろすこと。例―手術
ただいま［《只今・〈唯今］①いま。目下。例―の状況は。②帰ったときのあいさつのことば。
たたえる［《湛える］水などをいっぱいにする。
たたえる［〈称える・《讃える］ほめる。例ほめ―
たたかう［戦う］①優劣をきそう。例優勝をかけて―。②戦争する。
たたかう［闘う］克服しようとたちむかう。例暑さと―・自分と―
たたき［▽三和土］コンクリートや土でかためた土間。例玄関の―
ただし［但し］しかし。だけれども。
ただしがき［但(し)書(き)］本文につけ加えて、例外や条件などをくわしく説明した文句。
ただしい［正しい］正確である。真実である。
ただす［正す］正しくする。あらためなおす。例襟を―・姿勢を―
ただす［《糺す］問いしらべる。例問い―
たたずまい［《佇まい］ありさま。ようす。

たたずむ［《佇む］しばらく立ちどまる。
ただちに［直ちに］すぐに。すぐさま。
たたみ［畳］和室の敷物の総称。例畳表
たたむ［畳む］①おりかさねる。②すぼめる。例かさを―。③心にかくす。例胸に―。④殺す。
ただよう［漂う］①うかんでゆれ動く。②動いておちつかない。例香りが―・不安が―
たたり［《祟(り)］神仏から受けるばつ。
ただれる［《爛れる］ひふが破れくずれる。
たたん［多端］①事件が多いこと。②いそがしいこと。例多事―なおりから
たち［〈質］①うまれつきの性質。②しながら。
たち［太刀］大きなかたな。例―打ち
たちあい［立(ち)会(い)］①その場にいあわせること。②勝負をきめること。例―人
たちい［立(ち)居］どうさ。例―振る舞い
たちおうじょう［立(ち)往生］①立ったまま死ぬこと。②進むこともしりぞくこともできないこと。例列車が―する
たちがれ［立(ち)枯れ］植物が立ったまま枯れること。例―になる
たちき［立(ち)木］地上にはえている樹木。
たちぎえ［立(ち)消え］①火がとちゅうできえること。②とちゅうでやんでしまうこと。
たちぎき［立(ち)聞き］ぬすみぎき。
たちぐされ［立(ち)腐れ］なにもすることなしに役に立たなくなること。例家が―に
たちば［立場］①立っている所。②現在の境遇。③考えかた。例同じ―に立つ意見
たちまち［《忽ち］急に。すぐに。
たちゆく［立(ち)行く］なりたつ。例生活が―
だちょう［《駝鳥］さばくにいる大きな鳥。飛べないが足が早い。
だちん［駄賃］①品物の運賃。②やとった人にあたえる金銭。つかいちん。例お―に
たつ［竜］想像上の動物。りゅう。
たつ［《辰］十二支の五番目。例―年生まれ
たつ［立つ］たちあがる。いる。例席を―
たつ［建つ］建物ができる。例家が―
たつ［裁つ］布や紙をきる。例布地を―
たつ［断つ］たやす。さえぎる。やめる。例退路を―・酒を―・食を―
たつ［絶つ］縁をきる。終わらせる。例消息を―・命を―・交友関係を―
たつ［〈経つ］経過する。例三年が―
たつ［〈発つ］出発する。例成田空港を―
たつ［〈起つ］おこす。例民主化のために―
だつ［脱］ぬける。例脱農業国・脱サラ
だつい［脱衣］衣服をぬぐこと。例―場
だっかい［奪回］うばいかえすこと。
たっかん［達観］①広くぜんたいを見とおすこと。②小さい事にこだわらず、さとりすましていること。例人生をすっかり―する
だっかん［奪還］うばいかえすこと
だっきゃく［脱却］ぬけでること。例不振を―
たっきゅう［卓球］ピンポン。例―台
だっきゅう［脱《臼］骨の関節がはずれること。
たっけん［卓見］すぐれた意見。例―を吐く
たっけん［達見］道理を十分に見きわめた考え。広い見識。例―に脱帽する
だっこう［脱稿］原稿を書きおえること。
だっこく［脱穀］穀物のつぶを穂からとり去ること。例―機
だつごく［脱獄］刑務所から脱走すること。
たっし［達し］官庁から人民へ知らせること。
だつじ［脱字］文章の中でぬけおちた文字。
だっしめん［脱脂綿］脂肪分をぬき去り消毒・精製した綿。例傷口を―でふく
たっしゃ［達者］①ものごとによく通じている人。例筆―。②からだがじょうぶなこと。
だっしゅ［奪取］うばいとること。例政権を―
だっしゅつ［脱出］ぬけだすこと。例不況の―
たつじん［達人］学問や技芸に深く通じている人。例柔道の―・剣の―
たっする［達する］①とどく。②深く通じる。
だっする［脱する］ぬけでる。例危機を―
たつせ［立つ瀬］たちば。例―がない
たっせい［達成］なしとげること。例目的を―
だつぜい［脱税］不正に納税をのがれること。
だっせん［脱線］①汽車や電車などが線路からはずれること。②ふみはずすこと。例話が―
だっそう［脱走］ぬけ出してにげること。
だったい［脱退］なかまからぬけ出ること。
だっと［脱《兎］①にげるうさぎ。②ひじょうにすばやいもののたとえ。例―のごとく
たっとい［尊い］とうとい。例―お方
だっとう［脱党］所属党派からぬけ出ること。
たっとぶ［尊ぶ］尊敬する。例神を―
たっとぶ［貴ぶ］貴重である。例意見を―
だっぴ［脱皮］①こん虫などが成長するにつれて古い皮をぬぎすてること。②古い考えをすてて進歩すること。例旧態を―して
たっぴつ［達筆］文章や文字をじょうずに書く

こと。例―をふるう
だつぼう［脱帽］ぼうしをぬぐこと。降参。
たつまき［竜巻］空気中におこるはげしいうずまきの力でまきあげられる現象。
だつらく［脱落］ぬけおちること。例―者
たて［盾・《楯》］敵の刀や矢をふせぎ自分の身を守る道具。例盾にとって・盾になって
たて［縦］上下の方向。↕横。例首を縦にふる
たて［▽殺陣］乱闘の場面。例―師
たで［《蓼》］からい味のする一年草。例―食う虫も好き好き
だて［《伊〈達》］①いきなさまをすること。例―メガネ。②はでにふるまうこと。例―男。③みえをはること。④おとこぎのあること。
たてがみ［《鬣》］馬やししなどのくびすじに生えている長い毛。例ライオンの―
たてぐ［建具］ふすまやしょうじなど。
たてこう［立(て)坑・《竪坑》］鉱山で地面からまっすぐ下にほったあな。
たてごと［《竪琴》］ハープ。西洋弦楽器の一種。
たてこむ［立て込む］多くの人がこみあう。
たてつく［《楯突く》］てむかう。さからう。
たてつけ［立て付け］①戸やしょうじなどのあけしめの具合。②続けざまにすること。
たてつぼ［建坪］建築物の坪数。↕地坪
たてひざ［立て《膝》］すわりながら片ひざを立てていること。例―で座る
たてふだ［立(て)札］きめられた規則などを書いて道のそばに立てて一般の人に示す札。
たてまえ［建(て)前］①家を建てるときのむねあげ。②方針。原則。例定価販売が―ですが
たてまえ［〈点前］茶道のてまえ。
たてまつる［奉る］①さしあげる。献上する。②自分の動作を表すことばにつける敬語。
たてやくしゃ［立(て)役者］①一座の中でもっともすぐれた俳優。②中心人物。
だでん［打電］電報を打つこと。
だとう［打倒］うちたおすこと。
だとう［妥当］ぴったりとよくあてはまること。例―な解釈・―な処置
たどうし［他動詞］目的を要する動作をあらわす動詞。↕自動詞
たとえ［▽仮令・〈縦令〉］たとい。かりに。
たとえば［例えば］たとえて言えば。
たとえる［例える・《譬える》］ほかのことを引いて説明する。例動物に―と
たどたどしい［《辿辿しい》］あぶなっかしい。
たどりつく［《辿り着く》］道をたずねもとめながらやっと行きつく。例目的地にやっと―
たどる［《辿る》］①さがしもとめる。②すじみちをおっていく。例記憶を―
たどん［〈炭団］炭の粉をねりかためた燃料。
たな［棚］板をわたして物をのせるもの。
たな［《店》］みせ。貸家。例―賃
たなあげ［棚上げ］そのままにすてておくこと。例昇給を―にする
たなおろし［棚卸し］①商人が売れ残った品物を調べ、また、その値を考えあわせること。②他人の欠点をかぞえたてること。
たなこ［〈店子］借家人。↕家主
たなごころ［〈掌］てのひら。例―を返すように
たなばた［七夕］旧暦の七月七日の夜、星を祭る行事。例仙台の―祭り
たなびく［棚引く］雲やかすみなどが薄く横に長く引く。例かすみ―早朝の風景
たなん［多難］こんなんが多いこと。例前途―
たに［谷・〈渓］山と山との間。例谷川・谷渡り
だに［▽壁蝨］動物の体について血をすう虫。
たにあい［谷〈間］たにま。例―の部落
たにし［田《螺］田や池にすむまき貝。
たにま［谷間］谷と谷の間。たにあい。
たにん［他人］①血のつながりのない人。②自分に関係のない人。例―行儀
たぬき［《狸］①山地にすむイヌ科の動物。例―寝入り。②ずるい人。例―おやじ
たね［種］①草木のめが出るもと。②ものの発生するもと。例けんかの種をまく。
たねあかし［種明(かし)］手品などのしかけを説明すること。
たねぎれ［種切れ］材料やもとでのまったくなくなること。例もはや―だ
たねほん［種本］話のもとにする本。
たねん［他念］ほかの考え。例別に―はない
たねん［多年］多くの年月。長年。例―の努力
たのう［多能］なんでもよくできること。
たのしむ［楽しむ］たのしく思う。例音楽を―
たのむ［頼む］①力とする。たよる。②ねがう。例金を貸してくれるように―
たのもしい［頼もしい］たよりになる。
たば［束］ひとまとめにしたもの。例札束
だは［打破］うちやぶること。例攻撃を―する
だば［駄馬］下等な馬。例荷馬車用の―
たばかる［〈謀る・《誑る》］①思いめぐらす。②あ

ざむく。例敵を—

たばこ[▽煙草・《莨]ニコチンをふくむ栽培一年草。例—を吸う・—盆

たばさむ[手挟む]わきにかかえ持つ。

たばねる[束ねる]一つにまとめてむすぶ。

たび[旅]よその土地へ出かけること。

たび[度]とき。おり。例話を聞く度に・度ごと

たび[足袋]和服のとき足にはくもの。

だび[《荼毘》]火葬。例—に付す

たびじ[旅路]旅行のみちすじ。例—の風景

たびたび[度度]しばしば。例—催促する

たびね[旅寝]たびでねること。旅まくら。

たびびと[旅人]旅行者。例—同士で

たびまくら[旅《枕]旅先でねること。旅寝。

たびょう[多病]病気がちなこと。例才子—

たぶらかす[《誑かす]だます。あざむく。

たぶん[他聞]人ぎき。例—をはばかる

たぶん[多分]①数が多いこと。例—の寄付。②おそらく。たいてい。おおかた。例—十名は

だぶん[駄文]へたな文章。例—ですが

たべもの[食べ物]たべるもの。食物。

たべる[食べる]くう。例朝食を—

だべる[駄〈弁る]むだばなしをする。

たべん[多弁]おしゃべりなこと。例—能なし

だべん[駄弁]くだらないおしゃべり。

たぼ[《髱]日本髪の後方に出ている部分。

だほ[《拿捕]とらえること。つかまえること。

たぼう[多忙]ひじょうにいそがしいこと。

だぼくしょう[打撲傷]物にぶつかったり打たれたりしてできた傷。うちみ。

たま[玉]まるいもの。宝石。例玉にきず

たま[球]ボール。電球。例球を投げる

たま[弾]弾丸。例弾をこめる・弾が切れる

たま[霊・〈魂]たましい。例御霊に

たま[〈偶]まれ。例—の休みには・時—

たまう[賜う・〈給う]くださる。

たまがき[玉垣]神社のまわりにあるかき。

たまぐし[玉《串]さかきの枝に、紙やもめんをつけて、神前にささげるもの。

たまげる[〈魂消〉る]びっくりする。おどろく。

たまご[卵・玉子]①鳥や魚などのめすの生殖細胞。②鶏卵のこと。例卵蒸し。③修業中の人。例学者の卵・まだ卵のくせに

たまさか[〈偶さか]たまたま。ときたま。

たましい[魂]①生物のからだにやどり、心のはたらきをすると考えられるもの。②こころ。精神。例魂をうちこむ

だます[《騙す]①なだめる。②うそをいう。

たまずさ[玉《章]手紙。例—拝見しました

たまたま[〈偶偶〉]①たまに。まれに。②ふと。

たまつき[玉突(き)]ビリヤード。つぎつぎぶつかること。例—台・高速道路で—になる

たまに[〈偶に]まれに。たまたま。

たまもの[〈賜・〈賜物]くだされもの。おかげ。

たまり[《溜(ま)り]①たまること。たまった所。例—場・—じょうゆ。②ひかえ室。

たまりかねる[〈堪り兼ねる]こらえきれない。

たまる[《溜(ま)る]ふえる。例金が—・水が—

だまる[黙る]言うのをやめる。例泣く子も—

たまわる[賜る(賜わる)]くださる。例天が—

たみ[民]人民。国民。例民の声・一億の民

たみくさ[民草]たみ。人民。例—の声

だみごえ[〈濁声]太いにごった声。

だみん[惰眠]なまけてねむること。例—をむさぼる・太平の—を破る

たむけ[手向け]①神や仏に物をささげること。例—の花。②せんべつ。はなむけ。

たむろ[《屯]①人のむれあつまること。例あちこちに—する。②兵士などがいる所。

だめ[駄目]①してもしようのないこと。②むだ。③してはいけないこと。例—を出す

ためいき[《溜(め)息]失望や心配などのときにつく大いき。嘆息。例大きな—をつく

ためいけ[《溜(め)池]用水をためておく池。

ためし[〈例]①てほん。②先例。例—がない

ためし[試し・〈験し]ためすこと。こころみ。

ためす[試す]しらべてみる。こころみる。

ためつすがめつ[矯めつ《眇めつ]いろいろの方面からつくづくと見るさま。例—眺める

ためらう[▽躊躇う]しりごみする。

ためる[矯める]①形をなおす。②正しくあらためる。例荒々しい性格を—

ためる[《溜める]あつめる。たくわえる。例水を—・仕事を—・切手を—

ためる[〈貯める]たくわえる。例金を—

ためん[他面]他の一方。他方。例—米国では

ためん[多面]多くの方面。例—的な活動

たもつ[保つ]①長くつづく。もつ。②もちこたえる。例若さを—・面目を—

たもと[《袂]和服のそでの下の袋の部分。

たやす[絶やす]なくす。例禍根を—

たやすい[▽容易い]やさしい。例—御用だ

たゆまぬ[《弛まぬ]ゆるまない。例—努力

たよう［多用］用事が多いこと。例ご―中にも
たよう［多様］いろいろ。さまざま。例多種―な
たより［便り］おとずれ。手紙。例花の―に
たより［頼り］たのみ。例―にならない。
たよる［頼る］たよりとする。たのみとする。
たら［《鱈］北海の海底魚。例―子
たらい［《盥］物を洗う容器。例洗たく―
だらく［堕落］身をもちくずすこと。おこないがわるくなること。×惰落。例―した身の上
たらす［垂(ら)す］したたらす。下げる。例鼻水を―・髪を―・糸を―
たりき［他力］①他人の力。②仏の力にすがること。↕自力。例―宗
たりきほんがん［他力本願］①仏の力にたよって浄土にゆくこと。②他人の力ばかりをたよりにすること。例―では駄目だよ
たりつ［他律］自分の考えによらないで他人のいいつけによって行動すること。↕自律
たりょう［多量］量が多いこと。たくさん。
だりょく［惰力］だせいのちから。例―で進む
たりる［足りる］①十分である。不足がない。例飯が―。②役に立つ。例用が―
たる［《樽］木製の容器の一種。例―酒
だるい［《解い］つかれや病気のためにからだの力がゆるむ。例熱で体が―
たるき［垂(る)木・《棰・《椽］やね板などをささえてむねから軒にわたす木。
だるま［〈達磨］①中国の禅宗をはじめた人。②だるまの姿にかたどった赤い人形。
たれ［垂れ］①たれること。たれさがったもの。②漢字の部首の名。まだれ・がんだれなど。
だれ［《誰］人称代名詞でどなた。例―彼なしに・―一人として
たれる［垂れる］さがる。したたる。しめす。例よだれが―・教訓を―
だれる［《弛れる］ゆるむ。例気分が―
たわいない［他〈愛ない］①とりとめがない。②深い考えがない。③はりあいがない。
たわけ［〈戯け・▽白痴］おどけ。ばかもの。
たわごと［〈戯言］ふざけたことば。例―を言う
たわむ［《撓む］まがる。しなう。例板が―
たわむれる［戯れる］①遊び楽しむ。②いたずらをする。③ふざける。例子どもたちが―
たわら［俵］わらなどでつくった穀類をいれるふくろ。例米俵・俵をかつぐ
たわわ［《撓］たわみしなうさま。例枝も―に
たん［反・〈段］①田や畑の広さをはかる単位。②織物の長さの単位。例布一反
たん［《痰］器管の分泌物。例―を吐く・―壺
だん［段］①かいだん。②かど。箇条。③ところ。ばあい。④技術の等級。例柔道三段
だん［断］①切ること。②思いきってすること。③さばき。決定。例最後の断を下す
だん［談］はなし。例総理の談では
だん［壇］①土をもりあげて作った場所。②一段高くもうけた場所。例壇の上から失礼します。③特別な人のあつまり。例文壇
だんあつ［弾圧］強い力でおさえつけること。
だんあん［断案］①判断。断定。②結論。
たんい［単位］数や量を計算するときのもとになるもの。例授業の―・計算の―
たんいつ［単一］①ふくざつでないこと。②ひとつ。例―の組織・―民族
だんうん［断雲］ちぎれぐも。
たんおん［単音］独立した一つの音。アイウエオなど。↕複音。例―文字
たんか［担架］病人をのせてはこぶどうぐ。
たんか［単価］ひとつひとつのねだん。
たんか［炭化］ものが分解して炭素だけが残ること。例―作用・古墳の―米
たんか［短歌］和歌の一種で長歌に対して五・七・五・七・七の五句からできている。
たんか［《啖呵》］はぎれのいいことばでまくしたてること。例―をきる・威勢のよい―
だんか［《檀家］その寺のせわをする信者の家。
たんかい［《坦懐］心にわだかまりがないこと。例虚心―に話し合う
だんかい［段階］①等級。例―的に。②状態。
だんがい［弾劾］人の悪いことをあばきたてること。罪をせめること。例―裁判
だんがい［断《崖］きりたったようながけ。
たんがん［嘆願・《歎願］事情をうちあけてねがうこと。例―書・釈放を―する
だんがん［弾丸］銃や砲からうち出されるたま。例―のてき出・―のように
たんき［単記］一枚に一つ、または、ひとりだけ書くこと。↕連記。例―投票
たんき［短気］気みじか。せっかち。例―は損気
たんき［短期］みじかい期間。↕長期。例―間
だんき［暖気］あたたかい気候。例―流
だんぎ［談義］①道理を話してきかせること。②こごと。いけん。③説教。例政治―
たんきゅう［探求］さがしもとめること。

たんきゅう［探究］さぐりきわめること。
たんげい［端《倪］事の本末。おしはかること。例―すべからざる男だ
だんけつ［団結］多くの人が一つにまとまること。例―力が強い・―心・―権
たんけん［探検・探険］危険をおかして実地にさぐりしらべること。例南極―隊
たんげん［単元］一つにまとめた教科の単位。
だんげん［断言］はっきりと言いきること。
たんご［単語］それ以上にわけられないまとまった意味をもつ、言語の最小の単位。
たんご［端午］五月五日の男子の節句。
だんこ［断固］おしきってするさま。例―反対
たんこう［炭鉱・炭《礦］石炭をほり出す所。
だんこう［断行］おしきって行うこと。
だんごう［談合］はなしあい。そうだん。
たんこうしょく［淡紅色］うすい赤色。
たんこうぼん［単行本］それだけ単独に出版される本。雑誌や全集などに対する。
たんさ［探査］実地にさぐりしらべること。
たんざ［端座・端《坐］ぎょうぎ正しくきちんとすわること。例―して読書する
たんさい［淡彩］あっさりしたいろどり。
だんざい［断罪］①つみをきめること。例不正を―する。②罪人の首を切る刑罰。
たんさく［単作］同じ土地に一年一回作物をつくること。一毛作。↔二毛作
たんさく［探索］さぐりもとめること。
たんざく［短冊・短《尺］和歌などを書くのに使う細長い紙。例にんじんを―に切る
たんさん［炭酸］炭酸ガスが水にとけた弱い酸。例―ソーダ・―水
だんじき［断食］食物をたべないでいること。
たんじじつ［短時日］みじかい日数。例―に
たんじつげつ［短日月］わずかの期間。
だんじて［断じて］決して。必ず。例―決行する
たんしゅく［短縮］みじかくちぢめること。
たんじゅん［単純］①まじりけがないこと。②こみいっていないこと。かんたん。↔複雑
たんしょ［短所］いけないところ。欠点。
たんしょ［端緒］いとぐち。てがかり。
たんしょう［探勝］けしきのよい所を見て歩くこと。例京都の春を―する
たんしょう［嘆賞・嘆称］感心してほそめやすこと。例思わず―の声がでる
たんじょう［誕生］うまれること。例―日
だんしょう［談笑］うちとけて話したり笑ったりすること。例楽しく―しあった
たんしょうとう［探照灯］遠方のものをてらし見るもの。サーチライト。
たんしん［単身］ただひとり。例―赴任
たんす［《箪笥》］ひきだしや戸のある木製の衣服ばこ。例桐の―・整理―
たんすい［淡水］塩分をふくまない水。例―湖
だんすい［断水］①水の流れがとまること。②水道の給水をとめること。例工事で―
たんすいかぶつ［炭水化物］炭素・水素・酸素の化合物。含水炭素。例―の摂取
たんすう［単数］単位となる数。一。↔複数
たんずる［嘆ずる・《歎ずる］①なげく。例世相を―。②ほめる。例―声をあげる
だんずる［弾ずる］楽器をひく。例琴を―
だんずる［談ずる］話す。かけあう。例政局を―・値引きを―
だんずる［断ずる］決定する。さばく。例犯人と―・優劣を―・社長が―
たんせい［丹精］心をこめてすること。
たんせい［端正］正しくきちんとととのっていること。例―な顔だち
たんせい［嘆声・《歎声］①なげきの声。②ほめる声。感心する声。例思わず―をあげる
たんせき［《旦夕］あさゆう。ふだん。日常。時機がさしせまっていること。例命―に迫る
だんぜつ［断絶］たえること。すっかりなくなること。例交通が―する・国交―
たんせん［単線］一本の線路。↔複線
たんぜん［端然］きちんとしているさま。
たんぜん［丹前］どてらのこと。例旅館の―
だんぜん［断然］①おしきってするさま。②きっぱりとしたさま。例―反対だ
だんそう［断層］地層のくいちがい。ずれ。
だんそう［弾奏］楽器をひきならすこと。
たんそく［嘆息・《歎息］ためいきをつくこと。
だんぞく［断続］きれたりつづいたりすること。例―音・―的に
だんたい［団体］同じ目的で集まったふたり以上の集まり。例宗教―・―旅行
たんたん［淡淡］あっさりしているさま。
たんたん［《坦坦》］たいらかなさま。
たんたん［《眈眈》］鋭くみおろすさま。例虎視―と機会をねらう
だんだん［段段］①かいだん。②しだいしだいに進むさま。例―に向上する

たんち[探知]さぐって知ること。例魚群―器

だんち[団地]集団の住宅地。例―住まい

だんちがい[段違い]力やていどがひじょうにちがうこと。例実力が―である・―平行棒

たんちょう[単調]変化のないこと。

だんちょう[断腸]はらわたをきられるほどひどくかなしいこと。例―の思い

たんてい[探偵]①こっそり事情をさぐる人。②敵の事情をさぐる人。スパイ。

たんてい[端艇・短艇]ボート。はしけ。

だんてい[断定]きっぱりときめること。

たんてき[端的]①はっきりしているさま。②てっとり早いさま。×単的。例―な表現

たんでき[《耽溺》]ものごとにふけりおぼれること。熱中すること。例酒色に―する

たんでん[丹田]下腹。例臍下―に力をこめる

だんと[《檀徒》]その寺の信徒。

たんとう[担当]うけ持つこと。例―の教師

だんどう[弾道]うち出された弾丸が空中にえがく線。例大陸―弾

だんとうだい[断頭台]罪人の首を切る台。

たんとうちょくにゅう[単刀直入]前おきなしにいきなり要点にはいって説き進むこと。

たんどく[単独]ただひとり。例―行動をとる

たんどく[《耽読》]むちゅうになって読みふけること。例冒険小説を―する

だんどり[段取(り)]①心がまえをすること。②ものごとをするてだて。手順。

だんな[《檀那》・《旦那》]①寺を経済的にささえる人。②主人のこと。③商人が客を呼ぶ語。④夫。例うちの―さん

たんなる[単なる]ただの。例―夢にすぎない

たんに[単に]ただ。ひとえに。例―美男なだけ

たんにん[担任]つとめをひきうけること。また、その人。うけもち。例―の教師

たんねん[丹念]心をこめてていねいにすること。ねんをいれること。例―な仕事

だんねん[断念]思い切ること。例夢を―する

たんのう[〈堪能]①満足。例音楽に―する。②すぐれているさま。例彫刻に―な人

たんぱ[短波]波長のみじかい電波。例―放送

たんぱく[淡泊]①あっさりしていること。②さっぱりして欲のないこと。例―な性格

たんぱくしつ[《蛋白質》]動植物体の主要成分をなす化合物で、炭素・酸素・窒素・いおうなどをふくみ重要な栄養素の一つ。

だんぱつ[断髪]①髪を切ること。例明治の―令。②短く切った婦人の髪型。

だんぱん[談判]事件をかたづけるために話しあうこと。かけあうこと。

たんび[《耽美》]美にふけり楽しむこと。例―的

たんぶん[短文]みじかい文章。↕長文

たんぶん[単文]①かんたんな文。②文法で、主語と述語が一つずつある文。↕複文

たんぺいきゅう[短兵急]にわかなこと。

たんぺん[短編・短《篇》]詩文や映画などのみじかいもの。↕長編。例―映画

だんぺん[断片]きれはし。きれぎれ。例―的に

たんぼ[〈田《圃》]水田になっている土地。

たんぽ[担保]金銭をかりるときその保証として出すもの。ていとう。例家を―に

たんぼう[探訪]社会のようすや事件をさぐりたずねること。例社会―の記事

だんぼう[暖房]へやの中をあたためること。

たんぽぽ[▽蒲公英]春、黄色の花がさく草。

だんまく[段幕]紅白、白黒を交互にした幕。

だんまつま[断末魔]①いきをひきとるまぎわのくるしみ。②死にぎわ。りんじゅう。

たんめい[短命]いのちのみじかいこと。

タンメン[〈湯《麵》]野菜入り中華そば。

だんめん[断面]切り口の面。例―図

たんもの[反物]衣料にするおりもの。

だんやく[弾薬]鉄砲につめるたまと火薬。

たんらく[短絡]ショート。せっかちな関連づけ。例―した考え方

だんらく[段落]①ものごとのくぎり。例一―となる。②長い文章中の大きな切れ目。

だんらん[団《欒》]したしい者たちの楽しい集まり。まどい。例一家―

だんりゅう[暖流]あたたかい海水の流れ。

たんりょ[短慮]①きみじか。短気。例―をおこす。②考え方があさはかなこと。

たんりょく[胆力]物事におそれずおどろかない気力。きもだま。例―がすわる

だんりょく[弾力]はねかえる力。例―的な肌

たんれい[端麗]きちんとととのって美しいこと。例容姿―な人

たんれん[鍛練・鍛錬]①金属をきたえねること。②学問・技術・心・おこないなどをねりみがくこと。はげしく修行すること。

だんろ[暖炉・《煖炉》]ストーブ。

だんろん[談論]談話と議論。例―風発

だんわ[談話]はなし。ものがたり。

ち

ち［地］つち。大地。場所。例地の利・安住の地
ち［治］おさめる。例治にいて乱を忘れず
ち［知］しる。おぼえる。例知仁勇・知情意
ち［血］①血液。②血すじ。血統。例血をひく
ちあい［血合(い)］魚肉の黒ずんだ部分。
ちあん［治安］国家や社会がよくおさまっておだやかなこと。例―のよい国・―維持法
ちい［地位］①くらい。身分。②たちば。
ちいき［地域］くぎられた土地。土地の一定の区域。例限られた―で行う・―社会
ちいく［知育］知識や知能を向上させる教育。
ちいさい［小さい］こがら。おさない。例―子・気が―・被害が―
ちえ［知恵・《智慧》］ものごとの道理をさとり、よいわるいを考える心のはたらき。
ちえん［遅延］おくれること。のびのびになること。例列車の到着が―する
ちか［地下］①地の下。土の中。②あの世。
ちか［地価］土地のねだん。例―の高騰
ちか［治下］支配の下。統治の下。例独裁者の―
ちかい［近い］へだたりが少ない。↔遠い。例―関係・場所が―
ちかい［誓い］かたいやくそく。例―をたてる
ちがいほうけん［治外法権］外国にいながらその国の法律の適用をうけないこと。
ちかう［誓う］かたくやくそくする。例神に―
ちがう［違う］異なる。差がある。例答えが―・腕が―・考え方が―
ちかく［近く］そばにある。例家の―に
ちかく［地殻］地球の外がわの表面。
ちかく［知覚］①しりさとること。②感覚器官によって外界の現象を意識する作用。
ちかけい［地下茎］地中にある植物のくき。
ちかぢか［近近］①ひじょうにちかく。②ちかいうち。近日。例―伺います
ちかづく［近付く］近よる。例川に―・お近付き
ちかって［誓って］かならず。きっと。
ちかてつ［地下鉄］地下にトンネルをつくって敷設した鉄道。例東京の―網
ちかめ［近目］近眼。近視。
ちから［力］①動いたり、動かしたりするはたらき。例力強い・力任せに。②能力。例英語の力がある。③権力。例政治の力で
ちからずく［力尽く］力で無理をとおす。例―で奪い取る
ちからづく［力付く］元気づく。例母の手紙で―・友にはげまされて―
ちかん［痴漢］女性にいたずらする男性。
ちかん［置換］おきかえること。
ちき［知己］①自分の心をよく知ってくれる友人。親友。②知り合い。知人。例―を頼る
ちき［稚気］子どもっぽい気分。例―愛すべし
ちぎ［遅疑］うたがいまよってぐずぐずすること。ためらうこと。例いつまでも―する
ちきゅう［地球］人類の住んでいるこの惑星。
ちきゅうぎ［地球儀］地球の小さいもけい。
ちぎょ［稚魚］卵からかえってまもないさかな。幼魚よりも小さい。例―の放流
ちきょう［地峡］陸地と陸地とが細くつながっている所。例パナマ―
ちきょうだい［乳兄弟］他人だが同じ人の乳でそだった者どうし。例―の間柄
ちぎり［契り］やくそく。ちかい。例―交わす
ちぎる［契る］将来のことを固くやくそくする。例二世を―・義兄弟の関係を―
ちぎる［千切る］引きさく。例もちを―
ちく［地区］土地をくぎったところ。例文教―
ちくいち［逐一］一つ一つ順をおって。つぎつぎに。②くわしく。例―報告する
ちぐう［知遇］人物をみとめて手あつく待遇すること。例作者の―を得る
ちくごやく［逐語訳］原文の一語一語を忠実に訳すこと。また、その訳したもの。
ちぐさ［千草］いろいろな草。例庭の―
ちくざい［蓄財］かねをためること。
ちくさん［畜産］家畜をかって人間の生活に利用すること。例―の奨励
ちくじ［逐次］順をおって。順々に。例―実行に
ちくしゃ［畜舎］家畜を入れておく建物。
ちくしょう［畜生］①けだもの。動物。②人をののしって言うことば。例―道
ちくじょう［逐条］一箇条ずつ順をおってすること。例―解釈
ちくせき［蓄積］たくわえること。例資本の―
ちくぞう［築造］きずきつくること。
ちくでん［逐電］あとをくらましにげること。
ちくでんち［蓄電池］バッテリー。
ちくばのとも［竹馬の友］いっしょにたけうまに乗って遊んだ友だち。おさな友だち。
ちくろく［逐《鹿》］①政権や地位を得ようとす

る競争。②選挙で当選をあらそうこと。
ちくわ［竹輪］魚肉による棒状の食品。
ちけい［地形］土地のありさま。例険しい—
ちご［稚児］①ちのみご。②こども。③お祭りの行列などに着かざってねりあるくこども。例—行列・お—さん
ちこく［遅刻］定刻におくれること。例—の常習者・交通渋滞で—する
ちさん［治山］山に植林すること。例—治水
ちさん［遅参］きめられた時刻におくれてくること。例思わぬ—をして申し訳ない
ちし［致死］死なせること。例過失—罪
ちじ［知事］都・道・府・県の行政長官。例県—
ちしお［血潮・血《汐》］体内または体外に流れる血液。例熱い—がたぎる
ちしき［知識・《智識》］①知ること。知っていることがら。例—を高める。②高僧。
ちじく［地軸］地球が自転する回転軸。
ちしゃ［知者］道理をよくわきまえている人。
ちしゃ［治者］国をおさめる人。統治者。
ちしょう［池沼］いけとぬま。
ちじょう［地上］土地の上。この世。例—権
ちじょう［痴情］色情の迷い。例—に狂う
ちじょく［恥辱］はずかしめ。例—を受ける
ちじん［知人］知りあい。自分の知っている人。
ちじん［痴人］おろか者。ばか者。
ちず［地図］地球上の海陸・山川などのありさまをえがいた平面図。例五万分の一の—
ちすい［治水］水利をよくし水害を防ぐこと。
ちすじ［血筋］血のつながり。血統。
ちせい［知性］考える力。知的作用をするはたらき。例—美・—的な顔
ちせい［地勢］土地のありさま。地形。例—図
ちせい［治世］①よくおさまった世の中。平和の世。②君主がくらいについている間。
ちせき［治績］政治の成績や功績。
ちそう［《馳走》］もてなし。ごちそう。
ちそく［遅速］おそいこととはやいこと。
ちたい［遅滞］おそくなること。とどこおること。期日におくれること。例事務の—
ちち［父］男おや。↕母。例父親・父の日
ちち［乳］乳腺から出る白い液。ちぶさ。例乳臭い・乳繰る・牛の乳
ちち［遅遅］ゆっくり。例—として進まない
ちぢに［千千に］さまざまに。例—乱れる
ちぢまる［縮まる］ちぢむ。例先生の前で—
ちぢむ［縮む］小さくなる。しわがよる。例洗たくでセーターが—
ちぢめる［縮める］小さくする。すくめる。例予定の時間を—・首を—
ちつ［《帙》］書物をつつむおおい。
ちつ［《膣》］女性生殖器の一部。例—外射精
ちっきょ［《蟄居》］家にとじこもって外出しないこと。例終日—する
ちっこう［築港］港に必要な工事をすること。
ちつじょ［秩序］ものごとのきまり。例社会—
ちっそく［窒息］呼吸がとまること。例—死
ちてき［知的］知性のあるさま。例—水準
ちてん［地点］ばしょ。位置。例落下—
ちとせ［千〈歳〉］千年。長い長い年月。例—あめ
ちどり［千鳥］小形で背は青黒く、ほおや腹は白い鳥。水辺にすむ。例—足
ちどん［遅鈍］のろくてにぶいこと。
ちなまぐさい［血生臭い・血《腥い》］血のにおいがする。例—事件がつづく
ちなみに［〈因に〉］ついでに。それにつけて。
ちなむ［〈因む〉］つながる。関係づける。
ちのう［知能・《智能》］ちえのはたらき。例—指数・—テスト・—犯
ちのみご［乳飲み子・乳《呑み子》］赤んぼう。
ちのめぐり［血の巡り］①血液のじゅんかん。②頭のはたらき。さっし。例—が悪い人
ちのり［地の利］土地の形勢が有利なこと。
ちひつ［遅筆］文をかく速度のおそいこと。
ちひょう［地表］地球の表面。地面。例—へ出る
ちひろ［千〈尋〉］はかり知れない深さ。ひじょうに深いこと。例—の海底
ちぶ［恥部］はずかしい所。例会社の—
ちぶさ［乳房］ほ乳類の雌の乳汁をだす器官。例母の—に
ちへいせん［地平線］遠くの地面と空とがつながっているように見える線。
ちほ［地歩］自分のいる立場。例—を築く
ちほう［地方］①一方面の土地。②首都以外の土地。いなか。例地方から上京する・—色
ちほう［痴《呆》］ばか。はくち。例—症状
ちぼう［知謀・《智謀》］ちえのあるはかりごと。
ちまき［《粽》］ささの葉などに包んでむしたもち。例端午の節句の—
ちまた［《巷》］①わかれみち。②まちなかのみち。街路。例夜の—。③場所。例戦乱の—
ちまなこ［血眼］①血ばしった目。②むちゅうになって走りまわるさま。例—になって

ちまよう[血迷う]のぼせる。心がくるう。

ちみ[地味]土質のよしあし。例―豊かな

ちみつ[《緻密]①きめのこまかいこと。②くわしいこと。③手ぬかりのないこと。綿密。

ちみもうりょう[《魑魅《魍魎]いろいろな妖怪変化《ようかいへんげ》。例―に悩まされる

ちめい[知名]名が知れていること。例―度

ちめいしょう[致命傷]①死の原因となるきず。②ふたたび立ち上がることのできないいたで。例母の死が―だった

ちめいてき[致命的]命にかかわるさま。例―な打撃をうける

ちゃ[茶]葉を飲料につかう常緑低木。例茶色・茶菓子・茶請け・番茶

チャーシューメン[《叉〈焼《麵]やきぶたのはいった中華そば。

チャーハン[《炒飯]中華風やきめし。

ちゃかす[茶化す]ひやかす。ばかにする。

ちゃかっしょく[茶褐色]黒味をおびた茶色。

ちゃがま[茶《釜]茶の湯で使う湯わかしがま。

ちゃき[茶器]茶道具。例―に凝る

ちゃきん[茶《巾]茶道で茶わんをふく布。

ちゃく[着]つく。着る。例一着でゴールイン・服が五着・着差・到着

ちゃくい[着衣]身につけている衣服。

ちゃくがん[着眼]目をつけること。例―点

ちゃくざ[着座]座席につくこと。

ちゃくし[嫡子]①正妻のうんだ子。↕庶子。②家をつぐべき子。あとつぎ。例―相続

ちゃくじつ[着実]まじめでおちついていること。例―な勉強ぶり・―な進歩

ちゃくしゅ[着手]手をつけること。例―金

ちゃくしょく[着色]色をつけること。例―剤

ちゃくせき[着席]席につくこと。例ご―を

ちゃくそう[着想]思いつき。例―がよい

ちゃくち[着地]地面におりること。例体操競技のみごとな―

ちゃくちゃく[着着]物事がはかどるさま。

ちゃくなん[嫡男]家をつぐ男の子。長男。

ちゃくにん[着任]任務または任地につくこと。例転任先に無事―しました

ちゃくふく[着服]ごまかして自分のものにすること。例公金をちゃっかり―する

ちゃくもく[着目]目をつけること。注意すること。着眼。例新しい事業に―する

ちゃくよう[着用]衣服を身につけること。

ちゃくりく[着陸]飛行機が地上におりつくこと。↕離陸。例無事―する

ちゃくりゅう[嫡流]本家の系統。正しい流派。

ちゃさじ[茶《匙]紅茶などにつける小形のさじ。スプーン。例―三杯分の砂糖を

ちゃしつ[茶室]茶の湯の会をするへや。

ちゃじん[茶人]①茶道に通じた人。茶の湯のすきな人。②風流な人。

ちゃせん[茶《筅]抹茶をかきまわす道具。

ちゃだい[茶代]①茶店に休んだときにはらう代金。②心づけの金。チップ。

ちゃたく[茶《托]茶わんをのせる台。

ちゃっか[着荷]荷物がつくこと。

ちゃっこう[着工]工事に取りかかること。

ちゃのま[茶の間]家族の食事などに使うへや。居間。例―の団らん

ちゃぶだい[〈卓《袱台]足の低い食卓。

ちゃみせ[茶店]道ばたにあって通行人を休ませ、お茶などをすすめる店。例峠の―

ちゃめ[茶目]いたずらっぽい性質。例お―

ちゆ[治癒]病気や負傷などがなおること。

ちゅう[忠]①まめやか。忠実。②君主や国家にまことをつくすこと。忠義。例忠と孝

ちゅう[宙]そら。空間。例宙を飛ぶ・宙返り

ちゅう[注・《註]注解。説明。例注書き・本の注

ちゅうい[注意]①気をつけること。②気をつけさせること。忠告すること。例―報

ちゅうおう[中央]①中心。まんなか。②首府。例―集権。③たいせつなところ。

ちゅうか[中華]中国人が自国に対しての呼び名。中国。例―料理・―思想

ちゅうかい[仲介]両方の中に立ってとりもつこと。なかだち。例売買の―

ちゅうがい[中外]うちとそと。国内と国外。

ちゅうかく[中核]中心。核心。例組織の―

ちゅうかん[中間]二つのものの間。中ほど。

ちゅうかん[昼間]ひる。ひるま。例―人口

ちゅうかんしょく[中間色]①二つの色の中間の色。②原色をまぜあわせてできる、ぼっとしたやわらかい色彩。

ちゅうぎ[忠義]主君のためにまごころをつくすこと。例―心・―立て

ちゅうきん[忠勤]まじめにつとめること。

ちゅうくう[中空]①なかぞら。そら。②中がからのこと。がらんどう。例―になった柱

ちゅうけい[中継]二つのものの間でうけつぐこと。なかつぎ。例―放送

ちゅうけん［中堅］①大将に直属する軍隊。②中心となるしっかりしたもの。例—作家として活躍する。③社会の中流にある人。

ちゅうげん［中元］①陰暦七月十五日。うらぼん。②中元のころにするおくりもの。

ちゅうげん［忠言］忠告のことば。

ちゅうげん［中原］国の中心となるところ。

ちゅうこう［中興］いちどおとろえたものが中ごろでまたさかえること。例—の祖

ちゅうこく［忠告］まごころから他人のあやまちをいましめること。例有益な—

ちゅうごく［中国］①中華人民共和国。②本州の西端、中国地方のこと。

ちゅうごし［中腰］腰を半分あげかけた姿勢。

ちゅうざ［中座］とちゅうで席を立って出て行くこと。例途中で—する

ちゅうさい［仲裁］あらそいの間にはいってなかなおりさせること。例けんかの—役

ちゅうざい［駐在］役目でその土地にとどまっていること。例—の巡査・—所

ちゅうし［中止］ちゅうとでやめること。

ちゅうし［注視］注意してよく見ること。

ちゅうじき［中食・昼食］ひるめし。

ちゅうじく［中軸］中央をつらぬく軸。中心。例会社の—となるメンバー

ちゅうしゃ［駐車］車をとめておくこと。

ちゅうじつ［忠実］正直でよくつとめること。

ちゅうしゃく［注釈］本文のかいしゃく。

ちゅうしゅう［中秋・仲秋］①陰暦の八月。②陰暦八月十五日の夜。例—の名月

ちゅうしゅん［仲春］陰暦の二月。

ちゅうじゅん［中旬］月の中間の十日間。

ちゅうしょう［中傷］人をおとしいれるために悪くいうこと。例他人の—をうけた

ちゅうしょう［抽象］一つ一つの事物から共通点をぬき出して一般的な考えにまとめること。↔具象。例—的な表現・—画

ちゅうじょう［衷情］まごころ。衷心。

ちゅうしん［中心］①まんなか。②物事のあつまるところ。③ひじょうにだいじな所。

ちゅうしん［注進］大事を報告すること。

ちゅうしん［衷心］まごころ。例—より感謝

ちゅうすいえん［虫垂炎］盲腸炎。

ちゅうすう［中枢］物事の中心のいちばんだいじな所。例政治の—・—神経

ちゅうする［沖する・《冲する］高くあがる。

ちゅうする［注する・《註する］注釈する。例訳者の—箇所

ちゅうする［《誅する］罪ある者をころす。

ちゅうせい［中正］かたよらないで正しいこと。例—な意見・—を欠く

ちゅうせい［忠誠］まごころがあって正直なこと。忠義なこころ。例—心が強烈だ

ちゅうせき［柱石］国家のはしらとも土台ともなるたいせつな人。例社会の—となる人

ちゅうぜつ［中絶］ちゅうとでやめること。

ちゅうせん［抽選・抽《籤］くじびき。

ちゅうぞう［鋳造］金属をとかして鋳型に流しこむこと。例仏像を—する

ちゅうたい［中退］ちゅうとで退学すること。

ちゅうたい［《紐帯］①ひもとおび。②かたくむすびつけるもの。例国連の—となる人物

ちゅうだん［中断］ちゅうとで切れること。

ちゅうちょ［《躊躇》］ためらうこと。ぐずぐずすること。例決断を—する

ちゅうてん［中天］天のまんなか。なかぞら。

ちゅうてん［沖天］高く天にのぼること。

ちゅうと［中途］とちゅう。中ほど。例—半端

ちゅうどう［中道］①道の中ほど。ちゅうと。②かたよらない中正の道。例—を歩む

ちゅうどく［中毒］毒にあたること。例—症状

ちゅうとん［駐屯］軍隊がとどまりたむろすること。例—部隊

ちゅうにく［中肉］ほどよい肉づき。例—中背

ちゅうにゅう［注入］そそぎいれること。

ちゅうねん［中年］四十歳ぐらいの年齢。

ちゅうぶう［中風］脳出血によってからだがきかなくなる病気。中気。ちゅうふう。

ちゅうふく［中腹］山の中ほど。山腹。

ちゅうみつ［《稠密］密集。例人口—地帯

ちゅうもく［注目］目をつけること。例—の的

ちゅうもん［注文・《註文］①たのんでつくらせること。あつらえ。②こうしてほしいとのぞむこと。希望の条件。例むずかしい—

ちゅうや［昼夜］よるとひる。例—兼行で

ちゅうゆ［注油］油をさすこと。

ちゅうよう［中庸］①どちらにもかたよらないこと。中正。②人なみ。平凡。ふつう。

ちゅうよう［中葉］ある時代の中ごろ。

ちゅうりつ［中立］両ほうの間にたち、どちらにもかたよらないこと。例—国

ちゅうりゃく［中略］中間の文句の省略。

ちゅうりゅう［中流］①川の流れのなかほど。

②中等の階級や地位。例—家庭の子ども
ちゅうわ[中和]酸とアルカリがまじって中性になること。例—作用
ちょ[著]本をあらわすこと。例著者・友人の著
ちょ[緒]いとぐち。例仕事が緒につく
ちよ[千代]①千年。②永久。例—に八千代に
ちょう[丁]①偶数。②本の紙数。まい。③刃物やとうふなどの数。例豆腐を一丁
ちょう[兆]①きざし。あらわれ。②千億の十倍。③ひじょうに多いこと。
ちょう[町]①土地の面積の単位。三千坪。②距離の単位。六十間。③まち。例町会・町長
ちょう[長]①かしら。例組織の長。②目上。例一日の長がある
ちょう[庁]役所。例警視庁・宮内庁
ちょう[腸]消化器官の一部。例腸詰め
ちょう[朝]あさ。ひととき。例一朝事あれば
ちょう[《蝶]こん虫の一種。例—が舞う
ちょう[《寵]かわいがること。例—を受ける
ちょうあい[《寵愛]特別にかわいがること。
ちょうい[弔意]死をいたむこころ。
ちょうい[弔慰]死んだ人をとむらい遺族をなぐさめること。例—金
ちょういん[調印]条約や文書などに印をおすこと。例平和条約の—
ちょうえき[懲役]刑務所に入れてきめられた労役につかせる刑罰。例—十年の刑
ちょうえつ[超越]①すぐれぬきでること。②はんいをこえること。例世俗を—する
ちょうか[長歌]和歌の一形式。五・七の句をくりかえしてつらね、終わりを七・七で結ぶ。
ちょうか[超過]こえること。例—勤務
ちょうかい[懲戒]罪をこらして将来をいましめること。例—処分
ちょうかく[聴覚]耳が音やひびきをうけて感じる感じ。例鋭い—・犬の—
ちょうかん[鳥《瞰]空中または高所から見おろすこと。例—図
ちょうき[弔旗]①とむらいのはた。②皇室や国家に凶事があったとき、黒い布をつけてかかげる国旗。例—を掲げる
ちょうきゃく[弔客]とむらいの客。弔問客。
ちょうきょ[聴許]ききいれること。
ちょうきょう[調教]馬や犬などの訓練。
ちょうく[長駆]①うまに乗って遠くまで走ること。②遠くまで追いかけること。
ちょうこう[徴候・兆候]きざし。しるし。
ちょうこう[聴講]講義などをきくこと。
ちょうごう[調合]薬をまぜあわせること。
ちょうこうぜつ[長広舌]ながながとしゃべること。例—をふるう
ちょうこく[彫刻]文字・絵、ものの形などをほりきざむこと。例—刀・—家
ちょうこく[超克]困難などにうちかつこと。
ちょうさ[調査]とりしらべること。例—研究
ちょうざい[調剤]薬を調合すること。例—室
ちょうし[調子]①ふし。音のたかひく。②ぐあい。③言いまわし。口調。例お—者
ちょうし[《銚子]とっくり。例お—を二本
ちょうじ[丁子・丁字]熱帯生常緑高木。香料、油、薬品の原料となる。例—油
ちょうじ[弔辞]とむらいのことば。例—を述べる・—を読みあげる
ちょうじ[《寵児]①特別にかわいがられる子ども。②世の中からもてはやされる人。
ちょうしぜん[超自然]自然をこえて存在すること。神秘的なこと。例—現象
ちょうじゃ[長者]①目上の人。②年上の人。③身分の高い人。④徳のある人。⑤金持ち。
ちょうしゅ[聴取]ききとること。例事情—
ちょうじゅ[長寿]長生き。長命。例—村
ちょうしゅう[徴収]税金などを取り立てること。例源泉—票・会費の—
ちょうしゅう[聴衆]おおぜいのききて。
ちょうじゅう[鳥獣]鳥とけだもの。
ちょうしょ[長所]すぐれた点。得意な点。
ちょうしょう[《嘲笑]人をばかにして笑うこと。あざけり。例世間の—をまねく
ちょうじょう[長上]目上の人。年上の人。
ちょうじょう[重畳]①かさなりあうこと。②この上なく満足すること。例それは—だ
ちょうじょう[頂上]いただき。てっぺん。
ちょうじり[帳《尻]①帳簿の終わりの部分。帳簿の末尾。②精算の結果。差し引き勘定。
ちょうじる[長じる]①成長する。②年上である。③すぐれる。例日本舞踊に—
ちょうしん[長身]せたけの高いこと。
ちょうしん[聴診]病人のからだの中の音をきいて病気を診察すること。例—器
ちょうじん[鳥人]飛行家のこと。
ちょうじん[超人]ふつうの人よりとびぬけて偉大な人間。人間以上の人間。例—的な
ちょうず[〈手水〉]手洗い。便所。例—鉢

ちょうする［弔する］とむらう。例墓前に―
ちょうする［徴する］①取り立てる。②呼び出す。③しょうこ立てる。④要求する。
ちょうせい［長逝］死ぬこと。
ちょうせい［調製］品物をととのえつくること。例著名な老舗の―した和菓子
ちょうせい［調整］正しくととのえること。
ちょうぜい［徴税］税金をとりたてること。
ちょうせつ［調節］ほどよくととのえること。
ちょうぜつ［超絶］とびぬけてすぐれること。
ちょうせん［挑戦］戦いをしかけること。例―者・―状・チャンピオンに―する
ちょうぜん［超然］①かけはなれるさま。②気にかけないさま。例世俗から―として
ちょうそ［彫塑］彫刻とそ像。
ちょうそく［長足］①足のはやいこと。②進歩のはやいこと。例―の進歩
ちょうぞく［超俗］俗世間を超越すること。
ちょうだ［長蛇］①大きなへび。②長い行列のたとえ。例―の列。③おしいえもの。例―を逸する
ちょうだい［頂《戴］①もらうの敬語。いただくこと。②ください。例これ―な
ちょうたく［彫《琢］①きざみみがくこと。②苦心して文章を美しくととのえること。
ちょうたつ［調達］とりそろえておくること。
ちょうだつ［超脱］ぬけでること。
ちょうたん［長短］①ながいとみじかいと。長さ。②よいわるい。長所と短所。よしあし。
ちょうたん［長嘆・長《歎］長いためいき。
ちょうちゃく［〈打《擲］うちたたくこと。
ちょうちょう［《喋喋》］しきりにしゃべること。べちゃくちゃしゃべること。例―喃喃
ちょうつがい［《蝶〈番］とびらやふたなどに取りつけて開閉を自由にするための金具。
ちょうてい［朝廷］天子が国の政治を行う所。
ちょうてい［調停］両方の間に立ってなかなおりをさせること。仲裁すること。例―案
ちょうてん［頂点］①いただき。頂上。②最高のところ。極度。例―に達する
ちょうでん［弔電］くやみの電報。例―の披露
ちょうと［長途］ながい道中。ながい道のり。
ちょうど［丁度・《恰度］①おりよく。ぐあいよく。②まるで。③ほどよく。例―よい大きさ
ちょうど［調度］日用の道具。手まわり品。
ちょうどきゅう［超《弩級］非常に大きいこと。例―の戦艦・―の宇宙船
ちょうな［〈手《斧］柄のまがったおの。
ちょうば［帳場］商店で帳付けや勘定をする所。例旅館の―・―の番頭さん
ちょうば［《嘲罵》］あざけりののしること。
ちょうはつ［挑発・挑《撥］相手の気もちをそそるようにすること。例―的な態度をとる
ちょうはつ［徴発］むりやりに取り立てること。例食糧を―してくる
ちょうばつ［懲罰］こらしめのために罰すること。例重い―を受ける
ちょうふく［重複］かさなりあうこと。
ちょうぶつ［長物］①長いもの。②じゃまなもの。むだなもの。例無用の―
ちょうぶん［弔文］くやみの心持ちをのべた文。くやみ状。弔辞。例―を読み上げる
ちょうへん［長編・長《篇］長い詩・文章・小説・映画など。↕短編。例―小説
ちょうぼ［帳簿］会計の帳面。例―の整理
ちょうほう［重宝・調法］①たいせつな宝物。②便利なこと。例―がられる。
ちょうほう［《諜報］ひそかにようすをさぐって知らせること。例―活動・―機関
ちょうぼう［眺望］ながめ。例―がよい・―絶佳
ちょうほんにん［張本人］事をおこした人。悪事などをくわだて起こした人。例事件の―
ちょうみ［調味］食物の味つけ。例―料
ちょうめい［長命］長生き。長寿。例―の相
ちょうもく［鳥目］穴のあいたおかね。例お―
ちょうもん［弔問］死んだ人の家をたずねてくやみをいうこと。例―客が続く
ちょうもんのいっしん［頂門の一針］頭の上に針を一本うちこむように人の急所をおさえ、適切にいましめること。例―とする
ちょうや［朝野］政府と民間。例―の名士
ちょうやく［跳躍］とびあがること。例―台
ちょうよう［長幼］年上と年下。例―の序
ちょうよう［徴用］よび出して使うこと。
ちょうらく［《凋落］①しおれて落ちること。②おとろえて死ぬこと。③おちぶれること。
ちょうり［調理］料理。例―師・―場・―人
ちょうりつ［調律］楽器の音のちょうしをととのえること。例ピアノの―を頼む
ちょうりゅう［潮流］①しおのみちひきによっておこる海水のながれ。②時代のうつりかわり。時勢のなりゆき。例時代の―
ちょうりょう［跳《梁］①はねまわること。②気

ままにふるまうこと。例悪人の—のままに
ちょうりょく［聴力］音をききとる能力。
ちょうれい［朝礼］朝の集会のあいさつ。
ちょうれいぼかい［朝令暮改］命令がたえずかわってきまらないこと。例—の内閣
ちょうろう［長老］①年をとった人をうやまっていうことば。先生。②えらい坊さん。
ちょうろう［《嘲弄》］あざけりからかうこと。
ちょうわ［調和］ほどよくあうこと。よくととのうこと。例党内の—をはかる
ちよがみ［千代紙］模様が色刷りの和紙。
ちょき［《猪牙》］細長い和式の小舟。
ちょきん［貯金］金をためること。例—箱
ちょくえい［直営］直接の経営。例JR—の店
ちょくげき［直撃］直接の打撃。例—弾
ちょくげん［直言］えんりょなくいうこと。
ちょくご［勅語］天皇のおことば。例教育—
ちょくし［直視］まともに見ること。例—する
ちょくしゃ［直射］直接にてりつけること。まともにてらすこと。例日光の—をうける
ちょくしん［直進］まっすぐ進むこと。↔右折・左折。例交差点を—する
ちょくせつ［直接］あいだにものがなく、じかにつながっていること。↔間接
ちょくせつ［直《截》］そのものずばり。「ちょくさい」は慣用読み。例—に言えば
ちょくせん［直線］まっすぐな線。例—的な
ちょくせん［勅選・勅《撰》］天皇の命令によって詩歌などをえらび集めること。例—和歌集
ちょくぞく［直属］直接に所属すること。
ちょくつう［直通］乗りかえや中つぎなしにまっすぐに通じること。例—電車
ちょくばい［直売］生産者から直接消費者に売ること。例産地—の店
ちょくめい［勅命］天皇の命令。みことのり。
ちょくめん［直面］直接にある物事にであうこと。例難局に—する
ちょくやく［直訳］原文の文句をそのまま訳すこと。逐語訳。↔意訳
ちょくりつ［直立］まっすぐに立つこと。
ちょげん［緒言］はしがき。しょげん。
ちょさく［著作］書物を書き表すこと。例—物
ちょしゃ［著者］書物を書きあらわした人。
ちょじゅつ［著述］書物を表すこと。例—業
ちょしょ［著書］書きあらわした本。例—目録
ちょすいち［貯水池］のみ水や田にひく水をためておく池。例灌漑用の—
ちょぞう［貯蔵］ためておくこと。例—庫
ちょちく［貯蓄］たくわえること。ためること。
ちょっか［直下］ました。例急転—・—型地震
ちょっかく［直角］九十度の角。例—三角形
ちょっかつ［直轄］直接に管轄すること。
ちょっかっこう［直滑降］スキーで斜面をまっすぐにすべり下りること。
ちょっかん［直感］説明などによらないで直接に感じること。例犯人と—する
ちょっかん［直観］考えや経験なしに直接に知ること。例—力に優れる
ちょっけい［直系］直接の系統。例—の弟子
ちょっけい［直径］円のさしわたし。
ちょっけつ［直結］直接にむすびつくこと。
ちょっこう［直行］よりみちしないで、まっすぐに目的地にいくこと。例得意先に—する
ちょっと［▽一寸・〈鳥渡〉］①しばらく。例—待って。②わずか。すこし。例—のことで
ちょとつ［《猪突》］いのししのように向こう見ずに突き進むこと。例—猛進
ちょめい［著名］有名。例—人・—な画家
ちょりつ［〈佇立〉］たちどまること。
ちらかる［散らかる］ちらばってみだれている。例部屋のなかが—
ちらし［散らし］①まき広告。例折り込み—。②すしの一種。例—寿司
ちらす［散らす］ばらばらにする。例火花を—
ちらん［治乱］世の中がおさまることと乱れること。例—興亡のあと
ちり［《塵》］①ほこり。ごみ。②けがれ。③ねうちのないもの。例—も積もれば山となる
ちり［地理］①土地のありさま。例—に明るい。②地球上のすべてのようす。例—学
ちりあくた［《塵芥》］①ごみ。②つまらないもの。ねうちのないもの。例—のごとく
ちりぢりに［散り散りに］①物がばらばらになるさま。②別れ別れになるさま。
ちりばめる［《鏤》める］きざみつける。はめこむ。例宝石を—
ちりめん［〈縮《緬》〉］横糸に強いよりをかけて織りちぢませた絹織物。例—の着物
ちりゃく［知略］才知のすぐれたはかりごと。
ちりょう［治療］病気をなおすこと。例—法
ちりょく［地力］土地の生産力。例—に富む
ちりょく［知力・《智力》］ちえのはたらき。
ちる［散る］ちらばる。例桜が—・気が—

ちわ［痴話］男女のふざけ話。例―げんか
ちん［朕］天皇の自称のことば。われ。
ちん［賃］代価。料金。報酬。例賃貸し・賃上げ
ちん［《狆］愛玩用小型犬の一種。
ちんあつ［鎮圧］おさえしずめること。平定。
ちんうつ［沈《鬱］気分がしずみふさぐこと。
ちんか［沈下］しずみさがること。例地盤―
ちんか［鎮火］火が消えてしずまること。
ちんき［珍奇］めずらしくかわっていること。
ちんきゃく［珍客］めずらしい客。
ちんぎん［賃金・賃銀］労働の報酬の金。
ちんこう［沈降］しずみくだること。例―速度
ちんざ［鎮座］神霊がその地にとどまりしずまること。例―まします神が
ちんし［沈思］深く考えこむこと。例―黙考
ちんじ［珍事・《椿事］①めずらしいこと。②おもいがけない事件。例―出来《しゅったい》
ちんしゃ［陳謝］あやまること。わびること。
ちんしゃく［賃借］料金を出してかりること。
ちんじゅ［鎮守］その土地を守る神。例―の森
ちんじゅつ［陳述］口でのべること。例―書
ちんじょう［陳情］事情をのべること。例―団
ちんせい［鎮静］しずめ、おちつかせること。
ちんせん［沈潜］①水中にしずむこと。②おちついて深く考えること。例思索に―する
ちんたい［沈滞］じっとして動かないこと。活気のないこと。例―ムードになる
ちんちゃく［沈着］あわてないこと。おちついていること。例―に行動する
ちんちょう［珍重］①めずらしいものとしてたいせつにすること。②めでたいこと。
ちんつう［沈痛］かなしみにしずんで心を痛めるさま。例―な声で語りはじめる
ちんつう［鎮痛］いたみをしずめること。
ちんてい［鎮定］しずめおさめること。平定。
ちんでん［沈殿・沈《澱］しずみよどむこと。
ちんとう［《枕頭］まくらもと。まくらのそば。
ちんにゅう［《闖入］いきなりはいりこむこと。
ちんば［《跛］びっこ。例―になる
ちんぶ［鎮《撫］とりしずめること。
ちんぷ［陳腐］ふるくさくありふれていること。例―な表現・―な手段
ちんぶん［珍聞］めずらしい話。
ちんべん［陳弁］事情をのべて言いわけをすること。申し開き。例―につとめる
ちんぼつ［沈没］船などが水中にしずむこと。
ちんみょう［珍妙］かわっていておかしいこと。例―な顔をする・―な取り合わせ
ちんもく［沈黙］口をきかないこと。例―は金
ちんゆう［沈勇］おちついて勇気のあること。
ちんれつ［陳列］品物をならべること。例―窓

つ

つい［対］二つそろって一組となるもの。
ついえ［費え］ものいり。かかり。費用。
ついえる［《潰える］やぶれる。例望みが―
ついおく［追憶］すぎ去った昔のことを思い出すこと。思い出。例遠い昔を―する
ついか［追加］あとからつけくわえること。
ついかい［追懐］すぎ去ったことを思い出してなつかしく思うこと。例幼時を―する
ついかんばん［《椎間板］背骨の椎骨の間にあるクッションの軟骨。例―ヘルニア
ついき［追記］あとから書きくわえること。
ついきゅう［追求］どこまでもおいもとめること。例利益の―
ついきゅう［追及］おいつくこと。あくまで問いつめること。例責任の―
ついきゅう［追究・追窮］明らかにしようとしらべきわめること。例真理の―
ついげき［追撃］おいかけてうつこと。
ついし［墜死］高い所からおちて死ぬこと。
ついじ［＜築地］やねにかわらをふいた土べい。
ついじゅう［追従］つきしたがうこと。
ついしょう［追従］おべっかをつかうこと。
ついしん［追伸］手紙の本文に追加して書くときに用いる語。二伸。
ついずい［追随］あとについて行くこと。
ついせき［追跡］あとをおいかけること。
ついぜん［追善］死者のめい福をいのるため法事を行うこと。例水難者の―供養をする
ついぞ［＜終ぞ］今までに。一度も。かつて。
ついそう［追想］すぎ去ったことを思うこと。
ついたて［＜衝立］玄関や座敷に立ててへだてとするもの。例―にある絵
ついちょう［追徴］あとから不足の額をとりたてること。例―金・税の―
ついで［＜序で］①順序。次第。②よいおり。つごうよく。例―に立ち寄った
ついとう［追悼］死んだ人を思い出して悲しむこと。例―文・―の集まり
ついとつ［追突］うしろからぶつかること。例

三重の―事故
ついな［追《儺］鬼やらい。豆まき。
ついに［〈遂に・〈終に］①おしまいには。とうとう。けっきょく。②まだ。一度も。
ついにん［追認］あとからみとめること。例―事項・証拠の―
ついばむ［《啄む］鳥がくちばしで物をつついて食べる。例小鳥が木の実を―
ついぼ［追慕］死んだ人や昔のことなどを思い出してなつかしむこと。例―の情
ついほう［追放］①おいはらうこと。例悪の―。②官職などにつけないようにすること。
ついやす［費やす］①つかいへらす。②むだにつかう。例多くの日時を―
ついらく［墜落］高い所からおちること。
つう［通］①とおること。②かようこと。③人情にあかるいこと。④その道にくわしいこと。例味の通。⑤手紙などを数える語。
つういん［通院］病院へかようこと。
つういん［痛飲］大いに酒をのむこと。
つうか［通貨］一つの国でふつうに使われている貨幣。例流通―・―の発行
つうか［通過］①とおりすぎること。例列車が―する。②議案が可決されること。
つうかい［痛快］ひじょうにゆかいなこと。
つうがく［通学］学校にかようこと。
つうかん［痛感］心にしみて感じること
つうき［通気］空気がかようこと。例―口
つうきん［通勤］勤めにかようこと。例―電車
つうこう［通行］とおること。行き来すること。
つうこく［通告］つげ知らせること。通知。
つうこん［痛恨］ひどく残念がること。例―事
つうさん［通算］全体をとおしての計算。
つうしょう［通称］一般に通用する名称。
つうしょう［通商］外国とのとりひき。例―条約
つうじょう［通常］ふつう。あたりまえ。
つうじる［通じる］①かよう。②とおる。③ゆきわたる。④わかる。⑤大小便が出る。
つうしん［通信］たより。おとずれ。知らせ。
つうしん［痛心］心をいためること。心痛。
つうじん［通人］①社会のことや人情をよく知っている人。②いきな人。粋人。例―ぶる
つうせい［通性］共通の性質。例猫の―として
つうせつ［通説］世間でふつうに行われている説や考え方。例一般の―では
つうせつ［痛切］①たいへんよくあてはまること。②ひしひしと心にしみて感じること。
つうぞく［通俗］①世間にありふれたこと。②だれにもわかりやすいこと。例―的な
つうたつ［通達］通知すること。例文部省の―
つうたん［痛嘆］ひどく悲しみなげくこと。
つうち［通知］知らせ。例―表・死亡―
つうちょう［通《牒］書面で通知すること。
つうどく［通読］ひととおりざっと読むこと。
つうねん［通年］一年中。例―咲くバラ
つうねん［通念］ふつうの考え。例社会―
つうば［痛《罵］ひどいののしり。例―を浴びる
つうふう［痛風］リュウマチ。例―に苦しむ
つうふん［痛憤］ひどくふんがいすること。
つうへい［通弊］一般に共通した欠点。
つうほう［通報］つげ知らせること。通知。
つうやく［通訳］ことばの通じない人々の間に立って両方の話を訳して伝えること。
つうゆう［通有］どれにも共通してあること。
つうよう［通用］①世の中に広くつかわれること。②ふだんつかうこと。例―口・―門
つうよう［痛《痒］①いたみとかゆみ。②さしひびき。例―を感じない
つうらん［通覧］全体をひととおり見ること。
つうれい［通例］①せけん一般のならわし。世の中のしきたり。②ふつう。通常。
つうれつ［痛烈］ひどくはげしいこと。
つうろ［通路］とおりみち。例小学校への―
つうろん［通論］全体にわたった議論。
つうわ［通話］電話で話すこと。例―料・三―
つえ［《杖］歩く助けとなる細い棒。頼みとするもの。例転ばぬ先の―
つえはしら［《杖柱］つえともはしらともたのみにする人。例―とも思う子が
つか［塚］①土を小高くきずいたもの。②土をもりあげたもの。例一里塚・貝塚
つか［〈柄］刀剣などの手でにぎる部分。
つがい［〈番］①くみ。そろい。②めすとおす。
つかう［使う］使用する。用をさせる。例社員を―・道具を―・私用に―
つかう［遣う］おくる。あやつる。例気を―
つかえる［仕える］①目上の人のそばにいてその用をする。②仕官する。奉公する。
つかえる［〈支える・《閊える］ふさがって通じない。ひっかかる。例どぶが―
つかさどる［〈司る］①役目として仕事をとりあつかう。②支配する。例神経を―
つかねる［束ねる］集めて一つにくくる。

つかのま[〈束の間]ちょっとの間。例ーに

つかまえる[捕まえる・《捉まえる]とらえる。例犯人をー・蛇をー

つかまえる[《摑まえる]にぎってはなさない。例手をー・母親の袖をー・車をー

つかまる[捕まる・《捉まる]とらえられる。例犯人がー・逃げた犬がー

つかまる[《摑まる]にぎる。すがりつく。例袖にー・手すりにー

つかむ[《摑む・《攫む]にぎりもつ。とらえる。

つかる[漬かる]つけ物がつく。例白菜がー

つかる[〈浸かる]ひたす。例風呂にー

つかれる[疲れる]①くたびれる。例仕事でー。②おとろえよわる。例部品がー

つかれる[《憑かれる]とりつかれる。例霊にー

つき[月]①地球の衛星。例月影・月見草。②一か月。例月の半ば・月払い・月の物・月割り

つき[付(き)]①つくこと。例景品ー・条件ー。②ようす。例手ー・顔ー

つき[突き]つくこと。例ーを入れる・ー殺す・ー進む・ーつける・ー飛ばす・ー止める

つぎ[次]すぐあと。すぐ下。例ーの間・ーの席

つぎ[継ぎ]①つぐこと。例後ー。②衣服のつくろい。例ひざにーをあてる

つきあう[付(き)合う]①交際する。例親友とー。②義理で行を共にする。例酒にー

つきあたる[突(き)当(た)る]ぶつかる。例柱にー・勉学の壁にー

つきおくれ[月遅れ・月後れ]ひと月おくれること。例ーのお盆・ーの雑誌

つきがけ[月掛(け)]毎月の掛け金。例ー貯金

つぎき[接ぎ木]台木に枝をつぐこと。

つきぎめ[月決め・月〈極め]一か月ごとの約束。例ー駐車場・ーの料金

つきじ[〈築地]埋め立て地。例ーの魚市場

つきそう[付(き)添う]そばについて世話をする。例重病の母にー

つきだす[突(き)出す]突いて乱暴に出す。例警察にー・お皿をー

つぎたす[継(ぎ)足す]おぎなってふやす。

つぎて[継(ぎ)手]つぐ人。例家業のー

つぎて[接(ぎ)手]接合具。ジョイント。

つきなみ[月並(み)・月〈次]平凡。例ーな表現

つぎはぎ[継ぎ〈接ぎ]つぎをあてること。例ーだらけの文章・ーをする

つきはてる[尽(き)果てる]なくなってしまう。例精根ー・エネルギーがー

つきひ[月日]年月のこと。例ーがたつ

つきやま[築山]庭園に築く小さな山。

つきる[尽きる]なくなる。例燃料がー・運がー

つく[付く・〈附く]くっつく。例墨がー・目にー

つく[突く]強くおす。例弱点をー・胸をー

つく[就く]①とりかかる。例緒にー。②おく。例床にー。③就任する。例職にー

つく[着く]到着する。とどく。例手紙がー

つく[漬く]つけ物がいい状態になる。

つく[〈点く]ともる。例電灯がー・火がー

つく[《撞く]棒で打ちならす。例鐘をー

つく[《搗く]きねであてる。例もちをー

つく[《憑く]のりうつる。例キツネがー

つぐ[次ぐ]つづく。すぐ下に位する。

つぐ[継ぐ]つなぐ。加える。つくろう。例ことばをー・ほころびをー

つぐ[接ぐ]つぎ木をする。つなぐ。例骨をー

つぐ[〈注ぐ]そそぐ。例お茶をー・酒をー

つぐ[《嗣ぐ]相続する。例家業をー

つくえ[机]書いたり読んだりする台。

つくし[▽土筆]スギナの胞子をもつ食用になる茎。例ーんぼ・ーを摘む

つくす[尽(く)す]①なくなす。②あるかぎり出す。③おえる。④くわしく知る。きわめる。

つくだに[《佃煮]味を濃く煮た食品。

つくづく[〈熟]じっと。よくよく。つらつら。

つぐなう[償う]①うめあわせる。②ものを出すことによって自分の罪や責任をのがれる。あがなう。例罪をー・損害をー

つぐむ[《噤む]口をとじる。だまる。例口をー

つくり[《旁]漢字のへんの右がわにある部分。信の言、酒の酉など。↕偏

つくる[作る]①こしらえる。例詩をー。②いつわりよそおう。例顔をー

つくる[造る]①建造する。例船をー。②醸造する。例酒をー。③創造する。

つくろう[繕う]①やぶれたところをなおす。しゅうぜんする。②かざりととのえる。

つけいる[付け入る]機会をのがさずにする。

つげぐち[告げ口]人の秘密やあやまちをこっそり他人に告げること。

つけね[付け根]物のついているもとの所。

つけねらう[付け《狙う]いつもつきまとってようすをうかがう。例すきあらばとー

つけやきば[付(け)焼(き)刃]①ほかからのいれぢえ。②一時をごまかすための、にわかじ

こみのうすっぺらな知識。例—で書いた論文・とんだ—だ・—の処理

つける［付ける〈附ける］①くっつける。例接着剤で—。②加える。そえる。例条件を—・気を—・傷を—。③きめる。例話を—・目を—

つける［就ける］すわらせる。例役職に—

つける［着ける］①身に着ける。例下着を—。②寄せる。例岸に船を—

つける［漬ける］つけ物にする。例大根を—

つける［〈浸ける］ひたす。例水に—

つげる［告げる］①しらせる。話す。例死を—。②いいきかせる。③多くの人に知らせる。

つごう［都合］①なりゆき。ぐあい。②おり。機会。③だんどり。てはず。④全体で。例—十名

つじ［《辻］四つかど。十字路。例—占・—説法

つじつま［《辻褄》］すじみち。例—を合わす

つじどう［《辻堂］道ばたにある小さな仏堂。

つた［《蔦］多年生のつる草。例—かずら

つたえる［伝える］①さずける。例奥義を—。②しらせる。例相手に—。③ひろめる。例後世に—・仏教を—

つたない［〈拙い］まずい。へたな。例—文

つち［土］土石の総称。地面。例土くさい・土色

つち［《槌］物をたたく道具。例—で打つ

つちかう［培う］育てる。例民主主義を—

つつ［筒］くだ。例茶筒・筒先・筒音・筒状の

つつうらうら［津津浦浦］国じゅういたるところ。例全国—に

つつがない［《恙無い］ぶじである。

つづく［続く］たえずある。後にしたがう。

つつしむ［慎む］①うやうやしくする。ひかえめにする。②気をつける。用心する。

つつしむ［謹む］かしこまる。例神前で—

つつぬけ［筒抜け］①一方から他方へ通りぬけること。②話がそのまますぐほかにもれること。例秘密の話がすっかり—だ

つつましい［〈慎ましい］①かるがるしくない。②はずかしげである。しとやか。③ひかえめでおとなしい。例—女性

つつましやか［〈慎ましやか］つつましいようすである。例—な態度で

つづまやか［〈約やか］①せまく小さいさま。②てがるなさま。③つつしみ深いさま。例—な態度。④倹約なようす。例—な生活

つつみ［堤］①土手。②水をためた池。

つづみ［鼓］日本の打楽器の一種。例小—

つつむ［包む］かこみおおう。例金を—

つづめる［〈約める］①小さくする。ちぢめる。②手軽にする。簡単にする。例話を—と

つづら［▽葛籠］着物を入れる箱形のかご。

つづらおり［《葛折り］ひどくおれまがっている道。例—の山路をたどる。

つづる［《綴る］つぎ合わせる。文を作る。

つづれ［《綴れ］破れたのをつぎはぎしてある着物。ぼろ。例—織り・—錦

つて［〈伝・〈伝手］①ことづて。ひとづて。②てづる。てがかり。例就職の—を求める

つど［都度］そのたびごと。毎回。例その—

つどい［集い］集まり。会合。例例年の—に

つどう［集う］集まる。例若者が—店

つとに［《夙に］①はやくから。例—令名をはせる。②朝はやく。③おさないときから。

つとめ［務め］義務。役目。例—を果たす

つとめ［勤め］勤務。例—人・—先・お—

つとめて［努めて］①しいて。むりに。②せい出して。努力して。例—笑顔で接する

つとめる［務める］①役目を担当する。例議長を—。②精をだす。例目標の達成に—

つとめる［勤める］勤務する。例都庁に—

つな［綱］繊維やはり金をよったなわ。例命の綱・綱引き・綱渡り

つながり［《繋がり］①つながること。②間がら。例親子の—・—を切る

つなみ［津波］地震や大あらしのために、急に陸地におしよせる大波。例—警報

つね［常］①ふだんのとおりであること。②あたりまえ。③いつものならわし。ならい。

つねづね［常常］いつも。例—言うように

つねに［常に］いつも。たえず。例—肌身に

つねる［《抓る］つめで強くひねる。例ほおを—

つの［角］獣の頭上の角質突起。例角笛

つのかくし［角隠し］花嫁が髪にかぶる布。

つのる［募る］①ますますひどくなる。例暑さが—。②広く集め求める。募集する。

つば［《唾］口の中から出るしる。つばき。

つば［《鍔］①刀剣の柄と刀身の間にはさむ平たい金具。②帽子のまわりにひさしのようにさし出た部分。

つばき［〈椿］常緑高木の一種。例—油

つばさ［翼］①鳥のはね。②飛行機の両翼。

つばめ［《燕］速く飛ぶ小形の渡り鳥。

つぶ［粒］小さくまるい物。穀類の種子。

つぶさに［〈具に］くわしく。ことこまかに。

つぶぞろい［粒〈揃い〉］すぐれたものがそろっていること。例―の生徒たち

つぶて［《礫・▽飛礫］投げられた小石。

つぶやく［《呟く》］小声でぶつぶついう。

つぶより［粒〈選り〉］①多くの中から一つ一つえらびぬくこと。②質のよいこと。

つぶら［〈円〉］まるいこと。例―な目

つぶる［《瞑る》］目をつむる。例目を―

つぶれる［《潰れる》］①おされてくずれる。②ほろびる。③すたれる。例声が―・面目が―

つぼ［坪］土地の面積の単位。例地坪

つぼ［《壺》］①口が小さく胴がまるい入れ物。②みこみの所。ずぼし。例―にはまる

つぼみ［《蕾・《莟》］花のまだ開かないもの。

つま［妻］①おっとのある女性。②食物のそえもの。例さしみの妻

つま［《褄》］着物のえり下の下はしのすみ。

つまぐる［《爪繰る》］つま先や指先でたぐる。

つましい［〈倹しい〉］倹約である。例―生活

つまずく［《躓く》］①けつまずく。②中途で故障がおきる。例事業に―

つまだつ［《爪立つ》］足の先で立つ。

つまはじき［《爪〈弾き〉］きらってのけものにすること。排斥すること。例―にされる

つまびらか［〈詳らか・〈審らか〉］ことこまかく。

つまむ［〈摘む・〈撮む〉］①指の先ではさんでもつ。②えらびとる。③要点をつづめる。

つまようじ［《爪楊》枝］くろもじのこと。

つまり［詰（ま）り］おしつめていうと。

つまる［詰（ま）る］①ふさがる。②こまる。例返答に―。③みじかくなる。例日が―。④いっぱいになる。例仕事の納入日が―

つみ［罪］わるいこと。道徳や法律にそむいたわるいおこない。例罪と罰・罪つくり

つみあげる［積（み）上げる］つみかさねる。

つみき［積（み）木］木片のおもちゃ。

つみくさ［摘み草］春の野で草をつむこと。

つみこむ［積（み）込む］貨物をつみいれる。

つみたてる［積（み）立てる］金をだんだんつんでたくわえること。例銀行に―・積立預金

つみとが［罪〈科〉］つみとが。罪悪。

つむ［錘］つむいだ糸をまきつける細い棒。

つむ［積む］かさねる。たくわえる。例金を―

つむ［摘む］指先でとる。例芽を―

つむ［詰む］将棋の王が動けなくなる。

つむぎ［《紬》］つむいだ糸でおった絹布。

つむぐ［《紡ぐ》］綿やまゆからその繊維を引き出して糸にすること。例糸を―

つむじ［▽旋毛］うずのようにまいてはえている毛。例―曲がり・―を曲げる

つむり［〈頭〉］あたま。例お―を

つめ［《爪》］手足の指先の角質。例―切り

つめこむ［詰（め）込む］①はいるだけつめる。②多くの知識を次々におぼえさせる。

つめたい［冷たい］ひややか。例―目

つめばら［詰（め）腹］しかたなく腹を切ること。②むりに職をやめさせられること。

つめる［詰める］①出勤してひかえている。②いっぱいに入れる。③ふさぐ。とめる。④短くちぢめる。⑤倹約する。⑥熱心にやる。

つもる［積（も）る］①重なる。②みつもる。

つや［《艶》］色が美しく光っていること。

つや［通夜］死者のそばに終夜いること。

つゆ［露］①しずく。水蒸気がひえてできた水玉。②はかないもののたとえ。③わずか。④少しも。ちっとも。例露ほども心配しない

つゆ［梅雨］①六月ごろ降りつづく雨。さみだれ。ばいう。②つゆの降る季節。例―明け

つゆくさ［露草］夏、あい色のきれいな花がさく草。ほたるぐさ。

つよい［強い・〈剛い〉］力がすぐれている。すこやか。例意志が―・力が―

つよがり［強がり］自分でつよいことをじまんすること。やせがまん。例―を言う

つよごし［強腰］態度がつよいこと。

つよみ［強味］①つよいこと。つよさ。②力としてたのむもの。たより。例雄弁が―だ

つら［面］顔。面目。表面。例面当て

つらい［〈辛い〉］①くるしい。たえがたい。②むごい。思いやりがない。例―思いをする

つらがまえ［面構え］顔つき。顔のかっこう。

つらだましい［面魂］かおつきにあらわれている精神。例不敵な―

つらつら［〈熟熟〉］つくづく。よくよく。

つらなる［連なる・〈列なる〉］ならんでつづく。

つらにくい［面憎い］顔をみるだけでもにくらしい。例―男だ・―やつ

つらぬく［貫く］①つきおとす。②しとげる。はたす。例志を貫いてみせる

つらねる［連ねる・〈列ねる〉］①つなぐ。つなぎあわせる。②ならべつづける。例名を―

つらのかわ［面の皮］①顔の表皮。②せけんに対するていさい。めんもく。例―が厚い

つらよごし[面汚し]名誉をそこなうこと。
つらら[▽氷柱]しずくがこおって棒のようにたれさがったもの。たるひ。
つり[釣(り)]①ひっかけること。例—手。②さそうこと。③魚つり。④おつりの金。例—銭
つりあう[釣(り)合う]①力や重さが平均する。②ちょうどよくあう。にあう。例—相手
つりばし[釣橋・《吊橋]柱がなくて空中につなをはった橋。
つりわ[《吊(り)輪]体操具の一種。
つる[弦]弓にはる糸。ゆみづる。げん。
つる[《蔓]①植物のまきつくくき。例—草。②つて。てづる。てがかり。
つる[《鶴]足と首の長いツル科の鳥。例折り—
つる[釣る]①つりあげる。②ひっかける。
つる[《吊る]上へつるす。例棚を—
つる[《攣る]ちぢむ。例足が—・筋肉が—
つるぎ[剣]かたな。けん。例剣の舞い
つるしあげ[《吊し上げ]ある人を大ぜいで非難し、いじめること。例責任者—にする
つるす[《吊す]つって下げる。例柿を—
つるのひとこえ[《鶴の一声]すべての人を従わせる力のあることば。例社長の—で
つるはし[《鶴嘴》]岩石やかたい土をほりおこす鉄の道具。
つるべ[釣〈瓶]なわまたはさおをつけて井戸の水をくみあげるおけ。例—撃ちに
つるべおとし[釣〈瓶落(と)し]①つるべをおとすようにまっすぐに早く落ちるさま。②秋の日が早くくれるさま。
つれ[連れ]①つれて行くこと。②なかま。
つれあい[連れ合い]夫婦がたがいに一方をいうときの称。例—に先立たれる
つれづれ[〈徒然〉]①なんとなく物思いにしずむこと。②なにもすることがなくたいくつなこと。しょざいないこと。
つわもの[〈兵・〈強者]兵士。軍人。勇士。
つわり[〈悪阻〉]妊娠中のはきけ。
つんざく[《劈く]つきさく。つよくやぶる。

て

て[手]①腕から先。てのひら。②とって。③する人。例歌い手・書き手
で[出]でること。産地。例横浜の出
てあい[手合(い)]①なかま。れんちゅう。例その—には。②種類。③試合。例将棋の—
であいがしら[出会(い)頭]行きあったとたん。例—にぶつかる
であう[出会う]ゆきあう。おちあう。
てあし[手足]手と足。例—まといになる
であし[出足]人出。出ぐあい。例—がいい
てあたりしだい[手当(た)り次第]手にさわるものはなんでも。例—に投げつける
てあつい[手厚い]ていねいな。ねんごろな。
てあて[手当]①用意。したく。②働いたことにたいしてはらうお金。③病気やけがなどにたいする処置。例応急—
てい[体]①すがた。たいど。②ありさま。
てい[邸]やしき。例官邸・田中氏邸
てい[艇]こぶね。はしけ。例一艇身の差
てい[弟]おとうと。例弟たりがたし
てい[帝]みかど。きみ。例帝の御前に
てい[亭]あずまや。例三遊亭・料亭
ていあん[提案]議案や考えをさし出すこと。また、その議案や考え。例議会に—する
ていいん[定員]きまった人数。一定の人員。
ていえん[庭園]にわ。その。例和風—
ていおう[帝王]皇帝。国王。例—学
ていか[定価]きまったねだん。例本の—
ていかい[低回・低《徊》]考えながらいったりきたりすること。立ちさりにくいこと。
ていがく[停学]一時登校禁止の処分。
ていかん[定款]会社のくみ立てや、仕事についての規定。例会社の—
ていかん[《諦観]①物事の本質をあきらかに見ること。②あきらめること。断念。
ていき[定期]一定の期間。期限がきまっていること。例—預金・—便・—バス・—券
ていき[提起]さしだすこと。例問題を—する
ていぎ[定義]一つのことがらの意味をはっきりときめること。例ことばの—
ていぎ[提議]議案を提出すること。
ていきあつ[低気圧]①まわりにくらべて気圧がひくいところ。↔高気圧。②さわぎの起こりそうな状態。険悪な情勢。例社長が—だ
ていきゅう[低級]①身分のひくい階級。②ていどのひくいこと。↔高級
ていきゅう[庭球]テニス。例—場
ていきょう[提供]さしだすこと。例—品
ていけい[定型]かたがきまっていること。
ていけい[提携]たがいに助けあい協同して仕事をすること。協力。例—企業・—先

ていけいし［定型詩］数やならべかたのきまった詩。短歌や俳句など。↕自由詩
ていけつ［締結］①とりむすぶこと。②条約などをとりきめること。例通商条約の―
ていけん［定見］しっかりした考え。
ていげん［逓減］しだいにへっていくこと。
ていげん［提言］意見を出すこと。例社会に―
ていこう［抵抗］さからうこと。てむかうこと。はりあうこと。例空気の―・―力
ていこく［定刻］きめられた時刻。例―に発車
ていざ［《鼎座］三人の者がむきあってすわること。例―して語り合う
ていさい［体裁］①すがた。ありさま。②みかけ。みえ。外観。例みえや―ではない
ていさつ［偵察］ようすをさぐること。例―機
ていし［停止］途中でやめること。②一時さしとめること。例通学―。③とまること。
ていじ［定時］きまった時刻。例―制高校
ていじ［呈示］出して見せること。例身分証明書の―を求める・定期券の―
ていじ［提示］とり出して見せること。例証拠品を―する・条件の―
ていしつ［低湿］土地がひくくじめじめしていること。↕高燥《こうそう》。例―な地
ていしゃ［停車］車がとまること。例一時―
ていしゅ［亭主］主人。おっと。例茶席の―
ていじゅう［定住］同じ所に長くすみつくこと。例―者・都心に―する人口
ていしゅく［貞淑］品行が正しく、しとやかなこと。例―の評判が高い女性
ていじょ［貞女］みさお正しい婦人。
ていしょう［低唱］ひくい声でうたうこと。
ていしょう［提唱］人々によびかけとなえること。あることを主張すること。例老師の―
ていじょう［呈上］さしあげること。贈呈。
ていしょく［定職］きまった職業。例―につく
ていしょく［抵触］さしさわりがあること。規則などにふれること。例法律に―する
ていしん［《挺身］一身をなげうって事にあたること。例―して危険を冒す
でいすい［泥酔］ひどくようこと。例―状態
ていする［呈する］①さしあげる。さしだす。②あらわす。しめす。例活況を―
ていする［《挺する］すすんで身をさしだす。
ていせい［訂正］文字や文章のあやまりを正しくなおすこと。例誤植を―する・―印
ていせい［帝政］帝王の政治。例―ロシア
ていせつ［貞節］正しいみさお。例―な妻
ていせつ［定説］一般に正しいとされている説。例学界で―となっている
ていせん［停戦］戦争を一時やめること。
ていそ［提訴］さいばんの手続きをとること。
ていそう［貞操］みさお。みさお正しいこと。
ていそう［逓送］順々に取り次いで送ること。
ていぞく［低俗］程度がひくくていやしいこと。例―な趣味・―なデザイン
ていそくすう［定足数］会議が成立するために必要な最小限の人数。例―に満たない
ていたい［停滞］一つところにとどこおっていること。はかどらないこと。例―性寒冷前線
ていたい［手痛い］ひどい。てきびしい。
ていたく［邸宅］やしき。りっぱなすまい。
ていたらく［▽為体］ありさま。かっこう。
ていだん［《鼎談］三人がむきあって話しあうこと。三者会談。例テレビで―する
ていち［定置］一定の場所にすえつけておくこと。例―網・―観測所
ていちょう［丁重・《鄭重］ていねいなこと。てあついこと。例―なもてなしを受ける
ていちょう［低調］①調子のひくいこと。②調子のでないこと。熱意がないこと。例―な試合だった。③成績が悪いこと。
ていっぱい［手一杯］できるかぎり。力およぶかぎり。余裕のないこと。例もう―だ
ていてい［亭亭］まっすぐ高くそびえているさま。例―たる老木
ていてつ［《蹄鉄］馬のひずめに打ちつけるU字形の鉄板。
ていど［低度］ていどのひくいこと。↕高度
ていど［程度］ほどあい。どあい。例問題の―
ていとう［低頭］あたまをひくくさげること。
ていとう［抵当］金や物をかりるときにかたとして先方にわたすもの。担保。例―権の設定
ていとく［提督］艦隊の司令官。
ていとん［停《頓］とまること。ゆきづまること。例人事交流が―する
ていない［邸内］やしきのなか。↕邸外
ていねい［丁寧・《叮嚀］①れいぎにあついこと。②たいせつにあつかうこと。
でいねい［泥《濘］ぬかるみ。どろみち。
ていねん［定年・停年］その年になると退職しなければならない一定の年齢。例―制
ていのう［低能］頭の働きがにぶいこと。

ていはく［停泊・《碇泊》］船がいかりをおろしてとまること。例―地・―港

ていひょう［定評］世間でみとめたひょうばん。例切れると―のある人物

ていぼう［堤防］つつみ。どて。例―の決壊

ていほん［定本］標準となる正しい本。

ていめい［低迷］どうしてよいかわからないこと。悪い状態のなかにさまよっていること。

ていりつ［低率］ひくいわりあい。↕高率

ていりつ［《鼎立》］かなえの足のように三つの勢力が、たがいに対立すること。例―状態

ていりゅう［底流］①海または川のそこの流れ。②表にあらわれないでいる動き。

ていりょう［定量］きめられた分量。一定の分量。例―分析・―の酒を飲む

ていれ［手入れ］①つくろうこと。しゅうぜん。②保存するための注意。例自転車の―をする。③犯人を検挙すること。

ていれい［定例］きまった例。常例。例―会議

ていれつ［低劣］ていどがひどくおとっていること。げひんなこと。例―な読み物

ていれん［低廉］ねだんが安いこと。

てうす［手薄］人手が少ないこと。例―な守備

てうち［手打(ち)］①手でつくること。例―うどん。②仲なおり。例―式

てうち［手討(ち)］主君が部下をきること。例殿のお―になる

ておい［手負(い)］きずを受けること。また、きずを受けた人。例―じし・―の武士

ておくれ［手遅れ］まにあわないこと。

ておち［手落ち］おちど。てぬかり。例―がある

ており［手織(り)］人の手で織ったぬの。

てがかり［手掛(か)り・手懸(か)り］手をかけるところ。手をつけるいとぐち。きっかけ。

てかげん［手加減］①手で重さや分量をはかること。②自分のつごうでかげんすること。手ごころ。③とりあつかうぐあい。

でかせぎ［出稼ぎ］しばらくの間、故郷をはなれて他の土地に行って働くこと。

てがた［手形］①手に墨を塗って白紙におしたもの。②昔、関所を通過するときの身元証明書。③一定金額の支払いを目的とした有価証券。例約束―・為替―・―の裏書き

てがたい［手堅い］することが確実であぶなげがない。例―経営ぶり

てがら［手柄］いさお。功名。例お―でした

てがる［手軽］手数がかからないこと。

てき［的］名詞のあとにそえて、性質や状態などを表す語。例間接的・攻撃的

てき［敵］①かたき。あだ。②あいて。

てき［滴］したたり。例点滴・五滴たらす

でき［出来］できぐあい。例試験の―が悪い

できあい［出来合い］既製。例―の服

できあい［《溺愛》］むやみやたらにかわいがること。例娘を―する

てきい［敵意］①てむかいしようとする心。②害をくわえようとする心。例―をいだく

てきおう［適応］よくあてはまること。

てきがいしん［敵《愾心》］敵に対していきどおり、どこまでも戦おうとする心。

てきかく［的確・適確］まちがいなく確実なこと。てっかく。例―な表現

てきかく［適格］資格にあてはまること。

てきぎ［適宜］①ほどよいこと。②心のままにすること。随意。例―に抜き出す

てきごう［適合］ぴったりあてはまること。

できごころ［出来心］ふとおこった考え。

てきざいてきしょ［適材適所］その仕事に適した人をその地位につけること。例―の人事

てきし［敵視］敵と見なすこと。

できし［《溺死》］水におぼれて死ぬこと。

てきしゅつ［摘出・《剔出》］えぐりだすこと。

てきず［手傷・手《創》］いくさで受けたきず。

てきする［適する］むく。あてはまる。かなう。

てきせい［適性］あてはまる性質。例―検査

てきせい［適正］正しく適切。例―な価格

てきせつ［適切］ぴったりとあてはまること。

てきたい［敵対］てむかい。例―する勢力

てきちゅう［的中］ぴったりあたること。命中。

てきど［適度］ほどよいどあい。例―な刺激

てきとう［適当］①よくあてはまること。②いいかげん。例―にあしらう

てきにん［適任］仕事や任務に適すること。

できばえ［出来栄え］①できあがりのよいこと。例―を見てくれ。②できぐあい。

てきはつ［摘発］悪事や秘密などをあばいて世間の人に知らせること。例不正の―

てきひ［適否］適することと適しないこと。

てきびしい［手厳しい］きわめてきびしい。

てきふてき［適不適］適当と不適当。

てきほう［適法］合法なこと。例―行為

てきめん［《覿面》］すぐ目のまえにあらわれること。まのあたり。例天罰―

てきやく［適役］その人に才能によくあった役。はまり役。例まさに―だ
てきよう［適用］あてはめ用いること。例法律の―・校則に―すると
てきよう［摘要］たいせつなところをかいつまんで書くこと。例帳簿の―欄
てぎれ［手切れ］関係をたちきること。例―金
てきれい［適例］ぴったりあてはまる例。
てきれい［適齢］適当な年齢。例結婚―期
てぎわ［手際］①できあがり。できばえ。②うでまえ。やりくり。例―のよい仕事
てきん［手金］契約の保証としてわたす金。
でく［▽木偶］木でつくった人形。例―の坊
てくせ［手癖］ぬすみをするくせ。盗癖。
てくだ［手管］人をだます方法。例手練―
てぐち［手口］やりかた。例同じ―を使う
てくばり［手配り］人をそれぞれ必要な場所にわけて準備すること。てはい。
てこ［《梃子］物をこじ上げたり動かしたりする道具。例―でも動かない・―入れ
てごころ［手心］てかげん。例―を加える
てこずる［手古《摺る］もてあます。
てごたえ［手〈応え］ものを打ったりついたりしたときの手に受ける感じ。反応。
でこぼこ［凸凹］表面に高低があること。
てごろ［手《頃］①手に持つのにちょうどいい大きさであること。②自分の力にふさわしいこと。例―な価格だ
てごわい［手〈強い］手にあまる。例―相手だ
てさき［手先］①手の先。指さき。②他人の言いなりになって使われる者。例―になる

でさき［出先］外出さき。派遣されているさき。
てさげ［手提（げ）］手にさげるもの。例―袋
てさばき［手《捌き］手であつかうこと。またその手つき。例あざやかな―で
てざわり［手触り］手にふれた感じ。
でし［弟子］教えを受ける人。門人。例兄―
てしお［手塩］①小皿。②自分自身でせわし教えそだてること。例―にかけて育てる
てした［手下］部下。配下。例盗賊の―
てじな［手品］奇術。マジック。例―師
てじゃく［手酌］自分で酒をついで飲むこと。例―でちびりちびりとやる
てじゅん［手順］仕事のじゅんじょ。てつづき。
てじょう［手錠］犯人の手にはめる錠。
てすう［手数］てまのかかること。てかず。
てずから［手ずから］自分自身で。みずから。
てすさび［手〈遊び］手あそび。手なぐさみ。
てすじ［手筋］①手のすじ。手相。②素質。字や絵をかく巧拙のたち。例―がいい
てせい［手製］自分でつくること。てづくり。
てぜい［手勢］手もとの軍勢。手下の兵隊。
てぜま［手狭］場所のせまいこと。例家が―だ
てそう［手相］手のひらにあらわれているすじ。また、それによって運勢を判断すること。例―見・―の生命線
てだて［手立て］方法。しゅだん。
てぢか［手近］すぐそば。例―な所に
てちがい［手違い］自分の思うとおりにならないこと。ゆきちがい。例とんだ―だった
てちょう［手帳・手《帖］小型の帳面。
てつ［鉄］金属元素の一種。例鉄の門

てつ［《轍］車のわだち。例前車の―を踏む
てっか［鉄火］①はげしい気性。例―な娘。②ばくち。例―場。③すしの一種。例―巻き
てっかい［撤回］とりやめにすること。一度出したものをひっこめること。例要求の―
てっかく［的確・適確］確か。適切。例―な判断
てっかく［適格］資格に適合。例―条件
てつがく［哲学］宇宙や人生の根本原理を研究する学問。例―者・―的な問題
てっきょ［撤去］とりさること。とりのぞくこと。例建物を―する
てっきん［鉄筋］コンクリート建築の中に入れる鉄の棒。例―コンクリート造り
てつけ［手付（け）］契約とりきめのとき保証として支払う金銭。例―金をわたす
てっけん［鉄《拳］にぎりこぶし。げんこつ。
てっこつ［鉄骨］建築物の骨組みにする鉄材。
てっさ［鉄鎖］①鉄製のくさり。②行動の自由をうばうもの。かたい束縛。
てっさく［鉄《柵］鉄でこしらえたかこい。
てっしゅう［撤収］とりのけること。とりはらうこと。例―作戦
てっしょう［徹宵］夜どおし。一晩じゅう。
てつじょうもう［鉄条網］とげの鉄線のさく。
てっする［徹する］①つらぬく。とおす。例夜を―。②そのものになりきる。例愛国心に―
てっそう［鉄窓］鉄のこうし窓。監獄。例―の中
てっそく［鉄則］動かすことのできないかたい規則。厳重な規則。例時間厳守を―とする
てったい［撤退］陣地などをとりさってしりぞくこと。例軍隊を―させる

でっち［〈丁稚］商家などに奉公する少年。
てっつい［鉄《槌］①大きなかなづち。②こらしめ。制裁。例―をくだす
てつづき［手続(き)］じゅんじょ。てじゅん。例入国―・―が面倒だ
てってい［徹底］①十分にゆきとどくこと。例命令が―する。②底までつらぬきとおること。③すっかりさとりきること。
てっていてき［徹底的］あくまでも。例―に
てつどう［鉄道］レールを走る交通機関。例―網・―の敷設・―員
てっとうてつび［徹頭徹尾］初めから終わりまで。どこまでも。決して。ぜったいに。
てっとりばやい［手っ取り早い］てまがかからない。はやみちである。例―方法をさがす
てっぱい［撤廃］とりのぞきやめること。
てっぺき［鉄壁］①鉄の壁。②堅固な守り。
てつぼう［鉄棒］器械体操用具の一種。
てつめんぴ［鉄面皮］あつかましいこと。
てつや［徹夜］夜どおし。夜あかし。例―麻雀
てつり［哲理］哲学上の原理。深い道理。
てづる［手《蔓］てがかり。つて。例親の―で
てつろ［鉄路］鉄道の線路。レール。
てつわん［鉄腕］強い腕力。例―アトム
てどり［手取り］税金などすべてをさし引いた実際の収入。↔税込み。例―の給与
てなおし［手直し］不備なところをなおすこと。例原稿を―する
てなずける［手懐ける］なつかせる。
てなみ［手並(み)］うでまえ。例お―拝見
てならい［手習(い)］習字。けいこ。例六十の―

てぬかり［手抜かり］ておち。例とんだ―だ
てぬぐい［手《拭(い)］手などをふく布。
てはい［手配］てくばり。用意。準備。例―師
てはず［手《筈］手順。てくばり。例―がくるう
ではな［出〈端］①出るとたん。出ようとするところ。例―をくじく。②物事のはじめ。
てばなし［手放し］①すてておくこと。②むきだしにいうこと。例―でほめる
てびかえ［手控え］①心おぼえのために手もとにひかえをとること。②きりつめること。③ひかえめにすること。
てびき［手引(き)］①手をひいてつれてゆくこと。②みちびき。例防犯の―をくばる
てぶり［手振り］手つき。例身振り―で
でほうだい［出放題］口からでるにまかせてでたらめをいうこと。でまかせ。例口から―
てほん［手本］①模範となる文字や絵画などを書いた本。②模範。規範。例親を―に
てま［手間］①あることをするためについやされる時間。労力。②仕事に対する報酬。
てまえ［手前］自分。自分の方。体裁。例―勝手・―ども・―みそ・契約した―
でまえ［出前］料理を注文先に配達すること。
でまかせ［出任せ］でたらめ。でほうだい。
てまめ［手まめ］①まじめによくはたらくこと。②手先の器用なこと。例―に作る
てまわり［手回り・手《廻り］①身のまわり。例―品。②手ぢかに置いていつも使う道具。
てみじか［手短］かんたん。例―に話す
てむかう［手向(か)う］反抗する。さからう。
でむかえ［出迎え］出てむかえること。例盛大な―をうける
てもちぶさた［手持(ち)無《沙汰》］することがなくてたいくつなこと。
てら［寺］僧が仏をまつる建物。例お寺
てらう［《衒う］自分で自分のことをふいちょうする。みせびらかす。例学問を―
てらしあわせる［照らし合(わ)せる］くらべあわせる。例原簿と―
てりはえる［照(り)映える］光にてらされてあざやかに見える。てりかがやく。
てる［照る］光る。輝く。例太陽が―
でる［出る］外へゆく。出席する。出発する。
てれかくし［照れ隠し］はずかしさや気まずさを人前でごまかすこと。例―に笑う
てれくさい［照れ臭い］きまりがわるい。
てれる［照れる］はにかむ。きおくれがする。
てん［天］①大空。そら。②天地万物の支配者。③天命。運命。④生まれつき。⑤天国。
てん［点］①小さくまるいしるし。②点数。
てん［典］ぎしき。おきて。例華燭の典
てん［《貂］イタチに似た動物。例―の毛皮
でん［伝］①つたえる。つたわる。例伝利休作。②伝記。例アインシュタイン伝
てんい［転移］うつること。うつすこと。
でんえん［田園］①田と畑。②いなか。郊外。
てんか［天下］①世界。②全国。例―一の。③思いのままにふるまうこと。例かかあ―
てんか［点火］火をつけること。例聖火台の―
てんか［添加］つけくわえること。例―物
てんか［転化］うつりかわること。例量より質に―する

てんか［転嫁］責任や罪などを他になすりつけること。例部下に責任を―する
てんが［典雅］しとやかで上品なこと。
でんか［殿下］皇族に対する敬称。例皇太子―
でんか［電化］電気利用になること。例家庭の―・―製品・―する
てんかい［展開］くりひろげること。例―力
てんかい［転回］めぐりまわること。回転。
てんがい［天涯］①空のはて。②はるかに遠くはなれた所。例―孤独の身
でんかのほうとう［伝家の宝刀］①家だいだいに伝わる宝刀。②かくしておいてむやみに使わないだいじなもの。例―を抜く
てんかん［転換］うつりかわること。例方向―
てんがん［点眼］めぐすりをさすこと。例―薬
てんき［天気］①よい天気。晴れ。②空の気象の状態。そらもよう。例上―・―予報・―図
てんき［転機］状態がかわるとき。例―となる
でんき［伝奇］ふしぎな話や空想をおりまぜて書いた小説。例―小説
でんき［伝記］人の一生を書いた本。例―本
でんき［電気］電子・電流・電灯・静電気などの総称。例―機器・―分解・―をつける
でんき［電機］電気機械のこと。例弱―部門
てんきょ［典拠］正しいよりどころ。たしかな根拠。例正しい―にもとづく
てんきょ［転居］住居をかえること。例―先
てんきん［転勤］つとめさきがかわること。
てんぐ［天《狗］①深山にすみ、鼻高く顔赤く羽うちわを持ち、自由に空中を飛ぶという想像上の怪物。例烏―。②じまんすること。

てんくう［天空］おおぞら。例―海闊な人物
てんけい［天恵］天のめぐみ。神のじひ。
てんけい［典型］もはん。てほん。例日本人の―
てんけい［点景・添景］風景画や写真などにおもむきを出すために、人や動物などをそえること。また、そのもの。例風景画の―に
てんけいてき［典型的］ひながたのような。
でんげき［電撃］①からだに電流を通じたときに受ける感じ。②急にはげしく攻撃すること。例―的な攻撃をかける
てんけん［天険・天《嶮］自然のけわしい所。
てんけん［点検］一つ一つしらべること。
でんげん［電源］電力を供給するみなもと。
てんこ［点呼］名を呼んで人数を調べること。
てんこう［天候］天気のぐあい。空もよう。例悪―をついて・―不順の折
てんこう［転向］①方向をかえること。②思想などをかえること。例獄中―
てんこう［転校］とちゅうで学校をかえること。例―生・父の転勤で―する
でんこう［電光］いなずま。いなびかり。
でんこうせっか［電光石火］ひじょうに短い時間やすばやい行動のたとえ。
てんごく［天国］①天上にあるというけがれのない国。②楽しいところ。楽園。例歩行者―
でんごん［伝言］人にたのんでことばを伝えること。ことづて。ことづけ。例―板
てんさい［天才］生まれつきのすぐれた才能。また、その才能を持った人。例―的な作風
てんさい［天災］自然のさいなん。地震や大水。
てんさい［転載］他に発表された文章を写しとってのせること。例禁無断―

てんさい［《甜菜］砂糖ダイコン。例―糖
てんざい［点在］あちこちにちらばっていること。散在。例農家が―する風景
てんさく［添削］詩文などを書き加えたりけずったりしてなおすこと。例作品の―
てんさく［転作］他の作物に転換すること。
てんし［天子］①一国の君主。②天皇。
てんし［天使］神の使者として人間界にあらわれ、神の愛を伝えるもの。エンゼル。
てんじ［点字］盲人が指先でさわって読めるようにした文字。例―訳の奉仕
てんじ［展示］一般に見せること。例見本を―
でんし［電子］原子を構成する微粒子。例―計算機・―顕微鏡・―レンジ・―音楽
でんじき［電磁気］電流からでる磁気。
てんしゃ［転写］ほかから写しとること。
でんしゃ［電車］電力で軌道をはしる交通機関。例路面―・―通学
てんじゅ［天寿］自然の寿命。例―を全うする
てんじゅ［天授］①天から授かること。②うまれつき。例―の才能
でんじゅ［伝授］教え伝えること。例秘伝の―
てんしゅつ［転出］他の地方へ転任または転住すること。例―先・―証明書
てんしょ［添書］①人を使いにやるとき、用件を書きそえてやる手紙。②紹介状。
てんじょう［天上］①空の上。②そら。天。③天にのぼること。例―界・―天下唯我独尊
てんじょう［天井］①室内の上部に張った板。②いちばん高いところ。例―知らずの上昇

でんしょう［伝承］伝えうけつぐこと。例―芸

てんしょく［天職］天からさずかった仕事。その人にふさわしい職業。例―と心得て

てんしん［天心］空のまんなか。例月が―に

てんしん［天真］自然のままでいつわりやかざりのないこと。例―爛漫《らんまん》な人物

てんしん［転身］主義や職業をかえること。

てんしん［転進］方向をかえてすすむこと。

てんしん［転針］船の方向転換。例左へ―する

でんしん［電信］電気装置を使って文字や記号を遠い所へ送ること。例―為替

てんせい［天成］①うまれつき。生来。天性。②自然にできあがること。例―の美観

てんせい［天性］うまれつき。例―のリズム感

でんせつ［伝説］昔から言い伝えられている話。例―的な人物

でんせん［伝染］①うつること。②病原菌がうつること。例―病・―力

てんそう［転送］送ってきたものをさらに他へ送ること。例郵便物の―

てんたい［天体］太陽・月・星など宇宙にある物の総称。例―観測・―望遠鏡

てんたく［転宅］ひっこし。転居。

でんたつ［伝達］つたえること。例情報の―

てんたん［《恬淡］欲がなくあっさりしているさま。例利欲に―な性格

てんち［天地］①天と地。②宇宙。③うえした。

てんち［転地］居住地をかえること。例―療養

でんち［電池］化学作用により、電流が得られるようにした装置。例乾―・―に充電する

てんちゅう［天《誅］①天の刑罰。②天にかわって罰し殺すこと。例―を下す

でんちゅう［電柱］電信ばしら。例―に登る

てんちょう［天頂］てっぺん。頂上。例―点

てんちょう［転調］楽曲の調子をかえること。例変ホ長調に―した

てんてい［天帝］天の神。天地を支配する神。

てんてき［点滴］しずく。したたり。例―注射

てんてん［点点］①ぽつぽつとちらばっているさま。例―と散る。②したたりおちるさま。

てんてん［転転］つぎからつぎへとうつってゆくさま。例職業を―とする・―と転がる

てんとう［店頭］みせさき。例―販売

てんとう［点灯］あかりをつけること。

てんとう［転倒］①さかさになること。②ひっくりかえること。③うろたえさわぐさま。

てんどう［天道］①天地自然の道。宇宙の法則。例―に従う。②天体の運行する道。

でんとう［伝統］昔から伝わっていること。

でんとう［電灯・電《燈］電球に電力を通じて発光させるもの。例―線・懐中―

でんどう［伝道］宗教の教義を伝え広めること。例―師・キリスト教の―

でんどう［伝導］物体のなかを熱または電気が伝わる現象。↔対流・輻射。例熱の―現象

でんどう［殿堂］①美しくりっぱな建物。②宮殿や寺社などの建物。例白亜の―

てんとして［《恬として］すこしも気にかけずに。はじるようすもなく。平気で。

てんどん［天《丼］てんぷらどんぶり。

てんにょ［天女］天上にすむといわれる女性。

てんにん［天人］天上にすむといわれる美しい女。天女。例―の羽衣

てんにん［転任］つとめがかわること。転勤。

てんねん［天然］①人手の加わらない自然のままの状態。②自然世界。例―記念物

てんねんとう［天然痘］ほうそう。

でんぱ［電波］電気が伝わるときの波動。

でんぱ［伝《播］四方に伝わり広まること。

てんばい［転売］買ったものをまた他に売ること。例不動産の―・―先

てんばつ［天罰］天の罰。悪いことをしたための自然のむくい。例―が下る・―てきめん

てんぴ［天日］太陽の光や熱。例―に干す

てんぴ［天火］むし焼きの道具。オーブン。

てんびき［天引（き）］一定の金額をさきにさし引くこと。例給与から―される

てんびょう［点描］印象主義の画法。点で風景・人物などをえがくこと。

でんぴょう［伝票］取引を記入する紙片。

てんびん［天《秤］はかりの一種。例―棒

てんぴん［天《稟］うまれつき。天性。天分。

てんぷ［天賦］天からさずかったもの。うまれつき。例―の才能

てんぷ［添付・添附］つけくわえること。例―書類・明細書を―すること

でんぶ［《臀部］しりの部分。例女性の―

てんぷく［転覆・《顛覆］①ひっくりかえること。例船が―する。②ほろびること。

てんぷら［天《麩羅］油であげる料理の一種。

てんぶん［天分］うまれつきの才能や性質。

でんぶん［伝聞］つたえきくこと。例―では

でんぷん［《澱粉］植物の炭水化物。

てんぺん[転変]うつりかわること。例有為―
てんぺんちい[天変地異]天地の異変。地震や暴風雨などの天災。
てんぼ[展墓]はかまいり。墓参。
てんぽ[店舗]商店。みせ。例―付き住宅
てんぽ[《塡補]不足をおぎなってうめること。
てんぼう[展望]遠くまで見わたすこと。見はらし。例市街の―はまことに雄大・―台
でんぽう[電報]電信による通信。例―局
てんま[天魔]仏法の修行をさまたげる魔王。
てんません[伝馬船]貨物運送用のはしけ。
てんまつ[《顚末]事のはじめからおわりまで。
てんめい[天命]①天からさずかったいのち。寿命。②自然の運命。例これも―と
てんめつ[点滅]灯火をつけたりけしたりすること。例ヘッドライトを―させる
てんめん[《纏綿]まといつくこと。なさけがこまやかなさま。例情緒―たる風情
てんもく[天目]茶の湯につかう浅いすりばち形の茶わん。例―茶わん
てんもん[天文]天体の現象。例―学的数字
てんもんだい[天文台]天体を観測研究するところ。例気象庁の三鷹―
てんやもの[店屋物]飲食店の食べ物。
てんゆう[天《祐・天《佑]天の助け。神助。
てんよ[天与]天のあたえ。例―の美貌
てんよう[転用]他の用途に使うこと。流用。
てんらい[天来]天からくること。人間界のものでないこと。例―の妙音
でんらい[伝来]①代々受け伝えること。②外国などから伝わってきたこと。例仏教の―
てんらく[転落]①ころげおちること。例列車から―する。②おちぶれること。没落。
てんらんかい[展覧会]書画などをならべてたくさんの人に見せる会。例―場
でんりゅう[電流]電気の流動。例―計
でんりょく[電力]電気の動力。例東京―
てんれい[典礼]一定の儀式。
でんれい[伝令]命令を伝える人。例―の役
でんれい[電鈴]電流で鳴るしかけのベル。
でんわ[電話]電流や電波を利用して遠方の人と話をする装置。例留守番―・―長

と

と[戸]①とびら。ドア。②入り口。例開き戸
と[斗]容積の単位。一升の十倍。例四斗だる
と[途]みち。例帰国の途につく
ど[度]①ものさし。②きそく。③ていど。④角度・温度・経度をあらわす単位。
どあい[度合(い)]ていど。わりあい。ほどあい。例進歩の―・塩加減の―
とあみ[投網]なげて魚をとるあみ。
とい[《樋]のきの雨だれをうけて流すしかけ。
といあわせ[問(い)合(わ)せ]聞きあわせ。たずねたしかめること。照会。例―が殺到する
といき[吐息]ためいき。例ほっと―をつく
といし[《砥石]刃物をとぎみがく石。
といただす[問(い)《質す・問(い)《糺す]たずねしらべる。例証人に―・疑問を―
とう[党]①政党。例社会党。②なかま。例徒党
とう[塔]高くつくった建物。例テレビ塔
とう[当]①あたる。②正しい。例当の本人
とう[等]①ひとしい。②など。例飲食店等
とう[《籐]つる性植物の一種。例―のいす
とう[《薹]菜や大根・ふきなどの花軸。
とう[問う]①たずねる。②ききただす。
どう[堂]①ざしき。②神仏をまつる建物。
どう[胴]①からだの中央部。②物体の中央部。
どう[銅]金属元素の一つ。例銅の屋根
どうあげ[胴上げ]大勢で一人を宙にあげること。例監督を―する
とうあん[答案]試験のこたえ。例―用紙
どうい[同異]同じこととちがうこと。異同。
どうい[同意]①同じ意味。②同じ考え。同じ意見。③さんせい。例―書を作成する
とういじょう[糖衣錠]砂糖でくるんだ錠剤。
とういそくみょう[当意即妙]その場にいちばん適当な機転でうまくあてはめること。
とういつ[統一]一つにまとめること。
どういつ[同一]①同じこと。②無差別。
どういん[動因]直接の原因。動機。
どういん[動員]①戦争のために兵士を召集すること。②ある仕事のために人や物をかりだすこと。例総―・デモに―する
どうう[堂宇]①堂の建物。②堂ののき。
とうえい[投影]かげをうつすこと。うつしたかげ。例―図
どうおう[堂奥]①堂のおく。②奥義。学問などの奥深いところ。
どうおん[同音]①同一の発音。例―異義語。②声をそろえていうこと。例異口―に
とうか[投下]なげおろすこと。例爆弾の―

とうか[灯火]ともしび。あかり。例―親しむ候

とうか[透過]①すきとおること。②通りぬけること。例光が―する

どうか[同化]①他を感化し自分と同じようにすること。②生物がとった栄養物質をからだの成分にすること。例―作用

どうか[銅貨]銅でつくった貨幣。例一銭―

どうが[童画]こども用の絵。例―風の絵

どうが[動画]アニメーション。例―化する

とうかい[倒壊・倒《潰]たおれこわれること。例地震で建物が―する

とうがい[当該]そのもの。そのもの。例―物件

とうがい[凍害]農産物などが寒さや霜などのためにそこなわれること。

とうがい[等外]等級にはいらないこと。

とうかく[倒閣]内閣をたおすこと。例―運動

とうかく[頭角]あたまの先。例―を現す

どうかく[同格]格式や資格などが同じこと。

どうがく[同学]同じ学校で同じ先生について学ぶこと。同門。例―の友

どうがく[同額]同一の金額。同じ金高。

どうがくしゃ[道学者]①道徳のりくつを研究する学者。②道理をやかましく論じる人。

とうかつ[統括]くくりまとめること。

とうかつ[統轄]すべとりしまること。

どうかつ[《恫喝]おどしつけること。

とうがらし[唐辛子]香辛料とする一年草。

とうかん[等閑]物事をいいかげんにすること。なおざり。例―視する

とうかん[投《函]郵便ポストなどに手紙やはがきを入れること。例手紙を―する

とうがん[冬《瓜]果実が食用の一年草。

どうかん[同感]同じように感じること。他人の考えや意見に同じなこと。例私も―です

どうかん[導管]物を送るくだ。例植物の―

どうがん[童顔]こどもらしい顔。例―のまま

とうき[冬季・冬期]冬の時候。冬の季節。

とうき[投棄]なげすてること。例産業―物

とうき[投機]①ふたしかな利益をあてこんでのもうけ仕事。②相場の上がり下がりを利用して金もうけをたくらむこと。例―的な

とうき[登記]法令の規定によって役所の公式の帳簿に一定の事項を記入すること。

とうき[陶器]やきもの。せともの。例―製の

とうき[騰貴]物のねだんがあがること。

とうぎ[討議]意見をのべあうこと。例大衆―

どうき[同期]①同じ時期。②入学や卒業などの年度が同じこと。例―生・―の桜

どうき[動機]きっかけ。はずみ。行いの目的。

どうき[動《悸]心臓の鼓動がはげしいこと。胸がどきどきすること。むなさわぎ。

どうぎ[同義]同じ意味。同意。例―語

どうぎ[動議]会議のとき、予定以外に急に出す議題。例緊急―・―を提出する

どうぎ[道義]人の守らねばならない道徳のすじみち。例―的な責任・―心

とうきゅう[討究]十分に研究すること。

とうきゅう[等級]上下の地位。くらい。階級。

どうきゅう[同級]同じ学級。例―生・―の仲

どうきゅう[《撞球]ビリヤード。例―場

とうぎょ[統御]すべおさめること。

どうきょ[同居]同じ家にいっしょにすむこと。例―人・―家族

どうきょう[同郷]うまれた土地が同じこと。

どうぎょう[同業]同じ職業。例―者・―組合

とうきょく[当局]役所のうちでその仕事をとりあつかうところ。例―の回答を待つ

どうぐ[道具]いろいろのことに使う器具。

とうぐう[東宮]①皇太子の宮殿。②皇太子。

どうぐだて[道具立(て)]①必要な道具をそろえておくこと。②準備。用意。例―がそろう

どうくつ[洞《窟]ほらあな。例―の探検

とうけ[当家]この家。例―のしきたりでは

とうげ[峠]①山のさかみちをのぼりつめた所。②いきおいのいちばん盛んなとき。

どうけ[道化]ふざけた身ぶりやことばで人を笑わせること。また、その人。例―役

とうけい[統計]同じ種類のことがらを多くの場合について調べ、数字で表したもの。

どうけい[同系]同じ系統のもの。例―の流派

どうけい[同慶]ともによろこぶこと。例ご―

どうけい[《憧憬》]あこがれること。例―の的

とうけつ[凍結]①こおりつくこと。結氷。②資金などをおさえて流動させないこと。

とうけん[刀剣]かたな。例―の鑑定

どうけん[同権]権利が互いに同じであること。例男女―

とうこう[投降]武器をすてて降参すること。

とうこう[投稿]新聞や雑誌などに原稿を送ること。例読者―欄

とうこう[登校]学校に行くこと。↕下校

とうこう[陶工]陶器をつくる人。焼き物師。

とうごう[投合]たがいによく心があうこと。

気持ちの一致。例意気―する
とうごう［統合］一つにまとめること。
どうこう［同好］このみの一致。例―の士が集う・テニスの―会
どうこう［同行］つれだってゆくこと。例―者
どうこう［動向］動いていく方向。例社会の―
どうこう［《瞳孔》］ひとみ。例―が開く
どうこういきょく［同工異曲］さいくは同じであるが、おもむきがちがうこと。
とうこうせん［等高線］地図上で同じ高さの諸点をつらねた曲線。水平曲線。
とうごく［投獄］ろうやに入れること。
どうこく［《慟哭》］大声をあげてなきさけぶこと。例母の死に―する
とうこん［当今］いま。現今。例―の世情は
とうこん［闘魂］たたかおうとする意気ぐみ。
とうさ［踏査］実地に行って調査すること。
とうざ［当座］①その場。例―の間に合わせに。②さしあたり。例―の金・―預金
どうさ［動作］たちいふるまい。例―が鈍い
とうさい［当歳］①うまれた年。②一歳。
とうさい［搭載］船や車に荷をつみこむこと。
とうさい［登載］書きのせること。例―記事
とうざい［東西］①東と西。②方向。③口上をのべるときのことば。東西東西。
どうざい［同罪］同じつみ。例どちらも―だ
どうさつ［洞察］深くみとおすこと。例―力
とうさん［倒産］財産をなくすこと。破産。
どうさん［動産］持ちはこびのできる財産。現金や家具など。↔不動産
とうし［投資］資本を出すこと。例―家
とうし［凍死］こごえ死に。例冬山で―する
とうし［透視］すかして見ること。例―画法
とうし［唐紙］もと中国から輸入した書画用の紙。また、それと同質の紙。
とうし［闘士］闘争心のさかんな人。
とうし［闘志］たたかおうとする気力。
とうじ［冬至］太陽が天の赤道から最も南にはなれた時。夜が最も長い。例―のゆず湯
とうじ［当時］①いま。現在。②あのころ。
とうじ［答辞］答えることば。祝辞や式辞に対してのべることば。例卒業生代表の―
とうじ［湯治］温泉にはいって病気をなおすこと。例―で滞在する・―客
とうじ［統治］すべおさめること。例―力
とうじ［《杜氏》］酒をつくる職人の長。
どうし［同士］なかま。例男―・―討ち
どうし［同志］志を同じくする人。例革命の―
どうし［動詞］文法で品詞の一。事物の動作や存在・状態をのべる語で、語尾が変化する。
どうじ［同時］①同じとき。②同時代。
どうじ［童子・童児］子ども。少年。
とうじき［陶磁器］陶器と磁器。やきもの。
とうじしゃ［当事者］直接そのことにあたっている人。直接の関係者。例事件の―同士で
とうじつ［当日］その日。指定の日。例―発売券
とうしゃ［投射］光を物体にあてること。
とうしゃばん［謄写版］簡単な印刷機の一種。
とうしゅ［当主］現在の代の主人。いまの主人。
とうしゅ［党首］党のかしら。例自民党の―
とうしゅう［踏襲・《蹈襲》］前のやりかたをかえずにそのまま続けること。例方針を―する
とうしゅく［投宿］旅館にとまること。
どうしゅく［同宿］同じ宿屋や下宿にいっしょにいること。例旅行で―の仲間
とうしょ［当初］はじめ。最初。例―の方針
とうしょ［投書］①つげぶみ。密告書。②新聞や雑誌などに原稿を送ること。投稿。
とうしょ［頭書］本文のはじめに書きだした事がら。例―の件について
とうしょ［島《嶼》］島。しまじま。
どうじょ［童女］女のこども。例―のような人
とうしょう［凍傷］しもやけ。例冬山で―に
とうしょう［闘将］①たたかう大将。②強力な活動家。例革新陣営の―
とうじょう［搭乗］乗りこむこと。例―券・―員
とうじょう［登場］①舞台へ出ること。出演。②社会や事件の中に現れ出ること。例―人物
どうじょう［同上］前に書いたものと同じこと。上記に同じの意。
どうじょう［同乗］いっしょに乗ること。
どうじょう［同情］思いやり。例―の念
どうじょう［道場］①武芸を練習する所。②学問や修養をするための場所。例禅―
とうじる［投じる］①投げる。例身を―。②あう。例意気―。③つぎこむ。例資本を―・革命運動に―。④つけこむ。例人気に―
とうしん［投身］みなげ。川や海などに身をなげること。例―自殺
とうしん［答申］当局の問いに答えをのべること。例―案・―書
とうしん［等身］身のたけと同じ高さ。例八―
とうしん［灯心］灯油にひたしてあかりをとも

すのに用いるいぐさのしん。
どうしん［童心］子どもごころ。子どもらしいむじゃきな心。例—にかえる
どうじん［同人］①同一の人。②同じ志をもつ人。なかま。例—雑誌
どうじん［同仁］わけへだてなく平等に愛すること。例一視—
とうすい［陶酔］よったようなよい気持ちになること。うっとりすること。例音楽に—
とうすい［統帥］軍隊をまとめひきいること。
とうずる［投ずる］①なげうつ。やめる。②なげこむ。③つぎこむ。④つけこむ。⑤とまる。
どうずる［動ずる］心が動く。あわてる。
とうせい［当世］現代。今の世。例—気質
とうせい［統制］規則をつくってとりしまること。例物価の—・—経済
どうせい［同性］男と男、女と女のように、性が同じこと。↔異性。例—愛
どうせい［同姓］みょうじが同じこと。
どうせい［動静］①ようす。うごき。例相手の—をさぐる。②動くことと静かなこと。
どうせい［同《棲］一緒に住むこと。例—生活
どうぜい［同勢］つれの人々。例—二十名
とうせつ［当節］ちかごろ。現代。当今。
とうせん［当選］選挙でえらばれること。
とうせん［当《籤］くじにあたること。例—番号
とうぜん［当然］あたりまえ。例—のことだ
とうぜん［陶然］気持ちよくうっとりと酔うさま。例—とした気分
どうぜん［同前］前のことに同じなこと。
どうぜん［同然］おなじさま。同様。例廃人—
とうそう［逃走］にげはしること。例犯人の—
とうそう［闘争］たたかいあらそうこと。
とうそう［痘《瘡］ほうそう。天然痘。
どうそう［同窓］同じ学校で学んだ人。例—会
どうぞう［銅像］銅でつくった像。
とうぞく［盗賊］ぬすびと。どろぼう。
どうそじん［道祖神］道路の守護神。
とうそつ［統率］すべひきいること。例—力
とうた［《淘汰》］①よいものを取り、悪いものをすてること。②適当でないものがほろびること。例自然—
とうだい［当代］①現代。今の時代。例—一の名選手。②今の主人。
とうだい［灯台・《燈台］航海の安全のためにあかりをてらす所。例—守・—もと暗し
どうたい［動態］変動の状態。例人口の—調査
どうたい［導体］熱や電気をつたえる物体。
とうたつ［到達］行きつくこと。例目的地に—
どうだん［道断］もってのほか。例言語—
とうち［当地］この土地。例ご—ソング
とうち［統治］①すべおさめること。②主権者が国家を支配すること。例信託—領
とうちゃく［到着］つくこと。とどくこと。
どうちゃく［《撞着］①つきあたること。②前後が一致しないこと。むじゅん。例自家—
どうちゅう［道中］①旅行の途中。②たび。
とうちょう［登頂］頂上にのぼること。例—隊
どうちょう［同調］①同じ調子。②調子を合わせること。例彼の意見に—する
とうちょく［当直］宿直にあたること。例—員
とうつう［《疼痛］ずきずき痛むこと。
とうてい［到底］とても。例—不可能だ
どうてい［道程］みちのり。旅程。例長い—
どうてい［童貞］まだ女性に接していない男性。↔処女。例—を失う
とうてき［投《擲］なげうつこと。例—競技
どうてき［動的］いきいきしているさま。↔静的。例—な視点・—な絵
とうてつ［透徹］すきとおること。例—した目
どうてん［動転］びっくりすること。例気が—
とうとい［尊い］うやまうべきである。例—身分・—犠牲を払う・—お方
とうとい［貴い］値うちがある。例—経験
とうとう［到頭］ついに。けっきょく。つまり。
とうとう［《滔滔》］①水がさかんに流れるさま。②弁舌のよどみないさま。例—と話す
どうどう［同道］一緒に行くこと。例娘と—
どうどう［堂堂］①りっぱなさま。例—たる体格。②つつみかくしのないさま。例正々—
どうどうめぐり［堂堂巡り］はてしなくきりのないこと。例議論が—になる
どうとく［道徳］人として守らなければならない正しい道。例—的な・—心・—の授業
とうとつ［唐突］だしぬけ。突然。例—な質問
とうとぶ［尊ぶ］あがめる。うやまう。例神を—
とうとぶ［貴ぶ］貴重とする。例金銭を—
とうなん［盗難］物をぬすまれること。例—届
どうにいる［堂に入る］研究や技術が奥深いところまですすむこと。例態度が—
とうにゅう［投入］なげ入れること。例全力—
とうにゅう［豆乳］大豆からつくった滋養液。
どうにゅう［導入］みちびき入れること。

とうにん［当人］その人。本人。例―の弁
どうにん［同人］①同じ人。同一人物。②どうじん。なかま。例―雑誌
とうねん［当年］ことし。例―とって五十歳
とうは［党派］政党の各派。例―を結成
とうは［踏破］あるきとおすこと。例南米を―
とうば［塔婆］供養のためにたてる上部が塔の形をした板。そとば。例御―料
どうは［道破］言いつくすこと。言いきること。
どうはい［同輩］同じなかま。例会社の―
とうはつ［頭髪］かみの毛。例ちぢれた―
とうばつ［討伐］兵を出して攻めうつこと。
とうばつ［盗伐］樹木をぬすんで切ること。
とうはん［登《攀］山などをよじのぼること。
とうばん［当番］番にあたること。またその人
どうはん［同伴］つれだってゆくこと。例―者
とうひ［当否］①あたることとあたらないこと。②道理にあうこととあわないこと。
とうひ［逃避］にげさけること。例現実―
とうび［《掉尾］終わりになって勢いのさかんなこと。例―を飾る
とうひょう［投票］選挙や採決のときに書いてさし出すこと。例―所・―箱
とうびょう［闘病］病気とたたかうこと。
とうびょう［投《錨］いかりをおろすこと。
どうひょう［道標］みちしるべ。
どうびょうあいあわれむ［同病相哀れむ］同じなやみをもつ者どうしが互いにいたわりあうこと。例―の思いだよ
とうふ［豆腐］大豆でつくった食品。例湯―
どうふう［同封］同じ封とうにいっしょに入れること。例資料を―しました
どうふく［同腹］①母が同じ兄弟姉妹。↔異腹。②心を同じくすること。
どうぶつ［動物］いきもの。植物とともに生物をかたちづくっているもの。↔植物
とうぶん［当分］さしあたり。しばらくの間。
とうぶん［等分］①同じようにわけること。②同じ分量。例財産を―にわける
とうへき［盗癖］ぬすみをするくせ。
とうべん［答弁］質問に答えてのべること。
とうへんぼく［唐変木］人をののしることば。
とうほう［当方］こちら。自分のほう。↔先方
とうぼう［逃亡］にげること。例―者
どうほう［同胞］①きょうだい。②同じ国民。
とうほん［謄本］原本を写した書類。うつし。
とうほんせいそう［東奔西走］四方八方に走りまわること。例―の活躍ぶり
どうまごえ［胴間声］調子はずれの太い声。
どうみゃく［動脈］血液を心臓からからだの各部に輸送する血管。↔静脈。例―硬化
とうみょう［灯明］神仏に供えるともしび。
とうみん［冬眠］動物が土や穴のなかで活動をやめて冬を越すこと。例―中のカエル
とうめい［透明］すきとおっていること。
どうめい［同盟］同じ目的のために同じ行動をとることを約束して、組をくむこと。
とうめん［当面］①目の前にあること。さしあたり。②出あうこと。例―する問題
どうもう［《獰猛］あらくれてたけだけしいこと。わるづよいこと。例―な顔つき
とうもく［頭目］おもだった人。かしら。
どうもく［《瞠目］目をみはること。例―する
どうもん［同門］同じ先生のでし。同学。
とうや［陶《冶］才能や性格をきたえること。
とうやく［投薬］病気に適した薬を与えること。例患者に―する・―の処方
とうゆ［灯油］灯火用の油。ともしあぶら。
どうゆう［同憂］同じように心配すること。
とうよう［当用］さしあたっての用事。
とうよう［東洋］アジア州の東部および南部の総称。日本・中国・インドなど。↔西洋
とうよう［登用・登庸］人をひきあげ用いること。官職につかせること。例人材の―
どうよう［同様］おなじさま。例ご―に
どうよう［動揺］①うごきゆれること。②さわがしいこと。おちつかないこと。例心の―
どうよう［童謡］①子どもがうたう歌。②子どものためにつくられた歌。例―歌手
どうよく［胴欲・胴《慾］欲がふかくて不人情なこと。例―な人
とうらい［到来］①おくり物がとどくこと。例―の品。②時節や時機がくること。
どうらく［道楽］①本職以外のことに楽しみふけること。例―はカメラ。②悪いあそびにふけること。例―者。③ものずき。
どうらん［胴乱］植物やこん虫採集用の入れ物。例肩に―をさげて山へ行く
どうらん［動乱］世の中がさわぎ乱れること。
どうり［道理］物事のすじみち。わけ。例―で
とうりつ［倒立］さかだち。例体操の―
とうりゅう［《逗留］同じところにとまること。たいざい。例長らく―する

とうりゅうもん［登竜門］立身出世のたいせつな関門。例文壇への―
とうりょう［統領・頭領］首領。かしら。おさ。
とうりょう［棟《梁］大工のかしら。
どうりょう［同僚］同じ会社や役所につとめている人。同役。同輩。例昔の―に会う
どうりょく［動力］機械を動かす力。原動力。
とうるい［盗塁］野球で次の塁をぬすむこと。
どうるい［同類］①同じ種類。②なかま。例―項
とうれい［答礼］相手の礼に対して礼をかえすこと。返礼。例閲兵式での―
とうろ［当路］重要な役目にあたること。
とうろう［灯《籠］中にあかりをともす器具。
とうろう［《蟷螂》］カマキリ。例―に斧《おの》
とうろく［登録］台帳にしるしのせること。
とうろん［討論］議論をたたかわせること。
どうわ［童話］こどものための物語。
とうわく［当惑］まどいくるしむこと。例―顔
とおあさ［遠浅］岸から遠方まで水が浅いこと。例―の海岸で潮干狩り
とおい［遠い］①へだたりが大きい。例―親類・―町。②久しい。例―昔
とおえん［遠縁］遠い血つづき。↕近親
とおか［十日］十の日数。月の十番目の日。
とおす［通す］①とおらせる。例糸を―・目を―。②つらぬく。例主張を―・筋を―
とおす［〈透す］光を通過させる。例光を―
とおのく［遠〈退く］①遠くはなれる。遠ざかる。例足音が遠のいた。②疎遠になる。
とおぼえ［遠《吠え］①犬などが遠くでほえること。②長く尾をひいたほえかた。例犬の―

とおみ［遠見］遠方を見ること。例―がきく
とおみち［遠道］①遠い道を行くこと。②はるかな道のり。↕近道
とおめ［遠目］①遠くから見ること。例―にも見える。②遠くまで見える目。遠視眼。
とおり［通〈り〉］街路。ゆきき。例銀座―
とおりあめ［通り雨］さっとふりすぐ晴れる雨。例夏の夕方の―
とおりいっぺん［通り一遍］①通りがかりに立ちよっただけで、なじみのないこと。②うわべだけで実意のこもらないこと。
とおりすがり［通りすがり］通るついで。
とおりそうば［通り相場］ふつうのねだん。
とおる［通る］①通行する。例人が―。②通用する。例提案が―。③はしまでとどく。例名が―・声が―。④わかる。例意味が―
とが［《咎・〈科］あやまち。つみ。例罪―を
とかい［都会］人口が多くにぎやかなまち。
どがい［度外］①はんい外。②気にかけないこと。例―視する
とがき［ト書き］脚本で俳優の動作を指定する注意書き。例―の多い脚本
とかく［《兎角］①あれこれ。②ややもすればともすれば。例―怠けがちになる
とかげ［《蜥蜴》］蛇ににて四本足のは虫類。
とかす［溶かす］固体を液体にする。
とかす［解かす・〈融かす］雪や氷を水にする。例氷を―・雪を―
とかす［《梳かす］くしで髪をすく。
どかす［〈退かす］物や人を他にうつす。
どかた［土方］土木工事にしたがう労働者

とがめる［《咎める］①なじる。非難する。例なんとなく気が―。②あやしむ。③はれものやきずなどを刺激して悪くする。
とがる［《尖る］①するどく細くなる。②感情がいらいらする。いかる。例神経が―
とき［時］①時間。例時は金なり。②おり。例時には。③時代。例時の声
とき［〈斎］僧の食事。例お―をいただく
どき［怒気］おこったようす。例―をおびた声
ときあかす［説き明かす］説明する。
ときおり［時折］ときどき。おりおり。
ときしも［時しも］ちょうどそのとき。
ときならぬ［時ならぬ］そのときでない。思いがけない。例―笑い声
ときに［時に］①そのときに。ときどき。②話をあらためるときにいう語。さて。
ときのこえ［《鬨の声］大ぜいの者が一度にどっとあげるさけび声。例―をあげる
ときめく［時めく］よい時勢に出あってさかえること。例今を―政界人
どぎも［度肝・度〈胆］きもだま。例―を抜く
どきょう［度胸］物ごとに恐れない強い心。
どきょう［読経］声を出してお経を読むこと。
とぎれる［途切れる・〈跡切れる］①往来が絶える。②途中できれる。例考えが―
ときわ［〈常《磐］①永久にかわらないこと。②木の葉が一年じゅう緑であること。
ときわぎ［〈常《磐木］常緑樹。↕落葉樹
とく［得］もうけること。益すること。例―する
とく［徳］①人のふみ行わねばならない道を行うこと。②人を心から敬愛させる力。

とく[解く]①ほどく。はなす。②ゆるめる。③免ずる。④うたがいをはらす。例誤解を―
とく[説く]説明する。さとす。例道理を―
とく[溶く・《熔く》]とかす。例絵の具を―
とく[《梳く》]くしけずる。例髪を―
とく[〈疾く〉]はやく。すみやかに。例―と
とぐ[研ぐ・〈磨く〉]①みがく。鋭くする。例刀を―。②洗う。例米を―
どく[毒]健康や生命をそこなうもの。例毒薬
とくい[特異]めずらしいこと。特にちがっていること。例―な感じを与える・―体質
とくい[得意]①思うとおりになって満足すること。↔失意。②えらそうにしてじまんすること。③じょうずなこと。例―な科目。④ひいきにしてくれる人。例お―さん
とくいく[徳育]心やおこないをりっぱにする教育。道徳教育。↔知育
どぐう[土偶]土でつくった人形。例縄文の―
どくが[毒《牙》]①毒をもつきば。②人を害するひどいしかた。悪人のたくらみ。
とくがく[篤学]学問に熱心なこと。例―の士
どくがく[独学]学校にも先生にもつかないでひとりで学ぶこと。例―で資格をとる
どくガス[毒《瓦斯》]戦場で敵に害を与える有毒のガス。化学兵器の一種。
どくがん[独眼]かた目。例―竜正宗
とくぎ[特技]特別の技能。例―の持ち主
とくぎ[徳義]人としてのつとめ。例―心
どくぎん[独吟]ひとりでうたうこと。
どくご[独語]①ひとりごと。②ドイツ語。
どくごかん[読後感]本を読んだあとの感想。
どくさい[独裁]①ひとりで政治をとること。例―者。②自分ひとりの考えでものごとを行うこと。例―的な経営
とくさく[得策]つごうのよいはかりごと。
どくさつ[毒殺]毒薬で殺すこと。
とくさん[特産]特にその地方だけにできるもの。例―物・北海道―の品
とくし[特旨]特別のおぼしめし
とくし[特使]特別の使者。例大統領の―
とくし[篤志]あついこころざし。例―家
どくじ[独自]そのものだけ。その人だけ。
とくしか[篤志家]社会公共のために犠牲を惜しまない志のあつい人。例―の援助により
とくしつ[特質]他に見られない特別の性質。
とくしつ[得失]①利益と損失。②成功と失敗。例結果の―を検討する・利害―
とくじつ[篤実]正直で人情のあついこと。
とくしゃ[特赦]特別に罪人の刑罰をゆるめること。例―の恩恵に浴する
とくしゅ[特殊]普通とちがっていること。ほかに類のないこと。↔一般。例―学級
とくじゅ[特需]特別の需要。例―景気
どくしゅ[毒手]①人殺しの手段。②人をおとしいれるわるだくみ。例―にかかる
とくしゅう[特集・特《輯》]特別に編集すること。例新年―号・―ページ
どくしゅう[独習・独修]師につかずにひとりで学ぶこと。例―書・語学を―する
どくしょ[読書]書物を読むこと。例―週間
どくしょう[独唱]ひとりでうたうこと。
とくしょく[特色]他とちがってすぐれていることがら。例―のある言葉づかい
とくしょく[《瀆職》]悪いことをして職責をけがすこと。汚職。例―行為
とくしん[得心]しょうちすること。なっとくすること。例やっと―する
どくしん[独身]ひとりもの。未婚者。例―寮
とくする[得する]利益をうる。↔損する
どくする[毒する]害する。例児童を―本
とくせい[特性]特別の性質。例―の活用
とくせい[特製]特別に注意して製造すること。例―のケーキをごちそうしよう
とくせい[徳性]よいおこないをする性質。
とくせつ[特設]特別に設けること。例―市場
どくぜつ[毒舌]①しんらつな皮肉。②悪口。
とくせん[特選]特別にえらぶこと。また、そのえらんだもの。例二科展の―作品
どくせん[独占]ひとりじめにすること。
どくぜん[独善]自分だけが正しいと思うこと。ひとりよがり。例―的な意見
どくそ[毒素]毒になる成分。例体内の―
どくそう[独奏]ひとりで演奏すること。
どくそう[独創]他のまねでなく自分ひとりの考えでものごとを始めること。例―的な人
とくそく[督促]さいそく。例―状・納税の―
とくだね[特種]他の新聞社のしらない特別な記事の材料。スクープ。例―の記事
どくだん[独断]自分ひとりの考えできめること。例―進行・社長の―で
どくだんじょう[独壇場]自分ひとりだけはばをきかすところ。ひとり舞台。
とくちょう[特長]特にすぐれた点。

とくちょう［特徴］他と特にちがったところ。
とくてい［特定］特にこれと指定すること。
とくてん［特典］特別のあつかい。例免税の—
とくてん［得点］点がはいること。↔失点。例—を重ねる・あざやかなゴールで—
とくでん［特電］その新聞だけにはいる特別の電報通信。例ロンドン—記事
とくと［篤と］ねんを入れて。十分に。
とくど［得度］仏門にはいって僧になること。
とくとく［得得］とくいなさま。これ見よがしのようす。例—として見せる
どくとく［独特］そのものだけが特別にもっていること。例—のポーズ
どくは［読破］残らず読んでしまうこと。
とくはいん［特派員］①特別の任務を受けて派遣された人。②外国のニュースを報道するために派遣されている新聞記者。
どくはく［独白］演劇で相手なしのせりふ。
とくひつ［特筆］特に目だつように書くこと。例—すべき事件・—に値する
とくひつ［《禿筆］①穂先がすり切れたふで。②自分の文や書をへりくだっていうことば。
とくひょう［得票］得た投票数。例—率
とくべつ［特別］ふつうとちがうこと。例—室
とくほう［特報］特別なしらせ。例海外—
とくぼう［徳望］おこないがりっぱで、人にたっとばれること。例—のある人
どくぼう［独房］受刑者をひとりとじこめておくへや。例—に入れられる
とくほん［読本］①国語・漢文・外国語などの教科書。②一般むきの入門書。例受験—

どくみ［毒味・毒見］①毒のあるなしをためすために、食物を口にいれること。例お—役。②料理の味をためすこと。例まずお—に
とくめい［匿名］名まえをかくすこと。
とくめい［特命］特別の命令。特別の任命。
とくもく［徳目］道徳を分類してつけた名目。
とくやく［特約］特別な関係の約束。例—店
とくゆう［特有］そのものだけが特別にもっていること。固有。例アイヌ—の叙事詩
とくよう［徳用・得用］使ってみて利益が多いこと。例—品・—石けん
どくりつ［独立］他にたよらないこと。ひとりだち。例—国・親から—する
どくりょう［読了］読みおわること。
どくりょく［独力］自分ひとりの力。自力。
とくれい［特例］特別な例。特別な法規。
とくれい［督励］監督しはげますこと。
どくろ［《髑髏》］風雨にさらされて肉のおちたずがい骨。されこうべ。しゃれこうべ。
とげ［〈刺・《棘］さきのとがったもの。例—抜き
とけあう［解け合う］うちとける。例気持ちが—・仲間と—
とけい［時計］時間をはかる機械。例日—
とけこむ［溶け込む］まざってなじむ。例仲間に—・雰囲気に—
どげざ［土下座］地にひざまずいて礼をすること。例—してあやまる
とけつ［吐血］血をはくこと。例—する
とげとげしい［〈刺刺〉しい］かどだっている。
とける［溶ける・〈融ける］①液体になる。②液体の中に他の物質がまじりこむ。

とける［解ける］①ほどける。②なくなる。③ゆるむ。くつろぐ。④解答がでる。例問題が—
とげる［遂げる］なしおおせる。成就する。
どける［〈退ける］とりのぞく。おしのける。
とこ［床］①ねどこ。例床につく。②そだてるところ。例苗床。③底。例川床
どこ［〈何処〉］どの所。どのこと。例—吹く風
とこう［渡航］船で海をわたること。航海。
どこう［土工］土木の工事人夫。土方。
どごう［怒号］どなりさけぶこと。例—が飛ぶ
とこなつ［常夏］いつも夏のようにあついこと。例—の国ハワイ
ところ［所・〈処］①場所。②居場所。例所書き・所払い。③位置。④とき。場合。
どざえもん［土左〈衛門］水死人。
とさか［▽鶏冠］にわとりなどの頭の部分にある赤いかんむりのような肉片。
とざす［閉ざす・〈鎖す］しめる。さえぎる。おしこめる。例道を—・門を—
とさつ［《屠殺］家畜などを殺すこと。例—場
とざん［登山］山にのぼること。やまのぼり。
とし［年・〈歳］①一年。例年の瀬。②年齢。例年をとる。③つきひ。例年月がたつ
とし［都市］都会。みやこ。例—計画・田園—
とじ［〈刀自］年をとった婦人の敬称。
とじ［途次］みちすがら。みちのついで。
としがい［年〈甲《斐］年をとったききめ。年齢にふさわしいかしこさ。例—もなく
としかさ［年《嵩］年上。年数の多いこと。老年。
どしがたい［度し難い］すくうことができない。どうにもならない。例—やつだ

としご［年子］一つちがいの兄弟姉妹。
とじこもる［閉じ《籠る］戸をしめて内にこもる。家から出ない。例家に—
としごろ［年《頃］①ちょうどよい年齢。②年配。としばえ。③ながねん。数年このかた。
としだま［年玉］新年の祝いのおくり物。
どしつ［土質］土の成分。土の性質。
としなみ［年波］年をとること。例よる—で
としのいち［年の市］年の暮れに正月用品を売る市。例年末恒例の—
としのこう［年の功］年をとって経験をつむこと。例亀の甲より—
としのせ［年の瀬］年のくれ。例せわしい—
としは［年端］年数。年齢。例—のゆかぬ
としま［年〈増］中年の婦人。例—の魅力
どしゃ［土砂］土と砂。例—降りの雨
としゅくうけん［徒手空《拳］①からて。手になにも持っていないこと。②資本や地位などのないこと。例—で上京する
としょ［図書］書籍。本。例—館・—室
としょう［徒渉］川などを歩いてわたること。
とじょう［途上］道の上。とちゅう。例発展—国
どじょう［土壌］つち。つちくれ。
どじょう［〈泥《鰌］池沼のどろの中にすむ魚。
としょく［徒食］働かないでくらすこと。
としより［年寄(り)］老人。年とった人。
とじる［閉じる］①ふさがる。しまる。例門が—。②しめる。例ふたを—
とじる［《綴じる］かさねてつづりあわせる。
としん［都心］都会の中心。例—のマンション
どじん［土人］未開発地の土着人。

どすう［度数］①回数。②温度や角度などの目盛りのかず。例メガネのレンズの—
とする［《賭する］かける。例社運を—
どする［度する］すくう。例度しがたいやつ
とせい［渡世］世わたり。くらし。例—人
どせい［土星］太陽から数えて第六番めの惑星。例—の環
とぜつ［途絶・《杜絶］とだえること。例通信—
とせん［渡船］わたしぶね。例—場
とそ［《屠蘇》］正月に酒にひたしてのむ薬。
とそう［塗装］塗料をぬって装飾すること。
どぞう［土蔵］四面を土壁でつくった倉庫。
どそく［土足］①どろあし。②はきものをはいたままの足。例—であがる
どぞく［土俗］その土地に固有な風俗。
どだい［土台］①家や橋をささえている土や石。②もとい。基礎。例—を築く
とだえる［途絶える・〈跡絶える］ゆききがたえる。例音信が—
とたん［途端］ちょうどそのとき。例着いた—
どたんば［土壇場］せっぱつまった場合。
とち［《栃・《橡］落葉高木の一種。例—の実
とち［土地］土。地面。例—っ子・—勘
どちゃく［土着］その土地にうまれてすみついていること。例—の人々
とちゅう［途中］①道を歩いているとき。道の中。②物事がまだ終わらないうち。中途。
とっか［特価］特別に安いねだん。例—品
とっか［徳化］道徳による教化。例名君の—で
とっかん［突貫］つき進むこと。例—工事
とっき［突起］高くつきでること。例—物

とっきゅう［特急］①特別にいそぐこと。②特別急行列車の略。例—さくら
とっきゅう［特級］最上級。例—酒・—品
とっきょ［特許］工業上の発明や発見を特別にまもってやること。例—出願中・—許可局
とつぐ［嫁ぐ］よめにゆく。例—日も近い
とつくに［〈外国］異国。例—の船
とっくり［〈徳利］酒をいれる焼き物。とくり。
とっけい［特恵］特別の恩恵。例—国・—条約
とつげき［突撃］敵の陣地に突進すること。
とっけん［特権］特別の権利。ある身分のものだけがもっている権利。例—階級
とっこう［特効］特別のききめ。例—薬
とっこう［徳行］道徳にかなった正しい行い。
とっこう［篤行］人情にあついおこない。
とっさ［《咄嗟》］またたく間。例—のことで
とつじょ［突如］だしぬけ。突然。例—出現する
とっしん［突進］一気に突き進むこと。例—力
とつぜん［突然］いきなり。だしぬけに。
とったん［突端］つき出ているはし。例岬の—
とっつき［取っ付き］①しはじめ。最初。②第一印象。例—の悪い人
とって［取っ手・〈把っ手］つまみ。例ドアの—
とってい［突堤］岸から水中につき出した細長い防波堤。例港の—に立って
とっておき［取って置き］いよいよのときまでたいせつにしまっておくこと。例—の文句
とつとつ［《訥訥》］どもるさま。例—と話す
とっぱ［突破］つきやぶること。例—口を発見
とっぱつ［突発］だしぬけにおこること。
とっぱな［突〈端］でばな。最先端。最初。

とっぴ［突飛］ひじょうにかわっていること。
とっぴょうしもない［突拍子もない］とっぴである。なみはずれている。例—声をだす
とつべん［《訥弁］おそくてへたな話しぶり。
どっぽ［独歩］①ひとりで歩くこと。②くらべるものがないこと。例古今—の名人
とつレンズ［凸レンズ］まん中のあついレンズ。老眼鏡や拡大鏡など。↕凹レンズ
とてい［徒弟］でし。見習い。例—制度
とてつもない［途《轍もない］とんでもない。
とても［《迚も］①どうしても。②すこぶる。
どてら［▽縕袍］綿の厚い、そでひろのきもの。たんぜん。例—を着てこたつに入る
ととう［徒党］くみ。なかま。例—を組む
どとう［怒《濤］あれくるう大なみ。例—のような攻撃・—の勢いで
とどく［届く］いたりつく。達する。例荷が—
とどけ［届(け)］とどけること。とどけ書。
とどこおる［滞る］①つかえる。とまって進まない。②期日がすぎても納めない。
ととのえる［整える］きちんとそろえる。
ととのえる［調える］そろえる。例家具を—
とどめる［〈止める・〈留める］おいておく。
とどろく［《轟く］①ひびきわたる。②ひろく知れわたる。例勇名が天下に—
となえる［唱える］①うたう。例念仏を—。②いいはじめる。主張する。例新しい学説を—
となえる［〈称える］称する。例越山と—
となり［隣］隣家。接近しているもの。例隣の家。隣近所・隣のおばさん
となりあう［隣(り)合う］となりになる。

どなる［怒鳴る・《呶鳴る］大声でしかる。
とにかく［《兎に角］それはそうとして。
とねりこ［▽秦皮］野山にはえる落葉小高木。
との［殿］①貴人のすむ広壮なたてもの。やかた。②高貴な人の敬称。③主君の敬称。
どの［殿］姓名や官職の下につける敬称。
とば［《賭場］ばくち場。例—荒らし
どば［《駑馬］足のおそい馬。のろい馬。
どはずれ［度外れ］ほどあいをこえること。
とばり［〈帳・〈帷］室内をくぎるためにたれさげる織物。たれぎぬ。例—をおろす
とひ［徒費］むだについやすこと。むだづかい。
とひ［都《鄙］みやこといなか。例—問答
とび［《鳶］①ワシタカ類の一種の猛鳥。とんび。②とび職。火消し人足。仕事師。例—職
とびいり［飛(び)入り］なかまでないものが急に加わること。例—の余興・—が加わる
とびいろ［《鳶色］茶かっ色。
とびしょく［《鳶職］消防夫。とびのもの。
とびどうぐ［飛(び)道具］遠くから敵をうつ武器。弓矢や小銃など。例—とはひきょうだ
とびひ［飛(び)火］①飛びうつる火の粉。②子どもの顔にできる伝染性皮膚病。
どひょう［土俵］①土をつめたたわら。②すもうば。土俵場。例—入り・同じ—で
とびら［扉］①ひらき戸。②書籍の見返しの次のページ。最初のページで書名がある。
とふ［塗布］ぬりつけること。一面にぬること。
どびん［土瓶］湯をわかす陶器具。
とぶ［飛ぶ］①空をかける。②はしる。③とびちる。④順序をふまずに進む。例話が—

とぶ［跳ぶ］とびあがる。はねる。例溝を—
どぶ［〈溝］下水のみぞ。例—板・—ねずみ
とぶくろ［戸袋］雨戸をしまうところ。
どぶろく［▽濁酒］こさない酒。にごり酒。
どべい［土塀］土のへい。練りべい。
とほ［徒歩］足であるくこと。例駅より—五分
とほう［途方］①取るべきみち。方法。例どうするか—にくれる。②すじみち。例—もない
どぼく［土木］木材や石材・セメントなどを使ってする工事。例—工事・—建築
とぼける［《惚ける］知らないふりをする。
とぼしい［乏しい］すくない。たりない。
とぼす［〈点す］→ともす
とま［《苫］すげやかやなどであみ、風雨をふせぐもの。例—屋・—ぶき
とまつ［塗抹］ぬりつけること。ぬりつぶし。
とまどう［戸惑う］まごつく。例判断に—
とまり［泊(まり)］宿泊。やどり。例—客
とまる［止(ま)る］①動かなくなる。例車が—。②中止する。③やむ。例しゃっくりが—
とまる［留(ま)る］のこる。固定される。例目に—・びょうで—・心に—
とまる［泊(ま)る］宿泊する。てい泊する。
とみ［富］財産。資産。例富くじ・富の分配
とみに［《頓に］きゅうに。にわかに。
とむ［富む］多くの財産を持つ。ゆたかである。
とむらう［弔う］人の死をかなしみいたむ。
とめど［止め〈処］とどまるところ。例—なく
とめる［止める］①進ませない。例車を—。②中止する。例送金を—。③やめさせる。例会議を—④出なくする。例血を—

とめる［留める］①ひきとめる。例帰る友を―。②固定する。例ピンで―。③のこる。例目を―・気に―・記憶に―
とめる［泊める］宿泊させる。例友人を―
とも［共］いっしょ。例共働き・共に
とも［友］したしくまじわる人。ともだち。
とも［供］とものもの。おとも。例供をする
とも［《艫］船尾。↕へさき。例―に座る
ども［共］①複数語。例私共。②謙称。例手前共
ともえ［《巴］①水がわいて外へまわるもよう。②ものがまるくめぐりまわされるさま。
ともがき［友垣］ともだち。
ともかく［《兎も角］どうあろうとも。
ともがら［〈輩］なかま。やから。同輩。
ともす［〈点す・〈灯す］あかりをつける。
ともづな［《纜］船をつなぎとめるつな。
ともども［共共］いっしょに。例家族―
ともなう［伴う］つれだつ。つれる。例危険が―
ともね［共寝］いっしょに寝ること。
ともばたらき［共働き］夫婦がともに働きに出ること。例―の家庭
どもり［《吃り］どもること。また、その人。
どもる［《吃る］ことばがつかえてうまくいえない。例面接試験で思わず―
とや［〈鳥屋・《塒］かい鳥のすむ小屋。
とゆう［都《邑］①都会。②にぎやかな町。
どよう［土用］暦でいう季節の一つ。立春・立夏・立秋・立冬の前のそれぞれ十八日間をいうが、普通には夏の土用をさす。
とら［《虎］食肉獣の一種。例―刈り・―の子
とら［《寅］十二支の三番目。例―年の人
どら［〈銅《鑼］青銅製で盆の形をした打楽器。
とらい［渡来］海外からわたってくること。
とらえる［捕(ら)える・《捉える］とりおさえる。つかむ。例犯人を―・袖を―
とらのこ［《虎の子］たいせつにして手放さないもの。例―の金
とらのまき［《虎の巻］①兵法戦術の秘伝書。②教科書の解説をした学生用の参考書。
とり［鳥］①鳥類。例小鳥。②にわとり。例鳥肉
とり［《酉］十二支の十番目。例―の市・―年
とりあえず［取(り)〈敢えず］さっそく。まず。
とりあげる［取(り)上げる］①ひろいあげる。②採用する。③うばいとる。没収する。
とりい［鳥居］神社の門。例―をくぐる
とりいる［取(り)入る］人の気にいるようにこびへつらう。例上役に取り入って出世する
とりえ［取(り)柄］よいところ。とりどころ。
とりかえる［取(り)替える］交換する。
とりかじ［取《舵］へさきを左へ向けるときのかじ。↕おもかじ。例―いっぱい
とりかわす［取(り)交(わ)す］交換する。やりとりする。例結納を―
とりきめ［取(り)決め・取〈極め］約束。契約。
とりけす［取(り)消す］前に言ったり行ったりしたことをうち消す。やめにする。例前言を―・契約を―・記事を―
とりこ［《擒・《虜］いけどり。ほりょ。
とりこしぐろう［取(り)越(し)苦労］さきざきのことを考えてよけいな心配をすること。
とりこみ［取(り)込み］ごたごた。どさくさ。
とりざた［取(り)《沙汰》］うわさ。例―される
とりしまる［取(り)締(ま)る］きそくにてらしてまちがったことをとがめる。例取締役
とりすます［取(り)澄ます］すます。きどる。
とりたてて［取(り)立てて］特別にぬきだして。例―言うことではないが
とりたてる［取(り)立てる］①むりに取る。②ひきたてる。③特に数えたてる。
とりつく［取(り)付く］①とりかかる。例仕事に―。②のりうつる。③すがりつく。
とりつぐ［取(り)次ぐ］人と人との間にたって物事をつたえる。例話を―・社長に―
とりつくろう［取(り)繕う］①いろいろうまいようにいいなす。②手入れをする。
とりて［捕(り)手］罪人をめしとる人。
とりで［《砦］城の外にかまえて敵をふせぐさくや石がき。例山賊の―
とりとめがない［取(り)留めがない］つかみどころがない。まとまりがない。例―話
とりなす［執(り)成す］①よいようにはからう。②なかをとりもつ。例二人の仲を―
とりはだ［鳥肌］①鳥の毛をむしったあとのようなきめの荒いはだ。②寒さのために毛が立ち鳥のようなはだになること。
とりひき［取(り)引(き)］売り買い。「取引所」などは送りがなをはぶく。例精算―
とりまき［取(り)巻(き)］①まわりをかこむこと。②つきしたがってきげんをとる者。
とりみだす［取(り)乱す］①とりちらかす。②だらしなくする。③心がたかぶって普通でないふるまいをする。例母の死に―
とりめ［鳥目］夜になると見えなくなる眼病。

とりもつ［取(り)持つ］①ふたりの間に立って両方の世話をうまくする。例仲を―。②じょうずにもてなす。例客を―
とりもなおさず［取りも直さず］すなわち。
とりょう［塗料］物の表面にぬったり色をつけたりするもの。うるし・ペンキ・ニスなど。
どりょう［度量］①ものさしとます。長さと容積。②人をよくうけいれることのできる広い心。例―の広いりっぱな人物
どりょうこう［度量衡］長さとます目と重さ。ものさしとますとはかり。
どりょく［努力］いっしょうけんめいにつとめはげむこと。精を出すこと。例―の結晶
とりわけ［取(り)分け］とくに。ことに。
ドル［《弗》］アメリカ合衆国の貨幣単位。
どれい［奴隷］①昔、牛馬のようにおいつかわれ、売買された人。②他の人に束縛や使役される人。しもべ。例金の―
とろ［《瀞》］川の流れがしずかになっている深いところ。例長―・―八丁
とろ［吐露］自分の考えをかくさずにのべること。例真情を―する
どろ［泥］やわらかい土。例泥を吐く・泥水
とろう［徒労］むだなほねおり。例―に帰す
とろける［《蕩ける》］流動体になる。例―ような
どろじあい［泥仕合］たがいに相手の悪いところをあばきあって争うこと。罪のなすりあい。例国会で―を演ずる
どろなわ［泥縄］どろぼうを見てなわをなうように、事が起こってからあわてて用意にかかること。例―式の対策ではだめだ
どろぬま［泥沼］どろ深いぬま。例―にはまる
どろまみれ［泥〈塗れ］どろだらけ。
どろぼう［泥棒］ぬすびと。盗賊。
とろろ［▽薯蕷］やまいもなどをすりおろし、すまし汁を加えた料理。とろろ汁。
どわすれ［度忘れ］ふっとそのときだけ忘れてしまって思い出せないこと。
とわに［▽永久に］いつもかわらずに。
とん［豚］①ぶた。②ぶた肉。例豚汁
トン［《瓲・噸》］重量の単位。例四―積み
どん［鈍］にぶいこと。のろいこと。例鈍化する
どんかく［鈍角］九十度より大きく、百八十度より小さい角。↕鋭角
どんかん［鈍感］感じがにぶいこと。↕敏感
どんき［鈍器］よく切れない刃物。
とんきょう［《頓狂］だしぬけに調子はずれのことをすること。例―な声をだす
どんぐり［〈団《栗］くぬぎ・なら・かしなどの実の総称。例―ころころ
とんざ［《頓挫》］急に勢いがくじけ弱ること。
とんさい［《頓才］時と場合に応じてきてんのきく才能。例一休さんの―
とんし［《頓死］急に死ぬこと。例仕事中に―
とんじ［豚児］①おろかな子ども。②自分の子をへりくだっていう言い方。
とんじ［《遁辞］いいのがれ。にげ口上。
とんじゃく［《頓着］物事を深く気にかけること。心配。とんちゃく。例―しない
どんじゅう［鈍重］にぶくて動作がのろいこと。例―な動き・―な男
どんしゅうのうお［《呑舟の魚］①舟をひとのみにするような大魚。②おおもの。法の網にかからぬほどの勢力ある悪者。
どんす［《緞子］ねり糸で織った地の厚い絹の紋織物。例金襴―
どんする［鈍する］ばかになる。にぶくなる。例貧すれば―
とんせい［《遁世］世をすてて出家すること。
とんそう［《遁走］にげはしること。例―曲
どんぞこ［どん底］いちばん下の底。
とんち［《頓知］その時々にうまくはたらくちえ。きてん。例―をはたらかせる
とんちゃく［《頓着］心配。こだわり。とんじゃく。例すこしも―しない
どんちょう［《緞帳］①厚く重いもよう入りの幕。②巻いてあげおろしする幕。
とんちんかん［《頓珍漢］ものごとのつじつまのあわないこと。例―な答え
どんつう［鈍痛］にぶく重苦しい痛み。
どんてん［曇天］くもり。くもりぞら。
とんと［《頓と］①いっこう。少しも。②まったく。まるっきり。例―と分からない
どんとう［鈍刀］切れ味のわるい刀。
とんび［《鳶］①とび。例―が鷹を生む。②和服用のそでが広いがいとう。二重まわし。
とんぷく［《頓服］一つの薬をわけないで一回にのむこと。痛みどめの薬。
とんぼ［《蜻蛉》］こん虫の名。例―返り
とんま［《頓馬］まぬけ。のろま。例―な行為
とんや［問屋］おろし売りをする商店。
どんよく［《貪欲］ひじょうに欲が深いこと。
どんらん［《貪婪》］むやみに欲ばること。

な

な［名］①名まえ。名称。②評判。名声。③名目。
な［菜］野菜のこと。例青菜・菜っ葉・菜の花
なあて［名《宛］手紙などで、指定した先方の名。あてな。例—人
ない［内］うちがわ。なか。↕外。例国内
ない［無い］存在がみとめられない。↕ある。例近来に—・願っても—ことだ
ないい［内意］内々の考え。おもてむきに発表しない意見。例—を伝える
ないえん［内縁］正式でない夫婦関係。
ないおう［内応］ひそかに敵に通じて連絡すること。うらぎり。例敵と—する
ないか［内科］内臓の病気を治す医術。↕外科
ないがい［内外］①うちとそと。②国内と国外。自分の国と外国。例—の情勢は
ないかく［内閣］大臣があつまって国の政治をそうだんするところ。政府。例—総理大臣
ないがしろ［《蔑ろ］あなどってばかにすること。例新人を—にする
ないき［内規］うちわだけのきまり。
ないぎ［内儀］町家の主婦。他人の妻の敬称。
ないきん［内勤］へやの中での勤務。↕外勤
ないこう［内向］うち気で心の働きが自分の内部にむかうこと。↕外向。例—的な人
ないこう［内攻］病毒が、からだの表面にあらわれないで内部をおかすこと。例不満の—
ないこう［内《訌］うちわもめ。内紛。
ないごうがいじゅう［内剛外柔］心中はしっかりしていて、外にはやわらかいこと
ないさい［内妻］内縁のつま。↕正妻
ないさい［内済］もめごとなどを表ざたにしないですますこと。例部内で—にする
ないし［《乃至］①上と下をあげて、中間を略するときに使う語。②また。あるいは。
ないじ［内示］内密にしめすこと。例合格の—
ないじ［内耳］耳の奥の部分。↕中耳・外耳
ないじつ［内実］内部の事情。例社の—は
ないじゅ［内需］国内の需要。例盛んな—
ないしゅう［内周］うちまわり。↕外周
ないしょ［内緒］内々にすること。秘密。例—話
ないじょ［内助］妻が家の中で夫の働きを助けること。例妻の—の功が大きい
ないじょう［内情］内部の事情。うちまく。
ないしん［内心］心の中。心中。例—しめたと
ないしん［内申］内々に申しのべること。内々の報告。例—書
ないせい［内省］深く自分自身をかえりみること。心のうちに反省すること。
ないそう［内争］うちわもめ。内紛。
ないそう［内装］家の内部の設備や装飾。例—工事・きれいに—する
ないぞう［内臓］胸や腹の中にある諸器官。
ないだく［内諾］内々で承諾すること。
ないだん［内談］内々で話すこと。内密の相談。
ないち［内地］①本土。本国。②国内。
ないつう［内通］ひそかに敵方に通じること。
ないてい［内定］内々に決めること。例採用—
ないてい［内偵］秘密にさぐること。
ないない［内内］人に知られないように、こっそり。内密。例—に処理する
ないねん［内燃］内部でもえること。例—機関・—式エンジン・紛争が—する
ないぶ［内部］①うちがわ。↕外部。例—分裂・—の打ち合わせ。②うちまく。
ないふん［内紛］内部のもつれ。うちわもめ。
ないぶん［内聞・内分］ないみつに聞いて人に話さないこと。例どこまでも—にすます
ないぶんぴつ［内分泌］体内でつくられるホルモンなどを体液中におくるはたらき。
ないほう［内報］内々のしらせ。例—者がいる
ないみつ［内密］人に知らせないこと。
ないめい［内命］内々の命令。例—をうける
ないめん［内面］①内部。うちがわ。②精神や心理の働く方面。例—の豊かな人
ないやく［内約］内々の約束。うちわのきめ。
ないゆう［内憂］①内部の心配事。②国内のうれい。例—外患
ないよう［内容］なかみ。なかにふくまれているもの。例話の—は・—的には
ないらん［内乱］国内のみだれ。国内の戦争。
ないりく［内陸］海岸から遠くはなれた陸地。
なう［〈綯う］よりあわせる。例なわを—
なえ［苗］種からのびて出たばかりの植物。
なえる［《萎える］①力がなくなっておとろえよわる。②植物がしおれる。しなびる。
なお［〈猶・〈尚］①やはり。それでも。②その上に。いっそう。③まるで。
なおさら［〈尚更］その上に。いっそう。
なおざり［▽等閑］いいかげん。おろそか。
なおす［直す］①正しくする。つくろう。例書き

―・悪いくせを―。②うつしかえる。例日本語に―。③もう一度する。例読み―

なおす[治す]病気やけがをもとどおりにする。例風邪を―・漢方薬で―

なおれ[名折れ]名誉をきずつけること。

なか[中]①内部。うちがわ。↕外。例家の中。②場合。例嵐の中。③まんなか。例中をとる

なか[仲]人と人との間がら。例仲がよい

なかがい[仲買]手数料を取って売り買いのなかだちをすること。例―人・市場の―

なかご[中子]①うり類の中心のやわらかな部分。みかんの果肉。②刀のつかの中。

なかし[仲仕]荷物をかついではこぶ人夫。

ながしめ[流し目]よこめ。例―をつかう

なかす[中州・中《洲]川の中にある砂地。

ながそで[長袖]長いそで。例―の服

なかぞら[中空]空の中ほど。空中。

なかたがい[仲《違い]仲が悪くなること。

なかだち[仲立(ち)]両方の間にたってとりもつこと。しゅうせん。例―を頼む

なかだるみ[中《弛み]①中間がたるむこと。②中途でだれること。例―の試合

ながだんぎ[長談義]長くてまとまりのつかない話。例とんだ―だ

なかて[中手]農作物で、早いものとおそいものとの中間でとれる種類。

なかにわ[中庭]建物の内部にある庭。

ながねん[長年・永年]ながい年月。例―の苦労

なかば[半ば]半分。中央。途中。例仕事―で・―を過ぎる・―不安だ

なかばたらき[仲働き]奥と勝手の間の雑用をする女中。例旅館の―

なかま[仲間]いっしょにする人たち。

なかみせ[仲店・仲見世]神社や寺の境内にある店。例浅草の―

ながめ[眺め]①ながめること。②見わたすこと。③見わたしたけしき。例―がよい

ながもち[長持(ち)]①長く保存のきくこと。例―した家具。②衣類などを入れるふたのついた長方形の木箱。

ながや[長屋]二軒以上の家を長く続けてひとむねに建てた家。例棟割り―

なかよく[仲良く]なかのいい状態で。

ながらえる[長らえる]生きている。例命を―

ながらく[長らく]長く。ひさしく。

なかれ[《勿れ・《莫れ]禁止を表す語。

ながれ[流れ]ながれること。それること。中止になること。例―弾・―星・車の―・お―になる・自然主義の―

ながれる[流れる]とまることなく移り動く。それる。広まる。例時が―

なかんずく[▽就中]多くの中でも。とりわけ。

なき[亡き]死んだ。例―父の墓前に

なき[泣き]泣くこと。例―を入れる

なぎ[《凪]風がなく波が静かなこと。例夕―

なきあと[亡き後]死んだあと。例父―は

なきおとし[泣(き)落(と)し]なきついて相手を承諾させ、目的を達すること。例―作戦で

なきがら[亡《骸]しかばね。死がい。死体。

なきくずれる[泣(き)崩れる]しょうたいもなくとり乱して泣く。例よよと―

なきごと[泣(き)言]なきくどいて言うことば。例―ばかり並べる

なぎさ[《渚・《汀]なみうちぎわ。例―づたいに

なきじゃくる[泣きじゃくる]しゃっくりあげてなくこと。例子供みたいに―

なぎたおす[《薙(ぎ)倒す]横にはらってたおす。例当たるを幸い―

なきつらにはち[泣き面に《蜂]悪いことの上にさらに悪いことがかさなること。

なぎなた[▽長刀・《薙《刀]長いえの先に長くそった刃のついた武器。

なきもの[亡き者]この世に生きていない者。

なく[泣く]涙とともに声もだす。↕笑う

なく[鳴く・《啼く]鳥・けもの・虫などが声をだす。またはまさつ音をだす。

なぐ[《凪ぐ]風がやみ、波が静かになる。

なぐさみ[慰み]①きばらし。たのしみ。例手―。②あそび。③もてあそび。例―者

なぐさめる[慰める]①心を楽しませる。②いたわる。例傷心の友を―。③なだめる。

なげうつ[《擲つ・《抛つ]①なげつける。②おしげもなくすてる。例命を―積もりで

なげかわしい[嘆かわしい・《歎かわしい]なげくべき状態である。かなしい。例―政治だ

なげく[嘆く・《歎く]①ためいきをつく。②うれえかなしむ。例社会の風潮を―

なげくび[投(げ)首]くびをなげ出すようにしてうなだれる。思案にふけるさま。

なげし[▽長押]柱から柱へ横にわたして壁にとりつけた材木。例―に掛けた槍

なげすてる[投(げ)捨てる]なげだす。すてておく。例吸い殻を―

なげだす［投（げ）出す］ほうりだす。例仕事を途中で―・足を―
なげやり［投（げ）〈遣り］すてておくこと。
なこうど［仲人］結婚のなかだちをする人。
なごむ［和む］おだやかになる。例心が―
なごやか［和やか］おだやか。例―な雰囲気
なごり［名残］①のこり。例昭和時代の―が。②あとになってからなつかしく思うこと。③わかれをおしむ心。例―惜しい
なさけ［情け］①思いやりの心。あわれみの心。②おもむき。物の情趣がわかる心。
なさけない［情け無い］①思いやりがない。②すげない。ぶあいそうである。③風流な心がない。④なげかわしい。例―結果となる
なざし［名指し］名をさし示すこと。例お―で
なさぬなか［〈生さぬ仲］血のつながっていない親子の間がら。まま親とまま子の関係。
なし［《梨］バラ科のくだもの。例―のつぶて
なしくずし［〈済し崩し］少しずつすませること。例―に借金を返す
なしとげる［成し遂げる・〈為し遂げる］おわりまでやりぬく。例偉業を―
なしのつぶて［《梨の《礫］たよりをしても返事のないこと。おとさたがないこと。
なじみ［《馴染み］したしくなること。心やすい仲。したしいあいだがら。例―の客
なじる［〈詰る］せめただす。問いつめる。
なす［成す］①こしらえる。例群れを―・色を―。②しとげる。例名を―
なす［〈為す］する。つくる。例―がままに・先駆を―・―すべを知らない
なす［《茄子］ナス科の野菜。なすび。
なずな［《薺］春の七草の一。ぺんぺん草。
なずむ［〈泥む］①とどこおる。②こだわる。
なする［〈擦る］①ぬりつける。②責任や罪などを人におわせる。例罪を―
なぜ［〈何故〉］どうして。どういうわけで。
なぞ［《謎］①意味をかくしてことばで問い、その意味をあてさせる遊び。②遠まわしにいうこと。③意味がわかりにくいこと。
なぞらえる［〈準える・〈擬える］①くらべる。②にせる。例現代に―と
なた［《鉈］えの短いはばのひろい刃物。例―をふるう・―豆
なだ［《灘］陸地から遠くの波の荒い海。例玄海―・―の生一本・鹿島―
なだい［名代］名高いこと。例―の酒
なだい［名題］名目。題目。例―の役者
なだたる［名だたる］名高い。有名な。例―書家
なだめる［《宥める］①きもちをやわらげしずめる。②とりなす。例けんかを―
なだれ［雪崩］積もった雪が一時にくずれ落ちること。例―込む・―る
なつ［夏］四季の二番目。暑い季節。↕冬。例暑い夏だ・夏枯れ・夏掛け・夏みかん
なついん［《捺印］はんをおすこと。例署名―
なつかしい［懐かしい］心をひかれてしたわしく思う。例学生のころが―・―歌
なつく［懐く］なれてしたしむ。なじむ。
なづける［名付ける］名をつける。
なっとう［納豆］大豆の発酵食品。例水戸―
なっとく［納得］のみこむこと。理解すること。
なっぱ［菜っ葉］菜の葉。葉を食べる野菜。
なつめ［《棗］だ円形の実のなる庭木。
なつやせ［夏《痩せ］暑さのためにからだが弱りやせること。例猛暑つづきに―する
なでしこ［《撫子］秋の七草の一つ。
なでる［《撫でる］さする。こする。例頭を―
など［〈等］①例として示すときのことば。②おもな部分をあげていうことば。③軽べつを表す。なんか。例私―とても無理です
ななえ［七重］①七つがさね。七つかさねたもの。②多くのかさなり。例―八重
ななくさ［七草］①春の七草。せり・なずな・ごぎょう・はこべら・ほとけのざ・すずな・すずしろ。例―がゆ。②秋の七草。はぎ・おばな・くず・なでしこ・おみなえし・ふじばかま・あさがお（または、ききょう）。
ななころびやおき［七転び八起き］なんども失敗しながら心をふるいおこしてついに成功すること。例―の人生
ななつどうぐ［七つ道具］いつも身につけているいろいろの道具。例弁慶の―
ななひかり［七光（り）］主人や親の威光を深くこうむること。例親の―で当選する
ななまがり［七曲（が）り］道や坂などがいくえにもおれまがっていること。
ななめ［斜め］①かたむいていること。例ご機嫌―になる。②はすかい。例―向かい
なに［何］なにもの。なにごと。どうして。問いかえしたり、打ち消す語。
なにおう［名に負う］①その名のとおりである。②ひょうばんが高い。名にしおう。

なにか［何か］①決まっていないこと。例―しないか。②なんとなく。例―悲しい

なにがし［〈某］①人や物の名や数量がはっきりしないとき、わざとぼんやりいう場合に用いる。②自分。わたくし。

なにくれと［何〈呉と］いろいろと。なにやかやと。例―なく世話をやく

なにくわぬかお［何食わぬ顔］なにごとも知らない顔。しらぬ顔。例―で現れる

なにげない［何気ない］なんの考えもない。なんの気なしに。さりげなく。例―素振りで

なにしろ［何しろ］なんといっても。

なにとぞ［何〈卒］①なんとかして。どうかして。②どうぞ。ぜひ。例―お願いします

なにぶん［何分］①なんといっても。どうも。②なにとぞ。どうか。例―よろしく

なにもの［何物］どんな品物。例―にも代えがたい・退廃以外の―でもない

なにもの［何者］どんな人。例お前は―だ

なにゆえ［何故］なぜ。どうして。例―の上京

なにわぶし［〈浪花〉節］三味線の伴奏による通俗的な語り物。例―的な人情

なぬか［七日］月の七番目の日。七日間。例―正月・―間・一月―

なぬし［名主］昔の町や村の長。庄屋。

なのる［名乗る］自分の名をいう。例名を―

なびく［《靡く］①風や水などの勢いにおされて横になる。②つきしたがう。例権力に―

なぶる［《嬲る］①ひやかしてからかう。②もてあそぶ。③いじめる。例クラス全員で―

なべ［《鍋］食物をにるうつわ。例よせ―

なま［生］①煮焼きする前のもの。例生肉。②加工前の状態。例生の声。③不十分。例生干し

なまあくび［生▽欠伸］十分に出ないあくび。

なまいき［生意気］①知ったふりをすること。②やたらにでしゃばること。例―な生徒

なまがし［生菓子］あんを主とした菓子。もち菓子などの類。↔干菓子

なまかじり［生《齧り］物の一部分だけしか知らないこと。例―の知識

なまき［生木］①はえている木。②きったばかりでまだ枯れていない木。例―を裂く

なまきず［生傷］新しいきず。↔古傷

なまぐさ［生臭］なまぐさいこと。例―坊主

なまくら［〈鈍(ら)］①よく切れない刃物。②才能のない人。なまけもの。例―者

なまける［怠ける］まじめにしないで遊んでいる。例勉強を―・家業を―

なまこ［▽海鼠］海底にすむ下等動物の一種。

なまごろし［生殺し］半殺し。例―の目にあう

なまじ［《憖じ］①できもしないのにしいて。②しなくてもよいのに。なまじっか。

なます［《膾・《鱠］魚や野菜などをこまかく切って酢にひたした食品。

なます［《焠す］鉄を熱して水にいれて強くする。例日本刀を―

なまず［《鯰］淡水にすむ魚の一種。頭が大きく、ひげがある。例―の地震予知

なまず［《癜］糸状の細菌が寄生して、皮膚に白色や茶色のまだらができる皮膚病。

なまつば［生《唾］すっぱいものなどを想像したとき自然にわきでるつば。例―を飲む

なまづめ［生《爪］指にはえているままのつめ。例―をはがす

なまなか［生半］中途はんぱ。例―の対策

なまなましい［生生しい］ひじょうに新しい。

なまぬるい［生〈温い］①少しぬるい。なんとなくぬるい。②はっきりしない。てぬるい。

なまはんか［生半可］物事の十分でないこと。

なまびょうほう［生兵法］①未熟で中途はんぱな兵学や武道。②不十分な知識。知ったかぶりをすること。例―は大けがのもと

なまへんじ［生返事］はっきりしない返事。

なまみ［生身］生きている肉体。例―の体

なまみず［生水］煮立てない水。

なまめかしい［《艶めかしい］①上品である。しとやかでおくゆかしい。②あでやかで美しい。③こびるようだ。いろっぽい。例―女

なまやさしい［生易しい］たやすい。ごくあたりまえである。例―問題ではない

なまり［鉛］灰白色のやわらかい金属。例鉛色

なまり［《訛］ことばや発音が正しくないこと。また、標準語以外のことばや発音。

なまる［《訛る］ことばや発音が正しくない。

なまる［〈鈍る］①切れ味が悪くなる。例包丁が―。②決心が弱まる。例決意が―

なみ［波・〈浪］①水の動き。例波しぶき。②変わりやすいもののたとえ。例調子の波・感情の波。③電波などの高低の状態。例波に乗る

なみ［並］①ふつう。あたりまえ。例並の生活。②ごと。どおり。例大企業並の給料

なみあし［並足］①普通の足なみ。②馬の歩速度でもっともゆるやかなもの。例―で歩く

なみいる［並居る］ならんでいる。列座する。
なみうちぎわ［波打(ち)際］波のうちよせるところ。なぎさ。例―で遊ぶ子ら
なみがしら［波頭］波の高まった先のところ。
なみかぜ［波風］①波と風。②風が強く吹いて波が立つこと。③もめごと。例―が立つ
なみき［並木］道路にそってならべてうえられた木。例―道・ポプラ―
なみじ［波路］船のかよう水路。航路。
なみする［《蔑する］ないがしろにする。
なみだ［涙・《泪・《涕］悲しいときなどに目から出る液。例涙をのむ・涙ぐむ・涙金
なみたいてい［並大抵］ひととおり。
なみなみならぬ［並並ならぬ］ひととおりでない。普通でない。例―努力の結晶
なみのはな［波の花］①白波を花にたとえていう語。②塩。例―をまく
なみはずれる［並外れる］あたりまえのていどをはずれる。例体格が―
なみまくら［波《枕］船の中にとまること。船の旅。例行く手定めぬ―
なむ［南無］仏をおがむときにとなえることば。例―妙法蓮華経・―阿弥陀仏
なめくじ［▽蛞蝓］軟体動物の一種。
なめこ［滑子］きのこの一種。例―汁
なめしがわ［《鞣革］毛皮の毛とあぶらをとり去ってやわらかくしたもの。
なめす［《鞣す］毛皮をやわらかくする。
なめらか［滑らか］①すべすべしているさま。②すらすらしてつかえないさま。
なめる［《嘗める・《舐める］①ねぶる。例あめを―。②味わう。例苦労を―。③軽くみる。例相手を―・―なよ!
なや［納屋］ものをしまっておく小屋。
なやましい［悩ましい］①くるしい。つらい。②がまんしにくい感じだ。例―ポーズをとる
なやます［悩ます］なやませる。くるしめる。
なやむ［悩む］①思いわずらう。くよくよする。②くるしむ。こまる。例歯痛に―
なら［《楢］山野に自生する落葉高木。実はどんぐり。例―の木・―林
ならい［習い］①ならうこと。②ならわし。習慣。③普通のありさま。常態。例世の―
ならう［倣う］まねる。もほうする。
ならう［習う］①くりかえしおさめて身につける。②まなぶ。例見―・日本舞踊を―
ならく［《奈落］①地獄。②物事のはて。どんぞこ。③劇場で舞台の床下に設けた地下室。
ならす［鳴らす］①音をだす。例鐘を―。②強く言いたてる。例不平を―
ならす［慣らす・《馴らす］なれるようにする。
ならす［〈均す］①高低やでこぼこのないようにする。平らにする。②平均する。例土を―
ならずもの［▽破落戸］ごろつき。
ならびない［並びない］くらべものがない。
ならびに［並びに］ともに。および。かつまた。
ならべる［並べる］列につづける。くらべる。
ならわし［習わし・〈慣(ら)わし］しきたり。習慣。例古くからの―・家代々の―
なり［《也］断定・説明の語。例金五千円―
なり［〈形・〈態］かっこう。服装。例はでな―
なりあがる［成(り)上がる］身分のいやしい者が出世する。例小僧から―
なりさがる［成(り)下がる］おちぶれる。
なりたち［成(り)立ち］①成立すること。できあがること。②できあがり。完成。③成立するまでの順序や段階。④成分。要素。
なりはてる［成(り)果てる］①できあがってしまう。②おちぶれる。成りさがる。
なりもの［鳴(り)物］①楽器の総称。②はやし。③音曲。例―入りで宣伝する
なりゆき［成(り)行き］ものごとの進むさま。
なりわい［▽生業］世わたりのしごと。
なる［成る］①できあがる。できる。②思ったとおりになる。例計画が―
なる［鳴る］①音がでる。②世間に知れる。例天下に―・腕が―・温厚で―
なるこ［鳴子］田畑の鳥をおどすしかけ。
なるほど［成(る)程］①まことに。ほんとうに。②いかにも。例―ほんとうだ
なれあう［《馴れ合う］①したしみなれる。②こっそり相談しあって人をだます。
なれのはて［成れの果て］おちぶれた結果。おちぶれはてたすがた。例元貴族の―
なれる［慣れる］①めずらしくなくなる。②上達する。熟練する。例会社勤めに―
なれる［《馴れる］なつく状態になる。例犬が―
なれる［《狎れる］あまりにもうちとけすぎる。
なれる［〈熟れる］よく調和する。例ぬかが―
なわ［縄］わら、あさなどをよりあわせたもの。
なわしろ［苗代］稲の種をまいて苗をそだてる田。なわしろだ。↔本田
なわばり［縄張り］①なわを張って境界を定め

ること。②勢力はんい。領分。例—争い
なわめ［縄目］①なわのむすび目。②なわでしばられること。例—の恥をうける
なん［何］なに。いく。例何と・何人
なん［難］①さいなん。わざわい。②こんなん。むずかしいこと。③欠点。短所。例難がある
なんい［南緯］赤道から南の緯度。赤道を0度として、南極の九十度に至る。↕北緯
なんい［難易］むずかしいこととやさしいこと。例入試問題の—度
なんおう［南欧］ヨーロッパ南部。
なんか［南下］南方へむかって進むこと。
なんか［軟化］①やわらかくなること。②態度などが弱くなること。↕硬化
なんが［南画］東洋の絵の一派。南宗画。
なんかい［難解］わかりにくいこと。
なんかん［難関］①通過しにくい所。②きりぬけにくい事態。例—をみごとに突破する
なんぎ［難儀］①くるしみ。なやみ。②むずかしいこと。③わずらわしいこと。例—な仕事
なんきつ［難詰］欠点をあげてせめなじること。例友の行為を—する
なんぎょう［難行］くるしい修行。例—苦行
なんきょく［南極］地球の軸にあたっている南のはし。↕北極。例—大陸・—の越冬隊
なんきょく［難局］きりぬけるのに困難な局面。例—を打開する
なんきん［軟禁］家の中へとじこめて外出させないこと。例一室に—する
なんきんまめ［南〈京豆］落花生。
なんきんむし［南〈京虫］からだは平たいだ円形で、人畜の血をすう虫。
なんくせ［難癖］非難すべき点。例—をつける
なんこう［難航］①船や航空機があらしなどのために進むのになんぎすること。②進行が、はかどらないこと。×難行。例会議が—する
なんこう［軟《膏］ぬりぐすり。例ペニシリン—
なんこうふらく［難攻不落］せめおとしにくいこと。例—の名城
なんこつ［軟骨］やわらかい弾力のある骨。
なんざん［難産］重い出産。↕安産
なんじ［《汝・《爾］おまえ。例—自らを知れ
なんじ［難治］病気のなおりにくいこと。
なんじ［難事］むずかしいことがら。
なんじゃく［軟弱］①やわらかで弱いこと。②いくじがないこと。↕強硬。例—外交
なんじゅう［難渋］①なやみ苦しむこと。②ものごとがすらすら進まないこと。
なんしょ［難所］けわしくて通るのにくるしむところ。例以前はなかなかの—だった
なんしょう［難症］なおりにくい病気。
なんしょく［難色］むずかしいという顔つき。うけいれにくそうな顔つき。例—を示す
なんすい［軟水］石灰・マグネシウムなどをふくまない水。↕硬水
なんずる［難ずる］①なじる。②非難する。
なんせん［難船］船が風波のためこわれ、または沈没したりすること。なんぱ。
なんせんほくば［南船北馬］中国の南は川が多く、交通に船が用いられ、北方は馬が用いられたので、諸方に旅行する意に用いる。
なんだい［難題］①むずかしい問題。②むりな言いがかり。例無理—をつける
なんたいどうぶつ［軟体動物］骨格をもたないからだのやわらかい動物。
なんてん［南天］常緑低木。実は真冬に美しい紅色になる。例—の実
なんてん［難点］①非難すべき点。欠点。②困難なむずかしいところ。例実行上の—
なんど［納戸］衣服や道具などをおさめておくへや。例お—色
なんなく［難なく］たやすく。かんたんに。
なんなん［《喃《喃］ぺちゃくちゃとしゃべるようす。例喋々—
なんなんとする［〈垂んとする］もう少しでなろうとしている。例蔵書が千冊に—
なんば［難場］むずかしいところ。危険な地点。
なんぱ［難破］暴風雨で船がこわれること。
なんぱ［軟派］①意見の弱い党派。②不良少年のうち、異性をゆうわくしたりするもの。
なんばん［南蛮］①昔、南方の異民族をさした語。②昔、マレー・南洋諸島をさした語。また、その地方をへてわが国に渡来した人。
なんびょう［難病］なおりにくい病気。
なんびと［何人］どういう人。例—といえども
なんぶつ［難物］取りあつかいにこまるもの。やっかいなもの。例あの教授は—だから
なんみん［難民］戦乱や事変などで避難する人々。生活に苦しんでいる人々。例—救済
なんもん［難問］むずかしい問題や質問。
なんよう［南洋］太平洋の赤道の近くの海や島々。例—諸島
なんら［何〈等］①どのような。②少しも。

に

に［二・弐］ふたつ。第二。つぎ。例二の矢
に［荷］①にもつ。商品。例荷が入る。②負担。例荷が重い・肩の荷
にあう［似合う］ふさわしい。つりあう。
にあわしい［似合わしい］ふさわしい。にあっている。例会長に―人物
にいづま［新妻］結婚後まもない妻。
にえきらない［煮え切らない］はっきりしない。例態度が―
にえゆをのます［煮え湯を飲ます］自分を信用している人を裏切ってひどいめにあわせる。例信用して煮え湯を飲まされる
にえる［煮える］火がとおる。わきたつ。
におう［《匂う］①よいにおいがする。②つやがあって美しい。例朝日に―山桜花
におう［〈臭う］くさく感じる。例どぶが―
におう［仁王］仏法をまもる二人の神。
におわせる［《匂わせる］①におうようにする。②それとなくわかるようにする。
にがい［苦い］苦味がある。こころよくない。例―思いをする・―顔
にがお［似顔］その人ににせてかいた顔。
にがす［逃がす］ゆるしはなつ。とりにがす。例小鳥を―・犯人を―・大魚を―
にがて［苦手］①きらいな相手。きらいなもの。②ふえて。ふとくい。例数学は―だ
にがにがしい［苦苦しい］たいへんいやだ。
にかよう［似通う］たがいによくにている。

にがり［苦〈汁］食塩をつくった残りじる。
にがりきる［苦り切る］ひじょうに不愉快そうな顔をする。例苦り切った顔で応対する
にかわ［《膠］接着剤の一種。例―を煮る
にがわらい［苦笑い］不愉快に思いながら笑うこと。例―を浮かべる
にぎにぎしい［《賑賑》しい］ひじょうににぎやかである。例―開店の宴
にきび［▽面皰］顔にできるできもの。例―面
にぎやか［《賑やか］さわがしいようす。
にぎり［握り］①にぎること。例―つぶす・―めし。②持つ所。③すしの一種。例―ずし
にぎる［握る］①手にものをつかむ。②自分のものとする。独占する。例権力を―
にぎわう［《賑わう］にぎやかになる。はんじょうする。例開店早々―
にく［肉］①鳥やけもののみ。例肉の料理。②朱肉。印肉。③そえるもの。例肉づけする
にくい［憎い］にくたらしい。腹がたつ。
にくがん［肉眼］めがねや拡大鏡などをつかわない人間の視力。例―では見えない
にくしみ［憎しみ］にくむこと。例―を買う
にくしょく［肉食］肉をたべること。↔菜食
にくしん［肉親］親子や兄弟など、血すじの関係の近い人。例―のあいだがら
にくせい［肉声］人の口から出る音声。マイクロホンなどによらない生の音声。
にくたい［肉体］からだ。↔精神。例―的に
にくち［肉池］印肉を入れたもの。にくいれ。
にくづけ［肉付け］①肉をつけること。②内容をゆたかにすること。例文章を―する

にくてい［憎体］にくらしいようす。
にくはく［肉薄］敵の近くにせまること。ひじょうに近くせまること。×肉迫。例敵に―
にくひつ［肉筆］手で書いたもの。例―の書
にくぶと［肉太］文字の線や点などの書きぐあいがふといこと。例―の筆勢
にくまれやく［憎まれ役］人からにくまれる役目。例とんだ―をつとめる
にくむ［憎む］にくく思う。きらう。↔愛する
にげこうじょう［逃(げ)口上］責任のがれのことば。例―をつかう
にげまどう［逃(げ)惑う］あちらこちら逃げまわってうろたえる。例あわてて―
にげる［逃げる］のがれ去る。はなれる。さける。例国外に―・勉学から―
にこげ［〈和毛］やわらかな毛。うぶ毛。
にごる［濁る］①すんでいない。②純粋でなくなる。③よごれる。④濁音になる。
にごん［二言］二度言うこと。前に言ったこととちがうことをいうこと。例―はない
にし［西］太陽がしずむ方角。↔東
にじ［《虹］空にあらわれる七色の弓形の帯。
にじ［二次］二番目。二回目。例―会・―的な
にしき［《錦］金銀やさまざまな色糸できれいな模様をおりだした厚地の絹織物。
にしきえ［《錦絵］木版ですった色ずりの美しい浮世絵。例役者の―
にしきをかざる［《錦を飾る］成功して故郷へ帰る。例故郷へ―
にしび［西日］夕日。西にかたむいた日。
にじむ［《滲む］①色がしみてひろがり散る。②

涙がうかんでくる。例目に涙が―

にしゃたくいつ［二者択一］二つのうちどちらか一つを選ぶこと。例―を迫る

にじゅう［二重］かさなること。ふたえ。

にじょう［二乗］同一の数どうしをかけあわせること。自乗。

にじる［躙る］①すわったままひざですすむ。②ふみつぶす。例約束を踏み―

にしん［《鰊・《鯡］イワシ科の北海の魚。

にしん［二伸］手紙の追い書きのはじめに書くことば。追伸。追白。

にせ［偽・《贋］本物ににせてつくったもの。

にせ［二世］現世と来世。例―をちぎる

にせい［二世］①二代目。②外国にうまれて外国の人となっている日本人。例ハワイ―

にせもの［偽者］本人らしくみせかけている本人でない者。↕本者。例―が出没する

にせもの［偽物］にせてつくったもの。まがいもの。↕本物。例まっかな―をつかまされる

にそう［尼僧］あま。例―院

にそくさんもん［二束三文］数が多くてねがやすいこと。例―の品

にたりよったり［似たり寄ったり］よく似ているようす。例―の考えしかない

にち［日］①日本国。②日曜日。③日数。④日をあらわすことば。例十五日

にちげん［日限］かぎり定めた日数。期限。

にちじょう［日常］ふだん。いつも。例―生活

にちぼつ［日没］日がしずむこと。日の入り。

にちや［日夜］①昼と夜。②いつも。しじゅう。例―苦心する・―思う

にちようひん［日用品］毎日の生活に使う道具。例デパートの―売り場

にちりん［日輪］太陽。↕月輪

にっか［日課］毎日きめてするしごと。

につかわしい［似つかわしい］よくにあっている。ふさわしい。例彼に―行為

にっかん［日刊］毎日刊行すること。例―紙

にっき［日記］毎日のできごとや感想などの記録。日誌。例アンネの―・当用―

にっきゅう［日給］一日いくらときめて与えられる給料。例―月給・―制のアルバイト

にっこう［日光］太陽の光。例―消毒・―浴

にっさん［日参］①毎日おまいりすること。②毎日おしかけること。例役所へ―する

にっし［日誌］日記。例学級―

にっしゃびょう［日射病］夏など太陽の強い光をうけてたおれる病気。

にっしょうき［日章旗］日の丸のはた。

にっしょく［日食・日《蝕］月が太陽と地球の間にきて太陽が欠けて見える現象。↕月食

にっしんげっぽ［日進月歩］日に月にたえまなく進歩すること。例―の世の中

にっすう［日数］日かず。例出席―

にっちもさっちも［二〈進も三〈進も］動きがとれずどうにもならないさま。例―ならない

にっちょく［日直］①日々の当直。②昼の当直。

にってい［日程］しごとや旅行などの毎日の予定。例―を変更する

にっとう［日当］一日分のてあて。日給。

にっぽんばれ［日本晴れ］①すこしの雲もなくすっかりはれわたること。②気持ちがはればれとしたようす。例―の心境

にてもにつかない［似ても似つかない］すこしもにていない。例―他人だった

にど［二度］二へん。ふたたび。例―咲き・―手間・―あることは三度ある

にとうぶん［二等分］まはんぶん。例利益を―にする・―線

になう［担う］①かつぐ。肩にかける。②身にひきうける。うけもつ。例責任を―

ににんさんきゃく［二人三脚］①二人の片足をしばって走る競技。②二人で仲よくすること。例―の事業

にぬし［荷主］荷物の持ち主や送り主。

にぬり［〈丹塗(り)］赤色や朱色でぬったもの。

にのあしをふむ［二の足を踏む］ためらう。

にのうで［二の腕］肩とひじのあいだ。

にのく［二の句］次のことば。例―がつげない

にのまい［二の舞］同じ失敗をもう一度くりかえすこと。他人の失敗を自分もすること。

にびいろ［〈鈍色］こいねずみ色。にぶいろ。

にひゃくとおか［二百十日］立春から二百十日めの日。九月一日ごろ。台風が多い。

にぶい［鈍い］のろい。おそい。↕鋭い

にぶる［鈍る］にぶくなる。例切れ味が―

にほん［日本］にっぽん。わが国の名。例―画・―髪・―酒・―晴れ・―脳炎

にまいがい［二枚貝］貝がらの二枚ある貝。はまぐりやあさりなど。↕巻き貝

にまいじた［二枚舌］うそをいうこと。

にもうさく［二毛作］同じ土地に一年に二回農作物をつくること。↕一毛作

にもつ［荷物］①運送する品物。②負担。例お―でしょうが・―をしょいこむ

にもの［煮物］食べ物を煮ること。例魚の―

にやく［荷役］船の荷物のつみおろし。

にやっかい［荷厄介］もてあますさま。

にゅういん［入院］病気をなおすために病院にはいること。↔退院。例長期―加療中

にゅうえき［乳液］乳状のクリーム。例―状

にゅうかく［入閣］大臣になって内閣の一員となること。例新―の大臣

にゅうがく［入学］学校にはいること。↔卒業・退学。例―式・―試験

にゅうぎゅう［乳牛］乳をとる目的でかう牛。

にゅうきん［入金］おかねが入ること。

にゅうこく［入国］外国からその国へ入ること。↔出国。例―管理・―手続き

にゅうざい［乳剤］乳白色の薬剤。例殺虫用―

にゅうさつ［入札］うけおいや売買のとき、金高を書いて投票すること。↔落札

にゅうし［乳歯］生まれてから半年ぐらいではえ、十歳前後でぬけかわる歯。↔永久歯

にゅうじ［乳児］ちのみご。あかんぼう。

にゅうじゃく［入寂］僧が死ぬこと。

にゅうじゃく［柔弱］性格や体質がよわよわしいこと。例―な体・―な男

にゅうしゅ［入手］手に入れること。例―する

にゅうしょく［入植］開拓や植民のためにその地に行ってすむこと。例ブラジルの―者

にゅうしん［入信］信仰の道に入ること。

にゅうしん［入神］技術がひじょうに上達して、かみわざに近いこと。例―の美技

にゅうせん［入選］えらばれた中にはいること。当選。↔落選。例日展の―作品

にゅうちょう［入超］輸入が輸出をうわまわること。↔出超。例―で国際収支が赤字となる

にゅうでん［入電］電話・電報がとどくこと。

にゅうどう［入道］①仏道にはいって修行すること。また、その人。②坊主頭のばけもの。

にゅうどうぐも［入道雲］夏の空にむくむくと出る雲。積乱雲。

にゅうねん［入念］ねんいり。例―に調査する

にゅうばい［入梅］つゆの季節にはいること。

にゅうばち［乳鉢］薬をすりくだくためのはち。例乳棒と―

にゅうひ［入費］必要な費用。かかり。

にゅうもん［入門］①でし入りすること。②初歩の人のために書いた本。てびき。例―書

にゅうよう［入用］いること。例―な品

にゅうようじ［乳幼児］乳児と幼児。学校へはいるまえのこども。例―用

にゅうらい［入来］はいってくること。例ご―

にゅうわ［柔和］やさしくおとなしいこと。

にょい［如意］僧が説法などのときもつもの。

にょう［尿］小便。例尿道・尿器・尿検査

にょうぼう［女房］①昔、宮中や貴族につかえた婦人。②妻。例―役をつとめる

にょじつ［如実］真実とちがわないこと。実際のとおり。そのまま。例―に物語る

にょしょう［女性］おんな。婦人。

にょらい［如来］仏をたっとんでいう語。

にら［《韮］ユリ科の食用植物。

にらみ［《睨み］①にらむこと。②他を威圧すること。例―をきかす

にらみあわせる［《睨み合(わ)せる］比較して考えあわせる。例他社と―

にらむ［《睨む］①目をいからせて見る。②見当をつける。例どうもあやしいと―

にる［似る］おたがいが同じに見える。例親に―・企画が―・似た者同士

にる［煮る］水を加え、火にかけて熱をとおす。例野菜を―・煮えるまで待つ

にれ［《楡］落葉高木。秋にうす黄色の花をつける。エルム。例―の木陰で休む

にわ［庭］①草木をうえた敷地内の土地。例庭木。②場所。例学びの庭

にわか［《俄］①だしぬけ。突然。例―のできごと。②あわただしいさま。例―仕込み

にわかあめ［《俄雨］急にはげしく降ってくる雨。例帰宅の途中で―にあう

にわきど［庭木戸］庭の出入口の木戸。

にわし［庭師］庭を作ったり手入れする職人。

にん［人］ひと。ひとの数。例百人・苦労人

にん［忍］がまん。しんぼう。例忍の一字

にん［任］つとめ。しごと。任期。例任が重い

にんい［任意］思うまま。心のまま。例―出頭

にんか［認可］みとめて許可すること。例―権

にんかん［任官］官職に任じられること。

にんき［人気］①世間の人の気うけ。評判。②その土地の気風。じんき。例―の悪い地

にんき［任期］職務にある一定の期間。

にんぎょ［人魚］上半身が人間で下半身が魚という想像上の動物。例―の像

にんきょう［任《侠・〈仁《侠］おとこぎ。弱い者

を助け強い者をくじくこと。例―の徒

にんく［忍苦］苦しみをこらえしのぶこと。

にんげん［人間］①ひと。②人物。③世間。

にんげんみ［人間味］人間らしいあたたかい気持ち。人情味。思いやり。例―に富む

にんしき［認識］ものごとを正しくはっきり知ること。みとめること。例―不足だ

にんじゅう［忍従］じっとこらえしのんで、その境遇のままに従うこと。例―の生活

にんしょう［認証］たしかにみとめること。

にんじょう［人情］人間としてもっているなさけの心。おもいやり。なさけ。例―味

にんじょう［〈刃傷］刃物で人をきずつけること。例―沙汰になる

にんじる［任じる］①任命する。②まかせる。③ひきうけて自分の役目とする。例自ら―

にんしん［妊娠］子をはらむこと。例―と出産

にんじん［人〈参］セリ科の野菜。例朝鮮―

にんずう［人数］人のかず。例―が足りない

にんそう［人相］人の顔かたち。顔つき。例―見

にんそく［人足］荷物のはこびや土木工事などにやとわれる労働者。人夫。例―仕事

にんたい［忍耐］しんぼうづよくこらえること。がまんすること。例―力を養う

にんち［任地］つとめのために在住するところ。例―におもむく

にんち［認知］みとめ知ること。みとめること。

にんてい［人体］ひとがら。人品。

にんてい［認定］みとめ定めること。例―証

にんにく［▽大蒜］においの強い野菜の一。

にんぴにん［人非人］人の道にはずれたおこないをする人。ひとでなし。

にんぷ［人夫］筋肉労働者。人足。例工事―

にんぷ［妊婦］妊娠している女性。例―帯

にんむ［任務］やくめ。つとめ。例―を怠る

にんめい［任命］職務を命ずること。例―権

にんめん［任免］職務に任ずることと職務を免じること。任官と免官。例―の権限

ぬ

ぬいしろ［縫(い)代］布地のぬいこむ部分。例―をとる・―を計算して裁つ

ぬいとり［縫(い)取り］ししゅう。例奇麗な―

ぬいもの［縫(い)物］ものをぬうこと。ぬったもの。例―に余念がない

ぬう［縫う］①布を糸でつづる。②物と物のあいだをまがりくねってとおりぬける。

ぬか［《糠］米や麦を精白するときに出る粉。例―床・―味噌・―に釘

ぬかあめ［《糠雨］ぬかのようにこまかい雨。

ぬかす［抜かす］おとす。とばす。例腰を―

ぬかす［〈吐かす］「言う」をいやしんでいうことば。例何を―か

ぬがす［脱がす］ぬぐようにさせる。例服を―

ぬかずく［〈額ずく］ひたいを地につけておがむ。例神前に―

ぬかよろこび［《糠喜び］よろこんだかいがなく、あてがはずれること。例―に終わる

ぬかり［抜かり］ぬかること。手落ち。例手―

ぬかる［抜かる］ゆだんして失敗する。うっかりしてやりそこなう。例―なよ

ぬかるみ［▽泥濘］どろが深くて歩きにくいところ。例―にはまる

ぬき［〈貫］柱と柱をつなぐ横木。

ぬきあし［抜(き)足］音をたてないようにそっと足をあげて歩くこと。例―差し足

ぬきうち［抜(き)打ち］①刀をぬくと同時にきりつけること。②予告なしに、だしぬけにおこなうこと。例―に試験をする

ぬきがき［抜(き)書(き)］必要なところだけ書きぬくこと。また、書きぬいたもの。

ぬきさし［抜き差し］①ぬきとることとさしこむこと。②やりくり。例―ならない状態

ぬきみ［抜(き)身］さやからぬきはなった刀。

ぬきんでる［抜きんでる・〈抽んでる］他よりもとびぬけてすぐれる。例世界の水準を―

ぬく［抜く］①引きだす。例刀を―。②はぶく。例手を―。③追いこす。例前の馬を―。④どこまでもする。例最後までやり―

ぬぐ［脱ぐ］身につけているものをとる。

ぬくい［〈温い］あたたかい。例―寝床だ

ぬぐう［《拭う］①ふきとる。②きよめる。

ぬくまる［〈温まる］あたたまる。例こたつに―

ぬくみ［〈温み］あたたかみ。例―のある人柄

ぬくもり［〈温もり］ぬくみ。例体の―が

ぬけがけ［抜(け)駆け］他人をだしぬいて事をすること。例―の功名

ぬけがら［抜(け)殻・〈脱(け)殻］①せみやへびなどの脱皮したあとのから。②本心をうしなってぼんやりした人。例魂のない―だ

ぬけかわる［抜(け)替(わ)る］古いものがぬけて新しいものがはえる。例毛が―・歯が―

ぬけみち[抜(け)道]①うらみち。②にげみち。③のがれる手段。例法律の—をさがす
ぬけめ[抜(け)目]①ぬけたところ。かけたところ。②手ぬかり。ゆだん。例—がない
ぬける[抜ける]①はなれでる。②とれさる。③もれる。おちる。④ちえがたりない。
ぬし[主]①主人。②もちぬし。所有者。③森や沼などに古くからすむという動物。④古くからいる人。例彼は会社の主だ
ぬし[〈塗師]ぬりし。ぬりものを職業とする人。うるし職人。
ぬすびと[盗人]どろぼう。ぬすっと。
ぬすむ[盗む]①ひそかに他人のものをとる。②かくれて物事をする。例人目を—
ぬの[布]①織物。②もめん。例布地・布切れ
ぬのこ[布子]もめんの綿入れ。
ぬひ[〈奴《婢]下男と下女。めしつかい。
ぬぼく[〈奴僕]下男。しもべ。
ぬま[沼]水が浅く、どろの深い池。例どろ沼
ぬめ[《絖]地がうすい絹布。日本画用。
ぬめり[〈滑り]ぬるぬるすること。粘液。
ぬらす[《濡らす]ぬれるようにする。
ぬり[塗]工芸品としての塗りもの。例輪島塗・会津塗・春慶塗
ぬり[塗り]ぬること。うるしぬり。例—下駄
ぬりつける[塗(り)付ける]①なすりつける。②自分の罪を他人におわせる。
ぬりもの[塗(り)物]うるしでぬったうつわ。
ぬる[塗る]①土や絵の具をなすりつける。②罪や責任を他人におしつける。
ぬるい[〈温い]①少しあたたかい。例—湯。②ゆるやかである。のろい。にぶい。例手—
ぬれいろ[《濡(れ)色]水にぬれたようなつやのある色。例—の髪
ぬれえん[《濡(れ)縁]雨戸の外にあるせまいえんがわ。例—で日なたぼっこ
ぬれがみ[《濡(れ)髪]あらってまだかわかないかみの毛。例—のままで
ぬれぎぬ[《濡(れ)〈衣]自分に関係のない罪をおわされること。無実の罪。例—を着る
ぬれそぼつ[《濡れそぼつ]ぬれてびっしょりになる。例夕立で—
ぬれてであわ[《濡(れ)手で《粟]ぬれた手であわをつかむと、多くくっつくように、ほねおらずに多くの利益をえること。
ぬれねずみ[《濡(れ)《鼠]着物をきたまま全身びしょぬれになること。例—になる

ね

ね[音]おと。こえ。例琴の音が聞こえる
ね[根]①草や木の地中の部分。例根も葉もない。②もと。根本。例根に持つ
ね[値]ねだん。物のねうち。例値が高い
ね[寝]ねむり。例寝たりない・寝つき
ね[〈子]①十二支の一番目。ねずみ。例—年生まれ。②九つ。いまの夜十二時ごろ。例—の刻。③むかしの方角で北のこと。
ねあせ[寝汗]ねむっているときにでるあせ。
ねいき[寝息]ねているときの呼吸。
ねいじつ[寧日]なにごともない日。無事な日。
ねいじん[《佞人]人にこびへつらって口先のうまい人。ずるい人。例—の取り巻き
ねいりばな[寝入り〈端]ねてまもないとき。
ねいろ[音色]声や音のひびきぐあい。
ねえさん[姉さん]①あね。②年ごろの女。
ねえさん[《姐さん]①料理屋などの女性をよぶ語。②先輩の芸者。
ねおき[寝起き]①ねることとおきること。②目がさめたばかりのとき。例—が悪い
ねがい[願い]①ねがうこと。②願書。③神仏にいのること。例—事・—下げる
ねがう[願う]①しきりにのぞむ。②神や仏に願をかける。③希望を申しでる。
ねがえり[寝返り]①ねたままからだのむきをかえること。②味方をうらぎって敵方につくこと。例反対党に—を打つ
ねがお[寝顔]ねているときの顔つき。
ねかす[寝かす]①ねるようにする。②横にたおす。③品物や金銭などを活用せずに手もとにおくこと。例商品を秋まで—
ねかた[根方]ねもと。下のほう。例松の—で
ねかぶ[根株]木を切りたおしたあとにのこったきりかぶ。
ねから[根から]①もとから。②すこしも。
ねがわくは[願わくは]どうか。例—無事に
ねかん[寝棺]死体をいれるひつぎ。
ねぎ[《葱]野菜の一種。例玉—・長—
ねぎらう[〈労う・《犒う]ほねおりをいたわりなぐさめる。例労を—
ねぐら[《塒]①鳥のねるところ。とや。例—に帰る鳥たち。②ねるところ。例—をさがす
ねぐるしい[寝苦しい]よくねつけない。例暑

くて―・―夜

ねこ[猫]家に飼う愛玩用のけもの。例猫っ毛

ねこかぶり[猫〈被り]本性をつつみかくしておとなしくすること。例他人の家では―

ねこぎ[根〈扱ぎ]根ごとひきぬくこと。

ねこじた[猫舌]熱いものがたべられないこと。例大人のくせに―なんだから

ねこぜ[猫背]せなかがまるまっている人。

ねこそぎ[根こそぎ]みんな。のこらず。

ねごと[寝言]①ねむっていて知らずに出すことば。②わけのわからないことば。

ねこなでごえ[猫《撫で声]やさしく人のきげんをとるようなこえ。例―でささやく

ねこのめのよう[猫の目のよう]しじゅうかわること。例―に考えが変わる

ねこのひたい[猫の額]せまくるしい場所。

ねこばば[猫《糞]ひろったものなどをだまって自分のものにすること。例―をきめこむ

ねこもしゃくしも[猫も《杓子も]だれもかれも。ひとりのこらず。例―東京へ出たがる

ねざす[根差す]①根がつく。②原因する。

ねざめ[寝覚め]ねむりからさめること。

ねざめがわるい[寝覚めが悪い]過去のおこないを思い出して良心にせめられる。

ねざや[値《鞘]ねだんとねだんの差。さや。

ねじ[▽捻子・▽螺子]らせんのびょう。

ねじける[《拗ける]①まがりくねる。ねじれまがる。②心がひがむ。すなおでない。

ねじこむ[《捩(じ)込む]①ねじってはめこむ。②むりにおしいれる。例ポケットに―。③失言や失策につけこんでせめる。

ねしな[寝しな]ねぎわ。ねるとき。例―の酒

ねじろ[根城]よりどころとなる城。根拠地。

ねずみざん[《鼠算]ねずみが親も子も同時に子をうんでどんどんふえるように、物がひじょうにはやく増加する場合の計算。

ねぞう[寝相]ねすがた。ねざま。例―が悪い

ねそびれる[寝そびれる]なかなかねつけない。例音が気になり―

ねそべる[寝そべる]はらばいになってねる。

ねだ[根太]ゆかにわたしてある太い横木。

ねたば[〈寝刃]切れあじのにぶくなった刃。

ねたましい[《妬ましい]うらやましくにくらしい。例美人の友が―

ねたむ[《妬む・《嫉む]うらやみにくむ。

ねだん[値段]品物の価格。例高い―がつく

ねつ[熱]①あつさ。②体温の高まること。③気候のあついこと。④ねっしん。例熱をあげる

ねつい[熱意]ねっしんなきもち。熱心。

ねつえん[熱演]熱をこめていっしょうけんめいに演ずること。例―賞ものだ

ねっから[根っから]もとより。少しも。

ねっき[熱気]①あつい空気。②あつさ。③高い体温。④こうふんした気分。例―があふれる

ねっきょう[熱狂]むちゅうになること。きちがいのように熱中すること。例―的な

ねつく[寝つく]①ねむりにつく。ねいる。②病気になってねる。例風邪で―

ねつけ[熱気]熱があるような感じがすること。例風邪で―がある

ねっけつ[熱血]ふるいたつ元気。例―漢

ねつげん[熱源]熱の出るもとになるもの。

ねっさん[熱賛・熱《讃]ねつれつなほめことば。例世の―を浴びる

ねつじょう[熱情]ねっしんな心。例―的な

ねっしん[熱心]物事にふかく心をうちこむこと。むちゅうになること。例―さのあまり

ねっする[熱する]熱を加える。↔冷やす

ねっせい[熱誠]あついまごころ。

ねっせん[熱戦]はげしい力のこもった戦い。

ねつぞう[《捏造]ないことをあるようにこしらえあげること。でっちあげること。

ねったい[熱帯]赤道を中心にした南北の緯度各二十三度半以内の地帯。例―魚

ねっちゅう[熱中]物事に一心になること。むちゅうになること。熱心なこと。例―する

ねつびょう[熱病]高い熱のでる病気。

ねつべん[熱弁]熱のこもった演説。

ねつぼう[熱望]熱心にのぞむこと。例―する

ねづよい[根強い]①根本がかたくて動かない。②おしがつよい。例―需要がある

ねつりょう[熱量]物体の熱の分量。単位はカロリー。例―計・―のアップ

ねつるい[熱涙]感激して流すなみだ。

ねつれつ[熱烈]感情がたかぶってはげしいこと。ひじょうに熱心なこと。例―な歓迎

ねつろん[熱論]熱のある議論。例―を交わす

ねなしぐさ[根無し草]①根のないうき草。②浮動して定まらない物事。例―の生活

ねなしごと[根無し言]根拠のないことば。

ねはば[値幅]ねだんのちがい。×値巾

ねばりづよい[粘り強い]①ねばりけが多い。②しなやかで強い。③根気が強い。例―交渉

ねばる［粘る］①ねばねばする。例納豆が―。②こんき強くがんばる。例最後まで―
ねはん［《涅槃》］①すべての迷いをはなれた究極のさとりの境地。②死ぬこと。例―会
ねびえ［寝冷え］ねていて体がひえること。
ねぶかい［根深い］①根が深くてぬけにくい。②根拠がふかい。例―恨みをいだく
ねふだ［値札］値段をかいた小さな紙片。
ねぶと［根太］しりなどにできるはれもの。
ねぶみ［値踏み］ねだんを見積もってつけること。例骨とう品の―をする
ねぶる［《舐る］なめる。しゃぶる。
ねぼう［寝坊］朝おそくまでねること。
ねぼける［寝《惚ける］寝とぼける。
ねほりはほり［根掘り葉掘り］なにもかもすっかり。例―聞き出す
ねまき［寝巻（き）・寝間着］寝るときにきる衣服。例―に着替える
ねみみにみず［寝耳に水］ふいの事件がおこってびっくりすること。例―の事件
ねむのき［▽合歓木］落葉高木。夏薄紅色の花を開く。夜になると葉をとじあわせる。
ねむる［眠る］①目が閉じて、心身の活動が休んだ状態になる。②死ぬ。例安らかに―
ねめつける［《睨め付ける］強くにらむ。
ねもと［根元・根本］①木などの根のもと。②こんぽん。もと。例―から絶つ
ねゆき［根雪］ふりつもったままかたまってとけない雪。例山頂の―
ねや［《閨］ねるへや。ねま。例夫婦の―
ねらい［《狙い］①ねらうこと。②ねらうめあて。例別の―をもつ雑誌
ねらう［《狙う］①うかがう。すきを見る。②めざす。③射あてようとかまえる。例的を―
ねりあるく［練（り）歩く］ゆっくり調子をそろえてあるく。例稚児行列が市街を―
ねりいと［練（り）糸］せっけんやソーダなどで煮てやわらかにした絹糸。
ねりぎぬ［練（り）絹］ねってやわらかにした絹糸。↕すずし（生絹）
ねりなおす［練（り）直す］もういちどねる。念をいれて考える。例計画を―
ねりべい［練（り）塀］土とかわらできずき、上をかわらでふいたへい。例―の多い城下町
ねる［寝る］①横になる。②ねむる。③病気で床につく。④異性といっしょにねる。⑤商品を動かさない。例製品が―
ねる［練る］①こねる。②文章などにみがきをかける。③修養をつむ。④きたえる。⑤行列して歩く。例大名行列が―
ねれる［練れる］ねられてたくみになる。経験や修養をつんで円熟する。
ねん［年］①年をかぞえる語。例五年の歳月。②年季。例年があける
ねん［念］①おもい。考え。例感謝の念。②注意すること。例念を押す。念を入れる
ねんあけ［年明け］奉公人の年季があけること
ねんいり［念入り］十分に注意すること。ていねい。例―にとぐ・―に育てる
ねんえき［粘液］ねばりのある液。例―質
ねんが［年賀］新年の祝賀。例―はがき・―状
ねんがく［年額］一年間の総計。例税の―
ねんがらねんじゅう［年がら年中］一年じゅう。しじゅう。例―働きづめだ
ねんかん［年刊］一年に一度刊行すること。
ねんかん［年鑑］一年間の事件や統計などを集めて記録した書物。例農業―
ねんがん［念願］ねがいごと。のぞみ。
ねんき［年忌］人が死んだのち毎年めぐってくるその人の死んだ日。例十三―
ねんき［年季］やとい人などをつかう約束の年限。例―があける・―奉公
ねんき［年期］一年を単位として定めた期間。年限。例ローン完済の―
ねんきん［年金］毎年定期に支給される一定の金銭。例国民―・―生活
ねんぐ［年貢］①毎年のみつぎもの。②田畑や屋敷などに関するすべての租税。③小作料。
ねんげん［年限］定められた年数。例修養―
ねんこう［年功］長年の熟練。例―序列
ねんごろ［懇ろ］①しんせつなこと。②だいじにすること。③なかのよいこと。例―になる
ねんざ［《捻挫》］関節をくじくこと。
ねんし［年始］①年のはじめ。②新年をいわうこと。年賀。例―客・―回り
ねんじ［年次］①毎年。年ごと。②年の順序。
ねんじゅ［念珠］じゅず。ねんず。
ねんじゅう［年中］①一年のあいだ。②しじゅう。たえず。例―遊びあるいている
ねんしゅつ［《捻出］①ひねりだすこと。②考えだすこと。③くふうしてつくりだすこと。
ねんしょ［年初］年のはじめ。↕年末
ねんしょ［念書］証拠の書き付け。

ねんしょう［年少］年のわかいこと。例―者
ねんしょう［燃焼］物がもえること。例―力
ねんじる［念じる］①深く心に思う。②いのる。ねがう。例今年の繁栄を―
ねんだい［年代］①すぎてきた年。過去の時代。例―ものの時計。②時代。時世。例大正―
ねんちゃく［粘着］ねばりつくこと。例―力
ねんちゅうぎょうじ［年中行事］一年じゅうにしきたりとして行われる行事。
ねんちょう［年長］としうえであること。
ねんてん［《捻転］ねじって方向をかえること。
ねんど［年度］事務のうえで便利なようにつくられた一年間の区分。例―予算・新―
ねんとう［年頭］年のはじめ。例―所感
ねんとう［念頭］こころ。思い。例―におく
ねんのため［念の《為］いっそう注意をするため。例―問い合わせる
ねんぱい［年配・年輩］①としのころ。としのほど。②世間のことになれた年ごろ。例―者
ねんびゃくねんじゅう［年百年中］ねんがらねんじゅう。しじゅう。例―しかられている
ねんぴょう［年表］歴史上の主要なできごとを年代順にしるした表。例歴史―
ねんぷ［年譜］個人の一生の経歴や、ある特定のことがらを年の順に書いたもの。
ねんぶつ［念仏］南無阿弥陀仏ととなえて仏をいのること。例―三昧・―踊り
ねんぽう［年俸］一年間の給与。↔月俸
ねんぽう［年報］一年間の事業や事件に関する報告。例研究所の―
ねんまく［粘膜］からだの皮膚や器官の内側をおおうやわらかくぬるぬるしたうすい皮。
ねんまつ［年末］としのすえ。としのくれ。
ねんらい［年来］数年前から。例―の夢の実現
ねんりき［念力］一心に思いこんだ力。
ねんりょ［念慮］おもい。考え。思慮
ねんりょう［燃料］火をもやす材料。例―代
ねんりん［年輪］木のみきに一年に一まわりずつできる木のもくめ。例―を感ずる
ねんれい［年齢］よわい。とし。×年令

の

の［野］広い平地。のはら。野生。例野の花
のあらし［野荒(ら)し］農作物を所かまわずぬすみ取ること。
のう［能］①はたらき。②わざ。技能。才能。③ききめ。効能。④能楽の略。例能舞台
のう［濃］こいこと。↔淡・薄。例濃硫酸
のう［脳］頭のなかにある複雑な神経のかたまりの総称。例大脳・脳の働き
のういっけつ［脳《溢血］脳の中の血管がやぶれて出血する病気。脳出血。卒中。
のうえん［脳炎］脳髄の炎症。例日本―
のうえん［農園］園芸作物をつくる農場。
のうえん［濃《艶］つやつやしてあでやかなようす。例―な女性・―な踊り
のうか［農家］農業をいとなむ家。例専業―
のうかい［納会］①その年の最後に開く会。②月末の立ち会い。例証券取引所の大―
のうがき［能書(き)］①薬などの効能を書きしるしたもの。②効能を大げさに言いふらすことば。例―を並べる
のうがく［能楽］謡曲にあわせて演じる舞楽。
のうかん［納棺］死体を棺におさめること。
のうかんき［農閑期］農業の仕事のひまな時期。↔農繁期。例―の副業
のうき［納期］おさめ入れる時期。例税の―
のうぎょう［農業］田はたの仕事。作物をつくり家畜を飼うなどする産業。例―協同組合
のうきょうげん［能狂言］①能楽と狂言。②能楽と能楽の間に行う狂言。
のうぐ［農具］農業に使う器具。例―の機械化
のうげい［農芸］農事に関する技芸。例―化学
のうこう［農耕］田畑をたがやすこと。例―具
のうこう［濃厚］こいこと。↔淡泊。例―な味
のうこつ［納骨］遺骨を墓に納めること。
のうこん［濃紺］こい紺色。例―の背広
のうさつ［悩殺］ひどく心をなやますこと。
のうさんぶつ［農産物］田や畑でとれるもの。
のうじ［能事］なすべき事がら。例―終われり
のうじ［農事］農業に関する事がら。
のうしゅく［濃縮］こくすること。例―液
のうしょう［脳《漿］脳の中にある粘液。
のうじょう［農場］農地・建物・農具など農業上必要な設備をそなえた一定の場所。
のうしんとう［脳震《盪］脳を強く打ったときにおこる病気。例―をおこす
のうずい［脳髄］のう。脳の中にあるもの。
のうせい［農政］農業に関する行政。
のうぜい［納税］税金をおさめること。例―期
のうそくせん［脳《塞栓］おもに心臓病により脳血管がつまる病気。

のうそっちゅう〔脳卒中〕脳の血管が破れたりつまって急におこる病気。例―で倒れる

のうたん〔濃淡〕こいとうすいと。例色の―

のうち〔農地〕農業をする土地。例―解放

のうちゅう〔《嚢中〕①ふくろの中。②さいふの中。懐中。所持金。例貧しい―から

のうど〔農奴〕どれいのような身分の農民。

のうど〔濃度〕こいうすいのていど。こさ。

のうどう〔能動〕自分のほうから働きかけること。積極的に働きかけること。↕受動

のうなし〔能無し〕役にたたないこと。

のうはんき〔農繁期〕農事のいそがしい時期。↕農閑期。例―には畑を手伝う

のうひつ〔能筆〕字をじょうずに書くこと。

のうひん〔納品〕品物を納入すること。例―書

のうひんけつ〔脳貧血〕脳の血の量が少なくなったときおこる病気。例―で倒れる

のうふ〔納付〕納めること。例―金・―書

のうふ〔農夫〕耕作に従事する人。女は農婦。

のうぶん〔能文〕文章がじょうずなこと。

のうべん〔能弁〕話のうまいこと。弁舌にたくみなこと。雄弁。例彼は―家だ

のうまくえん〔脳膜炎〕脳膜におこる炎症。

のうみつ〔濃密〕こくてこまかなこと。

のうむ〔濃霧〕こく深いきり。例―注意報

のうめん〔能面〕能楽を演じるときに使うめん。例―のような顔

のうり〔脳裏・脳《裡〕頭の中。心の中。例―に浮かぶ・突如―にひらめく

のうりつ〔能率〕一定の時間にできる仕事のわりあい。仕事のはかどりかた。例―がいい

のうりつてき〔能率的〕みじかい時間にたくさんのしごとができること。例―な運営

のうりょう〔納涼〕すずしさを味わうこと。

のうりょく〔能力〕仕事をすることのできる力。はたらき。例―は十分ある

のうりょく〔濃緑〕こいみどり色。こみどり。

のがす〔逃す〕にがす。例チャンスを―

のがれる〔逃れる〕①にげる。にげさる。②まぬかれる。例―方法がない・罪を―

のき〔軒〕やねのはしのはり出した部分。

のきした〔軒下〕のきの下になる所。

のきしのぶ〔軒忍〕風鈴などにつける常緑のシダ類。やつめらん。例軒下の―

のきなみ〔軒並(み)〕どの家も。すべて。例―に

のきば〔軒端〕①のきのはし。②のきに近いところ。のきばた。例―の梅の木

のく〔〈退く〕①しりぞく。後にひく。例飛び―。②離れている。よけている。③仲間から離れる。関係をぬける。

のけぞる〔〈仰け反る〕あおむけにそる。

のけもの〔〈除け者〕仲間はずれ。例―になる

のける〔〈退ける〕①しりぞける。立ちのかせる。②取りのぞく。取って別にする。③しとげる。はたす。例やって―

のこぎり〔《鋸〕材木を切る道具。例―草

のこす〔残す〕①あとにとどめる。②あます。

のこす〔遺す〕後世に伝える。例遺産を―

のこらず〔残らず〕ぜんぶ。みんな。例―殺す

のこりおしい〔残り惜しい〕①残念である。くやしい。②心残りがする。なごりおしい。

のこる〔残る〕①あとにとどまる。例会社に―。②あまる。例商品が―。③つたわる。例名が―・名著が―・蔵書が―

のざらし〔野《晒し〕①野原で雨や風にさらすこと。また、その物。②どくろ。されこうべ。

のし〔▽熨斗〕①ひのし。②おくり物につけるお祝いのしるし。例―をつけて贈る

のしあがる〔〈伸し上がる〕①のびあがる。②しだいに他をしのいで出世する。例急に―

のしあるく〔〈伸し歩く〕①遠くまで足をのばして歩く。②かってきままに歩く。のさばり歩く。例傍若無人に―

のしかかる〔〈伸し掛(か)る〕①上からおおいかかる。②力ずくで相手をおさえつける。

のじゅく〔野宿〕野山にやどること。屋外でねること。例とうとう―した

のす〔〈伸す〕①のびて行く。進む。②出世する。③発展する。④のばす。⑤なぐりたおす。

のずえ〔野末〕野のはるかむこうのほう。

のせる〔乗せる〕①乗るようにさせる。例列車に―。②だます。例口車に―。③調子を合わせる。例三味線に―

のせる〔載せる〕①物を上におく。例荷台に―。②掲載する。例コラム欄に―

のぞく〔除く〕①とりさる。のける。②加えない。別にする。③悪いものをほろぼす。殺す。

のぞく〔《覗く・《覘く〕①小さいすきまから見る。うかがう。②ほんの一部分だけを知る。

のそだち〔野育ち〕教育やしつけなどを受けずに放任されてそだつこと。例―の子

のぞましい〔望ましい〕そうしてほしい。願わしい。例―教育制度は

のぞみ[望み]①ながめ。眺望。②ねがい。希望。③先の見込み。前途。例先行きの―がある。④人からうらやまれること。人望。
のぞむ[望む]①ほしがる。②遠くから見る。③ねがう。④したいあおぐ。
のぞむ[臨む]①見おろす。②さしかかる。面する。③そのところに行く。例卒業式に―。④出あう。そのときになる。例別れに臨んで
のだて[野立て]①野外に立てること。例―広告。②貴人が野外で休むこと。野立ち。
のだて[野〈点]野外で茶の湯をたてること。
のたまう[〈宣う・《曰う]言うの尊敬語。
のたれじに[野垂(れ)死に]道ばたにたおれて死ぬこと。行きだおれ。例末路は―だ
のち[後]①うしろ。あと。↕前。②これからさき。将来。未来。③子孫。④死後。例後の世
のちぞい[後添い]後妻のこと。
のちのち[後後]これから先。例―までも
のっとる[〈則る・〈法る]てほんとして従う。もはんとする。例法律に―
のっとる[乗っ取る]のり取る。うばいとる。
のっぴきならぬ[〈退っ引(き)ならぬ]進むこともしりぞくこともできない。例―事態に
のてん[野天]やねのない所。露天。例―風呂
のど[《喉・《咽]①口のおく。例―がかれる。②歌う声。例いい―だ
のどか[▽長閑]①空が晴れておだやかなさま。②のんびりとしたさま。例―な気分
のどくび[《喉頸]①のどとくびのあたり。②のどくびのように大事なところ。急所。
のどぶえ[《喉笛]のどの気管に通じているところ。例―にくらいつく
のどぼとけ[《喉仏]男ののどの中ほどにつき出ている軟骨。
ののしる[《罵る]①大声でさわぐ。②声高くしかる。どなる。③わるくいう。例相手を―
のばす[伸ばす]①大きくする。例会社を―。②成長させる。例学力を―。③まっすぐにする。例手足を―・腰を―・しわを―。④気を失わさせる。例一発で―
のばす[延ばす]①長くする。例路線を―・時間を―。②延期する。例出発を―・滞在を―
のばなし[野放し]①鳥や家畜などをはなしてかうこと。②ほったらかしておくこと。
のび[野火]初春などに野山の枯れ草を焼く火。例夕暮れの―の煙
のび[伸び]①手足をのばす。例―をする。②のびること。例経済の―率・おしろいの―。③成長すること。例技の―
のび[延び]長くなること。例寿命の―・線の―
のびあがる[伸(び)上がる]足をつまだてて背をのばす。例頭ごしに見ようと―
のびなやむ[伸(び)悩む]伸びかねる。例学力が―・相場が―・革新票が―
のびのび[伸び伸び]①自由にのびるようす。例―とした教育。②くつろぐようす。
のびのび[延び延び]物事が長びくようす。例支払いが―になる・返信が―だ
のびやか[延びやか]のびのびしているさま。
のびる[伸びる]①大きくなる。例国力が―。②成長する。例背が―・学力が―。③まっすぐになる。↕ちぢむ。例しわが―
のびる[延びる]長くなる。例期限が―・航空路が―・鉄道の路線が―
のびる[野《蒜]ユリ科の多年生植物。食用。
のぶれば[〈陳者]申しあげますと。さて。
のべ[延(べ)]総計。全部で。例―三千人の
のべ[野辺]①野のあたり。野原。②とむらい。例―の送り。③火葬。例―の煙
のべじんいん[延(べ)人員]ある仕事をするために動員された総人数。一日ひとりの割合で計算する。例―十万人の工事
のべにっすう[延(べ)日数]ある仕事をするのについやした日数。ひとり一日として計算する。例私たち三人の働いた―は
のべる[述べる]①言う。話す。②書き表す。
のほうず[野放図]①人を人とも思わないこと。おうへいなこと。②きりのないこと。
のぼせる[▽逆上せる]①頭に血があがってぼうっとなる。上気する。②むちゅうになる。
のぼり[《幟]細長い布のはしをさおに通して立てるもの。例―が風にはためく
のぼる[上る]①上のほうへ行く。↕下る。例坂道を―・階段を―・水銀柱が―。②上流へすすむ。例川を―。③…になる。例話題に―・被害は一億円に―
のぼる[登る]上に行く。よじのぼる。↕下る・降りる。例山に―・木に―・演壇に―
のぼる[昇る]高くあがる。↕沈む・降りる。例日が―・位が―・天に―・神殿に―
のませる[飲ませる]飲むようにしむける。
のみ[《蚤]ノミ科の小さいこん虫。例―の夫婦
のみ[《鑿]穴をあける工具。例―とかんな

のみこうい［《呑み行為］不正な券の売買。

のみこむ［飲(み)込む］①かまないでまるのみにする。②十分に理解する。がてんする。

のみしろ［飲(み)代］酒をのむのに要する代金。さかて。酒代。例—を工面する

のみとりまなこ［《蚤取り眼］のみを取るときのような注意深い目つき。例—でさがす

のみほす［飲(み)干す］飲んでからにする。

のむ［飲む・《呑む］①口からのどを通す。②受け入れる。例要求を—。③あなどる。

のら［野良］①野原。例—犬。②田畑。例—仕事。③なまけ遊ぶこと。のらくら。例—息子

のらいぬ［野良犬］かい主のない犬。野犬。

のらぎ［野良着］田畑で働くときの仕事着。

のり［〈法・〈則］①のっとるべき事がら。きまり。おきて。②手本。もはん。③道理。仏法。

のり［▽海苔］海藻を干した食品。

のり［《糊］接着剤。例—づけする

のりあい［乗(り)合(い)］船や車などにおおぜいがいっしょに乗ること。また、その乗り物。例—バス・—船

のりうつる［乗(り)移る］①乗りかえる。②心が他にうつる。③神霊がつく。たたる。

のりかえ［乗(り)換(え)］ある乗り物から他の乗り物にうつること。例銀座方面は—です

のりき［乗(り)気］進んで物事をしようとすること。気乗り。例みんな—になった

のりきる［乗(り)切る］①乗ったままで行きつく。②じゃまをおし切ってやりとおす。

のりしろ［《糊代］のりをつけるために残しておく部分。例—を折ってはりつける

のりすてる［乗(り)捨てる］①おりた乗り物をそのままにすておく。②乗り物からおりる。

のりだす［乗(り)出す］①乗り物に乗って出かける。②乗り気になる。進んで事にあたろうとする。③あることに手を出す。例事業に—

のりつける［乗(り)付ける］①乗ったままでその場所に到着する。②乗ることになれる。

のりと［祝詞］神においのりするときよみあげることば。例—をあげる

のりもの［乗(り)物］交通のために乗るもの。

のる［乗る］①上にあがる。のぼる。②乗り物に身をまかす。②調子づく。勢いづく。

のる［載る］①上におかれる。積まれる。例荷が—。②書かれる。掲載される。例雑誌に—

のるかそるか［〈伸るか反るか］成功するか失敗するか。例—やってみよう

のれん［〈暖《簾］①店の入口などにかけて店のかんばんにするもの。②店の信用や評判。

のろい［〈鈍い］ぐずである。おろかである。

のろう［《呪う］うらみのある人にわざわいがかかるようにいのる。例人を—

のろける［《惚気る］自分の愛人の利点を人前で話す。例手放しで—

のろし［▽狼煙］あいずのためにあげる煙。

のろま［〈鈍間］動作のおそい人。気のきかない人。まぬけ。例ずいぶん—な男だ

のろわしい［《呪わしい］のろいたいようだ。

のわき［野分］秋から冬にかけて吹くはげしい風。あらし。例昨夜の—のあと

のんき［《暢気・《呑気］心配や苦労のないこと。気が長いこと。気にかけないこと。

は

は［刃］物を切る部分。やいば。例刃こぼれ

は［派］おもなものからわかれたあつまり。なかま。例主流派と反主流派

は［羽］鳥のはね。矢ばね。例鷹の羽

は［葉］植物の葉っぱ。例枯れ葉・木の葉

は［歯］口の中のかたい器官。例歯並び・げたの歯・くしの歯・歯がたたない

は［端］はし。すえ。例山の端

ば［馬］うま。例出走馬・対抗馬

ば［場］①いどころ。場所。例場にのぞむ。②舞台のひとつづき。例三幕四場

ばあい［場合］とき。おり。例困難な—には

はあく［把握］しっかりつかむこと。よく理解して身につけること。例内容を—する

ばあたり［場当(た)り］その場の事がらについてうまくきてんをきかすこと。例—の処置

はい［拝］①おがむこと。②ことばの上につけてうやまうきもちをあらわす語。

はい［肺］呼吸器の一つ。肺臓。例肺結核

はい［輩］やから。ともがら。連中。例わが輩

はい［杯・《盃］①さかずき。例五杯飲んだ。②賞品となる金属のうつわ。例天皇杯。③うつわなどを数えることば。例いか三杯

はい［敗］負けること。↕勝。例三勝二敗

はい［灰］もえあとに残った粉状のもの。

はい［《牌］マージャンのパイ。立て札。メダル。

ばい［倍］同じ数だけ増すこと。例倍の人数

はいいろ［灰色］①うすい黒色。②はっきりし

ないこと。例―の容疑者

はいいん[敗因]まけた原因。例―の分析

ばいう[梅雨]つゆ。さみだれ。例―前線

はいえい[背泳]上向きになる泳ぎ方。

はいえつ[拝謁]皇族におめにかかること。

はいえん[肺炎]肺の病気。例急性―

ばいえん[《煤煙]すす。石炭の煙。例工場の―

はいおく[廃屋]あばらや。例海岸にある―

はいか[配下]てした。例―に入る・―の社員

はいが[《胚芽]たねの中にあってまだ外に出ない芽。例―米

はいかい[《徘徊》]うろつくこと。例市中を―

はいかい[俳《諧]俳句のこと。例―師芭蕉

はいがい[排外]外国人や外国の考えをおしのけること。例―思想・―運動

ばいかい[媒介]なかだち。とりもち。例―人

はいかぐら[灰神楽]火の気のある灰に湯や水などをこぼして、灰のたちあがること。

はいかつりょう[肺活量]深くいきをすったあとにはき出す空気の量。肺の最大容量。

はいかん[拝観]「みる」の敬語。例寺の―料

はいかん[肺肝]心のおくそこ。例―を砕く

はいかん[配管]ガス、水道などの管を配置すること。例―工事・―工

はいかん[廃刊]定期刊行物の刊行をやめること。↔創刊・発刊。例―となる

はいがん[拝顔]お目にかかること。例―の栄に浴する・―いたしたく

はいき[排気]①中の空気をだすこと。例―設備。②排気ガス。例バイクの―音

はいき[廃棄]やめて用いないこと。例―物

ばいきゃく[売却]売りはらうこと。例―益

はいきゅう[配給]わりあててくばること。

ばいきゅう[倍旧]前よりも程度をますこと。例―のお引き立てをお願いします

はいきょ[廃《墟]建物や城などのあれはてたあと。例戦災をうけて―となった

はいぎょう[廃業]商売をやめること。

ばいきん[《黴菌]細菌。バクテリア。

はいく[俳句]五・七・五の十七字の短い詩。

はいぐうしゃ[配偶者]つれあい。夫婦の一方。例―を失う・―控除

はいぐん[敗軍]まけいくさ。まけた軍隊。

はいけい[拝啓]つつしんで申し上げるという意。手紙のはじめに書く語。

はいけい[背景]①絵や写真のうしろのほうのけしき。②舞台のうしろのけしき。バック。

はいげき[排撃]相手をよせつけないこと。

はいけっかく[肺結核]けっかく菌のために肺がおかされる病気。

はいけつしょう[敗血症]細菌が血管やリンパ管の中にはいって起こる病気。

はいけん[拝見]見ることの敬語。例―します

はいご[背後]うしろ。背のほう。例―の人物

はいこう[廃坑]廃止された鉱山の坑道。

はいこう[廃校]廃止された学校。例過疎地の―・―となった校舎の活用

はいごう[俳号]俳人としての雅号。

はいごう[配合]とり合わせ。例―肥料

ばいこく[売国]国の秘密を敵に売って自分の利益をはかること。例―的行為・―奴

はいざい[配剤]①薬を調合すること。②ほどよくとり合わせること。例天の―

はいさつ[拝察]おしはかることの敬語。

はいざん[廃残]おちぶれること。例―兵

はいし[廃止]やめること。例虚礼―・―令

はいじ[拝辞]辞退の謙譲語。↔拝受

はいしつ[廃疾・《癈疾]不治のやまい。

はいしゃ[配車]車両を割りあててとどけること。例ホテルに―してください

はいしゃ[敗者]負けた人、またはチーム。↔勝者。例―復活戦・―をなぐさめる

はいしゃく[拝借]かりることの敬語。

ばいしゃく[媒酌・媒《妁]結婚をとりもつこと。なこうど。例―人のあいさつ

はいじゅ[拝受]受けることの謙譲語。

ばいしゅう[買収]①買いとること。②こっそり利益を与えて自分の味方にすること。

はいしゅつ[排出]外へおしだすこと。

はいしゅつ[輩出]すぐれた人物がつぎつぎに出ること。例優秀な人材が―した

ばいしょう[賠償]他人にかけた損のうめあわせ。例―金・―を迫られる

はいしょく[敗色]まけそうなようす。

はいしょく[配色]色の配合。例服装の―

ばいしょく[陪食]貴人と食事を共にすること。例―にあずかる

はいしん[背信]信義にそむくこと。例―行為

はいじん[俳人]俳句を作る人。例―趣味

はいじん[廃人]かたわな人。役にたたない人。

ばいしん[陪審]裁判の審理に参加すること。例―員・―制度

はいすい[排水]不用や有害な水を外へ流し出

すること。水はけ。例—ポンプ
はいすいのじん[背水の陣]決死の覚悟でことにあたることのたとえ。例—をしく
はいせき[排斥]おしのけ、しりぞけること。
ばいせき[陪席]目上の人と同席にいること。例—裁判官・—にあずかる
はいせつ[排《泄]動物が不用なものをからだの外に出すこと。例—物のしまつ
はいぜつ[廃絶]絶やすこと。例核の—
はいせん[配線]電線をとりつけること。
はいせん[敗戦]戦争に負けること。例—国
はいせん[杯洗・《盃洗]さかずきを洗う器。
はいぜん[配《膳]料理のぜんを人の前にくばること。例ホテルの—係
はいそう[敗走]戦争にまけて逃げること。
はいぞく[配属]分かれて各部に属すること。
はいた[排他]仲間以外のものをのけものにすること。例—主義・—的な国
はいたい[敗退]まけてしりぞくこと。
はいたい[《胚胎]①みごもること。②きざすこと。始まること。例—している矛盾点
ばいたい[媒体]情報の伝達手段。メディア。例広告—・—となる刊行物
はいたつ[配達]物をくばりとどけること。
はいち[配置]わりあててそれぞれの位置に分けて置くこと。例部員を—する
はいち[背《馳]そむくこと。反対になること。
はいちょう[拝聴]聞くことの敬語。
はいでん[拝殿]拝礼のためにつくられた神社の建物。例—にぬかづく
はいとう[配当]株式会社が利益金を株主に分配すること。例—金・相場の—落ち
はいとく[背徳・《悖徳]道徳にそむくこと。例—行為・—者となる
ばいどく[梅毒・《黴毒]性病の一種。例—菌
はいにょう[排尿]小便をすること。
はいにん[背任]任務にそむくこと。例—罪
ばいばい[売買]売り買いすること。例—契約
はいばん[廃盤]製造をやめたレコード。
はいび[配備]手くばりして用意すること。
はいび[拝《眉]面会することの敬語。おめにかかること。拝顔。例いずれ—の折に
はいひん[廃品]使えなくなった品物。廃物。
はいふ[配付]くばりとどけること。
はいふ[配布]広くくばること。例パンフレットを—する・選挙のビラの—
はいふ[肺《腑]①肺。②心のそこ。例—をえぐるようなことば・—を突く
はいぶ[背部]せなか。うしろのほう。
はいふく[拝復]返事の手紙のはじめにかくことば。例—、お便りありがたく拝見
はいぶつ[廃物]役に立たなくなったもの。例—利用・—の回収
はいぶん[配分]わりあててくばること。
ばいぶん[売文]文章を書いて収入をはかること。例—の徒・—業
はいほう[敗報]戦いにまけたしらせ。
はいぼく[敗北]戦いにまけて逃げること。
はいほん[配本]書物を配付すること。
はいめい[拝命]①命令をうけたまわること。②官職に任命されること。例警部補を—
ばいめい[売名]自分の名前を広めようとすること。例彼は—行為がうまいから
はいやく[配役]俳優の役わり。例—のミス
ばいやく[売約]売る約束をすること。例—済
ばいやく[売薬]一般に売り出される薬。
はいゆう[俳優]映画や劇に出る役者。
はいよう[《佩用]身におびること。
ばいよう[培養]やしない育てること。例—液
はいらん[排卵]卵巣から卵子をだすこと。
ばいりつ[倍率]望遠鏡や顕微鏡などで見るものと実物とのちがいのわりあい。
はいりょ[配慮]心づかい。心配。例ご—下さい
はいりょう[拝領]目上の人から物をもらうこと。例殿からの—の品
はいる[入る]①中へすすむ。↕出る。例風呂に—・どろぼうが—。②移動してくる。例冬に—・警察の手が—。③仲間になる。例友の会に—・党に—・クラブに—
はいる[配流]罪人を遠い土地に送ること。しまながし。例遠国に—される
はいれい[拝礼]頭をさげておがむこと。
はいれつ[配列・排列]順序よくならべること。例—を組み替える
はう[《這う]地にふれてすすむ。例赤ちゃんが—・つるが地面を—
はうた[端《唄]三味線で歌う俗謡の一種。
はえ[《蠅]人畜を害するこん虫の一種。
はえ[栄え]ほまれ。光栄。例—ある優勝旗
はえ[映え]映えること。つや。例—渡る
はえぬき[生え抜き]その土地に生まれ、その土地に育つこと。きっすい。例—の江戸っ子
はえる[映える]①照りかがやく。②色がはっ

きりと美しく見える。例夕日が—

はえる［栄える］りっぱに感じられる。

はえる［生える］芽がでる。例草が—・歯が—

はおり［羽織］着物の上に着る短い衣服。

はか［墓］死体・遺骨をほうむった所。例墓場

はか［《捗》］仕事のはかどりぐあい。例—がいく

はか［破《瓜》］女の十六歳。例—期

ばか［▽馬鹿・《莫迦》］①おろかなこと。②度がすぎること。例—当たり・—正直

はかい［破戒］戒律をやぶること。例—僧

はかい［破壊］やぶりこわすこと。↔建設

はがい［羽交(い)］鳥の左右のつばさがまじわる所。例—絞めにする

はがき［葉書・端書］郵便はがき。例年賀—

はかく［破格］特別なこと。なみはずれ。

はかす［《捌》かす］はけるようにする。

はがす［《剝》がす］ひきむく。例ガーゼを—

ばかす［化かす］だます。ばけさせる。

ばかず［場数］経験の度数。例—をふむ

はかせ［博士］学問またはその道にひろく通じた人。ものしり。はくし。例文学—

はかどる［《捗》る］仕事がどんどんしあがってゆく。例建設工事が—・仕事が—

はかない［《儚》い・▽果敢ない］①たのみにならない。もろい。例—望み。②つまらない。

はかなむ［《儚》む］はかなく思う。つまらなく思う。例世を—・人生を—

はがね［鋼］かたい鉄。鋼鉄。例—のような

はかばかしい［《捗捗》しい］①はかどる。例—進歩をみない。②はきはきしている。

はかま［《袴》］和服で腰につけるもの。

はがみ［歯《噛》み］はぎしり。例—してくやしがる・—をする思いで

はがゆい［歯《痒》い］思うようにならなくていらだたしい。もどかしい。例—思い

はからう［計らう］①考え定める。②相談する。③さばく。便宜のあつかいをする。

はからずも［図らずも］思いもよらず。ふと。

はかり［《秤》］重さをはかる器具。例さお—

はかる［計る］①かずを知ろうとする。②相談する。例将来を—。③計画する。例利益を—

はかる［図る］①めざす。計画する。例解決を—・自立を—。②とりはからう。例便宜を—

はかる［量る］重さ・容積をしらべる。例目方を—・推し—・灯油を—

はかる［測る］長さ・面積などをしらべる。例標高を—・真意を—・血圧を—

はかる［謀る］計略をめぐらす。例暗殺を—

はかる［諮る］諮問する。相談する。例会議に—

はがれる［《剝》がれる］はぎとれる。例唐紙が—

はがん［破顔］やわらげてほほえむこと。気持ちよく笑うこと。例—一笑

はき［破棄］やぶりすてること。例契約—

はき［《覇》気］進んで事をなしとげようとする気持ち。意気ごみ。例—にあふれる

はぎ［《脛》］すね。むこうずね。例ふくら—

はぎ［《萩》］秋の七草の一。例—ときょう

はきちがえる［履き違える］考えちがいをする。意味をとりちがえる。例自由を—

ばきゃくをあらわす［馬脚を現す］かくしていた正体があらわれる。

はきゅう［波及］しだいに広がること。

はきょう［破鏡］夫婦のわかれ。離婚。

はぎょう［覇業］武力で天下の権力をにぎること。例信長の—・—の野望

はきょく［破局］みじめな結果。例—となる

はぎれ［歯切れ］①歯でかみ切るときの心もち。②ことばの言いまわしのぐあい。

はぎれ［端切れ］はんぱな布ぎれ。

はく［博］ひろい。ひろめる。例名声を博する

はく［泊］とまる。例車中泊・三泊四日

はく［《箔》］金属を平たくのばしたもの。権威。例金—・最近—がついた

はく［吐く］口からもどす。言う。例どろを—

はく［掃く］そうじする。例庭を—

はく［履く］足につける。例靴を—

はく［《穿》く］腰から下につける。例パンツを—

はぐ［《剝》ぐ］①むきとる。はがす。②うばう。

はぐ［《接》ぐ］つぎあわせる。例布を—

ばく［縛］しばる。例ついに縛につく

ばく［漠］さばく。はっきりしない。例漠とした

ばく［《貘》］南方にいる草食のほ乳動物。

はくあ［白亜・白《堊》］白壁。例—の殿堂

はくあい［博愛］すべての人を広く同じように愛すること。例—心・—衆に及ぼす

はくい［白衣］白い衣服。例—の天使

ばくおん［爆音］①爆発するときに出る音。②発動機の音。例飛行機の—で眠れない

ばくが［麦芽］大麦を発芽させたもの。例—百%のビール・—糖

はくがい［迫害］苦しめなやますこと。害を加えること。例ユダヤ人への—

はくがく［博学］広くいろいろの学問に通じて

いること。例—多識な人
はくがん[白眼]①しろめ。②にらむ目つき。人をつめたくあしらう目つき。例—視される
はぐき[歯茎]歯の根をつつむ肉。
ばくぎゃく[《莫逆]気があってひじょうに親しいこと。例—の友
はぐくむ[〈育む]いつくしみそだてる。
ばくげき[爆撃]爆弾の攻撃。例—機
はくし[白紙]①白い紙。なにも書いてない紙。②あらかじめ自分の意見をもたないこと。③なにもないときの状態。例まだ—の状態
はくし[博士]専門の学術論文を審査してさずける称号。例—号・—論文
はくしき[博識]広く物事を知っていること。
はくしじゃっこう[薄志弱行]意志が弱くて実行力がたりないこと。例—の徒
はくじつ[白日]①くもりのない日。②まひる。白昼。例—のもとにさらされる
はくしゃ[拍車]乗馬ぐつのかかとにとりつける金具。例—をかける
はくしゃ[薄謝]すこしばかりの謝礼。
はくじゃく[薄弱]①うすくてよわいこと。②たしかでないこと。例根拠が—だ
はくしゅ[拍手]両手を打ち合わせて鳴らすこと。例—喝《かっ》采《さい》を浴びる
ばくしゅう[麦秋]麦のとりいれ時。六月ごろ。
はくしょ[白書]政府が発表公開する報告書。
はくじょう[白状]打ちあけること。
はくじょう[薄情]思いやりの心がうすいこと。愛情がうすいこと。例人は—なもの
ばくしょう[爆笑]どっと大声で笑うこと。
はくしん[迫真]本当らしく見えること。
はくじん[白刃]しらは。刀のぬきみ。
ばくしん[《驀進]まっしぐらに進むこと。
はくする[博する]①手に入れる。得る。例好評を—。②広める。広くする。例名声を—
はくせい[《剝製]動物の皮をはぎ、中に綿などをつめて生きている形につくったもの。
はくせき[白《皙]はだの色の白いこと。
ばくぜん[漠然]はっきりしないさま。ぼんやり。例—と考える・—とした答弁
ばくだい[莫大]ひじょうに大きいこと。
はくだつ[《剝脱]はぎとること。例権利の—
はくち[白痴]強度の精神薄弱。例—美
ばくち[博〈打・▽博奕]とばく。かけごと。
ばくちく[爆竹]花火の一種。例祝日の—
はくちゅう[白昼]まひる。例—の犯罪
はくちゅう[伯仲]ひじょうによくにていてまさりおとりがないこと。例実力—
はくちょう[白鳥]スワン。例—の湖・—の歌
ばくとして[漠として]ぼんやりとして、とりとめのないさま。例—思案がまとまらない
はくねつ[白熱]①物体が白い光を発するほど極度に熱せられること。②熱心さがたかまること。例たたかいは—化した
ばくは[爆破]爆薬でこわすこと。例—物
はくはつ[白髪]しらが。例—の老人
ばくはつ[爆発]大きな音や火を出して急に破裂すること。例不満の—・—力
はくび[白《眉]多くの中でいちばんすぐれているもの。例展覧会中—の作品
はくひょう[薄氷]うすいこおり。例—を踏む
ばくふ[幕府]昔、将軍が政治をした所。
ばくふ[《瀑布]たき。例ナイヤガラ—
はくぶつがく[博物学]動物学・植物学・鉱物学・地質学の総称。
はくぶつかん[博物館]古い歴史的な遺物や美術品・考古学の資料などを集めならべて、人々にみせるところ。例上野の国立—
はくぶん[博聞]物事を広く聞いて知ること。
はくへいせん[白兵戦]敵味方が近よって刀や剣などで戦うこと。例壮烈な—
はくぼ[薄暮]たそがれ。夕ぐれ。例—の試合
はくぼく[白墨]黒板に書く具。チョーク。
ばくまつ[幕末]江戸幕府の終わりごろ。
はくめい[薄命]①命がみじかいこと。②ふしあわせ。例美人—
はくらい[舶来]外国から船にのせてきたもの。外国製品。例—の金時計・—品
はくらく[《剝落]はげおちること。例壁画の—
はくらんかい[博覧会]産業をさかんにするため、いろいろな産物をならべて人々に見せるもよおし。例万国—・貿易—
はくりたばい[薄利多売]利益を少なくして数多く売ること。例—の営業方針で
ばくりょう[幕僚]陸海軍の指令官などに属して、大事な計画に加わる部下。
はくりょく[迫力]人におしせまる力。
はぐるま[歯車]まわりに、歯がたくさんきざんである車。例—がくるう・歴史の—
ばくろ[暴露]かくしていることをみなにあばき出すこと。例—記事・汚職の—
ばくろう[博労]牛馬の売買をせわする人。

ばくろん［《駁論］他人の議論を攻撃する論。
はけ［〈刷毛］ブラシ。例―で塗る・―目
はげ［《禿］毛髪のぬけた頭。はげ頭。例―鷹・―ちゃびん・―山
はけぐち［《捌け口］①流れ出るところ。②売れていく先。例商品の―
はげしい［激しい・〈烈しい・〈劇しい］①いきおいが強い。きびしい。例―言葉で。②はなはだしい。例―競争・―変化
はげます［励ます］元気づけてやる。例声を―
はげむ［励む］①いっしょうけんめいする。例勉学に―・仕事に―。②心をふるい起こす。
はける［《捌ける］よく流れる。よく売れる。
はげる［《剝げる］取れておちる。例色が―
はげる［《禿げる］頭髪がぬけおちる。
ばける［化ける］変装する。ちがった姿になる。
はけん［派遣］命令によってよその土地に行かせること。つかわすこと。例代表を―する
はけん［覇権］①他を支配する権力。②勝ったものの権力。優勝。例―をかけた試合
はごいた［羽子板］羽根つきをする道具。
はこ［箱・《函］四角な形の入れもの。
はこいり［箱入(り)］箱にいれてあること。例―娘・―の上製本
はこう［《跛行］①びっこをひいて歩くこと。②つり合いのとれないこと。例―状態
はこがき［箱書(き)］書画をおめさた箱に、作者が署名などをしたもの。例―のある壷
はこぶ［運ぶ］①物を他のところへ移す。②進める。例話が―。③はかどる。例事が―
はさい［破砕］やぶりくだくこと。例―爆弾
はざかいき［端境期］新米が古米にかわって市場に出まわりはじめる九、十月ごろ。
はざくら［葉桜］若葉が出はじめたころの桜。
はざま［〈狭間・〈迫間］①あいだ。例雲の―から。②谷間。③城壁のあな。
はさみ［《鋏］はさんで切る刃物。例―を入れる・裁ち―・―で切る
はさみ［《螯］かにやえびのはさむつめ。
はさむ［挟む・〈挿む］①物と物との間に入れる。②間に入れておちないようにする。
はさん［破産］財産をなくすこと。例―宣告
はさん［破算］そろばんで、数をおいた玉をくずしてもとにもどすこと。例ご―で
はし［端］へり。ふち。例机の端・言葉の端
はし［橋］川などにかけわたした道。例丸木橋
はし［《箸］食べ物をはさむ細い二本の棒。
はじ［恥・〈辱・《羞］名誉をそこなうこと。例恥の上塗りだ・恥をかく・恥を知れ
はしか［▽麻疹］小児の伝染病。例三日―
はしがき［端書(き)］書物のはじめに作者のことばをしるした文。序文。
はじく［《弾く］①はねとばす。はねかえす。②受けつけない。③計算する。例そろばんを―
はしくれ［端くれ］①きれはし。②とるにたりないもの。はした。例教育者の―です
はしけ［《艀］陸と本船との間で貨物や旅客などをはこぶ小舟。例―舟
はしげた［橋《桁］橋板をささえる長い材。
はしご［《梯子］高い所にのぼる道具。階段。
はじさらし［恥《曝し］恥を世間にさらすこと。
はしぢか［端近］家の中ではし近い場所。あがりはな。例そこは―ずっと奥へ
はした［〈端］①数のそろわないこと。数のたりないこと。②あまり。例―がでる・―金
ばじとうふう［馬耳東風］人の意見や批評などを聞きながして気にかけないこと。
はじまる［始(ま)る］開始する。例式が―
はじめ［始め］ことの起こり。例手―に
はじめ［初め］最初のとき。例年の―・―ての経験・―めまして
はじめる［始める］やりだす。例仕事を―
はしゃ［覇者］①武力や権力で天下をおさめる人。②競争に勝った者。例―の栄
ばしゃうま［馬車馬］①馬車をひく馬。②わきめもふらずに突進するもの。例―のごとく
はしゅつ［派出］使っている人を出張させること。例―所の巡査
ばしょ［場所］①ところ。②位置。地点。
はじょう［波状］波の形。また波のようにあとからあとから続くこと。例―攻撃
はしょうふう［破傷風］傷口から起こる病気。
はしょる［〈端折る］①着物をすそを折っておびにはさむ。②かんたんにする。はぶく。
はしら［柱］家をささえる棒。例大黒柱
はじらう［恥じらう・《羞じらう］はずかしがる。はにかむ。例花も―乙女
はしり［走り］①走ること。例―使い。②季節に先だって出る魚や野菜など。はつもの。
はしりがき［走(り)書き］筆を早く走らせて書くこと。例―なので読みにくい
はしる［走る］①はやくすすむ。②にげる。例親元に―。③意のままにうごく。例ペンが―。

④かたむく。例新興宗教に—。⑤通っている。例東西に—道

はじる［恥じる］はずかしく思う。例名に—

はしわたし［橋渡し］①間をとりもつこと。なかだち。②しばらくの代理。例交際の—

はす［〈斜］ななめ。はすかい。例—になる

はす［《蓮］池・沼にはえるスイレン科の多年生植物。例—のうてなで

はず［《筈］弓のつるをうける所。道理。例こんな—ではなかったのに

はすう［端数］はしたの数。はんぱの数

ばすえ［場末］町はずれ。例—の小さい酒場

はずかしめる［辱める］①はじをかかせる。②地位や名誉などをけがす。例会社の名を—

はずす［外す］①とりのぞく。②ぬぐ。③そらす。④うしなう。にがす。例機会を—

はずむ［弾む］①はねかえる。②調子づく。例話しが—。③あらくなる。例息が—。④思いきって金をたくさん出す。例チップを—

はせい［派生］わかれ生じること。例—的に

ばせい［《罵声］ののしる声。例—を浴びせる

はせる［《馳せる］走る。名を広める。例名を—

はぜる［《爆ぜる］さけて開く。はじける。

はそん［破損］やぶれこわれること。例—品

はた［機］布をおる機械。例機の音

はた［畑］はたけ。例畑地・畑仕事

はた［旗］布地を空中にひるがえすもの。めじるし。はたじるし。例旗を掲げる

はた［端・〈傍・〈側］①わき。そば。例—迷惑。②へり。ふち。例池の—

はた［〈将］しかしながら。例雲か—また島か

はだ［肌・〈膚］①皮膚。②かわ。表面。例山肌

はだあい［肌合（い）］きだて。性質。例—が違う

はたあげ［旗揚（げ）］①戦争を起こすこと。②事を起こすこと。例新しい劇団の—だ

はたいろ［旗色］形勢。例チームの—が悪い

はだえ［〈肌・〈膚］はだ。皮膚。例—にふれる

はたおり［機織（り）］はたで布を織ること。

はだか［裸］衣類をつけていないこと。むきだし。例まる裸・裸電球・裸一貫

はたがしら［旗頭］①かしら。②一方のかしら。

はたく［《叩く］たたく。全部使う。例財布を—

はたけ［畑・《畠］①野菜や穀類をつくる土地。②専門のはんい。例研究の畑がちがう

はたご［▽旅籠］やどや。旅館。

はださむい［肌寒い］はだに寒く感じる。

はだざわり［肌触り］はだにふれる感じ

はたしあい［果（た）し合い］死を覚悟してたたかうこと。決闘。例—となる

はたして［果（た）して］思ったとおりに。

はたじるし［旗印］①旗にかいて目じるしにする紋や文字。②進むべきめあて。例革新の—

はたす［果（た）す］①なしとげる。②しとめる。

はたち［二十・二十歳］二〇歳。例—の青年

はだぬぎ［肌脱ぎ］衣服をぬいではだの一部を出すこと。例鏡の前で—になる

はだみ［肌身］からだ。はだ。例—はなさず

はため［〈傍目］よその人の見た感じ。例—には

はたもと［旗本］①大将のいる本営。②江戸時代、幕府にじかにつかえていた武士。

はたらき［働き］①はたらくこと。活動。②てがら。ほねおり。③ききめ。例漢方薬の—

はたらく［働く］①仕事をする。②活動する。③わるいことをする。例強盗を—

はたん［破《綻］①やぶれほころびること。②事がなりたたないこと。悲劇的な結末。

はだん［破談］相談・約束・縁談などをとりけすこと。例とうとう—になった

はち［八］やっつ。八番目。例八十八夜

はち［鉢］仏門の食器。植木ばち。例金魚鉢

はち［《蜂］こん虫の一種。例—の巣

ばち［罰］①わるいおこないに対する神や仏のとがめ。②悪事のむくい。例—あたり

ばち［《撥］びわや三味線などの糸をうち鳴らす道具。例—さばき

ばち［《枹］太鼓を打つ棒。

はちあわせ［鉢合（わ）せ］①頭と頭とをぶつけ合うこと。②出会うこと。衝突。例—になる

ばちがい［場違い］①場所がちがうこと。②本場の品でないこと。例—のみかん

はちくのいきおい［破竹の勢い］勢いがはげしく防ぐことができないさま。例—で進む

はちじゅうはちや［八十八夜］立春から八十八日目の夜。五月一、二日ごろ。

はちまき［鉢巻（き）］頭に布をまくこと。

はちみつ［《蜂蜜》］みつばちがたくわえたみつ。例レモンの香りのする—

はちめんろっぴ［八面六《臂］ひとりであらゆる方面に活躍すること。例—の活躍

はちゅうるい［《爬虫類］へび・とかげ・かめ・わになどの類。例—見ると鳥肌がたつ

はちょう［波長］波の山と山・谷と谷との距離。

ばつ［罰］罪やあやまちに対するこらしめ。

ばつ［閥］①家がら。②出身を同じくする者が、たがいの利益をはかる団体。例財閥
ばつ［《跋》］書物の終わりに書く文。あとがき。
はつあん［発案］考えだすこと。例—者
はついく［発育］そだつこと。成長すること。
はつおん［発音］①音を出すこと。②ことばの出しぐあい。例—が不明瞭だ
はっか［発火］火を出すこと。もえ出すこと。
はっか［薄荷］香料の名。シソ科の多年生植物。
はつか［二十日］月の二十番目の日。一日の二十倍。例—ねずみ・—大根
はつが［発芽］草木がめを出すこと。例—期
はっかく［発覚］秘密・罪悪がばれること。例政治家の汚職が—する
はっかん［発刊］新聞や図書を出版すること。
はっかん［発汗］あせを出すこと。例—作用
はっき［発揮］精神や力などを十分に外部にあらわし示すこと。例効果を—する
はつぎ［発議］議案や意見を出すこと。例—権
はっきゅう［薄給］安い給料。↔高給
はっきょう［発狂］気がくるうこと。例—状態
はっきん［白金］金属元素の一つ。プラチナ。
はっきん［発禁］発売を禁止すること。
ばっきん［罰金］罰としてとりたてるお金。
はっくつ［発掘］地中にうずもれているものをほり出すこと。例古墳を—する
ばつぐん［抜群］多くのものの中で、とびぬけてすぐれていること。例成績が—だ
はっけ［八《卦》］うらない。例当たらぬも—
はっけっきゅう［白血球］血球の一つで、細菌の害をふせぐ。例—が不足する病気

はっけん［発見］はじめて見つけ出すこと。
はつげん［発言］①ことばを出すこと。②意見をのべること。例—権がある
はつご［初子］はじめてうまれた子ども。
ばっこ［《跋扈》］①おどりはねること。②はびこること。のさばること。例暴力が—する
はっこう［発行］図書や新聞などを出して世の中にひろめること。例—所・証明書の—
はっこう［発光］光をはなつこと。例—塗料
はっこう［発効］効力が発生すること。↔失効
はっこう［発酵・《醱酵》］酵母や細菌・かびなどの作用で、さとう分をアルコールや、炭酸ガスにかえること。例—作用
はっこう［薄幸］ふしあわせ。例—を悲しむ
ばっさい［伐採］樹木などを切り取ること。
はっさん［発散］外へまき散らすこと
ばっし［末子］すえっ子。↔長子
ばっし［抜糸］糸をぬきとること。例傷口の—
ばっし［抜歯］歯をぬきとること。
はっしゃ［発車］汽車や電車が出発すること。
はっしゃ［発射］矢や弾丸をうち出すこと。
はっしょう［発祥］①めでたいしるしの起こること。②おこり。はじまり。例文化の—地
はつじょう［発情］情欲が起こること。例—期
ばっしょう［《跋渉》］山野をふみこえ、川をわたること。諸国をあるきまわること。
はっしょく［発色］色が生じること。例よい—
はっしん［発信］郵便や電信を出すこと。
はっしん［発進］出発し、前進すること。例急きょ—する・車を—させる
はっしん［発《疹》］皮膚に小さいふきでものができること。ほっしん。例—チフス
ばっすい［抜粋・抜《萃》］よいところをぬき出すこと。抜き書き。例原本から—する
はっする［発する］起こる。出発する。出す。発表する。例怒りを—・空港を—
ばっする［罰する］罰をあたえる。例反則を—
はっせい［発生］①物がおこりはじまること。②はえ出ること。例害虫が—する
はっせい［発声］声を出すこと。例—練習
ばっせき［末席］すえの席。まっせき。
はっそう［発送］品物をおくり出すこと。
はっそう［発想］あるものについての考えをあらわし出すこと。例—がいい小説
ばっそく［罰則］法のきまりをおかした者を罰するための規則。例—規定をきめる
はつたけ［初《茸》］マツタケ科のきのこ。
はったつ［発達］①大きくのびていくこと。②進むこと。例文明が—する
はっちゃく［発着］出発と到着。例航空機の—
はっちゅう［発注］注文を出すこと。例—書
ばってい［末弟］いちばん年下の弟。
ばってき［抜《擢》］よりぬくこと。例二軍から—
はってん［発展］のびひろがること。さかえていくこと。例将来の—性を買う
はつでん［発電］電気をおこすこと。例—所
はっと［法度］①おきて。きまり。②さしとめ。
はつどう［発動］①うごきだすこと。例強権を—する。③動力をおこすこと。例—機
はつに［初荷］正月二日に、その年はじめて送り出す商品の荷物。例—ののぼり
はつね［初音］うぐいすやほととぎすなどのそ

の年はじめての鳴き声。

はつねつ［発熱］①病気で体温がふだんよりも高くなること。②熱を発すること。

はつば［発馬］競馬で馬が走りだすこと。

はっぱ［発破］火薬で爆破すること。気合いをいれること。例—をかける

はつばい［発売］売りだすこと。例本日—

はつひ［初日］元日の朝の太陽。例—を拝む

はっぴ［法被］しるしばんてん。例—姿

はつびょう［発病］病気になること。

はっぴょう［発表］広く知らせること。例—会

はっぷ［発布］世の中に広く告げ知らせること。例憲法—記念日

はっぷん［発憤・発奮］心をふるいはげますこと。例—して勉強にとりかかる

ばつぶん［《跋文］書物のおわりに書く文。

はつほ［初穂］その年最初にみのった稲のほ。転じて、最初にできた産物。例—を供える

はっぽう［八方］あらゆる方角。例—美人

はっぽう［発砲］銃などをうつこと。例—音

はっぽう［発泡］あわだつこと。例—スチロール・—酒・—させる

ばっぽん［抜本］根本の原因をぬきさること。例—的な対策をたてる

はつみみ［初耳］はじめて聞くこと。

はつめい［発明］①あたらしく考え出すこと。例—者。②かしこいこと。例—な少年

はつもの［初物］①その年はじめてみのった穀物・野菜・果物。②はじめて食べる物。

はつよう［発揚］①あげあらわすこと。②さかんにすること。ふるいおこすこと。例国威—

はつらつ［《潑剌》］勢いよくとびはねるさま。元気のあふれているさま。例元気—として

はつれい［発令］法令や辞令などを出すこと。

はつろ［発露］あらわれ出ること。例友情の—

はて［果て］①しまい。終わり。最後。例世界の—。②おちぶれたこと。例なれの—

はで［派手］①はなやかなこと。例—な生活。②かざりよそおうこと。↔地味。例—な服

ばてい［馬丁］馬方。馬ひき。乗馬のくちとり。

ばてい［馬《蹄］馬のひづめ。

はてしない［果てしない］かぎりがない。終わりがない。はてない。例—未来へ

はてる［果てる］①おわる。②死ぬ。

バテレン［〈伴天〉連］昔、キリスト教の宣教師。

はてんこう［破天荒］今までの人ができなかったことをすること。例—な出来事

はと［《鳩］ハト科の鳥の総称。例—派に属する

はとう［波頭］波の上。なみがしら。

はとう［波《濤］大きななみ。例万里の—を

はどう［波動］①波のうねり。②動きがだんだん他の部分に伝わること。例景気の—

ばとう［《罵倒］ひどく悪口をいうこと。

はとば［波止場］波どめのある舟つき場。

はとむね［《鳩胸］前方につき出ているむね。

はとめ［《鳩目］ひもを通す丸い穴の金具。

はどめ［歯止め］ブレーキ。例—をかける

はな［花］顕花植物の生殖器官。例花をそえる・花の都・花も実もある

はな［鼻］顔の中央につきでて、呼吸と嗅覚のはたらきをする器官。例鼻が高い・鼻にかける・鼻の下が長い・鼻を鳴らす

はな［《洟］鼻のあなからでる液体。

はないき［鼻息］①鼻でするいき。②きげん。③いきごみ。いきおい。例—が荒い

はなうた［鼻歌・鼻《唄］はなにかかった小声で歌をうたうこと。また、その歌。例—まじり

はなお［鼻緒］はきものの指かけひも。

はながた［花形］①花もよう。②人気のある若い俳優。③人気のあるもの。例時代の—

はなぐすり［鼻薬］①子どもをなだめすかすためにあたえる菓子。②ちょっとしたわいろ。

はなぐもり［花曇(り)］さくらの花がさくころ、空がくもっていること。

はなごえ［鼻声］①鼻にかかった声。②なみだにむせんで鼻のつまった声。

はなさき［鼻先］①鼻のさき。②すぐ目の前。

はなし［話］①はなすこと。例先生のお話。②うわさ。例友だちの話では。③相談。例話がある。④道理。例話のわかる人だ

はなし［《咄・《噺］落語や小ばなし。例—家

はなしあう［話(し)合う］相談する。かたらう。

はなしがい［放(し)飼い］家畜をつながないでかうこと。例牧場で—の牛

はなじろむ［鼻白む］気おくれした顔つきをする。興ざめた顔をする。

はなす［話す］言う。語る。相談する。

はなす［放す］解放する。例小鳥を—

はなす［離す］遠ざける。例目を—

はなすじ［鼻筋］みけんから鼻先までの線。

はなせる［話せる］①話すことができる。②物事がよく分かっている。ゆうずうがきく。

はなぞの［花園］花をたくさん植えてある庭。

はなだより[花便り]花のさき具合を知らせるたより。花信。例各地の―が待ちどおしい
はなつ[放つ]①ときはなす。②自由にする。③射る。発する。④遠ざける。追放する。
はなつまみ[鼻つまみ]ひどく人にいやがられること。例近所の―者
はなはだ[甚だ]ひじょうに。おおいに。
はなはだしい[甚だしい]はげしい。ひどい。ていどをこえる。例乱暴も―ものがある
はなばなしい[華華しい]はなやかだ。
はなふぶき[花吹雪]花がふぶきのように乱れ散ること。例―の中に立つ
はなまつり[花祭(り)]仏教で、毎年四月八日に釈迦の誕生を祝う祭り。灌仏会《かんぶつえ》
はなみち[花道]役者や力士が出入りする道。
はなむけ[《餞]旅行に行く人に物をおくること。また、その物。せんべつ。
はなもじ[花文字]英語などのかざり文字。
はなやか[華やか]①美しくきらびやかなさま。はでやか。②きわだっているさま。
はなれる[放れる]解放する。例矢が弓から―
はなれる[離れる]①ついたものがわかれる。②遠ざかる。③わかれわかれになる。
はなわ[花輪・花《環]輪のようにつくった造花、または生花。例開店祝いの―
はにわ[《埴輪]素焼きの土像。例弥生式の―
はね[羽]①つばさ。例羽を伸ばす・羽が生えたように売れる。②羽毛。例羽ぶとん
はね[羽根]②羽子板遊びの羽子。例―つき。②羽状のもの。例タービンの―・風車の―
はね[跳ね]①飛び散った水。例―があがる。②興行が終わったこと。例―になる
はね[《撥ね]字を書くときはねあげること。
ばね[▽発条・▽撥条]スプリング。クッション。例―がある腰・―になる
はねあがる[跳ね上がる]上へおどりあがる。急にあがる。例水が―・物価が―
はねかえす[《撥ね返す]つきもどす。例―力
はねる[跳ねる]①おどりあがる。例うさぎが―。②とびちる。例水たまりの水が―
はねる[《撥ねる]字の終わりを勢いよくはらう。例終筆を―。②はじきとばす。例車が―
はねる[《刎ねる]横にはらうようにきる。
はは[母]①女の親。↕父。②もと。例発明の母
はば[幅・《巾]①横の距離。例幅が広い。②はぶり。例幅をきかす。③ゆとり。例人間の幅
ばば[〈婆]①年とった女。②トランプのジョーカー。例―抜き
ばば[馬場]馬がはしる所。例重―・不良―
ばばあ[〈婆(あ)]年とった女。↕じじい
ははうえ[母上]母への尊敬語。↕父上
ははおや[母親]女親。↕父親。例―の愛
はばかり[《憚り]①きらうこと。②便所。
はばかる[《憚る]①ひろがっていっぱいになる。はびこる。例世に―。②おそれつつしむ。遠慮する。例世間を―。③いみきらう。
はばたく[羽ばたく]①鳥がつばさを広げて動かす。②希望に満ちて向かう。例社会に―
はばつ[派閥]党派と閥族。例―抗争がおきる
はばひろい[幅広い]ふつうより幅が広い。×巾広い。例―活動・―事業・―支持層
はばむ[阻む]じゃまをする。さまたげる。
はびこる[▽蔓延る]①草木などがいっぱいにひろがる。②勢いがさかんになる。
はふ[破風・《搏風]山形をした屋根の両はしにつけられたかざりの板。
はぶ[波布]毒へびの一種。沖縄・台湾にすむ。
はぶく[省く]とりのぞく。へらす。
はぶり[羽振り]いせい。勢力。例最近―がいい
はへん[破片]こわれたかけら。例ガラスの―
はほん[端本]全部そろっていない本。
はま[浜]波うちぎわ。例浜辺・浜千鳥
はまき[葉巻]たばこの葉をきざまずにまいて作った、まきたばこ。例―をくゆらす
はまぐり[《蛤]二枚貝の一種。例―のむき身
はまなす[浜《茄子]バラ科の落葉低木。
はまや[破魔矢]正月の厄よけお守りの一種。
はまる[《嵌(ま)る・《塡(ま)る]①よく合う。②あてはまる。例役に―。③だまされる。
はむかう[刃向(か)う・歯(向)かう]①かみつこうとする。②さからう。例権力に―
はめ[羽目・破目]①板を同一平面上にならべて張ったもの。例―板。②こまった場合。例気の毒な―になる・―をはずす
はめつ[破滅]ほろびること。例人生の―だ
はめる[《嵌める・《塡める]①さしこむ。②だます。③おとしいれる。例わなに―
ばめん[場面]その場のようす。舞台のさま。
はもの[刃物]きれもの。例―を振りまわす
はもん[波紋]①石などを水に投げたとき、水面に起こるもよう。②物事のえいきょう。
はもん[破門]①師弟の関係をたちきること。②宗門から追放すること。例―される

はやあし［早足・速足］速い足どり。
はやい［早い］時間的に短い。まだ時期でない。例気が―・―話・朝が―
はやい［速い］動きがすみやかだ。例足が―
はやおき［早起き］朝はやくおきること。
はやがてん［早合点］よく話を聞かないでわかったと思ってしまうこと。はやのみこみ。
はやがね［早鐘］ひじょうに急な場合にうちならすかね。例胸は―を打つようだ
はやく［破約］やくそくをやぶること。
はやく［端役］あまり主要でない役。
はやし［林］木がたくさんはえている所。
はやし［《囃子》］ふえやたいこなどで気分をそえるために行う音楽。例―方・―ことば
はやす［生やす］のばす。例ひげを―
はやす［《囃す》］①声を出して歌曲の調子をとる。②声をたててあざけったり、ほめたりする。例持て―・みなでほめ―
はやせ［早瀬］川の流れの早いところ。
はやて［▽疾風］急に吹き起こり、急にやむ暴風。例―のごとく消える
はやぶさ［《隼］たかの一種。
はやまる［早まる］①早くなる。②あせる。失敗する。例時期を―・―なよ
はやる［〈逸る］いさみ立つ。あせる。例―気持ちをおさえる
はやる［▽流行る］①広く世の中に行われる。②勢いが強くなる。③はんじょうする。
はやわざ［早業］すばやくてうまいわざ。
はら［原］たいらで広い土地。例野原
はら［腹］①おなか。②母の胎内。例腹ちがいの妹。③心。度量。例腹が大きい
ばら［《薔薇》］バラ科低木の総称。例―色
はらいせ［腹《癒せ］いかりやうらみをはらすこと。例あざむかれた―に
はらう［払う］①とりのぞく。②横にふる。③金銭をわたす。④おこなう。例注意を―
はらう［《祓う］神に祈ってけがれをのぞく。
はらから［▽同胞］①兄弟姉妹。②同じ国民。
はらぐろい［腹黒い］心がねじけすなおでない。例―男・―計画
はらす［晴らす］①晴れるようにする。②はらいのける。気持ちよくする。例恨みを―
はらす［腫らす］はれるようにする。
はらだつ［腹立つ］おこる。いかる。例―思いで
はらつづみ［腹鼓］ふくれた腹をならすこと。十分食べてまんぞくなさま。例―を打つ
はらまき［腹巻(き)］腹にまく布や毛糸。
はらむ［《孕む］①妊娠する。②ふくらむ。例帆が風を―・危機を―
はらん［波乱・波《瀾］①おおなみ。②もめごと。③変化のあること。例―に富む人生
はり［針］細く先のとがったもの。例縫い針
はり［《梁］柱の上に横にわたす材木。
はり［《鍼］金属製のさす医療器具。
はり［張り］はりあい。例仕事に―がある
ばり［《罵詈》］悪口を言うこと。例―雑言
はりあい［張(り)合い］①競争。②やりがいのあること。例仕事に―がない
ばりき［馬力］①動力の単位。②荷馬車。③精力。例―にものをいわせる
はりきる［張(り)切る］①十分に張る。②元気いっぱいである。③気持ちをはりつめる。
はりこ［張(り)子］木の型に紙を重ねて張り、かわいてから型をぬき去って作ったもの。
はりこむ［張(り)込む］①力をいれる。②思いきって買う。③見はる。例刑事が―
はる［春］四季のひとつ。↕秋。例人生の春
はる［張る］①のびひろがる。②ふくらむ。③かさむ。例金額が―。④こわばる。例肩が―
はる［《貼る］のりでつける。例切手を―
はるか［《遙か］遠くにはなれているさま。
はるさめ［春雨］しずかに降る春の雨。
はるめく［春めく］春らしくなる。例一雨ごとに春めいてくる・日ごと―
ばれいしょ［馬鈴《薯］じゃがいも。
はれぎ［晴(れ)着］はれの場所に出るときに着る着物。例正月の―・―姿
はれつ［破裂］①さけ破れること。②相談や談判などがまとまらないこと。例交渉の―
はればれ［晴れ晴れ］①晴れわたっているさま。②心にわだかまりがなく、ほがらかなさま。例―とした気持ちで
はれもの［《腫(れ)物］できもの。例―ができる
はれやか［晴れやか］①晴れわたったさま。②心がはればれとして明るいさま。
はれる［晴れる］①雲やきりが消え散る。②雨や雪がやむ。③気持ちがさっぱりする。
はれる［《腫れる］からだの一部がふくれる。
はれんち［破廉恥］はじをはじと思わないこと。はじしらず。例―な行為
はろう［波浪］なみ。例―注意報がでる
わたり［刃渡り］刃物の刃の長さ。

はん[班]くみ。なかま。例班ごとに行動する
はん[反]あべこべ。そむく。例反する
はん[半]①半分。例半製品。②奇数。↕丁
はん[犯]罪をおかす。例政治犯・知能犯
はん[判]①いんかん。例判をおす。②紙の大きさ。例B5判・A4判
はん[版]印刷に使う版。例版を重ねる
はん[煩]わずらわしい。例煩に堪えない
はん[藩]かこい。家中。例長州藩・藩主
はん[《汎》]英語のパン。すべて。例―アジア主義・―太平洋・―神論
ばん[晩]夕方。夜。例晩になると
ばん[番]①順番。②当番。③番人。例番をする
ばん[万]よろず。非常に多い。完全。例千差万別・万遺漏のなきように
ばん[盤]はち。いわ。台。例盤の上に・将棋盤
はんい[犯意]罪をおかそうとする心。
はんい[範囲]一定のかぎられた場所。区域。
はんえい[反映]うつりあうこと。うつりあらわれること。例まわりの情勢を―する
はんえい[繁栄]さかえること。はんじょう。
はんえり[半襟・半《衿》]かざりのえり。
はんおん[半音]全音の半分の高さの音。
はんえん[半円]円の半分。例―をえがく
はんか[繁華]さかえにぎわうこと。例―街
はんが[版画]木の板に絵をほりつけてすったもの。例―家・木―
ばんか[《挽歌》]死や過去を悲しむ歌。
はんかい[半壊]なかばこわれること。
ばんかい[《挽回》]とりかえすこと。例―する
ばんがい[番外]きめられた番数のほか。
ばんがく[晩学]年をとって学問を始めること。例―で大成した学者
はんかつう[半可通]なまかじり。なまはんかなものしり。例―の知識をふりまわす
はんかん[反感]反抗する感情。例―をいだく
ばんかん[万感]さまざまな感情。例―胸に迫るものがある
はんき[反旗・《叛旗》]むほん人が立てる旗。
はんき[半期]一期間の半分。一か年の半分。
はんき[半旗]かなしみを表すために国旗をさおの頂上から三分の一さげてかかげること。例―を掲げて弔意を表す
はんぎゃく[反逆・《叛逆》]そむきさからうこと。むほん。例―者・―児
はんきょう[反響]①音がものに当たってかえること。②あることが影響してそれににたことが起こること。例意外な―があった
はんきん[半金]全体の金額の半分。
ばんぐみ[番組]もよおしものの組み合わせ。プログラム。例テレビ―・―のお知らせ
ばんくるわせ[番狂わせ]①順番がくるうこと。②意外な結果になること。例―の勝利
はんけい[半径]円の中心から円周までの長さ。例―五キロ以内の地域
ばんけい[晩景]夕方のけしき。
はんげき[反撃]ひきかえして敵を追いうつこと。例途中から―にでる
はんけつ[判決]裁判所がうったえ事にきまりをつけること。例最高裁の―
はんげつ[半月]半円形の月。ゆみはりづき。
はんけん[版権]著作物を複製や発売する権利。例―の保護・―違反
はんげん[半減]半分にへること。例―期
はんこ[判子]いんかん。印判。例―をおす
はんご[反語]①表現を強めるために反対の意味のようにいうこと。アイロニー。②意味を反対にしていうことば。
ばんこ[万古]永久。永遠。例―不易
はんこう[反攻]守勢にあったものが攻勢に転じてせめること。例―を開始する
はんこう[反抗]てむかうこと。例―心
はんこう[犯行]法にふれることを行うこと。
はんごう[飯《盒》]飯をたくことができるアルミニウム製の弁当箱。例―でたいたご飯
ばんこう[蛮行]やばんなふるまい。
ばんごう[番号]順番を表す数。例背―
ばんこく[万国]世界のすべての国。例―共通
はんこつ[反骨・《叛骨》]権力などにはむかう気力。例―精神に富む
はんこん[《瘢痕》]きずあと。例―がのこる
ばんこん[晩婚]年とってから結婚すること。
はんさ[煩《瑣》]こまごましてわずらわしいこと。例―な手続き・日常の―な雑用
はんざい[犯罪]法律からはずれたつみ。
ばんざい[万歳]祝福のことば。例―三唱
ばんさく[万策]あらゆるてだて。例―つきる
はんざつ[煩雑]わずらわしくごたごたしていること。例―な事務手続き
はんざつ[繁雑]事がらが多くて、いりまじっていること。例事柄があまりにも―だ
はんさよう[反作用]作用するものが受けるていこうの力。↕作用。例反作用を起こす

ばんさん[晩《餐]ゆうめし。晩食。例—会
はんし[半紙]延紙を半分にした日本紙。
はんじ[判事]裁判をつかさどる役人。
ばんし[万死]とうてい命の助からないこと。例—に値する・—に一生を得る
ばんじ[万事]すべてのこと。例—休す
はんじえ[判じ絵]その中にかくしたものを判断させる絵。例まるで—のようだ
はんしはんしょう[半死半生]死にかかっていること。例—の目にあう
はんじもの[判じ物]字とか絵などに、ある意味をふくませたもの。例—を解く
はんしゃ[反射]光や熱・音などが物の面にあたってはねかえること。例—板・—神経
ばんしゃく[晩酌]夕食時に酒をのむこと。
ばんじゃく[盤石]①大きな石。いわお。②しっかりして動かないもののたとえ。
はんしゅう[半周]周囲の半分を回ること。
ばんしゅう[晩秋]秋の末。例—の紅葉狩り
はんじゅく[半熟]①半分ほど熟していること。②なまにえ。半にえ。例—の卵
はんしゅつ[搬出]はこび出すこと。↕搬入
はんしょう[反証]反対の証拠。例無実の—
はんじょう[半畳]①芝居見物中に出す、非難やからかいのかけ声。②相手の話をまぜかえすことば。例—をいれる
はんじょう[繁盛・繁《昌]にぎわい栄えること。例商売が—する
ばんしょう[万象]さまざまの形。あらゆるもの。例森羅—
ばんしょう[万障]いろいろなさしさわり。すべてのさしつかえ。例—繰り合わせて
ばんしょう[晩鐘]夕ぐれの鐘。夕方につく鐘。
ばんじょう[万丈]一丈の万倍。ひじょうに高いこと。例—の気炎を吐く
はんしょく[繁殖]ふえること。例産卵—期
ばんしょく[伴食]①正客のおともをしてごちそうになること。しょうばん。②実力や実権がなくて、そえ物のようなこと。例—大臣
はんしん[半身]①全身の半分。②上半身。
ばんじん[蛮人]野蛮人。未開人。
はんしんはんぎ[半信半疑]なかば信じ、なかばうたがうこと。例まだ—である
はんしんふずい[半身不随]半身がきかなくなること。例脳卒中で—になる
はんすう[反《芻]①一たんのみ下した食物を再び口にもどして、またかんでのみ込むこと。②心の中でくりかえし考えること。
はんする[反する]反対である。ちがう。そむく。例規則に—・事実に—
はんずる[判ずる]見分ける。判断する。例中身を—・意味を—
はんせい[半生]一生の半分。例—の思い出
はんせい[反省]自分の考えやおこないをふりかえってみること。例—会を開く・—する
ばんせい[晩成]①おそくできあがること。②年をとってから成功すること。例大器—
ばんせい[蛮声]野蛮な声。太くて下品な声。
はんせき[犯跡]犯罪の形跡。例—をくらます
はんせん[帆船]ほをかけた船。例—の帆走
はんぜん[判然]はっきりするさま。例—と
ばんぜん[万全]完全なこと。例—の手はず
ばんそう[伴奏]声楽や器楽を助ける演奏。
ばんそう[晩霜]春の初めの霜。
はんそく[反則]規則にそむくこと。例—負け
はんそで[半《袖]ひじまでの長さのそで・またはその衣服。例—のシャツ・—のブラウス
はんたい[反対]①あべこべ。例—方向。②そむきさからうこと。↕賛成。例—運動
ばんだい[番台]番をするためにすわる台。またはその人。例ふろ屋の—
はんだくおん[半濁音]かなの右上に「。」をつけて示すパピプペポの音。
はんだん[判断]考えてきめること。例—力
ばんたん[万端]①さまざまな物事。②あらゆる方法。例用意—ととのえる
ばんちゃ[番茶]一番茶をとったあとの、かたい葉でつくった悪い茶。例—もまた出花
はんちゅう[範《疇]分類。はんい。種類。
ばんづけ[番付]番組や人名を順序にしるしたもの。例相撲の—・所得—
はんてい[判定]みわけてきめること。
はんてん[反転]①ころぶこと。②ひっくりかえること。例方向が急に—する
はんてん[《斑点]ぶち。まだら。例犬の—
はんてん[半《纏・《袢纏》]えりのかえらないうわっぱり。しるしばんてん。例祭り—
はんと[半途]①道のとちゅう。②学業や事業などのなかば。例—でやめてしまった
はんと[反徒・《叛徒]むほんをする者ども。
はんと[版図]一国の領土。例—の拡張
はんとう[半島]陸から海にむかって細長くつき出した土地。例伊豆—・能登—

はんどう[反動]①さからって起こるはたらき。②歴史の流れをはばもうとすること。

ばんどう[〈坂東]関東地方。例—太郎

はんどうたい[半導体]すこし電気通す固体。例ゲルマニウム—

はんとうめい[半透明]よくすきとおらずにぼんやり見えること。例—のガラス

はんとき[半時]①昔のいっときの半分。一時間。例—ほど待った。②すこしの時間。

はんどく[判読]わかりにくい文字や文章を判断して読むこと。例—に苦労する

ばんなん[万難]多くの困難。例—を排して

はんにゅう[搬入]はこび入れること。↔搬出

はんにん[犯人]罪をおかした人。

ばんにん[番人]番をする人。例畑の—

ばんにん[万人]多くの人。すべての人。

ばんねん[晩年]年をとったとき。老年。

はんのう[反応]①物質の間に起こる化学的変化。②刺激に応じて起こる運動。③てごたえ。例まるで—がない

ばんのう[万能]①なににでもききめがあること。②すべてにすぐれていること。例—選手

はんぱ[半端]そろわないこと。はした。

はんばい[販売]売りさばくこと。例—店

はんばく[反《駁]反対して論じること。

はんぱく[半白]しらがまじりの頭髪。

はんぱつ[反発・反《撥]はねかえすこと。例—力。②反抗的になること。例親に—する

はんはん[半半]半分ずつ。例—に分ける

ばんばん[万万]①十分に。②万が一にも。

ばんぱん[万般]いろいろの事。さまざま。

はんぴれい[反比例]一方が大きくなれば一方が反対に小さくなること。逆比例。

はんぷ[頒布]広くくばり分けること。例—会

はんぷく[反復]くりかえすこと。例—練習

ばんぶつ[万物]天地間のすべてのもの。

はんべつ[判別]①見分けること。②区別。

はんぼう[繁忙・煩忙]用事が多くていそがしいこと。例—を極める

はんみち[半道]一里の半分。例あと—だ

はんめい[判明]はっきりわかること。

はんめん[反面]反対の方面。片方。例—教師

はんめん[半面]①顔の半分。②物の一方

はんも[繁茂]草木のはえしげること。

はんもく[反目]にらみあうこと。仲たがい。

はんもん[反問]ききかえすこと。例—する

はんもん[煩《悶]思いなやむこと。もだえること。例罪の意識に—する

ばんゆう[万有]あらゆるもの。万物。例—引力

ばんゆう[蛮勇]やばんな勇気。むてっぽうな勇気。例—を振るう

はんよう[《汎用]広く用いること。例—度

ばんらい[万雷]多くのかみなり。音の大きなことのたとえ。例—の拍手を浴びる

はんらん[反乱・《叛乱]そむいて世をみだすこと。例—軍・—勢力

はんらん[《氾濫]水がみなぎりあふれること。

はんりょ[伴《侶]つれ。とも。なかま。

はんれい[凡例]書物のはじめにその内容についての注意を書いたもの。

はんれい[判例]裁判の判決の先例。

はんろ[販路]うれみち。はけぐち。例—の拡張

ひ

ひ[非]①そうでないこと。②わるいこと。あやまり。例その非を認め。③罪悪。つみ。

ひ[否]そうでない。いいえ。↔可。例返答は否

ひ[費]かかり。ついえ。例交通費・人件費

ひ[妃]きさき。例王妃・皇太子妃

ひ[秘]ひみつ。奥深い。例部外秘・秘中の秘

ひ[日]①太陽、またはその光。例日が当たる。②一日・日数。例日がたつ

ひ[火]物がもえる現象。ほのお。例火足が早い

ひ[灯・《燈]あかり。ともしび。例街の灯

ひ[碑]石に文字をほって建てたもの。せきひ。

ひ[《梭・《杼]はたおりで、よこ糸をまいたくだを入れる舟の形をしたもの。

ひ[《樋]水をとおすくだ。水門。

び[美]うつくしい。りっぱ。例美意識

び[微]非常にこまかい。例微に入り

ひあい[悲哀]かなしみ。あわれ。

ひあし[日足・日脚]太陽が空を動く早さ。

ひあそび[火遊び]①火をもてあそぶこと。②きけんなあそび。例子どもの—

ひいき[《贔屓》]特別に目をかけ力ぞえすること。後援すること。また、その人。例—筋

ひいでる[秀でる]すぐれる。ぬきんでる。

ひいまご[《曾孫]孫の子。ひこ。ひこまご。

ひいらぎ[《柊]モクセイ科の常緑低木。

ひいれ[火入れ]加熱すること。点火。例—式

ひいろ[《緋色]こい朱色。例—のじゅんばん

びう[《眉宇]まゆ。まゆのあたり。

ひうち［火打（ち）・《燧》］火をだすこと。例―石
ひうん［非運・否運］運が開けないこと。
ひうん［悲運］かなしい運命。↕幸運
ひえ［《稗》］イネ科の一年生植物。例―もち
ひえき［《裨益》］たすけとなること。ためになること。例社会に―する行為
ひえる［冷える］さめる。つめたくなる。
びおん［微温］①なまぬるいこと。②態度がにえきらないこと。例―的な態度
ひか［皮下］皮膚の下。例―注射
ひか［悲歌］かなしみを歌った詩歌。エレジー。
ひが［彼我］かれとわれ。例―の能率の差
びか［美化］きれいにすること。例街の―運動
ひがい［被害］損害をうけること。例―者
ぴかいち［▽光一］多くの中で、いちばんすぐれているもの。例劇団中の―だ
ひかえ［控え］①ひかえること。ひきとめること。②予備の人や物。③後日のために書きつけておくもの。④そばにいて用をたす人
ひかえめ［控え目］えんりょがち。例―な発言
ひがえり［日帰り］その日に行ってその日に帰ること。例―旅行
ひかえる［控える］①そのままでまつ。②そばについている。③書きとめる。④ひきとめる。⑤すくなめにする。えんりょする。
ひかく［比較］くらべあわせること。例―級
ひかく［皮革］毛皮となめしがわ。例―製品
ひかくてき［比較的］わりあいに。例―多い
ひかげ［日陰・日《蔭》］日光のあたらないところ。かげ。↕日向。例―を好む植物
ひかげ［日影］日の光。ひざし。例秋の長い―
ひかげもの［日陰者］公然と世に出られない人。例―の身・どうせ―だから
ひがごと［《僻事》］まちがったこと。道理に合わないこと。例―を言う
ひがさ［日傘］日光をさけるためにさすかさ。
ひがし［東］日の出る方向。↕西。例東風
ひがし［干菓子］かわいている和菓子。
ひがた［干潟］海水がひいてあらわれた砂地。
ひがむ［《僻む》］心がねじける。心がまがる。
ひがめ［《僻目》］見そこない。見まちがい。偏見。
ひがら［日柄］その日のえんぎのよしあし。例本日はよいお―で
ひからびる［干からびる・〈乾《涸びる］かわいてからからになる。例日照りで沼が―
ひかり［光］①あかり。光線。②光明。のぞみ。理想。③いきおい。威勢。例親の七光
ひかりかがやく［光り輝く］きらめく。きわだつ。例優勝の栄光に―
ひかる［光る］①光がでる。②目立つ。例胸のダイヤが―・警察の目が―
ひかれもの［引かれ者］しばられて連行される者。例―の小唄
ひかれる［引かれる］引きよせられる。例親に手を―・網が―
ひかれる［《惹かれる》］①つまされる。②ひきつけられる。心がひかれる。例美人に―
ひかん［悲観］①前途の望みをなくして力をおとすこと。がっかりすること。②この世のすべては苦や悪ばかりであると考えること。↕楽観。例前途に―的になる
ひかん［避寒］寒さをさけて暖かい地方に転地すること。↕避暑
ひがん［彼岸］①春分・秋分の前後各三日間の称。②仏教で、さとりの境地。極楽浄土。
ひがん［悲願］①仏教で、すべての人を救おうとする仏の深いねがい。②強いねがい。
びかん［美感］美しいという感じ。例鋭い―
びかん［美観］美しいながめ。例都市の―
ひき［匹・《疋》］①鳥・獣・虫・魚などを数える語。②布を数える語。一ぴきは二反。
ひき［悲喜］悲しみとよろこび。例―こもごも
びぎ［美技］みごとなわざ。すばらしい演技。
ひきあう［引（き）合う］①ひっぱりあう。②もうけがある。かいがある。例投資しても―
ひきあわせる［引（き）合（わ）せる］①ひきよせて合わせる。②ひきくらべる。てらしあわせる。③紹介する。例ふたりを―
ひきいる［率いる］ひきつれる。例部下を―
ひきかえ［引（き）換（え）］とりかえること。交換。例代金と―に・―券
ひきかえて［引（き）替えて］…とは反対に。…とくらべて。例前回に―・兄と―
ひきがえる［《蟇蛙》］がま。背にいぼがある。
ひきげき［悲喜劇］悲劇と喜劇のまじりあった芝居。また、そのような事件。例とんだ―だ
ひきこもる［引（き）《籠る》］家の中にいて外に出ない。とじこもる。例自分の殻に―
ひきしお［引（き）潮］さげしお。干潮。↕上げ潮
ひきしまる［引（き）締（ま）る］①つよくしまる。②心がきんちょうする。例気持ちが―
ひぎしゃ［被疑者］罪の疑いをかけられた人。
ひきだし［引（き）出し・〈抽斗〉］ひきだす箱。例

机の―・たんすの―
ひきたつ［引(き)立つ］りっぱに見える。
ひきたてる［引(き)立てる］①ひきおこす。②つかまえてつれて行く。③ひきあげ用いる。
ひきつぐ［引(き)継ぐ］あとをうけつぐ。
ひきつける［引(き)付ける］①小児がけいれんを起こす。②そばへひきよせる。
ひきつる［引(き)《攣る］すじがつる。けいれんする。例緊張して表情が―
ひきでもの［引(き)出物］主人から客へあげるおくりもの。例結婚披露宴の―
ひきとる［引(き)取る］①自分の手もとに受け取る。②ひきさがる。③息がたえる。死ぬ。
ひきにく［《挽(き)肉］細かくひいた肉。
ひきのばす［引(き)延ばす］期限をおくらせる。ながびかせる。例期日を―
ひきのばす［引(き)伸ばす］引っぱってのばす。例写真を―・文章を―
ひきはらう［引(き)払う］よそへ移ってあとをとりはらう。たちのく。例借家を―
ひきまど［引(き)窓］つなを引いて開閉するてんまど。例学校の―
ひきまわす［引(き)回す］①ひきずりまわす。②めんどうを見る。さしずして働かせる。
ひきもきらず［引きも切らず］ひっきりなしに。たえまなく。例―に客がくる
ひきゃく［飛脚］①急用を知らせるつかい。②手紙などを遠国に送りとどけた昔の人夫。
びきょ［美挙］感心なおこない。りっぱなおこない。例賞賛すべき―
ひきょう［秘境］うき世ばなれした人の知らない場所。神秘境。例アマゾンの―
ひきょう［悲況］悲しいありさま。例―を報道
ひきょう［悲境］悲しい身の上。不幸なまわりあわせ。不遇。例―に陥る
ひきょう［卑《怯］①おくびょうなこと。勇気のないこと。例―者。②心がいやしいこと。
ひぎょう［罷業］仕事をしないこと。ストライキ。例同盟―
ひきょく［悲曲］かなしい音曲。例平家―
ひきん［卑近］てぢかなこと。通俗。例―な例
ひく［引く・《曳く・《牽く］①引っぱる。自分の方へひきよせる。↕おす。例いすを―・リヤカーを―・手を―。②うしろにさがる。例自陣へ―。③引用する。例例を―。④へらす。↕たす。例五を―。⑤ひきつける。例注意を―。⑥ぬりつける。例油を―
ひく［弾く］楽器をひきならす。例ピアノを―
ひく［〈退く］職をやめる。例役を―
ひく［《挽く］のこぎりできる。例木を―
ひく［《碾く］細かにする。例うすで―・碾き茶
ひく［《轢く］車が上をとおりぬける。例人を―
びく［▽魚《籠］とった魚を入れるかご。
びく［〈比丘〉］仏門にはいった男子。僧。
ひくい［低い］高さが少ない。↕高い。例身分が―・背が―・教養が―
びくしょう［微苦笑］微笑とも苦笑ともつかない笑い。うすにがわらい。
ひくつ［卑屈］気力がなくておこないがいやしいこと。例―な劣等感に悩む
びくに［〈比丘〉尼］仏門にはいった女人。あま。
ひぐらし［《蜩］せみの一種。かなかな。
ひぐらし［日暮(ら)し］一日じゅう。ひねもす。
ひぐれ［日暮れ］ゆうぐれ。ゆうがた。
ひげ［《髭］くちひげ。例―をのばす
ひげ［《鬚］あごひげ。
ひげ［《髯］ほおひげ。
ひげ［卑下］へりくだること。けんそんすること。例自分を―する
びけい［美景］うつくしいけしき。
ひげき［悲劇］①かなしい結果に終わる劇。②人生のかなしいできごと。例―的な出来事
ひけつ［否決］議案が成立しないようにきめること。↕可決。例不信任案は―された
ひけつ［秘《訣］秘密の方法。奥の手。奥義。
ひけめ［引け目］①人よりおとっているという感じ。気おくれするさま。②欠点。
ひけん［比肩］肩をならべること。おとらないこと。例他に―するものがない
ひけん［卑見］つまらない考え。自分の意見をけんそんしていう話。例―ですが
ひけん［披見］手紙などをひらいて見ること。
ひげん［《鄙言］①下品なことば。②自分のことばをへりくだっていう話。
ひこ［《曾〈孫］まごの子。ひいまご。
ひご［卑語］いやしいことば。
ひご［飛語・《蜚語］根も葉もないうわさ。
ひご［《庇護］かばいまもること。保護。
ひこう［非行］正しくないおこない。例―少年
ひこう［肥厚］肥えて厚くなること。例―性鼻炎・―性幽門狭窄症
ひこう［飛行］空中を飛んでゆくこと。例―機
ひごう［非業］災難にあい死ぬこと。例―の最

期をとげる
びこう［尾行］ひとのあとをつけること。
びこう［備考］参考にそなえること。例―欄
びこう［備荒］凶作のときの準備をすること。
びこう［微光］かすかな光。例―がもれる
びこう［微行］身分の高い人がこっそりと外出すること。しのび。例将軍の―のお供をする
びこう［鼻孔］はなのあな。
ひこうしき［非公式］公式でないこと。おもてむきでないこと。↔公式。例―の会見
ひごうほう［非合法］法律に反すること。
ひこく［被告］裁判で訴えられたほう。↔原告
ひごと［日〈毎］毎日。日々。例―の営み
ひこばえ［《蘖］切った根かぶからでた芽。
ひこぼし［《彦星］たなばた伝説で有名なけんぎゅう星の別名。例織り姫と―
ひごろ［日《頃］ふだん。平生。例―の行い
ひざ［《膝］脚中央の関節の前面。例―枕
ひさい［非才・《韮才］才能がないこと。自分の才能をけんそんしていう語。例―の身
ひさい［被災］戦災・災難をうけること。例―者
びさい［微細］ひじょうに小さいこと。
びざい［微罪］わずかなつみ。例―ですむ
ひざかり［日盛り］日のいちばんてる時刻。
ひさく［秘策］ひみつのはかりごと。
ひさし［《庇・《廂］①おもやから外側へ突き出ている小屋根。②ぼうしのつば。
ひざし［日差し・日〈射し］日光がさし入ること。日のてりぐあい。例春らしい―
ひさしい［久しい］時のたつのが長い。
ひさしぶり［久し振り］長らくあわなかったこと。久方ぶり。例―の訪問
ひざづめだんぱん［《膝詰め談判］相手につめよってする談判。例トップと―する
ひさびさ［久久］久しぶり。久しく。例―に会う
ひざまずく［《跪く］ひざをついてかがむ。
ひさめ［氷雨］あられ。みぞれ。ひょう。
ひざもと［《膝元・《膝下］①ひざのそば。例宮城のお―。②両親のもと。手もと。例―をはなれる・両親の―で
ひさん［飛散］とびちること。例破片が―する
ひさん［悲惨］かなしくいたましいこと。みじめなこと。例苦しい―な生活
ひし［秘史］世に表れないかくれた歴史。
ひじ［《肘・《肱・《臂］上腕と下腕をつなぐ関節部。例―をはる・―をつく
ひしがた［《菱形］ひしの実のような形。
ひしぐ［《拉ぐ］おしつぶす。くじく。
ひじでっぽう［《肘鉄砲］①ひじのはしでつくこと。②強くはねつけること。
ひしと［《犇と］しっかりと。かたく。例―とだきつく・―とだきしめる
ひじまくら［《肘枕］片ひじをまげてまくらにすること。例―で横になる
ひしめく［《犇めく］ひしひしとつめよせる。おし合ってさわぎたてる。例観客が―
ひしゃく［〈柄《杓］長いえのついた底の浅い水をくむうつわ。例―の柄
びじゃく［微弱］小さくてよわいこと。
ひしゃたい［被写体］うつす対象物。
びしゃもんてん［《毘沙》門天］仏法を守り敵をくじく四天王の一。多聞天《たもんてん》。
びしゅ［美酒］うまい酒。例―に酔う
ひじゅう［比重］物質の重さを、同じ体積の水の重さにくらべたわりあい。例―をおく
びしゅう［美醜］美しいとみにくいと。
ひじゅつ［秘術］かくして人に知らせない術。おくのて。とっておきの手。例―をつくす
びじゅつ［美術］美をあらわす芸術。絵画・彫刻・建築・工芸など。例―館・―展・―の秋
ひじゅん［批准］外国ととりきめた条約をその国の主権者がよいとみとめる手続き。
ひしょ［秘書］上役のそばで機密の事務をする役。例社長―・―室・―役
ひしょ［避暑］すずしい土地に行って暑さをさけること。例―地・軽井沢に―に行く
ひしょう［費消］使いはたすこと。消費。例公金を―する・―しつくす
ひしょう［飛《翔］空中を飛ぶこと。
ひじょう［非常］①ふつうでないこと。なみでないこと。②急なこと。事変。③はなはだ。
ひじょう［非情］感情をもたないもの。↔有情
びしょう［美称］ほめて名づけることば。
びしょう［微小］ひじょうに小さいこと。
びしょう［微笑］すこし笑うこと。ほほえみ。
びしょう［微傷］かすりきず。例―だに
びじょう［尾錠］バンドなどにつけて左右から引きしめるための金具。しめがね。
ひじょうぐち［非常口］火災など非常の場合に逃げ出すための出入り口。
ひじょうしき［非常識］常識にはずれていること。常識のないこと。例―な人
ひじょうせん［非常線］重大な犯罪または非常

の事件が発生した場合に、土地の区域を限定して警戒すること。例―をはる

びしょく［美食］ぜいたくな食べ物を食べること。例―家・―三昧

ひじり［〈聖］人格・学問や技術などのすぐれてりっぱな人。例高野―

びじれいく［美辞麗句］美しいことばときれいな文句。例―を連ねる

びじん［美人］かおやかたちの美しいきれいな女。美女。例―コンテスト

ひすい［《翡翠》］①かわせみ。②宝石の一種。緑青色の硬玉。例―の指輪

びすい［微睡］とろとろと眠ること。まどろみ。

ひずみ［《歪み］ゆがみ。変形。例音の―

ひする［比する］くらべる。比較する。

ひせい［《秕政］悪い政治。悪政。例―に泣く

びせい［美声］美しい声。美音。例―の持ち主

びせいぶつ［微生物］けんび鏡でなければ見えないごく小さい生物。

ひせん［卑《賤］身分や地位のひくくいやしいこと。例―の身からおこす

ひぜん［皮《癬］かいせん。皮膚病の一種。

びせん［微《賤］身分のいやしいこと。

びそ［鼻祖］先祖。元祖。始祖。例学問の―

ひそう［皮相］①うわべ。うわつら。②表面だけしか見えないあさはかな判断。例―な見解

ひそう［悲壮］いさましい中に悲しみのあること。悲しいうちにも意気さかんなこと。

ひぞう［秘蔵］①たいせつにかくしてしまっておくこと。②ひじょうにたいせつにしてかわいがること。例―の弟子

ひぞう［《脾臓］胃の左側にある暗赤色の内臓。

びそう［美装］①美しくよそおうこと。きかざること。盛装。②美しいよそおい。美服。

ひそかに［〈密かに・〈窃かに］こっそりと。

ひぞく［卑俗］いやしいこと。下品なこと。

ひぞく［卑属］親族の系統で自分よりも地位の低いもの。子・孫・おい・めいなど。↔尊属

ひぞく［《匪賊］団体をくんで悪いことをする賊。例―に襲撃される

ひそむ［潜む］かくれる。しのぶ。例地下に―

ひそめる［《顰める］しかめる。例眉を―

ひそやか［〈密やか］ひっそり。例―に通夜を

ひだ［《襞］着物などをおりたたんで、つけたおりめ。例スカートの―

ひたい［額］髪のはえぎわからまゆとの間。

ひだい［肥大］ふとって大きいこと。例心臓―

びたい［《媚態］こびるようす。例―を示す

びたいちもん［《鐚一文］びた銭一文。ごくわずかの銭。例―出すつもりはない

ひたおし［〈直押し］少しもゆるめずおすこと。

ひたす［浸す］①水につける。②ぬらす。

ひたすら［《只〈管］ただそればかり。いちずに。ひとすじに。例―頼みこんだ

ひだち［肥立ち］①日一日と成長すること。②日ましに病気が回復すること。例産後の―

ひだね［火種］たきぎや炭などに燃えうつらせる種となる火。おき。例―をたやす

ひだまり［日《溜(ま)り］日光が十分にあたって暖かいところ。例冬の―ハイキング

ひたむき［〈直向き］わきめもふらずに。

ひだり［左］北を向いたとき西にあたる方向。↔右。例左うちわ・左利き・左書き

ひだりまえ［左前］①着物の左のおくみを内側にして着ること。②運がおとろえること。

ひたる［浸る］①水につかる。ぬれる。②ものごとにふけってよいきもちになる。

ひだるい［《饑い］ひもじい。空腹である。

ひたん［悲嘆・悲《歎］かなしみなげくこと。

びだん［美談］うつくしい話。感心な話。

びちく［備蓄］万一のときにそなえてたくわえておくこと。例―食糧・石油の―

ひちゅう［秘中］秘密のうち。例―の秘

びちゅう［微衷］つまらない考え。自分のまごころをけんそんしていうことば。

ひつ［必］かならず。例必合格

ひつ［《櫃］ふたのついた大型のはこ。例お―

ひつう［悲痛］かなしくいたましいこと。ひどくかなしいこと。例―な叫び

ひっか［筆禍］発表した文章のために受けるさいなん。例―事件

ひっかく［引っ《掻く］つめで強くかく。

ひっかける［引っ掛ける］①とめるようにする。例くぎに―。②あざむく。③飲む。例一杯―。④ちょっと着る。例上着を―。⑤あびせる。例水を―・泥を―

ひっき［筆記］書きしるすこと。例―試験

ひつぎ［《柩・〈棺］死体を入れる箱。寝棺。

ひっきょう［《畢竟》］つまり。けっきょく。

びっくり［▽吃驚・▽喫驚］事の意外におどろくこと。例―仰天する

ひっくるめる［引っ〈包める・引っ〈括める］一つにまとめる。例全体を―と

ひづけ［日付］書きしるす年月日。例—変更線
ひっけい［必携］かならず持っていなければならないもの。いつも必要なもの。例—の品
ひっけん［必見］かならず見るべきもの。例若者は—の映画だ
ひっこう［筆耕］てまちんをもらって筆写すること。例—をやとって清書させる
ひっこし［引っ越し］転居。移転。例—先
ひっこみじあん［引っ込み思案］進んでするという考えのないこと。しりごみ。
ひっし［必死］①きっと死ぬこと。②死ぬことを決心してすること。③全力を出すこと。死にものぐるい。例—に駆け続けた
ひっし［必至］必ずそうなること。例—である
ひつじ［羊］ウシ科の家畜。例羊飼い
ひつじ［〈未］十二支の八番目。例—の年
ひっしゃ［筆写］書きうつすこと。例—本
ひっしゃ［筆者］書いた人。例—の考えでは
ひっしゅう［必修］かならず習得しなければならないこと。例—科目
ひつじゅひん［必需品］なくてはならない品物。例生活—
ひつじゅん［筆順］字を書くときの順序。
ひっしょう［必勝］かならず勝つこと。
ひつじょう［必定］かならずそうなるにきまっていること。きまりきっていること。
ひっしょく［筆触］筆ざわり。筆のつかいかた。
ひっす［必《須］かならずいること。なくてはならないこと。ひっしゅ。例—アミノ酸
ひっせい［筆勢］筆のいきおい。筆づかい。筆力。例雄渾《ゆうこん》な—

ひっせい［《畢生］一生。終生。例—の大作
ひっせき［筆跡］書いた文字のあと。例—鑑定
ひつぜつ［筆舌］文章とことば。例—も及ばぬ
ひつぜん［必然］かならずそうなるにきまっていること。↕偶然。例—の勢いである
ひっそく［《逼塞》］①外出を禁じること。②おちぶれて世間へ出られないこと。
ひつだん［筆談］口でなく文字によって意志を通じあうこと。例—の苦労
ひっち［筆致］文字や文章のかきぶり。
ひってき［匹敵］①かたをならべること。つりあうこと。②ちょうどよい相手。対等。
ひっとう［筆答］文字で書いて答えること。
ひつどく［必読］必ず読まねばならないこと。
ひっぱく［《逼迫］①さしせまること。つまること。②金のやりくりができなくてこまること。例金融状態が—する
ひっぱりだこ［引っ張り《凧］①多くの人が、一つのものを自分のものにしようとあらそうこと。②多くの人から望まれること。
ひっぱる［引っ張る］強くひく。さそう。
ひっぷ［匹夫］身分の低い男。道理のわからない男。例—の勇
ひっぽう［筆法］①字を書くときのふでづかい。②文章の作りかた。例春秋の—
ひづめ［《蹄］家畜などの足のつめ。
ひつめい［筆名］文章などを書くときだけに用いる名前。雅号。ペンネーム。
ひつめつ［必滅］かならずほろびること。
ひつよう［必要］なくてはならないこと。かならずいること。例生活に—なもの

ひつりょく［筆力］①筆づかいのいきおい。筆勢。②文章の力。例鋭い—で
ひてい［否定］うちけすこと。みとめないこと。↕肯定。例明確な—のことば
ひでり［日照り・《旱］長く雨がふらないこと。
ひでん［秘伝］秘密にして他人にはもらさない方法。例わが家の—・—の製法
びてん［美点］よいところ。長所。↕汚点
ひと［一］ひとつ。ちょっと。例一雨・一泡
ひと［人］人間。世間のひと。おとな。人物。例人殺し・人の目・人が悪い
ひとあたり［人当(た)り］人に対する応接ぶり。人づきあい。例—がいい
ひとあわ［一泡］不意であわてること。例—吹かせる
ひどい［〈酷い・▽非道い］①きびしい。むごい。例—仕打ち。②はなはだしい。例—人ごみだ
ひといき［一息］①一気。例—に飲む。②一休み。例—つく。②わずかの時間。例あと—だ
ひといきれ［人いきれ］人が多く集まってむっとすること。例—で息苦しくなる
ひどう［非道］①道にはずれていること。道理にそむくこと。②人情にはずれていること。むごたらしいこと。例極悪—な男
びとう［尾灯］自動車の後部の危険標示灯。
びどう［微動］かすかに動くこと。例少しぐらいの風には—もしない
ひとえ［一重］かさなっていないこと。↕二重・八重。例—まぶた・—咲き
ひとえ［〈単・〈単衣〉］裏布のつかないきもの。↕あわせ。例—仕立ての着物

ひとえに［〈偏に］①ひたすら。まったく。②ぜひ。なにとぞ。例―にお願いします
ひとおじ［人〈怖じ］人みしり。例―する子
ひとがき［人垣］多くの人がかきねのように立ちならぶこと。例―をつくる
ひとかげ［人影］人の姿。例―が見あたらない
ひとかど［一角・一〈廉］①すぐれていること。例―の功。②一人前。例―の人物
ひとがら［人柄］①人のもっている品格。人のねうち。人品。②よい人物。例お―がいい
ひとぎき［人聞き］人に聞かれること。外聞。
ひときわ［一際］一段と。いっそう。例―美しい
びとく［美徳］美しい徳。よいおこない。
ひとくさり［一《齣(り)］ひとくぎり。一段落。
ひとくせ［一癖］①一つのくせ。②どことなくふつうとはちがった性格。例―ある人
ひとけ［人気］人のいるようす。例まったく―がない・―をうかがう
ひどけい［日時計］太陽の影の長さによって時刻をはかる装置。例花壇の―
ひとごこち［人心地］①人間らしい心持ち。②生きているらしい気持ち。例―つく
ひとごと［人事・▽他人事］他人のこと。例まったく―でない・まるで―のように
ひとこま［一《齣］ひとくぎり。例歴史の―
ひところ［一《頃］ひととき。あるとき。以前。
ひとざと［人里］人のすんでいる所。
ひとしい［等しい］①たがいに同じである。②同じようである。例詐欺にも―行為
ひとしお［一〈入］ひときわ。なおいっそう。
ひとしきり［一〈頻り］ひとさかり。いちじさかんなこと。しばらく続くこと。例―ふる雨
ひとじち［人質］保証として相手方にとられる妻子や近親者。例―にとられる
ひとすじ［一筋］①すじが一本であること。一条。②いちずに熱中すること。ひたむき。
ひとすじなわ［一筋縄］①一本のなわ。②あたりまえのやりかた。例―ではいかない
ひとずれ［人擦れ］多くの人にもまれて性質が悪くなること。例―がした感じ
ひとだま［人〈魂］夜、死人のからだを離れてとびあるくという球形の鬼火。
ひとづかい［人使い］人の使いかた。例―がひどく荒い・―のうまい社長
ひとづき［人付き］①他人とのつきあい。②人にあたえる感じ。例―が悪い
ひとづて［人〈伝］他人にたのんでことばを伝えること。例―に消息を聞いた
ひとつばなし［一つ話］①いつもきまって出る話。②語り伝えられるめずらしい話。
ひとづま［人妻］他人の妻。例―との情事
ひとで［人手］①人の手。②人のしわざ。③はたらく人。④他人の力。例―を借りる
ひとで［人出］人が多く出ること。例―がある
ひとで［▽海星］海底にすむ動物。星のような形をしている。
ひとでなし［人で無し］人でありながら人の心を持たない者。人情をもたない人間。
ひととおり［一通り］①ふつう。尋常。②ざっと。あらまし。だいたい。例―のことは
ひとどおり［人通り］人の通行。例街の―
ひととせ［一〈年］①過去のある年。②一年間。
ひととなり［▽為人］うまれつき。ひとがら。
ひとなみ［人波］進み動く群衆。例街の―
ひとなみ［人並(み)］一人まえ。世間なみ。
ひとばしら［人柱］昔、橋や堤防の困難な工事で、いけにえとして人を埋めたこと。
ひとはだ［人肌］体温。人のはだ。例―恋しい・―の燗をつける
ひとばらい［人払い］ひみつの話をするとき他人をその席からはずさせること。
ひとまえ［人前］他人が見ている所。例―では
ひとみ［《瞳・《眸］眼球の中心にある光のはいるあな。例つぶらな―・―を凝らす
ひとみしり［人見知り］こどもが見知らぬ人を恐れきらうこと。例赤ちゃんの―
ひとむかし［一昔］すぎ去った十年の年月。
ひとむら［一《叢］①草木が一所に集まりはえていること。②ひとかたまり。
ひとめ［一目］①一度見ること。②いちどに全部見わたすこと。例―で見渡せる
ひとめ［人目］他人の目。例―をさける
ひとや［〈獄］ろうや。刑務所。
ひとり［一人］人数がいちにん。例―娘
ひとり［独り］①自分だけでほかにいないこと。例―言・―占い・―相撲
ひとりがってん［独り合点］自分だけわかったつもりになること。ひとりがてん。
ひとりむし［火取(り)虫］夏の夜、灯火にむらがる虫。
ひとりよがり［独り善がり］自分だけでよいと思って他人の意見をうけつけないこと。独善。例―におちいる。

ひな［《鄙］みやこをはなれたところ。いなか。
ひな［《雛］①うまれてまもない鳥。ひよこ。②小さいもの。③ひな人形。例―祭り
ひなが［日長・日永］春になって昼が長いこと。
ひながた［《雛形］①実物を小さくかたどったもの。模型。②実物のありさまや書き方などの手本。見本。例―にならって書く
ひなた［日〈向］日光のあたるところ。
ひなだん［《雛壇］①ひな祭りでひな人形をかざる壇。②芝居で、はやしの連中が上下二段にしめる壇。③ひな壇式に少しずつ高めにつくった壇。例国会の―に並ぶお歴々
ひなびる［《鄙びる］いなかびる。例鄙びた地
ひなん［非難・批難］あやまちや欠点をとがめてせめること。例―攻撃の的となる
ひなん［避難］さいなんをさけること。さいなんにあってたちのくこと。例―民・緊急―
びなん［美男］ととのった男。例―子
ひにく［皮肉］①皮と肉。②遠まわしなわるくち。あてこすり。例―る・―屋・―な雨
ひにょうき［泌尿器］大小便のはいせつをつかさどる器官。例病院の―科
ひにん［否認］承認しないこと。↔是認
ひにん［非人］こじき。物もらい。
ひにん［避妊］妊娠しないようにすること。
ひにんじょう［非人情］人情がないこと。人情から超然としてわずらわされないこと。
ひねくる［《捻くる］①手先でいじくりまわす。②いろいろと、りくつや文句などを言いまわす。例りくつばかり―
ひねくれる［《拈くれる］性質がすなおでない。
びねつ［微熱］すこしの熱。例―がある
ひねもす［〈終日〉］朝から晩まで。一日中。
ひねる［《捻る・《拈る］①指先でねじる。②まげる。まわす。③考えをめぐらす。くふうする。④わざとかわったふうをする。
ひのき［《檜］常緑高木。葉はうろこがたで、樹皮は赤かっ色。例―の風呂・総―の家
ひのきぶたい［《檜舞台］うでまえを見せるはれの場所。例とうとう―にあがる
ひのくるま［火の車］①地獄にあるという火のもえている車。②くらしむきのひじょうに苦しいこと。例家計は―だ
ひのし［火《熨〈斗］中に炭火を入れて、和服の地のしや、しわのばしに使うもの。
ひのて［火の手］火のもえあがるいきおい。
ひのめ［日の目］日の光。日輪。例―を見る
ひば［干葉・〈乾葉］大根の葉をほしたもの。
ひば［《檜葉］ひのきの葉。ひのき。例―垣
ひばいひん［非売品］一般に売らない品。
ひばしら［火柱］柱のようにもえあがる火。
ひばな［火花］とびちる火。火の粉。例―が散る・論戦の―を散らす
ひばら［《脾腹］よこはら。例―が痛む
ひばり［▽雲雀］美しい声で鳴きながら空高くまいあがる小鳥。例初―・夕―
ひはん［批判］ものごとのよいわるいをいうこと。批評して判断すること。例―的になる
ひばん［非番］当番でないこと。例―の日
ひび［《皹］寒さのためにできる皮膚のわれめ。
ひび［《罅］こまかくわれてさけたきず。不和。例茶わんの―・二人の仲に―が入る
ひびく［響く］①音がなりわたる。②はねかえってきこえる。反響する。③さしひびく。影響する。④世間に知られる。評判になる。
ひひょう［批評］よいわるいを判断してねうちをきめること。例感想や―をお願いします
びひん［備品］そなえつける品。↔消耗品
ひふ［皮膚］動物のからだの表面のかわ。
ひぶ［日歩］元金百円に対する一日の利率。
びふう［美風］よいならわし。うつくしい風習。
びふう［微風］そよかぜ。例快い―が吹く
ひふく［被服］きもの。衣服類。例―費
ひふく［被覆］おおいかぶせること。
ひぶくれ［火膨れ］やけどで皮膚がはれてくること。例―になったので冷やす
ひぶたをきる［火《蓋を切る］攻撃をはじめる。例攻撃の―が切って落とされる
ひふん［悲憤］かなしみいきどおること。例悲憤の涙・―慷慨する
ひぶん［碑文］石碑にほった文章。
びぶん［美文］うつくしい語句を用いた調子のよい文章。例―調の文
ひへい［疲弊］つかれよわること。例民の―
ひほう［秘法］ひみつの方法。例漢方の―
ひほう［悲報］かなしいしらせ。例事故の―
ひぼう［非望］身分をこえたのぞみ。
ひぼう［《誹謗》］そしりののしること。中傷。
びぼう［美貌］かおかたちの美しいこと。
びぼう［備忘］わすれたときの用意に書きとめておくこと。例―録
ひぼし［日干し・日〈乾し］日光にほすこと。↔陰干し。例魚の―・―れんが

ひぼし［干〈乾し］食物がなくてやせほそること。例親元をはなれて―になる
ひぼん［非凡］平凡でないこと。ずばぬけてすぐれていること。↔平凡。例―な手腕
ひま［暇］いとま。てすき。やすみ。例暇つぶし
ひまご［《曾孫］まごの子。そうそん。
ひまじん［暇人・〈閑人］ひまのある人。なにもしない人。例―の手すさびに
ひまつ［飛《沫］しぶき。とびちる水たま。例―を浴びる・―感染
ひまつぶし［暇《潰し］ひまな時間をすごす手段。時間つぶし。例―にパチンコをやる
ひまわり［▽向日葵］キク科の一年生植物。いつも太陽に花が向く。例ゴッホの―の絵
ひまん［肥満］こえふとること。例―型
びみ［美味］味がよいこと。うまいこと。
ひみつ［秘密］人にかくして知らせないこと。例胸に―をたくわえる・―結社
びみょう［微妙］ことばで言いあらわせないこと。デリケート。例―な言い方が多い
ひむろ［氷室］こおりをたくわえておくへや。
ひめ［姫］①未婚の女子。②貴人の娘。例姫宮・姫御前。③かわいらしいさま。例姫小松
ひめい［非命］さいなんで死ぬこと。非業。
ひめい［悲鳴］①かなしみさけぶ声。②おどろいてさけぶ声。例―をあげる
びめい［美名］①いい評判。ほまれ。②ていさいのいい名目。例―にまよわされる
ひめごと［秘め事］かくして人に知らせないことがら。かくしごと。例―を胸にして
ひめる［秘める］かくして人に知らせない。
ひめん［罷免］職務をやめさせること。免職。
ひも［《紐］①物をむすびたばねるつなや糸。②背後関係や情夫のこと。例女の―・―つき
ひもかわうどん［《紐革《饂飩》］ひらたくつくったうどん。例―の煮こみなべ
ひもく［費目］費用と名目。支出の名目。
びもく［《眉目］まゆと目。顔かたち。例―秀麗
ひもじい［《饑じい］空腹である。例―思い
ひもと［火元］①火のある所。②出火したもと。
ひもとく［《繙く］書物を開いて読む。例本を―
ひもの［干物・〈乾物］ほした魚貝類。
ひやあせ［冷(や)汗］はじをかいたときやおそれたときに出るあせ。例―ものだ
ひやかす［冷(や)かす］①買わないで売り物のねだんだけをきく。②からかう。なぶる。
ひゃく［百］十の十倍。多く。例百も承知だ
ひやく［飛躍］①とびあがること。②急に進歩すること。③順序をとびこして進むこと。
びゃくえ［白〈衣］白い衣服。例―の天使
ひゃくがい［百害］多くの害。たくさんの弊害。例―あって一利なし
ひゃくしゅつ［百出］さまざまに出ること。例議論が―する
ひゃくせん［百戦］たびたびのたたかい。例―百勝・―錬磨の士
ひゃくだい［百代］長い年月。永久。例―の過客
びゃくだん［百《檀］ビャクダン科の常緑高木。香りが強い。例―の香り
ひゃくにちぜき［百日《咳］幼児に多い伝染病の一つ。けいれん性のせきを連発する。
ひゃくねんのけい［百年の計］長い将来のための計画。例国家―の計をたてる
ひゃくぶんはいっけんにしかず［百聞は一見に〈如かず］なん度も聞くよりは一度実際に見るほうがまさっている。
ひゃくようばこ［百葉箱］気温や湿度をはかるため、寒暖計・湿度計をいれ外に置く箱。
ひゃくらい［百雷］①多くのかみなり。②大きな音をたとえていう語。
ひゃくれん［百練・百錬］いくたびもねりきたえること。例―千磨の技
びゃくれん［白《蓮］白いはすの花。
ひやけ［日焼(け)］ひふが黒く焼けること。
ひやす［冷やす］つめたくする。例肝を―
ひゃっか［百科］多くの学科。例―事典
ひゃっかてん［百貨店］大規模な総合小売り店。デパートメントストア。
ひゃっきやこう［百鬼夜行］①いろいろのばけものが夜中に列をつくって歩くこと。②多くの人がみにくい行為をすること。
ひゃっぱつひゃくちゅう［百発百中］①発射するたびに命中すること。②予想や計画が全部あたること。何から何まで成功すること。
ひゃっぱん［百般］いろいろ。例武芸―
ひやとい［日雇(い)］一日かぎりの約束で人をやとうこと。また、やとわれる人。例―人夫
ひややか［冷(や)やか］つめたいこと。思いやりのないこと。あいそのよくないこと。
ひゆ［比《喩・《譬喩》］たとえること。よくにた物事をかりて表現する修辞法。例たくみな―・―的に言えば
びゅうけん［《謬見］あやまった見解。まちがっ

ている考え。例—にとらわれる
ひょう[表]見やすくかいた図や文書。例統計表・一覧表・表にする
ひょう[票]選挙や採決につかうふだ。かきつけのカード。例浮動票・一票の差
ひょう[評]よしあしを定めること。例短評
ひょう[《豹》]ネコ科の食肉獣の一種。例黒—
ひょう[《雹》]夏、雷雨のときにふる氷つぶ。
ひよう[費用]物を買うために必要な金銭。
びょう[秒]時間や角度の単位。一分の六十分の一。例秒単位の仕事・秒読み
びょう[《鋲》]頭の大きいくぎ。画びょう。
びょう[《廟》]おたまや。朝廷。例孔子—
びよう[美容]美しいかおかたち。顔かたちを美しくすること。例—整形・—院・—体操
ひょういつ[《飄逸》]世の中の事を気にせずのんびりしていること。例—な人がら
ひょういもじ[表意文字]漢字のように一字一字が意味をもっている文字。↔表音文字
びょういん[病院]病人をみたり、なおしたりする設備。例総合—・大学—
ひょうおんもじ[表音文字]意味をもたずに音だけあらわす文字。かなやローマ字の類。↔表意文字。例—の言語
ひょうか[評価]ねうちをきめること。例正しい—をする・—額
ひょうが[氷河]高山の万年雪が氷の状態で流れくだってくるもの。例—時代
びょうが[病《臥》]病気でねること。例—に伏す
ひょうかい[氷解]うたがいがはれること。
びょうがい[病害]病気による農作物の被害。

ひょうかん[《剽悍》]すばしこく、たけだけしいこと。例—な青年
ひょうき[表記]おもてがき。書き表すこと。
ひょうぎ[評議]いろいろ意見を交換して相談すること。例—会・大学の—員
ひょうきん[《剽〈軽》]気がるでこっけいなこと。例—者・—なしぐさ
びょうきん[病菌]病気のもとになるばいきん。病原菌。例—をばらまくはえ
びょうく[病苦]やまいのくるしみ。
ひょうぐし[表具師]紙または布をはって巻物やふすまなどを仕立てる人。きょうじ屋。
ひょうけつ[氷結]こおりつくこと。結氷。
ひょうけつ[表決]議案に対する賛否の意見を表すこと。例—の結果、可決とします
ひょうげん[表現]あらわししめすこと。例たくみな—・—力
びょうげんきん[病原菌・病源菌]病気の原因となる細菌。病菌。例—の究明
ひょうご[評語]①批評のことば。評言。②成績の等級をあらわすことば。
ひょうご[標語]主義や理想などを、みじかくわかりやすく表したことば。モットー。
ひょうこう[標高]海面からの高さ。海抜。
びょうこん[病根]①病気の大もと。②悪い習慣のもと。例—を断つ
ひょうさつ[表札]入口や門にかける名ふだ。
ひょうざん[氷山]海中にうかび流れている氷の大きなかたまり。例—の一角
ひょうし[拍子]①音楽で強い音と弱い音の規則正しいくり返し。②おり。はずみ。

ひょうじ[表示]①あらわししめすこと。例住居—・意志—。②表を作ってしめすこと。
ひょうじ[標示]目じるしをつけてあらわししめすこと。例—板・方向の—
びょうし[病死]病気にかかって死ぬこと。
ひょうしき[標識]めじるし。例交通—
びょうしゃ[描写]かきあらわすこと。例—力
びょうじゃく[病弱]病気がちでからだがよわいこと。例—な体に悩む
ひょうじゅん[標準]①一定のめあて。②てほん。よりどころとなるもの。例—語
ひょうしょう[表象]心の中にうかんでくるものごとのすがた。観念。心象。例意識の—
ひょうしょう[表彰]よいおこないやてがらのあった者を広く世にほめあらわすこと。
ひょうじょう[表情]心にあることを顔やかたちにあらわすこと。顔つき。例悲しい—
ひょうじょう[評定]多くの人が集まって相談し、ものごとをきめること。例小田原—
びょうじょう[病状]病気のようす。容態。
びょうじょく[病《褥》]やまいのねどこ。
びょうしん[病身]病気がちのからだ。
ひょうする[表する]示す。あらわす。例敬意を—・歓迎の意を—
ひょうする[評する]よいわるいをしなさだめして言う。批評する。例応募作品を—
びょうせい[病勢]病気の進みぐあい。
ひょうせつ[《剽窃》]他人の文章や文句をぬすんで自分のものとすること。例—した作品
ひょうぜん[《飄然》]ふらりと行ったり、ふらりと来たりするさま。例—と旅に出る

ひょうそう［表装］書画などを裏打ちして、じく物に仕上げること。表具。例―師
ひょうだい［表題・標題］①書物の表紙に書かれたその書物の名前。②演説や談話の題目。例「展覧会の絵」は―音楽だ
ひょうちゃく［漂着］ただよい流れて岸につくこと。例無人島に―する
ひょうちょう［表徴］①外部にあらわれているしるし。②象徴。しるし。
ひょうてい［評定］評価してきめること。例勤務―・―の尺度
ひょうてき［標的］目じるし。まと。例―になる
びょうてき［病的］精神やからだが異常で健全でないさま。↕健全。例―な性格
ひょうてん［氷点］水がこおりはじめるときの温度。ふつう摂氏0度。例―下二十度
ひょうてん［評点］①批評してつけた点。批点。②成績をしめす点数。例今学期の―は
ひょうでん［評伝］評論をまじえた伝記。
びょうとう［病棟］病室がならんでいる一むねの建物。例第三―・がん―
びょうどう［平等］すべて同一で差別がないこと。例―に分配する・富の―化
びょうどく［病毒］病気の原因となる毒。
ひょうはく［表白］言いあらわすこと。表明。
ひょうはく［漂白］さらして白くすること。
ひょうはく［漂泊］①流れただようこと。②さすらいあるくこと。例―の旅・―の詩人
ひょうばん［評判］①うわさ。世評。②有名なこと。名高いこと。例その時の―なものは
ひょうひょう［《飄飄》］①ひらひらとひるがえるさま。②とらえどころのないようす。
ひょうびょう［《縹渺》］①かすかではっきりしないさま。②広くてはてしないさま。
びょうぶ［《屏風》］へやに立ててひろげて風をさえぎり、装飾とするもの。例―絵
びょうへき［病癖］病的なくせ。悪いくせ。
ひょうへん［《豹変》］急に態度をかえること。
ひょうぼう［標《榜》］ふりかざすこと。かんばんにすること。例質実剛健を―する
びょうぼつ［病没・病《歿》］病気で死ぬこと。
ひょうほん［標本］①みほん。ひながた。②理科や社会科などの参考用の実物見本。
びょうま［病魔］人を病気にかからせる悪魔。
ひょうめい［表明］あきらかにあらわすこと。
ひょうめん［表面］うわべ。おもて。例―上は
ひょうり［表裏］おもてとうら。おもてとうらが一致しないこと。うらはら。例―一体
ひょうりゅう［漂流］ただよいながら流れること。例遠い離れ島に―した老人
ひょうりょう［《秤量》］はかりではかること。
びょうれき［病歴］今までにかかった病気のけいけん。例―を記入する欄
ひょうろう［兵糧］①軍隊の食糧。②たべもの。
ひょうろん［評論］物事のねうちや、よい悪いを評して論じること。また、その文。例―家
ひよく［比翼］二羽の鳥がつばさをならべること。夫婦。例―塚・―仕立て
ひよく［肥《沃》］土地がよくこえていること。
びよく［尾翼］飛行機の後部のつばさ。
ひよけ［日《除け》］日光をよけるためのおおい。
ひよこ［《雛》］①鳥の子。②未熟者。例まだ―のくせに生意気を言うな
ひよどり［《鵯》］ヒヨドリ科の鳥。例―花
ひより［日和］空もよう。天気。例よいお―で
ひよりみ［日和見］①天気もようを見て予測すること。②形勢をながめて態度をきめないこと。例いつまでも―の態度をとる
ひよわい［ひ弱い］かよわい。よわよわしい。
ひらあやまり［平謝り］ひたすらあやまること。例―に謝る
ひらいしん［避雷針］落雷をさけるために屋上などにたてる金属の棒。例―のある西洋館
ひらがな［平仮名］漢字の草書体から変形したかな。↕カタカナ。例―の多い文
ひらき［開き］①あけること。②はじめること。③へだたり。差。④ひらき戸。⑤散会。例お―
ひらきなおる［開き直る］急に態度をかえてきっとなること。例先生の詰問に―
ひらく［開く］①あける。例門を―。②ひろげる。③はじめる。例会議を―
ひらける［開ける］①ひらいた状態になる。例運が―。②開発される。例町が―
ひらに［平に］①ひらたく。②ひたすら。
ひらめ［▽比目魚・《鮃》］かれいににた魚。からだは平たく両目は片側にある。
ひらめき［《閃き》］ひらめくこと。一瞬のかがやき。するどい頭のはたらきのあらわれ。
ひらめく［《閃く》］ちらりと光る。例構想が―
ひらや［平屋・平家］二階のない家。例―建て
びらん［《糜爛》］ただれること。例―死体
ひりき［非力］力のよわいこと。力がないこと。
ひりつ［比率］くらべたわりあい。例成長の―

びりゅうし［微粒子］ひじょうに小さいつぶ。
ひりょう［肥料］こやし。例化学―
びりょう［微量］ごくわずかの量。
びりょく［微力］力のたりないこと。自分の力をけんそんしていう。例―ですが
ひりん［比倫］くらべるもの。例―を絶する
ひる［昼］①朝から夕方までの間。↕夜。②正午。ひるめし。例昼休み
ひる［《蛭］池沼・水田などにすみ、人畜の血をすう虫。からだは平たく細長い。
ひるあんどん［昼行〈灯］ぼんやりした人をあざけっていう語。
ひるい［比類］くらべるもの。例―のない
ひるがえす［翻す・《飜す］①ひっくりかえす。②うらがえす。③ひらひらさせる。
ひるがえって［翻って］これに反して。反対に。
ひるがえる［翻る］①うらがえる。②ひっくりかえる。③おどり飛ぶ。例旗が―
ひるがお［昼顔］あさがおににたつる草。
ひるげ［昼《餉］ひるめし。例―の時間になる
ひるさがり［昼下がり］おひるすぎ。午後二時ごろ。例―の情事
ひるね［昼寝］ひるまにねむること。
ひるま［昼間］朝から夕方までの間。日中。
ひるむ［《怯む］よわる。たじろぐ。おじける。
ひれ［《鰭］魚類の運動器官。背・胸・尾などに平たくつき出たもの。例ふかの―
ひれい［比例］①くらべあわせること。②二つの量の比が他の二つの比にひとしいこと。
ひれい［非礼］礼儀にはずれること。無礼。
びれい［美麗］うつくしいこと。例容顔―

ひれき［披歴・披《瀝］心の中をかくさずにうちあけること。例誠意を―する
ひれつ［卑劣］心やおこないがいやしくおとっていること。例―な行為
ひれふす［〈平伏す］頭を地につけるようにする。例殿の御前に―
ひれん［悲恋］悲劇的な恋。例―物語
ひろ［〈尋］おとなが両手を左右にひろげたときの長さ。約六尺。例海底まで六―だ
ひろい［広い］①面積が大きい。例庭が―。②幅が長い。例視野が―。③こせつかない。↕狭い。例心が―
ひろう［拾う］落ちたものを手でとりあげる。
ひろう［疲労］くたびれること。例―度
ひろう［披露］①文書などをひらき見せること。②広く人々に知らせること。例―宴
びろう［尾《籠］きたないこと。例―な話
ひろえん［広縁］はばのひろいえんがわ。広びさし。例―でくつろぐ
ひろく［秘録］秘密の記録。ひめられた歴史。
ひろげる［広げる・〈拡げる］のばしひらく。規模を大きくする。例店を―
ひろめる［広める・《弘める］①広くする。②広く行われるようにする。広く知らせる。
ひわ［秘話］秘密の話。ひめられた話。
ひわ［悲話］かなしい物語。例アイヌの―
びわ［《枇杷》］イバラ科の常緑高木。実は食用。
びわ［《琵琶》］東洋の弦楽器の一種。例―法師
ひわい［卑《猥］いやらしくみだらなこと。
ひわだぶき［《檜〈皮《葺(き)］ひのきのあらかわで屋根をはること。また、その屋根。

ひわれる［干割れる］かわいてわれる。
ひん［品］①しなもの。②品位。例―のいい人
びん［便］てがみ。つごう。郵便。便送。例次の便で・航空便・定期便
びん［敏］きびきびした。↕鈍。例機をみるに敏
びん［瓶・《壜］口の小さいガラスや陶器のうつわ。例ビール瓶・瓶詰め
びん［《鬢］頭の左右両側の髪。例―つけ油
ひんい［品位］品格と地位。くらい。ねうち。人がら。例文の―をきずつける
ひんかく［品格］しな。気品。例―を高める
ひんかく［賓客］客人。ひんきゃく。
びんかつ［敏活］すばしこいこと。例―な行動
びんかん［敏感］感覚がするどいこと。
ひんきゅう［貧窮］貧乏でくるしいこと。
ひんく［貧苦］まずしくくるしいこと。貧窮。
ひんけつ［貧血］からだの中の血液、または、血液中の赤血球が少なくなること。
ひんこう［品行］おこない。みもち。例―方正
ひんこん［貧困］①びんぼうで生活にこまること。②とぼしいこと。例語彙の―・―家庭
ひんし［品詞］単語を性質・形態・用法によって分類した種別。名詞・動詞など。
ひんし［《瀕死］死にかかっていること。例―の重病人・―の状態
ひんしつ［品質］品物の性質。しながら。
ひんじゃ［貧者］まずしい人。びんぼうにん。
ひんじゃく［貧弱］みすぼらしいこと。ひどく見おとりがすること。例―な内容
ひんしゅ［品種］①品物の種類。②種子の種類。
ひんしゅく［《顰蹙》］顔をしかめていやな顔を

することど。例周りの―を買う
ひんしゅつ［頻出］しきりにあらわれ出ること。例―度・―語句・入試の―問題
びんしょう［敏《捷］すばしこいこと。敏活。
びんじょう［便乗］①ちょうどよいついでに乗ること。②よいなりゆきを利用すること。
ひんする［《瀕する］せまる。ちかづく。例危機に―・死に―
ひんせい［品性］人がら。人格。品格。例―を陶冶する・―下劣な人
ひんせい［《稟性］うまれつきの性質。天性。
ひんせき［《擯斥］しりぞけること。
ひんせん［貧《賤］びんぼうでいやしいこと。
びんせん［便船］ちょうどよいときに出る船。
びんせん［便《箋］手紙を書くのに用いる用紙。書簡せん。レターペーパー。
ひんそう［貧相］みすぼらしい顔つき。
びんそく［敏速］すばやいこと。例―に処理
ひんど［頻度］くりかえして起こる度数。例―数の調査・出題―
ひんとう［品等］しながら。品位と等級。
ひんぱつ［頻発］たびたびおこること。たえまのないこと。例事故が―する
ひんぱん［頻繁］たびたびあるようす。
ひんぴょう［品評］よい悪いをきめること。しなさだめ。例―会
ひんぴん［頻頻］物事がしきりにおこるさま。例―として事故が起こる
ひんぷ［貧富］①まずしいことと富むこと。貧乏と富裕。②貧者と富者。例―の差がある
びんぼう［貧乏］お金がないこと。生活がくるしいこと。例―暇なし・―人
ひんみん［貧民］まずしい人民。例―救済
ひんもく［品目］品物の種目。物品の種類。
びんわん［敏腕］物事をするのにうまくてすばやいこと。うできき。例―を発揮する

ふ

ふ［不］打ち消しの語。例不十分・不安定
ふ［夫］おっと。働く男。例消防夫・潜水夫
ふ［婦］つま。女。例主婦・家政婦・看護婦
ふ［府］みやこ。役所。例大阪府・行政の府
ふ［負］負数。マイナス。例負の電子・負の記号
ふ［歩］将棋のこまの一種。例歩にも劣る
ふ［譜］①楽譜。音譜。②物事を系統・順序だてて記録したもの。例系譜
ふ［《斑］まだら。ぶち。例―の入った被毛
ふ［《訃］死んだ知らせ。例―に接す
ふ［《腑］はらわた。例胃の―・―に落ちない
ふ［《麩］小麦粉のふすま。例焼き―
ぶ［武］軍事。いさましい。↔文。例武を練る
ぶ［歩］わりあい。坪。例日歩十銭・十町歩
ぶ［無］打ち消しの語。例無遠慮・無難
ぶ［分］①長さの単位。一寸の十分の一。②少数の位。一の十分の一。③わりあいの位。一割の十分の一。例五割六分
ぶ［部］①一部分。②物事のくわけ。例興行の夜の部。③本のひとそろい。例部数
ぶあい［歩合］①もののわりあい。②手数料。
ぶあいそう［無愛想］あいそのないこと。そっけないこと。ぶっきらぼう。例―な顔
ぶあつ［分厚］あついこと。例―い辞書
ふあん［不安］安心できないこと。しんぱい。
ふあんてい［不安定］安定しないこと。
ふあんない［不案内］ようすやかってがわからないこと。例文学にはいっこう―だ
ふい［不意］思いがけないこと。いきなり。
ふいうち［不意打ち］①いきなり切りつけること。②思いがけないときに突然事をしかけること。例―に訪問した
ふいご［鞴・《韛］火を起こすときに使う風を送る道具。例―の風
ふいちょう［《吹聴］言いふらすこと。
ふいつ［不一］十分に意をつくさないという意で、手紙の終わりに書く語。例草々―
ふいん［《訃音］死亡のしらせ。例―に接する
ふう［封］とじる。ふさぐ。例封をする
ふう［風］①かぜ。②ならわし。③すがた。ていさい。例随筆風の文章・当世風の服
ふうあつ［風圧］風の圧力。例―にたえる
ふうい［風位］風の吹く方向。風むき。
ふういん［封印］ふうじ目におす印。
ふういん［風韻］おもむきのあること。上品でおもしろみのあること。風趣。
ふうう［風雨］①かぜとあめ。②風とともにふる雨。あらし。例はげしい―の中を
ふううん［風雲］①かぜとくも。②あらしの前ぶれのように今にも天下に事が起ころうとするさま。例―急をつげる
ふううんじ［風雲児］よい機会にめぐまれて成功した人。例マスコミ界の―
ふうか［風化］地上の岩石が長い間空気にふれ

て、しだいにくずれて土になること。
ふうが[風雅]①上品でみやびやかなこと。風流。②詩歌や文芸の道。例—の道
ふうかく[風格]①ひとがら。人品。②ひん。おもむき。品位。品格。例大人の—をもつ
ふうがわり[風変(わ)り]普通とようすがちがっていること。例—な人間
ふうかん[封《緘]とじて封印をすること。
ふうき[風紀]正しい風俗や風習についてのきまり。例校内の—をよくする
ふうき[富貴]かねもちで身分が高いこと。
ふうぎ[風儀]①しきたり。ならわし。風習。②行儀作法。③男女間の道徳。
ふうきり[封切(り)]①封を切ること。②新しい映画を初めて上映すること。例—上映館
ふうきん[風琴]オルガン。アコーディオン。
ふうけい[風景]①ながめ。けしき。例画家が—を写生する。②ありさま。状態。例団らん—
ふうげつ[風月]①すずしい風と明るい月。②自然の美しさ。例—を友とする・花鳥—
ふうこう[風光]ながめ。けしき。風景。
ふうさ[封鎖]封じとざすこと。ふさいで出入りのできないようにすること。↕解放
ふうさい[風《采]みかけ。例—があがらない
ふうし[風姿]みなり。ふうさい。風体。
ふうし[風刺・《諷刺]遠まわしに欠点を非難すること。あてこすり。例機微をついた—
ふうしゃ[風車]かざぐるま。例—小屋
ふうじゃ[風邪]かぜ。感冒。
ふうしゅ[風趣]おもむき。あじわい。ふぜい。
ふうしゅう[風習]しきたり。ならわし。
ふうしょ[封書]封をした手紙。↕はがき
ふうしょく[風食・風《蝕]風が岩石をへらし、こわすこと。例—作用・—の影響で
ふうじる[封じる]①封をする。②とじこめる。③さしとめる。禁じる。例出入りを—
ふうしん[風《疹]子どもに多い伝染病。
ふうじん[風《塵]①風でまいあがるほこり。②世の中のわずらわしい事がら。例世の—に
ふうすいがい[風水害]大風と大水による被害。例台風による—
ふうせつ[風雪]①風と雪。②風が吹いて雪が降ること。ふぶき。③世の中の激しい苦労。
ふうせつ[風説]世間のとりざた。うわさ。
ふうせん[風船]①軽気球。②紙やガムをふくらませるおもちゃ。例紙—・—玉
ふうぜんのともしび[風前の《灯]危険が目の前にせまっていることのたとえ。
ふうそう[風葬]死体を風雨にさらすほうむり方。↕土葬・火葬・水葬
ふうそく[風速]風の吹くはやさ。風の速度。
ふうぞく[風俗]①世間のならわし。しきたり。風習。②みなり。よそおい。例—習慣
ふうたい[風袋]①はかりで物をはかるときの入れ物。②みかけ。外観。例—ばかりのみやげ物・りっぱな—
ふうち[風致]おもむき。あじわい。例—地区
ふうちょう[風潮]世の中のなりゆき。
ふうてい[風体]みなり。すがたかたち。
ふうど[風土]その土地の気候や地味などのありさま。例—がよくにている
ふうとう[封筒]手紙をいれる紙袋。例茶—
ふうは[風波]①かぜとなみ。②風が吹いて波だつこと。③あらそい。もめごと。
ふうはつ[風発]勢いよくでること。例談論—
ふうび[風《靡]なびきしたがわせること。例一世を—する
ふうひょう[風評]世間のうわさ。取りざた。
ふうぶつ[風物]①けしき。ながめ。例自然—の美しさ。②季節のもの。例夏の—詩
ふうぶん[風聞]風のたより。うわさ。例—では
ふうぼう[風《貌]すがたかたち。顔かたち。
ふうみ[風味]よいあじわい。上品な味。
ふうもん[風紋]風でできる砂の模様。
ふうらいぼう[風来坊]①どこからともなく来る人。さまよい歩く人。②気まぐれな人。
ふうりゅう[風流]上品でおもむきがあること。みやびやかでおもしろみのあること。
ふうりん[風鈴]のき下などにつるす小さいつりがね形のすず。例涼しげな—の音
ふうん[不運]運がわるいこと。例—な人
ぶうん[武運]戦いの勝敗の運。例—長久
ふえ[笛]①くだ状の吹奏楽器の一種。②よこぶえ。③呼び子。例笛の合図で
ふえき[不易]かわらないこと。不変。例—流行
ふえつ[《斧鉞》]おのとまさかり。
ふえて[不得手]じょうずでないこと。不得意。
ふえる[殖える]財産が多くなる。↕減る。例貯金が—・利子が—
ふえる[増える]数がます。↕減る。例会員が—・子どもが—・予算が—
ふえん[敷《衍・布《衍]ひきのばしてくわしく説明すること。例—して言うと

ぶえんりょ［無遠慮］えんりょしないこと。思うままにふるまうこと。ぶさほう。
ぶおとこ［〈醜男］顔つきみにくい男。
ふおん［不穏］おだやかでないこと。険悪。例―な形勢・―な空気
ふか［《鱶］大形のサメ。例―ひれスープ
ふか［不可］よくないこと。いけないこと。
ふか［付加・附加］つけくわえること。例―価値
ふか［負荷］かつぐこと。任務。機械の仕事量。例大任を―する・―率
ふか［《孵化］卵からかえすこと。例人工―
ぶか［部下］てした。例―に立案させる
ふかい［深い］①底まで長い。↕浅い。②こい。例―朱色。③程度が強い。例意味が―
ふかい［不快］①おもしろくないこと。いやなきもち。不愉快。③気分が悪いこと。病気。
ふかい［付会］むりなこじつけ。例牽強―
ふがいない［《腑〈甲《斐ない］なさけない。
ふかかい［不可解］わけがわからないこと。
ふかく［不覚］①油断してしくじること。②思わず知らずすること。③感覚がないこと。
ふかくじつ［不確実］たしかでないこと。
ふかけつ［不可欠］なくてはならないこと。
ふかこうりょく［不可抗力］人の力ではどうすることもできないようなこと。例―の事故
ふかしぎ［不可思議］①考えてもわからないこと。想像のつかないこと。②あやしいこと。
ふかす［〈蒸す］蒸気で加熱する。
ふかす［更(か)す］おそくまで起きている。
ふかしん［不可侵］おかしてはならないこと。
ぶかっこう［不格好・不《恰好］かっこうが悪いこと。例―な着つけ・―な服
ふかで［深手］おもいきず。重傷。例―を負う
ふかのう［不可能］できないこと。例実現―
ふかひ［不可避］さけることができないこと。
ふかぶん［不可分］わけることができないこと。例密接―な関係
ふかま［深間］深い所。ふかみ。例―にはまる
ふかみ［深み］①深い所。②深さのどあい。③おく深いあじわい。④深入りしてぬけられない状態。例かけ事の―にはまる
ふかん［《俯瞰》］高い所から見おろすこと。
ふかんぜん［不完全］完全でないこと。
ふき［《蕗］野草の一種。例―の薹《とう》
ふき［不帰］①行ってかえらないこと。②死ぬこと。例―の客
ふき［付記・附記］つけたして書くこと。
ふぎ［不義］人の道にはずれること。例―密通
ふぎ［付議・附議］会議にかけること。
ぶき［武器］戦争に使う道具。兵器。例女の―
ふきあれる［吹(き)荒れる］風があれくるう。
ふきかえ［吹(き)替え］①代役。②せりふを吹きこむこと。例洋画の声の―役
ふきかける［吹(き)掛ける］①しかける。例けんかを―。②値を高く言う。例法外な値を―
ふきげん［不機嫌］きげんが悪いこと。
ふきさらし［吹(き)《曝し］さえぎるものがなくて風が吹きあたるにまかせること。
ふきすさぶ［吹(き)〈荒ぶ］風がひどく吹きあれる。例あらしが―
ふきそうじ［《拭(き)掃除］ふいてきれいに清掃すること。例床の―・廊下の―
ふきそく［不規則］規則正しくないこと。
ふきだす［吹(き)出す］吹きはじめる。例風が―・マンガの吹き出し
ふきだす［噴き出す］①勢いよく中から外へ出る。例熔岩が―。②笑いだす。例思わず―
ふきだまり［吹(き)《溜(ま)り］雪や落ち葉などが吹きつけられて一か所にたまった所。
ふきつ［不吉］えんぎが悪いこと。例―な予感がする・―な前兆
ふきでもの［吹(き)出物］小さいあわ粒のようなできもの。例顔に―ができる
ふきながし［吹(き)流し］いくすじかの長い布や紙を輪にかけ、さおのさきにつけた旗。
ぶきみ［不気味・無気味］きみがわるいこと。
ふきゅう［不朽］長く後の世まで伝わること。
ふきゅう［不急］いそがないこと。例不要―
ふきゅう［普及］ひろくゆきわたること。
ふきゅう［腐朽］くさってぼろぼろになること。例―した建築物
ふきょう［不況］けいきが悪いこと。↕好況
ふきょう［不興］①おもしろくないこと。興がさめること。②きげんがわるいこと。
ふきょう［布教］宗教をひろめること。伝道。
ふぎょう［《俯仰］うつむくことと上をあおぎみること。例―天地にはじない行動
ぶきよう［不器用・無器用］器用でないこと。技術のへたなこと。↕器用。例手先の―な人
ふぎょうせき［不行跡］身持ちやおこないの悪いこと。例日ごろの―がたたる
ふぎり［不義理］①義理にはずれること。②借りたものを返さないこと。例―をかさねる

ぶきりょう［不器量］①顔かたちのみにくいこと。②才能のとぼしいこと。
ふきん［付近・附近］近いところ。あたり。
ふきん［布《巾》］食器などをふく小さい布。
ふきんしん［不謹慎］つつしみがないこと。
ふく［服］①衣服。②粉薬などの包みを数える語。③茶・たばこをのむ回数。例一服つける
ふく［福］しあわせ。幸福。例福の神・幸福
ふく［幅］かけもの。ぷく。例一幅の絵
ふく［副］①そばについてたすけるもの。②ひかえ。うつし。↕正。例正副二通の書類
ふく［吹く］①風がでる。②いきを出す。③芽が出る。④大げさにいう。例ほらを―
ふく［噴く］勢いよく出る。例ごはんが―・火が―・エンジンが―
ふく［《拭く］ぬぐう。例顔を―・汗を―
ふく［《葺く］やねをおおいつくる。
ふぐ［不具］からだの一部に障害があること。
ふぐ［▽河豚］内臓に猛毒をふくむ魚。
ふくあん［腹案］心の中にもつ考え。
ふくいく［《馥郁》］よいかおりがただようさま。例―たる香りが
ふくいん［幅員］横の長さ。はば。例道路の―
ふぐう［不遇］運がなくて世に用いられないこと。不運。例―な一生を終わった
ふくぎょう［副業］本業以外の仕事。内職。
ふくげん［復原・復元］もとの位置や状態にもどすこと。例―力・―図・社寺の―
ふくごう［複合］二つ以上のものが合わさって一つになること。例―競技・―作用
ふくさ［《袱紗》］絹の布でつくったふろしき。
ふくざい［伏在］かくれてあること。例―勢力
ふくざい［服罪］自分の罪をみとめて罰をうけること。例いさぎよく―する
ふくざつ［複雑］こみいっているさま。↕簡単
ふくさよう［副作用］薬が治療に役立つ以外に起こす悪い作用。例この薬には―がある
ふくさんぶつ［副産物］①おもな生産物にともなってできる産物。②ある物事を行うときそれにつれて起こるもの。例とんだ―だ
ふくし［副詞］品詞の一つ。動詞や形容詞などの用言の上にきて、それらをくわしく説明するもの。ゆっくり・必ずなど。
ふくし［福祉］さいわい。多くの人がしあわせになること。例―施設・社会―
ふくしき［複式］二つ以上のものでできていること。↕単式。例―簿記・―火山
ふくしゃ［複写］①別にうつしとること。例―機。②二枚以上重ねて同時にうつすこと。×復写。例―式伝票
ふくしゃ［《輻射］熱や光が一の点から四方に一直線に放出する現象。例太陽の―熱
ふくしゅう［復習］くりかえしてならうこと。おさらい。↕予習。例算数の―をする
ふくしゅう［復《讐》］あだをうつこと。しかえし。例―の鬼と化す・―の機をうかがう
ふくじゅう［服従］他のさしずや命令に従うこと。つき従うこと。例ボスに―する
ふくしょう［復唱・復《誦》］くりかえしてとなえること。例言われたことを―してごらん
ふくしょう［副賞］正式の賞にそえて贈るもの。例―はアメリカ西海岸旅行です
ふくしょく［服飾］①衣服と装飾。例―費。②衣服の装飾。着物のかざり。例―品を買う
ふくしょくぶつ［副食物］おかず。おさい。
ふくしん［腹心］①心のおくそこ。まごころ。②心の奥底まで打ち明けて相談できる人。
ふくすう［複数］二つ以上の数。↕単数
ふくする［服する］①つかえる。したがう。例喪に―。②くすりをのむ。例痛みどめを―
ふくする［復する］かえる。もどる。例旧に―
ふくせい［複製］もとの物と同じような物を別につくること。×復製。例名画の―
ふくせん［複線］二つ以上平行にしいた線路。↕単線。例―化の工事・―区間
ふくそう［服装］衣服のよそおい。みなり。
ふくそう［《輻輳》］物が方々からより集まること。一か所に集まってこみ合うこと。
ふくぞう［腹蔵］心の中に思って外に表さないこと。心の中につつみかくすこと。
ふくだい［副題］表題にそえたみだし。サブタイトル。例―をつける
ふくちょう［復調］立ち直り。例景気の―
ふくつ［不屈］くじけないこと。例―の意志
ふくとく［福徳］幸福と財産。例―円満
ふくどく［服毒］毒薬をのむこと。例―自殺
ふくはい［腹背］前とうしろ。例―に敵が
ふくべ［《瓠・《瓢］ひょうたん。例―の酒
ふくへい［伏兵］敵のくるのを待ちぶせしてふいをうつ兵隊。例―の気配が
ふくまく［腹膜］腹の中の内臓をつつむうすいまく。例―炎・―の癒着
ふくみ［含み］①心の中にもっていること。②

中にひそんでいること。例―笑い・―資産

ふくむ[含む]①中につつむ。②口の中にいれる。③心の中におさめもつ。例うれいを―

ふくむ[服務]職務につくこと。例―規程

ふくめい[復命]命令をうけてした事の結果を報告すること。例社に帰って―する

ふくめつ[覆滅]やぶれほろびること。

ふくめる[含める]①ふくむようにする。②いい聞かせる。③文章などにある意味や内容をおりこむ。例別な意味を―

ふくめん[覆面]顔をおおいつつむこと。

ふくよう[服用]①からだにつけること。②薬をのむこと。服薬。例いつも―している薬

ふくよう[服《膺]心にとめて忘れないこと。

ふくらはぎ[〈脹ら《脛]すねのうしろの肉がふくらんだところ。例―がつる

ふくらむ[膨らむ]ふくれた状態になる。

ふくり[福利]幸福と利益。さいわい。例―厚生

ふくり[複利]利子に利子のつくこと。↔単利

ふくれる[膨れる・〈脹れる]①内から外へもりあがる。②不平や不満を顔に表す。

ふくろ[袋]①紙・布・皮などでつくった入れ物。例袋物。②物がはいるようになったもの。例戸袋・胃袋・袋小路

ふくろう[《梟]肉食性の夜鳥。例―部隊

ふくろだたき[袋《叩き]ひとりを大ぜいでとりまいてさんざんにたたくこと。

ぶくん[武勲]いくさのてがら。武功。

ふけ[▽雲脂]頭のはだにできるあか。

ふけい[不敬]敬意がないこと。無礼。例―罪

ふけいき[不景気]①経済界がさびれて景気のよくないこと。②商売がはんじょうしないこと。③元気のないこと。例―な顔

ふけいざい[不経済]むだな費用がかかること。例―な運営方針

ふけつ[不潔]きたないこと。よごれていること。↔清潔。例―なごみ箱

ふける[老ける]年よりじみる。例急に―

ふける[更ける・〈深ける]深くなる。例夜が―

ふける[《耽る]深く心をうばわれる。むちゅうになる。例遊びに―・読書に―

ふける[〈蒸ける]むしあがる。例いもが―

ふげん[不言]ものを言わないこと。例―実行

ふげん[付言]つけ加えて言うこと。

ぶげん[分限]①身分。②お金持ち。例―者

ふけんしき[不見識]見識がひくいこと。常識や判断力がないこと。例―なことば

ふこう[不孝]孝行でないこと。例親―者

ふこう[不幸]①幸福でないこと。②人が死ぬこと。↔幸。例親類に―があった

ふごう[符号]しるし。記号。例―をうつ

ふごう[富豪]大金持ち。財産家。例大―

ぶこう[武功]いくさのてがら。武勲。

ふこうへい[不公平]公平でないこと。かたておち。不平等。例―な処置だと思う

ふごうり[不合理]道理に合わないこと。りくつに合わないこと。例―な裁決だ

ふこく[布告]①広く告げ知らせること。②政府が国民につたえる命令。例宣戦―

ふこく[富国]国家をとますこと。例―強兵

ぶこく[《誣告]罪の無い人を罪があるように申し立てること。例―罪

ふこころえ[不心得]心がけの悪いこと。こころえちがい。例とんでもない―者だ

ぶこつ[武骨・無骨]①強いばかりでやさしさのないこと。②礼儀を知らないこと。例―者

ふさ[房・〈総]①たばねた糸の先を散らせたもの。②一枝の花や果物。例ぶどう一房

ふさい[負債]他人から借金すること。借財。

ふざい[不在]家にいないこと。るす。

ぶさいく[不細工]①さいくのまずいこと。手ぎわの悪いこと。例―なできぐあい。②顔かたちのみにくいこと。例―な顔

ふさく[不作]作物のできがわるいこと。

ふさぐ[《塞ぐ]①ふたをする。とじる。例口を―・穴を―。②じゃまをする。例道を―。③はれない。例気分が―。④つめる。例席を―

ふさぐ[《鬱ぐ]気分がはれない。例失恋して―

ふざける[▽巫山戯る]たわむれる。

ぶさた[無《沙汰]①たよりをしないこと。②訪問しないこと。例―をわびる・ご―

ぶさほう[不作法]ぎょうぎの悪いこと。

ぶざま[無様・不様]ぶかっこうなこと。

ふさわしい[▽相応しい]よくにあうさま。

ふし[節]①竹などの茎のくぎり。②人間や動物の関節。③段落。箇所。機会。④旋律

ふし[不死]死なないこと。いつまでも生きること。例―鳥・不老―

ふじ[《藤]マメ科のつる性落葉低木。うすむらさき色の花が咲く。例―色・―だな

ふじ[不治]病気などがなおらないこと。

ぶし[武士]さむらい。例―道・―の魂

ふじ[不時]その時でないこと。臨時。例―着

ぶじ［無事］かわったことがないこと。例―に

ふしあな［節穴］板などのふしのあとの穴。

ふしあわせ［不幸せ・不仕合(わ)せ］しあわせでないこと。不幸。例―な身の上

ふしぎ［不思議］考えることもできないこと。想像のつかないこと。奇怪。例―千万だ

ふしくれだつ［節《榑だつ］①ふしが多くて、でこぼこしている。②労働のために筋肉がかたくもりあがること。例―た大きな手

ふしぜん［不自然］わざとらしいこと。ありのままでないこと。例―な態度

ふじちゃく［不時着］航空機が事故のために臨時に目的地以外の場所に着陸すること。

ふじつ［不日］近いうちに。そのうち。

ふじつ［不実］誠実でないこと。薄情なこと。

ぶしつけ［不《躾］①ぶさほう。無礼。②だしぬけ。むきだし。例―な質問

ふしぶし［節節］①からだのあちこちの関節。例リウマチで―が痛む。②あれこれの点。例あやしい―がある。

ふしまつ［不始末］始末のわるいこと。ふしだら。例むすこの―尻ぬぐい

ふじみ［不死身］①打たれても切られても弱らないからだ。②どんな事に出あってもくじけないこと。例―の努力をつづける

ふしめ［伏(し)目］目をふせること。うつむきかげんに見ること。例―がちな物言い

ふしゅ［浮《腫］はれ。むくみ。例足首に―が

ぶしゅ［部首］漢字の索引の目じるしとなる「へん・つくり・かんむり」など。

ふじゆう［不自由］自由でないこと。思うようにならないこと。例何―なく育つ

ふじゅうぶん［不十分・不充分］じゅうぶんでないこと。↔十分・充分。例―な説明だ

ふしゅび［不首尾］①結果が悪いこと。不成功。②評判がよくないこと。↔上首尾

ふじゅん［不純］純粋でないこと。純真でないこと。例―物・異性―交遊

ふじゅん［不順］順当でないこと。例月経―

ふじょ［扶助］たすけること。助力。例―料

ぶしょ［部署］役目をわりあてること。

ふしょう［不肖］①父ににないでおろかなこと。②自分をへりくだっていうことば。

ふしょう［不祥］めでたくないこと。えんぎの悪いこと。例―なできごとが起こった

ふしょう［不詳］はっきりしないこと。

ふしょう［負傷］けがをすること。例―者

ふじょう［不浄］①けがれていること。清浄でないこと。②大小便。③便所。例ご―

ぶしょう［無精・不精］なまけて物事をなげやりにすること。ものぐさ。骨おしみ。

ふしょうち［不承知］聞き入れないこと。

ふしょく［扶植］勢力などをうえつけること。

ふしょく［腐食］くさって形がくずれること。

ぶじょく［侮辱］あなどりはずかしめること。

ふしょぞん［不所存］考えの正しくないこと。

ふしん［不信］①信義を守らないこと。まことがないこと。②信用しないこと。例―感

ふしん［不振］ふるわないこと。例打撃―

ふしん［不審］①はっきりしないこと。②うたがわしいこと。くわしくわからないこと。

ふしん［普請］①広く寄付をつのって仏堂などの新築や修繕をすること。②家などを建てること。建築。例りっぱな―だ

ふしん［腐心］心を傷めなやますこと。心配。

ふじん［夫人］①他人の妻をうやまっていうことば。奥様。②たっとい人の妻。奥方。

ふじん［婦人］おんな。女性。例―科医

ふじん［布陣］陣をかまえること。例鉄壁の―

ふしんじん［不信心］神仏を信じないこと。

ふしんせつ［不親切］親切でないこと。

ふしんばん［不寝番］夜通し寝ないで張り番をすること。ねずのばん。例―を置く

ふす［伏す］よこになる。かくれる。例床に―

ふす［付す・附す］つく。したがう。つける。例不問に―・審議に―

ふずい［不随］思うようにならないこと。

ふずい［付随］つきしたがうこと。例同行―

ぶすい［無粋］風流でないこと。やぼなこと。

ぶすう［部数］書物などの部の数。冊数。例発行―を増す・印刷―

ふすま［《襖］からかみ。例―はり

ふすま［《衾］ふとん。寝具。

ふすま［《麬・《麸］小麦をひいたときにでる皮くず。洗い粉。例飼料用の―

ふせ［布施］①人にお金や物をめぐむこと。②坊さんにあげる品物やお金。例お―

ふせい［不正］正しくないこと。よこしま。

ふぜい［風情］①おもむき。風流な味わい。②もてなし。待遇。例何の―もありませんが

ふせいこう［不成功］成功しないこと。

ふせいしゅつ［不世出］めったに世に出ないほどすぐれていること。例―の英雄

ふせき［布石］①碁石の配置。②将来にそなえての準備。例着々と―を打つ
ふせぐ［防ぐ・《禦ぐ》］おかされないように守る。ささえとめる。↕攻める。例敵を―
ふせつ［付設］付属してもうけること。
ふせつ［浮説］よりどころのないうわさ。
ふせつ［敷設・布設］鉄道などをしきもうけること。例鉄道の―工事・機雷の―
ふせる［伏せる］①身をかくす。②うつむかせる。例目を―。③横にする。たおす。例床に―
ふせる［《臥せる》］病気でねる。例病の床に―
ふせん［付《箋》］用事や注意のことがらを書いてはりつける小さい紙。例―をつける
ふぜん［不全］不完全。例心―・発育―
ふぜん［不善］よくないこと。悪。例小人閑居して―をなす
ぶぜん［《憮然》］がっかりするさま。例―たる顔・あまりのことに―とする
ふそ［父祖］①父と祖父。②祖先。先祖。
ぶそう［武装］武器を身につけ、戦えるように装備すること。例―蜂起・―解除
ふそうおう［不相応］につかわしくないこと。ふさわしくないこと。例身分―な相手
ふそく［不足］①たりないこと。十分でないこと。例資金―。②満足しないこと。不服。
ふそく［不測］はかり知ることができないこと。前もってわからないこと。例―の事態
ふそく［付則・附則］つけ加えた規則。例商法の―・―第三条により
ふぞく［付属・附属］主となるものについていること。例―語・―高校・―病院
ふそくふり［不即不離］つきもせずはなれもしないこと。例―の関係
ふぞろい［不《揃い》］そろわないこと。
ふそん［不《遜》］けんそんでないこと。尊大。
ふた［《蓋》］入れ物の口をおおうもの。↕身
ふだ［札］文字を書く小さい板。例守り札・お札
ぶた［豚］イノシシ科の家畜。例豚肉
ふたい［付帯・附帯］つきしたがうこと。ともなうこと。例―決議・―条件
ぶたい［舞台］劇や演芸をするためこしらえた場所。例―俳優・―芸術・―裏
ふたいてん［不退転］あとにひかないこと。
ふたえ［二重］①物が二つかさなっていること。②二つにおれまがること。例―まぶた
ふたく［付託・附託］たのみまかせること。
ふたしか［不確か］たしかでないこと。あやふや。例―な回答・―な読み
ふたたび［再び］二度。かさねて。再度。
ふだつき［札付(き)］①物にふだがついていること。②悪いという評判がひろまっていること。またその人。例―の不良少年
ふたば［双葉・二葉］①草木がめを出したばかりの小さい二枚の葉。②物事のはじめのころ。例せんだんは―より芳し
ふたまた［二《股》］①先が二つに分かれているもの。②態度がはっきりしないこと。
ふたん［負担］①せなかにかつぐこと。また、そのにもつ。②自分の身にひきうけること。また、そのもの。例税金の―が重い
ふだん［不断・普段］①たえまなく続くこと。例―の努力。②つねひごろ。平生。例―着
ぶだん［武断］①武力によってむりやりに事を行うこと。②勢いよく断行すること。
ふだんぎ［普段着］いつも身につけている衣服。例―のままで外出する。
ふち［縁］へり。まわり。例縁なしメガネ
ふち［《淵》・《渕》］水が深くよどんでいる所。
ふち［布置］物をきまった位置にくばりおくこと。配置。例―した場所が悪い
ぶち［《斑》］いろいろの色がまじった毛色。
ふちゃく［不着］到着しないこと。とどかないこと。例小包が―となる
ふちゃく［付着］ついてはなれないこと。くっつくこと。例衣服に―した草の実
ふちゅうい［不注意］注意がいたらないこと。用心がたりないこと。例―が原因だ
ふちょう［不調］①ととのわないこと。事がまとまらないこと。②調子が悪いこと。
ふちょう［符丁・符《牒》］①しるしである意味をあらわしたもの。②あいことば。
ぶちょうほう［無調法・不調法］①行きとどかないこと。②あやまち。そそう。③酒やたばこなどをのまないこと。④へたなこと。
ふちょうわ［不調和］調和しないこと。にあわないこと。例風景に―な広告
ふちん［浮沈］①うくこととしずむこと。うきしずみ。②盛んになることとおとろえること。栄枯盛衰。例―の多かった生涯
ぶつ［物］もの。例遺失物・建築物
ふつう［不通］①通じないこと。交通機関がとまること。②交際をしないこと。例音信―
ふつう［普通］①ひろく一般に通じていること

と。②あたりまえ。なみ。通常。例—預金
ぶっか[物価]もののねだん。例—の騰貴
ぶっかく[仏閣]寺の建物。仏堂。例神社—
ふっかつ[復活]①生きかえること。②一度すたれたものがふたたび盛んになること。
ふっき[復帰]ふたたびもとにもどること。
ぶつぎ[物議]世間のとりさた。例—をかもす
ふっきゅう[復旧]もとどおりになること。
ふつぎょう[払暁]夜の明け方。夜明け。
ぶっきょう[仏教]紀元前五世紀の初め、釈迦がインドで始めた宗教。例—徒・—寺院
ぶつぐ[仏具]仏をまつる器具。例—店
ぶっけん[物件]もの。品物。例証拠—・よい—
ふっこ[復古]昔にかえること。例—調
ぶっこ[物故]人が死ぬこと。例—者の慰霊祭
ふっこう[復興]すたれたものがもとのようにさかんになること。例焼け野原から—する
ふつごう[不都合]①つごうが悪いこと。②けしからぬこと。ふとどき。例—を働く
ふっこく[復刻・覆刻]書籍などの版をもとのように作って出版すること。例古典の—版
ぶっさつ[仏《刹]仏寺。仏閣。例古都の—
ぶっさん[物産]土地から産する品物。産物。
ぶっし[物資]人の生活に役立つ物。品物。
ぶつじ[仏事]仏教の祭事。法事。法要。
ぶっしき[仏式]仏教で行う儀式。↕神式
ぶっしつ[物質]①ひろがりと大きさをもち感じることのできるもの。②経済上の財貨。↕精神。例—文明のみ栄える
ぶっしつてき[物質的]①物質の性情をもつさま。②物質を精神よりも重く考えること。↕精神的。例—な満足度
ぶつじょう[物情]世間のありさま。例—騒然
ふっしょく[払《拭]すっかりはらいなくすこと。例封建色を—する
ぶっしょく[物色]さがしもとめること。
ぶっそう[物騒]世間がさわがしいこと。おだやかでないこと。例—な世の中になった
ぶったい[物体]一定の形と大きさとがある物。精神のないもの。例飛行—
ぶつだん[仏壇]仏像・位牌をおく壇。例—の花
ぶっちょうづら[仏頂面]あいそのない顔つき。ふくれっつら。例—をする
ふつつか[不〈束]へたなこと。かしこくないこと。いきとどかないこと。例—者ですが
ふってい[払底]すっかりなくなること。
ふっとう[沸騰]①にえたつこと。わきたつこと。②さわぎ立てること。例議論が—する
ぶっぽう[仏法]仏の説いた教え。仏教。
ぶつめつ[仏滅]昔の人が万事に不吉であると考えた日。仏滅日。例—の結婚式とは
ぶつもん[仏門]ほとけのみち。例—に入る
ぶつよく[物欲・物《慾]物に対する欲。欲心。
ぶつりがく[物理学]物質の性質や運動、熱・電磁気・音・光などについて研究する学問。
ふで[筆]①毛筆。②書くこと。例筆がたつ・筆をおく。筆を入れる
ふてい[不定]一定しないこと。例住所—
ふてい[不貞]貞節でないこと。例—の妻
ふてい[不《逞]①気ままにふるまうこと。②法にしたがわないこと。例—のやから
ふていさい[不体裁]①ていさいがよくないこと。②きまりが悪いこと。
ふてき[不敵]①敵を敵とも思わないこと。どんなことにもおそれないこと。例大胆—。②ずうずうしいこと。無法。例—な面構え
ふてぎわ[不手際]できあがりが悪いこと。
ふてくされる[不〈貞腐れる]不平で、やけをおこすこと。例問いつめられて—
ふてってい[不徹底]十分に行きとどかないこと。徹底しないこと。例—な調査
ふでぶしょう[筆無精・筆不精]なかなか手紙や文字を書かないこと↕筆まめ。例—な人
ふでまめ[筆▽忠実]めんどうがらずに、すぐに文字や手紙を書くこと。↕筆無精
ふとい[太い]①まわりが大きい。↕細い。例—木。②はばが広い。例—声。③ずぶとい。例—やつだ・—考え
ふとう[不当]正当でないこと。例—労働行為
ふとう[不凍]こおらないこと。例—液・—湖
ふとう[不等]ひとしくないこと。例—式
ふとう[不《撓]へこたれないこと。例—不屈の精神・—の努力
ふとう[《埠頭]陸岸から海中に長くつき出している船つき場。はとば。
ふどう[不同]①同じでないこと。②そろわないこと。まちまちなこと。例順序—
ふどう[不動]①動かないこと。しっかりとしてゆるがないこと。②不動明王。例お—さん
ふどう[浮動]さだまらずにただよい動くこと。↕固定。例—票・—購買層
ぶとう[舞踏]①まいおどること。②ダンス。
ふどうさん[不動産]土地または建物などの財

産。↕動産。例―屋・遺産の―を処分する

ぶどう[《葡萄》]ブドウ科のつる性落葉低木。例―色・―酒・―状球菌

ふとうこう[不凍港]冬、海面がこおる寒い地帯でも、海面がこおらない港。

ふどうたい[不導体]熱や電気を伝えにくい物体。絶縁体。↕導体・良導体

ふどうとく[不道徳]道徳的でないこと。不徳。

ふとうめい[不透明]すきとおらないこと。くもりがかかっていること。

ふとく[不徳]①徳にそむくこと。不道徳。②徳のたらないこと。例―のいたすところで

ふとくい[不得意]得意でないこと。えてでないこと。例―な科目

ふとくようりょう[不得要領]要領をえないこと。あいまいなこと。例―な回答

ふところ[懐]①きものと胸との間。②物にかこまれたところ。③所持金。かねまわり。

ふとどき[不届き]①ゆきとどかないこと。注意がたりないこと。②法律にそむいたことをすること。けしからぬこと。例―なやつだ

ふともも[太《股]ももものつけね近くのふくらんだところ。例はちきれそうな―

ふとる[太る・《肥る]こえる。ふえる。↕やせる・細る。例―体質・財産が―

ふとん[布団・《蒲団]①綿や羽毛をいれた寝具。例―蒸し。②ざぶとん。例―に座る

ふな[船・舟]ふねの。例―主・―旅・―底

ふな[《鮒]川や湖にすむ淡水魚。例―の甘露煮

ぶな[《橅・▽山毛欅]ブナ科の落葉高木。ぶなのき。例―の原生林

ふなあし[船足・舟脚]①船の進むはやさ。②船の底が水にしずんでいる深さ。

ふなうた[船歌・舟《唄]船頭などがろをこぎながらうたう歌。例ベニスの―

ふなじ[船路・舟路]船のかよう道。航路。

ふなで[船出]船が港を出発すること。出帆。

ふなのり[船乗(り)]船の乗組員としてはたらく人。船員。例老練な―たち

ふなばた[船端・《舷]船のふち。ふなべり。

ふなべり[船〈縁]船のへり。ふなばた。

ふなよい[船酔(い)]船に乗って気分が悪くなること。例―に苦しむ

ふなれ[不慣れ・不《馴れ]なれないこと。習熟しないこと。例―な仕事・―なオペレーター

ぶなん[無難]①さわりのないこと。無事。②おちどのないこと。欠点のないこと。

ふにあい[不似合(い)]にあわないこと。ふさわしくないこと。例―な服装

ふにおちない[《腑に落ちない]なっとくがいかない。がてんがいかない。

ふにょい[不如意]①思うようにならないこと。②くらしが苦しいこと。例―がちな家計

ふにん[不妊]はらまないこと。例―手術

ふにん[赴任]任地に行くこと。例単身―

ぶにん[無人]人数がすくないこと。

ふにんじょう[不人情]人情にそむくこと。

ふぬけ[《腑抜け]①しっかりした精神のないこと。まぬけ。②いくじなし。こしぬけ。

ふね[舟]小さなふね。例小舟・笹舟・渡し舟

ふね[船]一般的なふね。例親船・船の旅

ふねん[不燃]もえないこと。↕可燃。例―性住宅・―建築材・―塗料

ふのう[不能]①能力のないこと。才能のないこと。②できないこと。不可能。例再起―

ふはい[不敗]まけないこと。例―の王者

ふはい[腐敗]①くさること。②心やおこないが悪くなること。だらく。例政界の―

ふはく[浮薄]①心があさはかで軽々しいこと。例軽佻《けいちょう》―。②人情がうすいこと。

ふはつ[不発]弾丸が破裂しないこと。例―弾

ふばつ[不抜]ぬけないこと。かたくて動かないこと。例堅忍―の精神

ふび[不備]①十分にととのわないこと。完備しないこと。②手紙の終わりに書く語。

ぶび[武備]戦争の用意。いくさのそなえ。

ふひょう[不評]評判がよくないこと。

ふひょう[浮氷]水上に浮いている氷塊。

ふひょう[浮標]水面に浮かせる標識。ブイ。

ふびん[不《憫・不《愍]かわいそうなこと。

ぶひん[部品]部分品。例車の―・―の供給

ふひんこう[不品行]品行が悪いこと。

ふぶき[吹雪]強い風に吹かれて雪がふること。例猛烈な―の中を進む

ふふく[不服]①服従しないこと。②得心しないこと。なっとくしないこと。③まんぞくしないこと。不平。例笑われたのが―だ

ぶぶん[部分]ぜんたいをちいさくわけた一つ。↕全体。例―的には・―品

ふぶんりつ[不文律]文書に書き表さず、しきたりで定まっている法律。例―の慣習

ふへい[不平]心がおだやかでないこと。不満なこと。不服。例―そうな顔

ぶべつ［侮《蔑》］あなどり見さげること。軽侮。
ふへん［不変］かわらないこと。↔可変。例―資本・―の考え方でつらぬく
ふへん［不偏］かたよらないこと。例―不党
ふへん［普遍］①ひろくゆきわたること。②すべてに通じて存在すること。↔特殊
ふべん［不便］べんりでないこと。例交通が―
ふぼ［父母］両親。父と母。例―参観日
ふほう［不法］道にはずれること。例―駐車
ふほう［《訃報》］死去のしらせ。例―が届く
ふほんい［不本意］自分ののぞむところではないこと。本心にたがうこと。例―な承諾
ふまえる［踏まえる］ふみつける。よりどころにする。例事実を踏まえて
ふまん［不満］まんぞくしないこと。心に不平に思うこと。例―に思った・―分子
ふみ［文］①書きしるしたもの。文書。②書物。書籍。③手紙。書状。例恋の文を送る
ふみきり［踏切］線路を横切る歩道。
ふみだい［踏（み）台］①足場にする台。足つぎ。②ある目的のために役立てるもの。例出世の―にされる
ふみたおす［踏（み）倒す］代金や借金の支払いをせずに損をさせる。例借金を―
ふみつける［踏みつける］①はげしくふんでおさえる。②ないがしろにする。
ふみにじる［踏（み）《躙》る］①ふみつけてめちゃめちゃにする。②約束を守らない。
ふみはずす［踏（み）外す］①ふみどころをまちがえる。②失敗して地位をうしなう。
ふみんふきゅう［不眠不休］すこしもねむらず、やすまないこと。例―の作業
ふむ［踏む］①足の下におさえる。例麦を―。②行く。例かの地を―。③経験する。例初舞台を―。④おこなう。例人の道を―。⑤予想する。例安く―・安全と―
ふむき［不向き］①ふさわしくないこと。②このみにあわないこと。例営業には―だ
ふめい［不明］①明らかでないこと。はっきりしないこと。②才知がたりないこと。
ふめいよ［不名誉］名誉をけがすこと。
ふめいりょう［不明《瞭》］はっきりしないこと。
ふめつ［不滅］いつまでもほろびないこと。
ふめんもく［不面目］名誉をそこなうこと。
ふもう［不毛］土地がやせて作物がそだたないこと。例―の地・―の愛
ふもと［《麓》］山のすそ。例富士山の―の町
ふもん［不問］問いたださないこと。すておくこと。例―に付す
ぶもん［部門］全体を大きくいくつかに分けた一つの部類。例営業―・研究―
ふやじょう［不夜城］灯火がかがやいて夜も昼のように明るい所。例新宿は―のようだ
ふやす［殖やす］財産を多くする。例家畜を―・金を―・貯金を―
ふやす［増やす］数をます。多くする。↔減らす。例人数を―・予算を―
ふゆ［冬］四季の第四。寒い季節。例冬景色
ふゆう［浮遊・浮《游》］ふわふわとうかびただようこと。例海面に―する物体
ふゆう［富裕］富んでゆたかなこと。財産の多いこと。例―な家庭で育つ
ぶゆう［武勇］武芸にすぐれ勇気のあること。
ふゆかい［不愉快］ゆかいでないこと。おもしろくないこと。例―な思いをする
ふゆがれ［冬枯れ］①冬、草木の葉が枯れ落ちること。また、そのさびしいながめ。②冬、客足がへってひまになること。
ふゆきとどき［不行（き）届き］行きとどかないこと。十分に手がまわらないこと。例監督―
ふゆごもり［冬《籠》（も）り］冬の寒い間、家にとじこもってくらすこと。例熊の―の準備
ふよ［付与］さずけあたえること。例権限を―する・権利の―
ぶよ［《蚋》］ブユ科のこん虫。ぶゆ。ぶと。
ふよう［不用・不要］①使わないこと。いらないこと。無用。②むだなこと。無益。
ふよう［扶養］たすけやしなうこと。やしない世話をすること。例―家族
ぶよう［舞踊］おどり。ダンス。例日本―
ふようい［不用意］①用意のないこと。したくのないこと。②うっかりしていること。不注意。例―な発言
ふようじょう［不養生］からだに気をつけないこと。不摂生。例医者の―
ふようじん［不用心］用心が悪いこと。
ふよく［扶翼］力をそろえて助けること。扶助。
ぶらい［無頼］一定の職業がなくおこないのよくないもの。例―の徒
ぶらいかん［無頼漢］ならずもの。ごろつき。
ぶらく［部落］村落の一部。村ざと。例山奥の小さい―・―の人たち
ふらち［不《埒》］けしからぬこと。例―な男だ

ふらん[腐乱・腐《爛]くさりただれること。例―死体・―状態に

ふり[振り]①すがた。なり。②ふるまい。③それらしくよそおうこと。④劇やおどりの型。

ふり[降り]雨がふる程度。↕照り。例ひどい―になった・土砂降り

ふり[不利]①利のないこと。有利でないこと。不利益。②つごうが悪いこと。例風が―だ

ふりかえ[振(り)替(え)]①いちじ他のものと取りかえること。②簿記で、帳簿のつけかえで支払いを行うこと。③振替預金。振替口座。④入れかえ。例―バス

ふりかえる[振(り)返る]あとをふりむく。

ふりがな[振り仮名]漢字のそばにつける読みがな。ルビ。例―をふる

ふりこう[不履行]約束どおりに実行しないこと。例契約―の訴訟

ふりしきる[降(り)〈頻る]さかんにふる。

ふりだし[振(り)出し]①ふって出すこと。②為替や手形を発行すること。③すごろくのふり始めの場所。④物事の出発点。

ふりつけ[振(り)付(け)]おどりの型を考えて教えること。例―師・演技の―

ふりまわす[振(り)回す]①ふりながらまわす。②自由に使いこなす。③みせびらかす。

ふりむける[振(り)向ける]①他のほうへ向かせる。②他へ流用する。例予算を他に―

ふりょ[不慮]思いがけないこと。例―の災難

ふりょ[《俘虜]とりこ。捕虜。

ふりょう[不良]①よくないこと。優良でないこと。例―品。②品行が悪いこと。例―少年

ふりょう[不猟]猟に出てえものがないこと。

ふりょう[不漁]漁獲物がすくないこと。

ぶりょう[無《聊]たいくつ。例―をかこつ

ふりょうけん[不了見・不料〈簡]りょうけんが悪いこと。こころえちがい。

ふりょく[浮力]液体にうく力。例船の―

ぶりょく[武力]武勇の力。兵力。例―競争

ふりわけ[振(り)分(け)]①二つにわけること。②前後に分けてかつぐ荷物。例―荷物

ふりん[不倫]人の道にはずれること。不道徳。

ふる[振る]前後左右に動かす。例首を―

ふる[降る]上からおちてくる。例雪が―

ふるい[《篩]粉などを入れてこまかいものとあらいものをふるい分ける道具。

ふるい[古い・〈旧い]前からである。時代おくれだ。めずらしくない。例その手は―

ぶるい[部類]同じ種類のなかま。例優れた―

ふるう[奮う]いさみはげむ。発奮する。例勇気を―・奮い立つ

ふるう[振るう]①さかんである。例事業が―。②ふり回す。例権力を―。③はたらかせる。例筆を―・蛮勇を―

ふるえる[震える]細かくゆれる。例寒さで―

ふるがお[古顔]古くからいる人。古かぶ。

ふるかぶ[古株]ふるがお。例会社でも―だ

ふるきず[古傷]①古くなったきず。②以前おかした罪。旧悪。例―をあばく

ふるさと[古里・〈故郷〉]①自分のうまれそだった土地。②以前にすんでいた土地。

ふるす[古巣]①すみふるしたす。②すみなれた所。以前すんでいた所。例―が恋しい

ふるだぬき[古《狸]①年をとったたぬき。②経験をつんだずるい人。例あいつは―だから。③一か所に長くつとめている人。

ふるつわもの[古〈兵・古〈強者]①戦争の経験が多い兵士。老巧な武士。②多くの経験をつんで、たくみな人。ベテラン。

ふるぼける[古《惚ける]古くなってきたならしくなる。例長年使って―

ふるまい[振(る)舞(い)]①おこない。みもち。②もてなし。ごちそう。例―酒に酔う

ふるめかしい[古めかしい]古くさい。

ふれ[触れ]政府や官署などから広く一般に告げを知らせること。布告。例お―

ぶれい[無礼]礼儀にはずれたこと。例―者

ふれこみ[触(れ)込み]前もって知らせておくこと。例彼は―がすごいから

ふれる[触れる]①さわる。あたる。②さからう。そむく。③言いおよぼす。④いいふらす。

ふろ[風《呂]①からだを洗ったり、はいったりする湯、その湯ぶね。例―おけ・―がま。②銭湯。例―屋・―帰りに

ふろう[不老]としよりにならないこと。いつまでもわかいこと。例―不死の薬

ふろう[浮浪]①さすらうこと。流浪。②一定の住居や職業を持たず諸方をうろついてくらすこと。例―者・―人

ふろうしょとく[不労所得]働かないではいる所得。配当金・利子・地代など。↕勤労所得

ふろく[付録・附録]主となるものに付属してそえられるもの。例雑誌の―

ふわ[不和]なかがわるいこと。例―になる

ふわく［不惑］①まどわないこと。②四十歳の異称。例かれも―の年を迎えた
ふわたり［不渡り］手形や小切手のその支払い日がきても支払いを受けられないこと。
ふわらいどう［付和雷同］きまった考えがなく、わけもわからずに他の説に賛成すること。例考えなしにただ―する
ふん［分］①角度の単位。一度の六十分の一。②時間の単位。一時間の六十分の一。③目方の単位。一匁の十分の一。
ふん［墳］つか。はか。例古墳・前方後円墳
ふん［《吻》］くちさき。くちつき。例接―・口―
ふん［《糞》］大便。くそ。例―尿・猫の―
ぶん［分］わける。ぶんりょう。例分業・三分の一・分に応じた生活を
ぶん［文］①文学。②文字。文章。③学問。文芸。
ぶんあん［文案］文書の下がき。文章の草稿。
ぶんい［文意］文章の意味。例―を損なう
ふんいき［雰囲気］①地球をとりまく気体。空気。②その場の気分。あたりの空気。
ふんか［噴火］火山が爆発して溶岩や火山灰などをふき出すこと。例三原山の大―
ぶんか［文化］世の中が進歩して文明になること。例―の発達に寄与する
ぶんか［分化］一つのものから他のものがわかれて発展すること。例機能が―する
ぶんか［文科］文学・史学・哲学などの学科。
ふんがい［憤慨］ひどく腹を立てること。
ぶんかい［分解］①ばらばらにわけること。例時計の―掃除を頼む。②物質がそれとは別な二つ以上の物質にわかれること。

ぶんがく［文学］①学問。学芸。②人の考えや感情を想像をまぜて、言語・文字で表現した作品。詩歌・小説・戯曲・随筆など。例―者
ぶんかざい［文化財］文化の進歩によってできたもの。学問・芸術・宗教・法律など。
ぶんかつ［分割］いくつかに分けること。
ぶんかん［文官］行政事務をとりあつかう官吏の総称。↕武官。例防衛庁は―主導の体制
ふんき［奮起］ふるいたつこと。例いっそうの―を望む・―一番
ふんきゅう［紛糾］もつれ乱れること。ごたごたしてまとまらないこと。例事件が―する
ぶんきてん［分岐点］①道がふたまたに分かれる所。例鉄道の―。②物事の分かれ目。
ぶんきょう［文教］学問と教育。例―地区
ぶんぎょう［分業］一つのしごとを手分けしてすること。例―により能率をあげる
ふんぎり［踏ん切り］最初の出足。ふみきり。
ぶんぐ［文具］読み書きに必要な道具。文房具。
ぶんけ［分家］家族のものがわかれて、別に家をたてること。または、その家。↕本家
ぶんげい［文芸］学問と技芸。文学と芸術。
ふんげき［憤激］はげしくおこること。
ぶんけん［文献］①むかしのことを知るよりどころとなる書きもの。②参考になる書物。
ぶんけん［分権］権力をいくつかに分けること。例地方―・三権に―する
ぶんげん［分限］あたえられた身分。身のほど。分際。例―をわきまえない行動
ぶんこ［文庫］①書物を入れておくくら。書庫。②書類を入れておくはこ。③小型の本。

ぶんご［文語］文章を書くときにだけ使うことば。文章語。②文語体の文章。↕口語
ふんごう［《吻合》］ぴったりと合うこと。
ぶんこう［分光］光をスペクトルに分けること。例―器・―分析
ぶんごう［文豪］すぐれた文学者。大文学者。
ふんこつさいしん［粉骨砕身］骨をこなにし身をくだくほどのひじょうな努力をすること。例―の努力を惜しまない
ふんさい［粉砕］こなごなにうちくだくこと。
ぶんさい［文才］文章を書く才能。例―がある
ぶんざい［分際］身のほど。身分。例学生の―で
ぶんさん［分散］ばらばらになること。
ふんし［憤死］いかりのあまり死ぬこと。野球でおしくもアウトになること。例二塁で―
ぶんし［分子］①集団のなかの一部のもの。例反逆―。②分数式の被除数。↕分母。③原子の最小の粒子。例―式・―量
ぶんし［文士］文学に従事している人。文学者。小説家。例三文―
ふんしつ［紛失］まぎれてなくなること。
ぶんしつ［分室］別の所の小さいへや。例営業部の―・―にある編集部
ふんしゃ［噴射］勢いよくふきだすこと。
ぶんしゅう［文集］文章を集めた書物。
ふんしゅつ［噴出］ふきだすこと。例ガスの―
ぶんしょ［文書］文字で書いたもの。かきもの。書類。例公―偽造・―で回答する
ふんじょう［紛《擾》］みだれさわぐこと。もめること。ごたごた。例―を解決する
ぶんしょう［文章］文字をならべて考えをあら

わしたもの。例後世にのこる―
ぶんじょう[分譲]一部をわけてゆずること。
ふんしょく[粉飾・《扮飾]うわべをかざること。例―決算・外見だけ―する
ふんじん[奮迅]はげしい勢いで進むこと。
ふんじん[粉《塵]鉱物質などのごみのようなこな。例浮遊―・スパイクタイヤの―
ぶんしん[分身]一つのからだが二つ以上にわかれること。また、わかれた身。例作家の―
ぶんじん[文人]①詩や文章などに心をよせる人。文学者。②学問や芸術にたずさわる人。
ぶんすいれい[分水《嶺]雨水が両方の川に流れ入るさかいとなる山。分水界。
ふんする[《扮する]身なりをかえる。変装する。例女性に―・悪役に―
ぶんせき[分析]①化合物をそれを組み立てている元素に分解すること。②ものごとをこまかくわけてあきらかにすること。
ぶんせき[文責]書いた文章についての責任。
ぶんせつ[文節]①文章をその内容の上から分けた部分。②文法で文をその要素の語句に分けたもの。例―の組み立て
ふんせん[奮戦]力をふるって戦うこと。
ふんぜん[憤然]ひどくおこったさま。
ふんそう[紛争]事がもつれてあらそうこと。もめごと。あらそい。例国家間の―
ふんそう[《扮装]身なりをかえてよそおうこと。仮装。例女に―するのがうまい
ぶんそうおう[分相応]身分にふさわしいありさま。例―な暮らしぶり
ぶんたい[文体]文章の書き方。書きぶり。

ぶんたん[分担]わけてうけもつこと。例責任を―する・仕事の―・費用の―額は
ぶんだん[文壇]文学者の社会。文学界。
ぶんだん[分断]わけて別々にすること。例―国家・―された交通網
ぶんちょう[文鳥]小鳥の名。くちばしと足とが淡紅色。例手のり―
ぶんちん[文鎮]文書や紙類のおもしとして置く文具。けいさん。例南部鉄の―
ぶんつう[文通]手紙のやりとりをすること。
ぶんてん[文典]文法や語法を説明した書。
ふんとう[奮闘]①力をふるって戦うこと。奮戦。②力いっぱいはたらくこと。例孤軍―
ふんどう[分銅]はかりのおもり。
ぶんどき[分度器]角度をはかるための器具。
ふんどし[《褌]男の下おび。例―を締めて
ぶんどる[分捕る]①戦場で敵のものをうばいとる。②他人のものをうばいとる。
ふんにゅう[粉乳]こなミルク。例脱脂―
ふんにょう[《糞尿]大便と小便。
ふんぬ[憤〈怒・《忿〈怒]はらをたてること。いきどおること。例煮え返るような―が
ぶんぱ[分派]えだは。わかれ。例―活動
ぶんぱい[分配]くばりわけること。配分。
ふんぱつ[奮発]①気力をふるい起こすこと。②思いきって金をだすこと。例―して買う
ふんぱん[噴飯]こらえきれずに笑い出すこと。例まるで―ものだ
ぶんぴ[分泌]→ぶんぴつ
ぶんぴつ[分泌]体内のいろいろの器官から液体がしみ出ること。ぶんぴ。例内―

ぶんぴつ[文筆]文章を書くこと。例―業
ふんびょう[分秒]一分と一秒。例―を争う
ぶんぶ[文武]文と武。文と武の道。例―両道
ぶんぷ[分布]わかれてちらばること。例―図
ぶんぶつ[文物]文化によって作り出されたもの。学問・宗教・芸術など。例鎌倉時代の―
ふんぷん[紛紛]ごたごたと入りみだれるさま。例諸説が―として
ふんべつ[分別]物事をしまつする考え。わきまえ。例―もあり、職務に忠実・―盛り
ぶんべつ[分別]区別。類別。例―ごみ
ぶんべん[分《娩]子どもをうむこと。出産。
ふんぼ[墳墓]はか。墓所。例―の地
ぶんぽう[文法]文章やことばのきまり。
ぶんぼうぐ[文房具]読み書きに必要などうぐ。筆・紙・ペン・小刀などの総称。文具。
ふんまつ[粉末]こな。例米を―状にする
ふんまん[憤《懣・《忿懣》]いきどおりもだえること。例―やるかたない
ぶんみゃく[文脈]文章のすじみち。文章の前後のつづきぐあい。例―を整理する
ふんむき[噴霧器]液体をきりのようにふきだす器具。きりふき。例消毒液を―で散布する
ぶんめい[分明]明らかなこと。はっきりしていること。明白。例これは―な事実だ
ぶんめい[文名]詩文にすぐれているという評判。文筆家としての名声。例―をあげる
ぶんめい[文明]人間の知識が進み、世の中が開けて、生活がゆたかになること。例―開化
ぶんめん[文面]文章に表されている意味。
ふんもん[噴門]食道から胃に続く入り口。

ぶんや［分野］くいき。はんい。例得意の―
ぶんらく［文楽］人形じょうるりのこと。
ふんらん［紛乱］ごたごたいりみだれること。
ぶんらん《紊乱》みだれること。びんらん。
ぶんり［分離］わかれること。わけはなすこと。
ぶんりつ［分立］別々にわかれて存在すること。例三権―・候補者が―する
ぶんりゅう［分流］①本流からわかれて流れること。支流。②物事のわかれた一派。分派。
ぶんりょう［分量］①めかた。②容積。かさ。
ぶんるい［分類］種類によってわけること。
ふんれい［奮励］ふるいはげむこと。元気よくはげむこと。例―努力する
ぶんれい［文例］文章の書き方の例。文章のみほん。例―の豊富な辞書
ぶんれつ［分裂］わかれさけること。ばらばらになること。例精神―症・細胞―

へ

へ《屁》おなら。例―とも思わない
へい［兵］①兵器。武器。②つわもの。兵隊。軍人。③たたかい。戦争。軍備。例兵をあげる
へい［丙］物事の三番目。例甲乙丙
へい［弊］①へりくだっていう語。例弊店。②わるいならわし。弊害。例長年の弊を除く
へい［塀］家や土地のさかいにつくられたかき。かこい。しきり。例コンクリートの塀
べい［米］①こめ。例米価。②アメリカ。例中南米・反米運動。③八十八。例米寿
へいあん［平安］ぶじでおだやかなこと。
へいい［平易］やさしいこと。例―な文章
へいえい［兵営］兵隊の居住する所。
へいえき［兵役］国民が義務として兵隊になること。例―の義務
へいおん［平穏］平和でおだやかなこと。例―な世の中・―無事に
へいか［兵火］戦争のためにおこる火災。
へいか［平価］本位貨幣の価値の他国との比較。パー。例―切り下げ
へいか［陛下］天皇・皇太后・皇后の敬称。
べいか［米価］米のねだん。例―審議会
へいかい［閉会］会議や集会が終わること。↕開会。例―のあいさつを述べる
へいがい［弊害］わるいこと。害になること。
へいき［平気］①心がおちついておだやかなこと。②なにも気にかけないこと。例―の平左
へいき［兵器］いくさの道具。武器。例―の輸出
へいきん［平均］①多いすくないのないようにならすこと。②つりあい。例からだの―をたもつ。③いくつかの数の中間の数。
へいげい《睥睨》にらみつけること。
へいげん［平原］たいらな野原。平野。例大―
へいこう［平行］同じ面の上の二つの線が、どこまでいってもまじわらないこと。例―線
へいこう［平衡］つりあい。平均。例―感覚
へいこう［並行］①ならんでゆくこと。②同時におこなわれること。例―して行う
へいこう［閉口］①口をとじて答えないこと。②こまること。まけてしまうこと。例―頓首
へいごう［併合］一つにあわせること。合併。
べいこく［米穀］こめ。こくもつ。例―年度
へいさ［閉鎖］しめとじること。例裏門を―
へいさい［併載］主な作品といっしょに雑誌などにのせること。例―記事
へいさい［併催］いっしょにほかのもよおしを開くこと。例音楽会と―するイベント
べいさく［米作］米のうえつけととりいれ。
へいし［兵士］兵。兵卒。兵隊。
へいし《斃死》たおれて死ぬこと。
へいじ［平時］①ふだん。②平和なとき。
へいじつ［平日］①日曜・祝祭日以外のふつうの日。②つねひごろ。ふだん。平生。
へいしゃ［兵舎］兵隊の宿舎。兵営。
べいじゅ［米寿］八十八歳をいう。例―の賀宴
へいじょ［平叙］わかりやすくのべること。
へいしょう［併称］ならべてとなえること。例漱石と―せられる鷗外
へいじょう［平常］ふだん。いつも。例―心
へいしん［平信］ぶじなたより。
へいしん［並進・併進］ならんですすむこと。例―車・同期の彼と部長に―する
へいしんていとう［平身低頭］頭をひくくしひれふしておじぎをすること。例―して
へいする《聘する》礼をあつくしてむかえる。ていねいにまねく。例顧問に―
へいせい［平静］おちついてしずかなこと。
へいぜい［平生］いつも。ふだん。例―の行い
へいせつ［併設］いっしょに設置すること。
へいぜん［平然］平気なさま。おちついているさま。例―として壇に登った
へいそ［平素］いつも。ふだん。例―のごぶさたをおわびします

へいそく［《屏息》］①いきをころしてじっとしていること。②おそれてちぢこまること。
へいそく［閉《塞》］とじふさぐこと。例腸—
へいそん［併存］いっしょに存在すること。
へいたい［兵隊］兵士。兵卒。例—さんの行進
へいたん［平淡］おだやかであっさりしていること。例—な味わいがある
へいたん［平《坦》］土地がたいらなこと。
へいたん［兵《站》］戦場の後方にあって、軍需品の補給をすること。例—線の確保
へいち［平地］たいらな土地。例—林
へいち［併置］あわせて設置すること。
へいてい［平定］しずめること。例天下の—
へいてい［閉廷］公判廷をとじること。↕開廷
へいてん［閉店］店をとじること。例本日—
へいてん［弊店］自分の店の謙譲語。
へいどく［併読］いっしょに読むこと。例—紙
へいどん［併《呑》］①あわせのむこと。②他の領土を合併すること。併合。例小国を—する
へいねん［平年］①一年が三百六十五日の年。↕うるう年。②ふつうの年。例—なみ
へいば［兵馬］①兵士と軍馬。②軍備。軍隊。
へいはつ［併発］いちじに発生すること。例肺炎を—する・余病の—
へいばん［平板］①たいらな板。②詩文などで変化がなく、おもしろみがないこと。単調。
へいふう［弊風］わるいならわし。例—を除く
へいふく［平伏］両手をつき、頭をさげておじぎをすること。ひれふすこと。
へいふく［平服］ふだん着。平常着。
へいへいぼんぼん［平平凡凡］ごく平凡なこと。
へいほう［平方］①同じ数を二度かけあわせること。②正方形の面積。例—メートル
へいほう［兵法］いくさのしかた。戦術。例—家
へいぼん［平凡］ふつうのこと。特にすぐれたところやかわったところのないこと。↕非凡。例—な作品・—人
へいまく［閉幕］①まくをとじること。舞台が終わること。②事件が終わること。
へいみゃく［平脈］ふつうの脈はく。例—は一分間に七十回だ
へいみん［平民］官位のないただの人民。
へいめい［平明］①わかりやすくはっきりしていること。例—な現代文。②よあけ。
へいめん［平面］たいらな表面。例—的な顔
へいや［平野］広くたいらな野。平原。
へいゆ［平癒］病気がなおること。全快。
へいよう［併用］いっしょに使うこと。例—薬
へいらん［兵乱］戦争で世の中が乱れること。戦乱。例—の絶えない戦国時代
へいり［弊履］使いふるしたはきもの。例—のごとく捨てる
へいりつ［並立］ならびたつこと。例二者—
へいれつ［並列］ならぶこと。ならべること。
へいわ［平和］あらそいがなく、おだやかなこと。戦争がないこと。例世界の—
べからず［〈可からず〉］①禁止や制止の意。いけない。べきでない。②できない。不可能。
べき［《冪》］二以上の等しい数の相乗数。
へきえき［《辟易》］勢いにおされて、しりごみすること。たじろぎ。例悪臭には—した
へきが［壁画］①かべにかいた絵。例法隆寺の—。②かべにかける絵。
へきくう［《碧空》］あおぞら。
へきけん［《僻見》］かたよって正しくない考え。ひがんだ見方。例—にとらわれる
へきそん［《僻村》］かたいなかの村。
へきち［《僻地》］かたいなか。へんぴな地方。
へきとう［《劈頭》］まっさき。例会議の—から
へぐ［《剥ぐ》］はぐ。むく。そぐ。
へこおび［〈兵児〉帯］男や子どもの和服の上からまきつけるおび。例—をしめる
へこむ［〈凹む〉］①くぼむ。おちこむ。例車のボディが—。②よわりくじける。まいる。
へさき［《舳先》］船首。みよし。↕とも
べし［〈可し〉］①推量の意。だろう。②命令の意。しなさい。③可能の意。できる。④当然の意。はずだ。ねばならぬ。
へそ［《臍》］①腹の中央にあるくぼみ。例—が茶をわかす。②大切なもの。例—繰り
へた［《蔕》］かきやなすなどの果実のがく。
へた［下手］できばえのわるいようす。↕上手。例—の横好き・—くそ
へだたる［隔たる］①きょりが大きくなる。開きが大きくなる。例実力が—。②年月がたつ。③さえぎられる。しきられる。
へだてる［隔てる］①間に物をおいて、ものごとを行う。②さえぎる。しきる。例ふすまで—。③近づけない。とおざける。
べつ［別］わかれる。くべつ。ほかの。特別。例別に・男女の別・別にして
べっかく［別格］きまりのほか。例—の扱い
べっき［別記］本文の他に書きそえたもの。

べつぎ[別儀]ほかのこと。例―ではないが
べっきょ[別居]家族とわかれてすむこと。
べっけん[《瞥見]ちらりと見ること。
べっこ[別個・別《箇]べつなこと。例―の問題
べっこう[別項]別の条項。別の条目。
べっこう[《鼈甲]うみがめの一種である、たいまいの甲を煮て製したもの。例―のくし
べっし[《蔑視]さげすむこと。あなどること。
べっしつ[別室]ほかのへや。例―で協議する
べっして[別して]とりわけ。ことに。とくに。
べつじょう[別状]かわったようす。
べつじょう[別条]ほかのことがら。かわったことがら。例当方も―ありません
べつじん[別人]ちがった人。ほかの人。
べっせかい[別世界]①地球の外の世界。②俗世間とかけはなれたところ。別天地。
べっそう[別荘]本宅以外に建てた家。例―地
べつだん[別段]かくべつ。とりわけて。
べってんち[別天地]世間とかけはなれたところ。別世界。例都塵を遠く離れた―
べっと[別途]別のやりかた。例―の会計
べつびん[別便]別の郵便。例―で送ります
べっぴん[別《嬪]美人。例―さん
べっぷう[別封]別にそえた封書。
べつべつ[別別]それぞれ。例―に現地へ
べつむね[別棟]別のむねになっている建物。
べつめい[別名]本名でない別の呼び名。
へつらう[《諂う]きげんをとる。おべっかをつかう。おもねる。例上役に―
べつり[別離]わかれはなれること。例親と―
へど[〈反吐]たべたものをはきだすこと。

べに[紅]①べに花の花びらをしぼった紅色の顔料。例紅おしろい。②べにいろ。くれない。
ベニヤいた[ベニヤ板]うすい板を何枚もたてよこにはりあわせたもの。
へや[部屋]家の中をいくつかにしきったもの。ざしき。室。例子どもの勉強―
へら[《箆]竹や木などで作ったこねる道具。
へらずぐち[減らず口]まけおしみをいうこと。にくまれぐち。例―をきく
べらぼう[《箆棒]①ばか。おろか。②はなはだしいようす。例―な値段だ
へり[〈縁]ふち。はし。例畳の―・机の―
へりくだる[《遜る・〈謙る]他の人をうやまって自分をひくくする。けんそんする。
へりくつ[《屁理屈]すじのとおらないりくつ。つまらぬ議論。例―をこねる
へる[経る]①すぎてゆく。通りこす。例苦難を―。②時間や年月がたつ。例年月を―
へる[減る]少なくなる。↔ます・ふえる
へん[変]①思わないできごと。②わざわい。③ふしぎなこと。おかしいこと。例頭が変だ
へん[偏]①一方にかたよること。②漢字の左がわの部分。例偏とつくり
へん[遍]度数をかぞえる語。例五遍
へん[編]まとめる。例編者・共編・編集
べん[弁]①はなびら。②バルブ。例安全弁。③ものを言うこと。例弁がたつ
べん[便]①つごうのよいこと。例交通の便。②つうじ。例便がでない・大小便
へんあい[偏愛]かたよって愛すること。
へんあつき[変圧器]電気の圧力をかえる器械。トランス。例電柱にある―

へんい[変異]①かわったこと。例突然―・格別―はない。②ふしぎなあやしいことがら。
へんか[返歌]おくられた歌に対するへんじの歌。かえしうた。
へんか[変化]かわること。例生活の―
べんかい[弁解]いいわけ。申しひらき。
へんかく[変革]かえあらためること。
へんかく[変格]①不規則なきまり。②動詞の活用のうち、語尾の変化が規則的でないもの。文語では、か・さ・な・らの四行にあり、口語では、か・さの二行にある。例―活用
べんがく[勉学]学問につとめはげむこと。
へんかん[返還]かえすこと。例領土の―
へんかん[変換]かえること。かわること。
べんぎ[便宜]つごうのよいこと。例―上
へんきゃく[返却]かりたものをかえすこと。
へんきょう[辺境]国ざかいに近い土地
へんきょう[偏狭]心がせまいこと。せまい考え。例―な人がら
べんきょう[勉強]①学問や仕事につとめはげむこと。②ねだんを安く売ること。
へんくつ[偏屈]心がねじけてがんこなこと。
へんげ[変化]ばけもの。例妖怪―
へんけん[偏見]かたよった考え。例―にとらわれる・独断と―で
へんげん[変幻]たちまち現れたり消えたりすること。例―自在の怪盗
へんげんせきご[片言隻語]ちょっとしたことば。ほんのひとこと。例―ももらさずに
べんご[弁護]他人のために言いひらきをして

かばうこと。例友人のために—する・—士

へんこう[偏向]一方にかたよること。

へんこう[変更]かえあらためること。

へんさい[返済]かりた金や物をかえすこと。

へんざい[偏在]かたよってあること。

べんさい[弁済]つぐないをすること。借金をかえすこと。例—を要求する

へんさん[編《纂]材料をあつめて書籍をつくること。編集。例辞書を—する

へんし[変死]あたりまえでない死にかた。

へんじ[返事・返辞]答えること。またそのことば。返答。応答。例しんとして—がない

へんじ[変事]かわったできごと。

へんじ[片時]かたとき。寸時。例—も離さない

べんし[弁士]①演壇に立って講演する人。演説や説明をする人。②話じょうずな人。

へんしつ[変質]①性質がかわること。②普通とちがった病的な性格。例—者

へんしゃ[編者]書籍の編集者。へんじゃ。

へんしゅ[変種]かわりだね。↕原種

へんしゅう[偏執]かたよった考えにとらわれること。かたいじ。例頑固で—な人

へんしゅう[編集]いろいろの原稿を集めて書物や新聞を作ること。例雑誌の—者

へんしょ[返書]へんじの手紙。返信。

べんじょ[便所]大小便をするところ。例女—

へんじょう[返上]おかえしすること。

べんしょう[弁償]つぐないかえすこと。人にかけた損をお金や物でつぐなうこと。

へんしょく[偏食]食べ物に好ききらいがあること。例—をなおす・—する子

へんしょく[変色]色がかわること。

へんしん[返信]へんじの手紙。↕往信

へんしん[変心]心がかわること。心がわり。

へんじん[変人・偏人]一ぷうかわった人。

へんする[偏する]かたよる。例常に一方に—

へんずる[変ずる]変わる。化身する。

べんずる[弁ずる]①言いわけをする。意見をのべる。例一席—。②すませる。例用を—

へんせい[変声]声がわり。例—期の少年

へんせい[編成]よせあつめて一つのまとまったものとすること。例列車の—・楽団—

へんせつ[変節]今までの主義をかえること。

へんせん[変遷]うつりかわること。

へんそう[返送]おくりかえすこと。例—郵便

へんそう[変装]みなりをかえること。

へんそく[変則]きまった規則や規定にはずれること。例—的な指導をうける

へんたい[変態]①形をかえること。例ちょうの—。②普通とかわっていること。③精神が普通でないこと。例—性欲

へんたい[編隊]隊をととのえて組むこと。

べんたつ[《鞭撻》]①むちうつこと。②はげますこと。激励。例ご指導ご—のほどを

べんちゅう[《鞭虫]寄生虫の一種。

へんちょ[編著]編集した著作物。

へんちょう[変調]①調子がかわること。調子をかえること。②通常でないこと。いつもとようすがちがっていること。例今日は—だ

へんちょう[偏重]かたよって一方だけ重んじること。例試験の結果のみを—する

べんつう[便通]大便がでること。例—がよい

へんてつ[変哲]変わったこと。例—もない

へんてん[変転]うつりかわること。例—きわまりない世情だ

へんとう[返答]へんじ。こたえること。

へんどう[変動]かわり動くこと。例物価の—

へんとうせん[《扁桃《腺]のどのリンパせん。

へんにゅう[編入]くみいれること。例—試験

へんのう[返納]もとに返しおさめること。

へんぱ[偏《頗]かたよって不公平なこと。

べんぱく[《弁駁]反論。べんばく。例—書

へんぴ[辺《鄙]不便な地方。かたいなか。

べんぴ[便秘]大便の出がわるいこと。例—症

へんぴん[返品]買った品物をかえすこと。

へんぺい[偏平・《扁平]ひらたいこと。例—足

へんぺん[片片]①きれぎれのさま。②ひるがえるさま。ひらひら。例—と舞う

べんべん[便便]むだに時間がたつさま。

へんぼう[変《貌]ようすがかわること。

へんぽう[返報]①むくい。②しかえし。

べんぽう[便法]便利な方法。例—を講じる

へんぽん[《翩翻》]風にひるがえるようす。

べんまく[弁膜]血液の逆流をふせぐ弁。

へんめい[変名]本名をかくした別の名前。

べんめい[弁明]説明してあきらかにすること。いいひらき。例—の余地がない

へんよう[変容]外観がかわること。例—ぶり

べんらん[便覧]見やすくつくった小冊子。びんらん。例旅行—・講義—

べんり[便利]つごうのよいこと。↕不便

べんりし[弁理士]特許などの出願代理人。

へんりん[片《鱗]全体のなかの一部分。

へんれい［返礼］他人からのおくりものに対してかえしむくいること。例先日の―に
へんれい［返戻］もどすこと。例解約―金
べんれい［勉励］つとめはげむこと。例刻苦―
へんれき［遍歴］諸国をめぐり歩くこと。
へんろ［遍路］巡礼すること。例お―さん
べんろん［弁論］大勢の人の前で意見をのべること。論じあうこと。例―大会・最終―

ほ

ほ［歩］あるく回数をかぞえる語。例五歩
ほ［帆］船の帆柱にはる布製の具。例帆掛け舟
ほ［穂］①稲や麦などのほ。例落ち穂。②とがったものの先。③筆のさき。例穂先
ぼ［簿］ちょうめん。例家計簿・帳簿
ほあん［保安］世の中がみだれないようにまもること。例―官・―要員・デパートの―係
ほい［補遺］もれたりおちたりしたものをおぎなうこと。例書籍目録の―
ほいく［保育］幼児の心身を保護し、育てること。例―園・―器・―所
ほいく［《哺育］動物が子に乳をあたえて育てること。例クジラが―する生態
ほいろ［《焙炉］火の上にかけて、茶の葉などをかわかす道具。例―でほうじ茶をいる
ぼいん［母音］国語では、あ・い・う・え・おの五音。↔子音。例日本語は―で終わる
ぼいん［母印・《拇印］おやゆびに印肉をつけて印のかわりにおすもの。つめいん。
ほう［方］①むき。方角。②正方形の面積。
ほう［法］きまり。しかた。法律。仏のおしえ。
ほう［報］①しらせ。例公報・予報。②むくい。
ほう［《苞］花やつぼみの下部をおおう葉。
ぼう［某］名まえのはっきりしないときや名まえをいいたくないときなどにいう語。それがし。なにがし。例某君の言うには
ぼう［忙］いそがしい。例忙中閑あり
ぼう［坊］①男の子の称。②僧。③親しみをつけていう語。例甘えん坊・けちん坊
ぼう［棒］木などの細長いもの。例丸太ん棒
ぼうあつ［防圧］ふせぎとどめること。
ほうあん［法案］法律の案文。例―が可決する
ぼうあんき［棒暗記］よく理解もしないで、やたらに暗記すること。例日本史の―
ほうい［方位］東西南北などのむき。例―鬼門
ほうい［包囲］まわりをとりかこむこと。
ぼうい［暴威］あらあらしいいきおい。
ほういつ［放逸・放《佚］かってきままなこと。
ぼういん［暴飲］やたらに酒などをのむこと。
ほうえ［法会］①人をあつめて仏法を説き聞かせること。②死者の霊をとむらうこと。
ほうえ［法《衣］僧のきるころも。僧衣。ほうい。
ほうえい［放映］テレビ電波にながすこと。
ぼうえい［防衛］ふせぎまもること。例―庁
ぼうえき［防疫］伝染病を予防すること。
ぼうえき［貿易］他国と品物を売買すること。
ほうえつ［法悦］①神や仏のたすけを感じたときの心のよろこび。②うっとりとするようなよろこび。例まさに―の境地だ
ぼうえん［望遠］遠くを見ること。例―鏡
ほうおう［《鳳凰》］昔の中国でめでたいものとされた想像上の鳥。例みこしの上の―
ぼうおく［《茅屋］①わらぶきの屋根。②みすぼらしい家。あばらや。例―ですが
ほうおん［報恩］恩にむくいること。恩がえし。
ぼうおん［忘恩］恩をわすれること。例―の徒
ぼうおん［防音］さわがしい音が室内にはいるのをふせぐこと。例―テックス
ほうか［放火］火をつけること。つけび。例―魔
ほうか［放歌］大声でうたうこと。例―高吟
ほうか［放課］授業が終わること。例―後
ほうか［邦貨］日本の貨幣。例―に換算して
ほうか［砲火］発砲時にでる火。例―を交える
ほうか［《烽火］あいずのためののろし。
ほうが［奉加］神仏への寄付に参加すること。例―帳をまわす
ほうが［《萌芽］①草木のめばえ。②物事のはじまり。きざし。例―がみとめられる
ぼうか［防火］火事をふせぐこと。例―壁
ぼうが［忘我］うっとりとしてわれをわすれること。むちゅうになること。例―の境
ほうかい［抱懐］心の中にもっている考え。
ほうかい［崩壊・崩《潰］くずれこわれること。
ほうがい［法外］①道理にはずれること。②なみはずれ。過度。例―な値段をつける
ぼうがい［妨害・妨《碍］じゃまをすること。例走路―・電波―・捜査の―
ぼうがい［望外］思った以上。例―の喜び
ほうがく［方角］東西南北などのむき。方位。
ほうがく［邦楽］日本古来の音楽。↔洋楽
ほうかつ［包括］全体をまとめること。ひっくるめること。例―して質問する

ほうかん［奉還］かえすこと。例大政―
ほうがん［包含］つつみふくむこと。
ぼうかん［防寒］さむさをふせぐこと。例―具
ぼうかん［傍観］そばでみていること。例―者
ぼうかん［暴漢］らんぼうをする男。乱暴者。
ほうがんし［方眼紙］ますめを印刷してある紙。例―に図面をかく
ほうき［《帚・《箒］ごみをはく道具。例竹―
ほうき［芳紀］年わかい女性の年齢。
ほうき［放棄・《抛棄］すてておくこと。なげすてること。例試合―
ほうき［法規］法律と規則。おきて。例―上は
ほうき［《蜂起］いっせいにむらがりおこること。例武装―・民衆の―
ぼうぎ［謀議］はかりごとを相談すること。
ぼうきゃく［忘却］わすれてしまうこと。
ぼうぎゃく［暴虐］ひどい乱暴をして苦しめること。例―な君主
ほうきゅう［俸給］給料。例公務員の―
ほうぎょ［崩御］天皇・皇后・皇太后などが亡くなること。例―される
ぼうきょ［暴挙］乱暴なおこない。無謀の行動。
ぼうぎょ［防御・防《禦］ふせぎまもること。
ぼうきょう［望郷］ふるさとをなつかしく思うこと。例―の思いに沈む・―の念
ほうぎょく［宝玉］たからとなる貴重な玉。
ほうぎん［放吟］ぶえんりょに高い声をはりあげてうたうこと。例高歌―
ぼうくん［暴君］①らんぼうな君主。②わがままな主人。例家庭内の―
ぼうけい［傍系］直系から分かれ出た系統。
ほうける［《惚ける・《呆ける］①ぼける。②夢中になる。例遊び―・ほうけたようになる
ほうけん［封建］土地を分かちあたえて諸侯をたてること。例―制度・―主義・―的
ほうげん［方言］一地方だけにつかわれていることば。↕標準語。例東北地方の―
ほうげん［放言］思いのままに言いちらすこと。例国会答弁での―
ぼうけん［冒険］あぶないことを思いきってすること。例やみがたい―心・―家
ぼうけん［望見］遠くのほうを見ること。遠くから見ること。例山頂から―すると
ぼうげん［暴言］乱暴なことば。例―を吐く
ほうけんてき［封建的］①封建主義のふうがある。例―な親父。②古風な。昔かたぎな。
ほうこ［宝庫］①たから物を入れるくら。②天然資源の多くある地域。③大事なものの多くある所。例文化遺産の―
ほうこう［方向］①むき。方角。②めあて。方針。
ほうこう［芳香］よいにおい。例―が漂う
ほうこう［奉公］①多くの人のために力をつくすこと。②主人につかえてはたらくこと。
ほうこう［《彷徨》］さまようこと。
ぼうこう［暴行］①乱暴なふるまい。②他人に暴力をふるうこと。例婦女―・―罪
ほうこく［報告］つげ知らせること。例―書
ほうこん［方今］いま。現在。
ぼうさい［防災］さいなんをふせぐこと。
ほうさく［方策］はかりごと。手段。方法。
ほうさく［豊作］作物がよくみのってたくさんとれること。例近年まれな大―だ
ぼうさつ［忙殺］ひじょうにいそがしいこと。
ぼうさつ［謀殺］うまく計画して人を殺すこと。例―の疑いがある
ほうさん［放散］広くはなし散らすこと。例熱を―させる・痛みが―する
ほうさん［《硼酸］弱酸の一種。例―軟膏
ぼうさん［坊さん］僧への敬称。例読経する―
ほうし［芳志］他人の親切な気持ちに対していう敬称。例御―を感謝します
ほうし［奉仕］人のためにつくすこと。例―品
ほうし［胞子］無性生殖する植物の生殖細胞。例かびの―が飛び散る
ほうじ［法事］死んだ人をくようするために行う仏教の行事。例七年忌の―
ぼうし［防止］ふせぎとめること。例棄権―
ぼうし［帽子］頭にかぶるもの。例山高―
ぼうじ［房事］男女の交合。性交。例―過多
ほうしき［方式］決まった形式や方法。
ほうじちゃ［《焙じ茶］番茶をいったもの。
ぼうしつ［亡失］なくなること。なくすこと。
ほうしゃ［放射］一か所から四方に射出すること。例―性同位元素・―状に道路が
ぼうじゃくぶじん［傍若無人］人を人とも思わず、かって気ままにふるまうこと。
ほうしゃせん［放射線］ラジウムやウラニウムのような放射能のある物質から放射される線。例―による治療
ほうしゃのう［放射能］放射線を出す働らき。
ぼうじゅ［傍受］電信を第三者が聞くこと。
ほうしゅう［報酬］むくい。お礼。ほねおりに対する礼金。給金。例役員―

ほうじゅう［放縦］わがままかってなこと。ほうしょう。例—な生活
ほうしゅく［奉祝］祝い申しあげること。例—行事・—の式典
ほうじゅく［豊熟］穀物がよくみのること。
ほうしゅつ［放出］しまってあるものを出すこと。例貯蔵食糧を—する
ほうじゅん［芳《醇］香りの高いこと。例—な酒
ほうしょ［芳書］相手の手紙への尊敬語。
ほうしょ［奉書］最上等の日本紙。
ほうじょ［《幇助］力をそえて助けること。
ぼうしょ［某所］ある場所。例銀座の—で
ほうしょう［報奨］努力にむくい、かねや品物ではげますこと。例—金・—制度
ほうしょう［褒章］国家がさずける記章。
ほうしょう［報償］損害のつぐない。しかえし。
ほうしょう［褒賞］ほめる意味であたえる品物。例—の記念品を受ける
ほうじょう［方丈］①一丈四方。②寺の住職の居間。③寺の住職。例—さん
ほうしょう［放生］つかまえた鳥や魚をにがしてやること。例—会
ほうじょう［豊《穣］穀物がゆたかにみのること。例五穀—・—の秋
ぼうしょう［傍証］間接のしょうこ。例—では
ぼうじょう［暴状］乱暴なありさま。
ほうしょく［飽食］あきるほど十分にたべること。例暖衣—の生活・—の時代
ぼうしょく［暴食］むやみに食べること。
ほうじる［奉じる］たてまつる。例職を—
ほうじる［報じる］①むくいる。例恩に—。②知らせる。例ニュースを—・大勝を—
ほうじる［《焙じる］熱でしめりけをとる。
ほうしん［方針］①方角をさし示す磁石の針。②物事を進めていこうとする方向。目的。
ほうしん［放心・放神］①他のものに気をうばわれること。ぼんやりすること。例—状態になる。②気にとめないこと。安心。
ほうじん［邦人］①自分の国の人。②日本人。
ほうじん［法人］人ではないが、法律上で人と同じようにあつかわれ、権利や義務をもつもの。財団法人や社団法人など。
ほうず［方図］かぎり。限界。例—がない
ぼうすい［防水］①水をふせぎとめること。②水がしみこまないようにすること。例—紙
ぼうすい［紡錘］糸をつむぐのに使うつむ。
ぼうすいけい［紡錘形］円柱形で両はしのほそくとがったかたち。例—の宇宙船
ほうすん［方寸］①一寸四方。②むねの中。
ほうせい［方正］ただしいこと。例品行—
ほうせい［法制］①法律と制度。②法律の定めた制度。例内閣—局
ほうせい［縫製］ぬってつくること。例—業
ほうせき［宝石］人がたいせつにする美しくめずらしい石。例—商・—をちりばめる
ぼうせき［紡績］糸をつむぐこと。例—業
ぼうせつ［防雪］雪の害をふせぐこと。
ぼうせん［防戦］ふせぎたたかうこと。例—一方となる・—にあわただしい
ぼうせん［傍線］字のわきにひいた線。
ぼうぜん［《茫然］気がぬけてぼんやりしたさま。例—自失・—として日々を過ごす
ぼうぜん［《呆然］あっけにとられるようす。例—として立ちすくむ
ほうそう［包装］物のうわづつみ。荷づくり。
ほうそう［放送］電波を利用して音や画像を四方へ送ること。例—局・テレビ—・FM—
ほうそう［法曹］①裁判官。②法律の事務を職業とする人。例—界
ほうそう［《疱瘡》］てんねんとう。
ほうぞう［包蔵］つつみかくすこと。例—なく
ほうぞう［宝蔵］宝物をいれておくくら。
ぼうそう［暴走］①考えなしに走ること。例興奮した観客が—する・—族。②自然に走りだすこと。例駐車中の車が—する
ほうそく［法則］おきて。きまり。例—どおりに
ぼうだ［《滂沱》］涙がとめどなく流れるさま。
ほうたい［包帯・《繃帯］傷口をつつむ細い帯のような白い布。例—を巻く
ほうだい［放題］思うぞんぶんにすること。
ぼうだい［膨大・《厖大］ひじょうに大きいこと。例—な国家予算・—な量
ほうたん［放胆］ひじょうに大たんなこと。
ほうだん［放談］思うままにえんりょなしに語ること。口から出まかせの話。例テレビ—
ほうち［放置］ほうっておくこと。例—自転車
ほうち［報知］しらせること。通知。例火災—器
ほうちく［放逐］おいはらうこと。例国外—
ほうちこく［法治国］法律によって政治が行われる国。例—のしきたりとして
ほうちゃく［《逢着］であうこと。でくわすこと。例危機に—する
ぼうちゅう［忙中］忙しいなか。例—閑あり

ぼうちゅうざい［防虫剤］衣類や書物などに虫のつくのをふせぐための薬。

ほうちょう［包丁・《庖丁］料理用の刃物。

ぼうちょう［傍聴］演説や討論・公判などをそばできくこと。例議会を—する・—人

ぼうちょう［膨脹・膨張］ふくれること。発展して大きく広がること。↔収縮。例—係数

ぼうちょう［防《諜］スパイ活動をふせぐこと。

ほうてい［法定］法律できめること。例—伝染病・—貨幣・—得票数に達する

ほうてい［法廷］裁判官が裁判をするところ。

ほうてき［放《擲・《抛擲》］なげすてること。

ほうてん［宝典］たいせつな書物。便利な本。

ぼうてん［傍点］文章のなかで、たいせつな部分や注意すべき箇所のわきにつける点。

ほうと［方途］やりかた。方法。例—にくれる

ぼうと［暴徒］乱暴なことをする人たち。

ほうとう［放《蕩］品行のわるいこと。みもちのわるいこと。例—むすこ・—者

ほうとう［法灯・法《燈］①まよいのやみをてらす仏の教えを、世のやみをてらす灯にたとえたことば。②仏前の灯火。③仏祖。仏門。

ほうどう［報道］つげしらせること。ニュース。例—機関・—陣・—関係者

ぼうとう［冒頭］①文章や話のはじめ。まえおき。例—のあいさつ。②物事のはじめ。

ぼうとう［暴騰］ねだんが急にあがること。

ぼうどう［暴動］多くの者が集まってさわぎをおこし、社会の安全をみだすこと。

ぼうとく［冒《瀆］尊いものや、神聖なものをおかしけがすこと。例神を—するものだ

ほうにょう［放尿］小便をすること。

ほうにん［放任］自由にさせておくこと。

ほうねん［放念］心にかけないこと。安心。

ほうねん［豊年］豊作の年。↔凶年。例—満作

ぼうねん［忘年］その年じゅうの苦しみをわすれること。としわすれ。例—会

ほうのう［奉納］神仏にたてまつること。

ほうはい［《澎湃》］①水のみなぎりさかまくさま。②物事のさかんに起こるさま。

ほうばい［《傍輩・《朋輩］友だち。なかま。

ぼうばく［《茫漠］ひろくてとりとめのないさま。つかまえどころのないさま。例—たる

ぼうはてい［防波堤］外海の波をふせぐために港につくられた堤。例—に打ち寄せる波

ぼうはん［防犯］犯罪をふせぎとめること。

ほうび［褒美］ほめてあたえるもの。例ご—

ぼうび［防備］敵をふせぐそなえ。例北の—

ほうふ［抱負］心の中にもっている考えや計画。例お互いの—を語る・宇宙への—

ほうふ［豊富］物がたくさんあること。

ぼうふ［亡父］死んだ父。例—の遺産

ぼうふ［防腐］くさるのをふせぐこと。例—剤

ぼうふう［暴風］はげしい風。例—圏内

ぼうふうう［暴風雨］はげしい風雨。あらし。

ぼうふうりん［防風林］風をふせぎさえぎるための林。例—にかこまれた農家

ほうふく［報復］しかえしをすること。例—手段・前回の—を期す試合

ほうふく［抱腹］はらをかかえること。例—絶倒のコメディ・—ものだよ

ほうふつ［《彷彿》・《髣髴》］①よくにているさま。②はっきりみえないさま。ぼんやり。

ほうぶつせん［放物線・《抛物線］ものをなげたときにえがく曲線。例—をえがく

ほうぶん［邦文］日本の文字や文章。↔欧文

ぼうへき［防壁］ふせぐためのかべ。例心の—

ほうべん［方便］便宜のためにもうけた方法。

ほうほう［方法］てだて。やりかた。

ほうぼう［方方］あちこち。例—歩き回る

ぼうぼう［《茫茫》］ひろくてはるかなさま。とりとめのないさま。草のおいしげるさま。

ほうぼく［芳墨］相手の手紙や筆跡などへの敬称。例ご—に接しまして

ほうぼく［放牧］牛や馬などをはなしがいにすること。例—場・牛の—

ほうまつ［泡《沫］①あわ。あぶく。②はかないものにたとえていう。例選挙の—候補

ほうまん［放漫］しめくくりのないこと。やりっぱなし。例—経営

ほうまん［豊満］ゆたかでたくさんあること。ふとって肉づきがいいこと。例—な肉体

ぼうまん［暴慢］乱暴でいばりちらすこと。

ほうむる［葬る］①死体を土の中にうずめる。②わからぬようにかくす。例闇に—

ぼうめい［亡命］外国に逃亡すること。例—者

ほうめん［方面］むき。ほうがく。その道。

ほうめん［放免］はなしゆるすこと。例無罪—

ほうもう［法網］法律のあみ。例—をくぐる

ほうもん［訪問］人の家をたずねること。

ほうゆう［《朋友］ともだち。例—のよしみで

ほうよう［包容］心が広くゆるやかで、人の意見を入れ、また、人をゆるすこと。例—力

ほうよう［法要］死んだ人のくよう。法事。
ほうよう［抱擁］だきかかえること。
ぼうよう［《茫洋］ひろびろとして目あてのつかないさま。例—とした人物
ほうよく［豊《沃］土地がこえていること。
ぼうよみ［棒読み］抑揚やくぎりをつけずにいっぽん調子に読むこと。例せりふの—
ぼうらく［暴落］物価が急に下落すること。
ほうらつ［放《埒］きままなこと。あそびにふけること。例—なおこない
ぼうり［暴利］不当な利益。例—をむさぼる
ほうりき［法力］仏法の力。例日蓮の—
ほうりつ［法律］国家で定めた規則。法令。
ぼうりゃく［謀略］はかりごと。策略。
ほうりゅう［放流］魚を川や湖にはなすこと。
ぼうりょく［暴力］力ずく。乱暴な力。例—団
ほうれい［法令］おきて。法律と命令。例—集
ほうる［〈放る・《抛る］投げる。投げすてる。
ぼうれい［亡霊］①死者のたましい。②幽霊。
ほうれつ［放列］ならんだ隊形。例カメラの—
ほうろう［放浪］さまよいあるくこと。例—者
ほうろう［《琺瑯》］焼き物や金属製の器具にぬり、つやを出すうわぐすり。
ぼうろう［望楼］遠くを見わたすための高い建物。ものみやぐら。例消防署の—
ほうろく［《焙烙》］食品を火でいる素焼きの土なべ。例—でごまを炒る
ほうわ［法話］仏教に関する話。説法。
ほうわ［飽和］一定の限度に達すること。
ほえづら［《吠え面］なきがお。例—かくなよ
ほえる［《吠える・《吼える］①犬などが大声で鳴く。例犬が客に—。②どなる。
ほお［〈朴］モクレン科の落葉高木。ほおのき。例—歯・木版画には—が一番
ほお［《頬］顔の両わき。ほほ。例—骨
ほおかぶり［《頬〈被り］①頭からあごへかけて手ぬぐいをかぶること。②知らないふりをすること。例—ですごしてしまう
ほおける［《惚ける］→ほうける
ほおずき［▽酸漿］ナス科の多年生植物。
ほおばる［《頬張る］口いっぱいに物をいれる。
ほおん［保温］さめないようにすること。
ほか［外・〈他］そと。よそ。べつ。他所。
ほかく［捕獲］いけどりにすること。例—量
ほかげ［火影・〈灯影］①火のかげ。火の光。②灯火に照らされたかげ。例ほのかな—
ほかげ［帆影］遠くにみえる船の帆。
ほかけぶね［帆掛（け）船］帆をかけて走る船。
ぼかす［《暈す］①色あいをだんだんうすめてぼんやりさせる。②話をあいまいにする。
ほかならない［外ならない・〈他ならない］以外のものではない。きまっている。
ほがらか［朗らか］明るくはればれしているさま。例—な顔つきで・—な声
ほかん［保管］他人の物をあずかること。
ぼき［簿記］支出・収入・財産の増減などを整理して書き入れる記帳方法。例複式—
ほきゅう［補給］たりないものをおぎないたすこと。例物資を—する
ほきょう［補強］弱いところをおぎなって強くすること。例—材・チームを—する
ぼきん［募金］金銭をつのりあつめること。
ほきんしゃ［保菌者］発病はしていないが体内に病原菌をもっている人。例エイズの—
ぼく［僕］男性が自分をさす語。例君と僕
ほくい［北緯］赤道をさかいにして北へはかった緯度。↔南緯。例—四十度
ぼくさつ［撲殺］なぐりころすこと。
ぼくし［牧師］キリスト教で信者をみちびく人。例教会の—・—さん
ぼくしゅ［墨守］かたくまもってあらためないこと。例旧習を—する
ぼくじゅう［墨汁］すみをすったしる。
ほくじょう［北上］北へむかってすすむこと。
ぼくじょう［牧場］牛や馬などをはなしがいにする場所。まきば。例—主
ぼくする［《卜する］①うらなう。②定める。
ぼくせき［木石］①木と石。②人情のない人。
ぼくせき［墨跡・墨《蹟］すみのあと。筆跡。
ぼくそう［牧草］家畜にたべさせる草。
ぼくたく［木《鐸］社会の人を教えみちびく人。
ぼくちく［牧畜］牧場で家畜をやしないそだてること。例—が盛んな地方
ぼくどう［牧童］牧場で家畜の番をする少年。
ほくとしちせい［北斗七星］北極星に近い、ひしゃく形をした七つの星。
ぼくとつ［朴《訥・木《訥］かざりけがなく、口かずのすくないこと。例正直で—な人がら
ほくへん［北辺］北のはて。北方の辺境。
ぼくめつ［撲滅］うちほろぼすこと。すっかりなくしてしまうこと。例伝染病の—
ほぐれる［〈解れる］ほどける。とけはなれる。
ほげい［捕鯨］くじらをとること。例—船

ぼけい[母系]母かたの血筋。↔父系。例―社会
ほけつ[補欠]①かけて不足した分をおぎなうこと。②欠員にそなえておく人員。
ぼけつ[墓穴]はかあな。例自ら―を掘る
ぼける[《惚ける]ぼんやりする。例頭が―
ぼける[《暈ける]ぼんやりする。例焦点が―
ほけん[保険]一定の掛け金をしておいて、不意の災難のときにお金をうけること。
ほけん[保健]健康をたもつこと。例―婦
ほこ[矛・《鉾]もろ刃の剣に似た武器。例矛と盾・矛先を向ける
ほご[保護]かばいまもること。例―者
ほご[補語]文法で、述語の意味のかけたところをおぎなうことば。
ほご[〈反古・〈反故]①書きすてたいらない紙。②用のないもの。例約束を―にする
ほこう[歩行]あるくこと。例―者は右側通行
ぼこう[母校]自分の卒業した学校。
ぼこく[母国]自分のうまれた国。祖国。
ほこさき[矛先]①きっさき。②攻撃の方向。例非難の―を変える。③するどい勢い。
ほごしゃ[保護者]まだ独立していない子どもなどを保護する義務のある者。例―同伴
ほごしょく[保護色]動物が身をまもるために、まわりのものとまぎれやすくした体色。
ほこら[《祠]神をまつった小さなやしろ。
ほこり[《埃]小さいごみ。ちり。例―まみれ
ほこる[誇る]じまんする。得意になる。
ほころびる[《綻びる]①ぬいめがとける。ほどける。②つぼみが開く。例梅が―・顔が―
ほさ[補佐]力をそえてたすけること。例―役

ほさき[穂先]①ほのさき。②きっさき。とがったもののさき。例筆の―・槍の―
ぼさつ[《菩薩]①仏道を修行し、仏になりうる人。②神を尊敬した語。例八幡大―
ぼさん[墓参]はかまいり。例戦地―団
ほし[星]①空の天体。②小さくてまるい点。
ほじ[保持]もちつづけること。例記録―者
ぼし[母子]母と子。例―手帳・―家庭
ぼし[母指・《拇指]おやゆび。
ほしい[欲しい]手にいれたい。してもらいたい。例金が―・当選して―
ほしいまま[〈縦・《恣・《擅]思うとおり。気まま。例―のふるまいをする
ほしかげ[星影]星のひかり。星あかり。
ほしゃく[保釈]拘留中の被告を一定の保証のもとに釈放すること。例―金・―中
ほしゅ[保守]昔からのならわしや伝統をまもること。例―党と革新政党・―派
ほしゅう[補修]おぎないつくろうこと。
ほしゅう[補習]たりないところをおぎないならうこと。例夏休みの―授業
ほじゅう[補充]不足をおぎないみたすこと。
ぼしゅう[募集]つのりあつめること。
ぼしゅん[暮春]春のおわりごろ。晩春。
ほじょ[補助]おぎないたすけること。例―金
ほしょう[保証]うけあうこと。責任をもつこと。例わたくしが―人になりましょう
ほしょう[保障]安全にまもること。例警備―
ほしょう[補償]損害をつぐなうこと。例―金
ほしょう[歩《哨]警戒や見はり役の兵。
ぼしょう[暮鐘]ひぐれのかね。

ぼじょう[慕情]恋いしたう気持ち。
ぼしょく[暮色]夕方のうすぐらい色。
ほしん[保身]自分をまもること。例―の術
ほす[干す・〈乾す]①かわかす。②飲んでからにする。例杯を―。②仕事を与えない。
ほする[補する]職務を命ずる。例課長に―
ほせい[補正]たりないところをおぎないあやまりを正すこと。例―予算
ぼせい[母性]女性が母としてもっている性質。例―愛・―本能
ほぜん[保全]安全であるように保護すること。例環境―地域
ぼせん[母船]おやぶね。本船。例―式漁業
ほぞ[《枘]木のはしにつくったさしこむための出っぱり。例―をきざむ
ほぞ[《臍]へそ。果実のへた。例―をかむ
ほそい[細い]はばが小さい。↔太い
ほそう[舗装]道路の表面をコンクリートやアスファルトなどでかためること。例―道路
ほそく[歩測]歩く歩数で距離をはかること。
ほそく[補足]たりないものをおぎないたすこと。例説明を―する
ほそく[補則]本則をおぎなうための規則。
ほそく[捕《捉]とらえること。例―しがたい
ほそびき[細引(き)]麻をよってつくった細いなわ。例―で荷をしばる
ほぞん[保存]もとのままにのこすこと。
ぼたい[母体]①母親のからだ。②わかれ出たもとのもの。例現代文明の―
ぼたい[母胎]①母のからだのなか。②物事をうみ出すもととなるもの。例―となる

ぼだい［《菩〈提］究極のさとり。極楽往生すること。例—をとむらう・—樹

ほだされる［《絆される］①束縛される。②人情にひかれる。例下町の人情に—

ほたる［蛍］青白い光をだすこん虫。例蛍の光

ボタン［《釦］穴にはめてとめるもの。

ぼたん［《牡丹］庭に植える花木。四、五月ごろ、大形の美しい花を開く。例上野の—園

ぼたんゆき［《牡丹雪］ぼたぼたと大きくかたまってふる雪。例初春の—

ほちょう［歩調］あしなみ。歩く調子。

ぼつ［没］①しずむこと。②死ぬこと。③没書の略。例応募原稿は没にされる

ほつい［発意］思いたつこと。計画すること。

ぼっか［牧歌］牧場で牧童などのうたう歌。牧場や田園のようすをうたった歌。例—的な

ぼつが［没我］自分のことなど少しも考えないこと。例—の境に入る

ほっき［発起］①物事を計画してはじめること。例—人。②思いたつこと。例一念—

ぼっき［《勃起］にわかに力強く起こりたつこと。例—力・—する

ぼっきゃく［没却］なくすこと。例自己を—

ほっきょく［北極］地球の北のはし。↕南極

ほっきょくせい［北極星］北極にいちばん近い星。こぐま座の主星。

ほっく［発句］①連歌《れんか》・連句の最初の句。②和歌のはじめの五文字。③俳句。

ぽっくり［〈木履］少女用のこまげた。

ほっけ［法華］ほけ経。日蓮宗。例—三昧

ぼっけん［木剣］木のかたな。例—で素振り

ぼつご［没後］死んだのち。死後。例—十年

ぼっこう［《勃興］にわかに起こること。勢いがさかんになること。例近代工業の—期

ぼっこうしょう［没交渉］関係のないこと。かかわりのないこと。例学界とは—に

ぼっこん［墨《痕］墨で書いたあと。例—鮮やか

ほっさ［発作］病気が急におこること。例—的

ぼっしゅう［没収］とりあげること。例財産—

ぼっしょ［没書］投書が採用されないこと。

ほっしん［発心］①思いたつこと。例—して勉強する。②仏教の信心を起こすこと。

ほっしん［発《疹］皮膚に小さなふきでものがでること。はっしん。例—チフス

ほっする［欲する］①ほしいと思う。したいと思う。②のぞむ。ねがう。例真の平和を—

ぼっする［没する］①しずむ。②おぼれる。③かくれる。④おちこむ。⑤うずまる。⑥死ぬ。

ぼつぜん［《勃然］①にわかに起こりたつさま。②顔色をかえておこるさま。例—として

ほっそく［発足］①出発。かどで。②仕事を実さいにはじめること。例—して二年

ほったん［発端］物事のはじまり。いとぐち。

ぼっとう［没頭］熱中すること。例創作に—

ほっとうにん［発頭人］先にたって事をはじめた人。張本人。例この計画の—は

ぼつにゅう［没入］①すっかりはいりこむこと。②心をうちこむこと。例研究に—する

ぼつねん［没年・《歿年］死んだときの年。

ぼっぱつ［《勃発］だしぬけに起こること。

ぼつらく［没落］おちぶれること。家がつぶれること。破産。例事業に失敗して—した

ほつれる［〈解れる］ほどけみだれる。例糸が—

ほてる［火照る］あつくなること。例顔が—

ほてん［補《塡］あなうめ。例赤字の—

ほど［程］①程度。例力の程を。②限度。例程がある。③あたり。例五はい程。④身分。例身の程。⑤とき。例先程は。⑥ようす。例真偽の程

ほどあい［程合(い)］ちょうどよいていど。

ほどう［補導・《輔導］たすけてよいほうへみちびくこと。例警察に—される学生

ほどう［舗道・《鋪道］舗装した道路。

ほどう［歩道］歩行者の歩く道。↕車道

ぼどう［母堂］他人の母の敬称。例ご—には

ほどく［〈解く］①とく。ひらく。②ときはなす。自由にする。例くさりを—

ほとけ［仏］①仏教でさとりをひらいた人。②死んだ人の霊。例仏さんになる

ほどこす［施す］①ひろくゆきわたらせる。例恩恵を—。②しめす。例面目を—。③めぐみとしてあたえる。④おこなう。例策を—

ほととぎす［▽時鳥・▽杜鵑・▽不如帰・▽子規］初夏のころ山地に住む小鳥。

ほどなく［程無く］まもなく。やがて。例—到着

ほとばしる［《迸る］勢いよく飛び散る。

ほどほど［程程］①適当。適度。例—にあしらう。②身分にふさわしいこと。例—の生活

ほとり［〈辺］あたり。近いところ。例湖の—

ほとんど［《殆ど］①いま少しで。②たいてい。おおかた。例—まちがいない

ほにゅう［《哺乳］母乳をのませてそだてること。例—類・—びん・—動物

ほね［骨］①動物のほね。②物事の中心となっ

て、それをささえるもの。例骨組み。③むずかしいこと。例骨な仕事だ。④気力。
ほねおしみ［骨惜しみ］なまけること。
ほねおる［骨折る］①せいをだして働く。くろうする。②尽力する。せわをする。
ほねぬき［骨抜き］①魚などの骨をとってしまうこと。②主義や計画などのだいじな部分をぬきとること。例法律を―にする
ほねみ［骨身］骨と肉。からだ全体。例―を惜しまない・―を削る・―にしみる
ほのお［炎・《焔］火がもえるときに出るもの。
ほのか［《仄か］はっきりしないさま。かすか。ほんのり。例―な香りがただよう
ほのぐらい［《仄暗い］うすぐらい。例―夜
ほのめかす［《仄めかす］それとなくようすにあらわす。におわす。例決意を―
ほばく［捕縛］つかまえてしばること。
ほばしら［帆柱］船の帆をあげるための柱。
ほはば［歩幅・歩《巾］一歩のはば。例―が広い・―を合わせる
ほひつ［補筆］書きくわえること。例―訂正
ほふく［《匍匐》］はらばうこと。例―前進
ほふる［《屠る］①鳥やけもののからだをきりさく。②みなごろしにする。③試合で相手をやぶる。例みごとに強敵を―
ほぼ［保母・保《姆］保育園（所）で児童を保育する女性。例幼稚園の―さん
ほぼ［〈略・〈略略〉］おおかた。だいたい。
ほほえむ［〈微笑む］①にっこりわらう。微笑する。②花が開きかける。例つぼみが―
ほまえせん［帆前船］帆に風をうけてはしる船。はんせん。例回船問屋の―
ほまれ［誉れ］よい評判。名誉。例母校の―
ほむら［〈炎・《焔］①ほのお。②もえたつ気分。
ほめる［褒める・〈誉める］たたえる。↔けなす。例出来栄えを―
ほや［〈火屋］ランプやガス灯などの火をおおいつつむガラス製のつつ。
ぼや［▽小火］小さい火事。例―ですんだ
ほゆう［保有］持ちつづけること。たもつこと。
ほよう［保養］①体をじょうぶにやしないたもつこと。例病後の―に山の温泉に行く。②心をなぐさめ楽しませること。例目の―
ほら［〈法《螺］①ほら貝をいう。②うそをいうこと。おおげさにいうこと。例―を吹く
ぼら［《鯔］ボラ科の魚。出世魚の一つ。
ほり［堀］①地をほりひらいて水をとおしたところ。ほりわり。②城のまわりをほって水をためたところ。例堀割り・道頓堀
ほりさげる［掘（り）下げる］①下へふかくほる。②ふかく考える。例問題を―
ほりゅう［保留］しばらく見合わせること。
ほりゅうのしつ［《蒲柳の質］体がよわいこと。
ほりょ［捕虜］とりこ。敵にとらわれた人。
ほる［掘る］①地面にあなをあける。例トンネルを―。②とりだす。例いもを―
ほる［彫る］きざむ。例仏像を―・版画を―
ほればれ［《惚れ《惚れ］うっとりするようす。
ほれる［《惚れる］異性に心をうばわれる。
ほろ［《幌］車にかけるおおい。例―馬車
ぼろ［▽襤褸］①つかいふるして役にたたないきれ。つづれ。②やぶれてつぎはぎの衣服。③欠点。しっぱい。はじ。例―を出す
ほろう［歩廊］おれまがったろうか。回廊。
ほろにがい［ほろ苦い］ちょっとにがい。
ほろびる［滅びる・〈亡びる］滅亡する。絶える。例国が―・徳川幕府が―
ほん［本］①書物。書籍。②台本。例本読み。③ほんとうの。例本物。④長いものなどをかぞえる語。例三本立ての映画・三本勝負
ぼん［盆］①ひらたくてふちのある、物をのせる道具。②うらぼんの略。例旧暦のお盆
ほんあん［翻案］他の作品をもととして、そのしくみを作りなおすもの。例今昔物語の―
ほんい［本位］①もとになるひょうじゅん。中心になるもの。例金―制。②もとの位置。
ほんい［本意］①ほんとうの心。例―ではない。②もとからの考え。③ほんとうの意味。
ほんい［翻意］決心をかえること。例―をうながす・説得されて―する
ほんかい［本懐］もとからのねがい。本望。
ほんかくてき［本格的］本調子であるさま。本式の。例―な暑さがやってきた
ほんがん［本願］仏が衆生を救おうとたてた誓願。例弥陀の―・西―寺
ぼんがん［凡眼］普通の眼力。凡人の眼識。
ほんき［本気］まじめ。正気。例―で考える
ほんぎ［本義］本来の意義。根本の意義。
ほんきょ［本拠］おもなよりどころ。もとになるところ。根拠。例―を定める
ぼんぐ［凡愚］平凡でおろかなこと。例―の身
ぼんくれ［盆暮（れ）］盆のころと年末のころ。
ほんけ［本家］もとになる家すじ。↔分家

ほんけがえり［本《卦〈還り］満六十歳。還暦。
ほんげん［本源］みなもと。おおもと。
ぼんご［《梵語］古代インドでつかわれたことば。サンスクリット。例―の経典
ほんこく［翻刻］前に出版された本を、そのまま組んでまた出版すること。↔原版
ほんごく［本国］①うまれた国。②その人の国籍のある国。例―に強制送還される
ほんごし［本腰］本気になること。例―を入れる・―になって
ぼんさい［凡才］平凡な才能。↔天才・秀才
ぼんさい［盆栽］はち植えにして観賞する草木。例―市・趣味は―です
ぼんさく［凡作］平凡でおもしろみのない作品。例読むにたえない―だ
ほんざん［本山］仏教で、一つの宗派の寺をまとめて支配する寺。例総―・ご―参り
ほんし［本旨］ほんとうのわけ。本来の趣旨。
ほんし［本誌］①雑誌などの主となる本文。②この雑誌。わが雑誌。例―三号に掲載
ほんしき［本式］ほんとうのしかた。正式。
ほんしつ［本質］そのものの本来の性質。
ほんじつ［本日］きょう。こんにち。この日。
ぼんしゅ［凡手］平凡なうでまえ。
ほんしゅつ［奔出］ほとばしりでること。
ほんしょう［本性］①うまれつきの性質。例―はごまかせない。②本心。例―が出る
ぼんしょう［《梵鐘］寺のつりがね。
ほんしょく［本職］①おもな職業。②その道の専門家。くろうと。例―に負けない腕前
ほんしん［本心］①人がうまれつき持っている心。②いつわりかざらない心。まごころ。
ぼんじん［凡人］ふつうの人。平凡な人。
ほんすじ［本筋］おもなすじみち。例話の―
ほんせい［本性］もとからの性質。うまれつき。
ほんせき［本籍］その人の戸籍のある所。
ほんせん［本線］鉄道の主要な線。幹線。
ほんぜん［翻然］①ひらひらひるがえるさま。②急に思いかえすさま。例―と改心した
ほんそう［奔走］①はしりまわること。例金策に―する。②いろいろ世話をやくこと。
ほんそく［本則］法令の本体となる部分。
ぼんぞく［凡俗］①下品でいやしいこと。②ふつうの人。俗人。例―にはわからない
ほんぞん［本尊］①信仰の中心となる仏像。寺の中心としてまつられている仏。②すべて事件などの中心人物。張本人。例当のご―は
ほんたい［本体］①もとのすがた。ほんとうのかたち。例黒幕の―は。②物事の根本。
ほんたい［本態］ほんとうのようす。実態。例―性高血圧・経済大国という名の―は
ほんだい［本題］中心となる題目。例いよいよ―にはいる・―からそれますが
ぼんち［盆地］まわりを高い土地でかこまれた平地。例甲府―・―の気候
ほんちょう［本朝］わが国。例―鳥獣図鑑
ほんど［本土］本国。例―上陸・―防衛
ほんとう［本当］まこと。真実。例―のこと
ほんとう［奔騰］物価などがひじょうな勢いであがること。例急に物価が―する
ほんどう［本堂］寺で本尊をまつる建物。
ほんね［本音］①ほんとうのねいろ。②本心からでたことば。例―を吐く
ほんのう［本能］うまれつきもっている性情。
ぼんのう［煩悩］仏教で、心をなやます欲望をいう。まよい。例―即菩提
ほんのうてき［本能的］考えないで、ひとりでにそうなるさま。例―に嫌う
ほんば［奔馬］勢いよくはしる馬。
ほんばん［本番］正式の撮影や放送。
ぼんぷ［凡夫］①仏教で、おろかでさとりのひらけない人。②普通の人。凡人。例―の身
ほんぷく［本復］病気がすっかりなおること。
ほんぶん［本分］①本来まもらなければならない事がら。例これが騎士の―なのじゃ。②ぜひともしなければならないつとめ。
ほんぶん［本文］①文書や書物の中の主要な部分。②注釈文などにたいしてその対象になっているもとの文。原文。例―と注
ほんぽう［本邦］わが国。この国。例―初の
ほんぽう［奔放］自分のすきかってにふるまうこと。きままにすること。例自由―な性格
ぼんぼり［▽雪洞］紙張りのおおいのあるあんどん。例ひな祭りの―
ぼんぼん［凡凡］ごく平凡なさま。例平々―
ほんまつ［本末］もとのすえ。はじめとおわり。例―転倒した論法だ
ほんみょう［本名］ほんとうのなまえ。
ほんむ［本務］①しなければならないおもなつとめ。②主として従事している職務。
ほんめい［奔命］①主人の命令で立ち働くこと。②いそがしくかけまわって働くこと。例金策に―する

ほんもう［本望］前々からののぞみ。心からののぞみ。本懐。例―を達する
ほんもの［本物］ほんとうのもの。にせでないもの。例―の味・調子は―だ
ほんやく［翻訳］一つの国語を他の国語になおすこと。例―小説・―者・―本
ぼんよう［凡庸］ありふれていること。平凡。
ほんらい［本来］①もともと。はじめから。例ことば―の使命。②あたりまえ。例―なら
ほんりゅう［奔流］はげしい水の流れ。
ぼんりょ［凡慮］つまらないちえ。凡人の考え。
ほんりょう［本領］もちまえ。特色。例―発揮
ほんろう［翻《弄］思うままにもてあそぶこと。
ほんろん［本論］おもな議論。中心の議論。

ま

ま［間］①あいだ。②ひま。③ざしき。例六畳の間。④ぐあい。⑤ころあい。例間が抜ける
ま［魔］おに。あくま。例魔がさす
ま［真］まこと。真実。例真にうける
ま［目］「め」の転。例目のあたりに見る
まあい［間合（い）］あいだ。ころあい。例―をとる・せりふの―をはかる
まあたらしい［真新しい］ほんとうに新しい。
まい［枚］紙などをかぞえる語。例三枚・枚数
まい［毎］つね。そのたび。例毎朝・毎晩・毎時
まい［舞］音楽や歌にあわせて手足を動かすこと。例舞姫・舞を舞う
まいきょ［枚挙］一つ一つ数えあげること。例―にいとまがない
まいこ［舞子・舞《妓］半玉のこと。例―はん
まいご［迷子］はぐれたり、道にまよって家に帰れないこども。まよいご。例―札
まいこむ［舞（い）込む］不意に入ってくる。
まいしん［《邁進］勇ましくつきすすむこと。
まいせつ［埋設］うずめてつくること。例―工事・水道管の―・―物
まいそう［埋葬］死体を土中にうずめること。ほうむること。例先祖代々の墓に―する
まいぞう［埋蔵］①鉱物などがうまっていること。例―量。②うずめかくすこと。例―金
まいちもんじ［真一文字］まっすぐ。
まいない［《賂・▽賄賂］わいろ。そでの下。
まいぼつ［埋没］①うずもれて見えないこと。例土中に―する。②世間に知られないこと。
まいまい［毎毎］いつも。つねに。毎度。
まいもどる［舞（い）戻る］もとの所へもどる。
まいる［参る］①「行く」の敬語。②おまいりする。③まける。こうさんする。④死ぬ。
まう［舞う］おどる。空中をとぶ。例空に―
まえ［前］表の方。正面。以前。例駅の前
まえいわい［前祝（い）］成功を見こして祝うこと。例出版の―に
まえがき［前書（き）］本文の前に書きそえる文章。序。例―が長すぎる
まえきん［前金］先に代金を支払うこと。
まえげいき［前景気］はじまる前の景気。
まえぶれ［前触れ］①前々から知らせること。予告。②本格的なものの前におこる現象。
まがいもの［〈紛い物］にせもの。いんちき。
まがお［真顔］しんけんな顔。まじめな顔。
まがき［《籬］竹やしばなどで荒くつくったかきね。ませがき。
まかせる［任せる・〈委せる］①思いどおりにさせる。②たのんでさせる。③十分にさせる。
まかない［賄い］①食事をととのえること。②食事の世話をする人。例―方・―付き
まかなう［賄う］①食事の用意をして食べさせる。②ものをとりそろえる。例予算で―
まかふしぎ［摩《訶不思議］ひどくふしぎ。
まかりとおる［〈罷り通る］横行する。堂々と通用する。例横車が―
まがる［曲（が）る］①ゆがむ。②ねじける。ひがむ。③おれる。屈曲する。例道が―
まき［巻］書物や巻物の区分。例下の巻
まき［巻（き）］まくこと。例―がゆるむ
まき［《薪］たきぎ。例―割り・―を束ねる
まきあげる［巻（き）上げる］①ぐるぐるまいて上にあげる。②うばいとる。例金を―
まきえ［《蒔絵］漆器の表面に金や銀の粉でかいた柄。例―のすずり箱
まきがみ［巻紙］手紙を書くのに使う横長の紙。例―の祝辞を読み上げる
まきこむ［巻（き）込む］①まいて中に入れる。②事件やわるだくみなどに引き入れる。
まきじた［巻（き）舌］舌をまくようにしていうはげしい言い方。例―でしゃべりまくる
まきじゃく［巻（き）尺］距離や長さをはかるひも形をしたものさし。例―で胴回りを測る・―で測量する
まきぞえ［巻（き）添え］①かかりあいになること。②他人のことで損害をうけること。

まきちらす［《撒(き)散らす］まいて方々に散らばす。例病原菌を―・ごみを―

まきつける［巻(き)付ける］ぐるぐる巻く。

まきもの［巻物］表装した軸物。例家宝の―

まきば［牧場］馬や牛を放しがいにする所。

まぎらわしい［紛らわしい］まぎれやすい。まちがいやすい。例―名前だ

まぎる［間切る］①波を切って進む。風をななめに受けて船を進める。②間をぬってゆく。

まぎれる［紛れる］いりまじる。くべつしにくい。例気が―・他の物に―

まぎわ［間際］さしせまったとき。例発車―に

まく［幕］①横にはってしきりにする布。②芝居などの一段落。③おわり。はね。

まく［膜］うすい皮。例膜をつくる・角膜

まく［巻く・《捲く］①まるくたたみこむ。例ござを―。②からみつける。例包帯を―

まく［《蒔く・《播く］たねを散らし植える。

まく［《撒く］ちらばせる。例水を―

まくぎれ［幕切れ］①芝居の一幕が終わったところ。②物事の一くぎりついた間。

まぐさ［《秣］牛や馬などの飼料とする草。

まぐち［間口］土地や家屋などの正面の長さ。

まくのうち［幕の内］①弁当の一種。②すもうで前頭以上の階級。例―の力士

まくら［《枕］①ねるとき頭をのせるもの。②頭のほう。まくらもと。④話のはじめの部分。

まくらぎ［《枕木］レールの下に横に敷く長方形の木やコンクリート材。

まくらことば［《枕〈詞］修飾語の一種。

まくらもと［《枕元・《枕〈許］まくらのあたり。例―に立つ・病人の―で

まくる［《捲る］まいてあげる。はぐ。例腕を―・スカートを―

まぐれ［〈紛れ］思いがけなく。偶然。

まぐろ［《鮪］マグロ科の海産魚の総称。

まげ［《髷］髪を輪形にたばねたもの。

まけおしみ［負(け)惜しみ］まけたのをくやしがって、ごうじょうをはること。

まけじだましい［負けじ魂］人にまけまいとする心。例―が強い

まける［負ける］①力がかなわないでやぶれる。②かぶれる。③ねだんを安くする。

まげる［曲げる］たわめる。ゆがめる。例針金を―・節を―・志を―・意見を―

まご［孫］子の子。例孫子の代まで・孫と遊ぶ

まご［馬子］うまかた。例―にも衣装・―唄

まごころ［真心］まことの心。うそのない心。

まごでし［孫弟子］でしのまたでし。

まこと［誠・〈真・〈実］誠意。うそでないこと。例誠を顔にあらわす・誠を尽くす

まごびき［孫引(き)］他の本に引用してある文句をそのまま引用すること。例―の多い文

まこも［真《菰］沼や川などにはえる多年草。葉でむしろを織る。こも。

まさか［真逆］よもや。いくらなんでも。

まさかり［《鉞］大きなおの。

まさご［真〈砂］こまかい砂。例浜の―

まさしく［正しく］たしかに。ほんとうに。

まさつ［摩擦］①すれあうこと。こすること。②なかがわるいこと。例意外な―がおきた

まさに［正に］たしかに。まさしく。例―君だ

まさに［〈方に］あたかも。例―三年目だ

まさに［〈当に］なるはず。例―行くべし

まさに［〈将に］今にも。例―起きんとする

まさめ［正目・《柾目］まっすぐに通った木目。

まさゆめ［正夢］事実とよく合うゆめ。

まさる［勝る・〈優る］すぐれる。ひいでる。

まざる［混ざる・〈雑る］混入する。例不純物が―・油に水が―

まざる［交ざる］入りくむ。例化繊が―布

まじえる［交える］①いれあわせる。なかにまぜる。②交差させる。例ひざを―

まして［《況して］なおのこと。なおさら。

まじない［《呪い］わざわいをのがれさせたり、わざわいを下すように神や仏の霊に祈ること。例いつものお―する

まじめ［▽真面目］①本気であること。実直なこと。②精神をこめること。例―に努力する

まじゅつ［魔術］人の心をまよわす術。手品。

ましょう［魔性］悪魔のような性質。

ましら［〈猿］さる。例―のごとく登る

まじりけ［交じり気］ほかのものがまじっていること。不純物。例―がない純毛品

まじる［交じる］入りくむ。例かなが―・財界人に―・麻が―・群衆に交じって

まじる［混じる］混入する。例異物が―・女性が―・麦が―・毒物が―

まじろぎ［〈瞬ぎ］めばたき。例―もしない

まじろぐ［〈瞬ぐ］目をしばたく。まばたく。

まじわる［交わる］①つきあう。交際する。②いりまじる。③交差する。例道路が―

ましん［麻《疹・《麻疹》］はしか。

まじん［魔神］わざわいをする神。

ます［升・《枡］液体や穀物の量をはかるもの。

ます［《鱒］サケ科の魚。例―の養殖・姫―

ます［増す］ふえる。ふやす。加える。加わる。

まず［〈先ず］①はじめに。第一に。②しばらく。③ともかく。④だいたい。たぶん。

ますい［麻酔］薬で全身またはからだの一部の感じをなくすこと。例局部―

まずい［〈拙い］へただ。例―絵・―文章

まずい［▽不味い］味がわるい。ぐあいがわるい。例―料理・―ことになった

まずしい［貧しい］①びんぼうである。②すくない。とぼしい。例―経験によれば

ますます［〈益益〉］いっそう。例貴社―ご発展

ますらお［▽丈夫・〈益荒男〉］強くおおしい男。

まする［摩する］①する。こする。②近づく。せまる。すれすれになる。例天をも―ビル

まぜかえす［混ぜ返す］①かきまぜる。②じょうだんを言って話を混乱させる。

まぜる［交ぜる］入りくませる。例英語を―

まぜる［混ぜる・〈雑ぜる］①加えて混合する。例米に麦を―。②ちゃかす。

また［又・《亦・〈復］①おなじく。これもまた。②もう一度。ふたたび。さらに。③その上に。

また［《股］両ももの間。例―ぐら・大―で歩く

また［《叉］ふたまた。例木の―にまたがる

まだ［〈未だ］①いまだ。例―来ない。②もっと。例―やれそうだ・―不十分だ

またがる［《跨る］①一方から他方へかかる。②またをひろげて乗る。例馬に―

またぎき［又聞き］聞いた人からさらに聞くこと。例この話は―ですが

またぐ［《跨ぐ］両足をひろげて上をこす。

まただく［瞬く］目をぱちぱちさせる。

またたくま［瞬く間］わずかのま。一瞬。

まだら［《斑］いろいろの色がところどころまじっていること。ぶち。例色が―になる

まち［町］市街地の小区分。行政区画の一つ。

まち［街］にぎやかな市街地。例街角・夜の街

まち［《襠］おぎないそえる布。例―を入れる

まちあい［待合］①芸者をよんで遊ぶ所。例―茶屋・―政治。②待つこと。例―室

まちあわせ［待(ち)合(わ)せ］出合うようにすること。例渋谷のハチ公前で―

まぢか［間近］ごく近いこと。例入試が―だ

まちがい［間違い］あやまり。例―だらけの文

まちがえる［間違える］あやまる。例道を―

まちかねる［待(ち)兼ねる］待ちきれない。例たよりを―・首を長くして―

まちこがれる［待(ち)焦がれる］思いこがれて待つ。しきりに待つ。例合格の通知を―

まちなみ［町並(み)］町家の並んでいるさま。

まちまち［〈区区〉］それぞれちがっているさま。別々。さまざま。例―な意見

まちわびる［待ち《侘びる］長い間待って心がくたびれる。例春になるのを―

まつ［末］①すえ。例十八世紀末。②こな。

まつ［松］常緑高木の一種。例松の緑・五葉松

まつ［待つ］①来るのをのぞむ。例帰りを―。②まちうける。例敵の攻撃を―。③のばす。

まつ［《俟つ］たよる。期待する。例努力に―

まつえい［末《裔］子孫。例源氏の―

まっき［末期］終わりの時期。例―症状・癌の―

まっこう［抹香］仏前粉末の香。例―臭い

まっこう［真っ向］①ひたいのまんなか。②まっ正面。まとも。例―から反対する

まつざ［末座］しもざ。末席。例―にひかえる

まっさお［真っ青］まったく青いさま。

まっさかり［真っ盛り］いちばんさかんなこと。例目下桜の―だ

まっさき［真っ先］いちばん先頭なこと。

まっさつ［抹殺］①けしてなくすこと。ないものにすること。②意見などを認めないこと。

まっしぐらに［▽驀地に］わき目もふらずに。

まっしょう［末《梢］はし。すえ。末端。例―神経

まっしょう［抹消］ぬりけすこと。例原簿から―する・三字―五字追加

まっしょうしんけい［末《梢神経］脳やせき髄から分かれて全身に分布する神経せんいのはし。例―を刺激する

まっせ［末世］①仏法のおとろえた世。末の世。②道徳のおとろえた時代。

まっせき［末席］座席のはし。しもざ。ばっせき。例―につらなる

まっせつ［末節］つまらないことがら。重要でない部分。例枝葉―にこだわる

まつだい［末代］のちの世。後世。例―までも

まったく［全く］すべて。実に。例―見事だ

まつたけ［松《茸］食用のきのこの一種。

まっただなか［真っ《只中］①まんなか。中心。例大海の―。②まっさいちゅう。例演奏の―

まったん［末端］はし。さき。先端。例―の社員

まっちゃ［抹茶］茶の新芽のひき茶。

まっとうする［全うする］完全にしとげる。

まっぱい［末輩］役目や身分のひくい人。とるにも足らない人々。例―の意見ですが

まつばづえ［松葉《杖］足の不自由な人が使う松葉の形をしたつえ。例―をつけて

まつび［末尾］すえ。おわり。例文の―

まっぴつ［末筆］手紙のおわりに書くことば。

まっぴら［真っ平］ひたすら。ひらに。

まつよう［末葉］①すえの世。後代。②子孫。

まつりあげる［祭り上げる］①あがめとうとぶ。②おだてあげる。例会長に―

まつりごと［政］国をおさめること。政治。

まつりゅう［末流］①すえの流れ。川の下流。②子孫。③末の流派。例古流の―に属する

まつる［祭る・《祀る］神としてあがめる。

まつろ［末路］①一生のおわり。②物事のおとろえはてた終わり。なれのはて。例悪の―

まつわる［《纏わる］①からみつく。②ついてはなれない。つきまとう。例母親に―子

まで［《迄］限度を示す語。ばかり。ほど。例五人―・六時―・やる―だ

まと［的］目標。めあて。例非難の的・的を射る

まど［窓］建物の採光の通風の開口部。

まとい［《纏］江戸時代の消防組のしるし。

まどい［▽団居］①まるくならびすわること。くるまざ。②なごやかな集まり。団らん。

まとう［《纏う］①ついてはなれない。からみつく。からまる。まきつく。②身につける。

まどう［惑う］①思いまよう。どうきめてよいかまよう。②ほかのほうに心をとられる。

まどお［間遠］①間や時間がへだたっていること。例―に聞える。②目があらいこと。

まどか［〈円か］①まるいこと。②円満なさま。なごやか。例―な夢を結ぶ

まとめる［《纏める］①一つに合わせる。例話を―。②きまりをつける。③争いをおさめる。

まとも［真〈面・〈正面〉］①正面。②まじめ。

まどり［間取(り)］家のへやの配置。例―図

まどろむ［▽微睡む］うとうとする。

まどわす［惑わす］①心をかきみだす。まよわす。②悪いほうへさそいこむ。③だます。

まないた［《俎・《俎板］調理で切るための厚いいた。例―の上の鯉

まなこ［眼］①め。②めだま。眼球。

まなざし［〈眼差し］めつき。眼光。例きつい―

まなじり［《眦］めじり。例―を決して

まなでし［〈愛弟子］かわいがっているでし。

まなびや［学〈舎］学校。学校の建物。

まなぶ［学ぶ］①教えをうける。学問をする。②習いおぼえる。③まねる。例―はまねぶ

まなむすめ［〈愛娘］かわいがっている娘。

まにうける［真に受ける］ほんとうにする。

まにんげん［真人間］正しい道をふみ行う人。

まぬがれる［免れる］たすかる。のがれる。

まぬけ［間抜け］とんま。例―なやつだ

まね［真〈似］①まねること。②しぐさ。動作。

まねく［招く］①手をふってよびよせる。②さそう。③ひきよせる。例悪い結果を―

まのあたり［目の当(た)り］①目の前。②さしあたり。③ちょくせつ。じか。例―に見る

まのび［間延び］あいだが長すぎること。ひきしまってないこと。例―した調子

まばゆい［《眩い］①まぶしい。光が強くて見にくい。②他に対してはずかしい。例―思い

まばら［〈疎ら］間がすいていること。例―な木・―な人家・―に生えた草

まひ［麻《痺・《痲痺》］しびれて感覚がなくなること。例交通が―状態になる

まびく［間引く］野菜などをとびとびに抜いて間をすかす。例電車の間引き運転

まひる［真昼］昼。日中。正午。例―の悪夢

まぶか［目深］目がかくれるほど深くかぶること。例帽子を―にかぶる

まぶしい［《眩しい］①光が強くて見にくい。まばゆい。②光りかがやくほど美しい。

まぶす［〈塗す］一面にぬりつける。例粉を―

まぶた［《瞼］目の上をおおう皮。目のふち。

まほ［真帆］風を正面からうけている帆。帆いっぱいに風をはらむこと。↕かたほ

まほう［魔法］ふしぎな術。魔術。例―びん

まぼろし［幻］①実際にないものがあるように見えること。②はかないもの。たちまちにきえるもの。例幻のように消える

まま［《儘］①そのとおりにしておくこと。例その―。②思うとおり。③どうでもよいこと。

まま［間間］時々。おりおり。例―あることだ

ままこ［〈継子］①自分の生んだものでない子。②のけものあつかいにされる者。

ままならぬ［〈儘ならぬ］思うにまかせぬ。

ままはは［〈継母］なさぬなかの母。けいぼ。

まみえる［〈見える］おめにかかる。例敵に―

まみず［真水］ふつうの水。↕塩水

まみれる［〈塗れる］ぬれてよごれる。例汗に―

まむし［《蝮］毒へびの名。頭は三角形。
まめ［豆］マメ科植物の実の総称。例豆粒ほど
まめ［▽肉刺］手足にできる豆のような水ぶくれ。例足に―ができる
まめ［▽忠実］①まじめによくはたらくこと。②たっしゃ。健康なこと。例―な老人
まめつ［摩滅・磨滅］すりへること。例敷石の―
まもの［魔物］人にわざわいをするあやしいもの。ばけもの。恐ろしいもの。
まもりがみ［守り神］災難よけの神。守護神。
まもる［守る・〈護る］①見つめる。②ふせぎかためる。③よくしたがう。例規則を―
まやく［麻薬］知覚をなくすくすり。麻酔薬。
まゆ［繭］こん虫のさなぎの巣。蚕のまゆ。
まゆ［《眉］目の上の毛。例―毛・―墨
まゆつばもの［《眉唾》物］だまされないように用心のいるもの。あやしいもの。
まよう［迷う］①思いまどう。②まぎれる。
まりょく［魔力］人をまよわすふしぎな力。
まる［丸］①まるいこと。球形。②全部。例丸のまま・丸のみ。③名につける語。例牛若丸
まる［円］円形。例円をかく・円のなか
まるあんき［丸暗記］内容に関係なく、そのままおぼえること。例英単語の―
まるい［丸い・円い］角がない。球形である。例―顔・―人柄・背中が―
まるきぶね［丸木舟］一本の木のみきをくりぬいて作った舟。例南の島々の―
まるた［丸太］外皮をむいたままの木材。
まるだし［丸出し］少しもかくさずにあらわすこと。むきだし。例お尻が―だ
まるつぶれ［丸《潰れ］すっかりつぶれてしまうこと。例面目が―になる
まるてんじょう［円天井・丸天井］①半球形のてんじょう。ドーム。②大空。青空。
まるのみ［丸飲み・丸《呑み］①かまないでのみこむこと。うのみにすること。②意味を理解しないで、そのまま記憶すること。
まるめこむ［丸め込む］①まるめて中へ入れる。②他人を自由にあやつる。例相手を―
まるめる［丸める］①まるくする。②自由にあやつる。③頭をそる。例頭を―
まれ［《稀・〈希］めずらしいこと。例―な事件
まわしもの［回し者］敵のようすをさぐる者。
まわり［回り・《廻り］まわること。例―舞台・―持ち・―道・酒の―
まわり［周り］周囲。例家の―・池の―
まわりあわせ［回り合(わ)せ］めぐりあわせ。
まわりくどい［回り《諄い］まわり遠くてめんどうくさい。例―話し方だ
まわりどうろう［回り灯《籠］回転するにつれて、影絵がまわって見えるようなしかけのとうろう。走馬灯。
まわりみち［回り道］とおまわりの道。
まん［万］千の十倍。たくさん。例万が一にも
まん［満］みちる。基準年齢。例満十歳・満を持して・満一年を要した
まんいち［万一］①万分の一。②もしも。ひょっとして。例―のことがあったら
まんいん［満員］①きめられた人数になること。②乗り物や会場にいっぱい人がはいること。例―列車・―御礼
まんえつ［満悦］満足してよろこぶこと。例非常にご―であった
まんえん［《蔓延］はびこりひろがること。
まんが［漫画］おかしみやあてこすりを主とした絵。例―雑誌・風刺―・四こま―
まんかい［満開］花がすっかり開くこと。
まんかん［満干］海のしおのみちひ。
まんがん［満願］神仏に願をかけた期間が終わること。例―の当日
まんかんしょく［満艦飾］①軍艦を国旗や電灯などでかざること。②女性が美しく着かざること。例―の婦人たち
まんき［満期］きめておいた時期になること。
まんきつ［満喫］①十分に飲み食いすること。②十分に望みをとげること。まんぞくすること。例おもしろ味を―する
まんきん［万金］多額のかね。例―に値する
まんきん［万《鈞］重いこと。例―の重み
まんげきょう［万華鏡］円筒に千代紙をいれて回しながらのぞくおもちゃ。
まんげつ［満月］まんまるな月。十五夜の月。
まんこう［満《腔］からだじゅう。例―の感謝
まんざ［満座］その場にいる人ぜんぶ。
まんさい［満載］物をいっぱいにのせること。
まんざい［万歳］新年に、祝いの歌をうたって民家を舞いあるく者。例三河―
まんざい［漫才］ふたりの芸人がこっけいなかけあい話をすること。例上方―
まんざら［満更］①ぜんぜん。まったく。②きっとそうとはかぎらない。例―でもない
まんじ［《卍］めでたいしるし。例―どもえ

まんじゅう［《饅〈頭］小麦粉とあんでつくった菓子。例肉ー・つぶしあんのー
まんじゅしゃげ［《曼珠《沙華］ひがんばな。
まんじょう［満場］①場内いっぱいにみちること。②会場ぜんたいの人。例ー一致で
まんしん［満身］からだじゅう。全身。例ー創痍
まんしん［慢心］おごりたかぶる心。うぬぼれた心。例わずかの成功にーする
まんせい［慢性］病気が長引くこと。↕急性
まんぜん［漫然］ぼんやりとりとめのないさま。しまりのないさま。例ーと庭を歩く
まんぞく［満足］①みちたりること。のぞみがみたされること。②不足のないこと。十分。
まんだら［《曼陀》羅・《曼荼》羅］仏を多数かいた絵。例金剛界ー・密教ー
まんだん［漫談］とりとめのない、ざきょうのはなし。例ー家・ーですごす
まんちゃく［《瞞着］だますこと。ごまかすこと。例人にーされる
まんちょう［満潮］みちしお。あげしお。↕干潮。例ーの時刻・ー時
まんてん［満天］空いちめん。例ーの星
まんてん［満点］①試験などで規定の最高点。②申し分のないこと。完全。例ーの成績
まんてんか［満天下］全国。天下ぜんたい。
まんどう［満堂］会場いっぱい。例ーの諸君
まんねんどこ［万年床］いつも敷きっぱなしのねどこ。例ーの独身者寮
まんねんひつ［万年筆］インクが自動的ににじみでてくるペン。例パーカーのー
まんねんゆき［万年雪］高山の上で一年じゅう消えない雪。例ーを滑りおりる
まんのう［万能］①なんでもできること。ばんのう。②農具の一種。まぐわ。
まんぱい［満杯］いっぱいになること。例水がーになる・ーのダム
まんぱん［満帆］帆がはっているさま。例順風ーの人生だったが
まんびき［万引(き)］商店で品物をそっとぬすむこと。例本屋はーが多い
まんぴつ［漫筆］思いつくままに書いた文章。
まんびょう［万病］すべての病気。例かぜはーのもと・ーに効く薬
まんぷく［満腹］腹がいっぱいになること。
まんべんなく［満遍無く］すべてにゆきわたって。くまなく。もれなく。例ー見回る
まんぽ［漫歩］ぶらぶらあるき。例近郊ー
まんまく［《幔幕］横にはりわたす幕。まく。
まんまん［満満］いっぱいにみちあふれているさま。十分にあるさま。例自信ー
まんまん［漫漫］広くはてしないさま。
まんめん［満面］かおじゅう。例ーの笑み
まんもく［満目］みわたすかぎり。例ー千里
まんゆう［漫遊］あてもなく遊び歩くこと。行き先をきめずに心のむくままに各地を旅行すること。例世界ーの旅に出る
まんりき［万力］材料をはさんで固定する工具。バイス。例ーにはさんで削る
まんりょう［満了］期限にたっして終わること。例任期をーする・期間ー
まんろく［漫録］思いのままに書きつけたもの。例四季ー

み

み［身］①からだ。例わが身。②自分。③肉。
み［実］①果実。②なかみ。内容。例実がない
み［《箕］穀類のからをよりわける農具。
みあい［見合(い)］仲人のあっせんで男女が会うこと。例ー結婚・おーをする
みあげる［見上げる］あおぎ見る。例顔をー
みあたる［見当(た)る］みつかる。例さがしても見当たらない
みあやまる［見誤る］見まちがえる。
みあわせる［見合(わ)せる］①たがいに見る。例顔をー。②さしひかえる。例旅行をー
みいり［実入り］①穀物などの実が成熟すること。②収入。例ーがいい商売
みいる［見入る］見とれる。例じっとー
みいる［魅入る］とりつく。例魅入られる
みうけ［身請(け)］落籍。例芸者のー
みうける［見受ける］認識ができる。
みうごき［身動き］からだを動かすこと。
みうしなう［見失う］見えなくなる。
みうち［身内］①からだの内部。②みより。親類。例ーだけで葬儀をする。③なかま。
みえ［見得］特に見せる演技。例ーを切る
みえ［見〈栄］うわべのていさいをかざること。
みえすく［見え透く］①底まですいて見える。内側が見える。②うそがはっきりわかる。
みお［《澪・〈水脈〉］船が通れる水路。例ー標
みおとり［見劣り］悪く見えること。おとって見えること。例くらべてもーしない

みおぼえ［見覚え］前に見て知っていること。
みおも［身重］妊娠中のこと。例―の体
みかい［未開］①人知がまだ開けていないこと。②土地がまだ切り開かれていないこと。
みかいけつ［未解決］まだ解決されないこと。
みかえし［見返し］書物の表紙の内がわ。
みかえす［見返す］①ふりかえって見る。②自分を見ている者のほうを見る。③いじめられたり、けなされた相手よりも、すぐれたものとなってみせつける。例出世して―
みかぎる［見限る］見込みがないとしてあきらめる。例医者に見限られた重症患者
みかく［味覚］味を感じ知る感覚。舌の感覚。
みがく［磨く・〈研く］こすってつやをだす。例廊下を―・腕を―・肌を―
みかけ［見掛け］うわべ。外観。外見。
みかけだおし［見掛け倒し］外観ばかりよくて、内容のおとること。例とんだ―だ
みかた［見方］①見よう。観察のしかた。②見解。例―がちがう・―を変えると
みかた［味方］自分のなかま。例―になる
みかねる［見兼ねる］見ていることができない。例見るに―・苦労を見兼ねて
みがまえ［身構え］敵に対してとるからだのしせい。例事に対する―は十分
みがら［身柄］身分。からだ。例―を釈放する
みがる［身軽］①からだが軽くて動作がすばやいこと。②からだが自由なこと。持ち物や着物がかんたんなこと。例―なしたく
みがわり［身代(わ)り］他人のかわりになること。例―地蔵・親の―に
みかん［未刊］本や雑誌がまだ刊行されないこと。例↔既刊。例―の本の校正刷りを読む
みかん［《蜜柑》］果実が食用の常緑果樹。
みかんせい［未完成］まだできあがらないこと。例―交響曲・―の作品
みき［幹］①木のおおもとになる部分。②物事のたいせつな部分。例枝となり幹となり
みき［〈御酒〉・▽神酒］神前にそなえる酒。例お―を供える
みぎ［右］朝日にむかって南の方。例―腕・―側
みきき［見聞き］見たり聞いたり。例―した事
みきり［見切り］商品の値をひじょうに安くして売ること。例―品・―をつける
みぎり［《砌》］①のきの下のしき石。②おり。ころ。例酷暑の―
みぎわ［《汀］みずぎわ。陸地と水との境のところ。例―にたわむれる子どもたち
みきわめる［見極める］①見とどける。②物事の奥をきわめる。③ほんとうか、うそかを見定める。例真偽を―必要がある
みくだす［見下す］①下のほうを見る。②見さげる。あなどる。例相手を―態度
みくびる［見《縊る］ばかにする。見さげる。
みぐるしい［見苦しい］みっともない。みにくい。例―負け方だ
みけ［三毛］白黒茶の三色の毛。例―ねこ
みけいけん［未経験］まだ経験したことがないこと。例―者でもよろしい
みけつ［未決］まだきまらないこと。例―囚
みけん［《眉間］まゆとまゆとの間。例―のしわ
みこ［《巫〈女］神につかえてかぐらを舞い、きとうをする女。例赤いはかまの―さん
みこし［〈御《輿・〈神《輿］神体を安置したこし。例お―・―をあげる
みごしらえ［身《拵え］みじたくをすること。みなりをととのえること。例身軽な―で
みごと［見事・〈美事］①りっぱなこと。たくみ。②美しいこと。例―に咲いた菊の花
みことのり［詔・〈勅］天皇のおことば。
みこみ［見込(み)］①思いつき。②めあて。
みごもる［身《籠(も)る］妊娠する。
みごろ［見《頃］見るのにちょうどいい時期。
みごろし［見殺し］殺されるのをただみていること。人のこまっているのや苦しんでいるのを助けないこと。例―にできない
みこん［未婚］まだ結婚しないこと。↔既婚
ミサ［《弥撤》］カトリック教会の式典。
みさい［未済］まだすまないこと。例―金
みさお［操］志を守ってかえないこと。貞操。
みさかい［見境］物の見わけ。区別。例―がない
みさき［《岬］陸地が細く海につきだした所。
みさげる［見下げる］あなどる。けいべつする。
みささぎ［陵］天皇や皇后の墓所。御陵。
みさだめる［見定める］見て確認する。
みじかい［短い］長さが少ない。例気が―
みじたく［身支度］服装をととのえること。みごしらえ。例―をととのえる
みじめ［惨め］見ていられないほどかわいそうなこと。あわれなこと。例―な思いをする
みじゅく［未熟］①くだものがまだ熟さないこと。②学業や技芸などがまだ熟達しないこと。まだうまくならないこと。例―者

みしょう[未詳]まだくわしくわからないこと。例作曲年次—の曲
みじろぎ[身〈動ぎ]身動きすること。例—も
みじん[〈微《塵]①こまかいほこり。②ごく小さなもの。ごくわずか。例—も考えない
みす[〈御《簾]すだれ。例—をあげる
みず[水]酸素と水素の化合液体。例水に流す・水ももらさぬ・水に油
みずあげ[水揚(げ)]①船の荷あげ。③売り上げ。例本日の—高。③切り花の吸水方法。例—に工夫をこらす
みすい[未遂]まだなしとげないこと。↕既遂
みずいらず[水入らず]近親の者だけで他人をまぜないこと。例家族—の団らん
みずうみ[湖]陸地にかこまれて深く水をたたえたところ。例湖のほとりの小屋
みずえ[水絵]水彩画。↕油絵
みすえる[見据える]じっと見る。みつめる。
みずおち[▽鳩尾]胸骨の下のまん中のくぼんだ所。むなもと。みぞおち。例—を突く
みずかき[《水《搔(き)・《蹼]水鳥やカエルの指の間のうすい膜。例蛙の—
みずかけろん[水掛(け)論]両方がたがいにりくつを言ってはてしなく議論すること。
みずかさ[水《嵩]川などの水の分量。水量。
みずがし[水菓子]くだもののこと。
みすかす[見透かす]①すかして見る。②見ぬく。見とおす。例胸中を—
みずから[自ら]①自分。②自分自身で。
みすぎ[身過ぎ]暮らしをたてて行くこと。生計。例やっと—世過ぎができる
みずぎわ[水際]水のほとり。みぎわ。例—作戦
みずぎわだつ[水際立つ]ひときわ目だってあざやかなこと。例水際立った手なみ
みずぐき[水茎]書いた文字。筆跡。例—の跡
みずくさい[水臭い]よそよそしい。親しみがない。例そんな—こと言うなよ
みずけむり[水煙]①水面にたつきり。水蒸気。②水が飛び散って煙のように見えるもの。水しぶき。例—をあげる
みすごす[見過(ご)す]①見ながらそのままにしておく。②見おとす。例うっかり—
みずごり[水《垢離]水をあびて身を清め、神や仏にいのること。例—をとる
みずさかずき[水杯・水《盃]長いわかれのとき、さかずきで水をのみかわすこと。
みずさきあんない[水先案内]船が内海や港内を通るとき、その案内をすること。例—人
みずさし[水差(し)]水をそそぐ容器。フラスコ。例水割り用に—を用意する
みずしょうばい[水商売]料理屋などのように収入の一定しない商売。例—の女性
みずしらず[見ず知らず]いちども会ったことがないこと。全然知らないこと。例—の人
みずたき[水炊き]鶏肉のなべ料理。
みすてる[見捨てる]①見ながらそのままにしておく。②捨ててかえりみない。見限る。
みずのあわ[水の泡]①すいめんにうかぶあわ。②努力がむだになること。例—になる
みずはけ[水《捌け]水の流れ去るぐあい。
みずばしら[水柱]水が柱のように立ちあがったもの。例大きな—が立った
みずひき[水引]おくり物を結ぶ紙のひも。
みすぼらしい[見《窄らしい]みなりが貧弱な。まずしく見ぐるしい。例—姿を恥じる
みずまし[水増し]①水がふえること。②水をまぜて量をふやすこと。水わり。③外見だけふえているように見せかけること。
みすます[見澄(ま)す]見きわめる。気をつけてよく見る。例るすを—
みずみずしい[《瑞瑞》しい]つやがあってわかわかしい。つやつやして美しい。例—顔
みずもの[水物]かわりやすくけんとうのつけにくいことがら。例勝負は—である
みずや[水屋]①神社や寺院で参拝する人が手や口を洗う所。②食器をいれる戸だな。
みする[魅する]①ふしぎな力で人をまよわす。②心をひきつける。例聴衆を—講演
みずわり[水割り]①水を入れてうすめること。②内容を悪くすること。例—の論文だ
みせ[店]商店。商品を売るところ。例店先・店売り・—番・お店屋さん
みせいねん[未成年]まだ一人まえにならないこと。満二十歳に達しないこと。例—者
みせいひん[未成品]①まだできあがらない品物。②これから先どうなるかわからない人。
みせかけ[見せ掛け]うわべ。外見。例—だけはりっぱだ・本物らしく—る
みせつける[見せつける]じまんそうに見せる。例流行の服を—
みせもの[見世物]入場料を取って、めずらしい物や曲芸を人に見せる興行。例—小屋
みぜん[未然]まだ、そうならないこと。例—に

防ぐ・—形

みそ［味《噌］①大豆をもとにした調味料。例—をつける。②とくいに思っているところ。

みぞ［溝］①どぶ。②細長いくぼみ。③へだて。すきま。例お互いの溝が深くなった

みぞう［未《曽有］今までに一度もなかったこと。例古今—の大事件

みぞおち［▽鳩尾］胸骨の下のくぼみ。

みそか［三〈十日・▽晦日］月の三十日。月の最終日。月末。例大—・—払い

みそぎ［《禊］川で水をあびて身を洗い清めること。例—をして出直す

みそっかす［味《噌っ《滓］①みそをこしたかす。②あまやかされること。例—の末弟

みそづけ［味《噌漬(け)］みそにつけた野菜。

みそっぱ［味《噌っ歯］かけて黒くなった歯。

みそめる［見初める］はじめて見て恋い慕う。

みそら［身空］身のうえ。例若い—で

みぞれ［《霙］雪などがとけて、雨まじりに降るもの。例—模様の空だ

みそれる［見〈逸れる］見忘れる。見あやまる。例お見それしました

みだし［見出し］①中に書かれている事がらを見出すのに、便利なようにつけた題目。表題。②新聞や雑誌の記事の標題。例小—

みだしなみ［身《嗜み］身のまわりのことに注意すること。例—のよい人

みたす［満たす・〈充たす］①いっぱいにする②まんぞくさせる。例年来の希望を—

みだす［乱す］みだれさせる。例秩序を—

みだりに［〈濫りに・〈妄りに］やたらに。

みだればこ［乱れ箱］ぬいだ衣服を入れておく、ふたのないあさい箱。

みだれる［乱れる］乱雑になる。騒動になる。例国が—・髪が—・規律が—

みち［道・〈路・〈径］①通路・例小道。②道義。例人の踏むべき道・道ならぬ恋

みち［未知］まだ知らないこと。例—の世界を探検する・—数

みぢか［身近］身辺にあること。例—な例

みちがえる［見違える］見そこなう。

みちくさ［道草］①道ばたの草。②とちゅうでほかのことにひまをつぶすこと。

みちしお［満ち潮］海の面が一日のうちでいちばん高くなったとき。例—になってきた

みちじゅん［道順］行く道の順序。例—をきく

みちしるべ［道〈標］①道ばたにて、道すじをしめすもの。道案内。②手引きとなるもの。

みちすう［未知数］①方程式の中でもとめる数。②どうなるか将来のわからないもの。

みちすがら［道すがら］あるきながら。途中。

みちすじ［道筋］①通って行く道。例通学の—の本屋。②すじ道。物の道理。例話の—

みちづれ［道連れ］いっしょに行く人。

みちのく［〈陸奥〉］奥羽地方の古いよび方。

みちのべ［道の辺］道のほとり。道ばた。

みちのり［道〈程］道の長さ。道路の距離。

みちばた［道端］道のほとり。例—にしゃがむ

みちびく［導く］①道あんないをする。②ものごとを教える。指導する。例生徒を—

みちぶしん［道普請］道路を開いたりなおしたりすること。例村の—にかりだされる

みちゃく［未着］まだとどかないこと。

みちる［満ちる・〈充ちる］①いっぱいになる。②すみずみまで行きわたる。③期限がくる。

みつ［密］ひそか。こまかい。例密にする

みつ［《蜜］ねばりけのあるあまいしる。

みつ［《褌］ふんどしの後ろの交差部分。

みつうん［密雲］あつくかさなった雲。黒雲。

みっかぼうず［三日坊主］物事にあきやすく何をしても長つづきしないこと。

みつぎ［密議］ひみつの相談。例—をこらす

みつぐ［貢ぐ］人を助けるための財物を送る。しおくりする。助ける。例男に—

みづくろい［身繕い］身じたく。

みつくろう［見繕う］品物を見はからう。

みつげつ［《蜜月］ハネムーン。例—旅行

みつける［見付ける］見いだす。例嫁を—

みっこう［密行］しのびあるき。こっそりと行くこと。例市中を—する

みっこう［密航］かくれて渡航すること。

みっこく［密告］こっそり告げしらせること。

みっし［密使］ひみつに出す使者。例—を派遣

みっしつ［密室］①しめきって、むやみに人を入れない室。例—で相談する。②人にわからないようにひみつに作ったへや。

みっしゅう［密集］すきまなくあつまること。

みっしょ［密書］ひみつの文書。

みっせい［密生］すきまなくはえしげること。

みっせつ［密接］①すきまなくぴったりとつくこと。②関係がひじょうに深いこと。

みっそう［密葬］内々の葬儀。例家族で—

みつぞう［密造］こっそりと作ること。例—酒

みつだん［密談］ひみつの相談。ないしょ話。
みっちゃく［密着］①ぴったりとつくこと。②写真を引きのばさないで焼きつけること。
みつど［密度］①こみあうどあい。②一定の体積中にふくまれる物資の量。例人口―
みつばち［《蜜蜂》］みつをとるために飼うはち。例―の巣・―の女王
みっぷう［密封］かたく封をとじること。
みっぺい［密閉］すきまなくとじること。
みつぼう［密謀］ひみつのはかりごと。
みつまた［三つ《叉》］三方に分かれる所。
みつまた［三《椏》］和紙の原料の植物。
みつまめ［《蜜豆》］寒天やくだものにみつをかけた食べ物。
みつみつ［密密］①ひそかなさま。こっそり。②こまかなさま。③ぴったりくっつくさま。
みつめる［見詰める］一点に目をそそぐ。
みつもる［見積(も)る］だいたいの計算をする。例総工費を―
みつやく［密約］こっそりと約束すること。
みつゆ［密輸］密輸入や密輸出。例―品・―船
みつりん［密林］すきまもなく樹木のはえしげった林。例アマゾンの―
みてい［未定］まだきまらないこと。例会費はいくらにするか―です
みとう［未踏］まだだれも足をふみ入れたことがないこと。例人跡―の高山
みとう［未到］まだ到達していないこと。例前人―の分野を研究
みとおし［見通し］見ぬくこと。例経済の―
みとおす［見通す］見ぬく。例相手の心中を―

みとがめる［見《咎める］あやしいと思う。
みどころ［見所］①見るねうちのある所。②将来有望なこと。みこみ。例―のある青年
みとどける［見届ける］①終わりまでたしかに見る。例電車に乗るのを―。②よく見る。注意して見る。例結末を―
みとめいん［認め印］ふだん使う略式の印。
みとめる［認める］①見きわめる。たしかに見る。②見てよいとする。ゆるす。例嫁に―
みとり［〈看取り］病人のそばにいて、いろいろと世話をすること。例寝たきり老人の―
みどり［緑］青と黄の中間色。例松の緑
みどりご［▽嬰児］二、三歳のこども。乳をまだのんでいる子。例いとけなき―を抱いて
みとりず［見取(り)図］建物などの形や配置をわかりやすく書いた略図。例家の―
みとれる［見《惚れる・見《蕩れる］我をわすれて見る。うっとりとして見る。例ぼんやり―
みな［皆］みんな。全部。例皆さん・皆の衆
みなおす［見直す］①あらためてみる。②見て思いなおす。③気がつかなかった価値を見出す。例きみをすっかり見直したよ
みなぎる［《漲る］①水がいっぱいに満ちあふれる。②ひろがっていっぱいになる
みなしご［▽孤児］親のないこども。こじ。
みなす［見《做す・〈看《做す］①見てそれと定める。②かりにそう見る。そのように見る。
みなと［港・《湊］外海の荒波をふせぎ、船を安全にとめられる所。例港町・船が港に着く
みなみ［南］日の出に向かい右の方角。
みなみはんきゅう［南半球］地球の赤道より南の半分。↕北半球

みなもと［源］①川の水の流れ出るもと。②物事のおこりはじめ。例人類文化の源
みならい［見習(い)］①見ておぼえること。②仕事を実地について練習すること。また、その人。例―工を募集する・家事―
みなり［身〈形］衣服をつけた姿。よそおい。
みにくい［醜い］①見るのがいやな。②顔が美しくない。③けがらわしいこと。例―行為
みぬく［見抜く］おくそこまで見とおす。例相手の戦法を―・相手の意図を―
みね［峰・《峯・《嶺］①山のてっぺん。②刀の刃の背。③物の高くなった所。例雲の峰
みの［《蓑］かや・すげなどであんだ雨具。
みのう［未納］まだおさめないこと。例―の税
みのがす［見逃す］①見てそのままにしておく。知らないふりをする。②見そこなう。
みのがみ［〈美濃〉紙］厚手で強い和紙の一種。
みのけ［身の毛］皮膚の毛。例―もよだつ
みのほど［身の程］ぶんざい。例―知らず
みのまわり［身の回り・身の《廻り］身辺。例―の品・―の整とん
みのる［実る・《稔る］みがなる。結実する。例努力が―・稲が―
みば［見場・見端］外から見たさま。例―が悪い
みばえ［見栄え］外から見てりっぱなこと。外見がいいこと。×見映え。例―がしない
みはからう［見計(ら)う］見て適当にきめる。
みはてぬ［見果てぬ］見おわらない。例―夢
みはなす［見放す・見離す］すててかえりみない。見すてる。例医者が―

みはらす［見晴（ら）す］ながめ見わたす。
みはり［見張（り）］見て番をすること。また、その人。例―をたてる・―番
みはる［見張る］①目を大きくひらいて見る。②方々に目をくばって番をする。
みびいき［身《贔屓》］自分に関係のある人を特別にひいきすること。例―が過ぎる
みぶり［身振り］からだを動かすさま。そぶり。例―手ぶりで・大げさな―
みぶるい［身震い］わななき。例―する
みぶん［身分］社会的な地位。例―不相応
みぼうじん［未亡人］夫に死に別れた婦人。
みほれる［見《惚れる］みとれる。
みほん［見本］その全体を知らせるために示す一、二の商品。例―を送らせる
みまい［見舞（い）］なぐさめること。例暑中―
みまう［見舞う］①災難にあった人や病気の人などをたずねなぐさめること。②おそう。
みまがう［見〈紛う］見ちがえる。例花と―
みまかる［身〈罷る］死ぬ。例昨夜、父が―
みまもる［見守る］①見て番をする。例成長を―。②じっと見つめる。例ゆくえを―
みまん［未満］きまった数にならないこと。
みみ［耳］顔の両側の音をきく器官。
みみあたらしい［耳新しい］はじめて聞くこと。
みみうち［耳打ち］相手の耳もとに口をよせてささやくこと。例―をする
みみがくもん［耳学問］人の話を聞いて物を知ること。例―で知識をおぼえる
みみざわり［耳障り］聞いて不快なこと。
みみず［▽蚯蚓］地中にいる環状動物。
みみずく［▽木菟］フクロウ科の鳥。
みみたぶ［耳《朶］耳の下部のたれた肉。
みみだれ［耳垂れ・耳〈漏れ］中耳からうみのでる病気。例―の手当
みみなり［耳鳴り］耳の奥のほうでジーンと鳴っているように感じること。例―がする
みみなれる［耳慣れる］聞きなれる。
みみもと［耳元・耳〈許］耳のそば。例―で
みみより［耳寄り］聞きたいと思うこと。
みめ［見目］①見たようす。すがた。②顔だち。
みめい［未明］夜がまだ明けきらないとき。
みめよい［見目〈好い］かおかたちが美しい。
みもだえ［身《悶え］苦しさのあまり身を動かすこと。もがき苦しむこと。例―して悲しむ
みもち［身持（ち）］①品行。②子をはらむこと。
みもと［身元・身〈許］①その人の生まれた所。②身の上に関したこと。例―保証人
みもの［見物］見るねうちのあるすばらしいもの。例これからが―だ
みや［宮］①神社。②皇族。③御所。
みゃく［脈］①血管。②みゃくはく。③みこみ。
みゃくはく［脈拍・脈《搏］心臓の働きによって動脈に周期的に起こる血液の運動。
みゃくみゃく［脈脈］物事のたえまなくつづいているさま。例―と続く
みゃくらく［脈絡］①みゃく。②すじみち。続き。例前後の―を保つ
みやげ［土産］①旅先などで買って持って帰る品。例―物。②人の家を訪問するとき持っていくおくり物。例手―
みやびやか［〈雅やか］上品で美しいこと。しとやかでけだかいさま。風流。例―な行事
みやぶる［見破る］かくされているひみつを見ぬく。例相手のこんたんを―
みやま［〈深山］おくふかい山。山のおく。
みゆき［〈深雪］深くつもった雪。
みょう［妙］①ひじょうにすぐれていいこと。②ふしぎなこと。例妙な話・妙な事
みよう［見様］見る方法。例―見まねで
みょうあん［妙案］ひじょうにすぐれた思いつき。例―が浮かぶ・それは―だ
みょうが［《冥加］目に見えない神仏の助け。おかげ。例―金・命―なやつだ
みょうが［《茗荷］芳香のある食用多年草。
みょうぎ［妙技］ひじょうにすぐれたわざ。
みょうけい［妙計］ひじょうにすぐれたはかりごと。例うまい―もないものか
みょうさく［妙策］うまい考え。妙計。
みょうじ［名字・〈苗字］家系を示す姓。
みょうしゅ［妙手］勝負ごとの好手。
みょうしゅ［妙趣］いうにいわれぬ味わい。
みょうしょ［妙所］ひじょうにすぐれた点。
みょうじょう［明星］金星の別のよび名。
みょうせき［名跡］あと目。例―を継ぐ
みょうだい［名代］人のかわりをつとめること。例父の―で出席する
みょうに［妙に］ふしぎに。きみょうに。
みょうほう［妙法］すぐれてよい方法。
みょうみ［妙味］すぐれたおもむき。妙趣。
みようみまね［見様見真〈似］別に教えられなくても、いつも見ているうちに自然にその事がじょうずになること。例―で覚える

みょうもん［名聞］世間の評判。ほまれ。
みょうやく［妙薬］ひじょうによくきく薬。
みょうり［〈冥利］①神や仏からうけた目に見えない利益。②よいおこないをしたむくいとしてさずかった利益。例商売―に尽きる
みょうれい［妙齢］わかい年ごろ。例―の女性
みよし［《舳・▽船首］へさき。船の先。
みより［身寄り］みうち。親族。例―がない
みらい［未来］これからのち。将来。↕過去
みりょう［未了］まだおわらないこと。例今国会では審議―となる
みりょう［魅了］人の心をすっかりひきつけてしまうこと。例満場を―する
みりょく［魅力］心をひきつけるふしぎな力。
みりん［味《醂］甘味がする調味用の酒。
みる［見る・〈観る・〈視る］①目にとめて知る。②ながめる。③読む。例本を―
みる［診る］診察する。例患者を―
みるかげもない［見る影もない］ひじょうに見すぼらしいさま。例昔の面影は―
みるからに［見るからに］ちょっと見ただけで。例―に貫禄のある人
みれん［未練］思い切れないこと。心のこり。
みわく［魅惑］ふしぎな力で人をひきつけまよわすこと。例人を―する女性
みわける［見分ける］見て区別する。例違いをよく―・本物を―眼力
みわたす［見渡す］遠くひろく見る。
みんい［民意］人民の意志。例―を尊重する
みんえい［民営］民間経営。例国鉄の―化
みんか［民家］ふつうの人のすむ家。
みんかん［民間］国民の間。国民の社会。
みんげい［民芸］民間の工芸品。例―品
みんけん［民権］①人民がからだや財産などをもつ権利。②人民が政治にくわわることができる権利。例自由―運動
みんじ［民事］①人民に関すること。②私法上の事件。↕刑事。例―訴訟法
みんしゅ［民主］国民の主権が人民にあるとすること。例―国家・―的
みんじゅ［民需］民間の需要。↕官需
みんしゅう［民衆］せけん一般の人々。例―的な娯楽・―の敵
みんしゅしゅぎ［民主主義］人民の力によって、人民全体の利益をもとして政治を行う主義。デモクラシー。例―の世の中
みんしゅてき［民主的］民主主義にかなうさま。多数の意見で物事をきめるやりかた。↕封建的。例―なルールで
みんじょう［民情］国民の実際のありさま。
みんしん［民心］人民の心。国民の考え。
みんせい［民生］人民の生活。例―委員
みんせい［民政］国民の幸福を目的とする政治。例―を推し進める
みんせん［民選］人民がえらぶこと。例―議員
みんぞく［民俗］民間の風俗や習慣。例―学
みんぞく［民族］同じ土地に住み、同じ言語を話し、歴史と文化とを同じくする民衆。
みんぽう［民法］各個人の権利や義務を定めることを主眼とする法律。例―上の問題だ
みんぽんしゅぎ［民本主義］国民の意志を尊重して政治を行うことを建て前とする主義。
みんゆう［民有］人民が所有すること。例―地
みんよう［民謡］ある地方に昔からつたわって、その地方の多くの人に歌われている歌。
みんりょく［民力］人民の財力や労力。
みんわ［民話］民間伝承の説話。例―劇

む

む［無］ないこと。例心を無にして
むい［無位］位がないこと。例―無冠
むい［無為］①自然のままなこと。②なにもしないこと。働かないこと。例―に過ごす
むいぎ［無意義］いみがないこと。↕有意義
むいしき［無意識］自分で自分のおこないに気がつかないこと。例―に手を出した
むいちもつ［無一物］なにももたないこと。
むいちもん［無一文］いちもんなし。
むいみ［無意味］意味がないこと。つまらないこと。例―な動作をくりかえす
むえき［無益］利益のないこと。役に立たないこと。むだ。↕有益。例―な取りきめ
むえん［無縁］①かかわりあいがないこと。無関係。例まったく―となる。②死んだあとをとむらう縁者のないこと。例―仏
むえん［無援］助けのないこと。例孤立―
むが［無我］①自分の欲を考えないこと。私心がないこと。例―の境に入る。②我をわすれること。無意識。例―夢中で
むかい［向（か）い］①むかうこと。②むこう。先方。③正面。例真―の家
むがい［無害］害がないこと。例人畜―

むかう[向(か)う]①おもむく。②はむかう。例敵に—。③近づく。例冬に—
むかえる[迎える]待ちうける。まねきいれる。例春を—・客を—・社長に—
むがく[無学]学問がないこと。無教育。
むかご[▽零余子]ヤマイモの肉芽。
むかし[昔]遠い過去。例十年ひと昔
むかしかたぎ[昔▽気質]昔ふうで、きっちりした性質。例—のがんこな老人
むかっぱら[向かっ腹]わけもなく腹を立てること。例—が立つ
むかで[▽百足・▽蜈蚣]多足の節足虫。
むかんかく[無感覚]感じのないこと。
むかんけい[無関係]かかわりがないこと。関係がないこと。例私とは—である
むかんしん[無関心]心にかけないこと。なんとも思わないこと。例—なふりをする
むき[向き]①向くこと。例南—。②本気。例—になる。③好み。例—不向き
むき[無期]一定の期限がないこと。例—懲役
むき[無機]生活機能をもたない物資。↕有機。例—物・—化学・—化合物
むぎ[麦]栽培一、二年生のイネ科植物。例小麦粉・麦秋・麦打ち・麦わら・麦茶
むきげん[無期限]期間を定めないこと。
むきず[無傷・無《疵]①きずがないこと。②欠点がないこと。例—の経歴
むきだし[《剝き出し]かくさずあらわにだすこと。ろこつ。例いなか弁—の話し方
むきどう[無軌道]①レールがないこと。②考えや行いが常識にはずれること。でたらめ。例—な行動をとる少年
むきみ[《剝き身]貝のからを取り去った肉。
むきめい[無記名]名まえを書かないこと。
むきゅう[無休]休日がないこと。例年中—
むきゅう[無給]給料がないこと。例—医局員
むきゅう[無窮]きわまりないこと。無限。
むく[向く]①むかう。②おもむく。③にあう。
むく[《剝く]はがす。例皮を—・りんごを—
むく[無《垢]①着物などの全体が無地でほかの色とまじらないもの。②まじりけのないこと。③けがれのないこと。例純真—
むくい[報い・〈酬い]①しかえし。②善いことや悪いことを行った者が受けるもの。例悪の—・労働の—
むくいぬ[《尨犬]毛が長く、むくむくした犬。
むくいる[報いる]おかえしをする。しかえしする。例多年の労に—・一矢を—
むくげ[〈木《槿]夏、あおいににた花を開く木。いけがきにする観賞用落葉低木。
むくげ[《尨毛]長くふさふさとした毛。
むくち[無口]口数が少ないこと。ものをいわないたち。例—で交際を好まない
むくどり[《椋鳥]つぐみぐらいの大きさの鳥。
むくのき[《椋の木]ニレ科の落葉高木。
むくむ[▽浮腫む]水気がたまってふくれる。
むくろ[《骸・《軀]死がい。からだ。例—と化す
むけ[向け]その方向。例東京—の商品
むげ[無下]ひどくおとること。ていどのはなはだしいこと。ひたすら。例—に断れない
むげ[無《碍・無《礙]さえぎるものがないこと。さしさわりがないこと。例融通—
むけい[無形]形がないこと。例—文化財
むけい[無《稽]根拠のないこと。例荒唐—
むげい[無芸]芸がないこと。例—大食
むけいこく[無警告]前もって警告しておかないこと。例—で攻撃する
むけつ[無欠]かけたところがないこと。
むけつ[無血]血を流さないこと。殺したり傷つけたりしないこと。例—占領
むげん[無限]①かぎりがないこと。いつまでもつづくこと。②制限がないこと。
むげん[夢幻]①ゆめとまぼろし。例—の世界へいざなう。②非常にはかないこと。
むげんだい[無限大]かぎりなく大きいこと。
むこ[婿・《聟]むすめのおっと。例花婿・娘婿
むこ[無《辜]つみがないこと。善良。例—の民
むこう[向こう]①正面。②あちら。例—側・—傷・—ずね・—を張る
むこう[無効]ききめがないこと。役に立たないこと。↕有効。例切符が—になる
むこうみず[向(こ)う見ず]あとさきを考えずに行動すること。例—なふるまい
むごたらしい[〈惨たらしい]かわいそうだ。ざんこくである。むごい。例—他殺死体
むこん[無根]根拠がないこと。事実でないこと。例事実—の流言
むごん[無言]口をきかないこと。例—劇
むざい[無罪]罪がないこと。例—放免
むさく[無策]はかりごとがないこと。対策がないこと。例無為—・あまりにも—だ
むさくい[無作為]意図しないこと。例—抽出によるアンケート

むさべつ［無差別］差別がないこと。例―爆撃
むさぼる［《貪る］やたらにほしがる。よくばる。例清涼な空気を―ように吸う
むさん［霧散］きりのように消えること。例長年の夢が―する・雲消―
むざん［無残・無惨］①はじを知らないこと。②むごたらしいこと。かわいそうなこと。
むさんかいきゅう［無産階級］財産がなく働いて生活する人々。プロレタリヤ。
むし［虫］①人・獣・鳥・魚・貝以外の動物の総称。例虫の音。②なんとなく心に感じること。例虫がしらせる。③けいべつ語。例弱虫・泣き虫・勉強の虫
むし［無私］自分のためを考えないこと。例公平―の人・無欲―
むし［無視］あってもないものと同じにあつかうこと。問題にしないこと。例―される
むじ［無地］全体が一色でもようのないこと。
むしかえす［蒸(し)返す］①一度むしたものをまたむす。②すんだことをまた問題にする。
むしかく［無資格］資格がないこと。例―者
むじかく［無自覚］自分を知りわきまえないこと。自覚しないこと。例―なのには困る
むしくだし［虫下し］回虫の駆除薬。
むしけら［虫《螻］虫をいやしむ語。役たたず。例―同然に扱う・―のごとく
むしず［虫〈酸・虫《唾］胃から出るすっぱいいやな液。例―が走るような嫌なやつ
むじつ［無実］事実がないこと。例―の罪
むじな［《貉・《狢］①たぬき。②あなぐま。例同じ穴の―・―藻

むしのいき［虫の息］今にも絶えそうないき。
むしば［虫歯・《齲歯］むしばんだ歯。
むしばむ［《蝕む］①虫がくってそこなう。②少しずつきずつける。例がんが体を―
むじひ［無慈悲］あわれみの心がないこと。思いやりがないこと。例―な態度
むしぼし［虫干(し)］夏に衣類や本などを日にほし、風にあてて虫の害を防ぐこと。
むしめがね［虫眼鏡］とつレンズ。拡大鏡。
むしゃ［武者］さむらい。例―修行・―人形
むしやき［蒸(し)焼(き)］容器に密閉して焼くこと。例若鳥の―・火事で―になる
むじゃき［無邪気］①心にわだかまりのないこと。②あどけないこと。わる気がないこと。
むしゃぶるい［武者震い］心が勇みたつあまり、からだがふるえること。例試合の前の―
むしゅう［無臭］においのないこと。例無味―
むじゅう［無住］寺に住職がいないこと。
むしゅく［無宿］①すみかがないこと。②戸籍がないこと。例―者
むしゅみ［無趣味］しゅみがないこと。
むじゅん［矛盾］つじつまが合わないこと。前後が一致しないこと。例―のない説明
むしょう［無償］ただ。無料。↔有償。例―提供
むじょう［無上］この上ないこと。例―の光栄
むじょう［無常］①一定しないこと。つねでないこと。②人生のはかないこと。例―感
むじょう［無情］思いやりがないこと。なさけの心がないこと。例―な仕打ち
むじょうけん［無条件］なんの条件もつけないこと。もんくなし。例―で許す・―降伏

むしように［無性に］むやみに。やたらに。
むしょく［無色］色のついていないこと。例―透明・政治的には―だ
むしょく［無職］定職がないこと。
むしょぞく［無所属］どこにも所属していないこと。例―議員・―で立候補する
むしる［《毟る］つかんでひきぬく。例草を―・毛を―・髪を―
むしろ［《筵・《蓆］わらなどであんだ敷物。例針の―・―旗・―を敷く
むしろ［〈寧ろ］どちらかといえば。いっそ。
むしん［無心］①なんの考えもないこと。むじゃき。例―の境地。②金や物をねだること。
むじん［無人］人がすんでいないこと。例―駅
むじん［無尽］①つきないこと。なくならないこと。例―の宝庫・―蔵。②頼母子講。
むしんけい［無神経］感じがにぶいこと。
むす［蒸す］①ふかす。②むし暑い。
むすう［無数］数えきれないほど多いこと。
むずかしい［難しい］①わかりにくい。②めんどうな。③病気が重くてなおりにくい。
むすこ［息子］せがれ。男の子。例一人―
むすび［結び］①むすぶこと。例ちょう―。②おわり。しまい。例―の一番
むすぶ［結ぶ］①つなぐ。くくる。②約束する。③とじる。④おわりにする。⑤できる。
むすぼれる［結ぼれる］①ほどけない。②気がふさぐ。心がはればれしない。↔解ける
むすめ［娘］女の子。例―心・―婿・―盛り
むせい［無声］音声がないこと。例―映画
むせい［夢精］睡眠中に射精すること。

むせきにん［無責任］①責任がないこと。②責任を重んじないこと。例―な行為

むせぶ［《咽ぶ・《噎ぶ］①息がつまるようになりせきがでる。②むせぶようにして泣く。

むせん［無線］電線をひかないこと。↔有線

むせん［無銭］一文なし。例―旅行・―飲食

むそう［無双］ならぶものがないこと。

むそう［夢想］①ゆめの中で考えること。例―もしなかった。②ゆめのような考え。空想。

むぞうさ［無造作］ぞうさないこと。てがるなこと。たやすいこと。例―にやってのける

むだ［無駄・〈徒］やくにたたないこと。例―話

むたい［無体］むり。乱暴。例無理―に

むだばな［無駄花・〈徒花］咲いても実をむすばない花。あだばな。例―と化す

むだぼね［無駄骨］むえきなほねおり。

むだん［無断］なんともことわらないこと。

むち［《鞭・《笞］打つための細いひもやぼう。例あめと―・―打ち症

むち［無知］知識がないこと。知らないこと。

むち［無恥］はじを知らないこと。例厚顔―

むちうつ［《鞭打つ］①むちで打つ。②はげます。例くじけそうな気持ちに―

むちゃ［無茶］すじみちが立たないこと。道理に合わないこと。乱暴。例―苦茶な話

むちゅう［夢中］①ゆめのなか。②熱中してわれをわすれること。例―になって叫ぶ

むちん［無賃］料金を払わないこと。例―乗車

むつ［《鯥］卵巣が美味の大形海産魚。

むつ［〈陸奥〉］みちのく。奥羽地方の称。

むつかしい［難しい］↓むずかしい

むつき［《襁褓》］おしめ。おむつ。うぶぎ。

むつごと［《睦言］むつまじいことば。

むっつ［六つ］①ろく。②六歳。例―の子

むつまじい［《睦まじい］仲がいい。したしい。

むていこう［無抵抗］てむかいしないこと。

むてき［無敵］強くて相手になるものがいないこと。いちばん強いこと。例天下―

むてき［霧笛］灯台や船などで、霧のとき信号としてならす笛。例遠くで―が

むてっぽう［無鉄砲］あとさきを考えないこと。例―な計画だ

むでん［無電］無線電信・無線電話の略。

むとう［無灯・無《燈］灯火をつけないこと。

むどく［無毒］毒がないこと。例―無害

むとどけ［無届(け)］とどけ出ないこと。

むとんちゃく［無《頓着］ものにこだわらないこと。心配しないこと。むとんじゃく。

むないた［胸板］むねの平たいところ。

むなぎ［棟木］屋根のむねにつかう木。

むなぐら［胸倉］きもののえりの合わせ目。

むなげ［胸毛］胸の部分に生えている毛。

むなさわぎ［胸騒ぎ］なんとなく心配で、胸がどきどきすること。例―がする

むなざんよう［胸算用］見つもり。心づもり。

むなしい［〈空しい・〈虚しい］①中に物がない。からである。②あとがない。③むだである。はかない。例―努力・―内容

むなしく［〈空しく］むだに。かいもなく。

むに［無二］二つとないこと。例―の親友

むにする［無にする］むだにする。例努力を―

むにむさん［無二無三］わきめもふらず、一心になること。例―に走った

むにんしょだいじん［無任所大臣］省の事務をとらずに国務大臣として内閣に列する人。

むね［胸］①首と腹の間の前面。乳のあたり。例はと胸。②こころ。例―が痛む

むね［旨］①こころ。気持ち。②おもむき。趣意。

むね［棟］①屋根のいちばん高いところ。②むなぎ。例棟をあげる・隣の棟に移る

むねあげ［棟上げ］家の骨組みができて、むな木をあげること。建前。例―式

むねわりながや［棟割(り)長屋］一つのむねに何軒もの家がある長屋。

むねん［無念］①くやしいこと。残念。例―の涙を流す。②なにも思わないこと。例―無想

むのう［無能］才能がないこと。はたらきがないこと。↔有能。例―な職員

むひ［無比］くらべるものがないこと。無類。

むび［無《寐］ねむること。例―にも忘れぬ

むひつ［無筆］文字を知らないこと。無学。

むひょう［霧氷］水蒸気が木の枝などにこおりついたもの。樹氷。例―のなかを滑る

むひょうじょう［無表情］表情がないこと。

むふう［無風］風がないこと。例―状態

むふんべつ［無分別］考えがないこと。

むほう［無法］乱暴なこと。例―者・―地帯

むぼう［無謀］むこうみずなこと。考えのたりないこと。例―な登山計画だ・―運転

むほん［謀反・謀《叛］そむいて戦うこと。

むみ［無味］①あじがないこと。②おもしろみがないこと。つまらないこと。例―乾燥な

むめい［無名］①名を書かないこと。名がない

こと。②名がわからないこと。③有名でないこと。例—の新人の作品
むやみ[無《闇]考えなし。やたら。例—に
むよう[無用]①用事がないこと。②役に立たないこと。むだなこと。例—な心配。③してはならないこと。例はり紙—
むよく[無欲・無《慾]よくがないこと。
むら[村]地方行政区画の一つ。例村祭り
むら[群・《叢]むれ。例群すずめ・群千鳥
むら[《斑]まだら。不統一。例—が多い
むらがる[群がる]たくさんあつまる。
むらさき[紫]赤と青の中間色。例紫式部
むらざと[村里]いなかで人家のあるところ。
むらさめ[村雨]ざあっと降りすぐにやむ雨。
むらす[蒸らす]むれるようにする。
むり[無理]①すじみちが通らないこと。理由だたないこと。②しいてすること。③するのがむずかしいこと。例—を承知で
むりょ[無慮]おおよそ。だいたい。例—千人の
むりょう[無料]料金がいらないこと。↔有料
むりょう[無量]かぎりがないこと。例感慨—
むりょく[無力]①力がないこと。↔有力。例—感。②勢力や財産などがないこと。
むるい[無類]くらべるものがないこと。
むれる[群れる]集まりよる。むらがる。
むれる[蒸れる]熱気がこもる。例ご飯が—・—ような室内・会場が熱気で—
むろ[室]①中の温度や湿度を一定にするために壁でかこった所。②土や岩を掘って造った、物を保存するあな。例氷室・室咲き
むろん[無論]いうまでもなく。もちろん。

め

め[目・〈眼]①まなこ。②ものを見る力。③すきま。④めかた。ますめ。⑤場合。経験。
め[芽]①草木のめ。②よいきざし。例芽がでる
めあたらしい[目新しい]めずらしい。例—話
めあて[目当(て)]①ねらい。まと。例一本杉を—に歩く。②目的。例お—。③標準。
めあわせる[《娶せる]結婚させる。
めい[名]人数をかぞえる語。例約十名
めい[命]命令。例社長の命で出張する
めい[盟]ちかい。同盟。例団結の盟を
めい[明]あきらか。例先見の明を誇る
めい[銘]①しるされた作者の名。例刀の銘。②いましめのことば。例座右の銘
めい[《姪]兄弟や姉妹のむすめ。↔おい
めいあん[名案]うまい考え。例—が浮かぶ
めいあん[明暗]あかるいこととくらいこと。ひなたとひかげ。例勝者と敗者の—が
めいい[名医]すぐれた医者。例—の診断
めいうつ[銘打つ]名づける。例絶品と—
めいうん[命運]運命。うん。例—をわける
めいえん[名園]名高い庭。りっぱな庭。
めいおうせい[《冥王星]太陽系惑星の一。
めいか[名家]①りっぱな家がら。例—の出身。②その道にすぐれて有名な人。
めいか[名歌]有名な歌。すぐれた歌。
めいが[名画]すぐれて有名な絵、または映画。
めいかい[明快]さっぱりして気持ちのよいこと。例—な答弁・—な説明
めいかい[明解]はっきりした解釈。例ご—
めいかい[《冥界]死後の世界。めいど。
めいかく[明確]はっきりしてたしかなこと。
めいき[明記]はっきり書くこと。例条文に—
めいき[銘記]深く心にきざみつけてわすれないこと。例しっかり心に—する
めいぎ[名義]名まえ。表むきの名まえ。例—人
めいぎ[名技]すぐれたわざ。例—の数々
めいぎ[名《妓]有名な芸者。例柳橋の—
めいきゅう[迷宮]①一度その中にはいると出口がわからなくなるような宮殿。②事件がもつれて解決できない犯罪事件。例—入り
めいきょうしすい[明鏡止水]心がしずかにすんで、一点のくもりもないこと。
めいきょく[名曲]有名な曲。すぐれた音楽。
めいきん[鳴《禽]鳴き声の美しい小鳥。
めいぎん[名吟]後世にのこるようなすぐれた和歌・俳句・詩など。例芭蕉の—の地
めいく[名句]名高い俳句。すぐれた文句。
めいげつ[名月・明月]①はれわたった空の月。②陰暦八月十五夜の月。
めいげん[名言]有名なことば。すぐれてよいことば。例—と故事・東西—集
めいげん[明言]はっきりいうこと。例—する
めいこう[名工]すぐれた腕まえの職人。
めいさい[明細]くわしくてはっきりしていること。例—に経費を書き出す・—書
めいさい[迷彩]敵をあざむくくまどり。カムフラージュ。例—服・—をほどこす
めいさく[名作]すぐれてりっぱな作品。
めいさつ[明察]はっきりと物事をみぬくこ

と。例ごーに恐れ入る
めいさつ[名《刹]有名な寺。例京都の―
めいさん[名産]有名な産物。名物。例北海道―
めいし[名士]世間に名の知られた人。
めいし[名刺]名や住所・身分などを書いた小形の紙のふだ。例―を交換する
めいし[名詞]品詞の一つ。ものの名まえをあらわす語で主語となる。活用がない。
めいじ[明示]はっきりしめすこと。↕暗示
めいじつ[名実]名称と実質。例―ともに
めいしゅ[名手]すぐれた腕まえの人。名人。
めいしゅ[名主]りっぱな君主。明君。
めいしゅ[盟主]同盟のかしら。例―に仰ぐ
めいしゅ[銘酒]有名な酒。例灘《なだ》の―
めいしょ[名所]人によく知られている所。
めいしょう[名匠]①すぐれた腕まえの職人。②すぐれた芸術家。例―ピカソの作品
めいしょう[名称]よび名。なまえ。例会の―
めいしょう[名勝]けしきのよいところ。
めいじょう[名状]そのありさまを言いあらわすこと。例―しがたい衝撃
めいじる[銘じる]心にふかくきざみつける。
めいしん[迷信]あやまった信仰。道理にあわないことを正しいと思いこむこと。
めいじん[名人]腕まえのすぐれた人。例―芸
めいすう[命数]命の長さ。例―が尽きる
めいする[《瞑する]目をとじる。死ぬ。
めいずる[命ずる]①いいつける。命令する。例出張を―。②名をつける。命名する。
めいせい[名声]ほまれ。評判。例―が高い
めいせき[明《晰]あきらかではっきりしていること。例頭脳が―である
めいそう[《瞑想]目をとじて静かに深く物事の道理を考えること。例―にふける
めいそうしんけい[迷走神経]運動と知覚、分泌をつかさどる脳神経。
めいだい[命題]判断をあらわすことば。
めいだん[明断]明快な決断。例―を下す
めいちゃ[銘茶]特別に名のある良質茶。
めいちゅう[命中]まとにあたること。的中。
めいちょ[名著]有名な著書。すぐれた著書。
めいちょう[明澄]くもりがなく、すみきっていること。例―な空気
めいてい[《酩酊》]酔っぱらうこと。例十分に―しました・だいぶご―で
めいど[明度]色のあかるさ。↕色相・彩度
めいど[《冥土・《冥途]仏教で、死んだ人の魂が行くといわれている所。あの世。
めいとう[明答]はっきりしたこたえ。
めいどう[鳴動]鳴り動くこと。例大山―
めいにち[命日]人の死んだ日。忌日。
めいはく[明白]はっきりしてうたがいのないこと。例―な答弁を要求する
めいび[明《媚]風景が清らかで美しいこと。
めいびん[明敏]かしこくてものわかりが早いこと。例頭脳―な人
めいふく[《冥福]死後の幸福。例ご―を祈る
めいぶつ[名物]①名高いもの。②その土地の有名な産物。例―にうまいものなし
めいぶん[名文]すぐれてじょうずな文。
めいぶん[名分]守るべき立場。例大義―
めいぶん[名聞]評判。例―をはばかる
めいぶん[明文]はっきり定めた条文。例―化
めいぼ[名簿]姓名を記入した帳面。例社員―
めいぼう[名望]ひょうばんがよくて尊敬されること。徳望。例地方の―家だった
めいぼう[明《眸]美しい目。例―皓歯《こうし》
めいみゃく[命脈]命の続くこと。例―を保つ
めいむ[迷夢]ゆめのようにまよって心がきまらないこと。例―をさまさせられる
めいめい[命名]名をつけること。例―式
めいめい[銘銘]おのおの。各自。例―皿
めいめいはくはく[明明白白]はっきりして疑いのないこと。例―たる事実だ
めいめつ[明滅]明るくなったり暗くなったりすること。あかりが見えたりかくれたり。
めいもう[迷妄]まよい。例―を打破する
めいもく[名目]①呼びかた。名称。②口実。言いわけ。みょうもく。例―賃金と実質賃金
めいもく[《瞑目]目をとじること。死ぬこと。
めいもん[名門]りっぱな家がら。名家。
めいやく[盟約]かたいやくそく。ちかい。
めいゆう[盟友]かたくちかいあった友だち。
めいよ[名誉]ほまれ。よい評判。光栄。例―職
めいり[名利]名誉と利益。みょうり。
めいりゅう[名流]有名な人々。例―婦人
めいりょう[明《瞭]はっきりしていること。
めいる[《滅入る]心がしずむ。元気をなくして暗い気持ちになる。例気が―ようだ
めいれい[命令]いいつけ。例―を受ける
めいろ[迷路]いちどはいったら出られないようなみち。まよいやすいみち。例―に入る
めいろう[明朗]あかるくほがらかなこと。

めいろん［名論］すぐれてりっぱな議論。
めいわく［迷惑］わずらわしくいやなこと。こまること。例近所—なやかましい音
めうえ［目上］自分より年齢や身分が高いこと。↕目下。例—のいいつけで
めうち［目打(ち)］千枚どおしのこと。
めうつり［目移り］選択にあれこれ迷うこと。
めおと［▽夫婦］ふうふ。例—茶わん
めがお［目顔］めつき。表情。例—で知らせる
めかくし［目隠し］①布で目をおおいかくすこと。②外から見えないようにするへい。
めかけ［《妾］そばめ。てかけ。↕本妻
めがしら［目頭］鼻にちかいほうの目のはし。↕目じり。例—が熱くなる
めかた［目方］おもさ。重量。例—をはかる
めがね［眼鏡］視力調整のレンズ。例金縁—
めがみ［女神］おんなの神。例自由の—
めきき［目利き］人の才能や物のよしあしを見分けること。また、その力のある人。
めくばせ［目配せ］目つきで相手に知らせること。例そっと—する
めぐむ［恵む］①なさけをかける。あわれむ。②かわいそうに思って物などをあげる。
めぐむ［芽ぐむ］草や木のめが少し出てくる。
めくらばん［〈盲判］書類の内容をよく見ないでおす印判。例—をおす
めくる［《捲る］まくる。例本のページを—
めぐる［巡る］①まわる。②もとへかえる。③あちらこちらを歩く。例諸国を—
めこぼし［目《溢し］見のがすこと。大目に見ること。知らないふりをしてとがめないこと。

めさき［目先］目の前。その場の心のはたらき。
めざし［目刺し］いわしの干物の一種。
めざす［目差す・目指す］めがける。例オリンピック出場を—・入試突破を—
めざとい［目〈敏い］①目がさめやすい。例—老人。②見つけるのが早い。例—子ども
めざましい［目覚(ま)しい］目がさめるようなすばらしい。例—活躍をする
めざわり［目障り］見るのにじゃまになること。気にくわないもの。例—な電柱
めし［飯］ごはん。食事。例飯のたね・昼飯
めじ［目路］タイルやレンガのあわせ目。
めしあがる［召(し)上がる］飲む、食うの敬語。例夕食を—・お召し上がりになる物は
めしい［〈盲］目の見えない人。盲人。
めしうど［〈召人〉］めしだされた人。例宮中—
めしつかい［召使］下男または下女。
めしべ［雌《蕊］植物で、花をつくり種子をつくる器官。↕おしべ。例花粉をまつ—
めしもの［召(し)物］着物。例お—
めじり［目《尻］目のはし。↕目頭。例—のしわ
めじるし［目印・目〈標］目につくようにつけたしるし。例帰りの—に・—をたよりに
めじろ［目白］愛がん用の小鳥の一種。
めす［雌・《牝］動物の女。↕おす
めずらしい［珍しい］まれである。例—客
めだか［目高］小形の淡水魚。例小川の—
めだつ［目立つ］人目につく。例—服装
めだま［目玉］目の玉。まなこ。例—商品
めちゃ［▽目茶・〈滅茶］すじ道がたたないこと。例—苦茶・—滅茶な

めっき［▽鍍金］①金属の表面に他の金属のうすい層をつけること。②中身は悪くて表面だけをよくみせかけるもの。例—がはげる
めつき［目付き］目づかい。例—の悪い人
めっきゃく［滅却］ほろびてきえてしまうこと。けしほろぼすこと。例心頭—すれば
めっきん［滅菌］熱や薬品などで細菌をころすこと。例—した牛乳
めつけ［目付］監視する役。例お—役
めっする［滅する］ほろびてなくなる。
めっそうもない［滅相もない］とんでもない。
めったに［滅多に］むやみに。例—ないこと
めつぼう［滅亡］ほろびること。例—寸前だ
めっぽう［滅法］むやみに。ひじょうに。
めつれつ［滅裂］破れさけて形がくずれること。例支離—な答弁
めでたい［目出〈度い・芽出〈度い］愛すべきである。祝うべきである。お人よしだ。
めでる［〈愛でる］かわいがる。いつくしむ。
めとる［《娶る］妻をむかえる。例妻を—
めぬきどおり［目抜(き)通(り)］いちばんにぎやかな通り。中心街。繁華街。例—の商店
めのう［《瑪瑙》］石英の一種の宝石。
めばえ［芽生え］①めが出ること。②種からはえること。③きざし。物事の起こりはじめ。
めはし［目端］目先の才知。例—のきく子
めはなだち［目鼻立ち］目鼻のかっこう。顔だち。きりょう。例—の整った顔
めばり［目張り・目《貼り］すきまに紙をはってふさぐこと。例窓に—をする
めぶく［芽吹く］めばえる。芽がもえでる。

めぶんりょう［目分量］目でだいたいの分量をはかること。例―で分ける

めべり［目減り］①もれたり蒸発したりして目方がへること。②はかりにかけたとき目方がへっていること。例―がする穀物

めぼし［目星］①めあて。けんとう。例下手人の―がついた。②眼球にできる白い点。

めまい［目《眩・▽眩暈］目がくらむこと。例―をおこす・―がする

めめしい［女女しい］いくじがない。よわよわしい。例―振る舞いをする

めもと［目元・目〈許］目のあたり。目つき。

めもり［目盛(り)］ものさしや寒暖計などにきざみつけた長さや度を示すしるし。

めやす［目安］めあて。標準。例―をおく

めやに［目〈脂］目の粘液のかたまり。

めん［面］①かお。②顔の形につくったもの。おめん。③うわべ。表面。④方面。部分。

めん［綿］わた。もめん。例綿のシャツ

めん［《麺］①小麦粉。②めん類。うどん・そば。

めんえき［免疫］病菌に対する抵抗力。例―性

めんか［綿花・《棉花］わたの木の花。

めんかい［面会］あうこと。例―謝絶・―時間

めんかん［免官］官職をやめさせること。

めんきつ［面詰］面とむかって相手をなじること。面責。例失敗を―される

めんきょ［免許］①師匠がでしに学問や芸をすっかり教え伝えること。例―皆伝。②役所で許可すること。例―証・運転―

めんしき［面識］しりあい。顔みしり。

めんじょ［免除］義務をはたさないでよいようにゆるすこと。例授業料―・兵役―

めんじょう［免状］①免許のしるしとしてあたえる文書。②卒業証書。例卒業―

めんしょく［免職］職をやめさせること。

めんする［面する］むく。むきあう。対する。

めんずる［免ずる］①ゆるす。②官職をやめさせる。例役職を―・税金を―

めんぜい［免税］課税を免ずること。例―店

めんせき［面責］面とむかってせめただすこと。例社長に―される

めんせき［面積］平面の広さ。表面の広さ。

めんせつ［面接］人にあうこと。対面。例―試験

めんぜん［面前］目の前。目前。例―の出来事

めんそう［面相］かおつき。人相。例怪人二十―

めんだん［面談］面会して直接話すこと。例委細―・―して決める

めんちょう［面《疔］顔の悪性はれもの。

めんてい［面体］かおかたち。かおつき。

めんどう［面倒］①やっかいなこと。わずらわしいこと。②せわ。例―をみる

めんば［面《罵］面とむかってののしること。

めんぴ［面皮］①つらのかわ。例鉄―。②体面。

めんぷ［綿布］もめん糸で織ったぬの。

めんぷく［綿服］もめんの服。

めんぼう［綿棒］細い棒の先に脱脂綿をまきつけたもの。例―で耳の手入れをする

めんぼう［《麺棒］めんをのばすための棒。

めんぼう［面《貌］かおつき。おもざし。

めんぼく［面目］→めんもく

めんみつ［綿密］こまかくくわしいこと。

めんめん［綿綿］つづいて絶えないさま。例―と訴える・―たる情緒

めんもく［面目］①かおつき。②ほまれ。めいよ。③人にあわす顔。たいめん。④ようす。

めんよう［面《妖］ふしぎなこと。例はて―な

めんよう［綿羊・《緬羊］ヒツジのこと。

めんるい［《麺類］うどん・そば・そうめんなど。

も

も［喪］人の死んだあと近親の者がある期間家にとじこもってつつしむこと。例喪に服す

も［模・《摸］かた。にせる。例先人の作を模する

も［藻］水中にはえる草。みずも。例まり藻

も［〈面］おもて。表面。例水―・田の―・川―

もう［毛］長さ・重さ・貨幣の単位。厘の十分の一。例日歩五銭五厘五毛

もう［網］あみ。くるむ。例情報網・捜査網

もう［猛］はげしい。例猛鳥・猛勉強

もう［《蒙］無知。くらい。例―をひらく

もうあ［盲《唖］目が見えない人と口のきけない人。例―者・―学校

もうあい［盲愛］むやみやたらにかわいがること。例祖母の―するかわいい孫

もうあく［猛悪］乱暴で悪いこと。

もうい［猛威］たけくあらい勢い。はげしい勢い。例暴風雨が―をふるう

もうか［猛火］はげしくもえる火。例―につつまれる・―をついて助ける

もうきん［猛《禽］わしやたかのように性質のはげしい鳥。例―類の鳥

もうける［設ける］①用意する。したくする。そ

なえる。例席を—。②こしらえる。つくる。
もうける[《儲ける]利益をえる。例株で—
もうけん[猛犬]たけだけしい犬。例—に注意
もうげん[妄言]でたらめのことば。例—多謝
もうしあげる[申(し)上げる]言上する。
もうしあわせ[申(し)合(わ)せ]話し合ってきめるやくそく。口約束。例—事項
もうしいれ[申(し)入れ]自分の考えや意向を先方に言い伝えること。例解約の—
もうしおくり[申(し)送り]言いおくること。順に言い伝えること。例—事項
もうしかねる[申(し)兼ねる]言いにくい。
もうしこみ[申(し)込(み)]言い入れること。例申込書・申込用紙・入会の—
もうしひらき[申(し)開き]言いひらき。
もうしぶん[申(し)分]①いいわけ。②ひなんすべき点。欠点。例—のないできばえ
もうじゃ[亡者]死んだ人。死者。例金の—
もうしゅう[妄執]①仏教で、まよいや邪念のはれないこと。②つまらないことに熱心になること。例—にとりつかれる
もうしゅう[猛襲]勢いはげしくおそいかかること。例敵の—にたえる
もうじゅう[盲従]よしあしの区別も考えずにつき従うこと。わけもなくいうままにつき従うこと。例他人のことばに—する
もうじゅう[猛獣]性質のあらあらしい肉食の獣類。例動物園の—のおり
もうしわけ[申(し)訳]言いわけ。言いひらき。弁解。例—ありませんでした
もうしん[盲信]わけもわからずにむやみに信ずること。例科学技術を—する
もうしん[猛進]勢いはげしい突進。例猪突—
もうじん[盲人]目がみえないひと。例—用点字本・—と盲導犬
もうす[申す]①語る・言う・告げるの敬語。申しあげる。②するの敬語。例おたずね—
もうせい[猛省]強い反省。例—をうながす
もうせん[毛《氈]毛と綿とをまぜて織ったあつい織物。例—ごけ・緋—
もうぜん[猛然]勢いのはげしいさま。例—と攻勢に転ずる
もうそう[妄想]とりとめもない空想。よくない考え。例—をたくましくする
もうちょう[盲腸]大腸の一部。例—炎
もうでる[《詣でる]参拝する。参けいする。
もうてん[盲点]①眼球のおくの、光を感じない部分。②気づかないところ。例—をつく
もうとう[毛頭]すこしも。例—もありません
もうどう[妄動]考えなしに軽はずみのおこないをすること。例軽挙—を戒める
もうどく[猛毒]はげしい毒。例コブラの—
もうねん[妄念]まよいの心。まちがった考え。
もうはつ[毛髪]かみのけ。例傷んだ—には
もうひつ[毛筆]ふで。例—をふるって書く
もうひょう[妄評]でらための批評。
もうふ[毛布]厚い毛織物。例—をかぶる
もうまい[《蒙昧》]暗愚。例無知—の徒
もうまく[網膜]視神経のあるまく。
もうもう[《濛濛》]きり・煙・ほこりなどがたちこめてあたりのうす暗いさま。例—たる
もうもく[盲目]①目が見えない人。②よしあしの判断のつかないこと。例—的な愛
もうら[網羅]すべてをもれなくあつめること。例重要人物はすべて—した
もうれつ[猛烈]勢いのはげしいこと。
もうろう[《朦朧》]①うすぐらいさま。②ぼんやりしてはっきりしないさま。例意識—
もうろく[《耄碌》]おいぼれること。
もえぎ[《萌黄]黄色がかった緑。例—色
もえる[燃える]①火がついてほのおがあがる。②情熱が高まる。例希望に—
もえる[《萌える]芽を出す。めばえる。
もがく[《踠く]①もだえ苦しんで手足を動かす。あがく。②いらいらする。あせる。
もぎ[模擬]まねること。にせること。例—店
もぎどう[〈没義道]人の道にはずれていること。むごいこと。非道。例—な仕打ち
もく[目]①生物分類の単位。綱と科の間。②碁のます目や石のかぞえ方。例半目の勝ち
もく[木]①木曜日。②五行の一つ。
もぐ[《踠ぐ]ねじりとる。例柿の実を—
もくげき[目撃]実際に見ること。例—者
もぐさ[《艾]灸に使うかわかしたヨモギ。
もくさつ[黙殺]見て見ないふりをすること。相手にしないこと。例申し出でを—する
もくさん[目算]①めぶんりょう。みつもり。②前もって考えた計画。もくろみ。
もくし[黙止]口出ししないこと。
もくし[黙視]だまって見ていること。
もくじ[目次]書物の始めの内容見出し。
もくしょう[目《睫]目とまつげ。すぐ目の前。
もくず[藻《屑]海草のくず。例海の—と

もくする［黙する］だまる。例ただ―のみ
もくせい［木星］太陽系の中の最大の惑星。
もくせい［木《犀］芳香のある常緑樹。例きん―
もくぜん［目前］目の前。まのあたり。
もくぜん［黙然］だまっているさま。
もくそう［目送］目をはなさずに見送ること。
もくそう［黙想］だまって考えにふけること。
もくそく［目測］目で見て、だいたいの長さなどをはかること。例距離を―する
もくてき［目的］めあて。目標。例―地・―別に
もくとう［黙《禱］声を出さず、心の中でいのること。例―をささげる
もくどく［黙読］声を立てずに読むこと。
もくにん［黙認］①だまってみとめること。②知らないふりをすること。例失敗を―する
もくねん［黙然］だまってぼんやりしているさま。もくぜん。例―とすわっている
もくひ［黙秘］だまって言わないこと。例―権
もくひょう［目標］めあて。めじるし。例攻撃―
もくめ［木目］木材の切り口にあらわれた線。
もくもく［黙黙］だまっているさま。例―と
もくよく［《沐浴］ゆあみをして身を清めること。例斎戒―して清める
もぐら［▽土竜］土の中にすむ小さな動物。
もぐり［潜り］①もぐること。②許可を受けないですること。例―営業
もぐる［潜る］①水の中にくぐる。②ものの下にかくれる。例ふとんに―・地下に―
もくれい［目礼］目と目を見合わせて礼をすること。例―を交わす
もくろく［目録］①書物の見出し。目次。②おくりものの品名を書いたもの。例賞品の―
もくろみ［目〈論見］計画すること。考え。
もくろむ［目〈論む］たくらむ。例密航を―
もけい［模型］かた。ひながた。例―飛行機
もこ［模《糊］はっきりしないさま。ぼんやりと見えるさま。例あいまい―として
もさ［猛者］いさましく強い人。うでのたっしゃな人。例ラグビー部の―だ
もさく［模索・《摸索］てさぐりでさがすこと。例暗中―する
もじ［文字］①字。②ことば。文章。③学問。
もしくは［若しくは］さもなければ。または。
もじどおり［文字通り］文字に書いてあるとおり。例―の乱暴ろうぜき
もしゃ［模写］絵や書などを実物どおりにまねてうつしとること。例原画の―
もしゅ［喪主］葬式を行うときに主となる人。
もしょう［喪章］弔意をあらわす黒い布。
もす［燃す］もやす。たく。例たきぎを―
もず［▽百舌・《鵙］モズ科の小鳥。肉食。
もずく［▽水雲・▽海蘊］食用の海草の一種。
もすそ［《裳裾》］女性の衣服のすそ。
もする［模する・《摸する］まねる。にせてつくる。例明の白磁に―
もぞう［模造・《摸造］にせてつくること。にせてつくったもの。例―品を売り出す
もだえる［《悶える］思いなやむ。もがきくるしむ。例苦しみにもだえている人
もたげる［《擡げる］もちあげる。例頭を―
もたらす［《齎らす］持っていく。持ってくる。
もたれる［《凭れる］①よりかかる。例つくえに―。②食物がこなれないで胃にたまる。
もち［《餅］もち米を蒸してついたもの。
もち［《糯］ついてもちになる穀物。もち米・あわ・ひえなど。↔うるち。例―米
もち［《黐］もちの木。とりもち。例鳥―
もち［持ち］①負担。例部長―で。②所持。例女―のかさ。③保存。例―のよい食品
もちあげる［持(ち)上げる］①持ってあげる。②ほめておだてる。例調子よく―
もちあじ［持(ち)味］①食物がもとからもっているあじ。そのもの本来のあじ。②芸術などのもつ独特のあじわい。例シャガールの―
もちあわせ［持(ち)合(わ)せ］①もっていること。②いま持っている金。例―がない
もちいる［用いる］①つかう。やくだたせる。例意見を―。②採用する。職につかせる。
もちかける［持(ち)掛ける］相手にもちだす。例相談を―・商談を―
もちがし［《餅菓子］もち主体の和菓子。
もちきり［持(ち)切り］話がつづくこと。例学校中が君のうわさで―だよ
もちぐされ［持(ち)腐れ］もっていながら利用しないこと。例宝の―になる
もちごま［持(ち)《駒］①将棋で、手に持っているこま。②利用できる人、または物。
もちつき［《餅搗》き］もちをつくこと。
もちづき［〈望月］陰暦十五日の満月。
もちば［持(ち)場］うけもちの場所や仕事。
もちまえ［持(ち)前］うまれつきの性質。
もちゅう［喪中］喪に服している期間。
もちろん［《勿論］いうまでもなく。むろん。

もつ［持つ］①手にとる。②所有する。
もつ［〈保つ］たもつ。例一週間は―食品
もっか［目下］ただ今。現在。例―のところ
もっか［黙過］しらないこととしてだまって見のがすこと。例―することができない
もっきょ［黙許］しらないふりをしてゆるしておくこと。みのがすこと。例社長の―をえる
もっきん［木琴］長さや厚さのちがう木片をならべ、これを打ち鳴らす楽器。シロホン。
もっけ［《勿〈怪］思いのほか。例―の幸い
もっこ［《畚］なわをあんだ土をはこぶ道具。
もっこう［木工］①だいく。②木材を加工して家具などを作ること。例―細工・―所
もっこう［黙考］だまってじっと考えること。
もったい［《勿体］ものものしいこと。おもおもしいこと。例―をつける・―ない
もって［〈以て］①それによって。そのために。②その上に。なおかつ。例―のほか
もっとも［最も］第一に。いちばんすぐれて。
もっとも［《尤も］①道理にかなうこと。例ご―のことです。②そうはいうものの。ただし。例―その寺は焼けてしまった
もっぱら［専ら］そのことばかり。いちずに。
もつれる［《縺れる］①糸などが入りみだれてとけない。②事件や意見・感情などがこんらんする。例話が―。③舌の自由がきかない。
もてあそぶ［《弄ぶ・《玩ぶ・《翫ぶ］①手にもってあそぶ。例えんぴつを―。②なぐさみにする。例女を―。③自由にあつかう。④なぶる。ばかにする。例いなか者を―
もてあます［持て余す］とりあつかいにくるしむ。例時間を―・生徒を―
もてなす［持て成す］①とりなす。とりもつ。②とりあつかう。③ごちそうする。
もてはやす［持て《囃す］ほめたたえる。
もと［下・《許］そば。きわ。支配下。例親の下で・約束の下に・勇将の下で
もと［元］はじまり。原因。例けんかの元・元手
もと［本］主となるもの。例本となる筋
もと［基］土台。基本。根拠。例基を築く
もと［〈素］素材。例味の―・スープの―
もとい［基］もとになっているところ。土台。
もとじめ［元締（め）］やくざの親分。
もどす［戻す］①もとへかえす。例本箱へ―。②胃からはき出す。へどをはく。
もとづく［基づく］それをもととする。よる。
もとで［元手］①商売や仕事を始めるためのもととなる金。②もときん。資本金。
もとどり［《髻］かみの毛を頭の上で集めてたばねたところ。たぶさ。例―をきる
もとなり［本〈生り］くきの根に近い所に実がなること。↕うらなり
もともと［元元］損得なし。元来。例失敗して―だ・―すぐれた素質がある
もとめる［求める］①さがす。たずねる。②ほしがる。例助けを―。③買う。例書を―
もとより［〈固より・〈素より］①はじめから。もとから。②いうまでもなく。もちろん。
もとる［《悖る］道理にそむきはずれる。
もぬけ［藻抜け・《蛻・《裳抜け］へびやせみなどが成長して皮をぬぐこと。例―の殻
もの［物］①品物。物体。②物事。③ことば。④道理。例物が分かる人だ
もの［者］ひと。例大者・悪者・発言する者
ものいい［物言い］①ものを言うこと。ことば。②いいあい。口論。③異議。例―がつく
ものいり［物入り］金のかかること。入費。
ものうい［物憂い・《懶い］なんとなくだるくて気が進まない。例―春雨のころ
ものおき［物置］雑具をいれておく小屋。
ものおじ［物〈怖じ］物ごとにおそれること。
ものおしみ［物惜しみ］けちで物をおしむこと。例―する人だ
ものおぼえ［物覚え］物事をおぼえること。記憶力。例―が悪い人・―のいい子
ものおもい［物思い］心配してあれこれと思いなやむこと。例―に沈む
ものがたり［物語］①はなし。談話。例悲しい―。②昔から伝えられた散文の文学作品。
ものがなしい［物悲しい］なんとなくかなしい。例―虫の声・秋は―季節だ
ものぐさ［物臭・《懶］めんどうくさがること。
ものぐるおしい［物狂おしい］気がちがったようである。例―までのロックの響き
ものごころ［物心］世の中のことや人間の感情がわかる心。一人まえの判断や感情。
ものごし［物腰］ことばづかいや態度。
ものごと［物事］ことがら。事物。例―は最初が大切・―にはけじめが肝要だ
ものさし［物差（し）・物指（し）］長さをはかる道具。尺度。例―がちがうから
ものさびしい［物寂しい・物《淋しい］なんとなくさびしい。例―村はずれの道

ものさわがしい[物騒がしい]①なんとなくやかましい。②世の中がおだやかでない。ぶっそうな。例—世の中になった
ものしずか[物静か]①ひっそりとしていること。②ことばや動作がおちついておだやかなこと。例—な話しぶり
ものしり[物知り]いろいろな物事をよく知っている人。知識の広い人。例—顔をする
ものずき[物好き]かわったことをこのむこと。めずらしがりや。例—な人だ
ものすごい[物《凄い]はなはだしい。
ものたりない[物足りない]なんとなく不満または不足である。例何か—ない感じだ
ものとり[物取り]おいはぎ。どろぼう。
ものの[物の]ほんの。およそ。だいたい。ざっと。例—三日もたたないうちに
もののあわれ[物の哀れ]自然や人生のさまざまな物事にふれておこる、しみじみとした感じ。例—を知らないやつだ
もののかず[物の数]とりたてて言うほどのもの。例—にもはいらない
もののふ[〈武士〉]さむらい。ぶし。
ものび[物日]祝日や祭日。行事のある日。
ものまね[物真〈似]声や動作などをまねること。例—上手・—の芸人
ものみ[物見]①見物すること。②遠くを見るためにつくった高い所。例—やぐら
ものめずらしい[物珍しい]なんとなくめずらしい。例物珍しそうに眺めている
ものもち[物持(ち)]①物の持ちぐあい。②金や品物を多くもっている人。財産家。
ものものしい[物物しい]①いかめしい。りっぱな。②おおげさな。例—身じたく
ものもらい[物《貰い]目のはれもの。
ものやわらか[物柔らか]ことばや態度がどことなくやわらかなさま。しとやか。
ものわかり[物分(か)り]理解力。例—が早い
ものわかれ[物別れ]おたがいの意見が会わないで別れること。例結局—になる
ものわらい[物笑い]世の中の人がばかにして笑うこと。例クラス中の—になる
もはや[〈最早]今となっては。もう。すでに。
もはん[模範]てほん。のり。例—答案
もふく[喪服]喪中にきる衣服。例—に喪章
もほう[模倣・《摸倣]まねをすること。
もみ[《籾]からのついたままの米。もみがら。
もみ[《樅]マツ科の常緑高木。例—の木
もみ[▽紅絹]紅色にそめたむじの絹の布。
もみあげ[《揉(み)上げ]耳の前にはえさがった毛。例—をそる
もみけす[《揉(み)消す]①手でこすって火をけす。②自分につごうの悪い事件やうわさを人に知られないようにしまつする。
もみじ[紅葉]①かえで。かえでの葉。②晩秋に木の葉が紅や黄にかわったもの。
もむ[《揉む]①手でこすりやわらげる。例きりを—・肩を—。②いらだつ。例気を—。③きたえる。例新入部員を—。④苦労する。例世間の荒波にもまれる
もめる[《揉める]①もまれてしわがよる。②あらそいがおこる。ごたつく。例審議が—
もめん[木綿]木わたから製した織物。
もも[桃]実が食用の落葉小高木の一種。
もも[《股・《腿]ひざより上の足の部分。例—ひき・太—・—をつねる
ももいろ[桃色]うす赤色。ピンク。
もものせっく[桃の節句]三月三日の節句。
ももわれ[桃割れ]日本髪の一種。
もや[《靄]空中にたちこめる深いきり。
もやう[《舫う]①船と船とをつなぎ合わせる。②船をくいにつなぎとめる。例もやい船
もやし[《萌やし]豆や麦を水につけ、むしろにつつんで発芽させたもの。例—ラーメン
もよう[模様]①かざりにする形や絵。あや。②ありさま。ようす。例空—が心配だ
もようがえ[模様替え]室内のかざりやたてつけなどをかえること。例部屋の—をする
もよおしもの[催し物]いろいろの会や演芸などの行事。例デパートの—
もよおす[催す]①くわだてる。おこなう。②さいそくする。③おこりはじめる。例尿意を—
もより[最寄り]いちばん近いところ。
もらいなき[《貰い泣き]同情していっしょになくこと。さそわれてなくこと。
もらう[《貰う]①うける。あたえられる。例物を—。②迎えいれる。例嫁を—
もらす[漏らす・《洩らす]①こぼす。②おとす。ぬかす。③にがす。④ひみつをこっそり人に知らせる。⑤思わず出す。例ためいきを—
もり[森・《杜]木のたくさんしげっている所。例鎮守の森・森の都
もり[《銛]魚などをさす道具。例—を打つ
もり[守(り)]子どもなどをまもること。例灯

台守・子―・お―をする
もり[盛り]もること。例―がいい・―そば
もりあがる[盛(り)上がる]①なかからふくらんできて高くなる。②大衆の力や意見などがだんだん高まってくる。例雰囲気が―
もりかえす[盛(り)返す]おとろえた勢力をふたたび盛んにする。例形勢を―
もりだくさん[盛(り)沢山]数多くそろえること。内容が豊富なこと。例―な内容の本
もりたてる[守(り)立てる]まもりそだてる。せわをして地位につかせる。もりおこす
もる[盛る]①たかく積む。いっぱい入れる。例ご飯を―。②調合する。例薬を―
もる[漏る・《洩る]もれる。こぼれる。例水が―・屋根が―・雨が―
もれなく[漏れなく]のこらず。ぜんぶ。
もれる[漏れる・《洩れる]①すきまからこぼれ出る。②ひみつが外へ知れる。例情報が―。③ぬける。おちる。例要点が―
もろい[《脆い]①こわれやすい。くだけやすい。②いくじがない。よわい。例人情に―
もろこし[〈唐土〉]中国の古いよび名。
もろこし[▽蜀黍・▽唐黍]種子が食用のイネ科一年生植物。例―畑
もろて[〈諸手・〈両手・〈双手]左右の手。両手。例―をあげて賛成する
もろとも[〈諸共]いっしょにすること。ともどもにすること。例親子―に
もろは[〈諸刃・〈両刃]刃物の両方のふちに刃のあること。両刃。例―の剣
もろはだ[〈両肌・〈諸肌]左右のはだ。両はだ。
もろびと[〈諸人]多くの人々。一同。
もろみ[〈諸味・《醪]かすをこさない酒やしょう油。例―を利かす
もろもろ[〈諸諸〉]多くのもの。すべてのもの。
もん[門]家の外がまえの入り口。例門構え
もん[紋]①あや。もよう。②その家をあらわすためのもよう。もんどころ。例紋つき
もんえい[門衛]門番。例首相官邸の―
もんか[門下]先生の下で教えをうける人。
もんがい[門外]①門の外。②専門の外。
もんがいかん[門外漢]①専門外の人。②直接その事に関係のない人。例物理は―だ
もんがいふしゅつ[門外不出]たいせつにしまっておき、むやみに公開しないこと。
もんがまえ[門構え]①門のつくり方。②漢字のかまえの一つで、聞・開・間などの「門」。
もんかん[門鑑]門の出入りに見せる許可証。
もんきりがた[紋切(り)型]きまりきっていて少しも新しみがないこと。例―のあいさつ
もんく[文句]①文章の中のことばの一節。②不満なので言いがかりをつけること。
もんげん[門限]夜、門をしめるきまった時刻。例寮の―は十時です
もんこ[門戸]①家の出入り口。かどぐち。②家。流派。例一般人に―を開く
もんこかいほう[門戸解放]すべての国と自由に通商すること。例―を策する
もんさつ[門札]家の門などにはる、住んでいる人の姓名を書いた札。表札。なふだ。
もんし[門歯]まえば。口の前中央にある歯。
もんし[《悶死]苦しんで身をもがきながら死ぬこと。例罪の意識に―する
もんしょう[紋章]家や学校・団体などのしるしとして使うきまった図がら。もん。
もんしん[問診]医者の病状質問。
もんじん[門人]でし。門下生。例武蔵の―
もんせき[問責]責任を問いつめること。
もんぜつ[《悶絶]もだえ苦しんで気をうしなうこと。例あまりの苦しさに―する
もんぜんばらい[門前払い]会いにきた人を会わさないで帰すこと。例―を食う
もんだい[問題]①聞いて答えさせるために出す問い。②解決しなければならないことがら。③人のうわさになること。事件。
もんち[門地]家がら。家系。門ばつ。
もんちゃく[《悶着]もめごと。いさかい。
もんつき[紋付(き)]紋のついている衣服。
もんてい[門弟]門人。でし。
もんどう[問答]たずねたり答えたりすること。例―無用・禅―
もんどり[▽翻筋斗]とんぼがえり。例―うって倒れる・―うつ
もんばつ[門閥]家がら。家すじ。
もんばん[門番]門の番人。
もんぴ[門扉]門のとびら。例鉄製の―
もんぴょう[門標]門にかけるふだ。表札。
もんぷく[紋服]紋のついた衣服。紋つき。
もんめ[匁]重さの単位。貫の千分の一。
もんもう[文盲]無学で文字の読めない人。
もんもん[《悶悶》]なやみくるしむさま。例―たる情やるせなく
もんよう[紋様・文様]模様。あや。

や

や[矢]弓につがえてはなつもの。例白羽の矢

や[屋]一定の商売の家。例魚屋・薬屋・本屋

や[家]いえ。すみか。例家さがし・貸家・家主

や[野]民間。↔官・朝。例野に下る

やいば[〈刃]きれもの。はもの。例氷の—

やいん[夜陰]暗いよる。例—に乗じて

やえ[八重]八つかさなっていること。いくつも重なっていること。↔ひとえ。例—桜

やえい[野営]野外に陣をはること。野宿。

やおちょう[八百長]勝負ごとで、前から約束しておいて、うわべだけで勝負をあらそうこと。いんちき勝負。例—が露見する

やおもて[矢面]①矢の飛んでくる方面。②質問や非難などの集中する立場。例—に立つ

やかい[夜会]西洋ふうの夜の社交の会。

やがい[野外]野原。家のそと。例—授業

やかた[〈館]貴人の邸宅。例女人の—だ

やかた[屋形]船につけた屋根。例—船

やかましい[《喧しい]①さわがしい。うるさい。②りくつっぽい。きびしい。例—おやじ

やから[〈輩]なかま。連中。例ふていの—

やかん[夜間]夜のあいだ。例—診療・—授業

やかん[〈薬缶]ゆわかしの具。例—頭

やき[焼き]①焼く程度。②熱したものを水にいれること。例—を入れる・—が回る

やぎ[▽山羊]ウシ科の家畜。例—ひげ

やきいも[焼(き)芋]焼いたさつまいも。

やきいん[焼(き)印]火で熱して物におす金属製の印。例旅館の下駄の—

やきつく[焼(き)付く]焼けてくっつく。

やきとり[焼(き)鳥]肉やもつをくしで焼いたもの。例—屋・—で一杯やる

やきなおし[焼(き)直し]①もう一度焼くこと。②もとの形を少し作りかえること。

やきもち[焼(き)《餅]①網にのせてやいたもち。②ねたみ。しっと。例—をやく

やきもの[焼(き)物]陶磁器や土器など。

やきゅう[野球]ベースボール。例プロ—

やぎょう[夜業]夜の仕事。よなべ。

やきん[《冶金]鉱石から金属をとりだす仕事。

やく[役]①つとめ。受持ち。例役に立つ。②人の上に立つやくめ。例役につく

やく[約]①やくそく。②おおよそ。だいたい。

やく[訳]翻訳。例米川正夫訳の本

やく[厄]わざわい。災難。例今年は厄年だ

やく[焼く]火で燃す。あぶる。例魚を—

やく[《妬く・《嫉く]しっとする。

やぐ[夜具]夜、ねるときに使う、ふとんやかいまきなど。例客人のために—を用意する

やくいん[役員]①その役にあたる人。係の人。②会社や組合の幹部。例—室

やくがら[役柄]役目の性質。役目のたいめん。

やくげん[約言]要点を言うこと。例—すると

やくご[訳語]翻訳したことば。例適切な—

やくざい[薬剤]くすり。薬品。例—師

やくさつ[《扼殺]手でのどをしめて殺すこと。

やくじ[薬《餌]くすりと食物。例—療法

やくしゃ[役者]①役を演ずる人。俳優。例—根性・大根—。②人物。例—が上だ

やくしゃ[訳者]ほんやくした人。例—の誤訳

やくしょ[役所]官公庁のこと。例—勤め

やくじょ[躍如]いきいきと目の前に見えるようなさま。例面目—としている

やくじょう[約定]約束してきめること。

やくしん[躍進]勢いよく進むこと。めざましく進歩すること。例—する近代工業

やくす[訳す]翻訳する。例日本語に—

やくする[約する]①たばねる。②約束する。とりきめる。例再会を—。③ちぢめる。はぶく。

やくする[《扼する]①にぎりしめる。おさえる。例腕を—。②しめころす。

やくせき[薬石]病気のてあて。例—効なく

やくそく[約束]①これからのちの事についてとりきめること。また、その規定。例—を守る。②まえからきまっている運命。

やくちゅう[訳注・訳《註]訳者がつけた注釈。例親切な—つきの本

やくつき[役付(き)]役についている人。

やくどう[躍動]活発に活動すること。例—感

やくとく[役得]その役目にあるために得られる余分の収入。例—をねらうお役人

やくどし[厄年]人間の一生のうち、さいなんにあいやすいとされる年。例—のおはらい

やくにん[役人]官公吏。例—上がり

やくば[役場]町村の公務を扱う所。

やくばらい[厄払い]神や仏にいのって、災難をよけること。例神社で—をする

やくび[厄日]①災難にあうとして、いみつつしむ日。②災難のおこった日。例今日は—だ

やくびょう[疫病]伝染性の熱病。例—神

やくひん[薬品]くすり。例医―・―売り場
やくみ[薬味]食物にそえてつかう香辛料。
やくめ[役目]役としてつとめなければならないこと。例―を忠実につとめる
やくよう[薬用]くすりとして使うこと。
やぐら[《櫓]①城の上の高いたかどの。②遠くを見るための高い建物。例火の見―。③こたつのふとんをかける台。例―ごたつ
やくわり[役割]わりあてられたしごと。
やくわん[《扼腕]くやしさのあまり自分で自分の腕をにぎりしめること。例切歯―
やけ[▽自棄]自分の思うままにならないといって乱暴をすること。すてばち。例―になる
やけい[夜景]夜のけしき。例香港の―
やけい[夜警]夜まわり。夜番。例歳末の―
やけいしにみず[焼(け)石に水]いくら努力しても全然ききめのないこと。例孤軍奮闘も―だった・―の資金援助
やけど[▽火傷]火や熱湯で皮膚がただれること。例大―・―のあと
やける[焼ける]①火がついてもえる。②日光にあたって黒くなる。④食物が胃にたまって胸が熱いようになる。例胸が―
やける[《妬ける・《嫉ける]ねたましく思う。
やけん[野犬]かいぬしのない犬。のら犬。
やげん[〈薬研〉]薬を粉末にする道具。例―堀
やご[〈水《蠆]トンボの幼虫。
やこう[夜行]①夜、行くこと。②夜行列車。
やこぜん[野《狐禅]自分だけでさとりきったつもりになっ いるなまかじりの禅。
やさい[野菜]食用の栽培植物の総称。例―食

やさがし[家捜し]家の中をすみからすみまでさがしまわること。例証拠品の―
やさがた[優形]やさしいすがた。例―の男
やさき[矢先]①やじり。②矢の飛んでくる方向。③物事がちょうど始まろうとするとき。とたん。例出かける―に訪問を受ける
やさしい[優しい]①上品で美しい。しとやかである。②なさけ深い。思いやりがある。例―心の持ち主だ。③すなおである。
やさしい[易しい]たやすい。わかりやすい。
やし[野師・▽香具師]祭礼や縁日などに露店やみせものを出す人。てきや。例―の口上
やし[《椰子]熱帯地方に自生する常緑高木。羽状の葉が幹の先端にむらがる。例―の実
やじ[野次・《弥次]やじること。例―をとばす
やじうま[野次馬]人のあとについて、わけもなくさわぎまわる人。例―がたかる
やしき[屋敷・〈邸]①家屋のしきち。②住宅。
やしなう[養う]そだてる。扶養する。例子を―・親を―・鋭気を―
やしゅ[野趣]いなからしいおもむき。
やじゅう[野獣]野生のけもの。例―のごとく
やしょく[夜食]夜間の軽い食事。例―をとる
やじり[矢《尻・《鏃]矢の先のささる部分。
やじるし[矢印]矢の形をしたしるし。
やしろ[社]神をまつった建物。神社。
やしん[野心]自分につりあわない大きなのぞみ。野望。例大きな―をいだく
やじん[野人]①いなかの人。②民間の人。③ぶこつな人。礼儀を知らない人。例田夫―
やす[▽魚扠]魚をつきさして捕らえる道具。

やすあがり[安上がり]安くすむこと。
やすい[安い]安価である。例―買い物・―品
やすうけあい[安請(け)合い]よく考えないで軽々しく引き受けること。例―の仕事
やすうり[安売(り)]安値で売ること。例大―
やすむ[休む]①休息する。例茶屋で―。②欠席・欠勤する。例会社を―。③寝る。例先に―
やすやす[〈易易〉]らくらく。例―とできる
やすらか[安らか]おだやか。例―に眠る
やすり[《鑢]金物をすりとぐ具。例紙―
やせい[野生]動物や植物が自然に山野にそだつこと。例―の植物・―の猿・―のイチゴ
やせい[野性]自然のままのあらあらしい性質。例―的な人・―味がある・―にかえる
やせがまん[《痩せ我慢]むりにがまんすること。例貧乏人の―・―をする
やせる[《痩せる]①からだが細くなる。②土地の養分が少なくなる。例やせた畑
やそうきょく[夜想曲]ノクターン。
やたい[屋台]①やねをつけ、持ちはこびのできるようにした店台。②踊りをおどる台。
やちょう[野鳥]野山にすむ鳥。例―観察
やちん[家賃]家の借り賃。例―が高い
やつ[〈奴]あいつ。例―ら・生意気な―だ
やつあたり[八つ当(た)り]おこってあたり散らすこと。例家族に―する
やっかい[厄介]①めんどうで手数がかかること。例―な仕事だ。②せわをすること。
やっかん[約款]契約などできめた条項。
やっき[躍起]いらだつこと。むきになること。やきもきすること。例―になって説明する

やつぎばや［矢継ぎ早］①矢を次々と弓につがえることが早いこと。②続けざまにすること。例―に催促する・―の質問

やっきょう［薬《莢］鉄砲につめる火薬を入れた金属製のつつ。例―が散乱する演習場

やっきょく［薬局］薬剤師のいる薬店。

やっこ［〈奴］武家の下男。例―凧・―豆腐

やつざき［八つ裂き］ずたずたにさくこと。

やつす［《窶す］①やせるほど思いなやむ。②すがたをかえる。例乞食の姿に身を―

やつで［八つ手］庭にうえる常緑低木。葉は厚く大きく、手のひらの形をしている。

やつれる［《窶れる］①やせおとろえる。例長い看病に―。②みすぼらしくなる。

やど［宿］①すみか。家。②やどや。例今夜の宿

やとう［野党］現在内閣を組織していない政党。↔与党。例―の反対

やとう［雇う・《傭う］金を出して人を使う。例新卒を―・特殊技能者を―

やどす［宿す］①宿をかす。とめる。②とどめる。③子をはらむ。例彼の子を―

やどりぎ［宿り木・▽寄生木］寄生する植物。

やどる［宿る］①すむ。②旅先でとまる。③とどまる。たまる。例草の葉に―露

やな［《簗・《梁］竹や木をならべて水をせきとめ魚を捕らえるしかけ。例―でとった鮎

やながわなべ［〈柳川《鍋］ドジョウとささがきごぼうのなべ料理。例駒形の―

やなぎ［柳］ヤナギ科の落葉高木。例―並木

やなぎごし［柳腰］細くしなやかな腰つき。

やなみ［家並（み）］①家のならびかた。また、ならんだ家。例―のそろった町。②家ごと。

やに［〈脂・▽樹脂］①木からでる粘液。②たばこのやに。③目やに。例―がでる

やにわに［矢庭に］いきなり。だしぬけに。

やぬし［家主］家のもちぬし。おおや。

やのね［矢の根］やじりのこと。

やはり［矢張り］もとのまま。案の定。

やはん［夜半］よなか。まよなか。例―のあらし

やばん［野蛮］未開。粗野。例―人・―な行為

やひ［野卑・野《鄙］下品でいやしいこと。

やぶ［《藪］①雑草などのしげっている所。②竹の林。たけやぶ。③やぶ医者。へたな医者。

やぶいり［《藪入り］正月とぼんの十五日に、奉公人がひまをもらって家に帰ること。

やぶく［破く］やぶる。ひきさく。例障子を―

やぶさか［《吝か］物おしみをすること。けちなこと。思い切りが悪いこと。例―ではない

やぶさめ［▽流鏑馬］馬上での弓術。

やぶにらみ［《藪睨》み］①ひとみが見る物のほうに向かないこと。斜視。②けんとう違い。

やぶへび［《藪蛇》］やぶをつついてへびを出す意で、よけいなことをしてわざわいをうけること。例とんだ―になる

やぶる［破る］①やぶく。きずつけてこわす。例障子を―。②負かす。例強敵を―。③ほごにする。例約束を―。④権威をおかす。例日本記録を―・規則を―

やぶれかぶれ［破れかぶれ］やけをおこすこと。すてばち。例―の逆襲

やぶれる［敗れる］負ける。例惜しくも―

やぶん［夜分］よなか。よる。例―失礼します

やぼ［野暮］①世間のことや人情をよく知らないこと。②気がきかないこと。例―な服

やぼう［野望］自分にふさわしくない大きなのぞみ。野心。例―をたくましくする

やま［山］①平地より高い土地。②物事のいちばんたいせつなとき。③感じのもっとも強まるところ。④あてずっぽう。例山をかける

やまい［病］①病気。②欠点。短所。例酒が―

やまいも［山芋・▽薯蕷］じねんじょ。

やまおとこ［山男］①山の中でくらす男。例頑健な―。②深山にすむという男の怪物。

やまおろし［山《颪］山から吹きおろす風。

やまが［山家］山にある家。山里の家。

やまかい［山〈峡］山と山との間。たに。

やまかん［山勘］①ごまかし。②あてずっぽう。

やまき［山気］冒険または投機をこのむ心。

やまごや［山小屋］登山者のために山にたてた小屋。ヒュッテ。例―の灯火

やまさち［山幸］山のえものや収穫。↔海幸

やまし［山師］①山のしごとをする人。木材や鉱産物などを取りあつかう人。②投機や冒険をする人。③人をだまして利益を得る人。

やまじ［山路］山の中の道。例―にさしかかる

やましい［《疚しい］うしろぐらい。良心にとがめてはずかしい。例―ことはない

やますそ［山《裾］山のふもと。例―の村里

やまだし［山出し］①山から材木などを出すこと。②いなかもの。例―のままの女性

やまつなみ［山津波］大雨で山がくずれ、土砂がひどい勢いで流れ下ること。例―が襲う

やまと［大和・《倭］日本の古いよび名。例―歌

やまなみ［山並（み）］山がならんでいること。
やまなり［山鳴り］山がなりひびくこと。
やまのて［山の手］山に近いほう。↕下町
やまのは［山の端］山のはし。尾根。例―の月
やまはだ［山肌］山の表面。例崩れおちる―
やまびこ［山《彦］こだま。エコー。
やまひだ［山《襞］山がひだになっている所。
やまびらき［山開き］①山を切り開いて道をつくること。②その年、はじめて登山を許すこと。例富士山の―・―の登山
やまぶき［山吹］バラ科の落葉低木。例―色
やまぶし［山伏］山野にねおきして修行する僧。しゅげん者。例―の吹くほら貝の音
やまふところ［山懐］山間のくぼまった、ふところのようになった所。例―に点在する家
やまめ［山女］山間の清流にすむ魚。例―釣り
やまもり［山盛（り）］高くもりあげること。
やまやま［山山］①多くの山。②物事の多いさま。③熱心に望むさま。例したいのは―だが
やまわけ［山分け］半分ずつに分けること。
やみ［《闇］①光がささないこと。②夜が暗いこと。③考えがないこと。④まよい。⑤世の中が乱れて治まらないこと。⑥裏取り引き。
やみあがり［病（み）上がり］病気がなおったばかりのこと。例―の体だから
やみうち［《闇討ち］①くらやみにまぎれて突然人をうつこと。②ふいうちをすること。
やみくも［《闇雲］むやみ。例―に攻める
やみつく［病（み）付く］①病気になる。②悪いくせにそまる。やみつきになる。
やみよ［《闇夜］くらい夜。月のない夜。

やむ［病む］①病気にかかる。②思いなやむ。
やむをえない［〈止むを得ない・《已むを得ない］しかたがない。例―用事で
やめる［病める］①病気である。②なやむ。
やめる［辞める・〈罷める］辞職する。
やめる［〈止める］よす。中止する。
やもめ［〈寡・▽寡婦］未亡人。例―暮らし
やもり［▽守宮］トカゲに似たは虫類。
やや［《稍］①ようやく。②よほど。③すこし。
やゆ［《揶揄》］からかうこと。例失敗を―する
やよい［《弥〈生］陰暦三月。金石併用文化。
やらい［矢来］竹や木を縦横にあらく組んで作るかきね。例竹―を組む
やり［《槍］長い棒の先に刃のついた金属をつけた武器。例竹―・―一筋に
やりくち［〈遣り口］やりかた。例卑怯な―だ
やりくり［〈遣り繰り］くふうして、つごうをつけること。例家計を―する
やりこめる［〈遣り込める］言いこめる。議論してまかす。例弁士を―
やりだま［《槍玉］非難の対象。例―にあげる
やりて［〈遣り手］①物事を行う人。②物をあたえる人。③うでまえのある人。手腕家。
やりば［〈遣り場］持っていく所。例目の―
やる［〈遣る］①行かせる。つかわす。②与える。③はらす。なぐさめる。④する。行う。例けんかを―。⑤してやる。例教えて―
やるせない［〈遣る瀬無い］心をはらす方法がない。たよりない。例―思いで
やろう［野郎］男子をののしっていうことば。
やわ［柔・和］こわれやすい。例―な造り

やわはだ［柔肌］やわらかなはだ。例女の―
やわら［柔（ら）］柔術。例渋川流の―の術
やわらかい［柔らかい］しなやかである。弱い。↕堅い・固い。例―体・―もち・―布
やわらかい［軟らかい］①おだやかである。↕硬い。例―表情。②つやっぽい。例―話
やわらぐ［和らぐ］おだやかになる。しずかになる。例風がしだいに―

ゆ

ゆ［湯］①熱くした水。②ふろ。例湯上がり・湯に入る・湯通し・湯のし
ゆあみ［湯〈浴み］湯にはいること。入浴。
ゆいいつ［唯一］ただ一つであること。それだけ。例辞書が―のたよりである
ゆいがどくそん［唯我独尊］自分だけがえらいと、うぬぼれること。ひとりよがり。
ゆいごん［遺言］死にぎわに言い残すことば。
ゆいしょ［由緒］①物事が今までにへてきたすじみち。いわれ。②正しい血統。名誉ある歴史。例―のある家がら
ゆいのう［結納］婚約のしるしに、金や品物を取りかわすこと。例―を交わす
ゆいぶつろん［唯物論］物質がすべての本体で心は物資の働きにすぎないという考え。
ゆう［雄］①おす。②すぐれていること。またその人。例一方の雄・陸上界の雄
ゆう［有］あること。もつこと。↕無。例十有余年・多大の財産を有する
ゆう［夕］ゆうべ。たそがれ。例朝に夕に

ゆう［結う］①むすぶ。②くくる。例髪を―
ゆうあい［友愛］友人や兄弟に対する愛情。
ゆうい［有為］才能があって将来見込みのあること。例前途―の青年
ゆうい［雄偉］すぐれてえらいこと。
ゆうい［優位］立場や地位などがまさっていること。例―を占める・―に立つ
ゆういぎ［有意義］意義があること。↕無意義
ゆういん［誘因］あることをひき起こす原因。きっかけ。例紛争の―となった
ゆううつ［憂《鬱］心がおもく気がはればれとしないこと。気がふさぐこと。例―な天候
ゆうえい［遊泳］①およぐこと。例宇宙―。②世わたり。処世。例―術にすぐれている
ゆうえき［有益］利益があること。ためになること。↕無益。例―な利用法を考える
ゆうえつ［優越］他よりすぐれまさること。例―感を満足させる・―した地位
ゆうえん［悠遠］はるかに遠いこと。例前途―
ゆうえん［優《艶・優《婉］やさしくてあでやかなこと。例―な女性
ゆうおうまいしん［勇往《邁進］おそれずにまっしぐらにつき進むこと。
ゆうか［有価］金銭上のねうちがあること。例―証券・―譲渡
ゆうが［優雅］しとやかで上品なこと。
ゆうかい［誘拐］だましてさそい出すこと。かどわかすこと。例子どもを―する・―罪
ゆうかい［融解］とかすこと。とけること。
ゆうがい［有害］害があること。ためにならないこと。↕無害。例―なおもちゃ

ゆうがお［夕顔］ウリ科の一年生のつる草。実はかんぴょうをつくる。
ゆうかく［遊郭・遊《廓］くるわ。遊里。
ゆうがく［遊学］よその土地へ行って学問すること。例パリへ―する・海外―
ゆうかげ［夕影］①夕方の太陽の光。②夕日にうつるけしき。夕景。例―がせまる
ゆうがた［夕方］日ぐれどき。例―の西空
ゆうかん［夕刊］夕方に刊行する新聞。
ゆうかん［有閑］①ひまがあること。②生活にゆとりがあって暇の多いこと。例―マダム
ゆうかん［勇敢］勇気があって、すすんで物事を行うこと。例―で正義に満ちた人
ゆうき［有機］生活機能を有すること。↕無機。例―物・―的・―化学・―肥料
ゆうき［勇気］物におそれない強い心。
ゆうぎ［遊戯］遊びたわむれること。遊び。
ゆうぎ［友《誼］友だちのよしみ。友情。
ゆうぎじょう［遊技場］パチンコや麻雀など勝負をあらそう遊びをさせるところ。
ゆうきゅう［有給］給料をもらうこと。↕無給。例―休暇・―の医局員
ゆうきゅう［悠久］ひじょうに長く久しいこと。永久。長久。例―な自然のいとなみ
ゆうきゅう［遊休］設備などが使われずに、ほうってあること。例―施設の利用
ゆうきょう［遊興］①おもしろく遊ぶこと。②料理屋などで遊ぶこと。例―費・―飲食税
ゆうく［憂苦］心配して悲しみ苦しむこと。
ゆうぐう［優遇］手あつくもてなすこと。厚遇。↕冷遇。例経験者を―する

ゆうぐん［遊軍］定まった持ち場につかず、必要なときに出動する軍隊。例―記者
ゆうげ［夕《餉］夕方の食事。夕食。晩めし。
ゆうけい［有形］形のあること。↕無形
ゆうけい［雄《勁］おおしく力強いこと。
ゆうげい［遊芸］遊び事についての芸能。
ゆうけん［郵券］郵便切手。例―の発行
ゆうげん［有限］かぎりがあること。↕無限
ゆうげん［幽玄］おく深くて、なかなかうかがい知れないこと。例―な印象の絵
ゆうけんしゃ［有権者］①権利または権力を持っている人。②選挙権のある人。例―層
ゆうこう［友好］友だちのまじわり。例―国
ゆうこう［有効］ききめのあること。効力があること。↕無効。例最も―な方法
ゆうごう［融合］とけてひとつになること。
ゆうこく［夕刻］日ぐれがた。例―には帰る
ゆうこく［幽谷］奥ふかいたに。例深山―
ゆうこく［憂国］国事をうれい案じること。例―の情・―の士
ゆうこん［雄《渾］力強く勢いのよいこと。
ゆうざい［有罪］罪があること。↕無罪
ゆうさん［有産］財産があること。↕無産
ゆうし［有史］史料的に歴史がはじまること。例―以前・―以来の出来事
ゆうし［有志］そのことに熱心なこと。また、その人。例―が集まって相談する
ゆうし［勇士］いさましい人。勇気のある人。
ゆうし［雄姿］いさましいすがた。例―を現す
ゆうし［遊子］家を離れてよその土地にいる人。旅人。例―悲しむ・―吟

ゆうし［融資］資金の融通。例銀行の―係
ゆうじ［有事］事変などのあること。例―の際
ゆうしき［有識］広い知識や学問があること。また、その人。例―者を集める
ゆうしゃ［勇者］勇気のある人。勇士。
ゆうじゃく［幽寂］ものさびしく静かなこと。
ゆうしゅう［優秀］すぐれひいでること。
ゆうしゅう［憂愁］うれえかなしむこと。心配とかなしみ。例―と恐怖が入りまじる
ゆうじゅう［優柔］はきはきしないこと。例―不断な性格・―で困った人だ
ゆうしゅうのび［有終の美］物事を終わりまでりっぱにやりとおすこと。例―を飾る
ゆうしゅつ［《涌出・《湧出］わいてでること。例温泉が―する・―量
ゆうじょ［《宥恕》］ゆるしてとがめないこと。例ご―のほどお願いします
ゆうしょう［勇将］勇ましく強い将軍。
ゆうしょう［有償］つぐないのあること。↔無償。例―でお分けいたします
ゆうしょう［優勝］第一位で勝つこと。例―旗
ゆうじょう［友情］友だちの間の情愛。
ゆうじょう［有情］心のあること。なさけのあること。↔無情。例―の士
ゆうしょく［夕食］夕方の食事。夕飯。
ゆうしょく［遊食］働かずに遊んで生活すること。徒食。例―の民
ゆうしょく［憂色］心配そうな顔色。例―にとざされる・―を帯びる
ゆうしん［雄心］いさましく元気な心。
ゆうじん［友人］ともだち。例―の援助で
ゆうすい［《涌水］わきみず。例富士の―
ゆうすい［幽《邃］奥深くてもの静かなこと。
ゆうすう［有数］指おり数えるほど少ないこと。名高いこと。指おり。例―の大学者
ゆうずう［融通］①金銭や物品などをつごうつけること。やりくり。②その場その場に応じてうまく事を処理すること。例―がきく
ゆうせい［遊星］太陽のまわりを軌道にしたがってまわる星。わく星。↔恒星
ゆうせい［優性］優れた性質。↔劣性。例―遺伝
ゆうせい［優勢］勢いや形勢などが他よりもまさっていること。↔劣勢。例―をたもつ
ゆうぜい［遊説］自分の意見を説いて回ること。例党首の全国―
ゆうぜい［郵税］郵便物を送るのにかかる料金。例―不足の手紙
ゆうせつ［融雪］雪がとけること。雪どけ。
ゆうせん［有線］電線のあること。例―放送
ゆうせん［優先］他よりもさきにすること。
ゆうぜん［友禅］花鳥や風月などをあざやかに染め出したはでな模様。例―染
ゆうぜん［悠然］おちついてゆったりしたさま。例―として・―たるもの
ゆうそう［勇壮］勇ましくさかんなこと。
ゆうそう［郵送］郵便で送ること。例―料
ゆうたい［勇退］後進の人にゆずって官職をやめること。例―をすすめる
ゆうたい［優待］他のものよりも特に手厚くもてなすこと。優遇。例展覧会の―券
ゆうたい［郵袋］郵便物をはこぶふくろ。
ゆうだい［雄大］大きくてりっぱなこと。
ゆうだち［夕立］夏の夕方に急に降る雨。
ゆうだん［勇断］勇気を出してはっきりきめること。果断。例部長の―を期待する
ゆうち［誘致］さそいよせること。例企業―
ゆうちょう［悠長］おちついて気が長いこと。
ゆうと［雄途］勇ましい出発。例―につく
ゆうと［雄図］雄大な計画。例―むなしく
ゆうとう［優等］他より優れていること。↔劣等。例―生・―賞
ゆうとう［遊《蕩］遊びごとにふけること。
ゆうどう［誘導］さそいみちびくこと。例―弾
ゆうどうえんぼく［遊動円木］まる木をゆりうごかす運動具。例公園の―
ゆうどく［有毒］毒をふくんでいること。
ゆうなぎ［夕《凪］海岸地方で夕方に風がやんで、しずかになること。例鏡のごとき―
ゆうに［優に］①十分に。②しとやかに。
ゆうのう［有能］才能やはたらきがあること。
ゆうばえ［夕映え］夕日にてりかがやくこと。
ゆうはつ［誘発］さそいおこすこと。ひきおこすこと。例類似の事件を―する
ゆうひ［夕日・夕〈陽］沈みゆく太陽。
ゆうひ［雄飛］盛んに勇ましく活動すること。↔雌伏。例海外に―する
ゆうび［優美］上品で美しいこと。例―なつぼ
ゆうひつ［右筆・《祐筆］昔、文書をうけもった職。例藩の―をつとめる
ゆうびん［郵便］手紙・小包などを集配する業務。例―物・―局・―ポスト
ゆうふく［裕福］財産があって生活がゆたかなこと。例―な家庭に育った

ゆうふん［憂憤］心配し、いきどおること。
ゆうへい［幽閉］一室におしこめること。
ゆうべん［雄弁］勢いよく、よどみない弁舌。
ゆうほ［遊歩］そぞろあるき。散歩。例―道
ゆうほう［友邦］親しく交際している国。
ゆうぼう［有望］将来に見込みがあること。
ゆうぼく［遊牧］きまった住居を持たず、水と草をもとめて移動し、牛や羊などをやしなって生活すること。例―民族
ゆうまぐれ［夕間暮れ］夕方のうすぐらい時。
ゆうみん［遊民］仕事もせずに遊んで暮らす人。例都会の―
ゆうめい［有名］ひろく名が知られていること。↔無名。例―な画家・―人・―無実
ゆうめい［幽明］①暗いことと明るいこと。②あの世とこの世。例―境を異にする
ゆうめい［勇名］勇気があるという評判。例―をはせる・―をとどろかす
ゆうもう［勇猛］勇気があり、どんなことにもひるまずにつき進むこと。例―果敢な人
ゆうもや［夕《靄］夕方立ちこめるもや。
ゆうもん［幽門］胃が十二指腸につづく部分。
ゆうもん［憂《悶］心配してもだえ苦しむこと。例深い―にとざされる
ゆうやく［勇躍］心が勇んでふるいたつこと。
ゆうやく［《釉薬］陶磁器のうわぐすり。
ゆうやけ［夕焼け］日没の空が赤くなる現象。例―小焼けで日が暮れて・―空
ゆうやみ［夕《闇］夕方のくらさ。夕方に月がなくてくらいこと。例―がせまる
ゆうゆう［悠悠］ゆったりとして、おちついているさま。例―と散歩する・―たる態度
ゆうよ［猶予］①ためらってぐずぐずしていること。②期日をのばすこと。例―期間
ゆうよう［有用］役に立つこと。有益。↔無用
ゆうよう［悠揚］ゆったりとしておちついているさま。こせつかないさま。例―せまらず
ゆうよく［遊《弋］船が海上をゆききして警戒すること。例監視船が―する
ゆうらん［遊覧］見物して歩くこと。例―船
ゆうり［有利］利益があること。↔不利
ゆうり［遊離］他のものと結びつかずに、離れてあること。例実地から―した理論
ゆうりょ［憂慮］心配すること。うれえて気づかうこと。例列車の遅延が―される
ゆうりょう［有料］料金がいること。例―道路
ゆうりょう［優良］すぐれてよいこと。例健康―児・株式の―銘柄
ゆうれい［幽霊］①死んだ人のたましい。②死んだ人がこの世にあらわれるという姿。③実際にはないもの。例―人口
ゆうれき［遊歴］各地を歩きまわること。
ゆうれつ［優劣］すぐれていることとおとること。まさりおとり。例―が決められない
ゆうわ［融和］うちとけて仲がよいこと。
ゆうわ［《宥和］ゆるして仲よくすること。
ゆうわく［誘惑］悪いほうにさそいこむこと。
ゆえ［故］わけ。理由。例それ故。故ある家系
ゆえつ［愉悦］心から楽しみよろこぶこと。
ゆえん［油煙］油や樹脂などをもやすときに生じる、すすのような黒い炭素の粉。
ゆえん［〈所以〉］わけ。いわれ。理由。
ゆか［床］屋内の板敷き。例床材・床磨き
ゆかい［愉快］楽しく気持ちよいこと。
ゆがく［湯《掻く］野菜などをしばらく熱湯にひたす。ゆでる。例もやしを―
ゆかしい［床しい］①なんとなくなつかしい。②上品ですぐれている。おくゆかしい。
ゆかた［浴衣］入浴後や夏に着る、もめんのひとえ。例―がけで・夏祭りの―
ゆがむ［《歪む］①形がねじけてくずれる。②心や行いが正しくない。ひねくれる。
ゆがめる［《歪める］①物の形をまげて変な形にする。②正しさをなくさせる。
ゆかり［〈縁・▽所縁］つながりや関係があること。例―のある人・国木田独歩―の地
ゆかん［湯《灌］仏葬で、死体を棺におさめる前に湯でふくこと。
ゆき［雪］水蒸気が結晶してふってくるもの。例雪合戦・雪男・雪下ろし
ゆき［《裄］背ぬいからそで口までの長さ。
ゆき［行き・〈往き］行くとき。↔帰り。例―の切符・大阪―の列車・―帰りの足
ゆきあかり［雪明(か)り］つもった雪のために夜がうす明るいこと。例―の道を
ゆきかう［行(き)交う］行ったり来たりする。行きちがう。往来する。例―人々
ゆきがかり［行き掛(か)り］①行きかかるついで。行きがけ。②やりはじめて中止のできないこと。前からの関係。例今までの―で
ゆきがた［行き方］行った方向。ゆくえ。
ゆきき［行き来・〈往き来］行ったり来たりすること。ゆきかえり。例門前を―する

ゆきぐつ［雪《沓］雪の中を歩くわらぐつ。

ゆきぐに［雪国］雪のたくさん降る地方。

ゆきくれる［行(き)暮れる］途中で日がくれる。例山中で—

ゆきさき［行(き)先］目的地。例小包の—・旅行の—・荷物の—・汽車の—

ゆきすぎ［行(き)過ぎ］①目的より遠くまで行ってしまうこと。いきすぎ。②やりすぎ。例—の是正・それは—だよ

ゆきずり［行きずり］①道を行きながらすれちがうこと。②通りすがり。例—の人

ゆきぞら［雪空］雪が降りそうな空もよう。

ゆきだおれ［行(き)倒れ］道ばたにたおれて死ぬこと。また、その人。例—の死体

ゆきちがい［行(き)違い］①途中でたがいに出あわずに行きかうこと。②てはずが合わないこと。くいちがい。例—が起こった

ゆきづまる［行(き)詰(ま)る］①道が行きどまりになる。②進むこともしりぞくこともできなくなる。例計画が—・事業が—

ゆきつもどりつ［行きつ戻りつ］行ったり来たり。例恋人の家の前を—する

ゆきどけ［雪解け・雪《融け］①雪がとけること。例—水。②二者間の緊張がゆるむこと。例米ソの—時代・冷戦の—

ゆきとどく［行(き)届く］すみずみまでゆきわたる。こまかいところまでよく気がつく。

ゆきなやむ［行(き)悩む］①行くのに困難を感じる。じゃまがあって進めない。②物事が思うようにはかどらない。例仕事に—

ゆきびさし［雪《庇］雪がつもってひさしのようにつき出したところ。せっぴ。

ゆきもよい［雪《催い］雪の降りだしそうな空もよう。雪もよう。例—の暗い空

ゆきわたる［行(き)渡る］もれなくとどく。

ゆく［行く・《往く］①前方に向かって進む。②歩く。③立ち去る。④すぎ去る。

ゆく［逝く］死ぬ。例九十歳の天寿で—

ゆくえ［行方］①進んでいく先。②去って行った先。③これから先。行くすえ。将来。

ゆくすえ［行く末］すすんでいく先。これからのなりゆき。将来。例—が心配である

ゆくて［行く手］むかって行く先のほう。

ゆくはる［行く春］過ぎ去ってゆく春。春のすえ。晩春。例—を惜しむ。

ゆくゆく［行く行く］①あるきながら。②しまいに。行く末。やがて。将来。例—は画家に

ゆげ［湯気］水蒸気。例頭から—をたてる

ゆけつ［輸血］血液型の同じ人の血液を、患者に注入すること。例緊急—が必要だ

ゆけむり［湯煙］湯気がたちのぼるさま。

ゆごう［癒合］傷口がつきふさがること。

ゆこく［諭告］さとし聞かせること。

ゆさい［油彩］油絵の具でかくこと。例—画

ゆさぶる［揺さぶる］ゆすぶる。例心を—本

ゆざめ［湯冷め］入浴後に冷えること。

ゆさん［遊山］野や山に行って遊ぶこと。気ばらしに遊びに出かけること。例物見—

ゆし［油脂］動物や植物からとった油。

ゆし［油紙］あぶらを塗った紙。

ゆし［諭旨］わけをさとすこと。例—退学

ゆしゅつ［輸出］国内の産物を外国に送り出すこと。↔輸入。例資本—・—品目

ゆず［《柚・《柚子］ミカン科の常緑高木。

ゆすぐ［《濯ぐ］水の中でゆり動かして洗い清める。すすぐ。

ゆすぶる［揺すぶる］ゆり動かす。ゆする。例ぞうきんを—

ゆすり［▽強請］人をおどかして金や物をむりに出させること。また、その人。

ゆする［揺する］ゆり動かす。例木を—

ゆずる［譲る］①自分の物を他に与える。②へりくだって他人を先にする。例席を—

ゆせい［油井］石油をほるやぐらの井戸。

ゆせい［油性］油状の性質。例—ボールペン

ゆせん［湯《煎］直接に火にかけずに、器に入れたまま湯のなかに置いて物を熱すること。

ゆそう［油槽］ガソリンや石油を貯蔵する大きないれもの。タンク。例—船

ゆそう［輸送］車や船で人やものをはこぶこと。例—手段・—機関・現金—車

ゆたか［豊か］①たくさんあること。豊富。例—な資源。②ゆったりしていること。

ゆだねる［《委ねる］すべてをまかせる。

ゆだま［湯玉］湯がにえ立つときに、わき上がる玉のようなあわ。例—が散る

ゆだる［《茹る］湯でにられる。ゆでられる。

ゆたん［油単］①たんすなどのからくさ模様のおおいの布。②油紙の雨おおい。

ゆだん［油断］気をゆるして注意しないこと。

ゆちゃく［《癒着］離れていなければならない生物体の器官がくっつくこと。例腹膜—

ゆでる［《茹でる］熱い湯でにる。例卵を—

ゆでん［油田］石油の出る土地。例—地帯

ゆとうよみ［湯《桶読み］湯桶などのように漢字の熟語の上を訓で読み、下を音で読む読み方。↔重箱読み
ゆどおし［湯通し］織物を湯にくぐらせ、または蒸気にあてたあとでちぢむのを防いだり、糊けをとること。
ゆにゅう［輸入］外国から品物を買い入れること。↔輸出。例製品―・―制限・―品
ゆのし［湯《熨］布に湯気などをあててしわをのばすこと。例ズボンに―する
ゆのみ［湯飲み・湯《呑み］湯や茶をのむ茶わん。例―茶わん・―に茶をつぐ
ゆば［湯葉］煮た豆乳のうす皮の干物。
ゆび［指］手足の先端の部分。例親指・指先
ゆびおり［指折り］①指を一本ずつ折って数えること。②多くのものの中から指を折って数えるほどすぐれていること。屈指。
ゆびわ［指輪］指にはめてかざりとする金属製の輪。例婚約―・真珠の―
ゆぶね［湯船・湯《槽］ふろおけ。例―につかる
ゆみ［弓］矢を射る武器。例弓を引く
ゆみず［湯水］①湯と水。②たくさんあるもののたとえ。例―のように使う
ゆめ［夢］①ねむってみる現象。②はかないことのたとえ。③まよい。迷夢。④希望。空想。
ゆめうつつ［夢〈現］①夢と現実。②ぼんやりしていること。例―に話し声を聞いた
ゆめごこち［夢心地］夢を見ているようなぼんやりした心持ち。例―の状態で
ゆめじ［夢路］夢を見ていること。例―を辿る
ゆめにも［夢にも］少しも。例―思わなかった
ゆめまくら［夢《枕］夢を見たときのまくらのそば。例―に立つ
ゆめみ［夢見］見た夢の性質。例―が悪い
ゆめものがたり［夢物語］①夢の中で見たことの話。②夢のような空想。例―に終わる
ゆゆしい［由由しい］一とおりでない。容易ならない。重大である。例―事態となる
ゆらい［由来］①ある物事が今までにへてきたすじみち。いわれ。②もともと。元来。
ゆらぐ［揺らぐ］ゆらゆらとゆれ動く。例―心
ゆらめく［揺らめく］ゆらゆらと動く。
ゆり［〈百合〉］山野にはえ、大形の花を開く、種類は多い。例山―・鉄砲―
ゆりかご［揺り《籠］幼児を入れゆり動かし眠らせるかご。ようらん。例―から墓場まで
ゆるい［緩い］①きびしくない。②しまっていない。きつくない。③急でない。例―勾配
ゆるがす［揺るがす］ゆり動かす。ゆすぶる。
ゆるがせ［《忽せ］なげやりなこと。おろそか。そまつ。例一言一句―にせず
ゆるぐ［揺るぐ］①ゆれ動く。②たしかでなくなる。ぐらつく。例確信が―
ゆるす［許す・《赦す］①聞き入れる。許可する。②罪をこらえてやる。③さしつかえないことにする。④にがす。⑤自由にさせる。
ゆるむ［緩む・《弛む］①ゆるくなる。たるむ。②ゆるやかになる。③なまける。油断する。
ゆるめる［緩める］①ゆるくする。ゆるむようにする。↔締める。②気をゆるます
ゆるやか［緩やか］①ゆるいさま。きびしくないさま。②ゆっくりしているさま。
ゆれる［揺れる］ゆらゆらと動く。動揺する。
ゆわえる［結わえる］むすぶ。例ひもを―
ゆわかし［湯沸(か)し］湯をわかす器具。
ゆんで［〈弓手・▽左手］弓を持つほうの手。左の手。↔めて。例―にたづな

よ

よ［余・予］われ。自分。例余の若いころは
よ［余］あまり。ほか。例十年余も・余人を
よ［代］人が生きている間。統治者の治めている期間。例昭和の代
よ［世］人の社会。世の中。例世が世なら・世に出る・世をはばかる
よ［夜］よる。晩。例夜も日も明けずに
よあかし［夜明(か)し］徹夜。例―で麻雀
よあけ［夜明け］明けがた。例―前・―の空
よあそび［夜遊び］夜。遊びあるくこと。
よい［宵］①夜になったばかりのとき。②よる。
よい［良い・〈好い・〈佳い］すぐれている。けっこうだ。例―日よりで・仲が―
よい［善い］正しい。例―行い・―事をする
よい［酔い］酔うこと。例ほろ―・―心地
よいごし［宵越し］一夜をこすこと。例―の金
よいづき［宵月］よいの間だけ出る月。
よいのくち［宵の口］日が暮れて間もないころ。例―から雨戸をしめて寝る
よいのみょうじょう［宵の明星］夕方、西の空に見える金星。↔明けの明星
よいまつり［宵祭り］祭日の前夜に行う小規模な祭り。よいみや。よみや。例―の山車

よいやみ［宵《闇］夕方、月が出る前のやみ。
よいん［余韻］①あとに残るひびき。②あとに残るあじわい。ことばに現れない感じ。
よう［用］①用事。例母の用で・用を言いつかる。②用途。例女性用の服
よう［洋］①おおうみ。例太平洋。②東洋と西洋。例洋の東西を問わず
よう［葉］葉や紙をかぞえる語。例紙十五葉
よう［要］①かなめ。②必要。例要注意
よう［陽］①日。太陽。②日にむかうほう。日なた。③うわべ。表面。例陰に陽に
よう［様］ありさま。仕方。例その様である
よう［曜］七曜。曜日。例今日は何曜日だ
よう［《杳］暗い。はるか。例―として不明
よう［《癰］悪性のはれもの。
よう［酔う］①酒がきく。酒がまわる。②乗り物に乗って気持ちがわるくなる。③うっとりとなる。心をうばわれる。例妙技に―
ようあん［溶暗］映画で画面全体がしだいに暗くなって消えること。↔溶明
ようい［用意］①心づかい。注意。例―周到な男。②したく。準備。例旅の―
ようい［容易］やさしいこと。たやすいこと。例―に人を近づけない・―なことでは
よういく［養育］やしないそだてること。
よういん［要因］おもな原因。主因。例成功の―
よういん［要員］必要な人員。例警備―
ようえい［揺《曳］ゆらゆらとなびきうごくこと。例線香の煙が―する
ようえき［溶液］物資がとけこんでいる液体。
ようえん［陽炎］かげろう。例―がゆらぐ
ようえん［《妖艶》］なまめかしく美しいこと。
ようおん［《拗音］きゃ・きゅ・きょのように「や・ゆ・よ」のかなをわきにそえて表す音。
ようか［養家］養子や養女となっていった家。
ようが［洋画］①西洋画。②欧米の映画。
ようが［陽画］明暗が実物と同じに見える写真。ポジティブ。↔陰画。例―に反転する
ようかい［溶解］とけること。とかすこと。
ようかい［《妖怪］ばけもの。まもの。例―変化
ようかい［容《喙］横から口を出すこと。干渉すること。例―しないでいてくれたまえ
ようがい［要害］地勢がけわしくて守るのによい場所。例―堅固な地形
ようかん［洋館］西洋ふうの建物。例神戸の―
ようかんいろ［羊《羹色］黒や紫などのあせて古ぼけた色。例―になったコート
ようがん［溶岩・《熔岩］噴火口から流れた石。
ようき［容器］いれもの。うつわ。例牛乳の―
ようき［揚棄］矛盾した概念をまとめて、一段高い概念にすること。止揚。例矛盾の―
ようき［陽気］①心のはればれしたこと。②気候。天候。③にぎやかなこと。例―な男
ようき［《妖気］ぶきみなけはい。例―が漂う
ようぎしゃ［容疑者］罪をおかしたうたがいのある者。被疑者。例―を連行する
ようきゅう［洋弓］アーチェリー。
ようきゅう［要求］しいて願いもとめること。
ようぎょう［窯業］陶磁器などの製造業。
ようきょく［謡曲］うたい。能楽のときのうた。
ようぐ［用具］つかう道具。必要な道具。
ようけい［養鶏］にわとりの飼育。例―場
ようげき［《邀撃］まちぶせてうつこと。
ようけつ［要《訣］たいせつなおくのて。
ようけん［用件］ようじ。用むき。例ご―は
ようけん［要件］大切な用事。必要な条件。例成功の―を分析する・受験資格の―
ようげん［用言］文法で、活用する自立語のうち単独で述語となれるものをいう。動詞・形容詞・形容動詞。↔体言
ようげん［揚言］おおっぴらに言いふらすこと。例大衆の前で―する
ようご［用語］使うことば。術語。例―の統一・コンピュータ―辞典
ようご［養護］まもりそだてること。養育と保護。例―学級・―施設
ようご［擁護］かばってまもること。例人権―
ようこう［洋行］外国へ旅行すること。
ようこう［要項］たいせつな事がら。例募集―
ようこう［陽光］太陽の光。日光。例―を浴びる
ようさい［洋裁］洋服をしたてること。
ようし［容姿］すがた。かおかたち。例―端麗
ようし［要旨］話のすじ。おもな趣旨。
ようし［養子］他人の子を養って自分の子としたもの。↔実子。例―縁組み
ようじ［用事］しなければならないこと。用件。
ようじ［《楊枝］①つまようじ。②歯ブラシ。
ようしき［洋式］西洋式。洋ふう。例―便所
ようしき［様式］①さま。かた。かたち。②きまった形式。一定の形式。例申請書の―
ようしつ［洋室］西洋ふうのへや。洋間。
ようしゃ［容赦］①ゆるしてとがめないこと。②てかげんすること。例今回は―しないぞ

ようしゅ［洋酒］西洋の酒。例―の愛飲者
ようしゅん［陽春］春のよい季節。例―の候
ようしょ［要所］たいせつなところ。
ようしょ［洋書］西洋の書物。↔和書
ようしょう［幼少］おさないこと。例ご―の
ようしょう［要衝］たいせつな所。例交通の―
ようじょう［洋上］海洋の上。例―の生活
ようじょう［養生］①からだを大切にすること。②病気の手あてをすること。例病後の―
ようしょく［容色］みめかたち。例―が衰える
ようしょく［洋食］西洋料理。例―器・―店
ようしょく［要職］大切な役目。例政治の―に
ようしょく［養殖］魚・貝・海草などを人工的にやしないふやすこと。例真珠貝の―
ようじん［用心］あらかじめよく注意すること。例火の―・―深い人・―棒
ようじん［要人］重要な地位にある人。
ようす［様子］①ありさま。ぐあい。状態。例成功しそうな―・―をさぐる。②みなり。すがた。例―のいい人
ようすい［用水］①使うためにためておく水。②田畑にひきいれる水。例農業―・―路
ようすい［羊水］子宮内の液体。
ようすい［揚水］水をあげること。例―ポンプ
ようずみ［用済(み)］仕事などがすんだこと。例―になった器具・ご―
ようする［要する］必要とする。例注意を―
ようする［擁する］①かかえる。だく。②もつ。例大軍を―。③もりたてる。例幼君を―
ようするに［要するに］つまり。けっきょく。
ようせい［要請］ねがいもとめること。強く要求すること。例会長受諾を―する
ようせい［陽性］①性質のあかるいこと。陽気な性質。②試薬の反応があらわれること。↔陰性。例ツベルクリンが―になる
ようせい［養成］やしないそだてること。
ようせい［《夭逝］わかじに。例事故で―する
ようせい［《妖精］自然物の精霊。ニンフ。
ようせき［容積］①なかみの分量。②立体がしめる空間の部分。かさ。体積。例―率
ようせつ［溶接・《熔接］金属をとかしてつぎ合わせること。例―工・高周波―
ようせつ［《夭折］わかじに。例長男の―で
ようせん［用船・《傭船］チャーター船。
ようせん［用《箋］手紙を書く紙。びんせん。
ようそ［要素］物事が成り立つために必要なもの。もと。例芝居になる―をとり出す
ようそ［《沃素］元素の一つ。ヨード。
ようそう［洋装］西洋ふうの服装。↔和装
ようそう［様相］ようす。ありさま。状態。
ようだい［容体・容態］病気のぐあい。病状。
ようたし［用足し・用〈達］用事をすますこと。例駅前まで―に行く
ようだてる［用立てる］役だてる。例金を―
ようだん［用談］用向きのはなし。例目下―中
ようだん［要談］たいせつな話し合い。
ようち［用地］使用する土地。例建設―
ようち［要地］重要な地点。例交通上の―
ようち［幼稚］①おさないこと。②進歩しないこと。未熟。例農業技術はまだ―だ
ようち［夜討(ち)］夜攻撃すること。例―朝駆け・―をかける
ようちゅう［幼虫］卵からかえって、まだ成虫にならないこん虫。例トンボの―
ようつい［腰《椎］こし骨。五個の骨がある。
ようてい［要《諦］かんじんのところ。要所。
ようてん［要点］たいせつなところ。
ようと［用途］つかいみち。例―が広い
ようど［用度］それに必要な費用。例―品
ようとうくにく［羊頭《狗肉］ひつじの頭を看板に出して犬の肉を売ること。みかけだけはりっぱで実際がこれにともなわないことのたとえ。例まるで―の広告だ
ようとして［《杳として］ぼんやりしてはっきりしないさま。例―不明のままだ
ようにん［容認］ゆるしみとめること。
ようねん［幼年］おさない年齢。例―時代
ようはい［《遥拝］遠くはなれた所からおがむこと。例鳥居の前で―する
ようふう［洋風］西洋の様式。例―料理
ようふく［洋服］西洋ふうな衣服。例―掛け
ようぶん［養分］からだの栄養となる成分。
ようほう［用法］使いかた。使用法。
ようぼう［要望］強く希望すること。例―書
ようぼう［容《貌］かおかたち。かおつき。
ようむ［要務］だいじなつとめ。重要な任務。
ようめい［用命］用をいいつけること。
ようめい［溶明］映画で、暗い場面がしだいに明るくなること。↔溶暗
ようやく［要約］要点をみじかくまとめること。例文章を―する・―文を配布する
ようやく［〈漸く］①だんだん。しだいに。②やっと。例―追いついた

ようゆう[溶融・《熔融]固体がとけて液体になること。融解。[例]―点・―温度

ようよう[要用]たいせつな用事。[例]―のみ

ようよう[洋洋]①水のみちみちているさま。[例]―たる大海が。②ひろびろとしてかぎりないさま。[例]前途―として

ようよう[揚揚]得意なさま。[例]意気―

ようらん[要覧]重要な事がらを見やすいようにまとめた印刷物。[例]繊維業界―

ようらん[揺《籃]①ゆりかご。②物事のはじまり。出発点。[例]日本映画の―時代

ようりつ[擁立]わきから助けて位や役につかせること。もりたてること。[例]―する人物

ようりゃく[要略]だいじなところのあらまし。大要。概要。[例]経済白書の―

ようりょう[用量]使用する量。[例]薬の―

ようりょう[容量]中にはいる分量。[例]大―

ようりょう[要領]①物事のいちばんたいせつなところ。要点。②物事をうまく処理する方法。こつ。[例]―のいいやりかた

ようりょく[揚力]浮揚する力。[例]翼の―

ようりょくそ[葉緑素]植物の緑色の色素。

ようれい[用例]用いかたの例。[例]豊富な―で

ようれき[陽暦]太陽暦。新暦。↕陰暦

ようろ[要路]①重要な道路。②重要な地位。

ようろう[養老]①老人をいたわりやしなうこと。②老後を安楽にくらすこと。[例]―院

よえい[余栄]死んだあとまでのこる名誉。

よか[余暇]仕事のあいまのひまなとき。

よかん[予感]物事の起こる前になんとなく感じること。虫の知らせ。[例]―があった

よかん[余寒]立春の後の寒さ。[例]―お見舞い

よき[予期]前もって、そうなるだろうと思って、まちもうけること。[例]―しないことが

よぎ[余技]専門以外にできる技芸や道楽。

よぎない[余儀ない]よんどころない。やむを得ない。[例]―用事で欠席します

よきょう[余興]その場のおもしろみをそえるための演芸やかくし芸。[例]宴会の―に

よぎり[夜霧]夜にたつきり。[例]―の高速道

よぎる[〈過ぎる]寄らずにすぎる。

よきん[預金]銀行や郵便局などにお金をあずけること。また、そのお金。[例]当座―

よく[欲・《慾]強くほしがる心。[例]欲が深い

よく[翌]あくる。[例]翌十五日に・翌年

よく[翼]①つばさ。[例]尾翼。②本隊の左右。[例]左翼陣営・右翼が弱い

よく[良く・〈好く・〈能く]うまく。じょうずに。[例]―できた作品・―やった

よくあさ[翌朝]あくる日の朝。[例]―の予定

よくあつ[抑圧]おさえつけること。[例]―感

よくい[浴衣]入浴のあとに着る衣服。

よくか[翼下]勢力のはんい内。[例]親分の―

よくけ[欲気]よくばるこころ。[例]―をだす

よくげつ[翌月]あくる月。[例]―払いで

よくご[浴後]湯あがり。[例]―のビール

よくし[抑止]おさえつけること。[例]―力

よくしつ[浴室]ふろば。[例]タイルの―

よくじつ[翌日]あくる日。[例]―にのばす

よくじょう[浴場]ふろば。銭湯。[例]―の番台

よくじょう[欲情]①強くほしいと思う心。②肉体的な欲望。[例]―をおさえる

よくする[浴する]①入浴する。②うける。こうむる。[例]大自然の恩恵に―

よくする[善くする・〈能くする]うまくできる。なしうる。[例]謡を―・書を―

よくそう[浴槽]ゆぶね。[例]ゆったりした―

よくちょう[翌朝]よくあさ。[例]―旅立つ

よくせい[抑制]おさえつけてとめること。

よくど[《沃土]よくこえて作物のとれる土地。

よくとく[欲得]利益を得ようとする心。[例]―を離れて親切を尽くす・―ずくで

よくばる[欲張る・《慾張る]必要以上にほしがる。[例]そんなに―なよ

よくふか[欲深]欲がふかいこと。[例]―な社長

よくぼう[欲望]ほしいとねがう心。[例]強い―

よくめ[欲目]ひいきめ。[例]親の―で

よくや[〈沃野]地味のよくこえた平野。

よくよう[抑揚]ことばや文章などの調子の高低や強弱。[例]単調で―のない文章

よくよく[翌翌]次の次。[例]―年・―月

よくよく[翼翼]つつしむさま。[例]小心―

よくりゅう[抑留]むりにおさえとどめること。[例]シベリアの―者

よくん[余薫]のこったかおりや人徳。

よけい[余計]①余分。あまり。②無益。むだ。③たくさん。もっと。その上。[例]―もらう

よけん[予見]事が起こる前に知ること。予知。

よげん[予言]これからさきに起こることを前もって言いあてること。[例]―が当たる

よこ[横]左右への長さや広がり。↕たて。[例]横になる。横にする。横に並ぶ

よご[予後]病気を治療したあとのようす。

よこう［予行］前もってやってみること。
よこう［余光］①あとに残った光。②おかげ。
よこく［予告］前もって知らせること。例—編
よこぐるま［横車］むりと知りながら自分の言い分をおし通すこと。例—をとおす
よこしま［〈邪］道理にはずれていること。
よこずき［横好き］専門以外のことをすくこと。例へたの—
よこたわる［横たわる］横になる。横にねる。
よこばい［横《這い］①横にはうこと。②物価の上がり下がりが一時とまること。
よこみち［横道］①本道から分かれて横にはいる道。②正しくない道。邪道。例—にはいる
よこめ［横目］①わきめ。②ながしめ。
よこもじ［横文字］①横書きの文字。②西洋の文字。例—はさっぱりわからない
よこやり［横《槍］①横あいから突きだすやり。②そばから口を出すこと。干渉。
よごれる［汚れる］きたなくなる。例手が—
よざい［余罪］そのほかのつみ。例—の追求
よさむ［夜寒］夜になって急に冷えること。また、そのような時節。
よさん［予算］あらかじめ入費を見つもること。みつもり。例宴会の—をたてる
よし［由］①わけ。いわれ。②おもむき。ようす。例ご入学の由と聞きました。③手段。
よし［《葦・《葭・《蘆］あし。例—の髄から
よし［〈縦し］たとえ。かりに。よしや。
よじ［余事］ほかのこと。他事。例—ではない
よしず［《葭簀》］よしのくきであんだすだれ。
よじつ［余日］のこりの日数。ほかの日。
よしない［由ない］①理由がない。いわれがない。②つまらない。例—ことをして
よじのぼる［《攀じ登る］つかまってのぼる。例塀に—・岩壁を—
よしみ［《誼］①親しい交際。したしみ。②親しい間がらの愛情。友情。例友だちの—で
よしゅう［予習］前もってする学習。↕復習
よじょう［余剰］のこり。あまり。例—米
よじょう［余情］言外にふくまれたおもむき。あとに残った味わい。余韻。例—のある歌
よじる［《捩る］ねじる。ひねる。例糸を—
よしん［予審］公判前の調べ。例—判事
よしん［余震］大きな地震のあとに続いておこる小さな地震。ゆりかえし。例—がつづく
よじん［余人］ほかの人。他人。例—を交えず
よじん［余《燼］もえ残った火。もえ残り。
よしんば［〈縦しんば］たとえそうであっても。
よすが［〈縁］たよるところ。たより。ゆかり。
よすぎ［世過ぎ］生活。よわたり。例身過ぎ—
よすてびと［世捨(て)人］①この世を見捨てた人。②僧、または隠居。例—同然の生活
よすみ［四隅］四方のかど。例部屋の—に
よせ［寄せ］①あつめること。例客—に。②碁・将棋の終盤戦。例—に入る
よせ［寄席］落語・講談・浪曲などを演じる所。
よせあつめる［寄せ集める］散在しているものをあつめる。例落ち葉を—・手勢を—
よせい［余生］これから先の生命。一生の残りの部分。例生まれ故郷で—を終えよう
よせい［余勢］残っている勢い。例—を駆って
よせがき［寄せ書き］一枚の紙に数人の人が書画などを書き込むこと。例級友たちの—
よせぎ［寄せ木］小さい木片を組み合わせて作ったさいく。例—細工
よせて［寄せ手］攻めよせてくる軍勢。
よせなべ［寄せ《鍋］いろいろな材料をいれて煮るなべ料理。例—をかこむ
よせる［寄せる］①近づける。例船を岸に—。②あつめる。例顔にしわを—。③加える。④むける。例気持ちを—
よせん［予選］前もってえらぶこと。例地区—
よせんかい［予《餞会］卒業などに先立って行う送別会。例部の—での送別の辞
よそ［余〈所・〈他所〉］ほかの所。例—行き・—目・—見・—の家・心配を—に
よそう［予想］前もって考えること。例—外の
よそおい［装い］①身なりをつくろうこと。したく。例外出の—をする。②ととのえかざること。装飾。③おもむき。ようす。
よそく［予測］前もっておしはかること。
よそごと［余〈所事］直接に関係のない事がら。例—には思えない・—ではない
よそよそしい［余〈所余〈所しい］他人ぎょうぎである。そらぞらしい。例—態度
よた［与太］①ちえのたりないもの。例—郎。②でまかせ。例—を飛ばす
よだつ［与奪］与えることとうばうこと。例生殺—の権をにぎる
よたもの［与太者］不良。ならずもの。
よだん［予断］前もって判断すること。
よだん［余談］本すじをはなれた雑談。
よち［予知］前もって知ること。例—能力

よち[余地]①あいている土地。②すきま。③ゆとり。よゆう。例くふうの―がある

よつぎ[世継(ぎ)]あとつぎ。後継者。例財閥のお―・―を決める

よっきゅう[欲求]ねがいもとめること。例―不満・―を満たす・性の―

よって[因って・〈依って・〈拠って]それだから。そこで。例―くだんのごとし

よつゆ[夜露]夜の間におくつゆ。↕朝露

よてい[予定]前もってきめること。例―表

よど[《淀]水が流れずによどんでいる所。

よとう[与党]政府のみかたの政党。↕野党

よとぎ[夜《伽]夜通しつきそうこと。

よとく[余得]余分のもうけ。例―がある

よとく[余徳]死んだあとにのこる恩徳。

よどむ[《淀む・《澱む]①水が流れずにとまる。底にたまる。②物事がすらすらと進まない。

よなが[夜長]夜が長いこと。秋の夜。

よなげる[《淘げる]①米をとぐ。②水に入れてふるいわける。例川で鉄くずを―

よなべ[夜なべ]夜にする仕事。例―仕事

よなよな[夜な夜な]毎夜。よごと。

よなれる[世慣れる]いろいろ経験して世の中の事に通じる。例世慣れた話しぶり

よにげ[夜逃げ]夜中にそっとにげ出すこと。

よねつ[余熱]さめずに残る熱。ほとぼり。

よねん[余念]ほかの考え。例―がない

よのう[予納]前もっておさめること。前納。

よのつね[世の常]世間でありふれたこと。

よのならい[世の習い]世間でふつうのこと。

よのめ[夜の目]夜ねむる目。例―も寝ずに

よは[余波]①とばっちり。あおり。②なごり。

よはく[余白]紙の書いてない白いところ。

よび[予備]将来にそなえて、前もって用意しておくこと。例―知識を持っている

よびかける[呼(び)掛ける]①声をあげて呼ぶ。例おおい、と―。②意見をのべて賛成を求める。例協力を―・国民に―

よびこ[呼(び)子]人を呼ぶ合図にならす笛。

よびすて[呼(び)捨て]敬称をつけないで他人の名をよぶこと。例名前を―にする

よびとめる[呼(び)止める]呼んでとまらせる。例通行人を―・街角で―

よびね[呼(び)値]売買のときに呼ばれる値段。例早くも高額の―のうわさが

よびみず[呼(び)水]①ポンプから水が出ないとき、水をみちびくために別に少量の水をそそぎ入れること。②きっかけとなるもの。

よびもの[呼(び)物]人気を呼ぶもの。評判の高いもの。例―の曲芸

よびょう[余病]現在かかっている病気のほかに起こる病気。例―が併発する

よぶ[呼ぶ]①声をかけてこさせる。例人を―。②さけぶ。例名を―。③まねきよせる。例夏を―・嵐を―・雨を―

よふかし[夜更(か)し]夜おそくまで起きていること。例―のくせがある

よふけ[夜更け]深夜。例―まで騒々しい

よふん[余憤]心にのこるいきどおり。

よぶん[余分]①あまり。のこり。②よけい。

よぶん[余聞]こぼれ話。余話。例維新史―

よへい[余弊]のちのちまで残る悪い点。

よほう[予報]前もって知らせること。例―官

よぼう[予防]前もってふせぐこと。例―線

よぼう[与望・《輿望]世間一般の人望。衆望。

よほど[余程]①だいぶ。大半。よっぽど。②かなり。ずいぶん。相当。例―の被害だ

よまいごと[世〈迷い言]ぐちを言うこと。

よまわり[夜回り・夜《廻り]夜警。

よみ[読み]読むこと。先を考えること。例―が深い・―合わせる・―替え・―返す

よみ[▽黄泉]人の死後、その魂が行くと考えられたところ。あの世。めいど。例―の国

よみがえる[《蘇る・《甦る]①いきをふきかえす。生きかえる。②元気をとりもどす。

よみこなす[読みこなす]読んで内容をよく理解する。例本を―力・長編を―

よみさし[読みさし]まだ読みきらないこと。読みかけ。例―の本・まだ―だ

よみじ[▽黄泉路]死後の世界。例―をたどる

よみする[《嘉する]ほめたたえる。例功を―

よみせ[夜店・夜見世]夜の露店。例縁日の―

よみち[夜道]夜の道。例―の一人歩き

よみもの[読(み)物]①読むべき大作。例今月の―だ。②誤楽小説。誤楽本。

よむ[読む]①声を出して読む。音読する。②書いたものの内容を理解する。③さとる。知る。察する。判じる。例先方の意図を―

よむ[詠む]詩や和歌・俳句をつくる。

よめ[嫁]①むすこの妻。②結婚の相手の女性。

よめ[夜目]夜、物を見ること。例―にも美しい

よめい[余命]これから先に生きるいのち。例―いくばくもない

よも［四〈方］①東西南北。②あちこち。諸方。
よもぎ［《蓬］キク科の多年草。もちぐさ。
よもすがら［夜もすがら・▽終夜］一晩じゅう。
よもやま［四〈方山］社会のいろいろの方面のこと。例―のおしゃべり・―話
よやく［予約］前もって約束すること。例―席
よゆう［余裕］ゆとり。あまり。例気持ちの―
よよ［代代・世世］代をかさねること。だいだい。歴代。例―の変遷が
より［《撚り・《縒り］よること。より合わせた糸。例糸の―・―がもどる
よりあい［寄(り)合(い)］集まること。集会。
よりごのみ［〈選り好み］すきなものをえらぶこと。すききらいをいうこと。えりごのみ。
よりどころ［〈拠り所］①よりすがるところ。たよるところ。②もとづくところ。根拠とするところ。例まったく―がない
よりぬき［〈選り抜き］よりすぐること。
よりょく［余力］あまった力。余裕。例―十分
よる［夜］日の入りから日の出まで。例昼となく夜となく・夜のとばりが
よる［寄る］①かたよる。一方にかたむく。②たちよる。③ちかづく。④集まる。例魚が―
よる［因る・〈由る］もとづく。したがう。例台風に―被害・時と場合に―
よる［《撚る・《縒る］ねじってからみあわせる。
よるべ［寄る辺］たよりとするところ。身をよせるところ。例―のないみなしご
よろい［《鎧・〈甲］着る武具。例―兜・―戸
よろく［余《禄］余分の得。付随した幸い。
よろこばしい［喜ばしい・〈悦ばしい］うれしい。よろこぶべきである。例―知らせ
よろこぶ［喜ぶ・〈歓ぶ・〈悦ぶ］うれしくおもう。楽しくおもう。例親の―顔見て
よろしい［〈宜しい］けっこうだ。いい。
よろしく［〈宜しく・〈宜敷く］①ほどよく。適当に。②ぜひとも。すべからく。
よろず［〈万］①数の多いこと。例八百―の。②千の十倍。まん。③みんな。すべて。例―屋
よろめく［《蹌踉》めく］①よろける。例つまずいて―。②誘惑にのる。例人妻が―
よろん［世論・《輿論］世間一般の考え。例―調査・―の声・―におされて
よわ［余話］ある事件について、まだ人々に知られていない話。こぼればなし。
よわ［夜〈半］よなか。よる。例―のあらし
よわい［〈齢］とし。年齢。例―六十五に
よわい［弱い］①強くない。例意志が―・―チーム。②丈夫でない。例体が―
よわき［弱気］よわよわしい気持ち。気の弱いこと。↔強気。例―な態度を見せる
よわたり［世渡り］世の中で生活していくこと。くらし。例実際的な―の術
よわね［弱音］いくじのないことば。元気のない言いかた。例―を吐く
よわみ［弱味］よくないところ。欠点。ひけめ。
よわむし［弱虫］よわくていくじのない人。
よわる［弱る］よわくなる。困る。例足が―
よん［四］よっつ。し。例四歳の子
よんどころない［〈拠ん所無い］どうしようにもしかたがない。やむをえない。例―事情

ら

ら［〈等］など。例子ども―・それ―
らい［《癩］らい病。レプラ。例―患者
らいい［来意］訪問したわけ。来訪の用件。
らいう［雷雨］雷がなって降る雨。
らいえん［来援］たすけにくること。
らいおう［来往］ゆきき。往来
らいが［来《駕］他人がたずねてくることへの敬語。例ご―のほどを願い上げます
らいかん［雷管］火薬に点火する発火具。
らいきゃく［来客］たずねてくる客。訪問客。
らいこう［来光］→らいごう。例ご―
らいこう［来航］外国から船でわたってくること。例外国使節の―
らいこう［来《寇］外国からせめてくること。
らいごう［来〈迎］高山の頂上で見る日の出。
らいさん［礼賛・礼《讃］ほめたたえること。
らいしゃ［来社］会社などにたずねてくること。例ご―の方は受付へ・ご―のほどを
らいしゅう［来週］次の週。例―の行事予定
らいしゅう［来襲］ふいにせめよせてくること。襲来。例野鼠の大群が―する
らいじょう［来場］その場所にくること。
らいしん［来信］他人から来たたより。
らいしんし［頼信紙］電報文を書く用紙。
らいせ［来世］死後の世。未来の世。あの世。
らいだん［来談］来て話すこと。例ご―のほど
らいちょう［来朝］来日。例英女王のご―
らいちょう［来聴］話を聞きにくること。

らいちょう［雷鳥］ライチョウ科の高山鳥。

らいでん［来電］打って来た電信・電報。

らいどう［雷同］むやみに他人の意見に賛成すること。例たやすく付和―する

らいにち［来日］外国人が日本にくること。

らいねん［来年］明年。例―の三月に卒業だ

らいはい［礼拝］神仏をおがむこと。例―堂

らいびょう［《癩病］らい菌の侵入によってからだが腐る伝染病。レプラ。ハンセン病。

らいひん［来賓］招待されてきた客。例ご―の

らいふく［来復］もどってくること。例一陽―

らいほう［来訪］たずねてくること。例―者

らいめい［雷名］高い評判。ひじょうな名声。

らいゆう［来遊］遊びにくること。例ご―のほどお待ち申し上げております

らいらく［《磊落］心が大きくて小さいことにこせこせしないこと。例―な性格

らいりん［来臨］くることの敬語。来訪。

らいれき［来歴］物事が今までにへてきたみち。ゆいしょ。由来。例故事―を聞かせる

らく［楽］①安らかなようす。例楽な気分で。②たやすいこと。例楽に勝つ

らく［落］落選すること。例二当一落

らくいん［《烙印］①やきいん。②ぬぐっても消えない深いあと。例―を押される

らくいん［落《胤］貴人の私生児。例貴族のご―

らくえき［絡《繹］往来が続いて絶えないさま。

らくえん［楽園］やすらかで楽しい場所。パラダイス。天国。例地上の―・野鳥の―

らくがき［落書(き)］かべやへいに書いた、いたずらがき。例便所の―・―コーナー

らくがん［落《雁］干菓子の一種。例京の―

らくご［落後・落《伍］列やなかまからおくれること。失敗しておちぶれること。例―者

らくご［落語］こっけいなおとしばなし。

らくさ［落差］二か所の水面の高さの差。

らくさつ［落札］入札したものが自分の手におちること。例国際入札で―する

らくじつ［落日］ゆうひ。入り日。落陽。

らくしゅ［落手］手紙などを受け取ること。

らくしゅ［落首］作者の名をかくしてそれとなく時事をあてこすった歌。狂歌。

らくしょう［楽勝］楽に勝つこと。↔辛勝

らくしょう［落掌］受けとること。例お手紙―

らくじょう［落城］城が陥落すること。

らくしょく［落飾］仏教で髪をそり落として出家すること。例―する平家の一門

らくせい［落成］工事の完成。例―式

らくせき［落石］おちてくる石。例―注意

らくせき［落籍］身うけ。例芸者を―する

らくせん［落選］①選抜にもれること。↔入選。②選挙に落ちること。↔当選。例―者

らくだ［《駱駝］さばく地方の交通に使われる動物。例隊商の―・―のシャツ

らくだい［落第］試験に合格しないこと。↔及第。例―生・成績が悪くて―する

らくたん［落胆］がっかりすること。力をおとすこと。例―するには及ばんよ

らくちゃく［落着］物事のきまりがつくこと。

らくちゅう［《洛中］京都市内。都のうち。

らくちょう［落丁］本のページがぬけていること。例―している本

らくてん［楽天］のんきなこと。例―的・―家

らくど［楽土］苦しみのない楽しい所。楽園。

らくのう［酪農］牛や羊をかって牛乳やバター・チーズなどをつくる農業。例―家

らくはく［落《魄］おちぶれること。例―の身

らくはく［落《剝］はげおちること。例壁画の一部が―している

らくばく［落《莫］ものさびしいさま。

らくばん［落盤・落《磐］鉱山の坑内で天井や壁の岩石がくずれ落ちること。例―事故

らくめい［落命］命をおとすこと。死ぬこと。

らくよう［落陽］いりひ。落日。例水平線の―

らくよう［落葉］葉がおちること。例―樹

らくらい［落雷］かみなりがおちること。

らくらく［楽楽］容易なさま。例―と勝つ

らくるい［落涙］なみだをながすこと。

ラシャ［羅《紗］地のあつい毛織物。例―紙

らしんばん［羅針盤］盤の中央に磁石の針を装置し、方角をはかる器械。コンパス。

らせん［《螺旋］①巻貝のようにぐるぐるまわっていること。例―階段。②ねじ。

らたい［裸体］はだか。例―画・―になる

らち［《埒］秩序。かこい。例―があかない

らち［《拉致］とらえて引きつれて行くこと。

らちがい［《埒外］はんいのほか。関係外。

らちもない［《埒もない］だらしがない。しめくくりがない。例―話をするなよ

らっか［落下］おちること。例―傘・―物

らっか［落花］花がちること。例―狼藉《ろうぜき》

らっかせい［落花生］なんきんまめ。

らっかん［落款］書画に筆者自身の名や号を記

し、または印をおしたもの。例—をおす
らっかん[楽観]物事をよいほうにみて、くよくよしないこと。↔悲観。例—的な展望
らっきょう[《辣韮》]地下茎が食用の多年草。
らっけい[落慶]社寺の落成。例—供養
ラッコ[〈猟《虎]イタチ科の海中ほ乳動物。
らっぱ[《喇叭》]金属製の管楽器の一つ。
らつわん[《辣腕》]人なみすぐれたうでまえ。すごうで。例—の刑事・—をふるう
らでん[《螺鈿》]貝がらをみがいて器物にはめこむ装飾。例—をほどこした蒔絵の硯箱
らふ[裸婦]はだかの女。例—デッサン
られつ[羅列]ずらりとならべること。
らん[乱]世のみだれること。例応仁の乱
らん[欄]①てすり。らんかん。②かこい。わく。しきり。③記事の種類の区分。例記入欄
らん[《蘭]ラン科の観賞用多年生植物。
らんうん[乱雲]一面に空をおおう黒い雲。
らんおう[卵黄]たまごの黄身。↔卵白
らんがい[欄外]わくのそと。しきりのそと。
らんかく[卵殻]卵のから。
らんかく[乱獲・濫獲]やたらにとること。
らんがく[《蘭学]江戸時代オランダ語で研究された西洋の学問。例—医・—事始
らんかん[欄干]てすり。例—にもたれる
らんぎょう[乱行]みだれたおこない。ふしだらなおこない。例ご—が過ぎる
らんぐい[乱《杭・乱《杙]ふぞろいに打ちこんだくい。例—歯
らんぐん[乱軍]軍勢が入り乱れて戦うこと。
らんけい[卵形]たまごがた。例—の墓

らんさく[乱作・濫作]むやみやたらに多く作ること。例大衆小説を—する
らんざつ[乱雑]ごたごたと乱れまじっていること。例—に書き流す・—な部屋
らんし[卵子]雌性生殖細胞。↔精子
らんし[乱視]眼球のゆがみなどのために、物を正しく見ることができないもの。
らんしゃ[乱射]むやみに射撃すること。
らんじゅく[《爛熟]①果実が熟し過ぎてただれうむこと。②物事が十分に発達しきって、それ以上進歩しないこと。例—期
らんしょう[濫《觴]物事のはじまり。おこり。
らんしん[乱心]気がくるうこと。発狂。
らんせい[乱世]乱れた世の中。戦乱の世。
らんせん[乱戦]敵と味方が入り乱れて戦うこと。混戦。乱軍。例—模様となる
らんそう[卵巣]雌の生殖器官。卵子をつくる。
らんぞう[乱造・濫造]むやみやたらにつくること。例粗製—の商品
らんだ[乱打]むやみにうちたたくこと。
らんだ[《懶惰]なまけおこたること。
らんとう[乱闘]入り乱れて戦うこと。
らんとう[卵塔・《蘭塔]卵形の墓石。例—場
らんどく[乱読・濫読]むやみにあれこれと本を読むこと。例手あたりしだいに—する
らんにゅう[乱入]どやどやとあばれこむこと。例暴徒が—する
らんばい[乱売]やたら安く売ること。
らんぱく[卵白]卵の白身。↔卵黄
らんばつ[乱伐・濫伐]むやみやたらに木をきること。例山林の—

らんぱつ[乱発・濫発]むやみに発行すること。
らんぱつ[乱髪]みだれたかみの毛。
らんぴ[乱費・濫費]むやみにつかうこと。むだづかい。例—をいましめる
らんぴつ[乱筆]乱暴に書くこと。乱れ書き。
らんぶ[乱舞]入り乱れておどりまうこと。
らんぼう[乱暴]あばれちらすこと。手あらなことをすること。例—なあつかい。
らんま[乱麻]乱れた麻。例快刀—を断つ
らんま[欄間]天井とかもいの間のすきま。
らんまん[《爛漫]花が咲き乱れるさま。
らんみゃく[乱脈]乱れてすじみちのたたないこと。秩序や規律が少しもないこと。
らんよう[乱用・濫用]むやみやたらに使うこと。例職権—・国家権力の—
らんらん[《爛爛》]するどく光るようす。例—と光る目・目が—としている
らんりつ[乱立]入り乱れて立つこと。きまりなく乱雑に立ちならぶこと。

り

り[利]もうけ。利子。例利に走る
り[里]距離の単位。三十六町。約三・九キロ。
り[理]正しいりくつ。道理。例理の当然
り[裏・《裡]状態をあらわす。うら。なか。例成功裏に手をしめる
りいん[吏員]役人。公務員。
りえき[利益]①もうけ。利得。②ためになること。役に立つこと。例公共の—図る
りえん[離縁]夫婦や養い親子間の関係をたち

きること。例―状・夫の浮気で―する

りえん［《梨園》］俳優の社会。劇界。歌舞伎界。

りか［理化］物理学と化学。例―学研究所

りか［理科］自然界のいろいろなことがらを科学的に研究する学科。自然科学関係の学科。

りかい［理解］物の道理をわかること。のみこむこと。例正確に―する・―力

りがい［利害］得をすることと損をすること。利益と損害。例―が対立する・―得失

りがく［理学］①自然科学。②物理学。

りかん［離間］たがいの仲をわるくさせること。間をさくこと。例両者の―をたくらむ

りかん［《罹患》］病気にかかること。

りき［力］ちから。能力。例力がある・百人力

りき［利器］①するどくてよくきれるはもの。②便利な器械。例文明の―

りきえい［力泳］力いっぱいおよぐこと。

りきがく［力学］物理学の一部門。物体の運動について研究する学問。例―的に考えると

りきさく［力作］力をこめてつくったもの。苦心努力をかさねた作品。例―がそろう

りきし［力士］①力の強い人。②すもうとり。

りきせつ［力説］いっしょうけんめい力をつくして説明すること。例国土の緑化を―する

りきせん［力戦］全力をあげてたたかうこと。

りきそう［力走］力いっぱい走ること。

りきそう［力《漕》］力のかぎりこぐこと。

りきてん［力点］①とくに力をいれる所。②てこで物を動かすとき、力のかかる点。

りきとう［力闘］力いっぱいにたたかうこと。

りきとう［力投］投手が力いっぱい投球すること。例―もむなしく敗戦投手となる

りきむ［力む］①いきをつめて全身に力をいれる。②いばる。例虚勢をはって―

りきゅう［離宮］皇居をはなれて造られた宮殿。例桂―・赤坂―

りきょう［離郷］郷里をはなれること。

りきりょう［力量］人の力のていど。うでまえ。例相手の―も知らないで

りく［陸］水におおわれていない地球の部分。↔海。例陸生動物・陸路を行く

りくあげ［陸揚げ］船の荷を陸へはこぶこと。

りくうん［陸運］陸上の運送。例―業

りくぐん［陸軍］陸上の軍隊。↔海軍・空軍

りくせい［陸生・陸《棲》］陸上にすむこと。↔水生。例―動物・―植物

りくぞく［陸続］あとからあとから、ひきつづいて絶えないさま。例―とおしよせる

りくち［陸地］おか。陸。例―つづきの大平原

りくつ［理屈・理《窟》］①すじみち。わけ。道理。②理論だけにかたよること。例―をつける

りくとう［陸稲］畑でつくる稲。おかぼ。↔水稲

りくなんぷう［陸軟風］夜になって陸から海へ吹くそよかぜ。陸風。↔海軟風

りけん［利剣］とぎすましたするどいつるぎ。

りけん［利権］利益を手に入れる権利。例―屋

りげん［《俚言》］いなかで使われることば。

りげん［《俚諺》］俗間のことわざ。

りこ［利己］自分ひとりだけの利益を考えること。例自分の―心を感づかれる

りこう［利口・《悧巧》］①口先がうまく、ぬけめがないこと。例―に立ち回る。②かしこいこと。頭がよいこと。例―な子

りこう［履行］実際に行うこと。例約束の―

りごう［離合］はなれたり集まったりすること。例その間―集散がある

りこしゅぎ［利己主義］自分の利益や楽しみを第一とする主義。エゴイズム。

りこん［利根］かしこいうまれつき。

りこん［離婚］結婚の解消。例―話の調停

りさい［《罹災》］災難にあうこと。被災。例―者

りざい［理財］金銭を有効に使うこと。

りざや［利《鞘》］差額の利益。例―をかせぐ

りさん［離散］はなればなれになること。

りし［利子］利息。貸金からうまれるもうけ。

りじ［理事］事務の監督や処理にあたる職名。

りじ［《俚耳》］世間の耳。俗耳。

りしゅう［離愁］わかれのかなしみ。

りしゅう［履修］規定の課程をおさめること。例栄養学の課程を―する

りじゅん［利潤］もうけ。利益。例―がある

りしょく［利殖］財産をふやすこと。例―の才

りしょく［離職］退職や失職。例―者・―票

りす［▽栗鼠］リス科のほ乳小動物。

りすい［利水］水の流通をよくすること。

りすう［理数］理科と数学。例―は苦手だ

りせい［理性］道理によって物事を正しく判断する能力。例―に従って行動する

りそう［理想］人が考えるもっとも完全なありさま。↔現実。例―を高く持つ

りそうてき［理想的］理想にかなっていること。完全。例―な学習方法

りそく［利息］利子。金利。例―を差し引く

りた[利他]他人の幸福を願うこと。↕利己。例―行・―主義・―的な
りだつ[離脱]はなれぬけること。例戦線―
りち[理知・理《智]道理を判断する力。例―的
りちぎ[律儀・律義]義理がたいこと。実直。
りつ[立]たてる。設立。例国立・立候補・私立
りつ[律]きそく。おきて。例道徳律・律宗
りつ[率]わりあい。ぶあい。例合格率
りつあん[立案]計画を立てること。原案をつくること。例―を頼む・法の―者
りっか[立花]華道の一形式。例―様式で
りっか[立夏]暦の上で夏の初め。↕立冬
りつがん[立願]神仏に願をかけること。
りつき[利付(き)]利札や配当のつくもの。例―債券と割引債券
りっきゃく[立脚]よりどころとすること。立場をきめること。例―点が違う
りっきょう[陸橋]陸地上にかけた橋。
りっけん[立憲]憲法を定めること。例―政治
りつげん[立言]意見などを発表すること。
りっこう[力行]努力して仕事にはげむこと。例苦学―した人
りっこうほ[立候補]選挙の候補者として立つこと。例―者・参議院地方区に―する
りっこく[立国]①新しく国家をつくること。②ある事業を中心に国家を運営すること。
りっし[立志]こころざしを立てること。目的を立てること。例青年の―を促す・―伝
りっしゅう[立秋]暦の上で秋になる日。陽暦の八月七、八日ごろ。↕立春
りっしゅん[立春]暦の上で春になる日。陽暦の二月四日ごろ。↕立秋
りっしょう[立証]証拠だてること。証明すること。例無罪を―する
りっしょく[立食]立ちながら食べること。例―パーティー・―形式で
りっしん[立身]社会の中に自分の地位をきずくこと。成功。出世。例―出世主義
りっすいのよち[立《錐の余地]きりを立てるほどのわずかのすきま。例―もない
りっする[律する]定める。きまりにあてはめる。例わが身を―・一概に―ことは
りつぜん[《慄然]ぞっとするさま。おそれふるえるさま。例思わず―とする
りったい[立体]位置と長さ・はば・厚さのあるもの。例―感がある・―的な作品
りっちじょうけん[立地条件]産業に対してその土地の状態のよいわるいをいうこと。
りつどう[律動]規則正しくくりかえされる運動。リズム。例集団体操の―美・―的な
りっぱ[立派]すぐれてみごとなさま。例ご―
りっぷく[立腹]はらをたてること。例ご―だ
りっぽう[立方]同じ数を三度かけあわせたもの。立方体。例―根・―メートル
りっぽう[立法]法律を定めること。例―精神
りづめ[理詰(め)]理くつでおしつけること。例―で考える・―でおす
りつめい[立命]天命にしたがうこと。例安心―・―館大学
りつろん[立論]議論のすじみちを立てること。例―の前提がよい
りてい[里程]道のり。里数。例―標
りてん[利点]すぐれたところ。利益のあるところ。例その案の―は
りとう[離党]党からぬけること。例―宣言
りとう[離島]はなれじま。例―の医療問題
りとく[利得]利益。もうけ。例―の計算
りにゅう[離乳]乳児を乳からはなすこと。例―食・生後十か月で―する
りにょう[利尿]尿の排せつをよくすること。例―作用・―剤・―効果
りにん[離任]任務から離れること。
りねん[理念]正しいはんだんによって得た最高の考え。イデア。例自分の―に基づいて
りはつ[利発]かしこいこと。りこう。例―な子
りはつ[理髪]髪の毛をかり、髪の形をととのえること。例―店・―師
りはん[離反・離《叛]そむきはなれること。例―者が多い・人心の―
りひ[理非]道理にかなっていることとはずれていること。例―を判ずる分別力
りびょう[《罹病]病気にかかること。例―率
りふじん[理不尽]道理にかなわないことをむりにすること。例―なふるまい
りべつ[離別]わかれること。例―の悲哀
りべん[利便]便利なこと。例交通の―性
りほう[理法]道理にかなったきまり。法則。
りまわり[利回り・利《廻り]株式や公債の配当・利子などの買い値に対する割合。例―がよい・―採算性
りめん[裏面]①うらがわ。うしろがわ。②おもてに表れない部分。例―工作を行う
りゃく[略]①はかりごと。②はぶく。例以下略

りやく［利益］神仏がさずけるめぐみ。例ご―

りゃくが［略画］ざっと簡単にかいた絵。

りゃくぎ［略儀］略した形式。略式。例―ながら

りゃくご［略語］略して簡単にしたことば。

りゃくじ［略字］字画を簡単にした漢字。

りゃくしき［略式］略したやりかた。略した形式。↔正式。例―の服装で出席する

りゃくしゅ［略取］むりにうばいとること。

りゃくじゅつ［略述］あらましをのべること。

りゃくしょう［略称］略して呼ぶ名。例会の―

りゃくす［略す］みじかくちぢめる。はぶく。

りゃくず［略図］簡単にかいた図面。例学校までの―を記入する

りゃくそう［略装］略式の服装。例出席は―で

りゃくだつ［略奪・《掠奪》］むりにうばいとること。例―結婚・―する兵士たち

りゃくでん［略伝］簡単にまとめた伝記。

りゃくひつ［略筆］省略して書くこと。例以上―にて失礼・―ながら

りゃくれき［略歴］要点だけ書いた履歴。

りゃっき［略記］あらましを簡単に書くこと。

りゅう［竜・《龍》］想像上の動物。へびににて巨大で、足と角とがある。たつ。例竜神

りゆう［理由］わけ。いわれ。例欠席の―

りゅうあん［硫安］硫酸アンモニウムの略。窒素肥料として用いる。

りゅうい［留意］特別に心をとめること。

りゅういき［流域］川の流れにそった土地。

りゅういん［《溜飲》］胃の不消化で飲食物が胃の中にたまり、胸がむかむかすること。心の中の不快な気持ちをいう。例―を下げる

りゅうかい［流会］会合が成立しないで、とりやめになること。例定足数に達せず―に

りゅうがく［留学］外国に行って勉学すること。例―生・海外―

りゅうかん［流感］流行性感冒の略。例A型―

りゅうき［隆起］たかくもりあがること。例地盤がしだいに―する

りゅうぎ［流儀］やりかた。しきたり。例家の―

りゅうきゅう［《琉球》］沖縄の古称。例―列島

りゅうぐう［竜宮］海の底にあって竜神がすむという宮殿。例―城の乙姫

りゅうげん［流言］根も葉もないうわさ。例―に迷わされる・―飛語

りゅうこ［竜《虎》］二人の豪傑。例―の対決

りゅうこう［流行］広く世間に行われること。はやり。例―歌集・―の服・―語

りゅうさん［硫酸］いおう・酸素・水素の化合物。例濃―・―アンモニウム

りゅうざん［流産］①胎児が死んでうまれること。②計画したことが実現しないで終わること。例読書会の計画が―した

りゅうし［粒子］こまかいつぶ。例―状の

りゅうしつ［流失］流されてなくなること。

りゅうしゃ［流砂］水がはこぶ砂。例―の堆積

りゅうしゅつ［流出］ながれでること。

りゅうしょう［隆《昌》］勢いがさかんなこと。

りゅうせい［流星］ながれぼし。例―群

りゅうせい［隆盛］勢いがさかんなこと。

りゅうせつ［流説］根も葉もないうわさ。

りゅうせんけい［流線型］水や空気の抵抗を少なくするために曲線でつくられた形。

りゅうぞく［流俗］世間のならわし。俗人。

りゅうち［留置］とめておくこと。例―場

りゅうちょう［流《暢》］すらすらとしてよどみのないこと。例―な英話で話す

りゅうつう［流通］①気体などが流れ通ること。②世間に広く通用すること。例―業界

りゅうどう［流動］①流れ動くこと。②うつりかわること。例事態は―的である

りゅうとうだび［竜頭蛇尾］初めは勢いが盛んであるが、終わりはふるわないこと。

りゅうにゅう［流入］①水などが流れこむこと。②多くの人や金がはいりこむこと。

りゅうにん［留任］もとの職にとどまること。

りゅうは［流派］流儀のわかれ。例―別に展示

りゅうび［柳《眉》］美人のまゆ。例―を逆立てる

りゅうひょう［流氷］ただよう氷塊。例オホーツク海の―群

りゅうほ［留保］処理や決定をあとに残しておくこと。保留。例回答を―する

りゅうみん［流民］国土や故郷をはなれて、さまよいあるく民。例戦争による―

りゅうよう［流用］きまった使いみち以外にゆうずうして使うこと。例予算の―

りゅうり［流離］故郷をはなれて、あてもなくさまようこと。例新たなり―のうれい

りゅうりゅう［隆隆］①勢いが盛んなさま。例―たる運勢。②もりあがるさま。例筋骨―

りゅうりゅうしんく［粒粒辛苦］一つ一つ苦心すること。例―の作品

りゅうれい［流麗］詩文のうるわしいさま。例―な文体・―な文を書く人

りゅうろ［流露］ありのままに表れること。
りょう［了］さとる。おわる。例了とする
りょう［良］よいこと。例優良可
りょう［涼］すずしいこと。例涼をとる
りょう［両］①ふたつ。例両の手。②昔の貨幣単位。例千両箱・一両二分
りょう［両・《輛］車りょうをかぞえる語。例十五両編成の列車
りょう［量］かさ。ますめ。分量。例量が多い
りょう［寮］①学生などの寄宿舎。②別荘。
りょう［漁］魚をとること。すなどり。例大漁・漁にでる・漁師
りょう［猟］かり。例猟に行く・猟犬・猟師
りょう［《稜］かど。すみ。例立方体の—
りよう［利用］うまく使うこと。ものを役に立たせること。例よい—法を考える
りよう［理容］理髪と美容。例—師・—学校
りよう［里謡・《俚謡］民謡のこと。
りょういき［領域］①領地の区域。②そのものの関係するはんい。例想像力の—
りょうえん［良縁］ふさわしいよい縁ぐみ。
りょうえん［《遼遠］ほど遠いこと。例前途—
りょうか［良家］身分や家がらのよい家。
りょうが［《凌駕］のりこえてその上に出ること。例昨年の成績をはるかに—する
りょうかい［了解・《諒解］よくわかること。例—事項・以上—しました
りょうかい［領海］その国の主権下にある海。↕公海。例十二海里の—内・—侵犯
りょうがえ［両替］種類のちがう貨幣にとりかえること。例—商・ドルに—する
りょうかん［猟官］官職を得ようとして運動すること。例あくどい—運動
りょうかん［量感］分量・重量の感じ。
りょうき［猟奇］あやしいことや変わったことに強く心がひかれて求めあさること。
りょうきん［料金］支払うお金。例水道—
りょうけ［良家］上流家庭。例—の子女
りょうけ［両家］双方の家。例ご—のご親族も
りょうけん［了見・料《簡］①考え。心がけ。例悪い—だ。②ゆるすこと。例—ならない
りょうこう［良好］すぐれてよいこと。
りょうさく［良策］よいはかりごと。
りょうさつ［了察・《諒察］思いやって察すること。例ご—のほど願い上げます
りょうさん［量産］同じ品を多量に生産すること。大量生産。例—計画を立てる
りょうし［猟師］鳥や獣をとることを仕事としている人。かりゅうど。例—と猟犬
りょうし［漁師］魚や貝類をとる人。漁夫。
りょうじ［領事］外国に駐在し自分の国の貿易をすすめて利益をはかり、在留民の保護・とりしまりを仕事とする役人。例—館
りょうじ［療治］病気をなおすこと。例荒—
りょうしき［良識］健全ですぐれた物の考え方。りっぱな見識。例—ある判断を望む
りょうしつ［良質］よい性質。すぐれた品質。
りょうしゃ［両者］二つのもの。二者。二つ。
りょうしゅう［領収］受けとること。例—証
りょうしゅう［領《袖］人のかしらに立つ人。
りょうじゅう［猟銃］かりに使う銃。例—登録
りょうじょ［《諒恕］相手の事情に同情してゆるすこと。例ご—賜りたい
りょうしょう［了承・《諒承］すっかりしょうちすること。のみこむこと。例—を得る
りょうしょく［糧食］かて。例携帯する—は
りょうしょく［猟色］色事をあさること。
りょうじょく［陵辱・《凌辱］①不法に他人をはずかしめること。例公衆の前で—を加える。②暴力で他人をはずかしめること。暴行
りょうしん［両親］父と母。ふたおや。
りょうしん［良心］善悪をはんだんして善に進もうとする心。例—にとがめる
りょうせい［両性］男性と女性。例男女—の
りょうせい［寮生］寮生活をする学生。
りょうせいばい［両成敗］争う両方とも罪があるとし両方とも処分すること。例けんか—
りょうせいるい［両生類・両《棲類］幼時はえら呼吸、成長後は陸上にすむ冷血動物。
りょうせん［《稜線］かどの線。山の尾根。
りょうぜん［《瞭然］ひじょうにはっきりしているさま。例一目—である
りょうぞく［良俗］よい風俗習慣。例公序—
りょうたん［両端］両方のはし。例ひもの—
りょうだん［両断］二つに切ること。例一刀—
りょうち［料地］ある目的のために使う土地。
りょうち［領地］領有の土地。例貴族の—
りょうてき［量的］量の点から見た場合。量に関するさま。↕質的。例—な発展
りょうてんびん［両天《秤］どちらになってもかまわないようにふたまたをかけること。
りょうど［領土］その国でしはいする土地。
りょうどう［糧道］食糧をはこぶ通路。

りょうとく［両得］一度に二つの利益があること。両方に利益があること。例一挙―

りょうとする［了とする・《諒とする》］事情をくみとって、しょうちする。例申し出を―

りょうば［両刃］刃物の両辺に刃があるもの。例―のかみそり

りょうひ［良否］いいわるい。良と不良と。

りょうひん［良品］質のよいしな。↕不良品

りょうふう［良風］よい風俗や風習。例―美俗

りょうぶん［領分］①領地。領域。②力のおよぶ区域。なわばり。勢力範囲。例伊達家の―

りょうほう［両方］二つの物事。ふたり。

りょうほう［療法］病気をなおす方法。

りょうまつ［糧《秣》］人の食糧と馬のかいば。

りょうみ［涼味］すずしい感じ。例―満点

りょうみん［良民］善良な人民。罪のない国民。

りょうめ［量目］めかた。ますめ。例―不足

りょうめん［両面］両方の面。裏表。例―作戦

りょうやく［良薬］よくきく薬。例―口に苦し

りょうゆう［両雄］ふたりの英雄。例―の会見

りょうゆう［良友］よいともだち。↕悪友

りょうゆう［領有］自分のものとして持つこと。例―権を主張する

りょうゆう［僚友］同じ場所で仕事をしているなかま。例―の援助で

りょうよう［療養］病気をなおすために、からだをやすめ適当な手あてをすること。

りょうらん［《繚乱・《撩乱］花が咲き乱れること。例百花―

りょうり［料理］食料を調理すること、またその食べ物。例お―教室・―屋

りょうりつ［両立］両方ともならび立つこと。

りょうりょう［《寥寥》］ものさびしいさま。

りょうろん［両論］対立する二つの議論。

りょかく［旅客］乗り物で旅をする人。例―機

りょく［力］ちから。能力。例政治力

りよく［利欲］利益をむさぼる心。例―の念

りょくいん［緑陰・緑《蔭》］みどりのこかげ。

りょくち［緑地］草木のしげっている空地。

りょくちゃ［緑茶］緑色をたもたせた茶。

りょくひ［緑肥］青い草をくさらせた肥料。

りょけん［旅券］外国旅行の許可証。パスポート。例―の交付・―の申請

りょしゅう［旅愁］旅先で感じるわびしさ。

りょじょう［旅情］旅人の心もち。例湖畔の―

りょそう［旅装］旅のしたく。旅のよそおい。

りょっか［緑化］草木を植えて緑にすること。

りょてい［旅程］旅行の日程。旅の道のり。

りょひ［旅費］旅行の費用。例―の見積もり

りょりょく［《膂力》］腕力。例群を抜く―

りりく［離陸］飛行機が地面からとび立つこと。↕着陸。例―しますのでベルトを

りりしい［《凜凜》しい］きりりとひきしまっていさましい。例―身じたく

りりつ［利率］利息の元金に対する割合。

りれき［履歴］その人のこれまでの身分や学業・職業・任務などの来歴。経歴。例―書

りろ［理路］議論や話のすじみち。例―整然

りろん［理論］順序正しく考えたりくつ。

りん［厘］①昔の通貨の単位。一銭の十分の一。②尺量の単位。一分の十分の一。③ごくわずかなこと。微小。例厘毛をおしむ

りん［輪］①わ。例大輪の菊。②花をかぞえる語。例花一輪を手に

りん［鈴］すず。ベル。例電話の鈴・風鈴

りん［《燐》］非金属元素の一つ。例―火

りんう［《霖雨》］いく日もふりつづく雨。

りんか［輪禍］自動車などの事故による災難。

りんか［隣家］となりの家。例―の騒音

りんかい［臨界］さかい。例原子炉の―点

りんかい［臨海］海にのぞむこと。例―学校

りんかく［輪郭・輪《廓》］①物の周囲を形づくっている線。②物事のあらまし。例事の―を

りんかん［林間］はやしのなか。例―学校

りんかん［輪《姦》］多人数による婦女暴行。

りんき［《悋気》］やきもち。しっと。例女の―

りんぎ［《稟議》］文案をまわして、関係者や上役の承諾を求めること。例―書・―にかける

りんきおうへん［臨機応変］突然のできごとに対して、適当な方法をとること。例―の処置

りんぎょう［林業］山林に関する産業。

りんけい［《鱗茎》］うろこ状の地下茎。たまねぎ・ゆりなど。例―植物

りんげつ［臨月］子どもが生まれるはずの月。

りんけん［臨検］その場所に行ってしらべること。例密輸の摘発で船を―する

りんご［林《檎》］実が食用の落葉樹。例赤い―・―酒・―もぎ

りんこう［《燐光》］りん火。りんの青い光。

りんさく［輪作］一定の土地に数種の作物を順次に栽培すること。↕連作。例―の畑

りんじ［臨時］①定まった時でなく、その場に応じて適当に行うこと。例―の会合。②一時

のまにあわせ。その場かぎり。例—収入

りんじゅう［臨終］死にぎわ。死ぬとき。

りんしょう［臨床］病人を実地に診察し治療すること。例—講義・—医・—実験

りんじょう［臨場］その場に行くこと。例—感

りんしょく［《吝嗇》］ひどく物惜しみをすること。けち。例ひどく—な老人

りんじん［隣人］となりの人。近所の人。

りんず［《綸子》］厚く光沢のある絹織物の一種。

りんせき［臨席］その席に出ること。例ご—の

りんせつ［隣接］となりあっていること。

りんせん［臨戦］戦にのぞむこと。例—態勢

りんぜん［《凜然》］きりりとして威厳のあるさま。例—として命令を下した

りんてんき［輪転機］印刷する版を円筒形に作り、回転させて高速度で印刷する機械。

りんどう［林道］林産物を運搬する道。例—をたどる・丹沢の—

りんどう［▽竜胆］山野に生える多年草。秋、青紫色の美しい花をつける。

りんどく［輪読］数人で順に同じ本を読み合い研究すること。例ゼミで原書を—する

りんね［輪《廻》］仏教で、霊魂は不滅でいろいろなものに生まれかわり死にかわるということ。例仏教の—観

リンパ［《淋巴》］無色の体液。例—腺・—液

りんばん［輪番］大ぜいでかわるがわる番にあたること。まわり番。例—制をとる

りんびょう［《淋病》］性病の一種。

りんぶ［輪舞］大ぜいの人が輪をつくって回りながらおどること。例バレーの—

りんぽ［隣保］①となり近所。②となり近所の人々によって組織される組合。例—館

りんぽう［隣邦］となりの国。隣国。

りんや［林野］森林と野原。例—庁

りんらく［《淪落》］おちぶれること。

りんり［倫理］人間のふみ行うべき正しい道。

りんり［《淋漓》］血や汗などのしたたりおちるさま。例汗が—と流れている

りんりつ［林立］林のようにたくさん立ちならんでいること。例旗が—している

りんりん［《凜凜》］①いさましいさま。例勇気—。②寒さや威光が身にしみわたるさま。

りんれつ［《凜冽》］寒さがきびしいさま。

る

るい［類］①たぐい。種類。②なかま。同類。例類は友をよぶ。③親類。一族。一門。

るい［塁］野球のベース。例塁を奪う

るいえん［類縁］親類縁者。例—関係

るいか［累加］かさなって多くなること。だんだんふえること。例刑罰が—される

るいく［類句］同じ種類の句。にている俳句。

るいけい［累計］いくつかの小計を順々に加えること。例—でいくらになりますか

るいけい［類型］①にているかた。共通のかた。例—ごとに区分。②ごくありふれたかた。

るいご［類語］意味のにている語。同義語。

るいざ［類座］まきぞえをくうこと。

るいじ［類似］にていること。例—の事件

るいじ［累次］かさなりつづくこと。例—的に

るいしょ［類書］同種の書物。例—のない本

るいしょう［類焼］他人の家から出た火事で焼けること。例幸いに—をまぬかれる

るいしん［累進］①だんだんと進みのぼること。例—して支店長になった。②数が増すにつれて比率も進みのぼること。例—課税

るいすい［類推］にかよった点によって他のことをおしはかること。例犯人を—する

るいする［類する］にている。例児戯に—

るいせき［累積］つみかさなること。例—債務

るいせん［涙《腺》］なみだを分泌する腺。例年をとると—がもろくなるよ

るいぞう［累増］だんだんにふえること。

るいだい［累代］代をかさねること。代々。

るいねん［累年］年をかさねること。毎年。

るいはん［累犯］前に罪をおかしたものが何回もかさねて罪をおかすこと。

るいべつ［類別］種類によって分けること。例今度は—だ

るいらん［累卵］卵をつみかさねること。不安定で危険なことのたとえ。例—の危うきに

るいるい［累累］つみかさなっているさま。

るいれい［類例］にかよった例。

るいれき［《瘰癧》］首のリンパ腺がはれる病気。例結核菌による—

るざい［流罪］遠い地方に追いやる刑罰。

るじゅつ［《縷述》］こまごまとのべること。

るす［留守］①主人が不在中その家を守ること。また、その人。例—番。②よそに出て家にいないこと。不在。例二、三日—にします

るつぼ［《坩堝》］①金属を熱してとかす筒形の深いさら。②はげしい感情をたとえる語。

るてん［流転］①仏教で、人が生まれかわり死にかわり、限りなく続くこと。②うつりかわること。例万物は—する・生々—
るにん［流人］罪をうけて流された人。
るふ［流布］広く世間にひろまること。例—本
るり［《瑠璃》］①青色した宝石の一つ。例—色・—も玻璃も照らせば光る。②ガラスの古名。
るる［《縷縷》］①細く長く続くさま。②こまごまと話をするさま。例—として話し続ける
るろう［流浪］ところ定めず、さまよい歩くこと。さすらうこと。放浪。例—の民

れ

れい［礼］①礼儀作法。②儀式。③おじぎ。④ありがたいと思う心をあらわすこと。
れい［例］①ためし。②しきたり。ならわし。③たぐい。④いつも。ふだん。例例のとおり
れい［零］ゼロ。わずか。例零下・零細・零落
れい［霊］たましい。ふしぎ。例故人の霊は
れいあんしつ［霊安室］遺体の安置室。
れいあんしょ［冷暗所］つめたく、くらいところ。例この薬は—で保管のこと
れいあんぽう［冷《罨法》］冷しっぷ療法。
れいいき［霊域］寺社の境内。神域。例—を侵す
れいえん［霊園］共同墓地・墓地公園のこと。
れいか［冷菓］アイスクリームなど。
れいか［零下］寒暖計の示す氷点下。零度以下。
れいかい［例会］日をきめていつも開く会合。
れいかい［霊界］霊魂の世界。例—との交信
れいがい［冷害］寒さのために農作物が害をうけること。例四年に一度くらいの—
れいがい［例外］普通の規定からはずれること。なみはずれていること。特別。例—的な
れいかん［冷汗］ひやあせ。例—三斗
れいかん［霊感］ふしぎな感じ。インスピレーション。例—がはたらく
れいがん［冷眼］ひややかな目つき。例—視
れいき［冷気］つめたい空気。例—を感じる
れいぎ［礼儀］礼のしかた。あいさつ。例—作法
れいきゃく［冷却］つめたくひやすこと。熱がさめること。例氷で—する
れいきゅう［霊《柩》］死体のひつぎ。例—車
れいきん［礼金］お礼としてだすかね。
れいく［麗句］うるわしい文句。例美辞—
れいぐう［冷遇］不親切でそまつな取りあつかい。冷淡なあつかい。↕優遇。例—される
れいけい［令兄］他人の兄の敬称。
れいけい［令《閨》］他人の妻の敬称。令夫人。
れいげつ［例月］毎月。例—のごとく
れいけつかん［冷血漢］人情味のない冷酷な人。血も涙もない人間。
れいけつどうぶつ［冷血動物］体温が外界の温度に応じて変化する動物。
れいげん［冷厳］つめたくきびしいこと。
れいげん［例言］読み物のはじめにのべる注意書き。凡例のことば。
れいげん［霊験］神や仏のふしぎな力によってあらわれたしるし。例—あらたかな神
れいご［《囹圄》］ろうや。監獄。
れいこう［励行］きめたとおり、きびしく実行すること。例時間厳守を—する
れいこく［冷酷］冷たく思いやりがないこと。
れいこん［霊魂］たましい。例—は不滅である
れいさい［例祭］きまって行う神社のまつり。
れいさい［零細］ひじょうにこまかいこと。例—企業・—農民
れいざん［霊山］神仏をまつったやま。
れいし［麗姿］うるわしい姿。例女王の—
れいし［《茘枝》］果実が食用の熱帯常緑樹。
れいじ［例示］例で示すこと。例黒板に—する
れいしき［礼式］礼儀の方式。例—通りに
れいしつ［令室］他人の妻の敬称。令夫人。
れいしつ［麗質］優れた素質。例天成の—
れいしゅ［冷酒］ひやざけ。例—用の醸造酒
れいじゅう［隷従］けらいとしてつきしたがうこと。例大企業に—する下請け産業
れいしょ［隷書］漢字の書体の一種。
れいしょう［冷笑］ばかにして笑うこと。
れいしょう［例証］例を引いて証明すること。
れいじょう［令状］役所からの命令を伝える書状。命令状。例捜査—・召集—
れいじょう［令嬢］他人のむすめの敬称。
れいじょう［礼状］お礼の手紙。感謝状。
れいじょう［霊場］社寺のある神聖な場所。例四国の—めぐり・秩父の—
れいしょく［令色］へつらいかざる顔つき。例甘言—・巧言—
れいじん［麗人］美しい女。美人。例男装の—
れいすい［冷水］つめたい水。例—摩擦
れいせい［冷静］落ちついてさわぎ立てないこと。例—に対処する・沈着—に
れいせつ［礼節］きちんとした礼儀。

れいせん［冷戦］武器は使わないが、戦争に近いさしせまった関係。つめたい戦争。
れいぜん［冷然］同情がなく冷淡なさま。
れいぜん［霊前］神または死者の霊をまつった前。例御—・—に花束を供える
れいそう［礼装］礼儀にかなった服装。
れいぞうこ［冷蔵庫］食物がくさらないように、ひやしてたくわえる箱。例電気—
れいそく［令息］他人のむすこの敬称。ご子息。
れいぞく［隷属］他人の下につき従うこと。
れいだい［例題］練習のために例として出した問題。練習問題。例—の豊富な参考書
れいたん［冷淡］①熱心でないこと。関心がないこと。②思いやりがないこと。同情心がないこと。例—な取り扱い
れいち［霊地］社寺のある神聖な土地。
れいちょう［霊長］いちばんすぐれていて、万物のかしらとなるもの。例—類・万物の—
れいてい［令弟］他人の弟への敬称。
れいてつ［冷徹］冷静で物事を深く見通すこと。例—な目で見すえる
れいとう［冷凍］ひやしてこおらせること。
れいにく［霊肉］たましいと肉体。例—の一致
れいねん［例年］いつもの年。毎年。例—通りに
れいはい［礼拝］うやうやしくおがむこと。
れいはい［零敗］試合で零点でまけること。
れいひつ［麗筆］うるわしい筆跡。例—に接し
れいひょう［冷評］冷淡な批評をすること。ひやかし半分でけなすこと。例世の—を
れいふく［礼服］儀式に着る服。礼装。例大—
れいふじん［令夫人］①身分の高い人の妻の敬称。②他人の妻の敬称。例—にもよろしく
れいぶん［例文］用例の文。例—を読み次の問いに答えなさい・和英辞典の—
れいほう［礼砲］軍隊や軍艦などが、敬意を表すために放つ空砲。例二十一発の—
れいほう［霊峰］神聖な山。例—富士
れいぼう［冷房］室内の温度を低くすること。↔暖房。例—完備の部屋
れいまい［令妹］他人の妹の敬称。
れいみょう［霊妙］人間の知識では考えられないほど、すぐれていること。例—な神知
れいむ［霊夢］神仏のお告げのゆめ。
れいめい［令名］すぐれているという評判。
れいめい［《黎明》］夜あけ。例近代の—期
れいもつ［礼物］謝礼としておくる品物。
れいやく［霊薬］ふしぎなききめのある薬。
れいらく［零落］おちぶれること。例—した姿
れいり［《怜悧》］かしこいこと。利口。利発。
れいれいしい［麗麗しい］わざと人目につくように、かざりたてること。例—服装
れいろう［《玲瓏》］美しくすきとおるさま。例音吐—として響く
れいわ［例話］たとえとして話す話。たとえ。
れき［歴］経る。あきらか。例歴とした家柄
れき［暦］こよみ。年月。例太陽暦・旧暦
れきし［歴史］昔からの社会におこった事件や世の中のうつりかわりを書きしるしたもの。また、その書物。過去の記録。例—的事実
れきし［《轢死》］車にひかれて死ぬこと。例—体
れきじつ［暦日］こよみの日。例—を忘れる
れきじつ［歴日］日がたつこと。例無為—
れきじゅん［歴巡］めぐりあるくこと。
れきせい［《瀝青》］石油やコールタールを蒸りゅうしたあとに残る黒いかたまり。ピッチ。
れきせん［歴戦］戦争または試合の経験が多いこと。例—の勇士・—のつわもの
れきぜん［歴然］はっきりしているさま。例—たる証拠がある・—たる事実だ
れきだい［歴代］代々。歴世。例—の校長の写真
れきにん［歴任］次々にいろいろな官職につくこと。例五か国の大使を—する
れきねん［歴年］毎年。年々。例—の研究成果
れきねん［暦年］こよみの一年。例—で計算
れきほう［歴訪］次々にたずねまわること。
れきゆう［歴遊］次々に各地をめぐり遊ぶこと。例—の地・—する
れきれき［歴歴］①家がらや身分の高い人。例お—が集まる。②ありありと見えるさま。
れつ［列］ならぶ。つらなる。例列をつくる
れつあく［劣悪］おとって悪いこと。例—な条件・—な環境・—な品
れっか［烈火］はげしい勢いでもえる火。例—のごとく怒る
れっき［列記］並べて書くこと。連記。例—する
れっきと［《歴と》］たしか。例—した人
れっきょ［列挙］順々に数えて、ならべあげること。例地名や事物を—する
れっきょう［列強］世界じゅうでの強い国々。
れっこく［列国］多くの国々。諸国。例参加—
れつざ［列座］その場に居ならぶこと。
れっし［烈士］心もおこないも、きわめて正しい人。節義・節操のある人。例—の像

れつじつ［烈日］はげしく照りつける太陽。

れっしゃ［列車］機関車に車両をつらねたもの。例夜行―・―の到着時刻

れつじゃく［劣弱］おとってよわいこと。例―なチーム態勢・―な生産設備

れつじょ［烈女］みさおをかたく守る女。

れっしょう［裂傷］さけたきず。例頭部―

れつじょう［劣情］いやしい心。情欲。

れっしん［烈震］震度6のはげしい地震。

れっせい［劣勢］勢力が弱いこと。↕優勢

れっせい［劣性］雑種第一代であらわれない潜在遺伝素質。↕優性。例―遺伝

れっせき［列席］その席につらなること。

れつだい［列代］列世。代々。歴代。例―の会長

れつでん［列伝］多くの人々の伝記をならべたもの。例幕末志士―

れっとう［劣等］等級がおとること。例―感

れっぱい［劣敗］力のおとっているものが競争にまけること。例優勝―

れっぱく［裂《帛》］きぬをひきさくこと。例―の悲鳴があがる・―の気合

れっぷ［烈婦］みさおを固く守る女。烈女。

れっぷう［烈風］はげしく強い風。

れつれつ［烈烈］ひじょうにはげしいさま。

れん［連］①なかま。例阿波おどりの連。②ひとまとめのものをかぞえる語。例紙一連

れん［《聯》］一対になった書画の板。

れん［《輦》］れん車の略。てぐるま。例―台・―下

れんあい［恋愛］男女がお互いに愛しあうこと。例―結婚・目下―中

れんか［廉価］安いねだん。↕高価。例―な品

れんが［《煉瓦》］ねん土に砂をまぜて長方形に焼いたもの。例―造りの家・―塀

れんかん［連関］つながりをもつこと。おたがいに関係があること。関連。例産業―表

れんき［連記］二つ以上ならべて書くこと。↕単記。例二名―の投票

れんぎょう［連《翹》］鑑賞用落葉低木。

れんげ［《蓮華》］①はすの花。②れんげそう。

れんけい［連携］手をたずさえあって行動すること。協力しておこなうこと。例―をたもつ

れんけい［連係・連《繫》］つながりつづくこと。例―動作・―プレー・密接な―

れんけつ［連結］つなぎあわせること。例―車

れんけつ［廉潔］欲が少なく、心が清らかでおこないにやましいところがないこと。

れんこ［連呼］しきりによびつづけること。

れんこう［連行］いっしょにつれて行くこと。

れんごう［連合・《聯合》］二つ以上のものが組み合って一つになること。例―軍・―国

れんごく［《煉獄》］天国と地獄のあいだで罪を浄化するところ。例―の苦しみ

れんこん［《蓮根》］食用のハスの地下茎。

れんさ［連鎖］くさりのようにつらなっていること。また、つながったくさり。例―反応

れんざ［連座・連《坐》］他人の罪のかかわりあいでいっしょに罰せられること。まきぞえ。例―制の罰則・選挙違反に―する

れんさい［連載］幾回も連続してのせること。

れんさく［連作］①同じ場所に毎年同じ作物をつくること。↕輪作。②同じ題材で、多くの詩歌や俳句を作ること。例一連の―

れんさつ［《憐察》］あわれみおもいやること。例ご―のほど願い上げます

れんざん［連山］つらなりつづく山々。

れんし［連枝］身分の高い人の兄弟姉妹。

れんじつ［連日］毎日毎日。日々。例―のように

れんじまど［連子窓・《櫺子窓》］こうしまど。

れんじゅ［連珠・《聯珠》］五目ならべ。

れんしゅう［練習］くりかえしならうこと。

れんじゅう［連中］仲間。つれ。れんちゅう。

れんしょ［連署］多くの人々が姓名をならべて書くこと。例嘆願書に―する

れんしょう［連勝］つづけて勝つこと。↕連敗。例連戦―のチーム

れんせい［錬成・練成］きたえてりっぱにすること。例青少年―道場

れんせい［廉正］清く正しいこと。例―潔白

れんそう［連想・《聯想》］あることにつれて他のことを思いおこすこと。例作者の―力

れんぞく［連続］つらなりつづくこと。

れんだ［連打］つづけて打つこと。例顔面へ―される・投手が―を浴びる

れんたい［連帯］ふたり以上の者が協同して責任をとること。例―保証人

れんたい［連隊・《聯隊》］軍隊編成の単位。

れんたいけい［連体形］動詞・形容詞・形容動詞・助動詞の語尾変化の第四段で、下に体言を受ける形。泣く子の「泣く」など。

れんたいし［連体詞］体言だけにかかることば。「あの・どの・わが」など。

れんだく［連濁］二語が結合する場合に、下にくる語の頭の清音が濁音になること。「あお

だけ・はざくら」など。
れんたつ[練達]物事になれてじょうずなこと。例—の士・諸事に—する
れんち[廉恥]心が清くてはじを知る心が強いこと。例—心を失う・破—
れんちゅう[連中]→れんじゅう
れんちょく[廉直]心が清くて正直なこと。
れんてつ[錬鉄・練鉄]よくきたえた鉄。鍛鉄。例—と鋳鉄のちがい
れんどう[連動]つれて動くこと。例—装置
れんにゅう[練乳・《煉乳]牛乳に砂糖を加えて煮つめたもの。コンデンスミルク。
れんぱ[連破]つづけて負かすこと。例十—中
れんぱ[連覇]つづけて優勝すること。例十—の偉業を達成する
れんばい[廉売]やすうり。例月末の—日
れんぱい[連敗]続けざまにまけること。
れんぱつ[連発]①つづいて発すること。②つづいて起こること。③つづけてうつこと。
れんぱん[連判]一同で署名して判をおすこと。連署。例—状・—人
れんびん[《憐憫》・《憐愍》]かわいそうだと思うこと。例—の情をかける
れんぼ[恋慕]深くこいしたうこと。例—の情
れんぽう[連邦・《聯邦]いくつかの国が、ひとつにまとまってつくる国。例ソビエト—
れんぽう[連峰]つらなる山々。連山。
れんま[練磨・錬磨]ねりみがくこと。きたえること。例克己心の—・百戦—の人
れんめい[連名]姓名をならべて書くこと。
れんめい[連盟・《聯盟]同じ目的のために行動をともにすることをちかうこと。例国際—
れんめん[連綿]長く続いてたえないさま。
れんよう[連用]つづけてつかうこと。
れんようけい[連用形]活用語の活用形の一つ。動詞の第二段目で用言につらなる。
れんらく[連絡]①つらなり続くこと。つながり。②互いに知らせあうこと。例電話—
れんり[連理]男女のちぎりの深いこと。例—の契り・—の枝
れんりつ[連立]ならんで立つこと。例—内閣
れんるい[連累]まきぞえ。かかりあい。連座。
れんれん[恋恋]思いこがれてあきらめられないさま。例いつまでも—としている

ろ

ろ[炉]いろり。例炉ばた談議・炉をかこんで
ろ[《絽]薄い絹織物の一種。例—の着物
ろ[《櫓・《艪]船をこぐ道具。例—をこぐ
ろあく[露悪]欠点をわざとみせつけること。例—趣味的な本
ろう[老]老人の敬称。例業界の草分け田中老
ろう[労]はたらく。つかれる。例労多くして
ろう[楼]高い建物。やぐら。例摩天楼・望楼
ろう[《牢]ろうや・獄舎。例—に入れられる
ろう[《蠟]灯火用のエステル。例—びき細工
ろうあ[《聾唖》]耳と目が不自由なこと。例—者・—学校・—教育
ろうえい[朗詠]詩やうたにふしをつけてうたうこと。朗吟。例和歌を—する
ろうえい[漏《洩]もれること。例機密が—する
ろうえき[労役]肉体労働のこと。例—に従事
ろうおく[《陋屋]せまくてきたない家。
ろうか[老化]年をとりおとろえること。例—現象・部品の—
ろうか[廊下]建物のなかの通路。例—掃除
ろうかい[老《獪]世間になれて、ずるくわるがしこいこと。例—な政治家
ろうかく[楼閣]高い建物。例砂上の—となる
ろうがん[老眼]老いて近くが見えなくなった目。例—鏡・近ごろ—になったらしい
ろうき[《牢記]しっかりと記憶すること。
ろうきゅう[老朽]年をとり、古くなって役に立たないこと。例—化した校舎
ろうきゅう[《籠球]バスケットボール。
ろうきょう[老境]年をとった身の上。
ろうきょく[浪曲]なにわぶし。例—師
ろうぎん[労銀]労働によって得る賃金。
ろうぎん[朗吟]声高らかにふしをつけてうたうこと。例詩を—する
ろうく[労苦]ほねおり。なんぎ。苦労。
ろうく[老《軀]老人のからだ。例—にむち打ち
ろうげつ[《臘月]十二月の異称。
ろうけつぞめ[《臈纈》染(め)]ろうと樹脂で模様をつける染色法。例—のネクタイ
ろうけん[《陋見]がんこでせまい考え。
ろうこ[《牢固]しっかりしてかたいこと。
ろうご[老後]年をとってからのち。
ろうこう[老巧]多くの経験をつんで物事にたくみなこと。老練。例—な政治家
ろうごく[《牢獄]ろう。ろうや。刑務所。
ろうこつ[老骨]年とったからだ。老体。

ろうさく［労作］ほねをおってつくること。また、ほねをおった作品。例ご—の本拝読
ろうざん［老残］年老いて生きていること。例—の身をさらす
ろうし［浪士］禄をはなれた武士。例赤穂—
ろうし［労使］労働者と使用者。例—懇談会
ろうし［労資］労働者と資本家。例—の協調
ろうじゃく［老若］→ろうにゃく
ろうじゅ［老樹］古い木。老木。古木。
ろうしゅう［老醜］年老いてみにくいこと。例—をさらしたくない
ろうしゅう［《陋習》］わるいならわし。悪習。
ろうしゅつ［漏出］もれでること。例—箇所
ろうしょう［老少］年よりとわかい者。
ろうしょう［朗唱・朗《誦》］大きな声を出して文章などを読むこと。例詩を—する
ろうじょう［《籠城》］①敵にかこまれて城の中にたてこもること。②家の中にひきこもって外に出ないこと。例—作戦
ろうじん［老人］年をとった人。年より。
ろうすい［老衰］年をとってからだがよわること。例祖父はもう—してしまった
ろうすい［漏水］水もれ。例屋根の—箇所
ろうする［労する］骨をおる。例—ことなく
ろうする［《弄する》］もてあそぶ。例言辞を—
ろうせい［老成］おとなびること。経験をつんで物事になれ、うまくなること。例早くも—
ろうせき［《蠟石》］石筆用の滑石の一種。
ろうぜき［《狼藉》］①物がとりちらかされてあること。②乱暴なおこない。例ここで—を働かれると困る・乱暴—

ろうそ［労組］労働組合の略。例—の応援で
ろうそく［《蠟燭》］灯火用の棒状のろう。
ろうたい［老体］年よりのからだ。老人。例ご—
ろうたいか［老大家］年とって経験をつんだその道のすぐれた人。例日本画の—
ろうでん［漏電］電気がもれること。例—防止
ろうとう［郎党］けらい。武家の家臣。例一族—
ろうどう［労働］①からだを使ってはたらくこと。力しごと。②賃金や利益を得るために心身を使うこと。例—省・—争議・—力
ろうどうしゃ［労働者］はたらいて給料をもらい、生活している人。↔使用者
ろうどく［朗読］大きな声を出して文章や詩歌を読むこと。例詩を—する
ろうにゃく［老若］年よりとわか者。例—男女
ろうにん［浪人・《牢人》］①武家時代、主家を失った武士。②上級学校に入学できないで次の受験準備をしている者。例—生・—生活
ろうねん［老年］年をとること。年をとった人。
ろうば［老婆］年とった女。おばあさん。
ろうはい［老廃］年をとって役にたたなくなること。古くなって役に立たないこと。例—物
ろうばい［《狼狽》］うろたえること。あわてさわぐこと。例周章—する
ろうばしん［老婆心］親切すぎてよけいなせわをやくこと。例—や取り越し苦労
ろうひ［浪費］むだづかい。例時間の—・—癖
ろうほ［老舗・老《鋪》］古くからある店。何代もつづいた店。しにせ。例さすが—の味だ
ろうほう［朗報］うれしいしらせ。吉報。
ろうぼく［老木］年数のたった木。老樹。

ろうぼく［老僕］年とった下男。じいや。
ろうまん［浪漫］ロマン。例—派・—主義
ろうむ［労務］労働のつとめ。例—者・—主任
ろうもん［楼門］二階づくりの門。やぐらのある門。例中華街の—
ろうや［老《爺》］年とった男。
ろうや［《牢屋》］罪人をおしこめておく所。
ろうよう［老幼］としよりとこども。
ろうらく［《籠絡》］うまく言って人をまるめこむこと。例母をうまく—する
ろうりょく［労力］①働くこと。ほねおり。②生産を目的とする活動。労働力。例—不足
ろうれい［老齢］としより。老年。例—年金
ろうれつ［《陋劣》］心やおこないがひどくいやしいこと。例—な手段をとる
ろうれん［老練］物事になれてじょうずなこと。老巧。例—な選手
ろうろう［朗朗］声などが大きくはっきりとして、よくひびくさま。例音吐—・—と吟ずる
ろうろう［浪浪］さまようこと。例—の身
ろえい［露営］野外にテントを張ってねること。野営。例—する部隊
ろか［《濾過》］水などをこして、まじり物を取り去ること。例川水を—する・—紙
ろかく［《鹵獲》］敵の軍用品をぶんどること。
ろかた［路肩］道路ぎわのがけ状の所。
ろぎん［路銀］旅行の費用。旅費。例—を懐に
ろく［六］数のむっつ。例六年生・六三制
ろく［録］しるすこと。例記録・議事録
ろく［《禄》］①昔、武士が主人から与えられた給与。ふち。②俸給。給料。例—をはむ

ろく[《碌]役にたたないさま。例―でなし・―にできない・―なことがない
ろくおん[録音]レコードやフィルムなどに音や声をうつしとること。例―テープ
ろくが[録画]テープに画像を記録すること。例―再放映・―撮り
ろくしょう[緑青]銅にできる緑色のさび。
ろくまく[《肋膜]肺の外側をつつむまく。
ろくろ[《轆轤》]材料を回転させながら形をつけて細工するための工具。例電動―
ろくろく[《碌碌》]役にたたないさま。例―勉強もしないで・―おかまいもしませんで
ろけん[露見・露顕]かくしていた悪事や秘密が表にあらわれること。例旧悪が―する
ろこつ[露骨]むきだしでかくさないこと。ありのままであること。例―につまらないという表情をする・―な表現
ろじ[路地]家と家との間のせまい道。例―の奥の家・―裏の生活
ろしゅつ[露出]①かくさないで、あらわし出すこと。例肌の―。②写真でシャッターを開いて光線を原板にあてること。例―計
ろじょう[路上]道路の上。みちばた。例―駐車
ろせん[路線]鉄道や道路などの交通路。
ろだい[露台]屋根のない台。バルコニー。
ろっこつ[《肋骨]あばらぼね。例―を折る
ろっこん[六根]人間がまよう六つの根源。目耳鼻舌身意のこと。例―清浄
ろっぷ[六《腑]六種の内臓。例五臓―
ろっぽう[六方]歌舞伎の花道で足をあげて歩く歩き方。例―を踏む
ろっぽう[六法]憲・刑・民・商・刑訴・民訴の基本法律。例―全書
ろてい[路程]みちのり。距離。道程。例―表
ろてい[露呈]かくしていたものが表にあらわれること。例内情を―する
ろてん[露天]屋根のないところ。例―風呂
ろてん[露店]道ばたに商品をならべて売る店。例―商・縁日の―
ろとう[路頭]みちばた。路上。例―に迷う
ろとう[露頭]鉱脈が地表に現れているもの。
ろどん[《魯鈍]おろかでにぶいこと。
ろば[《驢馬]うまより小さく、耳が長い動物。
ろばた[炉端]いろりのそば。ろへん。例―談議
ろぼう[路傍]みちばた。道のほとり。例―の石
ろめい[露命]つゆのようにはかないいのち。
ろめん[路面]道路の表面。例―電車
ろよう[路用]たびの費用。旅費。例―の金
ろれつ[《呂〈律]物を言うちょうし。例―が回らない・―があやしい
ろん[論]意見。見解。例論をまたない
ろんがい[論外]議論するねうちもないこと。問題外。例人間とはいえず、―である
ろんかく[論客]よく議論する人。例党の―だ
ろんぎ[論議]互いに意見をのべて言いあうこと。議論。例―を尽くす
ろんきつ[論詰]論じてせめなじること。
ろんきゅう[論及]そこまで議論を進めていくこと。例国際政治にまで―する
ろんきょ[論拠]議論のよりどころ。
ろんけつ[論決]論議をつくしてきめること。
ろんご[論語]中国の古典。孔子の死後、弟子たちが孔子の言行を記録したもの。
ろんこうこうしょう[論功行賞]功績のていどをはかりきめて賞をあたえること。
ろんこく[論告]裁判で、検事が被告の罪を論じて求刑すること。例検事の―
ろんし[論旨]議論のすじみち。例―がはっきりしない・明快な―
ろんじゅつ[論述]論じのべること。例―書
ろんしょう[論証]証拠をあげて論じること。
ろんじる[論じる]→ろんずる
ろんじん[論陣]大がかりな議論のくみたて。
ろんずる[論ずる]意見をのべる。議論をする。例人生を―・革命を―
ろんせつ[論説]意見をのべて主張すること。物事について論じた文章や論文。例―委員
ろんせん[論戦]議論をたたかわせること。たがいに論じあうこと。討論。例激しい―
ろんそう[論争]たがいに自分の説を主張して言いあらそうこと。例大声で―する
ろんだい[論題]議論や討論の題目。
ろんだん[論壇]議論をたたかわせる人々の社会。評論家や批評家の社会。言論界。
ろんちょ[論著]論文を書物にしたもの。
ろんちょう[論調]議論や評論のちょうし。
ろんてん[論点]議論の中心となっている問題。議論の主要な点。例―があいまいだ
ろんなん[論難]悪い点を論じて非難すること。論詰。例激しく―される
ろんぱ[論破]議論によって他人の説を説きまかすこと。例三段論法で―する
ろんばく[論《駁]議論をして相手の説を攻撃

すること。反論。例—の余地がない
ろんぱん［論判］議論して、よいわるいを言い争うこと。論争。例—に及ぶ
ろんぴょう［論評］内容を論じて批評すること。例海外の—を紹介する
ろんぶん［論文］①議論を書きのべた文章。議論文。②学術的な研究の結果をまとめて書いた文。例卒業—をまとめる・小—テスト
ろんべん［論弁］意見をのべて論じること。
ろんぽう［論法］議論のすじみちの立て方。
ろんぽう［論《鋒］相手を攻撃する議論のするどい勢い。例—するどくつめよる
ろんり［論理］①物事を考え、議論を進めていくときのすじみち。例—が通らない。②物事を合理的に考える方式。例—的な文

わ

わ［和］①日本の。例和風・和服。②やわらぐこと。例和をたっとぶ・人の和。③仲なおり。例和を講ずる・和を結ぶ
わ［羽］鳥やウサギをかぞえる語。例鶏が三羽
わ［話］はなし。はなす。例電話一通話
わ［輪］細長くまるいもの。例輪をくぐる
わ［把］たばねたものを数える語。例ねぎ五把
わ［《倭］やまと。日本。例—の国
わいきょく［《歪曲］ゆがめまげること。例事実を—して説明する
わいざつ［《猥雑］下品でごたごたしていること。例なにやら—な雰囲気が
わいしょう［《矮小］せいがひくいこと。↕巨大。例—化・—な木
わいせつ［《猥褻》］みだらなようす。例—罪
わいだん［《猥談］ひわいなはなし。
わいほん［《猥本］わいせつな書物。
わいろ［賄《賂］自分につごうよくしてもらうためにおくる不正な品物やお金。
わえい［和英］日本語と英語。例—辞典
わか［和歌］わが国に昔からある五・七・五・七・七の五句三十一文字の歌。短歌。
わが［我が・《吾が］わたくしの。自分の。例—国
わかい［若い］①おさない。②血気さかんな。③まだ熟していない。④経験がすくない。
わかい［和解］なかなおり。例—が成立する
わかがえる［若返る］若さをとりもどす。
わかぎ［若木］はえてまもない木。
わかぎみ［若君］年若い主君。貴人の息子。
わがく［和楽］日本古来の音楽。邦楽。
わがく［和学］国学。↕漢学・洋学
わかくさ［若草］春に芽を出したばかりの草。
わかげ［若気］若いものにありがちな、元気でむふんべつな気持ち。例—のあやまち。
わかさぎ［若《鷺・▽公魚・《鰙］小形の淡水魚。例—の佃煮・冬の—釣り
わかさま［若様］貴人のむすこの敬称。
わかざり［輪飾(り)］わらでつくった正月のかざり。例玄関に—を下げる
わがし［和菓子］日本風の菓子。例—の老舗
わかじに［若死(に)］年若くして死ぬこと。
わかす［沸かす］①水を熱くする。例湯を—。②熱狂させる。例会場を—
わかぞう［若僧・若造］若い者や未熟な者を見下げていうことば。例なまいきな—だ
わかつ［分(か)つ・〈別つ］①しきる。くぎる。例班に—。②別々にする。③はなす。例仲を—。④わけてくばる。例分かち書き
わかて［若手］若いほうの人々。例—の成長
わかとう［若党］年のわかいけらい。
わかな［若菜］春のはじめにはえる食用になる草。例—摘み・—のおひたし
わがねる［《綰ねる］まげて輪にする。
わかば［若葉］はえてまもない葉。例青葉—の
わがはい［我(が)輩・《吾輩］わたくし。自分。
わがまま［我(が)《儘］自分の思うとおりにすること。かってきまま。例—気まま・—な子
わがみ［我が身］自分の体。例明日は—か
わかみず［若水］正月の元日の朝早くくむ水。
わかめ［若芽］はえてまもない芽。しんめ。
わかめ［若〈布］海底にはえるかっ色の海草。食用となる。例—の酢の物
わがものがお［我が物顔］自分ひとりのもののように、いばってふるまうさま。
わかやぐ［若やぐ］わかわかしくなる。
わからずや［分(か)らず屋］物の道理をわきまえない人。例—のおやじだから
わかる［分(か)る・〈判る・〈解る］①理解する。例意味が—。②明確になる。例結果が—
わかれる［分(か)れる］区分される。例二班に—・意見が—
わかれる［別れる］別々になる。離れる。例駅前で—・妻と—・友だちと—
わかわかしい［若若しい］若く見える。
わかん［和漢］①日本と中国。②和文と漢文。

わき[《脇・《腋]①そば。かたわら。例—にひかえる。②かたやうでの下のところ。③能証言で、主人公となるシテの相手役。ワキ。

わき[和気]なごやかな気分。例—藹々《あいあい》

わぎ[和議]なかなおりの相談。例—を結ぶ

わきあがる[沸(き)上がる]①にえたぎる。②さかんにさわぎたてる。例喚声が—

わきが[《腋〈臭]わきの下の悪臭。

わきかえる[沸(き)返る]①にえくりかえる。②はげしくさわぎたてる。大騒ぎする。

わきたつ[沸(き)立つ]①にえたつ。②勢いよくふき出す。③ひどくさわぎたてる。

わきづけ[《脇付]手紙のあて名の左下に書きそえることば。机下・侍史など。

わきのした[《脇の下・《腋の下]腕のつけねの下のくぼみ。例—をくすぐる

わきばら[《脇腹]腹の側面。例—が痛む

わきまえる[〈弁える]①よいわるいを見わける。②心得る。知っている。例常識を—

わきみ[《脇見]よそ見。わき目。例—運転

わきめ[《脇目]よそみをすること。例—も振らずに働く・—にはよく見える

わきやく[《脇役]助演者。補佐。例事件の—

わく[枠]①細い木や竹などでつくった輪郭のほねぐみ。②物をとりかこむふち。③制限の範囲。例予算の枠・枠組み

わく[沸く]①液体がにえたぎる。②おこる。発生する。③熱狂してさわぐ。例会場が—

わく[《湧く・《涌く]地中からふきでる。例温泉が—・勇気が—・虫が—

わくせい[惑星]①太陽のまわりをまわる星。遊星。②手腕や人物などのまだよく知られていない有力な人。例政界の—

わくでき[惑《溺]よくないことに、まよいおぼれること。例酒色に—した生活

わくらば[〈病葉]病気で変色した葉っぱ。

わくらん[惑乱]まよって心が乱れること。

わくん[和訓]漢字のよみ。訓。

わけ[訳]①事のすじみち。②理由。③意味。例訳知り・訳柄・訳合い

わけぎ[分《葱]細いネギの変種。

わけて[〈別けて]とりわけ。例—もうれしいのは・—も彼の活躍ぶりは

わけへだて[分け隔て]差別をつけること。

わけまえ[分け前]分配の取りぶん。とりまえ。わりまえ。例—がたりない

わけめ[分け目]物事が分かれ定まるさかいめ。例天下—の戦い

わける[分ける]分配する。区分する。例皿に—・金を—・平等に—

わごう[和合]なかよくすること。うちとけてむつまじくすること。例家族が—する

わこうど[若人]年のわかい人。青年。

わざ[技]①技能。例技を競う・技を練る。②柔道などで相手をまかす術。例見事な技

わざ[業]①おこない。しわざ。②しごと。つとめ。例業師・離れ業・寝業のうまい人

わさい[和裁]和服のさいほう。↕洋裁。例—師

わざと[〈態と]ことさらに。故意に。例—やる

わさび[▽山葵]山地の谷あいに生える多年草。地下茎や葉はからみが強い。例—漬け

わざわい[災い・〈禍]不幸なできごと。さいなん。例—転じて福となす

わざわざ[〈態態〉]①特別に。②ことさらに。ていねいに。例—話しに行く

わし[《鷲]性質のあらい鳥。鳥やけものを捕らえて食う。例—鼻・いぬ—・おお—

わし[《儂]わたくし。おれ。例—の若いころ

わし[和紙]わが国の昔からの製法の紙。日本紙。例—に毛筆で・—を漉く

わしき[和式]日本の様式。↕洋式。例—便所

わしつ[和室]日本間。↕洋間。例—の旅館

わしづかみ[《鷲《掴》み]指をひろげて乱暴に物をつかむこと。例札束を—にする

わじゅつ[話術]話のしかた。例巧みな—で

わじゅん[和順]おだやかなこと。例気候—

わしょ[和書]①和とじの本。↕洋書。②和文の書物。↕漢籍。例—仕立ての本

わじょう[和上]真言宗などで師僧を尊敬していう語。例鑑真—

わしょく[和食]和風の料理。↕洋食

わしん[和親]なかよくすること。したしみ。

わずか[《僅か・《纔か]①すこしばかり。例—に記憶に残っている。②やっと。例—の金

わずらい[煩い]①心をなやますこと。心配ごと。②やまい。病気。例長い—に苦しむ

わずらう[煩う]思いなやむ。苦しむ。例思い—

わずらわしい[煩わしい]めんどうくさい。うるさい。わかりにくい。例—手続きだ

わずらわす[煩わす]①心配をかける。なやます。②めんどうをかける。手数をかける。

わする[和する]①仲よくする。親しむ。②調和する。調子をあわせる。例声を—

わすれがたみ[忘れ形見]①忘れないために残しておく記念のもの。例母の—の鏡。②親が死んで、あとに残った幼い子。
わすれる[忘れる]記憶になくなる。例恩を—・約束を—・われを—
わせ[▽早稲]いちばん早くみのるいね。↕おくて。例—田・—米
わせ[▽早生]①早く熟する野菜や果物の品種。例—のりんご。②早熟。↕おくて
わせい[和製]日本でつくったもの。例—英語
わせん[和船]日本古来の造り方の木造船。
わせん[和戦]平和と戦争。例—両様で
わそう[和装]日本風の服装。↕洋装
わた[綿・《棉]種子の白毛を糸や織物にする一年草。もめんわた。例綿入れ・布団の綿
わた[〈腸]はらわた。例魚の—をとる
わだい[話題]話すことがら。話のたね。
わだかまり[《蟠り]心がうちとけないこと。
わだかまる[《蟠る]①じゃまものがある。②心の中にうちとけないものがある。
わたくし[私]①自分ひとりに関係があること。個人的なこと。②秘密なこと。③かたておち。④自分ひとりの利益ばかり考えること。例会社の金を私する。⑤自称の代名詞。
わたし[〈私]→わたくし
わたし[渡し]船で人をわたす場所。例—船
わたしもり[渡し守]渡し船のせんどう。
わたす[渡す]うつす。二点間をとどかせる。例金を—・ロープを—・橋を—
わだち[《轍]車の通った輪のあと。例列車の—
わたりあるく[渡り歩く]方々をめぐりあるいて暮らす。例諸国を—・渡り歩きの職人
わたりどり[渡り鳥]季節によって居場所をかえる鳥。例旅から旅の—・—の渡来
わたりもの[渡り者]一定の住所がなく、各地をまわって働く人。例—の職人
わたりろうか[渡り廊下]建物をつなぐ廊下
わたる[渡る・〈渉る]①こちらがわから向こうがわへ行く。②こっちから向こうへ移って行く。例人手に—。③広くおよぶ。例ゆき—。④すごす。例世を—
わたる[《亙る・《亘る]およぶ。ひきつづく。例三年—闘病生活・全教科に—試験
わとう[話頭]①話のいとぐち。②話の内容。
わとじ[和《綴じ]日本の昔からの本のとじ方。例—の本・—にする
わな[《罠]①鳥やけものをおびきよせて捕らえるしかけ。②人をおとし入れる計略。
わなげ[輪投(げ)]輪をなげて立てた棒にいれる遊び。例—遊び
わななく[〈戦く]ふるえる。身ぶるいする。
わに[《鰐]ワニ科のは虫類。例—皮
わにぐち[《鰐口]①神社や寺の入り口などにつるして打ち鳴らす、大きくてまるく平たいすず。②ぎざぎざのあるクリップ。
わび[《侘び・《佗び]さびしい趣。例—茶
わび[《詫び]あやまること。例—を入れる
わびしい[《侘しい・《佗しい]①さびしい。心細い。例—思い。②まずしい。見すぼらしい。例—生活・—服装
わびすけ[《侘助]ツバキの一種。例庭の—
わびずまい[《侘住(ま)い]さびしく住むこと。例独居老人の—
わびる[《詫びる]あやまる。謝罪する。
わびる[《侘びる]つらく思う。例待ち—
わふう[和風]日本古来の様式のもの。↕洋風
わふく[和服]日本ふうのきもの。↕洋服
わぶん[和文]日本語の文章。例—タイプ
わへい[和平]平和。例—交渉・—条約
わぼく[和《睦]なかなおり。仲よくすること。
わめい[和名]動植物の日本でよぶ名。
わめく[《喚く]大声でさけぶ。どなる。
わやく[和訳]外国の文章やことばを日本の文章やことばになおすこと。例英文—
わよう[和洋]日本と西洋。例—の使い分け
わようせっちゅう[和洋折衷]日本ふうと西洋ふうを適当にとりあわせること。例—の家
わら[《藁]稲・麦の茎をほしたもの。例—ぐつ・—半紙・—ぶき屋根
わらい[笑い]わらうこと例—茸《たけ》・—事・—上戸・—物・—話・—をとる
わらう[笑う]喜び、楽しみで面相をくずす。
わらく[和楽]なごやかにたのしむこと。
わらじ[▽草鞋]わらをあんでつくり、ひもを足に結びつけてはくもの。例長い—をはく
わらび[《蕨]若芽が食用のしだの一種。
わらべ[童]こども。児童。例—歌・里の—
わり[割]十分の一を単位の数え方。例五割
わりあい[割合]①割って出たりつ。ぶあい。②わりあて。わりまえ。③くらべてみると。そのわりに。比較的。例—よい出来だ
わりあて[割(り)当(て)]わけてあてがうこと。わりふりすること。また、その分量。

わりいん［割(り)印］二枚の書類の両方へかけて一つの印をおすこと。例契約書の―

わりかん［割(り)勘］いっしょに使った費用を、みなが同じだけずつお金を出しあって支払うこと。例―で飲もうよ

わりきる［割(り)切る］①はしたの数が出ないように割る。②物事の解釈や説明を簡単にかたをつけること。例最初からなかったと―・割り切った考え方

わりこむ［割(り)込む］おしわけてはいりこむ。例列に―・話に―

わりざん［割(り)算］計算法の一種。除法。

わりだか［割高］他にくらべて高価であること。↕割安。例原料が―になっている

わりだす［割(り)出す］①計算して数を出す。②あることをもととして考え出す。

わりつけ［割(り)付(け)］①わりあてること。②雑誌などのページのふりあて。レイアウト。例原稿の―・―の作業

わりばし［割(り)《箸》］割って使うはし。

わりびき［割引］きまったねだんより少し安くすること。例―債・早朝―・学生―

わりまし［割(り)増し］きまった額に、いくらかの額を加えること。例―料金・―になる

わりもどす［割(り)戻す］受け取った金額の一部を返すこと。例割り戻し金

わりやす［割安］わりあいにねだんが安いこと。↕割高。例比較的―な品

わる［悪］わるいこと。例あいつは悪だ・悪さ

わる［割る］①こわす。くだく。②やぶる。③さく。はなす。④わける。⑤うすくする。

わるあがき［悪〈足《掻き》］ひどくあせっていらだつこと。例―してもむだだ

わるい［悪い］よくない。正しくない。↕良い。例―子・―行為・―品質

わるぎ［悪気］悪い心。悪意。例―がない

わるくち［悪口］人をわるく言うこと。あしざまにのしること。わるぐち。

わるずれ［悪《擦れ》］世の中にもまれ、人ずれがして悪がしこくなること。例―している

わるだくみ［悪巧み］悪いはかりごと。

わるぢえ［悪知恵］悪いことにかけてすぐれている頭のはたらき。例―がはたらく

わるどめ［悪止め］しつこい引きとめ。

わるのり［悪乗り］調子にのった悪ふざけ。

わるびれる［悪《怯れる》］気おくれがする。

わるふざけ［悪▽巫山戯］ていどを越してふざけること。例―が過ぎる

わるもの［悪者］悪人。例―扱いされる

わるよい［悪酔(い)］酒によって苦しむこと。

われ［我・《吾》］①自分自身。自己。②自分のほう。③わたくし。例我を忘れて・我ながら

われがちに［我勝ちに］人にまけまいとして先をあらそうさま。われさきに。

われがね［〈破れ鐘］①ひびのはいったつりがね。②大きなにごった声。例―ような声で

われしらず［我知らず］思わずしらず。無意識に。例―大声を出した

われながら［我《乍ら》］自分のことではあるが。

われめ［割れ目］われたところ。例氷の―

われもこう［《吾亦》紅］バラ科の多年生植物。

われもの［割れ物］割れたもの。割れやすいもの。例―注意・―だから

われる［割れる］①くだける。こわれる。②二つ以上になる。わかれる。③分裂する。④内情が暴露する。例仲間が―

わん［湾］海が陸地に大きく入りこんだところ。いりうみ。例湾外・湾月・湾屈

わん［《椀》］食物をもる木製のうつわ。例お―

わん［《碗》］食物をもる陶磁器のうつわ。例茶―

わんきょく［湾曲・《彎曲》］弓なりにまがること。例背骨が―している

わんしょう［腕章］腕にまきつけるしるし。

わんぱく［腕白］子どもが、わがままで、いたずらなこと。例―小僧・―坊主

わんりょく［腕力］①うでの力。②力を使うこと。うでずく。③暴力。例―をふるう

主な偏とつくりの呼び方

乙　おつにょう
亠　けいさんかんむり
亻(人)　にんべん
儿　にんにょう
八　はちがしら
冖　わかんむり・おおかんむり
冫　にすい
刂(刀)　りっとう
力　ちから
匚　はこがまえ
匸　かくしがまえ
卩(㔾)　ふしつくり
厂　がんだれ
阝(右邑)　おおざと
阝(左阜)　こざとへん
口　くちへん
囗　くにがまえ
辶　しんにょう・しんにゅう
土　つちへん・どへん
夂　すいにょう
扌(手)　てへん

犭　けものへん
女　おんなへん
子　こへん
宀　うかんむり
氵(水)　さんずい
山　やまへん
艹(艸)　くさかんむり
巾　はばへん
广　まだれ
廴　えんにょう
弓　ゆみへん
彑(⺕・ヨ)　けいがしら
彡　さんつくり
彳　ぎょうにんべん
忄(心)　りっしんべん
戸　とかんむり
支　しにょう・えだにょう
攴(攵)　ぼくづくり・ぼくにょう
文　ぶんにょう
斗　とます
斤　おのづくり

方　かたへん
日　ひへん・にちへん
曰　ひらび
月　にくづき・つきへん
木　きへん
止　とめへん
歹　がつへん・かばねへん
殳　ほこつくり・るまた
气　きがまえ
火　ひへん
灬　れんが・れっか
爪(爫)　つめかんむり
爿　しょうへん
片　かたへん
牙　きばへん
牜(牛)　うしへん
王(玉)　たまへん
田　たへん
疒　やまいだれ
目　めへん
矛　ほこへん

石　いしへん
ネ(示)　しめすへん
禾　のぎへん
立　たつへん
衤(衣)　ころもへん
𥫗(竹)　たけかんむり
米　こめへん
糸　いとへん
羊　ひつじへん
耳　みみへん
聿　ふでづくり
舌　したへん
舟　ふねへん
貝　かいへん
虫　むしへん
角　つのへん
言　ごんべん
豆　まめへん
豕　いのこへん
走　そうにょう
門　もんがまえ